Великий конфликт

Эллен Г. Уайт

Титул американского оригинала:
«The Great Controversy»
Перевод в полном объеме
согласно изданий 1888/1907 гг.

Издатель:
GIHON Publishing
Postfach 1309
71522 Backnang
literatur@gihon.de

2-ое издание, 2013

© 2011 by MHA e.V., Germany.
All rights reserved
Printed in Germany

ISBN: 978-3-939979-17-3

Контактный адрес:

Содержание

Предисловие автора — 5

НЕВЕРНОСТЬ И ОТСТУПЛЕНИЕ В ХРИСТИАНСТВЕ

01. Уничтожение Иерусалима — 12 [17]
02. Преследования в первые века — 31 [39]
03. Эра духовного мрака — 40 [49]
04. Вальденсы — 51 [61]
05. Джон Уиклиф — 67 [79]
06. Гус и Иероним — 82 [97]
07. Разделение Лютера с Римом — 103 [120]
08. Лютер перед рейхстагом — 126 [145]
09. Реформатор Швейцарии — 149 [171]
10. Прогресс Реформации в Германии — 161 [185]
11. Протест князей — 171 [197]
12. Французская Реформация — 184 [211]
13. Нидерланды и Скандинавия — 208 [237]
14. Дальнейшая Реформация в Англии — 216 [245]
15. Библия и Французская революция — 235 [265]

ВОЗРОЖДЕНИЕ И ВОЗВРАЩЕНИЕ К ИСТИННОЙ ВЕРЕ

16. Отцы-пилигримы — 255 [289]
17. Предвестники утренней зари — 265 [299]
18. Американский реформатор — 281 [317]
19. Свет сквозь тьму — 304 [343]
20. Великое религиозное пробуждение — 315 [355]
21. Предупреждение отвергнуто — 332 [375]
22. Сбывшиеся пророчества — 346 [391]

23. Что такое святилище?	363 [409]
24. В Святом-Святых	376 [423]
25. Неизменность Божьего Закона	385 [433]
26. Работа преобразования	401 [451]
27. Пробуждение в наше время	410 [461]
28. Перед Книгой жизни	426 [479]

ЗАКЛЮЧИТЕЛЬНАЯ ПОБЕДА ВЕРНЫХ БОГУ

29. Первопричина зла	438 [492]
30. Конфликт между человеком и сатаной	450 [505]
31. Деятельность злых духов	456 [511]
32. Ловушки сатаны	463 [518]
33. Первый великий обман	475 [531]
34. Могут ли наши умершие говорить с нами?	492 [551]
35. Свобода совести в опасности	503 [563]
36. Приближающийся конфликт	520 [582]
37. Под защитой Библии	531 [593]
38. Окончательное предупреждение	540 [603]
39. Время скорби	549 [613]
40. Освобождение Божьего народа	568 [635]
41. Разорение Земли	583 [653]
42. Финал конфликта	591 [662]

ХРОНОЛОГИЧЕСКИЕ ДАТЫ	606

Предисловие автора

До возникновения греха Адам наслаждался общением со своим Создателем, но, с тех пор как человек отделился от Бога в результате непослушания, человеческий род лишился этой высокой привилегии. Однако с помощью плана искупления открылся путь, дающий обитателям Земли возможность возобновить союз с Небом. Бог сообщался с мужами через Своего Духа, и мир был наделен Божественным светом посредством откровений Его избранным рабам. «Изрекали его святые Божии человеки, будучи движимы Духом Святым» (2 Петра 1:21).

В продолжение первых 25 столетий человеческой истории не было никакого откровения в письменной форме. Те, которые были научены Богом, устно сообщали свои знания другим, и таким путем они передавались от отца к сыну следующим одно за другим поколениям. Подготовка записи Слова началась во времена Моисея. Вдохновенные откровения были затем объединены во вдохновенную книгу. Эта работа продолжалась в течение долгого периода протяженностью в шестнадцать веков – от Моисея, историографа творения и закона, до Иоанна, писца возвышеннейших истин Евангелия.

Библия указывает на Бога как на своего Автора, но все же она была написана человеческими руками; и в меняющемся стиле различных ее книг просматриваются особенности отдельных ее писателей. Все открытые истины «богодухновенны» (2 Тимофею 3:16), однако они выражены человеческими словами. Бесконечный Единый Бог посредством Святого Духа проливал свет в умы и сердца Своих слуг. Он давал сны и видения, символы и образы; и те, кому так была явлена истина, сами излагали эти мысли человеческим языком.

Десять заповедей были провозглашены Самим Богом и начертаны Его собственной рукой. Они составлены Богом, а не человеком. Но Библия с ее истинами, данными Богом и выраженными человеческим языком, представляет собой объединение Божественного с человеческим. Подобное сочетание присутствовало в природе Христа, Который был Сыном Божьим и Сыном Человеческим. Поэтому стих «Слово стало плотию и обитало с нами» (Ев. Иоанна 1:14) является истиной не только о Христе, но и о Библии.

Написанные в различные периоды людьми, бывшими совершенно не одинаковыми по положению и роду занятий, по умственным способностям и духовным дарованиям, книги Библии значительно отличаются между собой как стилем, так и характером раскрываемых предметов. Несхожие друг с другом писатели прибегали и к несхожим формам выражения; зачастую та же самая истина более четко представлена одним автором, чем другим. И так как отдельные писатели излагают и показывают предмет с разных сторон, то небрежный, неосновательный или предубежденный читатель может увидеть несоответствия или противоречия там, где глубокомысленный и благоговейный исследователь обнаружит лежащую в основе гармонию.

Так как истина передавалась различными индивидуумами, то она и представляется с разнообразных точек зрения. На одного писателя произвела более сильное впечатление одна сторона какого-то вопроса – он и охватывает те аспекты, которые согласуются с его переживанием или с его пониманием и представлением; другой рассматривает его под иным углом зрения, но каждый, будучи ведом Святым Духом, пишет о том, что произвело на него самое сильное впечатление, – в итоге мы видим истину, представленную многосторонне, но пронизанную во всем совершенной гармонией. И изложенные таким образом истины сливаются в одно целое, отвечающее нуждам людей при всех условиях и опытах жизни.

Бог соизволил передать миру истину через посредничество людей, и Он лично Своим Святым Духом сделал их способными для совершения этой работы. Он руководил их разумом при выборе того, что говорить и что писать. Сокровище было доверено глиняным сосудам, но оно, тем не менее, небесного происхождения. Свидетельство передавалось посредством несовершенных выражений человеческого языка, но все же это свидетельство от Бога, и покорное, верующее дитя Божье созерцает в нем славу Его могущества, полного милости и истины.

В Своем Слове Бог дал человечеству знание, нужное для спасения. Священное Писание должно признаваться как авторитетное и верное откровение Его воли. Оно является мерилом характера, указателем к научению и критерием жизненного опыта. «Все Писание богодухновенно и полезно для научения, для обличения, для исправления, для наставления в праведности, да будет совершен Божий человек, ко всякому доброму делу приготовлен» (**2 Тимофею 3:16-17**).

Хотя это правда, что Бог открыл Свою волю людям через Свое Слово, но это отнюдь не значит, что они не нуждаются в непрерывном присутствии и руководстве Святого Духа. Наоборот, Дух был послан нашим Спасителем, чтобы раскрыть Слово Своим слугам, озарить их и помочь им применить Его учение. И так как это был Дух Бога, вдохновлявший написание Библии, то невероятно, чтобы учение Духа находилось в противоречии Слову.

Дух не был дан и никогда не мог бы быть дан с той целью, чтобы заменить собой Библию, ибо Писание недвусмысленно определяет Слово Божье как стандарт, которым должны проверяться все учения и опыты. Апостолом Иоанном сказано: «Не всякому духу верьте, но испытывайте духов, от Бога ли они, потому что много лжепророков появилось в мире» (1 Иоанна 4:1). А Исаия провозглашает: «Обращайтесь к закону и откровению. Если они не говорят, как это слово, то нет в них света» (Исаия 8:20).

Работа Святого Духа подвергнута большому оскорблению теми людьми, которые воображают, что просвещены Им и уже не нуждаются в постоянном руководстве Божьего Слова. Они управляемы своими впечатлениями, которые принимают за голос Божий, обращенный к их сердцу. Но владеющий ими дух не есть Божий Дух. Следование своим ощущениям и пренебрежение Священным Писанием может привести только к замешательству, заблуждению и гибели. Это лишь содействует намерениям зла. Поскольку служение Святого Духа является для церкви Христа служением величайшей важности, то один из лукавых методов сатаны заключается в том, чтобы посредством заблуждений людей, впадающих в крайности и фанатичных, вызвать презрение к работе Духа и дать народу Божьему повод к пренебрежению этим Источником силы, предусмотренным для нас Самим Господом.

Будучи в гармонии со Словом Бога, Его Дух должен был продолжать Свою работу на протяжении всего времени возвещения Евангелия. В течение веков, когда писались книги Ветхого и Нового Заветов, Святой Дух наряду с откровениями, которые должны были найти воплощение в священном каноне, не прекращал передавать свет и отдельным умам. Библия сама сообщает о том, что люди получали через Духа Святого предостережения, порицания, советы и наставления не только с целью отобразить их в Священном Писании. В различные времена упоминаются пророки, высказывания которых остались незаписанными. Подобным же образом

Святой Дух, после того как Священные Писания были сведены в канон, и дальше продолжал Свое дело просвещения, предупреждения и поддержки детей Божьих.

Иисус пообещал Своим ученикам: «Утешитель же, Дух Святый, Которого пошлет Отец во имя Мое, научит вас всему и напомнит вам все, что Я говорил вам... Когда же приидет Он, Дух истины, то наставит вас на всякую истину... и будущее возвестит вам» (Ев. Иоанна 14:26; 16:13). Писание отчетливо указывает на то, что эти обетования распространяются на церковь Христа в продолжение всех столетий и не ограничиваются только днями апостолов. Спаситель уверяет Своих последователей: «Се, Я с вами во все дни до скончания века» (Ев. Матфея 28:20). А Павел утверждает, что дары и откровения Духа были предназначены церкви «к совершению святых, на дело служения, для созидания тела Христова, доколе все придем в единство веры и познания Сына Божия, в мужа совершенного, в меру полного возраста Христова» (Ефесянам 4:12-13).

За верующих в Ефесе апостол молился, чтобы им «Бог Господа нашего Иисуса Христа, Отец славы дал... Духа премудрости и откровения к познанию Его, и просветил очи сердца... дабы... познали, в чем состоит надежда призвания Его... и как безмерно величие могущества Его в нас, верующих...» (Ефесянам 1:17-19). Служение Небесного Духа в просвещении ума и раскрытии человеческому пониманию глубин Божьего святого Слова было благословением, о котором Павел просил Бога для Ефесской церкви.

После чудного излития Святого Духа в день Пятидесятницы Петр призвал людей к раскаянию и крещению во имя Христа для оставления ими грехов; он сказал: «И получите дар Святого Духа. Ибо вам принадлежит обетование и детям вашим и всем дальним, кого ни призовет Господь Бог наш» (Деяния 2:38-39).

Применительно к событиям великого Божьего дня Господь обещал особенное излитие Своего Духа через пророка Иоиля (см. Иоиль 2:28). Это пророчество отчасти осуществилось в день Пятидесятницы, но оно достигнет своего полного исполнения в откровении Божественной благодати, которая будет сопровождать заключительное дело Евангелия.

Великий конфликт между добром и злом будет нарастать в своей интенсивности вплоть до конца времени. Ярость сатаны против церкви Христа проявлялась во все эпохи, но Бог ниспосылал Своему народу Свою милость и Дух, чтобы укреплять его в противостоянии этой силе зла. Когда апостолы Христа должны были понести Евангелие в мир и записать его для всех будущих поколений, они особенным образом были просвещены Духом Святым. Но по мере того как церковь будет приближаться к окончательному избавлению, сатана станет действовать со всевозрастающей мощью. Он сойдет «в сильной ярости, зная, что немного ему остается времени!» (**Откровение 12:12**). Он будет оказывать влияние «со всякою силою и знамениями и чудесами ложными» (**2 Фессалоникийцам 2:9**). В течение шести тысячелетий выдающийся ум того, кто однажды занимал самое высокое положение среди Божьих ангелов, был всецело посвящен делу обмана и разрушения. И все методы сатанинского искусства и коварства, вся жестокость, в которой он упражнялся в течение этих веков борьбы, будут пущены в ход против Божьего народа в финальном конфликте. В это грозное время последователям Христа надлежит передать миру предостережение о Втором пришествии Господа; и люди должны быть подготовлены к тому, чтобы при Его явлении оказаться пред Ним «неоскверненными и непорочными» (**2 Петра 3:14**). В наши дни церковь имеет не меньшую нужду в особом даровании Божественной милости и силы, чем во времена апостолов.

Написавшей эти страницы через просвещение Святым Духом были открыты сцены продолжительного конфликта между добром и злом. Иногда мне было разрешено наблюдать в различные века развитие великого противостояния между Христом – Князем жизни, Совершителем нашего спасения, и сатаной – князем зла, автором греха, первым, кто преступил Божий святой закон. Вражда сатаны против Христа изначально выражалась в отношении к Его последователям. Та же самая злоба к принципам Божьего закона, та же самая политика дезориентации, при которой заблуждение представляют как истину, при которой человеческие законы занимают место Божьего закона, а людей побуждают поклоняться творению вместо Творца, прослеживается во всей минувшей истории. Сатана норовит ложно представить Божий характер, внушить людям искаженное представление о Создателе, и, следовательно, спровоцировать их питать к Нему скорее страх и ненависть, нежели любовь; его усилия по устранению Божественного закона, заверению людей в том, что они свободны от его требований, а также преследование им тех, кто отваживается противиться его обману, упорно продолжаются на протяжении всех столетий. Они прослеживаются в истории патриархов и пророков, апостолов, мучеников и реформаторов.

В великом финальном конфликте сатана будет пользоваться той же самой стратегией, обнаружит тот же самый дух, добиваясь той же самой цели, что и во все прошлые века. Что было прежде, повторится опять, только грядущая борьба охарактеризуется невиданным еще никогда миром необыкновенным накалом. Обман сатаны станет более ловким, его атаки – более непреклонными. Если бы это было возможно, он прельстил бы и избранных (см. Ев. Марка 13:22).

Как только Божий Дух открыл моему разуму великие истины Его Слова, а также события прошлого и будущего, мне было поручено известить других о том, что было показано, – проследить историю этого конфликта в прошедшие столетия и представить ее главным образом так, чтобы при этом был пролит свет на стремительно приближающуюся борьбу в будущем. Преследуя эту цель, я стремилась подобрать и сопоставить события в истории церкви так, чтобы они показали развитие великих истин, подвергнутых испытанию и данных миру в различные периоды. Эти истины вызывали неистовство сатаны и вражду любящей мир церкви, но их поддерживало свидетельство тех, которые «не возлюбили души своей даже до смерти» (см. Откровение 12:11 – прим. ред.).

В этих событиях мы можем распознать признаки надвигающегося конфликта. Рассматривая их в свете Божьего Слова и будучи просвещены Его Духом, мы сможем воочию убедиться в умыслах зла и узреть те опасности, которых должны избегать желающие быть найденными «без порока» (см. Откровение 14:5 – прим. ред.) в день пришествия Господа.

Великие события, которыми характеризовался прогресс Реформации в прошлые столетия, – это хорошо известные и признанные всем протестантским миром исторические факты, которые никто не может опровергнуть. Их историю я представила кратко, в соответствии с целью данной книги, и обращалась к соответствующим фактам, только если это требовалось для надлежащего их понимания. В некоторых случаях, когда историк так сгруппировывал события, что можно было дать лаконичный, но всеобъемлющий обзор темы, или когда он удачно суммировал подробности, его слова были процитированы; но иногда имена не упомянуты, так как цитаты приведены не с целью представить соответствующего автора как авторитет, а потому, что его высказывания дают доступное и эффективное освещение конкретной темы.

В описании опытов и суждений тех, кто в наше время ведет вперед дело Реформации, иногда применяется подобное же цитирование из их опубликованных трудов.

Намерением этой книги является не представление новых истин, касающихся борьбы прежних времен, а стремление подчеркнуть ряд фактов и принципов, которые будут иметь влияние на грядущие события. Однако эти сведения о прошлом, рассматриваемые как часть конфликта между силами света и тьмы, приобретают новый смысл, и через них проливается свет на будущее, озаряя тропу тем, кто, как и реформаторы прошлых столетий, будет призван стать свидетелем, даже ценой лишения всех земных благ, «за слово Божие и за свидетельство Иисуса Христа» (см. Откровение 1:9 – прим. ред.).

Показать сцены великого конфликта между истиной и заблуждением, выявить коварство сатаны и методы, которыми можно было бы ему успешно противостоять, показать удовлетворительное разрешение колоссальной проблемы зла, освещая происхождение греха и его окончательное уничтожение, чтобы тем самым полностью обнаружились правосудие и милосердие Божие во всех Его действиях по отношению к Своим созданиям, а также продемонстрировать святую и нерушимую природу Его закона – вот цель этой книги. Чтобы через ее воздействие души смогли избавиться от власти тьмы и стать участниками в «наследии святых во свете» (см. Колоссянам 1:12 – прим. ред.), дабы прославить Того, Кто возлюбил нас и отдал Себя за нас, – такова горячая молитва автора.

Э. Г. Уайт, Healdsburg (Калифорния), май 1888 г.

ГЛАВА 1

Уничтожение Иерусалима

Так как израильтяне не поверили словам Иисуса, отвергли Его и всех, кто в Него уверовал, то это неизбежно привело к предсказанной Им катастрофе. Тысячи умерли от голода, эпидемий или были убиты. Но принявшие предупреждение Господа смогли укрыться в безопасном месте.

О, если бы и ты хотя в сей твой день узнал, что служит к миру твоему! но это сокрыто ныне от глаз твоих; ибо придут на тебя дни, когда враги твои обложат тебя окопами, и окружат тебя, и стеснят тебя отовсюду, и разорят тебя, и побьют детей твоих в тебе, и не оставят в тебе камня на камне, за то, что ты не узнал времени посещения твоего» (Ев. Луки 19:42-44).

С вершины Елеонской горы Иисус глядел на Иерусалим. Красивым и мирным был вид, открывавшийся Его взору. На время Пасхи из всех земель дети Иакова приходили сюда, чтобы отметить это важное национальное событие. Посреди садов, виноградников и зеленых склонов, заполненных шатрами путешественников, возвышались холмы в виде террас, величественные дворцы и массивные бастионы столицы Израиля. Дщерь Сиона как будто бы говорила в своей гордости: «Сижу царицею... и не увижу горести» (Откровение 18:7 – прим. ред.), считая себя, как и прежде, красивой и полагая, что находится в безопасности и что Небо так же благоволит ей, как и тогда, когда несколько веков назад царственный поэт воспевал: «Прекрасная возвышенность, радость всей земли гора Сион... город великого Царя» (Псалтирь 47:3). Полностью были видны великолепные строения храма. Лучи заходящего солнца озаряли белоснежные мраморные стены и отражались от золотых ворот, башни и шпица. «Совершенством красоты» представал храм – гордость иудейской нации. Какое дитя Израиля могло смотреть на эту картину без радостного трепета и восторга! Однако совсем иные мысли занимали разум Иисуса. «И когда приблизился к городу, то, смотря на него, заплакал о нем» (Ев. Луки 19:41). Среди всеобщей радости при триумфальном въезде, когда повсюду размахивали пальмовыми ветвями, когда радостные восклицания «Осанна!» пробуждали эхо в холмах, а тысячи голосов провозглашали Его царем, Искупителем мира овладела внезапная и непостижимая печаль. Он, Сын Божий, Обетованный Израиля, Чья сила превозмогала смерть и вызывала ее узников из могил, был в слезах, но не от обычной печали, а от глубокой, непреодолимой душевной боли.

Его слезы были не о Себе Самом, несмотря на то что Он хорошо знал, куда направлялись Его стопы. Перед Ним была Гефсимания – место приближающейся душевной агонии. Также были видны Овечьи ворота, через которые на протяжении многих веков проводили животных для жертвоприношений и которые должны были распахнуться и для Него, когда Он будет «как овца веден... на заклание» (Исаия 53:7). Неподалеку находилась Голгофа – место распятия. На тропу, по которой вскоре надлежало пройти Христу, должен опуститься ужас великой тьмы, когда Он принесет Свою душу в жертву за грех. Однако не созерцание этих картин омрачало Иисуса в этот радостный час. Не предчувствие Своих собственных сверхчеловеческих мучений огорчало Его бескорыстный дух. Он оплакивал слепоту и нераскаянность тысяч обреченных жителей Иерусалима, которым Он пришел дать благословение и спасение.

Более чем тысячелетняя история особого Божьего расположения и заботливого покровительства, проявляемого по отношению к избранному народу, была открыта взору Иисуса. Вот гора Мориа, где сын обетования, смиренная жертва, был привязан к жертвеннику, что символизировало принесение в жертву Сына Божия (см. Бытие 22:9). Там был подтвержден завет благословения с отцом всех верующих, славное мессианское обетование (см. Бытие 22:16-18). Там огонь, восходивший к небесам с жертвенника на гумне Орны, отвел меч ангела-губителя (см. 1 Паралипоменон 21) – подходящий символ жертвы Спасителя и Его посредничества за виновных людей. Иерусалим был почтен Богом больше всего на земле. «Избрал Господь Сион», Он «возжелал Его в жилище Себе» (Псалтирь 131:13). Там на протяжении веков святые пророки передавали предостерегающие послания. Там священники воскуряли фимиам, облака которого вместе с молитвами верующих восходили к Богу. Там изо дня в день приносилась в жертву кровь закланных ягнят, указывающих на Агнца Божия. Там Иегова являл свое присутствие в облаке славы над престолом благодати. Там находилось подножие загадочной лестницы, связывающей Землю с Небесами (см. Бытие 28:12; Ев. Иоанна 1:51), – той лестницы, по которой ангелы Божьи нисходили и восходили и которая открыла миру путь во Святое-Святых. Если бы только Израиль как нация сохранил свою преданность Небу, Иерусалим, избранный Богом, стоял бы вечно (см. Иеремия 17:21-25). Но история этого привилегированного народа была летописью вероотступничества и мятежа. Они оказывали сопротивление небесной благодати, злоупотребляли своими привилегиями и пренебрежительно относились к благоприятным возможностям.

Несмотря на то что израильтяне «издевались над посланными от Бога, и пренебрегали словами Его и ругались над пророками Его» (2 Паралипоменон 36:16), Он все еще являл Себя им как «Господь, Бог человеколюбивый и милосердый, долготерпеливый и многомилостивый и истинный» (Исход 34:6); хотя Его милость многократно отвергалась, она продолжала обращаться к ним. С более чем отцовской сострадательной любовью, как к сыну Своей особой заботы, Бог «посылал к ним... посланников Своих от раннего утра, потому что Он жалел Свой народ и Свое жилище» (2 Паралипоменон 36:15). Когда увещевания, мольбы и упреки перестали действовать, Он послал им наилучший Дар Неба; мало того, Он отдал все Небо в этом одном Даре.

Сам Сын Божий был послан, для того чтобы взывать к закоснелым в своей нераскаянности жителям города. Именно Христос перенес Израиль из Египта, как хорошую виноградную лозу (Псалтирь 79:9). Его собственная рука прогнала перед ним язычников. Он укоренил его «на вершине утученной горы» (Исаия 5:1). Он обеспечил его Своей защитой и охраной. Слуги были посланы, чтобы заботиться о нем. «Что еще надлежало бы сделать для виноградника Моего, чего Я не сделал ему?» – восклицает Он. Когда Господь «ожидал, что он принесет добрые грозды, он принес дикие ягоды» (Исаия 5:1-4), но несмотря на это и все еще очень надеясь собрать урожай плодов, Он Сам лично пришел в Свой виноградник, чтобы, если возможно, сохранить его от уничтожения. Он окапывал его, обрезал и лелеял. Он без устали старался спасти посаженный Им Самим виноградник.

Три года Господь света и славы ходил среди Своего народа, «благотворя и исцеляя всех, обладаемых диаволом», перевязывая сердечные раны, освобождая пленных, возвращая слепым зрение, повелевая расслабленным ходить, а глухим – слышать, очищая прокаженных, воскрешая мертвых и проповедуя нищим Евангелие (см. Деяния 10:38; Ев. Луки 4:18; Матфея 11:5). Ко всем общественным слоям без различия был адресован Его милостивый зов: «Придите ко Мне, все труждающиеся и обремененные, и Я успокою вас» (Матфея 11:28).

Хотя наградой за добро было зло, а за любовь – ненависть (Псалтирь 108:5), Христос не прекращал выполнять Свою миссию милосердия. Никогда не было такого, чтобы Он отвергал искавших Его милости. Не имеющий крова Странник, уделом Которого изо дня в день были упреки и лишения, Он жил, чтобы служить нуждам людей и облегчать их горе, умолять их принять дар жизни. Волны милости, отвергнутые этими строптивыми сердцами, возвращались к ним еще более мощной волной сочувствующей, неописуемой любви. Но Израиль отвернулся от своего лучшего Друга и единственного Помощника. К мольбам Его любви он отнесся с презрением, к Его советам – с пренебрежением, к Его предостережениям – с насмешкой.

Час надежды и прощения скоро заканчивался; чаша Божьего гнева, так долго сдерживаемого, почти наполнилась. Облако горя, сгущавшееся в продолжение веков отступления и бунтарства и теперь почерневшее, было почти готово излиться над виновным народом; а Он, Который только Один мог спасти их от неминуемой гибели, был презрен, подвергнут жестокому обращению, отвергнут и вскоре должен был быть распят. Когда Христос будет вознесен на Голгофский крест, тогда время Израиля как нации, почтенной и благословленной Богом, должно будет окончиться. Утрата даже одной души – это бедствие большее, чем потеря сокровищ и богатств всего мира; когда же Христос смотрел на Иерусалим, то осуждение целого города, целой нации представало перед Его взором – и это был тот город и та нация, которые однажды были избраны Богом, которые были Его особенным сокровищем.

Пророки плакали об отступлении Израиля и о тех страшных бедах, которые стали результатом его грехов. Иеремия хотел, чтобы его глаза стали источниками слез, которыми он мог бы день и ночь оплакивать поражение дочери своего народа и стадо Господне, отведенное в плен (см. Иеремия 9:1; 13:17). Какое же тогда горе испытывал Тот, Чей пророческий взгляд проникал не через годы, а через эпохи! Он видел ангела-губителя с мечом, поднятым над городом, который так долго являлся местопребыванием Иеговы. С вершины Елеонской горы, с того самого места, которое позднее будет захвачено Титом и его армией, Он смотрел через долину на святые дворы и паперти, и перед Его полными слез глазами в ужасной панораме представлялись стены города, оцепленные чужеземными войсками. Он слышал марширующие армии, выстраивающиеся для проведения боевых действий. Он слышал, как матери и дети умоляли о хлебе в окруженном врагом городе. Он видел его святой прекрасный храм, его дворцы и башни, преданные огню, и лишь тлеющие руины на том месте, где они однажды стояли.

Глядя сквозь столетия, Иисус видел народ завета, разбросанный по всему миру, как остатки кораблекрушения на безлюдном побережье. В этом временном воздаянии, готовом обрушиться на детей Израиля, Он видел лишь первую каплю из той чаши ярости, которую они должны будут осушить в судный день. Божественное сочувствие, любовь, исполненная тоски, нашли свое выражение в полных скорби словах: «Иерусалим, Иерусалим, избивающий пророков и камнями побивающий посланных к тебе! сколько раз хотел Я собрать детей твоих, как птица собирает птенцов своих под крылья, и вы не захотели!» (**Ев. Матфея 23:37**). О, если бы ты, народ, предпочтенный всем другим, узнал время посещения твоего и то, что служит к миру твоему! Я удерживал ангела правосудия, Я призывал тебя к покаянию, но тщетно. Ты не принял не только слуг, посланников и пророков, но и Святого Израилева, ты отказался от Него, твоего Спасителя. Если ты будешь истреблен, то один будешь ответственен за это. «Вы не хотите придти ко Мне, чтобы иметь жизнь» (**Ев. Иоанна 5:40**).

Для Христа Иерусалим был символом очерствевшего в неверии и мятеже мира, спешащего навстречу карающим судам Божьим. Несчастья падшего рода, тяготившие Его душу, заставили Его уста издать этот чрезвычайно мучительный возглас. Он видел, что грех явился причиной людских бед, пролитых слез и крови; Его сердце наполняла бесконечная жалость ко всем отверженным и страдающим на Земле; Он жаждал облегчить участь их всех. Тем не менее даже Его рука не могла отвести поток человеческих несчастий; мало кто стремился к единственному Источнику помощи. Он желал отдать Свою душу на смерть, чтобы сделать для них доступным избавление, но мало кто приходил к Нему, чтобы обрести жизнь.

Величие Неба в слезах! Сын Бесконечного Бога, сокрушенный духом, склонившийся под тяжестью душевной боли! Таким зрелищем было поражено все Небо. Эта сцена показывает нам чрезвычайную пагубность греха; она обнаруживает, насколько трудной задачей является даже для Безграничной Силы спасение виновных от результатов преступления Божьего закона. Иисус, вглядываясь в последнее поколение, видел мир, вовлеченный в обман, схожий с тем, который стал причиной разрушения Иерусалима. Великий грех иудеев заключался в непринятии Христа; великим грехом христианского мира будет неприятие закона Божия – фундамента Его правления на Небе и на Земле. Заповедями Иеговы будут гнушаться и ни во что ставить их. Миллионы людей в узах греха – рабы сатаны, осужденные на вторую смерть, – откажутся внимать словам истины в день их посещения. Ужасающая слепота! Удивительное безрассудство!

За два дня до Пасхи, когда Христос в последний раз ушел из храма, разоблачив перед этим лицемерие иудейских вождей, Он вновь со Своими апостолами отправился на Елеонскую гору и сел с ними на поросшем травой косогоре, обозревая город. Еще раз Он вглядывался в его стены, башни и дворцы. Еще раз Он созерцал храм в его ослепительном блеске – эту диадему красоты, венчающую собой святую гору.

Тысячу лет назад псалмист прославил благость Божию к Израилю, когда Он сделал его святой храм местом Своего обитания: «И было в Салиме жилище Его и пребывание Его на Сионе». Он «избрал колено Иудино, гору Сион, которую возлюбил. И устроил, как небо, святилище Свое, и как землю, утвердил его навек» (Псалтирь 75:3; 77:68-69). Первый храм был возведен в период наибольшего расцвета Израиля. Большие запасы сокровищ сделаны царем Давидом для осуществления этого замысла, а планы его строительства разработаны благодаря Божественному вдохновению (1 Паралипоменон 28:12-19). Соломон, мудрейший из израильских царей, закончил эту работу. Этот храм был самым прекрасным зданием из тех, которые когда-либо видел мир. И все же Господь объявил через пророка Аггея по поводу второго храма: «Слава сего последнего храма будет больше, нежели прежнего». «И потрясу все народы, – и придет Желаемый всеми народами, и наполню Дом сей славою, говорит Господь Саваоф» (Аггей 2:9,7).

После разрушения Навуходоносором храм был заново возведен приблизительно за пять столетий до рождения Христа людьми, которые из плена, ставшего длиною в жизнь, вернулись в разоренную и почти безлюдную страну. Среди них тогда были состарившиеся мужи, которые видели славу храма Соломона и которые при устройстве основания нового сооружения плакали, так как оно, должно быть, сильно уступало предыдущему. Чувство, переполнявшее их, впечатляюще описано пророком: «Кто остался между вами, который видел этот Дом в прежней его славе, и каким видите вы его теперь? Не есть ли он в глазах ваших как бы ничто?» (Аггей 2:3; Ездра 3:12). Затем было дано обетование о том, что слава второго храма превзойдет славу прежнего.

Однако второй храм не только уступал первому в великолепии, но и не был освящен свойственными первому храму видимыми знамениями Божественного присутствия. Не было ни одного проявления сверхъестественной силы, чтобы отметить его освящение. Никто не увидел, чтобы облако славы наполнило вновь возведенное святилище. Огонь с небес не сошел, чтобы уничтожить жертву на его жертвеннике. Шекина (знак Божественного присутствия – прим. ред.) больше не пребывала между херувимами во Святом-Святых; ни ковчега, ни престола благодати, ни скрижалей завета там не было. С Неба не звучал голос, чтобы объявлять вопрошающему священнику волю Иеговы.

На протяжении столетий иудеи тщетно старались продемонстрировать, каким образом исполнилось обетование, данное Богом через пророка Аггея, однако гордыня и неверие затуманили их сознание, так что они не могли понять истинного значения слов пророка. Второй храм был почтен не облаком славы Иеговы, но живым присутствием Того, в Ком обитает вся полнота Божества телесно, Кто был Самим Богом, явившимся во плоти. «Желаемый всеми народами» (Аггей 2:7 – прим. ред.) на самом деле пришел в Свой храм, когда Муж из Назарета наставлял и исцелял в его священных дворах. Присутствием Христа, и только этим, второй храм действительно затмил в своей славе первый. Но Израиль отринул предложенный ему Дар Неба. Вместе со смиренным Учителем, Который в тот день вышел через его золотые ворота, слава навеки отступила от храма. И уже осуществились слова Спасителя: «Се, оставляется вам дом ваш пуст» (Ев. Матфея 23:38).

Апостолы исполнились благоговейного страха и изумления при предсказании Христа об уничтожении храма и жаждали лучше понять смысл Его высказывания. Материальные ценности, труд и архитектурное мастерство широко использовались на протяжении более чем сорока лет для придания этому храму большего великолепия. Ирод Великий щедро расходовал на него как римское богатство, так и иудейские сокровища, и даже правитель мировой империи украсил его своими дарами. Массивные блоки белого мрамора почти сказочных размеров, доставленные для этой цели из Рима, составляли часть его строения, и на них ученики обратили внимание своего Учителя, когда сказали: «Посмотри, какие камни и какие здания!» (Ев. Марка 13:1).

На это Иисус торжественно ответил ученикам, сильно их удивив: «Истинно говорю вам: не останется здесь камня на камне; все будет разрушено» (Ев. Матфея 24:2).

Разрушение Иерусалима было связано в сознании учеников с событием личного пришествия Христа в мирской славе, имеющего целью занять престол всемирной империи, покарать нераскаявшихся иудеев и избавить нацию от римского гнета. Господь говорил им о том, что придет во второй раз. Оттого при указании на суды над Иерусалимом их мысли обратились к этому пришествию и, собравшись на Елеонской горе возле Искупителя, они задали Ему вопрос: «Скажи нам, когда это будет? и какой признак Твоего пришествия и кончины века?» (Ев. Матфея 24:3).

Будущее милостиво было сокрыто от учеников. Осознай тогда в полной мере эти два страшных факта: страдание Спасителя и Его смерть, а также уничтожение их города и храма – они исполнились бы ужаса. Христос в общих чертах представил им выдающиеся происшествия, которые будут иметь место перед концом времени. Слова Его не были в то время полностью поняты, но их смысл должен раскрываться по мере того, как Его народ будет нуждаться в данном в них наставлении. Пророчество, которое Он произнес, имело двойное значение: предвещая гибель Иерусалима, оно также служило прообразом ужасов последнего великого дня.

Иисус объявил слушающим Его ученикам о судах, которые должны постигнуть отступивший Израиль, и в особенности о том воздаянии, которое ожидало его за отвержение и распятие Мессии. Безошибочные знамения будут предварять грозную кульминацию. Ужасный час наступит внезапно и быстро. И Спаситель предостерег Своих последователей: «Итак, когда увидите мерзость запустения, реченную чрез пророка Даниила, стоящую на святом месте, – читающий да разумеет, – тогда находящиеся в Иудее да бегут в горы» (Ев. Матфея 24:15-16; Ев. Луки 21:20-21). Когда штандарты идолопоклоннического Рима будут установлены на святой земле, которая распространялась еще на несколько фарлонгов (один фарлонг равен приблизительно 200 м – прим. ред.) дальше городских стен, тогда последователи Христа должны будут бежать, чтобы оказаться в безопасности. Когда предостерегающий знак станет виден, те, кто хотел убежать, не должны медлить. По всей Иудее, как и в самом Иерусалиме, необходимо было немедленно повиноваться сигналу к бегству. Застигнутый на крыше дома не должен заходить внутрь даже затем, чтобы спасти свои самые ценные сокровища. Те, кто будет в поле или в винограднике, не должны терять времени и возвращаться за верхней одеждой, которую они с себя сняли, трудясь при дневном зное. Они не должны колебаться ни мгновения, чтобы не оказаться вовлеченными во всеобщую погибель.

Во время правления Ирода Иерусалим не только был значительно украшен, но и, благодаря возведению башен, стен, крепостей и его уже от природы защищенному положению, стал, казалось бы, неуязвимым. Того, кто в те дни всенародно предсказывал бы его гибель, подобно Ною в свое время, назвали бы безумным нарушителем спокойствия. Но Христос сказал: «Небо и земля прейдут, но слова Мои не прейдут» (Ев. Матфея 24:35). Грехи жителей Иерусалима навлекли на него гнев Божий, и их упорное неверие решило его судьбу.

Господь объявил через пророка Михея: «Слушайте же это, главы дома Иаковлева и князья дома Израилева, гнушающиеся правосудием и искривляющие все прямое, созидающие Сион кровью и Иерусалим – неправдою! Главы его судят за подарки и священники его учат за плату и пророки его предвещают за деньги, а между тем опираются на Господа, говоря: не среди ли нас Господь? Не постигнет нас беда!» (Михей 3:9-11).

Эти слова верно описывают развращенных и самоправедных обитателей Иерусалима. Утверждая, что строго соблюдают все предписания Божия закона, они нарушали все его принципы. Они ненавидели Христа, потому что Его непорочность и святость раскрывали их нечестие; и они обвиняли Его в том, что Он есть причина всех бед, которые навалились на них, хотя это было следствием их грехов. Хотя они и знали, что Он был безгрешен, но все же заявляли, что Его смерть необходима для их безопасности как нации. «Если оставим Его так, – говорили иудейские начальники, – то все уверуют в Него, – и придут римляне и овладеют и местом нашим и народом» (Ев. Иоанна 11:48). Принеся в жертву Христа, они опять могли бы стать могучей, монолитной нацией.

Таким образом они размышляли и сошлись во мнении со своим первосвященником, что лучше, чтобы один человек умер, нежели весь народ погиб (см. Ев. Иоанна 11:50 – прим. ред.).

Так иудейские руководители действительно созидали «Сион кровью и Иерусалим – неправдою» (Михей 3:10). И все же, хотя они и умертвили своего Искупителя, потому что Он порицал их грехи, их самоправедность была настолько велика, что они считали себя избранным народом Божьим и ожидали, что Господь освободит их от врагов. «Посему, – продолжает пророк, – за вас Сион распахан будет как поле, и Иерусалим сделается грудою развалин, и гора Дома сего будет лесистым холмом» (Михей 3:12).

С тех пор как Христос Сам вынес Иерусалиму приговор, Господь еще около сорока лет отодвигал суды над городом и нацией. Поразительным было долготерпение Бога по отношению к отвергающим Его Евангелие и к убийцам Его Сына. Притча о бесплодном дереве (смоковнице – прим. ред.) изображает обращение Бога с иудейским народом. Было дано распоряжение: «Сруби ее: на что она и землю занимает?» (Ев. Луки 13:7), но Божественная милость пощадила его еще на некоторое время. Среди иудеев было немало людей, которые ничего не знали о характере и работе Христа. Детям не представилась возможность принять свет, который отвергли их родители. Через проповеди апостолов и их сподвижников Бог повелит свету воссиять над ними; им будет позволено увидеть, как пророчество исполнилось не только в рождении и жизни Христа, но и в Его смерти и воскресении. Дети не были осуждены за грехи родителей, но когда, имея всю полноту света, ранее дарованную их предкам, они отвергли дополнительный свет, посланный уже им лично, тогда стали соучастниками в грехах своих родителей и дополнили меру их беззакония.

Долготерпение Божье в отношении Иерусалима лишь утверждало иудеев в их упорной нераскаянности. В своей ненависти и жестокости к последователям Христа они отклонили последнее предложение милости. Тогда Господь удалил от них Свою защиту и прекратил сдерживать силу сатаны и его ангелов, и нация была оставлена на произвол выбранного ею руководителя. Ее дети с презрением отринули Христову милость, которая сделала бы их способными подавлять свои злые чувства, и теперь эти чувства превозмогли их. Сатана пробуждал наиболее злые и низменные страсти души. Люди действовали без рассуждения; ими управляли чувства и слепой гнев. В своей безжалостности они уподобились сатане. В семьях и в народе, среди всех классов общества одинаково господствовали подозрение, зависть, ненависть, споры, мятежи, убийства. Нигде не было безопасно. Друзья и родные обманывали друг друга. Родители лишали жизни своих детей, а дети – своих родителей. Руководители народа не были способны управлять собой. Неконтролируемые страсти превратили их в тиранов. Иудеи допустили лжесвидетельство, чтобы осудить невинного Сына Божия. И вот ложные обвинения подвергли опасности их собственные жизни. Своими действиями они долгое время высказывали: «Устраните от глаз наших Святого Израилева» (Исаия 30:11). Их желание было ныне удовлетворено. Страх перед Богом больше не беспокоил их. Во главе нации находился сатана, и высшие гражданские и религиозные власти были под его руководством.

Лидеры противоборствующих партий порой объединялись, чтобы обворовывать и терзать свои бедные жертвы, а после набрасывались друг на друга и убивали без пощады. В своей страшной жестокости они не принимали во внимание даже святость храма. Поклоняющихся поражали перед жертвенником, и святилище было осквернено телами убитых. И все-таки инициаторы этого адского дела в своей слепой и богохульной дерзости во всеуслышание провозглашали, что не страшатся того, что Иерусалим будет разрушен, так как этот город – собственность Бога. Чтобы упрочить свою власть, они за деньги нанимали ложных пророков, которые даже уже при осаде храма римскими легионами обязаны были проповедовать, что народ должен ожидать избавления от Бога. Множество людей были твердо убеждены до конца, что Всевышний вмешается и истребит их врагов. Однако Израиль надменно отклонил Божественное попечительство, и теперь он оставался без охраны. Бедный Иерусалим, разрываемый внутренней враждой, окрасившей улицы кровью своих детей, уничтожающих друг друга, в то время как чужая армия превращает в развалины его укрепления и убивает его солдат!

Все пророчества Христа, касающиеся гибели Иерусалима, в точности сбылись. Иудеи на опыте убедились в истинности Его слов предостережения: «И какою мерою мерите, такою и вам будут мерить» (Ев. Матфея 7:2).

Как провозвестники горя и рокового конца появлялись знамения и чудеса. Среди ночи неестественное сияние было над храмом и жертвенником. На облаках при закате являлись очертания колесниц и солдат, собравшихся на брань. Священники, служившие в святилище ночью, устрашились загадочных звуков; земля содрогалась, и слышно было множество голосов, вопиющих: «Давайте уйдем отсюда!» Большие восточные ворота, которые были настолько массивными, что их лишь с трудом могли закрыть два десятка человек, и которые были оснащены огромными железными затворами, глубоко закрепляемыми в мостовой из прочного камня, открылись в полночь без видимого содействия (Milman, The History of the Jews, т.13).

В продолжение семи лет один человек не переставал обходить улицы Иерусалима, провозглашая о несчастьях, которые обрушатся на город. День и ночь он громко распевал горестную заунывную песнь: «Голос от Востока! Голос от Запада! Голос от четырех ветров! Голос против Иерусалима и против храма! Голос против невесты и жениха! Голос против всего народа!» (Там же). Этот удивительный человек был заключен в тюрьму и подвергнут бичеванию, однако с его уст не слетел ни единый звука ропота. На ругательства и жестокое обращение он лишь отвечал: «Горе, горе Иерусалиму! Горе, горе его жителям!» Его предостерегающий клич не прекращался до тех пор, пока он не был убит при предсказанной им осаде.

Ни один христианин не умер при уничтожении Иерусалима. Христос дал Своим ученикам предостережение, и каждый, кто поверил Его словам, ожидал обещанного знамения. «Когда же увидите Иерусалим, окруженный войсками, – сказал Иисус, – тогда знайте, что приблизилось запустение его: тогда находящиеся в Иудее да бегут в горы; и кто в городе, выходи из него; и кто в окрестностях, не входи в него» (Ев. Луки 21:20-21). После того как римляне во главе с Цестием окружили город, они вдруг отказались от осады, хотя все казалось благоприятным для внезапной атаки. Осажденные, не надеясь уже на успех сопротивления, собирались сдаться, когда римский военачальник без малейшей видимой на то причины отозвал свою армию. Милосердное Божье провидение руководило событиями ради блага Его собственного народа. Обещанный знак был дан ожидающим христианам, и сейчас каждый желающий внять предостережению Спасителя мог воспользоваться этой благоприятной возможностью. События складывались таким образом, что ни иудеи, ни римляне не могли помешать бегству христиан. После отхода Цестия иудеи произвели вылазку из Иерусалима и преследовали его отступающую армию; и тогда как оба войска оказались полностью поглощены боем, христианам предоставилась возможность покинуть город. На тот момент страна была свободной и от врагов, которые могли бы попытаться задержать их. Ко времени осады иудеи собрались в Иерусалиме, чтобы отметить праздник Кущей, и таким образом христиане по всей стране получили шанс беспрепятственно укрыться. Без промедления они бежали в одно безопасное место – в город Пеллу, находящийся в земле Перея, что за Иорданом.

Иудейские войска, преследовавшие Цестия и его армию, с такой свирепостью набросились на ее тыл, что это грозило римлянам совершенным истреблением. С большим трудом римлянам удалось совершить свой отход. Иудеи почти полностью избежали потерь и с триумфом и трофеями вернулись в Иерусалим. И все же этот очевидный успех принес им только беду. Он воодушевил их к упорному сопротивлению римлянам, и вскоре это принесло обреченному городу невыразимое горе.

Ужасными были бедствия, обрушившиеся на Иерусалим при возобновлении осады Титом. Город был окружен во время праздника Пасхи, когда в его стенах находились миллионы иудеев. Запасов продовольствия при бережном хранении было бы достаточно, чтобы долгие годы снабжать жителей, но их уничтожили ранее из-за соперничества и мести борющихся между собой фракций – и теперь город переживал все ужасы голода. Талант отдавали за меру пшеницы. Люди так сильно страдали от голода, что грызли кожу своих поясов, сандалий и обивку своих щитов. Пользуясь покровом ночи, великое множество народа тайком выбиралось из города, чтобы набрать растущих за его стенами трав и диких растений, но многих из них хватали и жесточайшим образом убивали, а у тех, кто возвращался невредимым, часто отнимали собранное с таким большим риском. Наиболее бесчеловечные пытки применялись власть имущими, чтобы силой отнять у угнетенных нуждой последние скудные запасы, которые они, быть может, припрятали. И нередко эти зверства совершали не голодные люди, а те, которые лишь хотели накопить запас продовольствия на будущее.

Тысячи умирали от голода и эпидемий. Естественные привязанности, казалось, были уничтожены. Мужья обирали своих жен, а жены – своих мужей. Можно было видеть, как дети выхватывали пищу изо рта своих пожилых родителей. На вопрос пророка: «Забудет ли женщина грудное дитя свое?» (Исаия 49:15) был дан ответ в стенах этого обреченного города: «Руки мягкосердых женщин варили детей своих, чтоб они были для них пищею во время гибели дщери народа моего» (Плач Иеремии 4:10). Снова осуществилось предупреждающее пророчество, произнесенное четырнадцать веков тому назад: «Женщина, жившая у тебя в неге и роскоши, которая никогда ноги своей не ставила на землю по причине роскоши и изнеженности, будет безжалостным оком смотреть на мужа недра своего, и на сына своего и на дочь свою, и не даст им последа... и детей, которых она родит; потому что она, при недостатке во всем, тайно будет есть их в осаде и стеснении, в котором стеснит тебя враг твой в жилищах твоих» (Второзаконие 28:56-57).

Римские предводители стремились вселить в иудеев страх и таким образом вынудить их сдаться. Тех пленников, которые оказывали сопротивление при их захвате, бичевали, пытали и распинали перед городской стеной. Сотни людей ежедневно претерпевали такую смерть, и это жестокое действие проводилось до тех пор, пока в долине Иосафата и на Голгофе не было возведено так много крестов, что между ними едва оставалось пространство, чтобы пройти. Таким ужасным образом иудеев поразило их страшное проклятие, произнесенное ими перед судом Пилата: «Кровь Его на нас и на детях наших» (Ев. Матфея 27:25).

Тит желал положить конец этим страшным событиям и избавить Иерусалим от приведения в действие приговора над ним в полной мере. Он исполнился ужаса при виде мертвых тел, грудами лежащих в долинах. Как завороженный смотрел он с вершины Елеонской горы на величественный храм и отдал приказ не касаться ни единого его камня. Прежде чем попытаться занять эту твердыню, он со всей серьезностью обратился к иудейским вождям с просьбой не заставлять его осквернять кровью это святое место. Если они выйдут на битву в любом другом месте, то ни один римлянин не нарушит святости храма. Иосиф Флавий лично в проникновеннейших воззваниях умолял их сдаться, чтобы спасти себя самих, свой город и свое место поклонения. Но на его слова они ответили злобными проклятиями. В него, в их последнего человеческого посредника, были пущены стрелы, когда он с мольбами обращался к ним. Иудеи отринули все увещевания Сына Божия, и ныне всякие уговоры и просьбы делали их лишь еще решительнее в том, чтобы стоять до конца. Усилия Тита спасти храм были тщетны. Некто более великий, чем он, объявил, что не останется здесь камня на камне.

Безумное упорство иудейских руководителей и имеющие место в осажденном городе беззакония, вызывающие чувство омерзения, порождали у римлян отвращение и возмущение, и, в конце концов, Тит склонился к решению штурмовать храм, пытаясь, однако, сохранить его по возможности от уничтожения. Но его приказы не были приняты во внимание. После того как он ночью удалился в свою палатку, иудеи, сделав вылазку из храма, атаковали солдат. Во время схватки один из солдат швырнул головню сквозь отверстие притвора, и тотчас же облицованные кедровым деревом помещения вокруг святилища были охвачены пламенем. Тит ринулся к этому месту, сопровождаемый своими генералами и легионерами, и повелел солдатам погасить пламя. Но его слова были проигнорированы. В исступлении солдаты кидали пылающие головни в помещения, прилегающие к храму, и затем мечами безжалостно убивали многих, нашедших там убежище. Кровь, словно вода, стекала по храмовым ступеням. Пали тысячи и тысячи иудеев. Поверх шума сражения были слышны крики голосов: «Ихавод!» – отошла слава (см. 1 Царств 4:21 – прим. ред.).

«Тит убедился, что невозможно укротить неистовство солдат; он вошел в храм вместе со своими офицерами, чтобы рассмотреть изнутри это святое сооружение. Его великолепие привело их в изумление; и, так как пламя еще не дошло до святилища, Тит предпринял последнюю попытку спасти его; выбежав наружу, он вновь заклинал солдат остановить распространение бушующего пожара. Сотник Либералий старался заставить повиноваться ему, используя свой офицерский жезл; но даже уважительное отношение к императору исчезло перед неистовой враждебностью к иудеям, перед ожесточенным возбуждением битвы и непреодолимым желанием поживиться. Солдаты видели, как все вокруг них светилось золотом, которое в буйном полыхании огня распространяло ослепительное сияние, и предполагали, что в святилище сложены неисчислимые богатства. Незаметным образом один из солдат бросил промеж петель двери горящий факел – и в одно мгновение все сооружение заполыхало. Густые клубы дыма и пламя вынудили офицеров отойти, и великолепное строение было предано своей участи.

Если это было ужасным зрелищем для римлян,

то каким оно было для иудеев?! Вся вершина холма, которая возвышалась над городом, горела ярким пламенем, будто вулкан. Одна за другой со страшным шумом обрушивались постройки и поглощались горящей пучиной. Крыши из кедрового дерева были словно огненные пелены; покрытые позолотой шпицы сияли, как светящиеся красные колосья; от башен ворот устремлялись ввысь колонны огня и дыма. На озаренных светом окрестных холмах были видны очертания людей, которые с ужасом смотрели на это прогрессирующее разрушение; стены и возвышенности верхней части города были заполнены людьми: лица одних были бледны от страха и беспомощности, мрачный взор других выражал бессильную жажду мщения. Крики снующих в разные места римских солдат и ужасные стоны умирающих в пламени бунтовщиков сливались с шумом пожара и грохотом обрушивающихся бревен. Эхом отражались от гор вопли ужаса людей на возвышенностях. Во всю длину стен слышались только крики и стоны; изнуренные голодом люди собирались с силами, чтобы в своем предсмертном крике излить все свое отчаянье и боль.

Бойня внутри была даже еще ужаснее того, что происходило вне стен. Мужчины и женщины, старые и молодые, повстанцы и священники, те, кто воевал, и те, кто молил о пощаде, – все вместе погибали в беспорядочной кровавой бойне. Количество убитых превышало число убивающих. Легионеры должны были перебираться через груды убитых, чтобы иметь возможность продолжать свое дело истребления» (Milman, The History of the Jews, т.16).

В скором времени после того, как храм превратился в руины, весь город перешел в руки римлян. Вожди иудеев оставили свои недосягаемые цитадели, и Тит обнаружил, что они безлюдны. Он рассмотрел их с удивлением и объявил, что Сам Бог предал их ему, так как никакие орудия, какими бы мощными они ни были, не смогли бы одолеть эти колоссальные зубчатые стены с бойницами. Как город, так и храм были полностью снесены, и участок земли, на котором стояло святое строение, был «вспахан, как поле» (Иеремия 26:18). За время блокады и дальнейшей резни пало больше миллиона человек; выжившие были взяты в плен, проданы в рабство, отведены в Рим, чтобы украсить триумф победителя, брошены к диким зверям в амфитеатры или, как бесприютные странники, разбрелись по всему миру.

Иудеи сами заключили себя в оковы, они сами наполнили себе чашу возмездия. В совершенном разорении, постигшем их как нацию, и во всем том горе, которое следовало за ними в их рассеянии, они только пожинали плоды того, что посеяли собственными руками. Пророк сказал: «Погубил ты себя, Израиль... ибо ты упал от нечестия твоего» (Осия 13:9; 14:2). Их страдания часто представляются как наказание, постигшее их по прямому Божьему повелению. Это уловка, посредством которой великий обманщик старается завуалировать собственную работу. Своим упрямым отвержением Божественной любви и милости иудеи способствовали тому, что Бог отнял от них защиту, и сатане было разрешено руководить ими по своей воле. Ужасная жестокость, которая была проявлена при уничтожении Иерусалима, характеризует мстительную власть сатаны над теми, кто отдается под его водительство.

Мы не способны понять, сколь многим обязаны Христу за покой и защиту, которые мы имеем. Это сдерживающая Божья сила предохраняет человечество от полного господства сатаны. Непослушные и непризнательные люди имеют все основания благодарить Бога за Его милосердие и долготерпение, так как Он ограничивает жестокую и коварную власть лукавого. Но когда человек переполняет чашу Божественного снисхождения, тогда это ограничение устраняется. Бог не является в отношении грешника исполнителем приговора за проступки, но Он удаляется от тех, кто отвергает Его милость, чтобы они пожали то, что посеяли. Всякий непринятый луч света, всякое оставленное без внимания предостережение, всякая удовлетворяемая похоть, всякое неповиновение требованиям Божьего закона является посеянным семенем, которое неизменно даст урожай. Дух Божий наконец отнимается от постоянно противящегося Ему грешника, и тогда не остается больше никакой силы для обуздания злых страстей души и никакой защиты от злобы и враждебности сатаны. Гибель Иерусалима является страшным и торжественным предупреждением для всех тех, кто пренебрежительно относится к предложениям Божественной благодати и сопротивляется призывам Божественного милосердия. Никогда не было дано более убедительного свидетельства ненависти Бога ко греху и того неизбежного наказания, которое постигнет виновных.

Предсказание Спасителя о посещении Иерусалима Божьими судами будет иметь и другое исполнение, лишь слабым подобием которого было это ужасное разрушение. В судьбе избранного города перед нами открыта участь мира, пренебрегшего милостью Божьей и поправшего Его закон. Ужасны отчеты о человеческих бедствиях, свидетелем которых была Земля в течение многих сотен лет беззакония. Сердце сжимается и дух изнемогает при мысли об этом. Отвержение авторитета Неба привело к страшным последствиям. Однако еще более мрачная картина представлена в откровениях о будущем. Летописи прошлого – длинный ряд мятежей, конфликтов и революций, «время брани и одежда, обагренная кровью» (Исаия 9:5), – что они по сравнению с бедствиями того дня, когда смягчающий Дух Божий будет полностью отнят от грешников и не будет больше сдерживать вспышки человеческих страстей и демоническую ярость! Тогда, как никогда раньше, мир узрит результаты правления сатаны.

Но в тот день, как и при гибели Иерусалима, народ Божий будет спасен, «все вписанные в книгу для житья» уцелеют (Исаия 4:3). Христос сказал, что Он явится во второй раз, чтобы собрать к Себе Своих верных: «И тогда восплачутся все племена земные и увидят Сына Человеческого, грядущего на облаках небесных с силою и славою великою; и пошлет Ангелов Своих с трубою громогласною, и соберут избранных Его от четырех ветров, от края небес до края их» (Ев. Матфея 24:30-31). Тогда все, не покорившиеся Евангелию, будут уничтожены духом уст Его и истреблены явлением пришествия Его (см. 2 Фессалоникийцам 2:8). Как и ветхозаветный Израиль, беззаконники приговорят себя сами: их же нечестие погубит их. Жизнью во грехе они сами отдалили себя от Бога, зло настолько унизило их сущность, что проявление Его славы станет для них всепоглощающим пламенем.

Да поостерегутся люди от пренебрежительного отношения к урокам, которые даны им в словах Христа! Как однажды Иисус предупредил Своих последователей о гибели Иерусалима, дав им знамение приближающейся катастрофы, чтобы они смогли убежать, так Он предостерег и мир о часе его окончательного уничтожения и дал ему знамения его приближения, чтобы все желающие спаслись от грядущего гнева. Иисус провозглашает: «И будут знамения в солнце и луне и звездах, а на земле уныние народов и недоумение» (Ев. Луки 21:25; Ев. Матфея 24:29: Ев. Марка 13:24-26; Откровение 6:12-17). И все, кто разумеет эти знамения Его пришествия, должны понимать, «что близко, при дверях» (Ев. Матфея 24:33). «Итак бодрствуйте», – звучат слова Его предостережения (Ев. Марка 13:35). Те, кто прислушается к ним, не останутся во мраке, и «день тот» не застанет их неприготовленными. Но к тем, кто не станет бодрствовать, «день Господень так придет, как тать (вор – прим. ред.) ночью» (1 Фессалоникийцам 5:2-5).

Мир не больше готов поверить вести для настоящего времени, чем когда-то иудеи были готовы внимать предупреждению Спасителя, касающемуся Иерусалима. В какое бы время ни пришел день Господень, он застигнет неверующих врасплох. Когда жизнь будет протекать так, как она протекала всегда; когда люди будут увлечены развлечениями, бизнесом, торговлей, накопительством; когда религиозные лидеры будут восхвалять достижения и просвещенность мира, а народ будет усыплен ложной безопасностью, – тогда, подобно тому как в полночь вор проникает в оставленное без охраны жилище, всех беззаботных и безбожных людей вдруг «постигнет... пагуба... и не избегнут» (1 Фессалоникийцам 5:3).

Разрушение Иерусалима и храма

ГЛАВА **2**

Преследования в первые века

Вскоре христиане стали мишенью для нападок сатаны через язычество. Так как между Князем света и князем тьмы нет ничего общего, то не может быть и никакого единства между верными и неверными Богу людьми. Яростные преследования разразились против всех истинных последователей Иисуса.

Когда Иисус показал Своим ученикам, что ожидает Иерусалим, и открыл им сцены Его Второго пришествия, Он также предвозвестил и будущие переживания Своего народа, начиная с того времени, когда Он будет взят от них, и до Его возвращения в силе и славе для их избавления. С Елеонской горы Спаситель видел ураганы, собиравшиеся обрушиться на апостольскую церковь, а проникая дальше в будущее, Он мог различить свирепые, опустошительные бури, которые разразятся над Его последователями в грядущие века тьмы и гонений. В нескольких кратких, но чрезвычайно важных высказываниях Он предвозвестил тот удел, который властители этого мира назначат Божьей церкви (Ев. Матфея 24:9,21-22). Последователи Христа должны шагать той же самой дорогой унижения, осуждения и страдания, какой шагал их Учитель. Вражда, вспыхнувшая против Искупителя мира, проявится и по отношению ко всем, верующим в Его имя.

История ранней церкви свидетельствует об осуществлении слов Спасителя. Силы земли и ада ополчились против Христа в лице Его последователей. Язычество предугадывало свержение своих храмов и алтарей в случае триумфа Евангелия, поэтому оно мобилизовало свои силы, чтобы уничтожить христианство. Был зажжен огонь гонений. Христиан лишали имущества и жилищ. Они «выдержали великий подвиг страданий» (Евреям 10:32). Они «испытали поругания и побои, а также узы и темницу» (Евреям 11:36). Большое их число кровью запечатлело свое свидетельство. Знатные и рабы, богатые и бедные, образованные и неграмотные – все без различия были безжалостно убиваемы.

Эти преследования, имевшие свое начало при Нероне, примерно тогда, когда Павел принял мученическую смерть, с большей или меньшей яростью велись на протяжении столетий. Христиане были ложно обвиняемы в самых отвратительных преступлениях и объявлены причиной больших несчастий: голода, чумы и землетрясений. Как только они стали объектами массовой ненависти и подозрения, осведомители тут же проявили готовность ради корысти предавать невиновных. Они были осуждены, как восставшие против империи, как противники религии и вредители общества. Многих из них кидали к хищным зверям или сжигали живыми в амфитеатрах. Некоторых распинали, других обворачивали шкурами диких животных и бросали на арену на растерзание собакам. Расправа над ними часто являлась главным развлечением на массовых празднествах. Громадные толпы собирались, для того чтобы получить удовольствие от этого зрелища; предсмертные муки христиан они приветствовали смехом и аплодисментами.

Где бы последователи Христа ни искали убежища, повсюду за ними охотились, как за дикими животными. Им приходилось находить укрытие в необитаемых и отдаленных местах. Они «скитались в милотях и козьих кожах, терпя недостатки, скорби, озлобления; те, которых весь мир не был достоин, скитались по пустыням и горам, по пещерам и ущельям земли» (Евреям 11:37-38). Катакомбы предоставили приют для многих тысяч из них. Под холмами в земле и в скалах, за пределами Рима, были проложены длинные галереи; темная, замысловатая сеть ходов распространялась на многие мили от городских стен. В этих подземных пристанищах христиане

Колизей в Риме

Нерон Клавдий Цезарь (37-68)

хоронили своих умерших; здесь же они жили, когда попадали под подозрение и подвергались опале. Когда Жизнедатель пробудит тех, кто подвизался добрым подвигом веры, тогда многие, ставшие мучениками ради Христа, выйдут из этих темных гротов.

Испытывая жесточайшие гонения, эти свидетели Иисуса хранили свою веру незапятнанной. Ютясь в мрачных, но гостеприимных недрах земли, несмотря на отсутствие всяких удобств и солнечного света, они все же ни на что не сетовали. Говоря о вере, стойкости и надежде, они ободряли друг друга безропотно претерпевать нужду и бедствия. Утрата всех земных благословений не смогла вынудить их отречься от веры в Христа. Переживания и преследования были лишь шагами на пути к полагающемуся им покою и вознаграждению.

Многие, как и слуги Божьи в древности, «замучены были, не принявши освобождения, дабы получить лучшее воскресение» (Евреям 11:35). Они вспоминали слова своего Учителя, что когда их будут гнать ради Христа, то они должны быть чрезвычайно рады, потому что велика их награда на Небесах; ибо так гнали и пророков, бывших прежде них (см. Ев. Матфея 5:12 – прим. ред.). Они радовались тому, что были сочтены достойными пострадать ради истины, и с разгорающихся костров звучали их песни победы. Верою взирая ввысь, они видели Христа и ангелов, глядящих на них с глубочайшим участием и одобряющих их стойкость. С престола Божьего до них доносился голос: «Будь верен до смерти, и дам тебе венец жизни» (Откровение 2:10).

Тщетно старался сатана уничтожить церковь Христову применением силы. Великое противоборство, в котором апостолы Иисуса отдали свои жизни, не закончилось, когда эти верные знаменосцы пали на своем посту. При поражении они побеждали. Работников Божьих умерщвляли, однако Его дело неизменно развивалось. Евангелие продолжало распространяться, а число его приверженцев – увеличиваться. Оно проникало в регионы, которые были недосягаемы даже для орлов Рима. Один христианин, стараясь усовестить языческих властителей, которые осуществляли преследования, сказал: «Вы можете убивать нас, пытать нас, обвинять нас... Ваши неправедные деяния доказывают то, что мы невиновны... Ваша безжалостность тоже... не принесет вам пользы». Это лишь сильнее побуждало других разделять их убеждения. «Чем чаще вы нас скашиваете, тем многочисленнее мы становимся;

кровь христиан – это семя» (Тертуллиан, «Апологетика», пар. 50).

Тысячи были брошены в тюрьмы и убиты, но поднимались другие, чтобы занять их место. И те, которые ради своей веры претерпели мученическую смерть, заслужили доверие Христа и рассматривались Им как победители. Они подвизались добрым подвигом веры и получат венец славы, когда Христос придет. Испытываемые христианами страдания сближали их друг с другом, а также и со своим Искупителем. Их живой пример и предсмертное свидетельство были постоянным доказательством в пользу истины, и там, где этого меньше всего можно было ожидать, подданные сатаны переставали служить ему и вставали под знамя Христа.

Ввиду этого, для более успешного осуществления планов борьбы против руководства Бога сатана воздвиг свое знамя в христианской церкви. Если можно будет ввести последователей Христа в заблуждение и склонить их поступать так, чтобы вызвать неудовольствие Божье, тогда их сила, стойкость и непоколебимость исчезнут, и они станут легкой добычей.

Теперь великий искуситель старался обманом достичь того, чего ему не удалось добиться силой. Преследования закончились, и их место заняли коварные соблазны преходящего успеха и мирской славы. Идолослужители были побуждены принять часть христианской веры, отклонив при этом ее существенные истины. Они утверждали, что признают Иисуса Сыном Божьим и верят в Его смерть и воскресение, однако не чувствовали себя грешниками и не ощущали нужды в покаянии или изменении сердца. Идя на некоторые уступки со своей стороны, они предполагали, что и христиане должны пойти на уступки, для того чтобы всем можно было объединиться на платформе веры во Христа.

Церкви сейчас грозила ужасная беда. В сравнении с этим неволя, пытки, костер и меч были благословением. Некоторые христиане стояли непоколебимо, заявляя, что не могут идти на компромисс. Другие были за то, чтобы согласиться или переиначить некоторые пункты своей веры и объединиться с теми, которые приняли неполное христианство, настаивая на том, что это может послужить средством для их окончательного обращения. Для верных последователей Христа то было время сильных переживаний. Под мантией мнимого христианства сатана прокрался в церковь, чтобы извратить веру христиан и отвлечь их разум от слов истины.

В конце концов, большинство христиан согласилось понизить свои стандарты, и союз между христианством и язычеством был заключен. Несмотря на то что язычники заверяли о своем обращении и присоединялись к церкви, все же они крепко держались идолослужения, заменив только объект поклонения изображениями Иисуса, Марии и святых. Испорченная закваска идолопоклонства, внесенная таким образом в церковь, продолжала свое пагубное дело. Необоснованные доктрины, суеверные традиции и идолопоклоннические обряды были включены в ее вероисповедание и богослужение. Как только последователи Христа объединились с язычниками, христианская религия стала разлагаться, и церковь лишилась своей чистоты и силы. Все же были и такие, кого эти заблуждения не сбили с пути. Они по-прежнему сохраняли свою верность Автору истины и поклонялись только одному Богу.

Среди называющих себя последователями Христа всегда было два разряда людей. В то время как одни изучают жизнь Спасителя, серьезно стараются избавиться от своих пороков и соответствовать Примеру, другие избегают ясных, практических истин, которые разоблачают их заблуждения. Даже тогда, когда состояние церкви было наилучшим, ее не составляли целиком лишь верные, чистые и искренние души. Наш Спаситель учил, что тех, кто умышленно предается греху, нельзя принимать в церковь; и все же Он допускал в Свою среду людей, имеющих несовершенный характер, и даровал им преимущество оказаться под влиянием Его учений и личного примера, чтобы они могли иметь возможность осознать и исправить свои ошибки. Среди двенадцати апостолов был один изменник. Иуду приняли не по причине недостатков его характера, а невзирая на них. Он был причислен к ученикам, чтобы, благодаря наставлениям и примеру Христа, мог постичь, каким должен быть христианский характер, и, таким образом, осознать свои грехи, покаяться и с помощью Божественной благодати очистить свою душу «послушанием истине» (1 Петра 1:22). Но Иуда не ходил во свете, который так милостиво освещал его. Потворством греху он привлек к себе сатанинские соблазны. Пагубные черты его характера одержали верх. Он предоставил свой разум руководству сил тьмы; он гневался, когда порицали его недостатки, и таким образом дошел до того, что совершил страшное преступление, предав своего Учителя. Так все, заявляющие о своей набожности, но лелеющие зло, испытывают ненависть к тем, кто своим порицанием их греховного образа действий нарушает их покой. Если представится благоприятная возможность, таковые, подобно Иуде, предадут тех, кто обличал их для их же блага.

Апостолы сталкивались в церкви с теми, кто имел вид благочестия, лелея при этом втайне беззаконие. Анания и Сапфира действовали, как обманщики, разыгрывая из себя тех, кто всем пожертвовал ради Бога, тогда как некоторую часть они корыстолюбиво удержали для себя. Дух истины открыл апостолам подлинный характер этих притворщиков, и суд Божий избавил церковь от оскверняющего ее чистоту бесчестия. Это поразительное доказательство присутствия в церкви всепроникающего Духа Христа приводило в ужас лицемеров и злодеев. Они не могли долго оставаться в среде тех, кто в своем поведении и в характере был неизменным представителем Христа, и поэтому, как только на Его последователей обрушились испытания и гонения, только те, кто был готов все оставить ради истины, пожелали стать Его учениками. Таким образом, пока продолжались гонения, церковь оставалась относительно чистой. Но стоило им прекратиться, как к ней присоединились новообращенные, которые были уже не такими искренними и посвященными, и для сатаны открылся путь, чтобы обосноваться в церкви.

Однако между Князем света и князем тьмы нет согласия, следовательно, не может быть согласия и между их последователями. Когда христиане согласились объединиться с теми, кто только наполовину был обращен из язычества, они вступили на путь, уводящий их все дальше и дальше от истины. Сатана ликовал от того, что он возымел успех в обмане такого большого числа последователей Христа. Затем он более полно употребил над ними свою власть и воодушевил их гнать тех, кто сохранил свою верность Богу. Никто не понимал так хорошо, как нужно противостоять истинной христианской вере, как те, которые однажды были ее защитниками; и эти отступившие христиане, объединившись со своими полуязыческими соратниками, нацелили свой удар против важнейших пунктов учения Христа.

Потребовалась отчаянная борьба со стороны, кто пожелал остаться верным, чтобы стойко противиться обманам и мерзостям, переодетым в священнические одеяния и внедряемым в церковь. Библию перестали признавать стандартом веры. Доктрина о религиозной свободе была заклеймена как ересь, а ее приверженцев ненавидели и объявляли вне закона.

После долгой и суровой борьбы те немногие, что остались верными, приняли решение полностью расторгнуть отношения с отпавшей церковью, если она не откажется освободиться от лжи и идолопоклонства. Они понимали, что отделение является для них абсолютной необходимостью, коль скоро они сами хотят повиноваться Слову Божию. Они не осмеливались терпеть заблуждения, губительные для их собственных душ, и подавать пример, который бы поставил под угрозу веру их детей, а также детей их детей. Чтобы обеспечить мир и единство, они были согласны пойти на любые уступки, совместимые с верностью Богу; но они считали, что даже для обретения мира пожертвование принципами – это чрезмерно высокая цена. Если единства можно было достичь лишь путем пренебрежения истиной и праведностью, тогда пусть лучше будет раскол и даже война.

Для церкви и для мира было бы хорошо, если бы принципы, побуждавшие к действиям те непоколебимые души, возродились в сердцах признающих себя народом Божьим. Царит тревожное безразличие к учениям, которые являются столпами христианской веры. Укрепляется мнение, что они все же не являются такими уж актуальными. Это вырождение укрепляет руки агентов сатаны, так что к тем ложным теориям и пагубным заблуждениям, для преодоления и разоблачения которых верные слуги Божьи в прошлые времена подвергали опасности свои жизни, теперь с пониманием относятся тысячи претендующих на звание последователей Христа.

Ранние христиане были в действительности необычными людьми. Их безупречное поведение и твердая вера были непрестанным упреком, причинявшим беспокойство грешникам. Хотя они и были малочисленны, не обладали богатством, положением или почетными званиями, но все же повсюду, где становились известными их характер и учение, они были ужасом для нечестивых. По этой причине безбожники и испытывали к ним ненависть, точно так же, как Авель был ненавидим безбожным Каином. Исходя из тех же самых соображений, что и Каин при убийстве Авеля, те, кто стремился отделаться от сдерживающего влияния Святого Духа, предавали на смерть народ Божий. Именно поэтому иудеи отвергли и распяли Спасителя – поскольку чистота и святость Его характера служили непрестанным укором их эгоизму и порочности. Со дней Христа и поныне Его верные ученики вызывают неприязнь и противодействие со стороны тех, кто любит пути греха и следует ими.

Как же тогда Евангелие может быть названо вестью мира? Когда Исаия предсказывал рождение Мессии, он назвал Его «Князем мира» (Исаия 9:6 – прим. ред.). Когда ангелы объявили пастухам о том, что родился Христос, они пели над Вифлеемскими равнинами: «Слава в вышних Богу, и на земле мир, в человеках благоволение» (Ев. Луки 2:14). Есть кажущееся несоответствие между этими пророческими высказываниями и словами Христа: «Не мир пришел Я принести, но меч» (Ев. Матфея 10:34). Но при правильном понимании видно, что между этими двумя изречениями царит абсолютная гармония. Евангелие является посланием мира. Христианство – это система учений, которая, будучи принята и исполнена, распространила бы мир, согласие и счастье по всей земле. Религия Христа желает соединить всех, принимающих ее учения, в сердечное братство. Миссия Иисуса состояла в том, чтобы примирить людей с Богом, а следовательно, и друг с другом. Но мир в общем и целом находится под контролем сатаны, злейшего врага Христа. Евангелие предлагает людям такие принципы жизни, которые полностью расходятся с их обычаями и желаниями, и они восстают против него. Они чувствуют отвращение к той чистоте, которая обнаруживает и осуждает их грехи, и гонят и уничтожают тех, кто убеждает их выполнять справедливые и святые требования Евангелия. Те возвышенные истины, которые оно несет, вызывают ненависть и борьбу – именно в этом смысле Евангелие и названо мечом.

То, что таинственное провидение допускает, чтобы праведники претерпевали гонения со стороны нечестивых, для многих слабых в вере стало причиной большого недоумения. Некоторые даже готовы перестать доверять Богу из-за того, что Он дозволяет самым подлым из людей процветать, тогда как самые хорошие и честные люди притесняемы и мучимы их жестокой властью. Как, спрашивается, может Тот, Кто является справедливым, милосердным и в то же время имеет неограниченную власть, терпеть такую несправедливость и угнетение? Это вопрос, ответа на который мы не знаем. Бог предоставил нам достаточно доказательств Своей любви, и мы не должны сомневаться в Его благости только потому, что не можем проникнуть в суть действий Его провидения. Спаситель сказал Своим ученикам, предвидя сомнения, которые во дни испытания и тьмы будут осаждать их души: «Помните слово, которое Я сказал вам: раб не больше господина своего. Если Меня гнали, будут гнать и вас» (Ев. Иоанна 15:20). Иисус пострадал за нас больше, чем может претерпеть любой из Его последователей из-за безжалостности нечестивых людей. Те, которые призваны выдерживать пытки и погибать мученической смертью, лишь следуют по стопам дорогого Сына Божия.

«Не медлит Господь исполнением обетования» (2Петра 3:9). Он не забывает Своих детей и не пренебрегает ими, однако Он допускает, чтобы безбожники обнаружили свой подлинный характер, – и тогда в отношении их никто из желающих следовать Его воле не будет введен в заблуждение. Кроме того, праведные помещаются в горнило страданий, чтобы они сами могли быть очищены, чтобы их пример мог убеждать и других в подлинности их веры и благочестия, а также чтобы их последовательный образ действий мог осуждать безбожников и неверующих.

Бог позволяет нечестивым преуспевать и обнаруживать свою враждебность к Нему, чтобы, когда они наполнят меру своего беззакония, все могли бы увидеть Его справедливость и милость в их совершенном уничтожении. День Его мщения поспешает, когда все, кто преступал Его закон и притеснял Его народ, встретятся со справедливым наказанием за свои действия; когда каждый их акт жестокости или несправедливости по отношению к верным Богу будет караться так, как если бы они сделали это лично Христу.

Есть еще другой, более важный вопрос, к которому следовало бы привлечь внимание сегодняшних церквей. Апостол Павел заявляет, что «все, желающие жить благочестиво во Христе Иисусе, будут гонимы» (2 Тимофею 3:12). Почему же тогда гонения проявляются в такой слабой степени? Причина исключительно в том, что церковь подстроилась к мирскому стандарту и поэтому не вызывает противодействия. Современная религия не имеет того чистого и святого характера, присущего христианской вере во дни Христа и Его апостолов. Очевидно, только лишь из-за духа компромисса с грехом, из-за того, что к великим истинам Слова Божия относятся с таким безразличием, а в церкви так мало жизненного благочестия, христианство ныне столь широко распространено в мире. Как только произойдет возрождение веры и силы ранней церкви, вновь пробудится дух гонений и заново разгорится пламя преследований.

ГЛАВА **3**

Эра
духовного мрака

После того как сатана увидел, что, несмотря на преследования, истинные христиане все решительнее держались своей веры, он изменил свою тактику, неприметным образом ввел в церковь языческие обычаи и сделал христианскую церковь светской. При этом для него было важно забрать у людей Библию, чтобы помочь лжеучениям (они приведены в тексте этой главы) занять ее место.

Апостол Павел во Втором послании к Фессалоникийцам предсказал величайшее отступление, результатом которого должно быть учреждение папского господства. Он объявил, что день Христов не придет, «доколе не придет прежде отступление и не откроется человек греха, сын погибели, противящийся и превозносящийся выше всего, называемого Богом или святынею, так что в храме Божием сядет он, как Бог, выдавая себя за Бога» (2 Фессалоникийцам 2:3-4). И помимо всего апостол предостерег своих братьев, что «тайна беззакония уже в действии» (2 Фессалоникийцам 2:7). Даже в ту раннюю эпоху он видел, как в церковь вкрадываются заблуждения, подготавливающие путь для становления папства.

Мало-помалу, сначала тихо и неприметно, а затем более открыто, по мере того как получала силу и контроль над умами людей, «тайна беззакония» преуспевала в своей богохульной работе обмана. Почти незаметно языческие традиции нашли дорогу в христианскую церковь. Духу компромисса и приспособления какое-то время служили преградой свирепые гонения, которые претерпевала церковь под властью язычества. Но как только преследования прекратились и христианство было допущено во дворы и в резиденции царей, сразу же скромная простота Христа и его апостолов оказалась отброшенной в сторону ради пышности и тщеславия языческих жрецов и властелинов; и место требований Бога заняли человеческие теории и традиции. Мнимое обращение Константина в первой половине четвертого века вызвало великую радость, и влияние мира под маской благочестия проникло в церковь. Теперь разрушительная работа быстро прогрессировала. Язычество, хотя и производило впечатление побежденного, вышло победителем. Его дух стал контролировать церковь. Его доктрины, церемонии и предрассудки вошли в веру и в богослужение объявивших себя последователями Христа.

В результате этого компромисса между язычеством и христианством сформировался «человек греха», предсказанный в пророчестве как противостоящий Богу и превозносящийся над Ним. Эта гигантская система лжерелигии является достижением сатанинского владычества, монументом его стараний воссесть на троне, чтобы управлять Землей по собственной воле.

Сатана как-то попытался заключить сделку с Христом. Он приступил к Сыну Божьему в пустыне искушения и, открыв Ему великолепие всех царств мира и их славу, сказал, что отдаст все это в Его руки, если Он признает превосходство князя тьмы. Христос обличил дерзкого искусителя и принудил его уйти. Однако, искушая подобным образом человека, сатана имеет больше успеха. Ради мирской прибыли и почестей, церковь склонилась к тому, чтобы искать благоволения и опеки у великих людей этого мира, и, отрекаясь тем самым от Христа, она была подведена к признанию власти ставленника сатаны – епископа Рима.

Одна из ведущих доктрин католицизма гласит, что папа – это видимый глава вселенской церкви Христа, облеченный верховной властью над епископами и священниками во всех частях мира. И даже больше этого, папа был наделен именем Самого Бога. Он титулован как «Господь Бог Папа» и объявлен непогрешимым. Он претендует на почитание со стороны всех людей. Таким образом, то же самое требование, на котором настаивал сатана в пустыне искушения, предъявляется им через церковь Рима, и огромное множество людей готово уступить ему.

Но те, кто боится и почитает Бога, противостоят этому наглому высокомерию в отношении Неба так, как Христос противостоял обольщениям коварного врага: «Господу Богу твоему поклоняйся и Ему одному служи» (Ев. Луки 4:8). Господь никогда не давал в Своем Слове даже намека на то, что Он определил какому-либо человеку быть главой церкви. Эта доктрина о превосходстве папы напрямую противоречит учению Писаний. Папа может иметь власть над церковью Христа, только узурпировав ее.

Католики настойчиво выдвигают против протестантов обвинение в ереси и самовольном отделении от истинной церкви. Но эти обвинения, скорее всего, касаются их самих. Именно они сложили знамя Христа и отошли от веры, «однажды переданной святым» (Иуды 3).

Сатана отлично понимал, что Священное Писание даст людям способность распознавать его обманы и сопротивляться его власти. Даже Спаситель мира Словом противостоял его атакам. При каждом нападении Христос использовал щит вечной истины, говоря: «Написано». Каждому предложению неприятеля Он противопоставлял мудрость и силу Слова. Поэтому для удержания власти над людьми и установления господства папы-узурпатора сатана должен держать их в невежестве относительно Писаний. Библия же превозносит Бога и показывает ограниченным людям их реальное состояние; поэтому ее священные истины должны быть утаены и замолчаны. Эта логика была принята римской церковью. Сотни лет было запрещено распространение Библии. Народу не разрешали ее читать или иметь в своих домах, а беспринципные священники и прелаты истолковывали ее учения для подкрепления своих притязаний. Так папа стал почти общепризнанным наместником Божьим на Земле, которому дана власть над церковью и государством.

Удалив средство по обнаружению заблуждения, сатана стал действовать по своей воле. Пророчество провозглашало, что папство «возмечтает отменить... праздничные времена и закон» (Даниил 7:25). И в попытке сделать это оно не заставило себя долго ждать. Чтобы предоставить обращенным из язычества замену служения идолам и тем самым способствовать их номинальному принятию христианства, в христианское служение мало-помалу ввели почитание изображений и реликвий. Декрет Вселенского собора в конечном итоге утвердил эту систему идолопоклонства. Чтобы завершить такую богохульную работу, Рим осмелился убрать из Божьего закона вторую заповедь, запрещающую поклонение образам, и разделить десятую с целью сохранения числа заповедей.

Дух уступок по отношению к язычеству открыл дорогу для последующего отвержения авторитета Неба. Сатана, производя работу через непосвященных руководителей церкви, затронул и четвертую заповедь в попытках упразднить древнюю субботу – день, который Бог благословил и освятил (Бытие 2:2-3), – и, вместо нее, возвеличить праздник, соблюдаемый язычниками как «достопочтенный день солнца». Это изменение не было вначале сделано открыто. В первые века все христиане придерживались истинной субботы. Они ревниво оберегали честь Бога и, веря в неизменность Его закона, усердно охраняли святость Его заповедей. Но лукавый с огромной хитростью действовал через своих слуг, чтобы осуществить свои намерения. Для того чтобы внимание людей было приковано к воскресенью, был учрежден праздник в честь воскресения Христа. В этот день проводили богослужения, однако, несмотря на то что его рассматривали как день отдыха, суббота все еще свято соблюдалась.

С целью подготовки пути для работы, которую сатана наметил совершить, он склонил иудеев перед пришествием Христа обременить субботу наиболее жесткими требованиями, делая ее соблюдение обузой. Теперь, извлекая выгоду из этого ложного света, в котором он таким образом побудил их рассматривать субботу, он бросил на нее тень презрения, назвав иудейским постановлением. Пока христиане большей частью соблюдали воскресенье как радостный праздник, он подводил их к тому, чтобы, показывая свою ненависть к иудаизму, сделать субботу постом – днем печали и уныния.

В начале четвертого века император Константин издал декрет, объявляющий воскресенье общественным праздником по всей Римской империи. День солнца соблюдался языческими подданными и чествовался христианами; целью политики императора было объединение конфликтующих друг с другом интересов язычества и христианства. Его убедили сделать это епископы церкви, которые, вдохновленные честолюбивыми стремлениями и жаждой власти, осознавали, что если один и тот же день будет соблюдаться язычниками и христианами, то это создаст благоприятные условия для номинального принятия христианства язычниками и тем самым увеличит власть и славу церкви. Однако, несмотря на то что многие богобоязненные христиане были постепенно подведены к тому, чтобы рассматривать воскресенье как день, обладающий определенной долей святости, они все еще придерживались субботы как святого установления Господа и соблюдали ее, повинуясь четвертой заповеди.

Архиобманщик не завершил на этом свою деятельность. Он был полон решимости объединить всех христиан под своими знаменами и править через своего наместника – высокомерного понтифика, который провозгласил себя представителем Христа. И через полуобращенных язычников, тщеславных священников и любящих мир служителей он добился своего. Периодически созывались вселенские соборы, на которых собирались высшие духовные чины всех стран мира. Почти на каждом соборе суббота, которую учредил Бог, немного принижалась, в то время как воскресенье соответственно возвеличивалось. Таким образом, языческий день поклонения стал окончательно почитаться как божественное установление, тогда как библейскую субботу провозгласили анахронизмом иудаизма, а соблюдающие ее были объявлены проклятыми.

Великий отступник успешно вознес себя «выше всего, называемого Богом или святынею» (2 Фессалоникийцам 2:4). Он посмел изменить ту заповедь Божественного закона, которая лишь одна единственная надежно свидетельствует всему человечеству об истинном и живом Боге. В четвертой заповеди Бог явлен как Создатель Неба и Земли и тем самым обособлен от всех лжебогов. Памятником Его творческой работы стало то, что седьмой день был освящен Им для человека как день покоя. Он предназначен для того, чтобы живой Бог всегда был в умах людей как Источник существования и объект почитания и служения. Сатана жаждет того, чтобы отвратить людей от приверженности Богу и от повиновения Его закону; именно по этой причине он и направляет свои усилия особенно против той заповеди, которая указывает на Бога как на Создателя.

Протестанты заявляют сейчас, что, воскреснув в воскресенье, Христос сделал его христианской субботой. (Согласно Библии седьмой день недели – это суббота (см. Исход 20:10). Первый день недели начинается после субботы. На русском языке этот день назвали воскресеньем, однако на многих других языках он носит свое историческое название в честь бога солнца, например, sunday (англ.), Sonntag (нем.)... Среда – четвертый день недели – находится как раз посредине семидневной недели – прим. изд.) Но об этом не существует свидетельства Писаний. Ни Христос, ни апостолы не воздавали почести этому дню. Соблюдение воскресенья как христианского установления берет свое начало в той «тайне беззакония» (2 Фессалоникийцам 2:7), которая была приведена в действие уже во времена Павла. Когда и где Господь усыновил это чадо папства? Какое веское обоснование может быть дано изменению, которое не одобряется Священным Писанием?

В шестом веке папство прочно заняло свои позиции. Местом резиденции этой власти был избран центр империи, а епископ Рима был объявлен руководителем всей церкви. Язычество сменилось папством. Дракон отдал зверю «силу свою и престол свой и великую власть» (Откровение 13:2). И теперь начались 1260 лет папского угнетения, предреченного в пророчествах книг Даниила и Откровения (Даниила 7:25; Откровение 13:5-7). Христиан вынудили выбирать: либо пойти на уступки и принять папские церемонии и обряды, либо коротать свои дни в подземелье, умирать от пыток, на костре или от топора палача. Ныне сбылись слова Иисуса: «Преданы также будете и родителями и братьями, и родственниками и друзьями, и некоторых из вас умертвят; и будете ненавидимы всеми за имя Мое» (Ев. Луки 21:16-17). Гонения обрушились на верных христиан с небывалой яростью, и мир стал огромным полем сражения. Сотни лет церковь Христа укрывалась в отдаленных и малоизвестных местах. Пророк сказал так: «Жена убежала в пустыню, где приготовлено было для нее место от Бога, чтобы питали ее там тысячу двести шестьдесят дней» (Откровение 12:6).

Восхождение римской церкви к власти ознаменовало собой начало мрачного средневековья. С возрастанием ее господства тьма становилась все непрогляднее. Взор веры был переведен со Христа, истинного Фундамента, на римского папу. Вместо того чтобы обращаться к Сыну Божьему за прощением грехов и вечным спасением, люди смотрели на папу и на священников и прелатов, которых папа наделил полномочиями. Народ был наставлен в том, что папа является его земным ходатаем и что никто, кроме него, не может приблизиться к Богу, и, даже более того, он является для них заместителем Бога, следовательно, они должны без раздумий повиноваться ему. Неподчинение его требованиям было достаточным поводом, чтобы подвергнуть тела и души нарушителей самым жестоким карам. Так мысли людей были отвращены от Бога и направлены к падшим, ошибающимся и жестокосердным людям, мало того, к самому князю тьмы, который властвовал через них. Грех замаскировали одеждами святости. Когда Священное Писание утаивается, а человек начинает рассматривать себя в качестве бога, тогда не приходится ожидать ничего, кроме жульничества, обмана и разлагающего беззакония. С возвеличиванием человеческих обычаев и преданий проявилась порочность, которая всегда бывает результатом пренебрежения Божьим законом.

В те дни Христовой церкви угрожала опасность. Верных последователей истины в действительности было совсем немного. Несмотря на то что истина не оставалась без свидетелей, все же временами казалось, что заблуждение и суеверие полностью превозмогают, а истинная религия стерта с лица Земли. Евангелие было потеряно из вида, но религиозные церемонии все увеличивались в числе, и люди находились под гнетом суровых требований.

Всех наставляли не только надеяться на папу как на своего заступника, но и верить в то, что собственные заслуги искупают грехи. Долгие паломничества, церковные наказания, налагаемые духовниками, поклонение мощам, возведение церквей, часовен, алтарей, жертвование больших сумм денег церкви – эти и многие подобные действия были предписаны, чтобы унять ярость Божью или обеспечить Его благосклонность; словно Бог похож на людей, которые раздражаются по мелочам, и будто Его можно умилостивить приношениями или актами наказания!

Несмотря на то что порок господствовал даже в среде высших чинов римской церкви, ее влияние было неуклонно возрастающим. Приблизительно в конце восьмого века паписты сделали заявление, что в первые столетия епископы Рима обладали той же духовной властью в церкви, какую они обрели в настоящее время. Чтобы доказать это утверждение, нужно было каким-то способом придать ему видимость авторитетного высказывания, и это охотно предложил им отец всякой лжи. Древние писания были подделаны монахами. Были найдены неслыханные ранее постановления соборов, будто бы провозгласившие господство папы с ранних дней. И церковь, которая отвернулась от истины, с жадностью приняла эту ложь.

Те немногие, кто верно строил на фундаменте истины (см. 1 Коринфянам 3:10-11), были сбиты с толку и попали в затруднительное положение, когда вся работа была завалена мусором ложных доктрин. Как и строители Иерусалимской стены во времена Неемии, кое-кто из них уже собирался сказать: «Ослабела сила у носильщиков, а мусору много, мы не в состоянии строить стену» (Неемия 4:10). Изнуренные непрекращающейся борьбой с преследованиями, обманом, нечестием и всякими другими препятствиями, возводимыми сатаной, чтобы помешать их продвижению, некоторые из верных строителей потеряли мужество и оставили истинное основание ради покоя и безопасности своей собственности и жизни. Другие же, не устрашенные противниками, смело заявляли: «Не бойтесь их; помните Господа великого и страшного» (Неемия 4:14), и они продолжали производить эту работу; «каждый из строивших препоясан был мечом по чреслам своим» (Неемия 4:18 – прим. ред., см. Ефесянам 6:17).

Тот же самый дух ненависти и оппозиции истине воодушевлял врагов Бога в каждом поколении, и те же самые бодрствование и верность ожидались от рабов Божьих. Слова Христа, предназначенные первым апостолам, актуальны и для Его учеников перед концом времени: «А что вам говорю, говорю всем: бодрствуйте» (Ев. Марка 13:37).

Мрак уплотнялся. Почитание образов становилось все более распространенным. Перед ними зажигались свечи и возносились молитвы. Преобладали самые абсурдные и суеверные традиции. Разум людей настолько контролировался суеверием, что, казалось, рассудительность совершенно исчезла. Поскольку священники и епископы сами были любителями удовольствий, чувственны и испорчены, то и от людей, которые видели в них своих наставников, нельзя было ожидать ничего, кроме невежества и порока.

Папство предприняло другой шаг, чтобы возвеличить себя, когда в одиннадцатом веке папа Григорий VII провозгласил, что римская церковь непогрешима. Среди предложенных им тезисов был один, который объявлял, что в соответствии с Писаниями церковь никогда не ошибалась и никогда не будет ошибаться. Но это притязание не было подтверждено Словом Божьим. Гордый понтифик к тому же претендовал на власть смещать императоров и провозгласил, что никто не может отменять его постановлений, в то время как он имеет право лишать силы любые решения всех остальных.

Поразительной иллюстрацией деспотичного нрава этого поборника непогрешимости является его обращение с императором Германии Генрихом IV. Этот правитель был предан анафеме и лишен трона из-за того, что позволил себе не посчитаться с авторитетом папы. Боясь одиночества и угроз со стороны своих князей, восставших против него и подстрекаемых папским приказом, Генрих осознал, что ему необходимо наладить мирные отношения с Римом. Со своей супругой и верным слугой он в середине зимы перебрался через Альпы, чтобы таким образом показать свою покорность папе. По прибытии в замок, куда удалился Григорий, его одного проводили во внешний двор, где при суровом зимнем холоде босиком, в худом одеянии и с обнаженной головой он дожидался папского разрешения на то, чтобы войти в его присутствие. И только по прошествии трех дней его поста и раскаяния понтифик снизошел до того, чтобы даровать ему прощение. Но даже тогда оно было дано при условии, что император будет дожидаться санкции папы, перед тем как вновь обретет свои знаки отличия или будет осуществлять свою императорскую власть. И Григорий VII, приведенный в восторг своим триумфом, похвалялся, что его обязанностью является сбивать спесь монархов.

Какая огромная разница между властной гордостью надменного понтифика и кротостью и смирением Христа, Который стоит у дверей сердца грешника и просит разрешения войти, чтобы принести прощение и покой, и Который учил Своих апостолов: «Кто хочет между вами быть первым, да будет вам рабом» (Ев. Матфея 20:27).

Следующие века свидетельствовали о постоянном увеличении заблуждений в доктринах, выдвигаемых Римом. Еще даже до установления папства учения языческих философов уже приковывали к себе внимание людей и воздействовали на церковь. Многие, кто заявлял о своем обращении, все еще оставались верными догматам языческой философии и не только сами не оставляли ее изучения, но и заставляли других делать это, чтобы усилить свое воздействие на язычников. Таким путем серьезные ереси вошли в христианскую церковь. Основной среди них была вера в естественное бессмертие человека и его сознательное состояние после смерти. Эта доктрина заложила фундамент, на котором Рим установил посредничество святых и почитание девы Марии. Отсюда также вышло лжеучение о вечных муках нераскаявшихся грешников, которое рано было включено в католическое вероисповедание.

Этим был приготовлен путь для введения еще одного языческого изобретения, которое Рим назвал чистилищем и использовал, чтобы устрашать доверчивые и суеверные массы. В соответствии с этой ересью, проповедуется существование места мучений, в котором души тех, кто не заслужил вечного проклятия, несут наказание за свои грехи и из которого, избавившись от своей нечистоты, они допускаются на Небо.

И все же еще одна выдумка требовалась Риму, чтобы наживаться на страхах и пороках своей паствы. Это было осуществлено с помощью доктрины об индульгенциях. Полное отпущение грехов – прошлых, настоящих и будущих – и освобождение от всех страданий и наказаний были обещаны тем, кто будет участвовать в войнах понтифика, ведомых с целью распространения его влияния, наказания его врагов или тех, кто дерзнет отвергать его духовное превосходство. Людям также внушали, что, отдав деньги церкви, они смогут получить прощение своих грехов, а также освободить души своих умерших друзей, находящихся в огне мучений. С помощью этих мер Рим наполнял свои сокровищницы и поддерживал великолепие, роскошь и пороки претендующих быть представителями Того, Кому негде было преклонить голову (см. Ев. Луки 9:58 – прим. ред.).

Указания Священного Писания относительно Вечери Господней были вытеснены идолопоклоннническим жертвоприношением мессы. Папские священнослужители симулировали то, что с помощью их бессмысленного бормотания простой хлеб и вино превращаются в настоящее «тело и кровь Христа» (Cardinal Wiseman, The Real Presence of the Body and Blood of Our Lord Jesus Christ in the Blessed Eucharist, Proved From Scripture, lec.8, sec.3, par.26). С богохульным высокомерием они открыто приписывали себе власть Бога-Творца, Создателя всего. От каждого христианина под страхом смерти требовалось исповедать свою веру в эту ужасную, оскорбительную для Неба ересь. Великое множество отказавшихся подчиниться этому погибло в пламени костра.

В XIII веке был создан один из наиболее ужасных инструментов папства – инквизиция. Князь тьмы действовал вместе с вождями папской иерархии. На их секретных советах сатана и его ангелы руководили умами злых людей, а посреди них стоял незримый ангел Божий, делая записи об их чудовищных декретах и составляя историю их дел, столь страшных для человеческих глаз. «Вавилон великий» был «упоен... кровию святых» (Откровение 17:5-6). Обезображенные тела миллионов мучеников вопияли к Богу о возмездии этой богоотступнической власти.

Папство превратилось во всемирного тирана. Короли и императоры покорялись указам римского понтифика. Судьбы людей на этой Земле, а также их вечная участь, казалось, были под его контролем. В продолжение сотен лет доктрины Рима принимались широко и безоговорочно, его ритуалы исполнялись с трепетом, праздники соблюдались повсеместно. Его служителей почитали и оказывали им щедрую материальную поддержку. Никогда еще римская церковь не добивалась больших, чем в те дни, почестей, великолепия и славы.

Однако «полдень папства являлся полночью мира» (J. A. Wylie, The History of Protestantism, т.1, гл.4). Священного Писания почти никто не знал: ни простые люди, ни священнослужители. Как и фарисеи прошлого, папские лидеры ненавидели свет, который выявлял их грехи. Удалив закон

Божий, стандарт праведности, они беспредельно властвовали, погрязая в пороках. Господствовали мошенничество, алчность и распутство. Люди не отказывались ни от какого преступления, если только таким путем могли достичь богатства и положения. Дворцы пап и прелатов стали местами самой низкой распущенности. Некоторые из находящихся у власти понтификов были повинны в таких отвратительных злодеяниях, что светские правители старались низлагать этих сановников церкви, как самых мерзких выродков, которых уже невозможно было больше терпеть. В течение веков в Европе не наблюдалось никакого прогресса в научной сфере, искусстве или культуре. Христианство было парализовано нравственно и духовно.

Обстановка в мире при римском господстве являлась ужасным и удивительным осуществлением слов пророка Осии: «Истреблен будет народ Мой за недостаток ведения: так как ты отверг ведение, то и Я отвергну тебя... как ты забыл закон Бога твоего, то и Я забуду детей твоих». «Нет ни истины, ни милосердия, ни Богопознания на земле. Клятва и обман, убийство и воровство и прелюбодейство крайне распространились, и кровопролитие следует за кровопролитием» (Осия 4:6,1-3). Таковы были результаты отказа от Божьего Слова.

ГЛАВА **4**

Вальденсы

И все же свет библейской истины не смог быть полностью погашен. Несмотря на то что все больше и больше земель оказывалось под владычеством римской иерархии, верные люди, такие как, например, вальденсы в горах Пьемонта, сумели сохранить веру в Божье Слово. Вальденсы были первым народом Европы, владеющим переводом Священного Писания. Они ценили истину выше имущества, друзей и родственников – даже выше собственной жизни. Невзирая на опасности, вальденсы несли весть о любви Иисуса другим людям и учили этому своих детей. Церковь жестоко преследовала их, и многие из них были ею уничтожены.

Однако свет истины не мог полностью исчезнуть во мраке, опустившемся на землю в долгую эпоху папского господства. В каждом веке существовали свидетели Бога – люди, лелеявшие веру во Христа как единственного Посредника между Богом и человеком считавшие Библию исключительной нормой жизни и святившие подлинную субботу. Никогда последующие поколения не узнают, сколь многим мир обязан этим людям. Они были названы еретиками, их мотивы оспаривали, их характеры очерняли, их письмена запрещали, представляли в ложном свете или искажали. Тем не менее они твердо стояли и из века в век сохраняли свою веру в чистоте как священное наследие для последующих поколений.

История Божьего народа в течение веков тьмы, сопровождавшей римское господство, запечатлена на Небесах, но ей отведено мало места в записях людей. Признаки существования Божьего народа едва ли могут быть найдены где-либо еще, кроме как в обвинительных приговорах его преследователей. Стратегия Рима была направлена на то, чтобы искоренить всякий след расхождения с его доктринами или декретами. Все еретическое – люди или письменные труды – он старался истреблять. Выразить сомнение или задать вопрос относительно авторитета папских доктрин было достаточно, чтобы лишить жизни богатого или бедного, высокопоставленного или простого человека. Рим также пытался стереть всякие записи о своем безжалостном обращении с инакомыслящими. На папских соборах приняли решение сжечь все книги и письмена, повествующие об этом. До изобретения печати было совсем мало книг, и они имели неудобную для хранения форму, поэтому папистов почти ничто не удерживало от осуществления этих планов.

Не было такой церкви, подведомственной Риму, которая бы долго оставалась непотревоженной относительно своей свободы совести. Как только папство получило власть, оно протянуло свои руки, чтобы сокрушить всех, кто отказывался признать его владычество; и церкви одна за другой покорились ему.

В Великобритании христианство пустило корни очень рано. Евангелие, полученное британцами в первых веках, не было испорчено римским отступничеством. Единственное, что досталось от Рима первым церквям Британии, было гонение со стороны языческих императоров, которое распространилось даже до этих далеких берегов. Многие христиане, спасаясь бегством от преследований в Англии, нашли пристанище в Шотландии; отсюда истина была перенесена в Ирландию, и во всех этих странах ее приняли с радостью.

Когда саксы напали на Британию, язычество добилось там господства. Завоеватели не терпели поучений рабов, и христианам пришлось удалиться в горы и заболоченные местности. И все же скрытый на некоторое время свет не переставал сиять. В Шотландии он зажегся снова через сто лет с такой яркостью, что достиг очень отдаленных земель. В Ирландии появился благочестивый Колумба со своими соратниками; они собрали вокруг себя рассеянных верующих на одиноком острове Айона, сделав его центром миссионерского труда. Среди этих евангелистов находился один, который соблюдал библейскую субботу, и таким образом люди познакомились с истиной. На острове Айона была основана школа, из которой миссионеры отправлялись не только в Шотландию и Англию, но и в Германию, Швейцарию и даже в Италию.

Но Рим устремил свой взор на Британию и наполнился решимостью покорить ее своему господству. В VI веке миссионеры Рима предприняли попытку обратить язычников-саксов. Гордые варвары приняли их благожелательно, и эти миссионеры склонили много тысяч людей к исповеданию римской веры. В ходе продвижения работы католические священники высших чинов и вновь обращенные встречались с верующими, которые исповедовали раннее христианство. Поразительный контраст обнаруживался между ними. Последние были просты и скромны, их характер, учение и поведение соответствовали Библии, тогда как первые выказывали суеверие, напыщенность и надменность папства. Представители Рима настаивали на том, чтобы эти христианские церкви исповедали главенство понтифика. Британцы смиренно сказали в ответ, что они хотят любить всех людей, а папа не наделен властью над церковью, поэтому они могут оказывать ему только такое почтение, которое обязаны оказывать любому последователю Христа. Было предпринято много попыток, чтобы добиться от них верности Риму; однако эти смиренные христиане, удивленные высокомерием, которое проявляли его представители, давали твердый ответ, что, помимо Христа, они не знают иного господина. И вот открылся подлинный дух папства. Римский лидер сказал: «Если вы не желаете принять братьев, которые несут вам мир, тогда вам придется принять врагов, которые принесут вам войну. Если вы не заключите союз с нами, чтобы показать саксам путь жизни, тогда вы примете от них смерть» (J. H. Merle D'Aubigne, History of the Reformation of the Sixteenth Century, т.17, гл.2). И это были не только угрозы. Война, интриги и обман применялись против этих свидетелей библейской веры, пока церкви Британии не были разрушены или принудительно покорены авторитету папы.

В странах, находящихся вне юрисдикции Рима, многие века существовали христианские общины, которые оставались почти полностью свободными от папского разложения. Они были окружены язычеством и за сотни лет подверглись воздействию его ошибочных представлений, тем не менее они не переставали рассматривать Библию в качестве исключительного масштаба веры и оставались верными многим ее истинам. Эти христиане считали закон Божий незыблемым и праздновали субботу в соответствии с четвертой заповедью. Церкви, которые придерживались этой веры и практики, находились в Центральной Африке и в Азии среди армян.

Впереди всех тех, кто противостоял посягательствам папского господства, были вальденсы. Именно в той стране, где папство установило свой престол, его вымыслам и испорченности оказывалось самое упорное противодействие. Веками церкви Пьемонта сохраняли свою независимость, но, наконец, пришло время, когда Рим стал настаивать и на их покорности. После безрезультатной борьбы с тиранией Рима лидеры этих церквей неохотно признали превосходство власти, которой, казалось, весь мир засвидетельствовал свое почтение. И все же некоторые не согласились поддаться влиянию папы и прелатов. Они были полны решимости сохранить преданность Богу и сберечь чистоту и простоту своей веры. Произошло разделение. Тем, кто придерживался древней веры, пришлось уйти; некоторые, покинув родные Альпы, подняли знамя истины в зарубежных странах; иные удалились в глухие лощины и в скалистые крепости гор и там сохраняли свою свободу в поклонении Богу.

Вероисповедание, которого веками придерживались и в котором наставляли христиане-вальденсы, находилось в явном противоречии с исходящими из Рима учениями. Их вероисповедание покоилось на написанном Слове Божьем – подлинном фундаменте христианства. Но эти смиренные крестьяне в своих уединенных убежищах, изолированные от мира и вынужденные ежедневно тяжело трудиться, занимаясь своими стадами и виноградниками, не сами пришли к истине, так сильно отличавшейся от вероучений и мракобесия отступившей церкви. Их вера не была вновь обретенной верой. Их религиозное убеждение было унаследовано ими от своих отцов. Они сражались за веру апостольской церкви, «веру, однажды переданную святым» (Иуды 3). «Церковь в пустыне», а не надменная иерархия, возведенная на престол в великой столице мира, была истинной церковью Христа, блюстительницей сокровищ истины, которые Бог поручил Своему народу передать миру.

Ненависть Рима к библейской субботе была среди главных причин, приведших истинную церковь к отделению от него. Папская власть повергла истину на землю (см. Даниил 8:12 – прим. ред.), как и предвещало пророчество. Закон Божий был попран, тогда как предания и обычаи людей – превознесены. Бывшие под управлением папства церкви сразу же обязывались чествовать воскресенье как святой день. Среди преобладающих ложных представлений и суеверий даже многие из истинных детей Божьих были настолько приведены в замешательство, что, хотя они и хранили субботу, однако отказывались работать также и в воскресный день. Но папские лидеры не довольствовались этим. Они настаивали не только на том, чтобы воскресенье свято чтилось, но также и на том, чтобы суббота осквернялась, и самым решительным образом выступали против тех, кто осмеливался оказывать субботе надлежащую честь. Только лишь скрывшись от римской власти, можно было беспрепятственно соблюдать Божий закон.

Вальденсы стали первыми из всех народов Европы, кто обрел перевод Священного Писания. Еще за столетия до Реформации они обладали рукописью Библии на своем родном языке. У них была неподдельная истина, что делало их объектом чрезвычайной ненависти и притеснения. Они провозгласили церковь Рима богоотступническим Вавилоном из книги Откровение, и, подвергая опасности свои жизни, противостояли ее испорченности. В то время как под давлением длительных гонений некоторые пошли на компромисс в вопросах веры, мало-помалу отказываясь от своих отличительных принципов, другие все же твердо держались истины. Это были вальденсы, которые в века тьмы и отступления отвергали верховенство Рима, не принимали поклонения изображениям, считая его идолопоклонством, и хранили истинную субботу. Они утверждались в своей вере, подвергаясь самым свирепым бурям гонений. Израненные савойскими копьями и опаленные пламенем римских костров, они решительно отстаивали Божье Слово и Его честь.

Вальденсы нашли убежище под защитой высоких гор, являвшихся укрытием для преследуемых и притесняемых всех времен. В этом месте среди тьмы средневековья продолжал гореть огонь истины. Здесь в течение тысячи лет свидетели истины держались древней веры.

Бог предусмотрел для Своего народа святилище необычайного великолепия, которое как раз подходило по своему величию истинам, переданным его попечению. Для тех изгнанных за веру людей горы были символом незыблемой праведности Иеговы. Они указывали своим детям на вершины, возвышающиеся над ними в своем непреходящем величии, и рассказывали им о Том, у Которого «нет ни изменения, ни тени перемены» (Иакова 1:17 – прим. ред.), и Чье Слово так же надежно, как и эти прочные высоты. Бог образовал горы, наделил их крепостью, и ни одна сила, кроме силы Бесконечного Могущества, не могла бы сдвинуть их со своего места. Таким же образом Он установил и Свой закон – фундамент Своего управления Небом и Землей. Рука человека может настигнуть своих ближних и убить их, но точно так же, как она не может сместить горы с их основания и ввергнуть их в море, не может она и изменить ни одной из заповедей закона Иеговы или вычеркнуть хотя бы одно Его обетование для тех, кто исполняет Его волю. В своей преданности Его закону Божьи слуги должны быть столь же непоколебимыми, как и эти неизменяющиеся возвышенности.

Горы, окаймлявшие невысоко расположенные долины, были постоянными свидетелями Божьей творческой силы и вечной гарантией Его покровительственной заботы. Эти пилигримы научились любить молчаливые знаки присутствия Иеговы. Они не позволяли себе жаловаться на трудности, выпавшие на их долю; они никогда не страдали от одиночества в безлюдных горах. Они благодарили Бога за то, что Он приготовил для них укрытие от ярости и жестокости людей. Они наслаждались свободой поклоняться Ему. Зачастую во время гонений со стороны врага неприступность гор оказывалась для них верной защитой. На многих высоких отвесных скалах они воспевали Богу хвалу, и войска Рима не могли заглушить их песен благодарения.

Чистым, простым и ревностным было благочестие этих учеников Христа. Принципы истины они ценили выше домов и земель, друзей, родственников и даже больше самой жизни. Они усердно старались насадить в сердцах молодых людей эти принципы. С раннего детства их наставляли в Писаниях и обучали свято относиться к требованиям закона Божьего. Копии Библии были редки, и поэтому ее бесценные слова запоминали. Многие были способны цитировать большие отрывки текстов как Ветхого, так и Нового Заветов. Мысли о Боге связывались с впечатляющими пейзажами и со скромными благословениями повседневной жизни. С ранних лет дети приучались с благодарностью смотреть на Бога, как на Дарителя всякой милости и утешения.

Родители, при всей своей нежности и привязанности, любили своих детей слишком благоразумно и не приучали их к самоугождению. Перед ними была жизнь, полная переживаний и тягот, и, возможно, мученическая смерть. Они воспитывались с самого детства так, чтобы претерпевать трудности, быть послушными, но, тем не менее, думать и действовать самостоятельно. Очень рано их приучали брать на себя ответственность, следить за своей речью и постигать мудрость молчания. Стоило только одному неосторожному слову дойти до ушей врага, как это могло поставить под угрозу жизнь не только произнесшего его, но и сотен его собратьев; потому что враги истины, как волки, охотящиеся за своей добычей, гнались за теми, кто осмеливался притязать на свободу вероисповедания.

Вальденсы принесли в жертву ради истины свой мирской достаток и терпеливо и упорно трудились ради хлеба насущного. Каждый клочок пригодной для пахоты земли в горах тщательно возделывался; им удалось повысить урожайность земель долин и менее плодородных склонов холмов. Бережливость и строгое самоотречение являлись частью воспитания, которое дети получали в качестве своего единственного наследства. Их наставляли, что Бог ожидает от них порядка в жизни и что их нужды могут быть удовлетворены только благодаря личному труду, дальновидности, старанию и вере. Этот процесс был трудоемким и утомительным, однако давал добрые результаты; это было как раз то, в чем нуждался человек в своем падшем состоянии, – школой, приготовленной Богом для его воспитания и развития. Приучая молодежь к тяжелому труду и тяготам жизни, родители не пренебрегали и культурой их интеллекта, наставляя, что все способности являются собственностью Бога и должны совершенствоваться и развиваться с целью служения Ему.

Церкви вальденсов в своей чистоте и простоте походили на церковь времен апостолов. Не признавая верховной власти папы и прелатов, они считали Библию единственным высочайшим безошибочным авторитетом. Их духовные наставники, в отличие от высокомерных священников Рима, подражали примеру своего Господа, Который «не для того пришел, чтобы Ему служили, но чтобы послужить» (Ев. Матфея 20:28). Они питали стадо Божье, водя их на зеленые пастбища и к живым родникам Святого Слова. Народ собирался вдалеке от памятников человеческой роскоши и гордыни, не в пышных церквях или величественных соборах, но в тени гор, в альпийских долинах или в какой-нибудь скальной цитадели в опасные времена, чтобы слушать слова истины, произносимые Христовыми слугами. Духовные пастыри не ограничивались проповедью Евангелия, они также навещали больных, наставляли детей, увещевали заблудших и прилагали усилия к тому, чтобы улаживать разногласия и созидать гармонию и братскую любовь. В спокойное время их поддерживали добровольные пожертвования народа, но, как и Павел – изготовитель палаток, каждый учился какому-то ремеслу или профессии, которая, если понадобится, смогла бы их прокормить.

Молодые люди обучались своими пасторами. В то время как внимание уделялось общим направлениям в учебе, первой и главной их наукой была Библия. Евангелия от Матфея и от Иоанна они учили наизусть, как и многие Послания. Также они занимались копированием Писаний. Одни рукописи вмещали всю Библию, другие – только краткие фрагменты, к которым были добавлены некоторые простые объяснения текстов, составленные теми, кто был способен изъяснять Писания. Так обнаружились сокровища истины после долгого их сокрытия людьми, пытавшимися возвысить себя над Богом.

Настойчиво, неустанно трудясь, иногда в глубоких, темных земных гротах при свете факелов вальденсы переписывали Священные Писания – стих за стихом, главу за главой. Таким образом, дело продвигалось, открытая воля Божья сверкала, как чистое золото, намного ярче, яснее и впечатляюще из-за пройденных ради нее испытаний, что могли понять только те, кто был вовлечен в это дело. Ангелы с небес окружали этих преданных работников.

Сатана подстрекал папских священников и прелатов, чтобы они погребли Слово истины под мусором заблуждений, ереси и суеверия, но оно было удивительнейшим образом сохранено неповрежденным сквозь все века тьмы. Оно несло на себе не клеймо человека, а отпечаток Бога. Люди неутомимы в своих попытках затуманить простое и ясное значение Писаний и заставить их противоречить своему собственному свидетельству, но, как ковчег среди вздымающихся волн, Слово Божье уходит от штормов, грозящих ему крушением. Как рудники содержат богатые залежи золота и серебра, спрятанные под поверхностью, и всем желающим найти драгоценные запасы приходится копать, так и Священное Писание имеет клад истины, который может быть обнаружен только настойчивым, смиренным и молящимся искателем. Бог предназначил Библии быть учебником для всего человечества, чтобы изучать ее в детстве, в юности, в зрелом возрасте – все время. Он предоставил Свое Слово людям в качестве откровения о Себе. Каждая вновь обретаемая истина является новым открытием характера ее Автора. Изучение Писаний – это Божественный метод, предопределенный для того, чтобы привести людей к более близким отношениям со своим Создателем и дать им более ясное понимание Его воли. Это – способ коммуникации между Богом и человеком.

Несмотря на то что вальденсы расценивали страх Господень как начало мудрости, все же они не были слепы и относительно важности контакта с внешним миром, а также важности познания людей и активной жизни для развития умственных способностей и оживления восприятия. После горных школ некоторых молодых людей направляли в учебные заведения городов Франции или Италии, где было более широкое поле для изучения, размышления и наблюдения, нежели в их родных Альпах. Посланные молодые люди подвергались соблазнам, становились свидетелями пороков, встречались с хитрыми приспешниками сатаны, которые навязывали им наиболее тонко замаскированные ереси и самые опасные обманы. Но их воспитание с детских лет было таким, что оно подготавливало их ко всему этому.

В учебных заведениях, куда они отправлялись, они не должны были заводить задушевных друзей. Их одежда была сшита так, чтобы в ней можно было скрывать величайшее сокровище – драгоценные рукописи Писаний. Эти результаты месяцев и даже лет кропотливого труда они носили с собой; и если им удавалось сделать так, чтобы не вызвать подозрений, то они осторожно оставляли части Писаний там, где их могли найти те, чьи сердца казались открытыми для принятия истины. С самого малого возраста вальденская молодежь воспитывалась с учетом этой цели; они понимали свою работу и верно выполняли ее. Обращенные в истинную веру в учебных заведениях были вознаграждением за это, и зачастую обнаруживалось, что ее принципы охватывали все учебное заведение; однако высшие папские чины даже при тщательном расследовании не могли установить истоки так называемой разлагающей ереси.

Дух Христов является миссионерским духом. Первым порывом возрожденного сердца является стремление познакомить со Спасителем также и других. Таким был дух христиан-вальденсов. Они понимали, что Бог требует от них больше, чем просто сберечь истину в ее чистоте в своих церквях; но что на них возложена серьезная ответственность: позволить Своему свету сиять и тем, кто был во тьме; великой силой Божьего Слова они стремились сокрушить наложенные Римом оковы. Служители-вальденсы обучались как миссионеры, и от каждого, кто предполагал вступить на путь служения, в первую очередь требовалось получить опыт евангелиста. Каждый должен был служить три года на каком-то миссионерском поле, прежде чем быть в ответе за церковь дома. Такое служение, изначально подразумевающее самоотречение и жертву, которое испытывало души людей, в те времена было подходящим введением в жизнь проповедника. Юноши, рукоположенные на священное служение, видели перед собой не перспективу земного богатства и славы, но жизнь тяжелого труда и опасностей, а возможно, и долю мученика. Миссионеры выходили попарно, как и Иисус посылал Своих учеников. С каждым юношей обычно объединялся опытный человек зрелого возраста, при этом юноша находился под руководством своего спутника, наставлениям которого ему требовалось внимать и который нес ответственность за его обучение. Эти соработники не всегда были вместе, однако часто встречались, чтобы молиться и советоваться, укрепляя тем самым друг друга в вере.

Разглашение цели их миссии привело бы к ее провалу; по этой причине они старательно маскировали свою подлинную роль. Каждый служитель владел каким-либо ремеслом или профессией, и миссионеры проводили свою работу под прикрытием светского занятия. Как правило, они были лоточниками или торговцами вразнос. «Они имели при себе шелка, украшения из драгоценных камней и металлов и другие товары, которые в те времена, кроме как на отдаленных базарах, негде было купить, и как торговцы они были желанны там, где как миссионеров их бы с презрением отвергли» (Wylie, т.1, гл.7). Все это время их сердца были обращены к Богу с просьбой о мудрости – вручить людям сокровище намного более ценное, чем золото или самоцветы. Они тайно носили с собой копии Библии, целиком или частями, и, как только появлялся удобный случай, обращали внимание своих покупателей на эти рукописи. Часто таким образом пробуждался интерес к чтению Слова Божьего, и какой-то его фрагмент оставлялся тем, кто желал его получить.

Эти миссионеры начинали свой труд на равнинах и в долинах у подножия своих гор, но продолжали его далеко за их пределами. Босиком, в грубой, потемневшей от путешествий одежде, какой она была и у их Господа, они проходили через большие города и достигали далеких стран. Везде они разбрасывали драгоценные семена. Там, где пролегал их путь, появлялись церкви, и кровь мучеников свидетельствовала в пользу истины. День Божий выявит богатый урожай душ, собранный усилиями этих преданных людей. Скрыто и бесшумно Божье Слово распространялось в христианском мире и было с радостью принято в домах и сердцах людей.

Для вальденсов Писание не было просто рассказом о действиях Бога по отношению к людям прошлого и откровением об обязанностях настоящего, оно также раскрывало опасности и славу будущего. Они верили, что конец всему не так далек; и по мере того как они с молитвой и слезами исследовали Библию, которая все глубже и глубже впечатляла их своими бесценными высказываниями, они все сильнее убеждались в том, что обязаны познакомить и других с ее спасительными истинами. Они видели на священных страницах ясно показанный план спасения и обретали утешение, надежду и мир, веруя в Иисуса. Поскольку свет прояснял их понимание и заставлял их сердца радоваться, они страстно желали направить его лучи на тех, кто находился во тьме папских заблуждений.

Они видели, как под руководством папы и священников множество людей тщетно старалось получить прощение, причиняя боль своим телам за грехи своих душ. Наставленные полагаться на свои добрые дела, чтобы заработать спасение, они постоянно смотрели на себя, их мысли были прикованы к своему греховному состоянию, они видели себя обреченными на гнев Бога, терзали душу и тело, но не получали облегчения. Таким образом, эти честные души оказались связанными учениями Рима. Тысячи покидали друзей и родных и проводили свою жизнь в монастырских кельях. При помощи часто повторяемых постов и суровых бичеваний, полуночных бдений, долгих часов лежания в распростертом состоянии на холодных, сырых камнях своего мрачного жилища, при помощи долгих паломничеств, уничижительных наказаний и ужасных мук тысячи людей напрасно старались достичь мира с совестью. Подавленные чувством греховности и преследуемые страхом пред гневом карающего Бога, многие продолжали страдать, до тех пор пока истощенный организм не уступал, – и тогда без единого луча света или надежды они сходили в могилу.

Вальденсы жаждали, чтобы Хлеб жизни достиг с их помощью этих голодных душ, они желали открыть им послания мира в обетованиях Божьих и направить их ко Христу как единственной надежде на спасение. Доктрину о том, что хорошие дела могут загладить нарушение Божьего закона, вальденсы считали основанной на лжи. Упование на достижения человека закрывает от людей бесконечную любовь Христа. Иисус стал жертвой за человека, потому что падшему роду нечем хвалиться перед Богом. Заслуги распятого и воскресшего Спасителя – вот основание христианской веры. Зависимость души от Христа является такой же реальной, а ее связь с Ним должна быть такой же близкой, как связь конечности с телом или ветви с виноградной лозой.

Учения пап и священников побуждали людей смотреть на Бога, и даже на Христа, как на жестоких, сумрачных и неприступных личностей. Спаситель был представлен настолько лишенным сочувствия к человеку в его падшем состоянии, что потребовалось посредническое служение священников и святых. Те, чьи умы были просвещены Божьим Словом, стремились указать душам на Иисуса как на их сострадательного, любящего Спасителя, стоящего с распростертыми объятиями и приглашающего всех прийти к Нему со своей ношей греха, своими треволнениями и усталостью. Они желали удалить все помехи, которые устроил сатана с той целью, чтобы люди не могли увидеть обетований и прийти напрямую к Богу, исповедуя свои грехи и обретая прощение и мир.

Вальденский миссионер с охотой раскрывал интересующимся умам бесценные истины Евангелия. Он представлял аккуратно записанные фрагменты Священного Писания осмотрительно и с предосторожностями. Для него было огромной радостью вселить надежду в совестливую, пораженную грехом душу, которая до этого могла видеть только Бога мщения, ожидающего осуществления правосудия. С трепещущими устами и глазами, полными слез, зачастую преклонив колени, открывал он своим братьям драгоценные обетования, которые обнаруживают единственную надежду грешника. Таким образом свет истины просвещал многие ослепленные умы, отгоняя тучи уныния, пока Солнце Праведности не начинало сиять в сердце, исцеляя его Своими лучами. Часто случалось, что чтение какого-то отрывка Писания по желанию слушающего повторялось вновь и вновь, будто бы тот хотел убедиться, что все услышал правильно. Особенно часто просили повторить слова: «Кровь Иисуса Христа, Сына Его, очищает нас от всякого греха» (1 Иоанна 1:7). «И как Моисей вознес змию в пустыне, так должно вознесену быть Сыну Человеческому, дабы всякий, верующий в Него, не погиб, но имел жизнь вечную» (Ев. Иоанна 3:14-15).

Многим были открыты глаза на требования Рима. Они видели, насколько бесполезно посредническое служение людей или ангелов ради грешника. Как только свет истины освещал души, они радостно восклицали: «Христос – мой Священник; Его кровь – моя жертва; Его алтарь – моя исповедальня». Они полностью рассчитывали на заслуги Иисуса, повторяя слова: «А без веры угодить Богу невозможно» (Евреям 11:6). «Нет другого имени под небом, данного человекам, которым надлежало бы нам спастись» (Деяния 4:12).

Заверение в любви Спасителя казалось для некоторых из этих бедных, мятущихся душ слишком значительным для понимания. Оно приносило такое великое утешение, такой поток света изливался на них, что казалось, будто бы они были перенесены на Небеса. Их руки доверчиво покоились в руке Христа; их стопы были прочно поставлены на Скалу веков. Они уже не боялись смерти. Теперь они могли без страха ожидать тюрьмы или сожжения на костре, если это давало им возможность прославить имя своего Искупителя.

Слово Божье приносили в укромные места и читали там иногда одной единственной душе, иногда маленькому собранию тех, кто тосковал по свету и истине. Нередко так проходили целые ночи. Удивление и восхищение слушателей было таким сильным, что посланник милости был порой вынужден прерывать чтение, чтобы их разум мог охватить эти вести спасения. Обычно спрашивали: «Примет ли Бог мою жертву? Одобрит ли Он меня? Простит ли Он меня?» Тогда зачитывался ответ: «Придите ко Мне, все труждающиеся и обремененные, и Я успокою вас» (Ев. Матфея 11:28).

Верой ухватившись за обетование, люди с радостью откликались на услышанное: «Больше никаких долгих паломничеств; больше никаких утомительных путешествий к святым местам. Я могу прийти к Иисусу таким, какой я есть, грешный и нечистый, и Он не пренебрежет молитвой кающегося. „Прощаются тебе грехи твои". Мои, даже мои грехи могут быть прощены!»

Сердца наполняла священная радость, и имя Иисуса было возвеличено хвалой и благодарением. Те счастливые души возвращались домой, чтобы распространять свет, рассказывая другим, как они только могли, о своем новом опыте, о том, что они приобрели истинный и живой Путь. Необыкновенная святая сила была в словах Писаний, которые напрямую говорили к сердцам алчущих истины. Это был голос Бога, и он убеждал тех, кто его слышал.

Посланник истины шел дальше, но его скромный облик, его чистосердечие, искренность и проявленное усердие были предметом часто повторяющихся обсуждений. Во многих случаях его слушатели не задавали вопросов, откуда он и куда направляется. Сначала их так переполняло удивление, а затем – благодарность и радость, что им даже в голову не приходило спрашивать его об этом. Если его убеждали пойти вместе с ними к ним домой, он отвечал, что должен навестить потерянных овец стада.

«Может быть, он был ангелом небесным?» – вопрошали они.

В основном, вестника истины они больше не видели. Он прокладывал путь в другие страны, или проводил конец своей жизни в какой-то неизвестной темнице, или, возможно, его кости оставались лежать там, где он свидетельствовал об истине. Но слова, которые он произносил, не могли быть уничтожены. Они совершали в сердцах людей свое действие, благословенные плоды которого станут полностью известны лишь на Суде.

Миссионеры-вальденсы посягали на царство сатаны, и силы тьмы становились более бдительными. За каждой попыткой распространения истины следил князь зла, и он вызывал у своих агентов страхи. В трудах этих смиренных странников папские вожди видели предзнаменование опасности для их дела. Если допустить, чтобы свет истины беспрепятственно сиял, тогда разойдутся мрачные тучи заблуждения, нависшие над людьми. Он обратит души людей к одному лишь Богу и со временем уничтожит господство Рима.

Само существование этого народа, придерживающегося веры древней церкви, было верным доказательством отступничества Рима и поэтому вызывало самую сильную ненависть и преследования. То, что они не хотели отказаться от Священного Писания, являлось для Рима оскорблением, которое он не мог терпеть. И тогда Рим принял решение стереть их с лица земли. Теперь начались жесточайшие крестовые походы против Божьего народа, жившего среди гор. Инквизиторы шли по их следу, и сцена гибели невинного Авеля от руки убийцы Каина повторялась множество раз.

Снова и снова разорялись их плодородные земли, сносились их поселения и места богослужений, в результате чего там, где когда-то были цветущие поля и дома безобидных, работящих людей, оставалось только пустынное место. Как хищный зверь становится более яростным, ощутив вкус крови, так и злость папистов разгоралась с большей силой при виде страданий их жертв. Многих из этих свидетелей чистой веры гнали через горы, охотились за ними в долинах, где они скрывались, прячась в могучих лесах и за вершинами скал.

Невозможно было выдвинуть ни единого обвинения против этой презираемой группы людей по поводу их морали. Даже враги признавали их миролюбивым, скромным и богобоязненным народом. Нежелание служить Богу в соответствии с волей папы расценивалось как великое оскорбление. За это преступление на них обрушивались всякие унижения, надругательства и мучения, какие только могли придумать эти люди, или, скорее, бесы.

Когда Рим в свое время принял решение искоренить эту ненавистную секту, папой (Иннокентием VIII, 1487 год – прим. ред.) была издана булла, осуждающая их как еретиков и приговаривавшая их к смерти. Их не обвиняли, как лодырей, или обманщиков, или нарушителей общественного порядка; однако было провозглашено, что они, имея вид благочестия и святости, «соблазняют овец истинного стада». Поэтому папа повелел «эту злостную и гнусную секту вредителей», если они «откажутся отречься, истребить, как ядовитых змей» (Wylie, т.16, гл.1). Рассчитывал ли этот высокомерный властитель снова встретиться со своими словами? Знал ли он о том, что они записаны в небесных книгах, чтобы говорить против него на Суде? «Так как вы сделали это одному из сих братьев Моих меньших, – сказал Иисус, – то сделали Мне» (Ев. Матфея 25:40).

Эта булла приглашала всех членов церкви объединиться в крестовых походах против еретиков. В качестве стимула для вовлечения в это бесчеловечное дело она «избавляла

Жестокие расправы с вальденсами

от всяких церковных наказаний и санкций, общих и индивидуальных; освобождала всех присоединившихся к крестовому походу от любой клятвы, какую они дали; делала законным их право на любую собственность, которой они могли незаконно завладеть; уверяла в отпущении всех грехов тем, кто убьет какого-нибудь еретика. Папский указ расторгал все договоренности, сделанные в пользу вальденсов, повелевал их работникам покинуть их, запрещал кому бы то ни было и когда бы то ни было помогать им и разрешал всякому вступать во владение их собственностью» (Wylie, т.16, гл.1). Этот документ ясно показывает, какой дух здесь правил за кулисами. В нем слышится рык дракона, а не голос Христа.

Папские лидеры не сверяли свои характеры с великим эталоном закона Божия, но возвели подходящий для себя стандарт и решили заставить всех сообразовываться с ним, потому что этого хотел Рим. Происходили самые ужасные драматичные события. Порочные и богохульные священники и папы выполняли распоряжения сатаны. В их сердцах не было места милости. Тот же дух, который распял Христа и умерщвлял апостолов, который возбуждал кровожадного Нерона против истинных в его дни, работал и сейчас, чтобы стереть с лица земли тех, которые были возлюблены Богом.

Дети Божьи, прославлявшие своего Искупителя, в течение многих веков с терпением и стойкостью переживали постигавшие их гонения. Несмотря на крестовые походы против них и бесчеловечную кровавую расправу, которой они подвергались, вальденсы продолжали рассылать своих миссионеров, чтобы проповедовать драгоценную истину. Их преследовали до смерти, однако их кровь орошала посеянное семя, и оно не оставалось без плода. Таким образом, в течение сотен лет до рождения Лютера вальденсы свидетельствовали о Боге. Рассеянные по многим странам, они насаждали семена Реформации, которая началась во времена Уиклифа, получила широкое распространение во дни Лютера и должна будет продвигаться до конца времени теми, которые согласны все претерпеть «за слово Божие и за свидетельство Иисуса Христа» (Откровение 1:9).

ГЛАВА **5**

Джон Уиклиф

Джон Уиклиф (1324-1384) был вестником реформации в Англии. В начале своей деятельности он и не предвидел, куда она его приведет. Через изучение Писания он узнал, что церковь находится в заблуждении, и возревновал по истине, бесстрашно обличая духовенство. Он проповедовал Евангелие бедным и перевел Библию на английский язык, чтобы все его соотечественники могли самостоятельно читать Божье Слово.

До начала Реформации временами насчитывалось только несколько копий Священного Писания, но Бог не мог позволить, чтобы Его Слово было полностью уничтожено. Его истины не должны были быть спрятаны навечно. Он мог с такой же легкостью освободить от цепей слова жизни, как Он мог открывать двери темниц и отворять железные ворота, чтобы отпускать на свободу Своих рабов. В разных странах Европы Дух Божий побуждал людей искать истину, как сокрытое сокровище. Ведомые Его провидением к Библии, они исследовали святые страницы с повышенным интересом. Они желали принять свет, чего бы им это ни стоило. Несмотря на то что им не все вопросы были ясны, они все же имели возможность постичь многие давно погребенные истины. Как посланники Неба, они шли вперед, сокрушая цепи заблуждений и суеверия и призывая тех, кто столь долго был порабощен, подняться и отстаивать свою свободу.

Слово Божье веками утаивалось, будучи написанным на языках, известных только ученым людям, и исключение составляли лишь вальденсы; но пришло время перевести Писания и дать их людям разных стран на их родных языках. Мир пережил свою полночь. Часы тьмы проходили, и во многих странах появились знамения наступления зари.

В четырнадцатом веке в Англии взошла «утренняя звезда Реформации». Джон Уиклиф был глашатаем реформы не для одной Англии, но для всего христианства. Великий протест против Рима, который ему было позволено выразить, никогда не должен был стихнуть. С этого протеста началась борьба, результатом которой стало освобождение людей, церквей и наций.

Уиклиф получил гуманитарное образование, и страх Господень для него был началом мудрости. В колледже он выделялся ревностным благочестием, замечательными талантами и эрудицией. Испытывая жажду знаний, он стремился приобщиться к каждой области науки. Он был обучен умозрительной философии, канонам церкви и гражданским законам – в первую очередь, законам своей страны. В его более поздних работах чувствовалось влияние этого раннего обучения. Глубокое знакомство со схоластической философией своего времени дало ему возможность разоблачить ее слабости и заблуждения; изучая национальные и церковные законы, он был подготовлен к участию в великой битве за гражданскую и религиозную свободу. Умея аргументировать Божьим Словом, он овладел интеллектуальными дисциплинами университетов и понял тактику ученых мужей. Сила его гения, а также обширность и доскональность его знаний вызывали к нему уважение как его друзей, так и противников. Его единомышленники с удовлетворением замечали, что их лидер занимал одно из первых мест среди ведущих умов нации; а его враги не могли бросить и тени презрения на дело реформы, так как не имели возможности изобличить в невежестве или бессилии ее поборника.

Еще учась в колледже, Уиклиф приступил к исследованию Писания. В те ранние времена, когда Библия существовала только на древних языках, лишь образованные люди имели возможность найти доступ к источнику истины, который был закрыт для малограмотных слоев общества. Таким образом, уже была готова почва для будущей деятельности Уиклифа в качестве реформатора. Мужи науки изучали Слово Божье и находили великую истину о даре Божьей благодати, открытой в нем. На своих лекциях они распространяли познание об этой истине и помогали другим обратиться к живому Слову.

После того как внимание Уиклифа было направлено к Священному Писанию, он приступил к его исследованию с той же скрупулезностью, которая позволила ему овладеть и научными знаниями. До этой поры он ощущал великую нужду в знаниях, которую не могли восполнить ни его схоластические занятия, ни учение церкви. В Слове Божьем он обнаружил то, что прежде тщетно искал. Здесь он увидел раскрытый план спасения и Христа как единственного Ходатая за человека. Он отдал себя на служение Иисусу и исполнился решимости провозглашать истины, которые были им найдены.

Как и последующие реформаторы, Уиклиф в начале своей работы не предвидел, куда она его приведет. Он не ставил цели противостоять Риму. Но верность истине не могла не привести его к столкновению с ложью. Чем яснее он распознавал заблуждения Рима, тем ревностнее провозглашал учения Библии. Он понимал, что Рим оставил Слово Божье ради человеческих традиций, и смело обвинил священников в том, что они отбросили Писания, и потребовал, чтобы Библию возвратили людям и чтобы ее авторитет снова был утвержден в церкви. Уиклиф был талантливым, искренним учителем, красноречивым проповедником, и его повседневная жизнь служила наглядным примером тех истин, которым он учил. Благодаря знанию Писаний, силе логического мышления, чистоте своей жизни, непреклонному мужеству и честности, он завоевал всеобщее почтение и доверие. Многие люди почувствовали неудовлетворенность своей прежней верой, когда увидели нечестие, заполонившее римскую церковь, и они с нескрываемой радостью приветствовали истины, открытые им Уиклифом; но папские руководители исполнились яростью, когда поняли, что этот реформатор приобретает больший авторитет, чем они.

Уиклиф легко распознавал заблуждения и безбоязненно разоблачал многие злоупотребления, санкционированные властью Рима. Действуя как священник короля, он занял твердую позицию против уплаты дани, которую папа требовал от английского монарха, и доказал, что папские притязания на власть над мирскими правителями противоречили и здравому смыслу, и откровению. Запросы со стороны папы возбудили сильное негодование, и учения Уиклифа оказали влияние на ведущие умы нации. Король и знать вместе выступили против претензий римского епископа на светскую власть и отказались выплачивать дань. Таким образом, папскому владычеству в Англии был нанесен чувствительный удар.

Другим злом, против которого реформатор осуществлял долгую и решительную борьбу, было учреждение орденов нищенствующих монахов. Эти монахи заполонили Англию, нанося ущерб величию и процветанию народа. В промышленности, в образовании и нравственности – во всем отразилось их пагубное влияние. Праздная жизнь монахов и их попрошайничество не только сильно истощали ресурсы страны, но и привели к тому, что полезный труд стали презирать. Молодежь становилась безнравственной и испорченной. Влияние монахов побуждало многих поступать в монастыри и посвящать себя монашеской жизни, не только не получив благословения родителей, но даже не ставя их в известность и идя против их воли. Один из духовных отцов римской церкви, превознося требования монашества выше долга сыновней любви, сказал: «Даже если твой отец будет лежать у твоей двери, плача и рыдая, даже если мать твоя будет указывать тебе на утробу, носившую тебя, и на сосцы, питавшие тебя, ты должен попрать их и последовать за Христом». «Вследствие этой чудовищной бесчеловечности, – как позже назвал это Лютер, – которая больше свойственна волку и тирану, чем христианину и человеку», сердца детей ожесточались против своих родителей (Barnas Sears, The Life of Luther, стр. 69-70). Таким образом, папские руководители, подобно фарисеям в былые времена, заменили заповедь Божью своими традициями. В итоге дома приходили в запустение, и родители лишались общества своих сыновей и дочерей.

Даже студенты в университетах были обмануты ложными утверждениями монахов и чувствовали побуждение присоединиться к их орденам. Многие потом сожалели об этом шаге, понимая, что погубили свою жизнь и опечалили своих родителей; но, оказавшись однажды в ловушке, они уже не могли вернуть себе свободу. Многие родители, боясь влияния монахов, отказывались посылать своих сыновей в университеты. Резко сократилось количество студентов в ведущих учебных центрах. Школы опустели, и возросло невежество.

Папа даровал этим монахам власть исповедовать и прощать грешников. Это стало началом величайшего зла. Занятые умножением своих доходов, монахи с такой готовностью отпускали грехи, что преступники всех мастей прибегали к их услугам, и в результате быстро умножались худшие пороки. Больные и бедные были оставлены страдать, в то время как пожертвования, которые должны были бы удовлетворять их нужды, переходили к монахам, требовавшим от людей с помощью угроз милостыни и обвинявшим в нечестии тех, кто отказывался давать свои средства их орденам. Несмотря на заявления о нищете, богатство монахов все время возрастало, и их величественные строения и яства на столах делали более очевидной все усиливающуюся бедность народа. Проводя время в роскоши и удовольствиях, монахи рассылали вместо себя невежественных людей, которые только и могли рассказывать чудесные басни, легенды и смешные истории, забавляя людей и делая их жертвами обмана монахов. Монахи по-прежнему держали в страхе суеверные массы и заставляли их верить в то, что вся их религия состоит в признании власти папы, в почитании святых и в приношениях для монахов, и что этого достаточно, чтобы обеспечить себе место на Небе.

Образованные и праведные мужи тщетно пытались реформировать эти монашеские ордена; но Уиклиф с его проницательностью поразил зло в корне, заявив, что вся эта система – ложная и что ее надо отменить. Начались вопросы и дискуссии. Когда монахи путешествовали по стране, продавая прощение папы, многие люди начинали сомневаться в возможности купить прощение за деньги; они вопрошали, не следует ли им искать прощения у Бога, вместо того чтобы искать его у римского понтифика. Многих тревожила жадность монахов, которые были поистине ненасытны. «Монахи и священники Рима, – говорили они, – разъедают нас, подобно язве. Бог должен избавить нас, или народ погибнет». Чтобы объяснить свою алчность, эти нищенствующие монахи утверждали, что следуют примеру Спасителя, что Иисус и ученики тоже ведь пользовались благотворительностью людей. Эти слова, в результате, навредили им, потому что многие стали обращаться к Библии, чтобы узнать для себя истину, а как раз этого Рим желал меньше всего. Умы людей обратились к источнику истины, который усиленно от них прятали.

Уиклиф приступил к написанию и изданию трактатов против монахов, не столько, однако, с целью вступления с ними в диспут, сколько для того, чтобы обратить сознание народа к учениям Библии и к ее Автору. Он объявил, что у папы не больше власти прощать или предавать анафеме, чем у простого священника, и что ни одного человека нельзя отлучить от церкви, если он не навлек на себя проклятие Божье. Уиклиф избрал наиболее действенный способ разрушения того гигантского сооружения духовного и светского владычества, которое возвел папа и в котором находились плененные души и тела многих миллионов людей.

И вновь Уиклиф был призван защищать права английского короля от притязаний Рима; когда его назначили королевским послом, он пробыл два года в Нидерландах, совещаясь с уполномоченными папы. Здесь он имел общение с духовенством Франции, Италии и Испании и получил возможность заглянуть за кулисы и увидеть многое из того, чего он никогда не узнал бы в Англии. Он познал то, что стало темой его последующих трудов. В представителях папского двора ему открылся подлинный характер и цели этой иерархии. Он возвратился в Англию, чтобы более открыто и с большей ревностью провозглашать свое учение, проповедуя о том, что алчность, гордость и обман являются богами Рима.

В одном из своих трактатов он сказал о папе и его пособниках: «Они вымогают у бедняков нашей страны средства к существованию, и многие тысячи марок утекают из королевской казны ежегодно для совершения таинств и духовных обрядов, а это и есть проклятая ересь симонии. Они заставляют весь христианский мир соглашаться с этой ересью и поддерживать ее. И даже если наше королевство имело бы большие запасы золота и никто не брал бы их, кроме сборщиков этого гордого первосвященника, то со временем эти запасы истощились бы, ибо он все время вытягивает деньги из нашей страны и ничего не посылает взамен, кроме Божественного осуждения за свою симонию» (John Lewis, History of the Life and Sufferings of J.Wiclif, стр. 37).

Почти сразу после того как Уиклиф вернулся в Англию, он получил от короля должность в Люттервортском приходе. Это говорило, по крайней мере, о том, что монарх не был недоволен его откровенными речами. Влияние Уиклифа чувствовалось в планировании деятельности двора и в формировании веры народа.

В скором времени над ним разразились папские проклятия. Три буллы были направлены в Англию: в университет, королю и прелатам; во всех трех содержалось требование принять решительные и безотлагательные меры, для того чтобы заставить замолчать учителя ереси (August Neander, General History of the Christian Religion and Church, period 6, sec.2, pt.1, par.8). Однако епископы еще до получения этих булл в своем рвении призвали Уиклифа на суд. Но два наиболее влиятельных князя королевства сопровождали его в зал суда; а народ, окруживший здание и ворвавшийся внутрь, так напугал судей, что заседания были на время приостановлены и Уиклифу позволили удалиться в мире. Некоторое время спустя Эдуард III, которого в его преклонном возрасте прелаты пытались настроить против реформатора, умер, и королем стал давний защитник Уиклифа.

Но направленные в Англию папские буллы категорически требовали ареста и заточения еретика. Эти меры прямо указывали на казнь его на костре. Было очевидно, что Уиклиф вскоре должен стать жертвой мщения Рима. Но Тот, Кто сказал древнему патриарху: «Не бойся... Я твой щит» (**Бытие 15:1**), снова протянул руку, чтобы оградить Своего раба. Смерть настигла не реформатора, а понтифика, который приказал его уничтожить. Григорий XI скончался, а священнослужители, собравшиеся на суд Уиклифа, рассеялись.

Провидение Божье и дальше руководило происходившими событиями, чтобы открыть возможности для продвижения Реформации. За смертью Григория последовало избрание двух соперничавших пап. Теперь послушания себе требовали две враждующие группы, обе якобы непогрешимые. Каждая сторона призывала верных ей помочь одержать верх над противником, подкрепляя свои требования ужасными анафемами против своих врагов и обещаниями наград на Небе тем, кто поддержит ее. Это происшествие весьма снизило влияние папства. Соперничавшие группировки использовали все возможное в борьбе друг против друга, и Уиклифа на некоторое время оставили в покое. Анафемы и взаимные обвинения переходили от одного папы к другому, и проливались реки крови, чтобы поддержать их противоречивые требования. Злодеяния и злословие наводнили церковь. Между тем реформатор в тихом уединении своего прихода в Люттерворте усердно трудился над тем, чтобы перевести взоры людей с противоборствующих пап на Иисуса – Князя мира.

Это разделение со всем последующим препирательством и коррупцией, которые оно вызвало, расчистило дорогу для Реформации, поскольку люди смогли понять, что на самом деле представляет собой папство. В опубликованном трактате «О вражде пап» Уиклиф побуждал народ подумать над тем, не выражали ли эти два священника истину, называя друг друга антихристами. «Бог, – говорил он, – не может больше сносить того, чтобы сатана правил только одним из них, но привел к расколу между ними, чтобы люди во имя Христа могли легче освободиться от власти обоих» (**R.Vaughan, Life and Opinions of John de Wycliffe, т.2, стр. 6**).

Как и его Учитель, Уиклиф нес Евангелие бедным. Не довольствуясь распространением света в их простых домах его прихода в Люттерворте, он решил, что этот свет должен быть донесен до всех уголков Англии. Для этого он образовал группу простых, посвященных проповедников, которые любили истину и больше всего на свете хотели знакомить с ней других. Эти люди пошли по всем местам, проповедуя на рынках, на улицах больших городов и на сельских дорогах. Они находили престарелых, больных и бедных и открывали им радостную весть о милости Божьей.

Будучи профессором теологии в Оксфорде, Уиклиф учил Слову Божьему в университетских залах. Он так верно и преданно представлял истину своим студентам, что получил прозвище «доктор Евангелия». Однако главным трудом его жизни должен был стать перевод Священного Писания на английский язык. В своей работе «Об истине и значении Священного Писания» он выразил намерение перевести Библию, чтобы каждый англичанин на родном языке мог читать о дивных делах Бога.

Но неожиданно его труды были прерваны. Несмотря на то что он еще не достиг и шестидесяти лет, непрекращающаяся работа, занятия наукой и оскорбления противников сказались на его здоровье и преждевременно состарили его. Он был поражен опасным недугом. Известие о его болезни очень обрадовало монахов. Теперь, по их мнению, Уиклиф должен горько раскаиваться о зле, какое он сделал церкви, и они поторопились явиться в его покои, чтобы услышать от него исповедь. Представители четырех монашеских орденов с четырьмя гражданскими чиновниками собрались у постели, как предполагалось, умирающего. «У тебя смерть на устах, – сказали они, – осознай свои заблуждения и отрекись в нашем присутствии от всего того оскорбительного, что ты говорил против нас». Реформатор выслушал это спокойно; потом он обратился к своему слуге, чтобы тот приподнял его с постели, и, пристально глядя на тех, кто ждал его отречения, сказал твердым голосом, который так часто заставлял их трепетать: «Я не умру, но буду жить и опять публично говорить о злых деяниях монахов». Изумленные и смущенные, монахи спешно покинули комнату.

Слова Уиклифа осуществились. Он остался жить, для того чтобы вручить своим соотечественникам Библию – самое могущественное оружие против Рима, средство, назначенное Небесами, чтобы освободить, просветить и наставить людей в христианской вере. При выполнении этой работы возникали многие серьезные преграды. Уиклиф был обложен немощами; он понимал, что ему осталось трудиться всего лишь несколько лет; он видел, с какой оппозицией ему предстоит встретиться; но, вдохновленный обетованиями Божьего Слова, он шел вперед, нимало не смущаясь. Полностью сохранивший ясность ума, имеющий богатый опыт, он был оберегаем и приготовлен особым Божественным провидением для выполнения этого величайшего своего задания. Тогда как весь христианский мир находился в смятении, реформатор в своем ректорском приходе Люттерворта, не обращая внимания на бурю, которая бушевала снаружи, посвятил себя выполнению поставленной ему задачи.

И вот работа была закончена – первый английский перевод Библии готов. Слово Божье было открыто для Англии. Теперь реформатор не опасался тюрьмы или сожжения на костре. Он даровал английскому народу свет, который никогда не должен был погаснуть. Подарив своим землякам Библию, чтобы сокрушить оковы невежества и порока, освободить и возвысить свою страну, он сделал больше, чем было достигнуто самыми выдающимися победами на боевых полях.

Искусство печати еще не было известно, и только с помощью долгого и кропотливого труда Библия могла быть размножена. Интерес к приобретению этой Книги был таким большим, что многие охотно занимались работой по ее переписыванию, и все же переписчики не могли обеспечить потребности всех желающих. Одни – те, которые богаты, – хотели купить Библию полностью. Другие приобретали только по частям. Во многих случаях несколько семейств совместно покупали один экземпляр на всех. Так Библия Уиклифа вскоре нашла дорогу в дома людей.

Призыв к человеческому разуму заставил многих отказаться от слепого подчинения папским догматам. Теперь Уиклиф учил народ отличительным доктринам Реформации – спасению через веру во Христа и веру в безошибочность Священного Писания. Проповедники, посланные Уиклифом, распространяли Библию вместе с произведениями реформатора с таким успехом, что почти половина англичан стала исповедовать новую веру.

Появление Библии испугало церковные власти. Теперь они имели дело с силой, гораздо превосходящей влияние Уиклифа, с силой, против которой их оружие мало что могло сделать. В Англии в это время не было никакого закона, запрещающего Библию, потому что она не публиковалась раньше на языке этого народа. Такие законы потом были введены и строго проводились в жизнь. Пока же, несмотря на все усилия священников, появилась благоприятная возможность для распространения Слова Божьего.

Папские лидеры опять начали составлять планы, как заставить реформатора замолчать. Он был вызван предстать для разбирательства перед тремя трибуналами подряд, но все было напрасно. Сначала епископский синод объявил его сочинения еретическими, и, завоевав расположение молодого короля Ричарда II, епископы добились королевского декрета, согласно которому все те, кто будет держаться проклятого учения, будут брошены в тюрьму.

Уиклиф из синода обратился в парламент; он смело обвинил иерархию перед национальным советом и потребовал искоренения огромного числа злоупотреблений, одобренных церковью. Он хорошо представил узурпацию и нравственную испорченность папской епархии. Его враги были приведены в смущение. Друзей и приверженцев Уиклифа заставили подчиниться, и все были уверены, что и сам реформатор – в преклонном возрасте, одинокий и всеми покинутый – подчинится объединенной власти короля и папы. Но вместо этого паписты сами были поставлены в тупик. Парламент, воодушевленный волнующими призывами Уиклифа, аннулировал обвинительный декрет, и реформатор снова был свободен.

В третий раз его вызвали на суд – на сей раз это был высший духовный трибунал в королевстве. «Здесь ереси не будет выражено никакой благосклонности. Здесь Рим, наконец, восторжествует, и работа реформатора будет остановлена», – так думали паписты. Если бы им удалось достичь цели, Уиклифа заставили бы или отречься от своего учения, или покинуть суд, но только для того, чтобы быть преданному огню.

Тем не менее Уиклиф не отказался и не стал притворяться. Он смело выступил в защиту своего учения и отверг обвинения своих гонителей. Забыв о себе, о своем положении, об обстоятельствах, он пригласил своих слушателей на Божественный суд и взвесил их уловки и ухищрения на весах вечной истины. В судебном зале чувствовалось присутствие Святого Духа. Чудная сила Божья снизошла на слушателей. У них не было сил оставить это помещение. Как стрелы из Божьего колчана, слова реформатора поражали их сердца. Обвинение в ереси, которое они выдвинули против него, он с убедительной силой обратил на их голову. «Почему, – настойчиво требовал он ответа, – они осмеливались распространять свои заблуждения? Ради получения прибыли, чтобы торговать благодатью Божьей?»

«Как вы думаете, – сказал он вконец, – с кем вы боретесь? Со старым человеком, который уже на краю могилы? Нет! С Истиной – Истина сильнее вас и победит вас» (Wylie, т.2, гл.13). Сказав это, он покинул зал, и ни один из врагов не решился воспрепятствовать ему.

Работа Уиклифа была почти завершена; знамя истины, которое он так долго нес, вскоре должно было выпасть из его руки, но ему надлежало еще раз засвидетельствовать о Евангелии. Истина должна быть проповедана в самом бастионе царства лжи. Уиклифа призвали к ответу перед судом папы в Риме, где так часто проливалась кровь святых. Он вполне отдавал себе отчет в той опасности, которая его ожидала, и, тем не менее, повиновался бы этому приказу, если бы его внезапно не разбил паралич. Но хотя его голос не был услышан в Риме, он мог высказать свои мысли в письменном виде, что и сделал. Из своего приходского дома реформатор написал папе послание, которое, хотя и было составлено в духе христианской вежливости, содержало в себе резкие обличения пышности и гордости папской епархии. «Воистину я радуюсь, – писал он, – открывая и проповедуя всякому человеку ту веру, которой я держусь, и особенно епископу Рима, который, я надеюсь, будет таким честным и справедливым, что с величайшей готовностью одобрит мою веру, а если я заблуждаюсь, то точно таким же образом исправит меня.

В первую очередь, я считаю, что Евангелие Христа является совокупностью Божьего закона. И епископ Рима, поскольку он является наместником Христа на земле, более всех людей должен покориться этому евангельскому закону. Ибо превосходство в среде учеников Христа состояло не в мирских почестях, а в близости и строгом следовании за Христом в жизни и привычках... Христос в дни Своего странствования здесь, на Земле, был самым бедным человеком, униженным и лишенным всякой мирской власти и славы...

Ни один верующий человек не должен следовать примеру самого папы или какого-нибудь святого, если только они не идут по стопам нашего Господа Иисуса Христа; ибо Петр и сыновья Зеведеевы, пожелав мирских почестей, что противно последователям Христа, соблазнились, и поэтому нельзя подражать им в их заблуждениях...

Папа должен оставить светской власти все мирское владычество и правление, и к этому ему целесообразно побуждать и призывать все духовенство; ибо так делал Христос и Его апостолы. Посему, если я в чем-то заблуждаюсь, то смиренно приму обличения и исправительные меры – даже смерть, будь это необходимо; если бы я действовал по своей воле или желаниям, я, конечно, предстал бы перед епископом Рима; но Господь решил за меня иначе и повелел мне слушаться больше Бога, нежели человеков».

В конце он написал: «Давайте молиться нашему Богу, чтобы Он помог нашему папе Урбану VI в том, чтобы он со своим духовенством подражал бы Господу Иисусу Христу в жизни и поведении, дабы они успешно учили народ, который подобным образом должен верно следовать за ними» (John Foxe, Acts and Monuments, т.3, стр. 49-50).

Таким образом, Уиклиф представил папе и его кардиналам кротость и смирение Христа, показав не только им, но и всему христианскому миру разницу между ними и Господом, уполномоченными Которого они себя называли.

Уиклиф вполне осознавал, что его верность может стоить ему жизни. Король, папа и епископы сплотились в намерении уничтожить его, и, казалось, что через несколько месяцев он будет гореть на костре. Но мужество его было непоколебимо. «Почему вы говорите, что венец мученичества следует искать где-то в отдаленных местах? – спрашивал он. – Проповедуйте Евангелие Христово высокомерным прелатам, и вы станете мучениками. Неужели я буду жить и молчать?.. Никогда! Пусть меня постигнет этот удар. Я ожидаю его» (D'Aubigne, т.17, гл.8).

Но провидение Бога по-прежнему укрывало Его раба. Человек, который всю жизнь бесстрашно выступал в защиту истины, не должен был пасть жертвой своих злобных противников. Уиклиф никогда не пытался прикрывать себя, Господь был его охраной; и теперь, когда его враги почувствовали, что он станет их добычей, Божья рука сделала его для них недосягаемым. В своей церкви в Люттерворте, когда он собирался дать причастие, он упал от удара паралича и через короткое время умер.

Бог поручил Уиклифу его работу. Он вложил в его уста Слово истины и оградил его, чтобы это Слово могло дойти до людей. Его жизнь находилась под защитой, и его работа продлевалась до тех пор, пока не был заложен фундамент для великой Реформации.

Уиклиф появился из тьмы мрачного средневековья. У него не было никакого предшественника, который мог бы служить для него образцом в деле Реформации. Позванный, как и Иоанн Креститель, для свершения особой миссии, он стал глашатаем новой эпохи. Однако в системе истины, преподносимой им, были такие единство и законченность, какие не превзошли и последующие реформаторы, а некоторые не достигли этого даже спустя столетие. Таким широким и глубоким было заложенное основание, такой твердой и истинной была конструкция, что они не нуждались в перестройке теми, кто пришел после него.

Великое движение, начатое Уиклифом, которое должно было очистить совесть и разум, освободить народы, так долго прикованные к триумфальной колеснице Рима, имело свои истоки в Библии. Здесь находится поток благословений, который, как живая вода, течет через все века, начиная с четырнадцатого столетия. Уиклиф воспринял Священное Писание с полным доверием как вдохновенное откровение воли Божьей и всеобъемлющее мерило веры и жизни. Его приучили рассматривать римскую церковь как Божественный непогрешимый авторитет и принимать с беспрекословным благоговением вековые догмы и традиции; но он отверг все это, чтобы слушаться святого Божьего Слова. Это был тот авторитет, признать который он настоятельно призывал народ. Вместо церкви, говорящей через папу, он объявил единственным истинным авторитетом голос Бога, говорящего через Свое Слово. Он не только учил, что Библия есть совершенное откровение Божьей воли и что истолковывать ее может только Дух Святой, но и что каждый человек посредством ее изучения должен понять свой долг. Таким путем он переводил внимание людей с папы и римской церкви на Слово Бога.

Уиклиф был одним из величайших реформаторов. По силе интеллекта, ясности мышления, непоколебимости в защите истины и смелости в ее отстаивании с ним могут равняться только немногие, которые пришли после него. Первого из реформаторов характеризовали чистая жизнь, настойчивое стремление к знаниям и работе, неподкупная принципиальность, христоподобная любовь и верность в служении. И это невзирая на тьму и нравственную испорченность того времени, в которое он жил.

Джон Уиклиф (1321-1384)

Уиклиф и проповедники – лолларды

Характер Уиклифа свидетельствует о воспитательной и преобразующей силе Священного Писания. Именно Библия сделала его таким, каким он был. Стремление постичь великие истины откровения придает свежесть и силу всем талантам. Оно развивает ум, обостряет восприятие и делает зрелым суждение. Исследование Библии может возвысить всякую мысль, сознание и устремление, как никакое другое изучение. Оно придает устойчивость нашим стремлениям, терпение, мужество и силу духа; оно облагораживает характер и освящает душу. Искреннее, почтительное изучение Священного Писания, приводящее ум учащегося в соприкосновение с бесконечным Разумом, дало бы миру людей с гораздо более сильным и энергичным интеллектом и более благородными принципами, чем может это дать самое совершенное обучение мирской философии. «Откровение слов Твоих, — говорит псалмопевец, — просвещает, вразумляет простых» (**Псалтирь 118:130**).

Учения Уиклифа в течение еще некоторого времени продолжали распространяться; его последователи, известные как уиклифиты и лолларды, не только путешествовали по Англии, но рассеялись и по другим странам, распространяя знания о Евангелии. Теперь, когда их руководителя не стало, проповедники трудились с еще большей ревностью, чем прежде, и множество людей собиралось, чтобы послушать их. Некоторые представители знати и даже супруга короля оказались среди обращенных. Во многих местах значительно изменялись обычаи людей, и идолопоклоннические символы романизма удалялись из церквей. Но вскоре жестокая буря гонений обрушилась на тех, кто осмеливался принимать Библию в качестве своего ориентира. Английские монархи, жаждущие заручиться поддержкой Рима и тем самым укрепить свой престол, не колеблясь пожертвовали реформаторами. Впервые в истории Англии ученики Евангелия были приговорены к смерти через сожжение. Одна казнь мучеников следовала за другой. Защитникам истины, объявленным вне закона и терзаемым, осталось только вопиять к Господу Саваофу о спасении. Разыскиваемые как враги церкви и предатели государства, они продолжали проповедовать в тайных местах, находя убежище в скромных домах бедняков, часто прячась даже в подземельях и ущельях.

Несмотря на свирепые преследования, в продолжение многих веков не умолкал невозмутимый, благочестивый, серьезный, настойчивый протест против господствующего разложения евангельской веры. Христиане тех ранних столетий только частично знали истину; но они научились любить Божье Слово, повиноваться ему и терпеливо переносили страдания ради него. По примеру учеников во дни апостолов, многие отдавали свою земную собственность на дело Христа. Те, кто еще мог жить в своих домах, охотно укрывали гонимых собратьев, а когда также изгоняли и их, они были готовы разделить участь отверженных. Правда, были и тысячи запуганных жестокостью своих преследователей, которые приобретали себе свободу, пожертвовав верой, и, выходя из заключения, облеченные в одеяния раскаивающихся грешников, публично отрекались от своих убеждений. Но немалое число людей, среди которых были и благородные мужи, и простолюдины, бесстрашно несли свидетельство об истине в тюремных камерах, в «башнях лоллардов», не отрекаясь даже под пытками и на кострах и радуясь, что они удостоились принять «участие в страданиях Его».

Паписты потерпели неудачу в своем деле с Уиклифом в течение его жизни, но их ненависть не могла быть утолена, пока его тело мирно покоилось в могиле. Указом Констанцского собора, спустя более 40 лет после его смерти, его кости были выкопаны из земли и публично сожжены, а пепел был сброшен в близлежащую речку. «Эта речка, – говорит один писатель, – перенесла его останки в Эйвон, Эйвон – в Северн, Северн – в морской залив, а тот – в открытый океан. Итак, прах Уиклифа стал символом его учения, которое теперь разошлось по всему миру» (T.Fuller, Church History of Britain, b.4, sec.2, par.54). Вряд ли его враги осознавали смысл своей злонамеренной акции.

Вследствие влияния сочинений Уиклифа, Ян Гус из Богемии отказался от многих заблуждений романизма и включился в работу реформы. Таким образом, в этих двух странах, находящихся так далеко друг от друга, было посеяно зерно истины. Из Богемии это дело разошлось по другим странам. Сознание людей обратилось к давно забытому Слову Бога. Божественная рука подготовила путь для великой Реформации.

ГЛАВА 6

Гус и Иероним

Оба реформатора трудились в Богемии. Рим планировал „обезвредить" этих мужей истинной веры. Гус (1370-1415) боролся не против самой церкви, а только против злоупотребления ее авторитетом. Церковь приговорила Гуса и Иеронима (1365-1416) к смерти, как еретиков. Оба были казнены, но перед этим смогли засвидетельствовать об истине религиозным и светским правителям.

Весть Евангелия распространилась в Богемии давно, еще в девятом веке. Библия была переведена, и общественное богослужение проводилось на языке этого народа. Но с возрастанием влияния папы Слово Божье стало отодвигаться на задний план. Григорий VII, присвоивший себе обязанность смирять гордость королей, был полон не меньшей решимости поработить народ, поэтому им была выпущена булла, запрещающая совершение общественного богослужения на чешском языке. Папа объявил, что «Вседержителю нравится, чтобы служение проходило на незнакомом языке, и что пренебрежение этим правилом привело к возникновению большого зла и ересей» (Wylie, т.3, гл.1). Таким образом, Рим с помощью декретов погасил свет Божьего Слова, и люди оказались во тьме. Но Небо обеспечило другие средства для сбережения церкви. В Богемию приехало много вальденсов и альбигойцев, вынужденных в результате гонений покинуть свои дома во Франции и Италии. Они не осмеливались учить публично, тем не менее с большим рвением работали скрытно. Благодаря этому истинная вера сохранялась из века в век.

Еще до появления Гуса в Богемии были люди, которые выступали с протестами, осуждающими разложение церкви и распущенность народа. Их труды повсюду возбуждали интерес. Это напугало церковных иерархов, и начались преследования приверженцев Евангелия. Будучи вынужденными проводить свои богослужения в лесах и горах, они и там преследовались солдатами, и многих из них предавали смерти. Через некоторое время папой был выпущен декрет о том, что всех отделившихся от богослужений в римской церкви необходимо предать сожжению. Но, расставаясь с жизнью, христиане предвкушали триумф своего дела. Один из тех, кто проповедовал, что «спасение можно найти только через веру в распятого Спасителя», умирая, сказал: «Ярость врагов истины сейчас превозмогает нас, но это не навсегда; среди простых людей восстанет некто, без меча или власти, и его они не в состоянии будут превозмочь» (Wylie, т.3, гл.1). Время Лютера еще не наступило, но уже сейчас приобретал влияние тот, свидетельству которого предстояло привести нации в движение против Рима.

Ян Гус был человеком простого происхождения, он рано остался сиротой после смерти своего отца. Его богобоязненная мать, полагавшая, что образование и страх Божий являются самыми ценными приобретениями, старалась обеспечить этим наследством своего сына. Гус учился в провинциальной школе, а затем поступил в университет в Праге, получив допуск к учебе по линии благотворительности. По пути в Прагу Гуса сопровождала его мать; овдовевшая и бедная, она не могла дать сыну мирского богатства, но когда они подошли к древнему городу, она преклонила колени рядом с сыном, оставшимся без отца, и просила для него благословений у Отца Небесного. Эта мать даже не могла себе представить, каков будет ответ на ее молитву.

В университете Гуса скоро заметили благодаря его неутомимым стараниям и отличным достижениям, а за его безупречный образ жизни, доброту и обаяние он получил всеобщее признание. Он был добросовестным последователем римской церкви и настойчивым искателем духовных благословений, которые эта церковь обещала дать. Если случался какой-то праздник, он шел исповедоваться, платил последние несколько монет и подключался к шествию, чтобы участвовать в обещанном очищении. После завершения курса обучения он принял духовный сан и, быстро достигнув высокого положения, вскоре был направлен ко двору короля. К тому же, он стал профессором, а затем ректором того самого университета, в котором обучался. За очень короткий период времени незаметный стипендиат благотворительного фонда стал тем, кем гордилась его страна и чье имя прославилось во всей Европе.

Но Гус начал работу преобразования в другой области. Через несколько лет после того, как он принял духовный сан, его назначили священником Вифлеемской капеллы. Основатель этой церкви защищал, как дело великой [98] важности, проповедь Писаний на языке народа. Несмотря на противостояние Рима такой практике, она не была полностью упразднена. В Богемии бытовало огромное невежество относительно истин Библии, и среди людей всех сословий господствовала самая ужасная безнравственность. Эти пороки Гус нещадно обличал, обращаясь к Слову Божьему, чтобы проводить в жизнь принципы истины и чистоты.

Житель города Праги Иероним, впоследствии оказавшийся столь тесно связанным с Гусом, по возвращении из Англии привез с собой произведения Уиклифа. Королева Англии, изменившая свои взгляды под влиянием учения Уиклифа, была принцессой Богемии, и во многом благодаря ее влиянию произведения реформатора получили широкое распространение в ее родной стране. Эти работы Гус читал с интересом; он считал их автора искренним христианином и был расположен благосклонно относиться к реформам, которые тот отстаивал. Даже еще не понимая этого, Гус вступил на тропу, которая уведет его очень далеко от Рима.

Приблизительно в это время в Прагу из Англии прибыли два незнакомца – ученые люди, которые получили свет и договорились принести его в эту далекую землю. Они начали с открытого обличения папского господства, но в скором времени власти заставили их замолчать; однако, не желая оставлять цели своей миссии, они прибегли к иным методам. Они были столь же хорошими художниками, как и проповедниками, и начали применять свое искусство. В открытом, доступном для народа месте они выставили две картины. На одной был изображен «кроткий и сидящий на осле» (Ев. Матфея 21:5) Христос при въезде в Иерусалим босой, в изношенной от странствований одежде в сопровождении апостолов. На другой картине нарисовано шествие понтифика – папа в своем богатом церковном облачении и трехъярусной тиаре, сидящий на роскошно убранном коне, с выступающими впереди трубачами и в сопровождении кардиналов и прелатов в пышных одеяниях.

Это была проповедь, которая приковала внимание всех слоев общества. Толпы людей приходили поглядеть на эти картины. Каждый мог вникнуть в изображенную мораль, и многие были глубоко впечатлены увиденным контрастом между скромностью и смирением Христа и гордыней и надменностью папы – Его мнимого слуги. Великое смятение возникло в Праге, и спустя некоторое время эти чужеземцы посчитали необходимым уехать в целях безопас-

Ян Гус (1370-1415)

Иероним (1365-1416)

ности. Но урок, преподанный ими, не остался забытым. Картины наложили глубокий отпечаток на взгляды Гуса и привели его к более тщательному изучению Библии и работ Уиклифа. Несмотря на то что он все еще не был готов к принятию всех реформ, отстаиваемых Уиклифом, все же он смог лучше разглядеть характер папства и с большим дерзновением стал осуждать гордость, тщеславие и испорченность этой иерархии.

Из Богемии свет распространился в Германию, поскольку волнения в Пражском университете вызвали уход сотен немецких студентов. Многие из них благодаря Гусу впервые познакомились с Библией и по возвращении домой возвещали Евангелие на своей родине.

Вести о событиях в Праге дошли до Рима, и Гус был в скором времени вызван, чтобы предстать перед папой. Подчиниться – значит приговорить себя к неминуемой смерти. Король и королева Богемии, университет, многие знатные люди и члены правительства объединились в прошении к понтифику, чтобы Гусу разрешили остаться в Праге, а в Риме отвечать через его представителя. Вместо того чтобы принять во внимание это ходатайство, папа приступил к суду и признал виновным Гуса, а затем объявил, что город Прага теперь находится под интердиктом (отлучением от церкви – прим. ред.).

В то время такое наказание производило всеобщую тревогу. Ритуалы, которыми сопровождалось отлучение, были хорошо продуманы для того, чтобы вызывать ужас в народе, смотревшем на папу как на представителя самого

Бога, имеющего ключи от Неба и ада и наделенного полномочиями быть судьей как в светских, так и в духовных вопросах. Считалось, что врата Неба закрыты для того места, которое находилось под интердиктом, и что пока папа не снимет свой запрет, мертвые будут лишены благословенных обителей рая. В знак этого ужасного бедствия все религиозные службы прекращались. Церкви закрывались. Браки заключались во дворах церквей. Мертвых не разрешалось предавать освященной земле, и их погребали без похоронных церемоний в канавах или на полях. Благодаря таким мерам, будоражившим воображение, Рим установил контроль над сознанием людей.

Прага наполнилась смятением. Большая группа людей объявила Гуса причиной их бедствий и потребовала предать его возмездию Рима. Чтобы утихла гроза, реформатор уехал на время в родную деревню. Друзьям, оставшимся в Праге, он писал: «Я удалился из вашей среды, дабы следовать предписаниям и примеру Иисуса Христа, чтобы не дать возможности людям с поврежденным умом навлечь на себя вечное осуждение и не стать для благочестивых причиной несчастий и преследований. Я ушел, предвидя, что нечестивые священники смогут еще долго запрещать проповедь Слова Божьего среди вас; но я не ушел, чтобы отрицать Божественную истину, за которую с Его помощью желаю умереть» (Bonnechose, The Reformers Before the Reformation, т.1, стр. 87). Гус не прервал своих трудов, он объезжал соседние деревни, проповедуя толпам жаждущих слушателей. Те меры, к которым прибег папа для искоренения Евангелия, стали причиной его еще более широкого распространения. «Ибо мы не сильны против истины, но сильны за истину» (2 Коринфянам 13:8).

«Разум Гуса на этом этапе деятельности стал ареной мучительной борьбы. Несмотря на то что церковь преследовала цель сокрушить его своими ударами, Гус все же не отвергал ее авторитета. Римская церковь все еще была для него женой Христа, а папа – представителем и наместником Бога. То, с чем вел борьбу Гус, было злоупотребление авторитетом, а не сам принцип. Это привело к ужасному конфликту между его убеждениями и требованиями совести. Если власть была справедливой и непогрешимой, то как получилось, что он чувствовал себя вправе не подчиняться ей? Подчинение здесь, как он понимал, было грехом; но как же подчинение непогрешимой церкви может привести к такому? Для него это было неразрешимой проблемой, сомнением, которое постоянно мучило его. Самое подходящее объяснение, на которое он был способен, заключалось в том, что все это случилось, как и в дни Спасителя, когда священники церкви стали нечестивыми и использовали законную власть в незаконных целях. Это побудило его принять для себя как руководство возвещать другим правило, согласно которому предписания Библии, принятые разумом, являются законом для совести; другими словами, единственным непогрешимым путеводителем является то, что Бог говорит в Библии, а не священники в церкви» (Wylie, т.3, гл.2).

Когда по прошествии какого-то времени смятение в Праге стихло, Гус вернулся в свою Вифлеемскую капеллу, чтобы с особым усердием и смелостью продолжить проповедь Слова Божьего. Его враги были активными и сильными, но королева и многие знатные люди являлись его друзьями, и народ в большинстве своем находился на его стороне. Сопоставляя его чистые и благородные наставления и святую жизнь с унижающими человеческое достоинство догмами, провозглашаемыми католиками, а также с их корыстолюбием и распутством, многие считали честью поддерживать Гуса.

До сих пор Гус трудился в одиночку; но сейчас Иероним, ставший в свою бытность в Англии приверженцем учения Уиклифа, присоединился к работе в деле реформы. В дальнейшем в их жизни проявлялось единодушие, их также ожидала и одинаковая смерть. Величие одаренного ума, ораторское искусство и эрудиция – дары, которые приносят популярность, – в большой степени были присущи Иерониму; но что касается тех качеств, которые придают характеру подлинную силу, то в этом Гус превосходил Иеронима. Его невозмутимое суждение служило сдерживающей силой импульсивному духу Иеронима, который с подлинным смирением воспринимал это достоинство характера Гуса и подчинялся его решениям. Благодаря их объединенным усилиям, реформа распространялась быстрее.

Бог позволил великому свету воссиять в умах этих избранных мужей, открывая им многие отклонения Рима от истины, однако им не был дан весь свет, который необходимо было направить на мир. Через этих Своих слуг Бог выводил людей из тьмы римской веры; но им надлежало встретить множество великих испытаний, и Он продолжал вести их шаг за шагом так, чтобы они могли их перенести. Они не были подготовлены к тому, чтобы мгновенно получить весь свет. Как солнце в полдень во всей своей славе ослепляет тех, кто продолжительное время пребывал в темноте, так и этот свет, будучи явленным, заставил бы их отвернуться от него. Поэтому Бог открывал его этим мужам мало-помалу, чтобы люди могли его принять. Из века в век другие преданные работники должны были следовать их путем, спокойно ведя людей далее тропой реформы.

А в церкви продолжалось разделение. Три папы боролись за превосходство, и их соперничество наводнило христианский мир злодеяниями и смятением. Не удовлетворившись обменом анафемами, они прибегли к мирским средствам поражения. Каждый стремился приобрести оружие и набрать солдат. Конечно, для этого нужны были деньги, и чтобы добыть их, все дары церкви, должности и благословения были выставлены на продажу. Священники, беря пример с вышестоящих по рангу, тоже практиковали симонию и вели войны, чтобы обуздать своих противников и укрепить собственную власть. С увеличивающимся день ото дня бесстрашием Гус разоблачал эти гнусности, которые дозволялись во имя веры, и люди открыто обвиняли лидеров Рима в том, что те были причиной несчастий, поразивших христианство.

И вновь Прага, казалось, стояла на краю кровавого конфликта. Как в прежние века, слуга Божий был провозглашен «смущающим Израиля» (3 Царств 18:17). Город вновь находился под интердиктом, и Гус уехал в свою родную деревню. Верное свидетельство, исходившее из его любимой Вифлеемской церкви, умолкло. Ему надлежало говорить всему христианству с более высоких подмостков, прежде чем отдать свою жизнь, засвидетельствовав об истине.

Для устранения зла, приведшего Европу в смятение, в Констанце был созван вселенский собор. Его собрал по просьбе императора Сигизмунда один из трех враждующих пап – Иоанн XXIII. Папа Иоанн был далек от того, чтобы сильно желать этого собора; его характер и политика не могли вынести никакой критики даже со стороны прелатов, слабых в вопросах морали, что в те времена было характерно для священнослужителей. Тем не менее он не решился противиться желанию Сигизмунда.

Основная цель собора состояла в том, чтобы ликвидировать разделение в церкви и покончить с ересью. Поэтому туда были призваны явиться два антипапы, а также главный пропагандист новых учений Ян Гус. Первые в целях собственной безопасности не присутствовали лично, а были представлены своими делегатами. Папа Иоанн, якобы инициатор собора, прибыл на него, сильно опасаясь и подозревая, что тайная цель императора – разоблачить его и призвать к ответу за грехи, которыми он опозорил тиару, а также и за те преступления, которые обеспечили ему обладание ею. Все же он появился в Констанце с большой помпезностью, сопровождаемый высшими духовными чинами и свитой придворных. Все духовенство, сановники города и огромная толпа горожан вышли приветствовать его. Над его головой был распростерт золотой навес, который несли четыре высокопоставленных государственных чиновника. Перед ним несли хостию. Богатые одежды кардиналов и знати производили сильное впечатление.

Тем временем другой путешественник подходил к Констанцу. Гус осознавал риск, на который шел. Он расстался со своими друзьями так, как будто никогда больше не встретится с ними, и отправился в путь, чувствуя, что это приведет его на костер. Хотя он и получил одну охранную грамоту от короля Богемии, а вторую – от императора Сигизмунда, уже находясь в пути, тем не менее сделал все приготовления с учетом своей возможной гибели.

В письме, отправленном своим друзьям в Прагу, он написал: «Я ухожу, братья мои, с охранной грамотой от короля, чтобы встретиться со своими многочисленными и беспощадными врагами... Я полностью доверяю всемогущему Богу, своему Избавителю; я верю, что Он услышит ваши пылкие молитвы и вложит Свое благоразумие и мудрость в мои уста, чтобы я мог противостоять им; и что Он даст мне Своего Святого Духа, чтобы укрепить меня в Его истине, чтобы я мог мужественно встретить соблазны, тюрьму и, если будет необходимо, мучительную смерть. Иисус Христос пострадал за Своих возлюбленных, и поэтому нужно ли нам удивляться, что Он оставил нам Свой пример, чтобы мы сами могли претерпевать все для своего спасения? Он – Бог, а мы – Его создание; Он – Господь, а мы – Его слуги; Он – Господин мира, а мы – жалкие смертные, однако Он понес кару! Отчего тогда не должны страдать мы, особенно если, страдая, мы очищаемся? Потому, возлюбленные, если моя смерть послужит Его славе, молитесь, чтобы она наступила побыстрей, и чтобы Он дал мне сил выстоять во всех моих скорбях. Но если будет лучше, чтобы я вернулся к вам, молитесь Богу, чтобы я вернулся без пятна, – то есть, чтобы не утаил ни одной крупицы истины Евангелия, чтобы оставил братьям отличный пример для подражания. Вероятно, вы уже никогда не увидите моего лица в Праге; но коли случится так, что всемогущий Бог соблаговолит возвратить меня к вам, то давайте станем тогда более настойчиво углубляться в знание Его закона и совершенствоваться в любви к нему» (Bonnechose, т.1, стр. 147-148).

В следующем письме священнику, который стал приверженцем Евангелия, Гус в глубоком смирении говорил о своих собственных ошибках, обличая себя в том, что «раньше любил носить богатые одежды и тратить часы на ничего не значащие занятия». Затем он добавил эти трогательные наставления: «Да заполнит твой разум слава Божья и спасение душ, а не обладание приходами и имениями. Бойся украшать свой дом больше, чем свою душу; и более того, оказывай заботу своему духовному храму. Будь добродетелен и почтителен с бедными и не растрачивай средства на пиршества. Измени свою жизнь и удерживайся от роскоши; я боюсь, что ты будешь жестоко наказан, как и я сам... Ты знаешь мое учение, так как ты принимал мои наказы с детства, поэтому мне не нужно писать тебе дальше. Но я умоляю тебя милостью Божьей не подражать мне ни в одной из тех суетных вещей, в которых ты видел меня оступившимся». На конверте письма он добавил: «Я заклинаю тебя, друг мой, не распечатывать это письмо, пока ты не получишь заверение в моей смерти» (Bonnechose, т.1, стр. 148-149).

По дороге Гус везде созерцал знаки влияния своего учения и благосклонность, с которой принимали его труд. Люди толпились, чтобы увидеть его, а в некоторых городах государственные чиновники провожали его, проходя с ним по улицам.

По прибытии в Констанц Гусу была пожалована полная свобода. К охранной грамоте императора добавилось и личное заверение папы о его защите. Но в нарушение этих торжественных и многократных заявлений, через короткое время по распоряжению папы и кардиналов реформатора взяли под стражу и бросили в омерзительную темницу. Позднее он был перемещен в крепость по другую сторону Рейна, и здесь его держали как арестанта. Папа, однако, выиграл своим коварством немного, поскольку вскоре сам был посажен в ту же самую тюрьму (см. Bonnechose, т.1, стр. 247). Перед собором была доказана его вина в самых низменных преступлениях: помимо убийства, симонии и прелюбодеяния, в «грехах, которые стыдно называть». Так объявил собор; и, наконец, у него отобрали тиару, а самого бросили в тюрьму. Антипап тоже сместили и избрали нового понтифика.

Несмотря на то что сам папа был виновен в более серьезных грехах, нежели те, в которых Гус когда-либо обличал священников и из-за которых требовал реформации, тот же самый собор, свергший понтифика, решил сокрушить и реформатора. Заключение в тюрьму Гуса возбудило великое недовольство в Богемии. Влиятельные вельможи обратились к собору с серьезными возражениями против этого произвола. Император, который с неохотой допустил нарушение охранной грамоты, выступал против судебного процесса по делу Гуса. Но противники реформатора были злы и настойчивы. Они взывали к предубеждениям императора, его страхам, его ревности по церкви. Они привели обширные аргументы, доказывая, что он был «абсолютно свободен от клятвы перед еретиком», и что собор, будучи выше императора, «мог освободить его от данного слова» (Jacques Lenfant, History of the Council of Constance, т.1, стр. 516). И таким образом они добились своего.

Ослабленный недугом и тюремным заключением – сырой, грязный воздух карцера стал причиной лихорадки, чуть не прервавшей его жизнь, – Гус наконец предстал перед собором. Скованный цепями, он стоял там в присутствии императора, который честью и доброй совестью поручился охранять его. В течение долгого судебного разбирательства Гус с твердостью защищал истину, и в присутствии созванных высших чинов государства и церкви он произнес торжественный и справедливый протест против развращенности духовенства. Когда от него потребовали сделать выбор: отказаться от своих доктрин или претерпеть смерть, он принял судьбу мученика.

Милость Бога была ему опорой. В продолжение недель, прошедших до его заключительного осуждения, небесный покой пребывал в его душе. «Я пишу это письмо, – извещал он друга, – в темнице, рукой, закованной в цепи, в ожидании завтрашнего смертного приговора… Когда с помощью Иисуса Христа мы снова встретимся в прекрасном мире будущей жизни, ты поймешь, как милостиво Бог показал Себя мне – как действенно Он подкреплял меня среди моих искушений и испытаний» (Bonnechose, т.2, стр. 67).

Во мраке тюремной камеры он предвидел триумф истинной веры. Возвращаясь в своих снах в церковь в Праге, где он возвещал Евангелие, он видел, как папа и его епископы стирают изображения Христа, которыми он расписал ее стены. «Это видение причинило ему страдание, но на следующий день он увидел во сне много живописцев, занятых реставрированием этих изображений более яркими красками. Как только их работа закончилась, художники, которых обступила огромная толпа, прокричали: „Сейчас пусть приходят папы и епископы! Они больше никогда не сотрут их!"» Реформатор, поясняя свой сон, сказал: «Я убежден, что облик Христа никогда не изгладится ими больше. Они стремились истребить его, но он будет вновь запечатлен во всех сердцах проповедниками, намного превосходящими меня» (D`Aubigne, т.1, гл.6).

В последний раз Гус предстал перед собором. Это было грандиозное и блистательное собрание: император, князья империи, королевские делегаты, кардиналы, епископы, священники и внушительная масса людей, пришедших посмотреть на события этого дня. Со всех уголков христианского мира сюда съехались те, которым предстояло стать очевидцами этой первой великой жертвы долгой борьбы за обретение свободы совести.

Приглашенный высказать свое окончательное решение, Гус объявил о своем отказе отречься, и, пристально глядя на монарха, чье слово было так бесстыдно нарушено, он произнес: «По своей собственной воле я появился перед этим собором, имея государственную охранную грамоту и слово присутствующего тут императора» (Bonnechose, т.2, стр. 84). Яркая краска залила лицо Сигизмунда, когда все находящиеся в собрании посмотрели на него.

Приговор провозгласили, и началась церемония низложения. Епископы облекли своего пленника в облачение священника, и когда он взял сутану, то сказал: «Нашего Господа Иисуса Христа тоже одели в белую одежду во время издевательств над Ним, когда Ирод отослал Его к Пилату» (Bonnechose, т.2, стр. 86). Будучи вновь призванным отречься от своих убеждений, он ответил, повернувшись к народу: «С каким лицом в таком случае я буду взирать на Небеса? Как мне смотреть в глаза тому множеству людей, которым я проповедовал чистое Евангелие? Нет. Я ценю их спасение больше этого слабого тела, которому теперь предуготовлена смерть». Одно за другим с него снимали одеяния, и каждый епископ при проведении своей части церемонии произносил проклятие. В завершение «они надели на его голову колпак, или пирамидальную митру, из бумаги, на которой были нарисованы безобразные фигуры демонов, а спереди

– привлекающая внимание надпись: «Архиеретик». «С большой радостью, – сказал Гус, – надену я эту позорную митру ради Тебя, Господь Иисус, ведь Ты носил венец из терна».

Когда он был наряжен таким образом, «прелаты провозгласили: „Сейчас мы отдаем твою душу дьяволу". „А я, – произнес Ян Гус, устремляя свой взор в небеса, – отдаю свой дух в Твои руки, Господь Иисус, потому что Ты искупил меня"» (Wylie, т.3, гл.7).

Его передали светской власти и отвели на место казни. За ним следовала огромная процессия: сотни солдат, священники и епископы в своих дорогих одеждах, а также жители Констанца. Когда он был привязан к столбу и все подготовили к тому, чтобы разжечь костер, мученика вновь призвали спасти себя признанием своих заблуждений. «Какие заблуждения, – сказал Гус, – должен я признать? Я знаю, что невиновен ни в одном. Я призываю Бога в свидетели, что все возвещенное и написанное мной должно было служить для спасения душ от греха и проклятья, и поэтому с радостью подтверждаю своей кровью ту истину, о которой я писал и проповедовал» (Wylie, т.3, гл.7). Когда языки пламени охватили его, он запел: «Иисус, Ты – Сын Давида, смилуйся надо мной», – и так продолжал, пока его голос не утих навсегда.

Даже враги реформатора были поражены его героическим терпением. Ревностный папист, рассказывая о мученичестве Гуса и Иеронима, умершего чуть позже, сказал: «Оба держались твердо, когда приблизился последний час. Они приготовились к костру так, будто собирались на свадебный пир. От них не услышали ни одного стона. Они начали воспевать гимны, когда запылал огонь, и его сила с трудом смогла остановить их пение» (Wylie, т.3, гл.7).

Когда тело Гуса полностью сгорело, его пепел с землей, на которой он находился, собрали и бросили в Рейн, а с его водами он попал в океан. Преследователи Гуса напрасно думали, что искоренили истины, которые он проповедовал. Они не могли себе представить, что пепел, преданный в тот день реке, станет семенем, разбросанным по всем странам; что в еще неизведанных землях оно принесет обильный плод в виде свидетелей за истину. Голос, звучавший в зале собора в Констанце, отозвался эхом, которое будет услышано в каждом последующем столетии. Гуса больше не было, но истина, за которую он погиб, не могла умереть. Пример его веры и непреклонной решимости вдохновил миллионы христиан твердо стоять за эту истину перед лицом пыток и смерти. Его казнь показала всему миру предательскую жестокость Рима. Враги истины, хотя они этого и не знали, продвинули то дело, которое безуспешно пытались разрушить.

И вот еще одному столбу суждено было быть установленным в Констанце. Кровь другого свидетеля должна была дать показания в пользу истины. Иероним, прощаясь с Гусом при его отъезде на собор, призвал его к мужеству и стойкости, говоря, что если тот попадет в какую-нибудь беду, то он сам придет ему на помощь. Услышав об аресте реформатора, верный друг сразу же приготовился сдержать свое слово. Без охранной грамоты он отправился в Констанц с одним единственным спутником. По приезде его убедили в том, что он только подвергает себя риску, не имея возможности предпринять что-либо для избавления Гуса. Он бежал из города, но по пути домой его арестовали, наложили на него оковы и под надзором отряда солдат привели назад. При первом появлении перед собором его попытки ответить на выдвинутые против него обвинения были встречены криками: «На костер его! На костер!» (Bonnechose, т.1, стр. 234). Его ввергли в темницу, приковав цепями в таком положении, которое приносило ему великие страдания, и давали только хлеб и воду. Через несколько месяцев жестокий плен вызвал у Иеронима болезнь, которая угрожала жизни, и его враги, испугавшись, что он может избежать их приговора, начали обходиться с ним менее сурово, и все же он оставался в тюрьме целый год.

Смерть Гуса не привела к тому, на что рассчитывали паписты. Нарушение охранной грамоты вызвало волну возмущения, и собор избрал более безопасный курс, решив не сжигать Иеронима, но вынудить его, если возможно, к отречению. Его привели на собрание и предложили альтернативу: отречься или умереть на костре. В начале тюремного заключения смерть была бы милостью по сравнению с ужасными страданиями, которые перенес Иероним; однако сейчас, ослабленный недугом, тяжелыми условиями заключения, мучимый волнением и неизвестностью, оторванный от друзей и приведенный в уныние смертью Гуса, Иероним лишился силы духа и согласился покориться собору. Он обязался твердо держаться католической веры и согласился с заключением собора по осуждению доктрин Уиклифа и Гуса, кроме, однако, «святых истин», которые они преподавали (Bonnechose, т.2, стр. 141).

Этой уловкой Иероним попытался заставить замолчать голос совести и избежать смерти. Но в уединении в своей камере он яснее понял, что сделал. Он вспоминал о мужестве и преданности Гуса и, напротив, о своем собственном отречении от истины. Он размышлял о Божественном Учителе, Которому дал слово служить и Который ради него претерпел смерть на кресте. До своего отречения он имел мир и утешение во всех своих страданиях, будучи уверенным в Божьем благоволении к нему; но теперь угрызения совести и сомнения мучили его душу. Он знал, что ему придется еще от многого отречься, прежде чем он сможет примириться с Римом. Стезя, по которой он пошел, могла окончиться лишь абсолютным отступлением от веры. Решение было принято: чтобы уклониться от короткого периода страданий, он не откажется от своего Господа.

В скором времени его снова привели предстать перед собором. Его подчинение не удовлетворило судей. Их жажда крови, возбужденная смертью Гуса, требовала свежих жертв. Лишь безоговорочно отвергнув истину, Иероним мог остаться в живых. Но он принял решение открыто признать свою веру и последовать за своим братом-мучеником на костер.

Он отказался от своего недавнего отречения и, как человек, осужденный на смерть, торжественно потребовал предоставить ему возможность осуществлять свою защиту. Боясь воздействия его слов, прелаты добивались того, чтобы он просто принимал или отвергал подлинность обвинений, выдвигаемых против него. Иероним возразил против такой жестокости и неправосудия. «340 дней вы держали меня в изоляции в ужасной тюрьме, – сказал он, – среди грязи, нездоровой атмосферы, зловония и в крайней нужде; после этого вы доставляете меня сюда, выслушиваете моих смертельных врагов и отказываетесь выслушать меня. Если правда то, что вы мудрые люди и светочи мира, то поберегитесь грешить против справедливости. Что до меня, я просто слабый смертный, моя жизнь маловажна, и когда я увещеваю вас не выносить несправедливый приговор, то говорю это более для вас, чем для себя» (Bonnechose, т.2, стр. 146-147).

Его просьбу, наконец, удовлетворили. В присутствии своих судей Иероним стал на колени и помолился о том, чтобы Дух Божий контролировал его мысли и слова, чтобы он ничего не мог сказать вопреки истине или что-то недостойное своего Учителя. Для него в этот день осуществилось обетование Бога, сказанное для первых учеников: «И поведут вас к правителям и царям за Меня... Когда же будут предавать вас, не заботьтесь, как или что сказать; ибо в тот час дано будет вам, что сказать; ибо не вы будете говорить, но Дух Отца вашего будет говорить в вас» (Ев. Матфея 10:18-20). Слова Иеронима удивили и привели в восхищение даже его врагов. Целый год он был заключен в темнице, не имея возможности ни читать, ни даже видеть свет, перенося большие телесные муки и душевные страдания. Однако его аргументы были представлены с максимальной ясностью и силой, будто он имел все возможности для исследования. Он указал своим слушателям на длинный список святых людей, осужденных несправедливыми судьями. Едва не в каждом поколении находились те, кто старался улучшить людей своего времени, но они были порицаемы и изгоняемы, хотя, как оказывалось впоследствии, заслуживали признания. Самого Христа осудили на несправедливом суде, будто преступника.

При своем отречении Иероним согласился с обоснованностью судебного решения по осуждению Гуса; теперь же он объявил о своем раскаянии и засвидетельствовал о невиновности и святости мученика. «Я знал его с детства, – произнес он, – он был замечательнейшим человеком, праведным и святым; он был приговорен вами вопреки своей невиновности… А я – я готов умереть; я не страшусь пыток, приготовленных для меня врагами и ложными свидетелями, которые когда-то должны будут ответить за свою ложь перед великим Богом, Которого никто не может обмануть» (Bonnechose, т.2, стр. 151).

Упрекая себя за свой отказ от истины, Иероним продолжил: «Из всех грехов, которые я совершил с юности, ни один так не тяготит мой разум и не вызывает во мне такие мучительные угрызения совести, как тот, который я совершил на этом роковом месте, одобрив ужасающе несправедливый приговор, вынесенный Уиклифу и святому мученику Яну Гусу, моему наставнику и другу. Да, я признаю это от всего сердца и с ужасом объявляю, что позорно струсил, когда, убоявшись смерти, осудил их доктрины. Поэтому я молю... Всемогущего Бога снизойти и простить мои грехи, и в особенности этот, самый чудовищный из них». Указав на своих судей, он с твердостью сказал: «Вы приговорили Уиклифа и Гуса не за то, что они поколебали учение церкви, но просто потому, что они заклеймили осуждением постыдные факты, имевшие место среди представителей духовенства: их роскошь, гордость и все пороки прелатов и священников. То, что они утверждали – неопровержимо, я утверждаю это так же, как и они».

Его перебили прелаты, трясущиеся от гнева; они выкрикивали: «Какие еще нужны в данном случае доказательства?! Мы видим своими собственными глазами упорнейшего из еретиков!»

Без тени волнения Иероним воскликнул: «Неужели вы думаете, что я боюсь умереть? Вы держали меня целый год в отвратительной темнице, более ужасной, чем сама смерть. Вы обходились со мной еще более жестоко, чем с турком, иудеем или язычником, и моя плоть буквально разлагалась на моих костях; но я не жалуюсь, поскольку от жалоб человек становится больным сердцем и духом; но я не могу не высказать своего изумления относительно такого варварского обращения с христианином» (Bonnechose, т.2, стр. 151-153).

Вновь разразилась буря ярости, и Иеронима поспешно увели в тюрьму. Однако на этом собрании были и те, на кого его слова произвели глубокое впечатление и кто желал спасти его жизнь. Его навещали церковные сановники и убеждали покориться собору. За отказ противостоять Риму ему в качестве награды были представлены великолепнейшие виды на будущее. Но, как и его Учитель, когда Ему предложили славу мира, Иероним остался непреклонным.

«Приведите доказательства из Священного Писания, что я ошибаюсь, – сказал он, – и я откажусь от этого».

«Священное Писание! – воскликнул один из его искусителей. – Неужели все должно проверяться им? Кто в состоянии уразуметь его, пока церковь его не растолкует?»

«Но неужели человеческие предания стоят большего доверия, чем Благая Весть нашего Спасителя? – возразил Иероним. – Павел не убеждал тех, кому писал, слушать предания людей, но указывал: „Исследуйте Писания"».

«Еретик! – было сказано в ответ, – я каюсь, что так долго упрашивал тебя. Я вижу, что ты во власти дьявола» (Wylie, т.3, гл.10).

Вскоре ему был вынесен обвинительный приговор, и его отвели на то же самое место, где Гус отдал свою жизнь. Он шел, воспевая Господу, и его взгляд светился от радости и мира. Его взор покоился на Христе, и смерть его уже не устрашала. Когда палач подошел сзади, готовясь зажечь костер, мученик воскликнул: «Подходи смело спереди! Зажигай огонь перед моим лицом. Если бы я боялся, меня бы здесь не было».

Его последние слова, произнесенные в языках пламени, были молитвой: «Господи, Всемогущий Отец!

– воскликнул он. – Сжалься надо мной и прости мне мои грехи, ведь Ты знаешь, что я всегда любил Твою истину» (Bonnechose, т. 2, стр. 168). Его голос стих, но губы продолжали шевелиться в молитве.

Когда огонь завершил свою работу, пепел мученика вместе с землей, на которой тот покоился, был собран и, как и прах Гуса, сброшен в Рейн. Вот так погибли Божьи преданные носители света. Но свет истины, которую они провозглашали, свет примера их героизма не мог быть уничтожен. Это было бы подобно тому, как если бы люди попытались заставить солнце двигаться назад по его орбите, чтобы предотвратить рассвет того дня, который уже занимался над миром.

Казнь Гуса зажгла огонь возмущения и ужаса в Богемии. Вся нация понимала, что он пал жертвой злобы священников и предательства императора. Говорили, что он был верным учителем истины и что собор, приговоривший его к смерти, стал виновником этого убийства. Его доктрины теперь привлекали больше внимания, чем когда-либо. Папскими эдиктами труды Уиклифа были приговорены к сожжению, но люди доставали из тайных мест его сочинения, которые удалось сохранить от уничтожения, и изучали их с помощью Библии или тех ее частей, какие могли найти; и многие таким образом были приведены к принятию веры реформатора.

Убийцы Гуса не были безучастными зрителями триумфа его дела. Папа и император объединились, чтобы сокрушить это движение, и армия Сигизмунда была брошена в Богемию.

Но появился освободитель. Командующим богемской армии стал Жижка – один из самых способных генералов своего времени, который вскоре после начала войны полностью ослеп. Веря в Божью помощь и в справедливость их дела, он и его люди противостояли самой могущественной армии, которая только могла выступить против них. Вновь и вновь император, подтягивая свежие войска, вторгался в Богемию, но оказывался позорно разгромленным. Гуситы поднялись выше страха смерти, и ничто не могло сокрушить их. Через несколько лет после начала войны храбрый Жижка умер, его место занял Прокоп, который был столь же отважным и искусным генералом и еще более способным лидером.

Противники богемцев, зная, что слепой воин мертв, посчитали это удобной возможностью возвратить все, что потеряли. Теперь папа объявил крестовый поход против гуситов, и внушительная армия была брошена в Богемию, но опять потерпела невообразимое поражение. Провозгласили еще об одном крестовом походе. Во всех папских странах Европы были собраны люди, деньги и военное имущество. Массы народа собрались под знамя папы, будучи убеждены в том, что теперь-то будет положен конец гуситским еретикам. Огромные полчища, уверенные в победе, вошли в Богемию. Народ сплотился, чтобы противостоять им. Две армии приближались друг к другу, пока их не стала разделять лишь одна река. «Крестоносцы намного превосходили гуситов количеством, однако, вместо того чтобы стремительно перейти реку и броситься в атаку, для чего они и пришли сюда так издалека, они остановились, как вкопанные, и молча смотрели

Ян Гус перед собором в Констанце (1415)

Приготовления к сожжению Яна Гуса (1415)

на гуситов» (Wylie, т.3, гл.17). Внезапно их охватил таинственный ужас. Без единого выстрела эта могущественная армия рассеялась, будто по мановению невидимой силы. Огромное число воинов было уничтожено армией гуситов, которая преследовала беглецов; и внушительное количество трофеев попало в руки победителей, так что война, вместо того чтобы разорить, обогатила Богемию.

По прошествии нескольких лет при новом папе был предпринят еще один крестовый поход. Как и ранее, люди и средства были мобилизованы из всех подвластных папе стран Европы. Велики были льготы, предложенные тем, кто примет участие в этом губительном предприятии. Каждому крестоносцу гарантировали полное прощение самых ужасных преступлений. Всем, кто умрет на войне, была обещана великая награда на Небесах, а тем, кто выживет, – слава и богатства с поля битвы. Снова была собрана огромная армия, которая, перейдя границу, вошла в Богемию. Войска гуситов отходили назад, побуждая, таким образом, интервентов все дальше и дальше продвигаться вглубь страны, чтобы те посчитали, что победа уже в их руках. Наконец, армия Прокопа остановилась и повернулась к врагу, чтобы начать сражение. Крестоносцы, обнаружив теперь свою ошибку, залегли в лагере в ожидании атаки. Как только послышался звук приближающихся гуситов, даже раньше, чем их можно было увидеть, крестоносцы вновь подверглись панике. Князья, полководцы и рядовые солдаты, бросая свое оружие, убегали в разные стороны. Тщетно папский легат, который возглавлял вторжение, пытался собрать напуганные и разрозненные силы. Несмотря на свои отчаянные попытки, он сам оказался в толпе отступающих. Разгром был абсолютным, и снова большие трофеи попали в руки победителей.

Итак, во второй раз огромная армия, посланная наиболее могущественными европейскими странами, состоявшая из полчищ смелых, воинственных людей, обученных и снаряженных для сражения, бежала без боя от защитников маленькой и слабой нации. Это было проявлением Божественной силы. Агрессоров охватил сверхъестественный ужас. Тот, Кто поразил войска фараона на Красном море и вынудил к бегству армию мадианитян, спасавшихся от Гедеона и его трехсот воинов, Кто за один вечер низложил вооруженные силы гордых ассирийцев, вновь простер Свою руку, чтобы подавить силу угнетателя. «Там убоятся они страха, где нет страха; ибо рассыплет Бог кости ополчающихся против тебя.

Ты постыдишь их, потому что Бог отверг их» **(Псалтирь 52:6)**.

Папские руководители, отчаявшись завоевать врага силой, наконец, прибегли к дипломатии. Был достигнут компромисс, который, обещая богемцам свободу совести, на самом деле предавал их власти Рима. Богемцы выделили четыре пункта в качестве условий для примирения с Римом: свободу проповеди Библии; право всей церкви на хлеб и вино в причастии и использование родного языка в служении Богу; исключение духовенства из всех светских служб и органов власти; а в случаях преступлений – свершение правосудия в гражданских судах как над мирянами, так и над духовенством. Папская администрация, наконец, «согласилась принять эти четыре пункта, оговорив, однако, что право их объяснения, то есть определение их точного значения, должно принадлежать собору, иными словами, папе и императору» **(Wylie, т.3, гл.18)**. На этом основании договоренность была достигнута, и Рим с помощью лицемерия и притворства обрел то, чего ему не удалось добиться с помощью вооруженного конфликта, поскольку, утверждая собственную интерпретацию пунктов гуситов, а также и Библии, он мог искажать их значение в соответствии со своими замыслами.

Большое число людей в Богемии, видя, что это лишало их свободы, не могли согласиться с такой сделкой. Возникли разногласия и разделения, ведущие к раздорам и кровопролитию среди них. В этой борьбе пал доблестный Прокоп, и Богемия лишилась свободы.

Сигизмунд, предатель Гуса и Иеронима, теперь стал королем Богемии и, невзирая на свою клятву поддерживать права богемцев, делал все, чтобы установить папство. Но он мало что приобрел своим угодничеством Риму. В течение двадцати лет его жизнь было исполнена трудов и опасностей. Его армия была истощена, а сокровищницы опустошены долгой и бесплодной борьбой; и вот, после одного года царствования, он умер, оставив королевство на грани гражданской войны и передав последующему поколению имя, отмеченное бесславием.

Беспорядки, раздоры и кровопролитие затянулись. Снова зарубежные армии вторглись в Богемию. Внутренние разногласия продолжали разорять нацию, а оставшиеся верными Евангелию, подверглись кровавым гонениям.

Так как их бывшие братья, решившись на сделку с Римом, впитали его заблуждения, то те, кто придерживался древней веры, образовали обособленную церковь, назвав ее «Объединенные братья». Это решение вызвало ненависть к ним со стороны всех сословий. Однако их стойкость была непоколебимой. Хотя их заставили искать укрытия в лесах и пещерах, они продолжали собираться, чтобы читать Слово Божье и объединяться в служении Богу.

Через посланников, тайно отправленных в разные страны, они узнавали, что кое-где есть «разрозненные поклонники истины: несколько в одном городе, несколько – в другом, гонимые, как и они; и что среди альпийских гор есть одна церковь, покоящаяся на фундаменте Писания и тоже протестующая против идолопоклоннической развращенности Рима» (Wylie, т.3, гл.19). Эти сведения были восприняты с большой радостью, и с вальденскими христианами был установлен обмен письмами.

Верные Евангелию, богемцы пережидали ночь гонений; даже в этот темный час их глаза были направлены к горизонту, как у людей, ожидающих наступления утра. «Им выпал суровый жребий, но... они помнили слова, которые впервые произнес Гус и повторил Иероним о том, что должно пройти сто лет, прежде чем наступит день. Эти слова были для гуситов тем же, что и слова Иосифа для колен Израиля в доме рабства: „Я умираю; но Бог посетит вас и выведет вас"» (Wylie, т.3, гл.19). «Последние годы XV века свидетельствовали о медленном, но уверенном росте церквей „Объединенных братьев". Несмотря на то что они были далеко не в безопасности, все же они радовались сравнительному покою. В начале XVI столетия в Моравии и Богемии насчитывалось двести церквей» (Ezra Hall Gillett, Life and Times of John Huss, т.2, стр. 570). «Таким внушительным был остаток, который, избежав разрушительной ярости огня и меча, смог увидеть наступление предвозвещенного Гусом дня» (Wylie, т.3, гл.19).

ГЛАВА 7

Разделение Лютера с Римом

Воспитание и жизнь в простом окружении наложила на Лютера (1483-1546) свой отпечаток. Он был верным сыном церкви, изучал церковное право, а также и Библию – и все отчетливее находил несоответствие между теорией и практикой. После того как Лютер вывесил свои тезисы на дверях церкви, для него началась та борьба, в результате которой произошло его отделение от Рима. Он выступал за истину, не задумываясь о последствиях, о которых даже не мог догадываться.

Мартин Лютер занимает ведущее место среди тех, кто был призван вывести церковь из тьмы папства в свет более чистой веры. Усердный, пылкий и посвященный, не знающий никакого страха, кроме страха Божьего, и не признающий никакого фундамента для веры, кроме Священного Писания, Лютер был мужем своего времени; через него Бог выполнил огромную работу в деле реформации Своей церкви и просвещения мира.

Как и первые глашатаи Евангелия, Лютер происходил из бедного сословия. Свои ранние годы он прожил в скромном доме немецкого сельского жителя. Ежедневным трудом углекопа его отец зарабатывал средства на образование сына. Он хотел выучить его на юриста; но Божье намерение было в том, чтобы сделать его строителем величественного храма, так медленно возводившегося на протяжении веков. Испытания, нужда и суровая дисциплина стали школой, в которой Бесконечная Мудрость готовила Лютера к важной миссии в его жизни.

Отец Лютера был человеком волевого и активного мышления, с очень сильным характером, честным, решительным и прямым. Он был предан зову долга, несмотря ни на какие последствия. Его поистине здравое суждение привело его к недоверию монашеской системе. Он был очень рассержен, когда Лютер без его согласия ушел в монастырь; через два года после этого отец примирился с сыном, однако даже тогда его мнение не изменилось.

Родители Лютера очень заботились об образовании и воспитании своих детей. Они стремились научить их познанию Бога и привить им христианские добродетели. Молитва отца, часто доходившая до слуха его сына, была о том, чтобы ребенок помнил имя Господа и в будущем смог бы помочь продвижению Его истины. Каждое преимущество для созидания нравственной и интеллектуальной культуры, обладание которым допускала их жизнь тяжелого труда, с готовностью использовалось этими родителями. Их усилия в приготовлении своих детей к благочестивой и полезной жизни были серьезными и настойчивыми. Из-за своей непреклонности и силы характера они иногда были чрезмерно суровыми; но сам реформатор, осознавая некоторые родительские ошибки, все же находил в их методе воспитания больше того, что можно одобрить, нежели осудить.

В школе, куда он был послан в раннем возрасте, с Лютером обходились грубо и даже жестоко. Нужда его родителей была столь великой, что, покинув свой дом для получения образования в другом городе, он должен был некоторое время зарабатывать на хлеб пением, переходя от одного дома к другому, часто страдая от голода. Мрачные, суеверные религиозные идеи, преобладавшие в то время, наполняли его страхом. Вечерами он укладывался в постель с печальным сердцем, с дрожью ожидая темного будущего, в постоянном ужасе при мысли о Боге как о суровом, безжалостном судье, жестоком тиране, а не как о добром Небесном Отце.

Несмотря на столь многие и столь большие препятствия, Лютер, тем не менее, решительно продвигался вперед к высоким стандартам нравственного и интеллектуального совершенства, которое привлекало его душу. Он жаждал знаний; серьезный и практичный склад его ума желал больше основательного и полезного, чем показного и поверхностного.

Когда в возрасте восемнадцати лет он поступил в университет в Эрфурте, его положение стало более благоприятным, а перспективы более радужными, чем в ранние годы. Его родители, достигшие хорошего материального положения благодаря трудолюбию и бережливости, могли оказать ему необходимую помощь, а влияние его благоразумных друзей в какой-то мере уменьшило мрачное впечатление о его прежней школе. Он сосредоточился на изучении работ лучших авторов, усердно собирая и храня их наиболее значительные мысли и приобретая у премудрых их премудрость. Несмотря на жесткую дисциплину своих бывших учителей, он рано стал многообещающим учеником; и под таким благоприятным влиянием его разум быстро совершенствовался. Цепкая память, живое воображение, большие способности к размышлению и неустанное усердие споспешествовали ему в скором времени оказаться в числе первых среди своих товарищей по учебе. Интеллектуальная дисциплина обостряла его разум, а также возбуждала активность мышления и силу восприятия, что подготавливало его к будущей жизненной борьбе.

Страх Господень обитал в сердце Лютера, что способствовало ему поддерживать в себе целеустремленность и вело к глубокому смирению перед Богом. Он испытывал постоянное чувство зависимости от Бога и не забывал начинать каждый свой день с молитвы, поскольку его сердце постоянно дышало мольбой о Его водительстве и поддержке. «Хорошо помолиться, – нередко повторял он, – это добрая половина успеха в учебе» (D'Aubigne, т.2, гл.2).

Как-то раз, просматривая книги в библиотеке университета, Лютер нашел латинскую Библию. Такой книги он никогда раньше не видел. Он даже не знал о ее существовании. Он слышал части Евангелий и Посланий, которые зачитывались людям на общественных богослужениях, и считал, что это и есть вся Библия. А сейчас он в первый раз рассматривал все Слово Божье. С благоговением и восхищением переворачивал он священные страницы, с учащенным пульсом и трепещущим сердцем читал сам себе слова жизни, останавливаясь то на одном месте, то на другом, чтобы воскликнуть: «О, если бы Бог дал мне такую же книгу!» (D'Aubigne, т.2, гл.2). Ангелы Неба были рядом с ним, и лучи света от престола Божия высвечивали для его понимания богатства истины. Он всегда боялся обидеть Бога, но теперь глубокая убежденность в том, что он находится в состоянии греховности, овладела им как никогда прежде.

Серьезное желание освободиться от греха и найти мир с Богом привело его в конце концов в монастырь, где он посвятил себя монашеской жизни. Здесь от него требовали делать наиболее неприятную и монотонную работу, а также заставляли ходить по домам и просить милостыню. Он находился в таком возрасте, когда человек особенно сильно нуждается в уважении и высокой оценке, а эти лакейские обязанности глубоко унижали его природные чувства; но он терпеливо переносил это унижение, веря, что оно было необходимо из-за его грехов.

Любое время, не занятое выполнением повседневных обязанностей, он использовал для изучения, обделяя себя сном, жалея тратить время даже на скудную еду. Более всего остального он получал удовольствие от исследования Слова Божия. Он нашел Библию, цепями прикованную к стене монастыря, и часто посещал это место. В то время как его убежденность в своей греховности углублялась, он все больше старался обрести прощение и мир с помощью дел. Он вел весьма суровую жизнь, пытаясь постами, бдениями и бичеваниями подавить зло своего естества, от которого монашеская жизнь не приносила избавления. Он не отказывался от принесения любой жертвы, благодаря которой мог добиться той чистоты сердца, которая дала бы ему возможность иметь одобрение Бога. «Я действительно был благочестивым монахом, – говорил он позднее, – и следовал правилам своего ордена намного строже, чем это только можно вообразить. Если когда-то монах и мог бы приобрести своими монашескими делами Небо, то я, конечно, имел бы на это право. Если бы я продолжал в том же духе, то мои истязания привели бы меня к смерти» (D'Aubigne, т.2, гл.3). В результате такой требующей усилий дисциплины, он потерял силы и страдал обморочными приступами, от которых так никогда и не оправился. Но, несмотря на все эти усилия, его отягощенная душа не находила облегчения. В конце концов он был доведен до грани отчаяния.

Когда Лютеру казалось, что все потеряно, Бог даровал ему друга и помощника. Богобоязненный Штаупиц открыл Лютеру Слово Божье и отвел его взгляд от себя самого, дал ему возможность прекратить размышления о бесконечном наказании за нарушение закона Божьего и привлек внимание к Иисусу – Спасителю, прощающему грех. «Вместо того чтобы мучить себя, подсчитывая свои грехи, отдай себя в руки своего Искупителя... Верь в Него, в праведность Его жизни, в искупление Его смертью... Слушай Сына Божия. Он стал человеком, чтобы дать тебе уверенность в благосклонности Бога... Люби Того, Кто первым возлюбил тебя» (D'Aubigne, т.2, гл.4). Так говорил посланник милости. Его слова произвели глубокое впечатление на разум Лютера. После долгой борьбы с привычными заблуждениями он смог понять истину, и мир пришел в его встревоженную душу.

Лютер получил священнический сан и был призван из монастыря в Виттенбергский университет на профессорскую должность. Здесь он стал исследовать Писания на языках оригинала. Он начал читать лекции по Библии;

книга Псалмов, Евангелия и Послания открывались разуму множества восторженных слушателей. Штаупиц, друг и наставник, побудил его встать за кафедру и проповедовать Слово Божье. Лютер колебался, чувствуя себя недостойным говорить людям во имя Христа. Только после долгой борьбы он поддался увещеваниям своих друзей. Он уже отлично знал Писания, и благоволение Божие почило на нем. Его красноречие захватывало слушателей, ясность и сила, с которыми он представлял истину, убеждали их разум, и его пыл оказывал воздействие на их сердца.

Лютер все еще был истинным сыном папской церкви, и у него не возникало и мысли, что когда-нибудь он будет кем-то другим. По провидению Бога ему надлежало посетить Рим. Он совершал свое путешествие пешком, располагаясь на отдых в попадавшихся на его пути монастырях. В одном монастыре в Италии он был сильно удивлен при виде богатства, великолепия и роскоши. Обеспеченные баснословными доходами, монахи жили в прекрасных жилищах, одевались в самые богатые и дорогостоящие рясы и пировали за шикарными столами. С тягостными предчувствиями Лютер наблюдал контраст между этой сценой и самоотречением и трудностями своей жизни. Он был ошеломлен.

И вот вдалеке показался город на семи холмах. Глубоко взволнованный, Лютер распростерся на земле, восклицая: «Святой Рим, я приветствую тебя!» (D'Aubigne, т.2, гл.6). Он вошел в город, посетил церкви, послушал чудесные рассказы, повторяемые священниками и монахами, и совершил все необходимые обряды. Везде он видел сцены, которые наполняли его изумлением и ужасом. Он видел, что нечестие существует во всех слоях духовенства. Он слышал безнравственные шутки из уст прелатов и ужасался их страшным богохульствам, даже во время мессы. Общаясь с монахами и обычными гражданами, Лютер натолкнулся на беспутный образ жизни, невоздержанность. Куда бы он ни посмотрел, везде на месте святости он находил осквернение. «Это невероятно, – писал он, – какие грехи и пороки имеют место в Риме. Их нужно увидеть и услышать, чтобы поверить. Даже стало обычным говорить: если существует ад, то Рим построен над ним. Это пропасть, откуда выходят все грехи!» (D'Aubigne, т.2, гл.6).

В своем последнем декрете папа обещал индульгенцию всем, кто поднимется на коленях по «лестнице Пилата», по которой, как говорили, спустился наш Спаситель, когда покидал зал римского суда, и которая чудесным образом была перенесена из Иерусалима в Рим. И вот как-то раз Лютер с благоговением поднимался по ее ступеням, когда внезапно ему послышался голос, подобный раскату грома, который сказал: «Праведный верою жив будет» (Римлянам 1:17). Он вскочил на ноги и поспешил оттуда в стыде и ужасе. Этот текст никогда не терял своей власти над его душой. С того времени яснее, чем прежде, он увидел всю ошибочность упования на человеческие дела, совершаемые ради спасения, и понял необходимость постоянной веры в заслуги Христа. Его глаза открылись и больше никогда не закрывались папской ложью. Когда он отвернул свое лицо от Рима, то также отвратил от него и свое сердце, и с тех пор разделение между ним и папской церковью все усиливалось, пока он не прервал с ней всякие отношения.

После своего возвращения из Рима Лютер получил в университете Виттенберга степень доктора богословия. Теперь он имел свободу, как никогда прежде, полностью отдаться исследованию Писаний, которые так любил. Он дал торжественную клятву: во все дни своей жизни тщательно изучать и верно проповедовать Слово Бога, а не высказывания и доктрины пап. Он уже больше не был простым монахом или профессором, но авторитетным глашатаем Библии. Лютер был призван как пастырь, чтобы питать стадо Господне, которое алкало и жаждало истины. Он с твердостью провозгласил, что христиане не должны принимать никаких других доктрин, кроме тех, основанием которых является Священное Писание. Эти слова сокрушали фундамент папского господства. Они содержали жизненно важный принцип Реформации.

Лютер видел опасность возвышения человеческих теорий над Словом Бога. Он безбоязненно атаковал умозрительность преподавателей богословия и противостал философии и теологии, которые так долго оказывали господствующее влияние на людей. Он осудил такие исследования как не только бесполезные, но и разрушительные, и искал возможности обратить умы слушателей от софистики философов и теологов к вечным истинам, провозглашенным пророками и апостолами.

Ценным было послание, которое Лютер нес жаждущим массам людей, полагавшимся на его слова. Никогда прежде они не слышали подобного учения. Радостные вести о любви Спасителя, уверенность в прощении и мире через Его искупительную кровь, заставляли ликовать их сердца и пробуждали в них великую надежду. В Виттенберге возгорелся огонь, отблескам которого надлежало достичь самых отдаленных частей Земли и который должен был еще сильнее воспылать к концу времени.

Но свет и мрак не могут находиться в гармонии. Между правдой и ложью происходит постоянный конфликт. Чтобы сохранять и защищать одно, приходится атаковать и низвергать другое. Наш Спаситель Сам провозгласил: «Не мир пришел Я принести, но меч» (Мф. 10:34). Лютер же сказал через несколько лет после начала Реформации: «Бог не просто ведет меня, но Он подгоняет меня вперед. Он уносит меня. Я сам себе не хозяин. Я с радостью жил бы спокойно, но я брошен в самое сердце возмущений и революций» (D'Aubigne, т.5, гл.2). Он был уже почти вовлечен в борьбу.

Римская церковь сделала из благодати Божьей средство для коммерции. Столы меновщиков (Мф. 21:12) были установлены за ее алтарями, и в воздухе звучали возгласы продавцов и покупателей. С целью создания денежного фонда для возведения собора св. Петра в Риме папа своей властью повелел публично продавать индульгенции – отпущение грехов. Ценой злодеяний должны были построить храм для служения Богу, краеугольному камню которого надлежало быть заложенным за мзду беззакония. Но те самые средства, которые были приняты для расширения власти Рима, стали причиной страшного удара по его господству и величию. Именно они подняли наиболее решительных и успешных врагов папства и привели к битве, которая поколебала папский престол и трехъярусную корону на голове понтифика.

Некий Тецель, официально назначенный продавать индульгенции в Германии, был признан виновным в наиболее гнусных преступлениях против людей и закона Божьего; но, увильнув от возмездия за них, он был задействован в корыстных и беспринципных проектах папы. С великой наглостью повторял он наиболее вопиющую ложь и повествовал о чудесах, чтобы обмануть невежественных, доверчивых и суеверных людей. Будь у них Слово Божье, они не были бы введены в заблуждение таким образом. Именно для того и утаивали от них Библию, чтобы держать их во власти папства и увеличивать влияние и роскошь его тщеславных лидеров (См. John C.L.Gieseler, A Compendium of Ecclesiastical History, per.4, sec.2, par.5).

Когда Тецель входил в город, впереди него шел вестник, объявлявший: «Милость Бога и святого отца у ваших врат» (D'Aubigne, т.3, гл.1). И люди приветствовали богохульного притворщика, как будто Сам Бог спустился к ним с Небес. Позорная торговля проходила в церкви, и Тецель, восходя на кафедру, восхвалял индульгенции, как самый ценный подарок от Бога. Он говорил, что, благодаря свойству его сертификатов о помиловании, все беззакония, которые покупатель возжелает совершить, будут прощены ему, и даже «покаяние не обязательно» (D'Aubigne, т.6, гл.1). Кроме этого, он убеждал своих слушателей в том, что индульгенции имеют власть избавлять не только живых, но и мертвых; что в тот самый момент, когда деньги зазвенят на дне его ящика, душа, за которую уплатили, покидает чистилище и направляется к Небесам (См. K.R.Hagenbach, History of the Reformation, т.1, стр. 96).

Когда Симон-волхв выразил готовность купить у апостолов власть творить чудеса, Петр ответил ему: «Серебро твое да будет в погибель с тобою, потому что ты помыслил дар Божий получить за деньги» (Деяния 8:20). Но за предложение Тецеля ухватились с готовностью тысячи. Золото и серебро потекли в его казну. Спасение, которое можно было приобрести за деньги, достигалось проще, чем спасение, которое стоит покаяния, веры и настойчивого стремления сопротивляться греху и преодолевать его.

Доктрине об индульгенциях противостояли ученые и добродетельные представители римской церкви, и было много тех, кто не верил в притязания, противоречащие как здравому смыслу, так и откровению. Ни один прелат не осмелился возвысить свой голос против нечестивой торговли, но умы людей были смущены и взволнованы, и многие, ревнуя по Боге, вопрошали, будет ли Он действовать через какое-нибудь средство для очищения Своей церкви?

Лютер, будучи все еще самым строгим папистом, исполнился ужаса от богохульной заносчивости распространителей индульгенций. Многие из его собственного прихода приобрели эти сертификаты о помиловании и вскоре стали приходить к своему пастору, сознаваясь в различных грехах и ожидая их прощения, не потому что они покаялись и жаждали преобразования, но на основании индульгенции. Лютер отказывался отпускать их грехи и предупреждал, что пока они не раскаются и не изменят свою жизнь, то их участь – умереть во грехах. В огромном замешательстве люди приходили к Тецелю с жалобой, что их исповедник отверг их сертификаты; и некоторые решительно требовали, чтобы им вернули их деньги. Монах исполнился ярости. Он произнес самые ужасные проклятия, сулившие разведение костров на общественных площадях, и объявил, что «у него есть приказ от папы сжигать еретиков, дерзнувших противостоять его в высшей степени святым индульгенциям» (D'Aubigne, т.3, гл.4).

Теперь Лютер смело приступил к работе как поборник истины. Его голос был слышен с кафедры в серьезном, торжественном предупреждении. Он представлял людям наступательный характер греха и учил их, что человеку невозможно собственными делами уменьшить свою греховность или ускользнуть от наказания за него. Ничто, кроме покаяния перед Богом и веры во Христа, не может спасти грешника. Благодать Христа нельзя купить; это – бесплатный дар. Лютер советовал людям не покупать индульгенции, но с верой смотреть на распятого Спасителя. Он рассказывал им о своем собственном мучительном опыте, когда напрасно пытался путем унижений и налагаемых наказаний обеспечить себе спасение, и уверял своих слушателей в том, что, только отведя от себя взгляд и поверив во Христа, он нашел мир и радость.

Поскольку Тецель продолжал свою торговлю и нечестивые притязания, Лютер решился на более эффективный протест против таких возмутительных злоупотреблений. Вскоре

Мартин Лютер (1483-1546)

Иоганн фон Штаупиц (1465-1524)

ему представился подходящий случай. Церковь Виттенбергского замка располагала множеством реликвий, которые в определенные праздничные дни демонстрировались народу, и полное прощение грехов даровалось всем, кто тогда посещал церковь и исповедовался. Поэтому в эти дни народ в огромном количестве приходил сюда. Одним из таких наиболее важных празднеств был приближающийся День всех святых. Накануне Лютер, присоединившись к движущимся в направлении церкви толпам, пригвоздил к ее дверям лист бумаги, содержащий девяносто пять тезисов против учения об индульгенциях. Он объявил о своей готовности на следующий день в университете отстаивать эти тезисы от атак всех желающих их опровергнуть.

Его тезисы вызвали всеобщий интерес. Их читали, перечитывали вдоль и поперек и повторяли наизусть. Великое возбуждение царило в университете и во всем городе. При помощи этих тезисов было показано, что власть даровать прощение грехов и освобождать от возмездия за них никогда не передавалась папе или кому-нибудь другому. Вся эта схема являлась фарсом, трюком, чтобы выманивать деньги, играя на суеверии народа, она была изобретением сатаны, нацеленным на уничтожение тех душ, которые поверят в его лживые притязания. Также было четко показано, что Евангелие Христа – это самая главная ценность церкви и что благодать Бога, которая открывается в нем, безвозмездно даруется всем, кто ищет ее через покаяние и веру.

Тезисы Лютера вызывали на дискуссию; но ни один человек не дерзнул принять этот вызов. Проблемы, затронутые Лютером, через несколько дней стали известными во всей Германии, а через несколько недель уже обсуждались во всем христианском мире. Многие посвященные католики, которые видели и сокрушались из-за ужасающего нечестия, захлестнувшего церковь, и которым хотелось знать, как остановить его распространение, читали эти тезисы с большой радостью, различая в них голос Бога. Они чувствовали, что Господь милостиво простер Свою руку, чтобы воспрепятствовать нарастающей волне разложения, идущей от престола Рима. Князья и должностные лица втайне радовались, что будет положена преграда надменному господству, которое отрицало право на обжалование любых его решений.

Но суеверные и любящие грех массы людей пришли в ужас, когда неверные доводы, прогоняющие их страхи, были сметены. Лукавые священнослужители, вынужденные прервать работу по санкционированию преступлений, сознавая, что их доходам угрожает опасность, разъярились и объединились, чтобы отстаивать свои притязания. Реформатору пришлось встретиться со злобными обвинителями. Некоторые упрекали его в поспешности и импульсивности. Другие обвиняли его в самоуверенности, утверждая, что не Бог вел его, а он действовал из тщеславного желания быть впереди. «Кто не знает, – ответил реформатор, – что редко кому удавалось продвинуть новые взгляды, не заполучив упреков в гордости, будучи обвиненным в разжигании споров? Почему Христа и всех мучеников приговаривали к смерти? Потому что они производили впечатление тех гордецов, которые презирали мудрость своего времени, и потому что они провозглашали новые истины, не поделившись ими сначала с авторитетами старых убеждений».

Снова Лютер объявил: «К какому бы делу я ни приступил, оно будет выполнено не с помощью благоразумия людей, а премудростью Божьей. Если это дело Божье, то кто остановит его? Если же нет, то кто сможет помочь ему? Не моя воля, не их, не наша, но Твоя воля да пребудет, о Святой Отец, Который на Небесах» (D'Aubigne, т.3, гл.6).

Несмотря на то что Дух Божий побудил Лютера начать это дело, все же оно, продвигаясь вперед, сталкивалось с большими трудностями. Укоры его врагов, извращение ими его целей, их несправедливые и злые рассуждения о его характере и мотивах нахлынули на него, как всепотопляющее наводнение; и они возымели на него свое действие. Он питал уверенность в том, что лидеры народа и в церкви, и в школах будут рады присоединиться к нему в его усилиях по реформации. Слова воодушевления от тех, кто занимал высокое положение, вдохновляли его, вселяя радость и надежду. Он уже предчувствовал наступление нового дня в церкви. Но воодушевление сменилось укорами и осуждением. Многие лица, занимающие высокие посты в церкви и в государстве, были уверены в правдивости его тезисов; но вскоре поняли, что принятие этих истин повлечет за собой великие изменения. Чтобы просветить и перевоспитать людей, в сущности, необходимо будет подорвать авторитет Рима, остановить многотысячные потоки средств, льющиеся сейчас в его казну, и тем самым умерить расточительство и роскошь католических лидеров. Более того, наставлять людей думать и поступать для обретения спасения, взирая только на Христа, значило бы ниспровергнуть понтифика с престола и постепенно разрушить свою собственную власть. По этой причине они отказались от знания, дарованного им Богом, и сами выступили против Христа, истины и против человека, которого Он послал для того, чтобы принести им свет.

Лютер содрогался, глядя на себя: один человек противостоит могущественным властям земли. Он иногда сомневался, на самом ли деле его направляет Бог в противостоянии авторитету церкви. «Кто я такой, – писал он, – чтобы идти против авторитета папы, который приводит в трепет... царей земли и целый мир?.. Никто не может знать, что я претерпел за те первые два года и в какое уныние и даже отчаяние я часто погружался» (D`Aubigne, т.3, гл.6). Но Лютер не был оставлен и полностью лишен мужества. Когда поддержка людей подводила, он уповал только на одного Бога и обнаружил, что на Его всемогущую руку можно опираться абсолютно безопасно.

Одному другу Реформации Лютер писал: «Мы не можем достичь понимания Писаний ни изучением, ни силой разума. Поэтому твой первый долг – начинать с молитвы. Умоляй Господа даровать тебе по Своей милости правильное понимание Его Слова. Нет другого толкователя Слова, кроме Самого Автора Слова, так как Он Сам сказал: „И будут все научены Богом". Не надейся ни на какие свои исследования и силу своего интеллекта; но просто доверься Богу и водительству Его Духа. Поверь на слово человеку, который это уже испытал» (D`Aubigne, т.3, гл.7). Здесь содержится урок жизненной важности для тех, кто чувствует, что Бог призвал их представлять другим торжественные истины для своего времени. Эти истины возмутят вражеский стан сатаны и людей, любящих выдуманные ими басни. В конфликте с силами зла нужно нечто большее, чем крепость ума и человеческая мудрость.

Когда враги обращались за помощью к обычаям и преданиям или к притязаниям и авторитету папы, Лютер встречал их доводы Библией и только Библией. Здесь были аргументы, на которые они не могли ответить; поэтому рабы формализма и суеверия требовали его крови, как иудеи требовали пролития крови Христа. «Он еретик! – кричали римские фанатики. – И грех позволить ему прожить еще хотя бы один час! Немедленно соорудить для него эшафот!» (D`Aubigne, т.3, гл.9). Но Лютер не стал добычей их ненависти. У Бога имелось для него дело, и ангелы небесные были посланы охранять его. Однако многие из тех, кто получил от Лютера ценный свет, стали объектом сатанинской ярости, ради истины они безбоязненно переносили пытки и смерть.

Учение Лютера обратило на себя внимание вдумчивых людей по всей Германии. От его проповедей и трудов исходили лучи света, пробуждавшие и озарявшие тысячи. Живая вера вытесняла мертвый формализм, в котором так долго держали церковь. Люди день за днем теряли доверие к суеверным учениям римской церкви. Барьеры предрассудков рушились. Слово Божье, которым Лютер проверял каждую доктрину и притязание, было подобно заостренному с обеих сторон мечу, расчищающему для себя дорогу к сердцам людей. Повсюду просыпалось желание духовного возрастания. Повсюду был такой голод и жажда праведности, которых не знали века. Глаза людей, так долго смотревшие на человеческие обряды и на земных посредников, теперь обратились в покаянии и вере к распятому Христу.

Повсеместный интерес к истине пробуждал все больше страха у представителей папской власти. Лютер получил вызов в Рим для ответа на обвинение в ереси. Это распоряжение наполнило его друзей ужасом. Они достаточно хорошо понимали, какая опасность ждала его в этом испорченном городе, уже напоенном кровью мучеников Христа. Они протестовали против его посещения Рима и требовали, чтобы он держал ответ в Германии.

Согласие было, наконец, достигнуто, и папского легата назначили выслушать дело. В инструкциях, переданных понтификом своему чиновнику, утверждалось, что Лютер – уже еретик. Поэтому на легата была возложена обязанность «преследовать его в судебном порядке и заключить в тюрьму без промедления». Если он останется непреклонным и его не удастся арестовать, то легату дана власть «объявить его вне закона во всей Германии, а также изгонять, проклинать и отлучать от церкви всех, кто его поддерживает» (D'Aubigne, т.4, гл.2). И более того, с целью полного уничтожения смертоносной ереси папа дал указание своему послу: предавать анафеме в церкви или в государстве всех, кроме императора, кто не будет выполнять своего долга по задержанию Лютера вместе с его приверженцами и передавать их возмездию Рима.

Этим был продемонстрирован истинный дух папства. Ни следа христианского принципа или даже обычной справедливости не видно во всем этом документе. Лютер находился на большом расстоянии от Рима и не мог объяснить или защитить свою позицию; однако, до того как его дело подверглось расследованию, его бесцеремонно объявили еретиком и в тот же самый день предупредили, обвинили, осудили и приговорили; и все это было совершено мнимым святым отцом, единственным верховным, непогрешимым авторитетом в церкви и государстве.

В то время когда Лютеру так сильно были необходимы поддержка и совет настоящего друга, Божье провидение привело в Виттенберг Меланхтона. Молодой годами, скромный и робкий в манерах, Меланхтон обладал здравомыслием, красноречием и большими знаниями, соединенными с чистотой и прямотой характера, и этим он снискал всеобщее восхищение и почтение. Яркость его талантов обращала на себя внимание наравне с добротой его характера. В скором времени он превратился в искреннего приверженца Евангелия, а также наиболее надежного друга Лютера и ценного его сподвижника; его мягкость, осторожность и аккуратность служили дополнением смелости и энергичности Лютера. Их союз в работе придал силу Реформации и стал источником великого воодушевления для Лютера.

На Аугсбурге остановились как на месте суда, и реформатор намерился совершить туда пешее путешествие. По этому поводу возникли серьезные опасения. Открыто высказывались угрозы о том, что по пути его схватят и убьют, и его друзья уговаривали его не идти на риск. Они даже умоляли его на время покинуть Виттенберг и найти безопасное место у тех, кто с радостью защитит его. Но он не захотел оставить место, на которое его поставил Бог. Он должен был продолжать верно отстаивать истину, несмотря на разразившуюся над ним бурю. Он говорил: «Я, как Иеремия, муж споров и ссор; но, увеличивая свои угрозы, они умножают мою радость… Они уже опорочили мое доброе имя и мою репутацию. Все, что мне осталось, – это мое несчастное тело; пусть они заберут его; тогда они на несколько часов укоротят мою жизнь. Но они не отнимут мою душу. Тот, кто желает нести Слово Христа миру, должен каждое мгновенье быть настроенным на смерть».

Известие о приходе Лютера в Аугсбург с великой радостью было встречено папским представителем. Доставляющий неприятности еретик, который возбуждал интерес во всем мире, казалось, теперь попал в руки Рима, и легат решил, что Лютер не останется безнаказанным. Реформатор не смог обеспечить себя охранной грамотой. Его друзья убеждали его не приходить к легату без оной и сами предприняли попытку получить ее у императора. Легат намеревался заставить Лютера, если возможно, отречься, а если не удастся, то переправить его в Рим, где ему была бы уготована судьба Гуса и Иеронима. Поэтому через своих агентов он постарался уговорить Лютера прийти без охранной грамоты, доверившись его милости. Это предложение реформатор твердо отклонил: до тех пор пока он не получит грамоту, обещавшую ему защиту императора, он не появится перед представителем папы.

В качестве политического шага католики решили попытаться одолеть Лютера видимостью мягкого обхождения. Легат в своих беседах с ним демонстрировал большое дружелюбие, но требовал, чтобы Лютер безоговорочно покорился власти церкви и отказался от каждого тезиса без дискуссий или вопросов. Он неправильно оценил характер человека, с которым ему пришлось иметь дело. Лютер в ответ высказал свое расположение к церкви, свою жажду истины, готовность оппонировать по всем вопросам своего учения, а также желание предложить свои доктрины некоторым выдающимся университетам, чтобы они сделали свои заключения по их содержанию. Но в то же самое время он выразил протест против курса кардинала, который требовал от него отречения, даже не убедив его в заблуждении.

Единственной реакцией на это было: «Отрекись, отрекись!». Реформатор объяснил, что его позиция поддерживается Писанием, и решительно провозгласил, что не может отказаться от истины. Легат, не сумевший ответить на доводы Лютера, обрушился на него градом укоров, насмешек и лести, вперемешку с цитатами из изречений отцов, не давая реформатору возможности высказаться. Сознавая, что встреча, продолжаемая в таком духе, будет абсолютно напрасной, Лютер наконец добился данного с большой неохотой позволения объяснить свою позицию письменно.

«Поступая таким образом, – говорил он в письме другу, – обвиняемый извлекает двойную пользу: во-первых, то, что написано, может быть отдано на суд других людей, и, во-вторых, у человека появляется лучший шанс добиться чего-то страхом или достучаться до совести надменного и болтливого тирана, который в противном случае будет одолевать тебя своим высокомерным красноречием» (Martyn, The Life and Times of Luther, стр. 271-272).

На следующей встрече Лютер ясно, точно и убедительно изложил свои взгляды, полностью подкрепленные множеством цитат из Писания. Этот документ после прочтения вслух он отдал кардиналу, который, однако, пренебрежительно отбросил его, заявляя, что это – масса бессмысленных слов и неуместных цитат. Лютер же, воодушевившись, полностью опроверг доводы высокомерного прелата, основываясь на его же собственных убеждениях – преданиях и учениях церкви.

Когда прелат увидел, что аргументам Лютера нельзя возразить, он, выйдя из себя, в гневе закричал: «Отрекись, или я отправлю тебя в Рим. Там ты появишься перед судьями, которые компетентны в твоем деле. Тебя, твоих сторонников и всех, кто хоть когда-либо поддержит тебя, я отлучу от церкви и изгоню из нее». И в заключение он надменно и сердито произнес: «Отрекись или не приходи больше сюда» (D'Aubigne, London ed., т.4, гл.8).

Реформатор сразу ушел вместе со своими друзьями, показав этим, что никакого отречения от него ожидать не стоит. На это кардинал не рассчитывал. Он тешил себя мыслью, что с помощью силы сможет внушить Лютеру страх и вынудить его к повиновению. Теперь, оставшись наедине со своими пособниками, он смотрел то на одного, то на другого в крайнем недовольстве от неожиданного крушения своих замыслов.

Усилия Лютера в этом случае не остались без добрых плодов. Большому собранию присутствующих представился удобный случай сопоставить обоих мужей и самим решить, какой дух проявлялся в них, а также насколько сильна и правдива была их позиция. Какое резкое отличие! Реформатор, простой, скромный, решительный, противостоял в силе Бога, имея на своей стороне истину; представитель папы, с большим самомнением, властный, высокомерный и безосновательный, не имея ни единого аргумента из Писаний, однако, в горячности кричал: «Отрекись или будешь отправлен в Рим для наказания».

Хотя Лютер и обезопасил себя охранной грамотой, паписты все же замышляли схватить его и посадить в тюрьму. Друзья уговаривали его срочно вернуться в Виттенберг, поскольку не было никакого смысла оставаться здесь дольше; они также убеждали его принять меры предосторожности для того, чтобы скрыть свои намерения. Поэтому он покинул Аугсбург еще до рассвета верхом на лошади в сопровождении проводника, посланного магистратом. С неприятными предчувствиями он тайно прокладывал себе путь по темным и безмолвным улицам города. Враги, неусыпные и жестокие, разрабатывали план его гибели. Избежит ли он ловушек, расставленных для него? Это было время беспокойства и серьезных молитв. Он добрался до маленьких ворот в стене города. Ему открыли, и со своим проводником он проехал через них без помех. Оказавшись в безопасности за городом, беглецы поспешили прочь, и, прежде чем легат узнал о побеге Лютера, последний находился уже вне досягаемости своих преследователей. Сатане и его агентам было нанесено поражение. Человек, который, как они думали, был в их власти, ускользнул, как птица от птицелова.

Услышав новость о бегстве Лютера, легат был ошеломлен и рассержен. Он ожидал, что удостоится великой чести за свою мудрость и твердость в обращении с этим нарушителем покоя в церкви; но его надежды рухнули. Он выразил свою ярость в письме Фридриху, курфюрсту Саксонии, резко осуждая Лютера и требуя, чтобы Фридрих отослал реформатора в Рим или выгнал его из Саксонии.

Защищая себя, Лютер настаивал на том, чтобы легат или папа показали ошибочность его учений с помощью Писаний, и торжественно дал слово отказаться от своих доктрин, если будет выявлено, что они противоречат Слову Божьему. Лютер также выразил свою благодарность Богу за то, что Он удостоил его переносить испытания в столь святом деле.

Курфюрст пока что немного знал о доктринах Реформации, но был глубоко впечатлен откровенностью, убедительностью и ясностью слов Лютера; и пока не доказали, что реформатор ошибается, Фридрих принял решение быть его защитником. В ответ на требование легата он написал: «Вы должны быть довольны, что доктор Мартин встретился с вами в Аугсбурге. Мы не думали, что вы попытаетесь заставить его отречься, не убедив в ошибочности его взглядов. Никто из ученых мужей в моем княжестве не проинформировал меня о том, что учение Мартина нечестивое, нехристианское или еретическое» (D'Aubigne, т.4, гл.10). При этом он отказался послать Лютера в Рим или изгнать его из своего княжества.

Курфюрст сознавал, что нравственные барьеры общества повсеместно рушились. Назрела необходимость в великой работе по его преобразованию. Сложные и дорогостоящие меры по сдерживанию и наказанию преступлений бесполезны, если люди не будут принимать требований Бога и подчиняться им, а также следовать велениям просвещенной совести. Он понимал, что Лютер трудился ради достижения этой цели, и внутренне ликовал по поводу того, что в церкви происходят хорошие перемены.

Он также видел, что профессор университета Лютер был весьма успешен. Только год прошел с тех пор, как реформатор вывесил свои тезисы на церкви замка, однако количество паломников, посещавших церковь в День всех святых, уже сильно сократилось. У Рима стало меньше прихожан, делающих приношения, но их место занял другой класс людей, приходивших теперь в Виттенберг: не пилигримов, желавших поклониться реликвиям, а студентов, стремившихся занять его учебные аудитории. Труды Лютера возбудили интерес к Священному Писанию повсюду; и не только со всей Германии, но и из других стран в университет стекались студенты. Молодые люди, в первый раз видевшие Виттенберг, при подходе к нему «воздевали руки к небу и воздавали Богу хвалу за то, что Он позволил свету истины сиять из этого города, как в прошедшие века с Сиона, чтобы он мог проникнуть в самые далекие земли» (D'Aubigne, т.4, гл.10).

Лютер все еще лишь частично был отвращен от заблуждений католицизма. Однако когда он сопоставлял Священное Писание с декретами папы и его указами, то сильно удивлялся. Он писал: «Я читаю декреты понтификов и... не знаю: или папа – это и есть антихрист, или он – его ставленник, так сильно Христос представлен в них в ложном свете, Он просто распинаем в них» (D'Aubigne, т.5, гл.1). Тем не менее Лютер в то время все еще поддерживал римскую церковь и не имел даже мысли о том, что когда-нибудь от нее отделится.

Работы реформатора и его учение достигли каждого народа в христианском мире. Его труды пустили корни в Швейцарии и Голландии. Копии его рукописей нашли путь во Францию и Испанию. В Англии его учения были приняты как слова жизни. Истина дошла также до Бельгии и Италии. Тысячи пробуждались от своего смертельного сна к радости и надежде жизни в вере.

Рим становился все более и более разгневанным атаками Лютера, и некоторые фанатично настроенные противники, даже доктора католических университетов, говорили, что тот, кто убьет восставшего монаха, не согрешит. Однажды незнакомец со спрятанным под одеждой пистолетом приблизился к реформатору и поинтересовался, почему он ходит один. «Я в руках Божьих, – ответил Лютер.

– Он – моя помощь и мой щит. Что может сделать мне человек?» (D'Aubigne, т.6, гл.2). Услышав эти слова, незнакомец побледнел и убежал, как будто почувствовал присутствие небесных ангелов.

Рим вознамерился погубить Лютера, но Бог был его охраной. Доктрины реформатора можно было услышать повсеместно: «в монастырях, в домах,.. в замках знати, в университетах, во дворцах королей»; и титулованные лица всячески поддерживали его усилия (D'Aubigne, т.6, гл.2).

В то время Лютер, читая труды Гуса, обнаружил, что великую истину оправдания по вере, которой он сам стремился придерживаться и обучать, проповедовал богемский реформатор. «Все мы, – сказал Лютер, – Павел, Августин и я сам, были гуситами, не зная об этом». «Бог обязательно накажет этот мир, – продолжал он, – за ту истину, которая была проповедована сто лет тому назад и сожжена!» (Wylie, т.6, гл.1).

В обращении к императору и знатным людям Германии во имя Реформации в христианстве Лютер писал о папе: «Чудовищно видеть того, кто называет себя наместником Христа, демонстрирующим пышность, не уступающую царской. Означает ли это представлять бедного и смиренного Иисуса или скромного Петра? Папу считают господином мира. Но Христос, Чьим представителем он хвастливо себя называет, сказал: „Царство Мое не от мира сего" (Ев. Иоанна 18:36 – прим. Кред.). Может ли власть наместника простираться за пределы власти его Главы?» (D`Aubigne, т.6, гл.3).

Также он писал и об университетах: «Я очень боюсь, что университеты окажутся великими вратами в ад, если не станут с усердием работать над тем, чтобы растолковывать Священные Писания и запечатлевать их в сердцах молодежи. Я советую всем не отдавать своих детей туда, где не руководствуются Писаниями. Каждое учреждение, в котором не исследуется неустанно Слово Бога, обязательно развратится» (D'Aubigne, т.6, гл.3).

Это воззвание быстро разошлось по всей Германии и оказало на народ сильнейшее влияние. Вся нация была приведена в движение, и массы людей были побуждены сплотиться вокруг знамени реформы. Враги Лютера, сгорая от желания мести, подстрекали папу принять против него решительные меры. Вышло постановление о том, что его учения следует без промедления осудить. Реформатору и его сторонникам предоставили шестьдесят дней, после которых, если они не откажутся от своих убеждений, то будут преданы анафеме.

Реформация переживала страшный кризис. Веками приговор Рима об анафеме вызывал ужас у могущественных государей и наполнял крупнейшие империи горем и опустошением. К тем, на кого падало такое осуждение, повсюду относились с опаской; они были изолированы от общения со своими товарищами, и с ними обращались как с нарушителями закона, за ними охотились, чтобы уничтожить. Лютер знал и понимал, какие испытания могут его ожидать, но оставался непреклонным, полагаясь на Христа как на свою поддержку и свой щит. С верой и непреклонностью мученика он писал: «Я не ведаю, что вот-вот случится, и не желаю ведать... Где бы удар ни застал меня, я не боюсь. Ведь даже лист не падает без воли нашего Отца; насколько же больше Он заботится о нас! Это святое дело – умереть за Слово, поскольку это Слово, Которое для нас стало плотью, тоже умирало. Если мы умрем с Ним, мы будем жить с Ним; и, пройдя то, что прошел до нас Он, мы сможем быть там, где Он, и обитать с Ним вечно» (D'Aubigne, т.6, гл.3; 3d London ed., Walther, 1840, т.6, гл.9).

Когда указ папы достиг Лютера, он сказал: «Я презираю его и отвергаю его как нечестивый и ложный... Сам Христос осужден в нем... Я рад переносить такие страдания за лучшее из дел. Я уже ощущаю больше свободы в своем сердце; ведь я наконец знаю, что папа – это антихрист и что его трон – трон самого сатаны» (D'Aubigne, т.6, гл.9).

Однако указ Рима не прошел бесследно. Тюрьма, пытки и меч были орудиями весьма эффективными, чтобы принудить подчиниться. Слабовольные и суеверные люди трепетали перед декретом папы, и хотя всеобщие симпатии были на стороне Лютера, многие чувствовали, что жизнь была слишком дорога, чтобы рисковать ею ради дела реформы. Все, казалось, указывало на то, что дело реформатора близится к завершению.

Но Лютер был по-прежнему бесстрашен. Рим забросал его анафемами, а мир считал, нисколько не сомневаясь, что он или погибнет, или подчинится. Но с необыкновенной силой Лютер отбросил приговор церкви о признании его виновным и публично заявил о своей решимости отречься от нее навсегда. В присутствии множества студентов, докторов и горожан всех рангов Лютер сжег папский декрет с каноническими законами, декретами и специальными писаниями, поддерживающими власть папы. «Мои недруги сумели, предавая огню мои книги, – сказал он, – навредить делу истины в умах некоторых людей и обречь на погибель их души; по этой причине я, в свою очередь, предаю огню их книги. Суровая схватка только началась. До этого я лишь играл с папой. Я приступил к этой работе во имя Бога; она завершится без меня и Его силой» (D'Aubigne, т.6, гл.10).

На укоры со стороны своих неприятелей, которые насмехались над ним, считая его работу слабой, Лютер отвечал: «Кому известно, не избрал ли и не призвал ли меня Бог, и если они не боятся выказывать мне презрение, то не презирают ли они этим Самого Бога? Они говорят, что я одинок; нет, Иегова со мной. По их рассуждению, Моисей был один, покидая Египет; Илия был один в правление царя Ахава; Исайя был один в Иерусалиме; Иезекииль был один в Вавилоне... Услышь это, Рим: Бог никогда не избирал пророком ни первосвященника, ни какое-нибудь другое важное лицо; но обычно Он выбирал людей из низкого сословия, презираемых, один раз даже пастуха Амоса. В каждую эпоху святые порицали царей, князей, священников и ученых мужей с опасностью для жизни... Я не заявляю, что я пророк, но говорю, что им нужно бояться меня именно потому, что я один, а их много. Я уверен в том, что Слово Бога со мной, а не с ними» (D'Aubigne, т.6, гл.10).

И все же не без страшной борьбы с самим собой Лютер решил окончательно отделиться от церкви. Приблизительно в это время он писал: «Я чувствую сильнее и сильнее изо дня в день, насколько тяжело отложить в сторону моральные принципы, воспринятые еще в детстве. Как много мучений доставило мне, хотя я и имел на своей стороне Библию, найти для себя оправдание тому, что я один осмеливаюсь противостоять папе и считать его антихристом! Какая тревога охватывала мое сердце! Как много раз я горестно задавал себе один и тот же вопрос, который часто и паписты ставили передо мной: „Разве только один ты такой умный? Разве могут все остальные ошибаться? А что будет в конце всего, если окажется, что ты сам заблуждался и увлек за собой так много душ, которые будут обречены навеки?" Я боролся сам с собой, с сатаной, пока Христос через Свое безошибочное Слово не поддержал мою душу в борьбе с этими сомнениями» (Martyn, стр. 372-373).

Папа грозил Лютеру анафемой, если он не откажется, и теперь он привел в исполнение свою угрозу. Вышла новая булла, объявляющая об окончательном отделении реформатора от римской церкви и осуждающая его, как проклятого Небом, а также всех тех, кто примет его учение. Великое противоборство пришло в самый разгар.

Противостояние – это участь всех, кого Бог призывает провозглашать истины, особо относящиеся ко времени их жизни. Во дни Лютера истиной для настоящего времени была особо важная истина для его времени, есть также истина для настоящего времени и для церкви наших дней. Тот, Кто все делает по Своему изволению, считает необходимым помещать людей в различные условия и возлагать на них обязанности, отвечающие времени и положению, в котором они находятся. Если они станут высоко ценить посланный им свет, тогда перед ними будет открыта более широкая панорама истины. Но большинство людей в наше время не больше стремится познать истину, чем паписты, которые противодействовали Лютеру. Наблюдается та же самая склонность

Иоганн Тецель (1465-1519)

Булла против Лютера

Индульгенция 1925

принимать человеческие теории и традиции вместо Слова Божьего, как и в прошлые века. Те, кто преподносит истину для этого времени, не должны рассчитывать на то, что она получит большее признание, чем это было у первых реформаторов. Великий конфликт между истиной и заблуждением, между Христом и сатаной будет все больше усугубляться до завершения истории этого мира.

Иисус сказал Своим апостолам: «Если бы вы были от мира, то мир любил бы свое; а как вы не от мира, но Я избрал вас от мира, потому ненавидит вас мир. Помните слово, которое Я сказал вам: раб не больше господина своего. Если Меня гнали, будут гнать и вас; если Мое слово соблюдали, будут соблюдать и ваше» (Ев. Иоанна 15:19-20). В то же время, наш Господь отчетливо провозглашает: «Горе вам, когда все люди будут говорить о вас хорошо. Ибо так поступали со лжепророками отцы их» (Ев. Луки 6:26). Сегодня дух мира находится не в большем согласии с Духом Христа, чем это было в прежние времена, и проповедующие Божье Слово в его чистоте пользуются сейчас не большей благосклонностью, нежели тогда. Виды сопротивления истине могут меняться, неприязнь, может быть, будет не такой открытой, потому что она станет более изощренной, но та же самая вражда продолжает существовать и будет проявляться до конца времени.

ГЛАВА 8

Лютер перед рейхстагом

Благодаря Божьему провидению Лютер получил возможность четко провозгласить библейские истины перед главами светской власти и представителями римской церкви. Римское духовенство пыталось перетянуть государственных сановников на свою сторону, но все яснее и яснее вырисовывалась несправедливость действий этих религиозных вождей и, наоборот, стойкость, простота и скромность реформатора.

Новый император, Карл V, воцарился в Германии, и эмиссары Рима поторопились поздравить его и склонить монарха применить свою власть против Реформации. С другой стороны, курфюрст Саксонии, которому Карл был в огромной степени обязан своей короной, увещевал его ничего не затевать против Лютера, пока он не разберет его дело. Император оказался в большой растерянности и затруднении. Паписты не удовлетворились бы ничем меньшим, кроме как эдиктом императора, приговаривающим Лютера к смерти. Курфюрст твердо заявил, что «ни его императорское величество, ни кто-либо еще до сих пор не показали ему несостоятельность учений Лютера»; поэтому он потребовал, «чтобы доктор Лютер был обеспечен охранной грамотой и имел возможность ответить за себя перед судом ученых, благочестивых и непредвзятых судей» (D'Aubigne, т.6, гл.11).

Внимание всех сторон было теперь направлено на сейм княжеств Германии, который в скором времени после восшествия Карла на трон империи был созван в Вормсе. На этом национальном совете речь должна была пойти о важных политических проблемах и интересах; в первый раз князья Германии ожидали увидеть своего молодого государя на совещательном совете. Со всех земель отечества приехали лица, занимающие высокие посты в церкви и государстве. Светские аристократы знатного происхождения, влиятельные и ревнующие о своих наследственных правах; величавые священнослужители, упивающиеся сознанием собственного превосходства по сану и власти; изысканные рыцари и их вооруженные слуги, а также представители зарубежных дальних государств – все собрались в Вормсе. И все же на этом обширном собрании предметом, вызывающим самый большой интерес, было дело саксонского реформатора.

Карл предварительно распорядился о том, чтобы курфюрст приехал на сейм вместе с Лютером, уверяя реформатора в защите и обещая свободную дискуссию со сведущими людьми. Лютер очень желал появиться перед императором. Его здоровье в это время значительно ухудшилось, однако он написал курфюрсту: «Если я не смогу предпринять путешествие в Вормс в добром здравии, меня отнесут туда больным. Ведь император вызвал меня, поэтому я не могу не быть уверенным в том, что это призыв Самого Бога. Если они намереваются применить ко мне насилие, а это вполне возможно (поскольку они повелели мне явиться явно не для того, чтобы я их учил), то я отдаю это дело в руки Господа. Все еще живет и правит Тот, кто сберег трех молодых людей в пылающей огненной печи. Если Он не убережет меня, значит, моя жизнь и не очень важна. Давайте только не допустим того, чтобы Евангелие подверглось насмешкам безбожников, давайте лучше прольем свою кровь в его защиту, нежели позволим им торжествовать. Не мое дело решать, что лучше послужит ко спасению всех – моя жизнь или моя смерть... Вы можете ожидать от меня всего, кроме бегства или отречения. Убежать я не могу, но отречься я могу еще меньше» (D'Aubigne, т.7, гл.1).

Когда в Вормсе разошлась новость о том, что Лютер собирается предстать перед сеймом, всех охватило возбуждение. Алеандр, легат папы, который имел особое поручение по этому случаю, забеспокоился и пришел в ярость. Он сознавал, что делу папы грозит провал. Учредить дознание в вопросе, по которому папа уже произнес осуждающий приговор, означало выказать неуважение к власти верховного понтифика. Более того, он предчувствовал, что красноречивые и сильные аргументы этого человека смогут отвратить многих князей от папы. Поэтому он настойчиво высказывал Карлу свои возражения по поводу приезда Лютера в Вормс. Приблизительно в это время была оглашена булла, объявляющая об отлучении Лютера; и все это вместе с заявлениями легата убедило императора сдаться. Он написал курфюрсту, что если Лютер не откажется от своих убеждений, то должен остаться в Виттенберге.

Не довольствуясь лишь этой победой, Алеандр трудился со всяким усердием, хитростью и властью, чтобы обеспечить признание виновности Лютера. С упорством, заслуживающим лучшего применения, он предложил дело рассмотрению князей, прелатов и других членов собрания, обвиняя реформатора в «призыве к мятежу, в восстании, нечестивости и богохульстве». Но проявляемые легатом неистовость и несдержанность в речах легко обнаруживали дух, каким он был водим. «Он движим ненавистью и жаждой мести намного больше, чем ревностью и благочестием» – таково было всеобщее мнение (D'Aubigne, т.7, гл.1). Преобладающее число участников сейма более чем когда-либо было склонно рассматривать деятельность Лютера с одобрением.

С удвоенным рвением Алеандр убеждал императора, что его долг – претворять в жизнь эдикты папы. Однако по законам Германии это не могло быть исполнено без согласования с князьями, и Карл, побежденный, наконец, настойчивостью легата, предложил ему данный вопрос передать на рассмотрение сейма. «Для папского посланника это был великий день. Собрание являлось выдающимся, но этот случай – еще более выдающимся. Алеандру предстояло защищать Рим... мать и повелительницу всех церквей». Ему надлежало отстаивать верховное владычество Петра перед собравшимися правителями христианского мира. «Он имел дар красноречия и великолепно воспользовался им в этот важный момент. Провидение распорядилось так, чтобы Рим, прежде чем будет осужден, предстал бы перед величественнейшим из судов для оправдания в лице одного из самых способных своих ораторов» (Wylie, т.6, гл.4). Те, кто благосклонно относился к реформатору ожидали результата этой речи с некоторыми опасениями. Курфюрст Саксонский не присутствовал на сейме, но там по его распоряжению некоторые из его советников записывали выступление нунция.

Употребив всю свою силу эрудиции и красноречия, Алеандр начал ниспровергать истину. Обвинение за обвинением изрекал он на Лютера, как на врага церкви и государства, живых и мертвых, духовенства и мирян, соборов и отдельных христиан. «У Лютера столько заблуждений, – сказал он, – что это могло бы послужить основанием для обвинения в ереси и сожжения за это ста тысяч человек».

В завершение он предпринял попытку выказать презрение к последователям веры реформатора: «Кто все эти лютеране? Шайка наглых учителей, подкупленных священников, непотребных монахов, некомпетентных адвокатов и опустившихся дворян вместе с простым людом, введенным в заблуждение и совращенным ими. Насколько католичество превосходит их числом, интеллектом и властью! Единогласный декрет прославленного собрания да откроет глаза простым, покажет неосторожным опасности, утвердит колеблющихся и даст силы слабым» (D'Aubigne, т.7, гл.3).

С помощью такого оружия в каждом веке производились атаки на поборников истины. Те же самые аргументы до сих пор используются против всех, кто осмеливается представлять в противовес установившимся заблуждениям простые и четкие учения Слова Божьего. «то эти проповедники новых доктрин? – восклицают те, кто желает иметь популярную религию. – Они необразованны, малочисленны и крайне бедны. И тем не менее они заявляют, что имеют истину и что они – избранный народ Божий. Они невежественны и обмануты. Насколько превосходит их числом и влиянием наша церковь! Как много великих и ученых мужей среди нас! Насколько больше власти на нашей стороне!» Вот аргументы, которые оказывают сильное влияние на мир, но они не более убедительны сейчас, чем тогда, в дни реформатора.

Реформация не закончилась, как многие считают, на Лютере. Она должна происходить до завершения истории этого мира. Лютеру предстояло выполнить огромный труд, отражая другим свет, которому Бог позволил воссиять над ним; и все же он не получил всего света, которому предстояло излиться на мир. С того времени и поныне новый свет непрестанно сияет из Писаний, и неизменно обнаруживаются все новые истины.

Выступление легата произвело сильное впечатление на сейм. Там не присутствовал Лютер с ясными и убедительными истинами Слова Божьего, чтобы сразить поборника папства. Для защиты реформатора не было предпринято ни единой попытки. Был заметен всеобщий настрой не только подвергнуть осуждению его и доктрины, которым он учил, но, если возможно, и вырвать ересь с корнем. Рим воспользовался удобнейшим из случаев, чтобы оправдать свою деятельность. Все, что он мог сказать в свою защиту, чтобы реабилитировать себя, было сказано. Но очевидная победа стала признаком поражения. С этого времени контраст между истиной и заблуждением будет более различимым, поскольку им придется сражаться в открытой схватке. С того дня Рим уже никогда не держался так уверенно, как раньше.

Несмотря на то что большинство участников сейма без колебаний обрекло бы Лютера на месть Рима, многие из них видели и оплакивали существующую безнравственность церкви и жаждали устранения злоупотреблений, которым подвергся народ Германии вследствие испорченности и алчности духовной иерархии. Легат представил папское правление в наиболее положительном свете. Теперь Господь подвиг члена сейма дать правдивое описание результатов папского деспотизма. Посреди этого благородного собрания величаво и уверенно поднялся герцог Георг Саксонский и ужасающе точно перечислил все хитрости и гнусности папства, а также страшные их плоды. В завершение он произнес:

«Вот некоторые из злоупотреблений, которые свидетельствуют против Рима. Весь стыд оставлен, и есть только одна цель – деньги, деньги, деньги... так что проповедники, чей долг обучать истине, не говорят ничего, кроме вымыслов, и их не только терпят, но и поощряют; потому что чем внушительнее их обман, тем больше доход. Это грязный источник, из которого проистекает так много испорченных потоков. Разврат и алчность идут рука об руку... Увы! Именно этот соблазн, порождаемый духовенством, и ввергает многие бедные души в вечные мучения. Должна произойти повсеместная реформа» (D'Aubigne, т.7, гл.4).

Более умелого и сильного разоблачения папских злоупотреблений не могло быть представлено даже самим Лютером; а то, что оратор являлся решительным противником реформатора, придавало большее влияние его словам.

Если бы глаза собравшихся открылись, они могли бы созерцать посреди себя ангелов Божьих, проливающих лучи света вопреки тьме заблуждений и открывающих умы и сердца к восприятию истины. Именно сила Божьей истины и мудрости оказывала воздействие даже на недругов Реформации и этим готовила дорогу для завершения великого дела. Мартин Лютер отсутствовал, но голос Того, Кто превосходил Лютера, был слышен в собрании.

Тотчас же сеймом был назначен комитет, который должен был составить список папских притеснений, тяжким грузом давящих на народ Германии. Этот список, включавший сто один пункт, был вручен императору с прошением – принять неотложные меры для устранения этих злоупотреблений. «Какая потеря христианских душ, – указывали просители, – какое бесчинство, какое лихоимство, вследствие скандальных интриг, окружающих духовного главу христианского мира! Наша обязанность – воспрепятствовать погибели и унижению достоинства нашего народа. На этом основании мы со всей покорностью, но очень настойчиво просим Вас распорядиться о повсеместной реформации и предпринять ее осуществление» (D'Aubigne, т.7, гл.4).

Теперь сейм потребовал появления на нем реформатора. Несмотря на мольбы, протесты и угрозы Алеандра, император, наконец, дал согласие, и Лютера пригласили явиться на сейм. Вместе с этим вызовом была выписана и охранная грамота, гарантирующая его возвращение в безопасное место. Эти документы были отправлены в Виттенберг с нарочным, которого уполномочили проводить Лютера в Вормс.

Друзья Лютера тревожились и ужасались. Поскольку они знали о предвзятом к нему отношении и неприязни, то боялись, что даже охранную грамоту не примут во внимание, и просили его не рисковать своей жизнью. Лютер ответил: «Паписты не хотят видеть меня в Вормсе, но жаждут моего осуждения и смерти. Это не важно. Молитесь не за меня, но за Слово Бога... Христос даст мне Своего Духа, чтобы одолеть этих служителей заблуждения. Я пренебрегаю ими в своей жизни и возобладаю над ними своей смертью. В Вормсе они беспокоятся о том, как вынудить меня отречься; мое отречение будет таковым: прежде я говорил, что папа – это наместник Христа, а теперь я говорю, что он – враг нашего Господа и апостол сатаны» (D'Aubigne, т.7, гл.6).

Лютер не направился в свое рискованное путешествие в одиночестве. Кроме посланника императора, трое его верных друзей решили идти вместе с ним. Меланхтон тоже пожелал присоединиться. Его сердце было привязано к Лютеру, он устремился идти за ним, если понадобится, даже в тюрьму или на смерть. Но его просьбы были отклонены. Если Лютер погибнет, надежды Реформации должны будут сосредоточиться на его молодом соратнике. Реформатор сказал, когда расставался с Меланхтоном: «Если я не вернусь, если мои враги умертвят меня, продолжай учить, будь стойким в истине. Трудись на моем месте... если ты уцелеешь, моя смерть будет мало значить» (D'Aubigne, т.7, гл.7). Студенты и горожане, собравшиеся, чтобы присутствовать при отъезде Лютера, пребывали в большом волнении. Множество людей, чьи сердца были тронуты Евангелием, с плачем расставались с ним. Так реформатор и его спутники отправились из Виттенберга.

В пути они видели, что люди находились в подавленном состоянии из-за одолевавших их плохих предчувствий. В некоторых городах путников не почтили никаким вниманием. Когда они остановились переночевать у одного дружелюбно настроенного к ним священника, тот выразил свои страхи, держа перед Лютером портрет итальянского реформатора, претерпевшего мученическую смерть. На следующий день они узнали, что труды Лютера были осуждены в Вормсе. Посланники императора провозглашали указ, призывающий людей приносить запрещенные сочинения в магистраты. Нарочный, беспокоясь за безопасность Лютера на сейме и думая, что его решимость пошатнулась, спросил, хочет ли он идти дальше. Лютер ответил: «Я продолжу путь, даже если буду объявлен под интердиктом в каждом городе» (D'Aubigne, т.7, гл.7).

В Эрфурте Лютеру оказали почтение. В окружении восхищенных толп он проходил по улицам, которые когда-то часто пересекал с котомкой для милостыни. Он наведался в свою монашескую келью, где предался воспоминаниям о той борьбе, благодаря которой свет, наполняющий сейчас Германию, пролился в его душу. Его попросили проповедовать. Это было запрещено делать, но нарочный разрешил ему, и монах, которого здесь в прошлом заставляли делать черную работу, теперь взошел на кафедру.

К большому собранию он обратился со словами Христа: «Мир вам». «Философы, доктора и писатели, – сказал он, – пытались научить людей пути обретения вечной жизни, но им это не удавалось. Сейчас я расскажу вам о нем... Бог поднял одного Человека из мертвых, Господа Иисуса Христа, чтобы Он поразил смерть, искупил грех и закрыл врата ада. Это дело спасения... Христос одержал победу! Это радостная новость; и мы спасены Его делами, но не нашими собственными... Наш Господь Иисус Христос сказал: „Мир вам! Посмотрите на Мои руки", – то есть, посмотри, о, человек! Это Я, Я Один, Который забрал твои грехи и искупил тебя; и теперь имей мир, говорит Господь».

Он продолжил, показывая, что настоящая вера будет проявляться в святой жизни. «Поскольку Бог спас нас, давайте так вести наши дела, чтобы они радовали Его. Вы богаты? Пусть ваше богатство восполнит нужду других людей. Вы бедны? Пусть вашей службой будут довольны богатые. Если ваш труд приносит пользу лишь вам одним, то служение, предлагаемое вами Богу, является ложным» (D'Aubigne, т.7, гл.7).

Люди были ошеломлены услышанным. Для этих алчущих душ был преломлен Хлеб Жизни. Христос был вознесен перед ними выше пап, легатов, императоров и королей. Лютер не говорил о своем опасном положении. Он не пытался превратить себя в объект размышлений или жалости. Созерцая Христа, он потерял себя из виду. Он скрыл себя за Мужем Голгофы, стремясь лишь представить Иисуса как Искупителя грешников.

Когда реформатор снова двинулся в путь, к нему повсюду стали относиться с огромным вниманием. Вокруг него собирались жаждущие толпы, а сочувствующие голоса оповещали его о цели католиков: «Они сожгут тебя и превратят твое тело в пепел, как сделали это с Яном Гусом». Лютер отвечал: «Даже если бы они разожгли огонь на всем пути из Вормса в Виттенберг и его пламя взошло бы до небес, я прошел бы через него во имя Господа; я появился бы перед ними; я разжал бы челюсти этого чудовища и сокрушил его зубы, исповедуя Господа Иисуса Христа» (D'Aubigne, т.7, гл.7).

Новость о том, что он уже на подходе к Вормсу, заставила обеспокоиться многих. Друзья Лютера переживали за его безопасность; враги боялись, что их дело не будет иметь успеха. Чтобы отговорить его входить в город, были предприняты огромные усилия. По наущению папистов его убеждали отправиться в замок дружески расположенного рыцаря, где, как заявляли они, все трудности могли бы быть улажены. Друзья пытались возбудить его страхи, описывая опасности, угрожавшие ему. Все их усилия не увенчались успехом. Лютер, все такой же непреклонный, сказал: «Если бы в Вормсе было столько же демонов, сколько черепицы на крышах зданий этого города, я все равно пошел бы туда» (D'Aubigne, т.7, гл.7).

При въезде Лютера в Вормс у ворот собралась громадная толпа людей, чтобы встретить его. Такого стечения народа не бывало даже, чтобы приветствовать прибытие самого императора. Царило сильное возбуждение; из толпы доносился пронзительный и заунывный голос, поющий траурный гимн, как предупреждение Лютеру о предстоящей ему участи. «Бог будет моей защитой», – сказал он, высаживаясь из повозки.

Паписты не думали, что Лютер на самом деле отважится прибыть в Вормс, и его появление вселило в них ужас. Император тотчас призвал своих советников, чтобы решить, какой линии держаться. Один из епископов, преданный папист, заявил: «Мы долго дискутировали на эту тему. Пусть ваше величество избавится от этого человека немедленно. Разве Сигизмунд не оказал содействия в сожжении Яна Гуса? Мы не обязаны ни предоставлять еретику охранную грамоту, ни принимать ее во внимание». «Нет, – ответил император, – мы должны выполнить свое обещание» (D'Aubigne, т.7, гл.8). Поэтому было принято решение выслушать реформатора.

Все жители стремились посмотреть на этого

удивительного человека, и массы посетителей скоро заполнили квартиру, где он остановился. Лютер едва оправился от своей недавней болезни; он был измотан путешествием, которое заняло две полных недели; он должен был приготовиться к важным событиям следующего дня, и ему были необходимы тишина и отдых. Однако все с таким нетерпением ожидали встречи с ним, что дали ему насладиться лишь несколькими часами покоя, после чего вокруг него собрались знать, рыцари, священники и простые жители города. Среди них было много тех дворян, которые столь безбоязненно призывали императора к реформе из-за злоупотреблений среди духовенства и которые, как сказал Лютер, «все сделались свободными посредством Евангелия» (Martyn, стр. 393). Как друзья, так и враги пришли посмотреть на неустрашимого монаха; но он проявил в общении с ними непоколебимую выдержку, отвечая на все с достоинством и мудростью. Его манера держаться была уверенной и бесстрашной. Его исхудалое лицо, отмеченное следами труда и болезни, носило доброе и даже радостное выражение. Серьезность и глубокая искренность придавали его словам такую силу, что даже враги не могли этому сопротивляться. И друзья, и недруги были исполнены удивления. Некоторые были уверены, что Божественное влияние сопровождает его; другие говорили, как фарисеи о Христе: «В нем бес».

На следующий день Лютер был вызван для присутствия на сейме. Чтобы проводить его в зал заседаний, к нему приставили императорского чиновника; однако он добирался до этого места не без трудностей. Каждая улочка была заполнена людьми, жаждавшими посмотреть на монаха, который дерзнул противостоять авторитету папы.

Когда Лютер уже почти предстал перед своими судьями, старый генерал, герой многих битв, сказал ему благожелательно: «Бедный монах! Бедный монах! Ты идешь сейчас занимать позицию более благородную, чем занимал я или любой другой полководец в самых кровавых битвах. Но если твое дело правое и ты в этом уверен, дерзай во имя Бога и ничего не бойся! Он не покинет тебя» (D'Aubigne, т.7, гл.8).

И вот Лютер стоял перед сеймом. Император восседал на троне. Он был окружен самыми знаменитыми в империи людьми. Никогда ни один человек не присутствовал на более величественном собрании, чем то, перед которым Мартин Лютер должен был отвечать за свою веру. «Одно его появление уже было знаком победы над папством. Папа осудил этого мужа, а он сейчас стоял перед судом, который уже фактом своего существования поставил себя выше папы. Папа предал Лютера анафеме и отлучил его от всего человеческого общества, однако его в вежливой форме призвали и приняли в самом великом собрании мира. Папа приговорил его к вечному молчанию, а он вот уже готов начать свою речь перед тысячами внимательных слушателей, собравшихся со всех концов христианского мира. Так при содействии Лютера произошла колоссальная революция. Рим уже нисходил со своего престола, и именно голос монаха обусловил его уничижение» (D'Aubigne, т.7, гл.8).

Перед лицом столь могущественного и титулованного собрания имеющий простое происхождение реформатор, казалось, был напуган и смущен. Несколько князей, видя его состояние, подошли к нему, и один из них прошептал: «И не бойтесь убивающих тело, души же не могущих убить». Другой сказал: «И поведут вас к правителям и царям за Меня... Дух Отца вашего будет говорить в вас» (Ев. Матфея 10:28,18-20 – прим. ред.). Таким образом слова Христа были приведены сильными мира сего, чтобы укрепить слугу Бога в час испытания.

Лютера подвели к месту, расположенному прямо перед престолом императора. Многочисленное собрание погрузилось в глубокое молчание. Затем императорский чиновник встал и, указывая на собрание трудов Лютера, призвал реформатора дать ответ на два вопроса: признает ли он их своими и желает ли отречься от суждений, содержащихся в них. Были зачитаны названия книг, и Лютер, отвечая на первый вопрос, признал эти книги своими. «Что касается второго вопроса, – сказал он, – то, в виду того что он затрагивает веру, спасение душ и Слово Божье, которое является величайшим и самым ценным сокровищем на Небе и на Земле, было бы опрометчиво и рискованно ответить на него без размышления. Я могу высказать меньше, чем требуют обстоятельства, или сказать больше, чем требует истина; в любом случае навлеку на себя осуждение, высказанное Христом: „то отречется от Меня пред людьми, отрекусь от того и Я пред Отцом Моим Небесным" (Ев. Матфея 10:33). По этой причине в полном смирении я умоляю ваше императорское величество дать мне время, чтобы я смог ответить, не нанося ущерба Слову Божьему» (D'Aubigne, т.7, гл.8).

Высказав это прошение, Лютер сделал мудрый шаг. Его линия поведения убедила собрание, что он не действует импульсивно, по велению чувств. Его невозмутимость и сдержанность – неожиданные качества в том, кто показал себя храбрым и бескомпромиссным – способствовали усилению его влияния и позволили ему позже отвечать с благоразумием, решительностью, мудростью и достоинством, которые поразили и расстроили его недругов и послужили упреком их надменности и гордыне.

На следующий день Лютер должен был явиться, чтобы представить свой окончательный ответ. Его сердце сжалось при мыслях о том, какие силы объединились против истины. Его вера поколебалась, страх и трепет овладели им, и ужас охватил его душу. Опасности умножились вокруг него, его враги, казалось, торжествовали, и силы тьмы превозмогали. Тучи сгустились над ним и как будто разделили его с Богом. Он страстно желал иметь уверенность в том, что Господь воинств не оставит его. В душевном борении он бросился лицом наземь и прерывистым голосом начал изливать свои горестные мольбы, которые никто, кроме Бога, не мог понять.

«Всемогущий и вечный Бог, – просил он, – как ужасен этот мир! Посмотри, как он открывает свою пасть, чтобы поглотить меня, и как мала моя вера в Тебя!.. Если я буду зависеть от какой-нибудь силы этого мира, то все кончено... Пришел мой последний час, приговор вынесен... О, Боже, Ты помоги мне, вопреки всей мудрости этого мира. Соверши это... Ты Сам... это не мое дело... У меня нет ничего, чтобы бороться против великих мира сего... Но дело это Твое... и оно праведно и вечно. О, Господи, помоги мне! Верный и неизменный Бог, я не полагаюсь на человека... Все человеческое шатко; все, что исходит от человека, потерпит неудачу... Ты избрал меня для этой работы... Не оставь меня ради Твоего возлюбленного Иисуса Христа, Он – моя защита, моя охрана и моя укрепленная башня» (D'Aubigne, т.7, гл.8).

Всеведущее Провидение позволило Лютеру осознать нависшую над ним угрозу, чтобы он не уповал на свою собственную силу и не вверг себя самонадеянно в беду. И все же это не был страх перед своими страданиями, перед пытками или смертью, которые, как казалось, нависли над ним; не из-за этого его объял ужас. Он подошел к кризису и чувствовал свою неспособность встретить его. По причине его слабости делу истины мог быть нанесен ущерб. Не из-за своей собственной сохранности, а ради триумфа Евангелия боролся он с Богом. Как у Израиля в ту ночную схватку вблизи одинокого потока, в его душе царило беспокойство и происходила борьба. И, как Израиль, он убедил Бога. В своей крайней беспомощности его вера прилепилась к Христу, могущественному Освободителю. Он был укреплен в уверенности, что предстанет перед имперским рейхстагом не один. Мир вернулся в его душу, и он возрадовался, что ему разрешено возвеличить Слово Бога перед правителями народов.

С мыслями, сосредоточенными на Боге, Лютер приготовился к предстоящей битве. Он размышлял о плане своего ответа, исследовал отрывки из собственных рукописей и извлекал из Священного Писания подходящие аргументы для подтверждения своей позиции. Затем, положив левую руку на Священную Книгу, которая лежала перед ним открытой, и подняв правую руку к Небесам, поклялся «сохранять преданность Евангелию и свободно исповедовать свою веру, даже если ему предстоит своей кровью запечатлеть это свидетельство» (D'Aubigne, т.7, гл.8).

Когда Лютера снова привели на сейм, на его лице не было заметно никаких следов страха или растерянности. Спокойный и умиротворенный, и все же очень смелый и благородный, он стоял как свидетель Божий среди великих мужей земли. Императорский чиновник тотчас потребовал его решения по поводу отказа от своих доктрин. Лютер ответил мягким и почтительным тоном, без признаков ожесточенности или запальчивости. Его манера вести себя была скромной и уважительной; однако он проявлял уверенность и радость, которые удивили собрание.

«Наисветлейший император, славные князья, любезные графы, – сказал Лютер, – в этот день я стою перед вами в полном смирении по разрешению, данному мне вчера; и умоляю ваше величество и ваше августейшее высочество милостью Божьей выслушать благосклонно защиту дела, как я вполне убежден, справедливого и правого. Если я по невежеству нарушу правила обхождения двора, то прошу вас извинить меня. Я рос не в царских чертогах, а в монастырском затворничестве» (D'Aubigne, т.7, гл.8).

Затем, переходя к вопросу, он сказал, что его напечатанные труды не одинаковы по своей сути. В некоторых он затрагивал вопрос веры и добрых дел, и даже его враги заявляли, что они не только безвредные, но и полезные. Отречься от них означало бы отречься от тех истин, которые исповедуют все стороны. Вторая группа работ состоит из сочинений, изобличающих испорченность и злоупотребления папства. Отказ от этих трудов укрепит деспотизм Рима и откроет настежь дверь многим нечестивым деяниям. В третьей группе своих книг он атаковал людей, защищающих существующее зло. Что касается этих трудов, то он открыто признал, что проявил большую горячность, чем следовало. Он не утверждал, что не ошибался, но даже от этих книг нельзя отречься, потому что такое решение вселило бы мужество в противников истины, и они воспользовались бы этим случаем, чтобы сокрушать народ Божий с еще большей жестокостью.

«Но так как я простой человек, а не Бог, – продолжил он, – то буду защищаться, как говорил это Христос: „Если Я сказал худо, покажи, что худо" **(Ев. Иоанна 18:23 – прим. ред.)**... Милостью Божьей я умоляю Вас, наисветлейший император, и вас, любезные князья, и всех людей любого звания доказать мне из Писаний пророков и апостолов, что я заблуждаюсь. Как только я удостоверюсь в этом, я незамедлительно отрекусь от всех своих ошибок и первым возьму свои книги и брошу их в огонь. Сказанное мной сейчас показывает, что я обдумал и взвесил опасности, которые меня ожидают; но я далеко не напуган ими, я весьма рад видеть Евангелие ныне, как и в прошлые времена, поводом для беспокойства и разногласий. Это характерная особенность и участь Слова Божьего. Христос сказал: „Не мир пришел Я принести, но меч" **(Ев. Матфея 10:34 – прим. ред)**. Бог чудесен и страшен в Своих намерениях; давайте позаботимся о том, чтобы в своих попытках уничтожить разногласия не оказаться борющимися со святым Словом Божьим и не навлечь на свои головы ужасную волну неразрешимых бедствий, настоящую катастрофу и вечную скорбь... Я мог бы процитировать примеры, взятые из Божьих пророчеств. Я мог бы говорить о фараонах, о царях Вавилона или Израиля, которые никогда не содействовали своему упадку больше, чем тогда, когда мерами, внешне весьма благоразумными, думали упрочить свою власть. Бог „передвигает горы, и не узнают их"» **(Иова 9:5 – прим. ред.)** (D`Aubigne, т.7, гл.8).

Лютер произносил речь по-немецки; теперь его попросили повторить те же самые слова по-латыни. Хотя и измученный только что предпринятыми усилиями, он уступил и снова произнес свою речь так же четко и энергично, как и в первый раз. Божье провидение управляло этим делом. Разум многих князей был так затуманен заблуждениями и суевериями, что при первом выступлении они не почувствовали силу аргументов Лютера, но повтор помог им ясно воспринять представленные вопросы.

Те, кто упорно закрывал глаза на свет и был полон решимости не поддаваться убедительности истины, пришли в ярость от слов Лютера. Когда он прекратил говорить, представитель сейма раздраженно сказал: «Вы не ответили на вопрос, заданный Вам... От Вас требуется ясный и недвусмысленный ответ. Отречетесь Вы или нет?»

Реформатор ответил: «Поскольку ваше наисветлейшее величество и ваши высочества требуют простого, ясного и прямого ответа, я дам оный, и вот он: я не могу подчинить свою веру ни папе, ни соборам, потому что ясно как день, что они часто впадали в заблуждение и даже в вопиющие противоречия друг с другом. Если я не буду убежден доказательствами из Священного Писания или неоспоримыми доводами; если что-то не согласуется с теми текстами, которые я процитировал и если суждение в этом смысле не приведено в подчинение Слову Божьему, то я не могу и не буду ни от чего отрекаться, потому что неправильно для христианина говорить вопреки своей совести. На этом стою и не могу иначе; пусть Бог поможет мне! Аминь» (D'Aubigne, т.7, гл.8).

Так стоял этот праведный человек на прочном основании Слова Божьего. Свет с Небес освещал его лицо. Величие и чистота его характера, его мир и сердечная радость были явлены всем, когда он свидетельствовал против власти заблуждения и говорил о превосходстве веры, побеждающей мир.

Все собрание какое-то время безмолвствовало от удивления. При первом своем ответе Лютер говорил тихим голосом,

Лютер перед рейхстагом в Вормсе (17 апреля 1521)

держа себя в уважительной и даже покорной манере. Католики истолковали это как свидетельство того, что мужество начало оставлять его. Они посчитали просьбу о приостановке суда исключительно вступлением к отречению. Сам Карл, уже почти с презрением глядя на изнуренную фигуру монаха, его простое одеяние и простоту речи, заявил: «Этот монах никогда не сделает меня еретиком». Мужество и стойкость, проявленные теперь наряду с силой и ясностью его суждений, удивили всех. Император в восхищении воскликнул: «Этот монах неустрашим и говорит с непреклонной отвагой!» Многие немецкие князья смотрели с гордостью и радостью на представителя своего народа.

Сторонники Рима были побеждены; их дело предстало в очень неблагоприятном свете. Они жаждали сохранить свое господство, не обращаясь к Писаниям, а прибегая к угрозам – обычным аргументам Рима. Представитель сейма сказал: «Если вы не отречетесь, император и князья империи будут решать вопрос: что делать с упрямым еретиком».

Друзья Лютера, которые с великой радостью слушали замечательную речь ответчика, вздрогнули при этих словах; но сам Лютер невозмутимо сказал: «Пусть Бог будет мне помощником, так как я не могу ни от чего отречься» (D'Aubigne, т.7, гл.8).

Ему повелели удалиться с сейма, пока князья совещались между собой. Чувствовалось, что наступил величайший кризис. Настойчивый отказ Лютера покориться мог повлиять на историю церкви во все грядущие века. Было решено дать ему еще одну возможность отречься. В последний раз его привели на собрание. Снова был поставлен вопрос об его отказе от своих доктрин. «У меня нет другого ответа, – сказал он, – кроме того, который я уже дал». Было очевидно, что ни с помощью обещаний, ни с помощью угроз его не вынудят подчиниться предписаниям Рима.

Папские лидеры были огорчены тем, что их власть, которая заставляла трепетать королей и знать, ни во что не ставится скромным монахом; они жаждали заставить его прочувствовать их гнев, в пытках лишая его жизни. Но Лютер, понимая, что ему угрожает, говорил с христианским достоинством и невозмутимостью. Его слова были свободны от гордости, горячности и обмана. Он потерял из виду себя и великих людей вокруг и чувствовал только, что находится в присутствии Того, Кто бесконечно выше пап, прелатов, королей и императоров. Христос говорил через свидетельство Лютера с силой и величием, некоторое время вызывавшими и у друзей, и у врагов благоговейный страх и удивление. Дух Божий был явлен на том совете, оказывая влияние на сердца глав империи. Несколько князей смело признали справедливость дела Лютера. Многие были убеждены в истине; но у некоторых полученных ими впечатлений хватило ненадолго. Был и другой класс людей, которые в тот момент не выражали своих убеждений, но которые, исследовав Писания самостоятельно, в будущем стали бесстрашными сторонниками Реформации.

Курфюрст Фридрих с волнением ожидал выступления Лютера перед сеймом и с глубокой заинтересованностью слушал его речь. С радостью и гордостью он наблюдал за мужеством, стойкостью и самообладанием Лютера и решил более твердо стоять в защиту реформатора. Он сопоставил конфликтующие стороны и понял, что мудрость пап, королей и прелатов была приведена в ничто силой истины. Папству нанесено поражение, которое будет ощущаться среди всех народов во все времена.

огда легат осознал, какое воздействие оказала произнесенная Лютером речь, он испугался, как никогда раньше, за сохранность власти Рима и решил использовать любые средства, которыми располагал, чтобы одержать победу над реформатором. Всем красноречием и дипломатическим искусством, которыми он так заметно выделялся, легат показал юному императору, как неосмотрительно и опасно жертвовать из-за какого-то ничтожного монаха дружбой и поддержкой могущественной власти Рима.

Его слова не остались без результата. На следующий день после ответа Лютера Карл представил сейму послание, в котором объявил о своем решении следовать политике своих предшественников, сохраняя и отстаивая католическую религию. Так как Лютер отказался отречься от своих ошибочных взглядов, то к нему и к ересям, которым он учил, должны быть применены самые решительные меры. «Одинокий монах, сбившийся с пути из-за своего безрассудства, поднялся против веры христианского мира. Чтобы пресечь такую дерзость, я пожертвую своим королевством, своей властью, своими друзьями, своими сокровищами, своим телом, своей кровью, своей душой и своей жизнью. Я готов отпустить Лютера-августинца, запрещая ему вызывать даже малейший беспорядок среди людей; затем я приму меры против него и его последователей, как отъявленных еретиков, предавая их анафеме, интердикту и используя каждый метод, пригодный для их уничтожения. Я призываю государственных представителей поступать, как подобает верным христианам» (D'Aubigne, т.7, гл.9). Несмотря на это, император заявил, что к охранной грамоте Лютера надо отнестись с уважением и, прежде чем против него будет назначено судебное разбирательство, ему должно быть позволено в безопасности добраться домой.

Два противоположных мнения отстаивались теперь членами сейма. Эмиссары и представители папы снова потребовали, чтобы охранную грамоту реформатора не принимали во внимание. «Рейн, – сказали они, – должен принять его пепел, как принял пепел Яна Гуса сто лет тому назад» (D'Aubigne, т.7, гл.9). Но князья Германии, будучи сами католиками и общепризнанными врагами Лютера, высказались против такого нарушения публично данного обещания, потому что это стало бы пятном на чести нации. Они обратили внимание на бедствия, последовавшие за смертью Гуса, и объявили, что не осмеливаются призывать на Германию и на голову своего юного императора повторение этого ужасного зла.

Сам Карл в ответ на подлое предложение сказал, что «даже если благородству и честности надлежит исчезнуть со всей земли, они должны найти приют в сердцах князей» (D'Aubigne, т.7, гл.9). Его все еще убеждали злейшие враги Лютера обойтись с реформатором так, как Сигизмунд обошелся с Гусом – предать его на милость церкви; но, вспоминая сцену, когда Гус на общественном собрании указал на свои цепи и напомнил монарху о данном им слове, Карл V заявил: «Я не хочу краснеть, как Сигизмунд» (Lenfant, т.1, стр. 422).

И тем не менее Карл добровольно отверг истины, представленные Лютером. «Я твердо решил следовать примеру своих предшественников», – написал монарх (D'Aubigne, т.7, гл.9). Он рассудил, что не сойдет с тропы обычаев даже ради того, чтобы идти путем истины и праведности. Поскольку это делали его отцы, то и он будет поддерживать папство во всей его жестокости и испорченности. Итак, он высказал свою точку зрения: отвергать любой свет, кроме принятого его отцами, и не исполнять никакого долга, кроме того, что исполняли они.

В настоящее время существует много людей, которые придерживаются обычаев и традиций своих отцов. Когда Господь посылает им дополнительный свет, они отказываются воспринимать его, потому что он не был принят их отцами по их неведению. У нас не такие условия, какие были у наших отцов; поэтому наш долг и ответственность не таковы, как у них. Бог не посмотрит на нас благосклонно, если мы будем, выясняя свой долг, руководствоваться примером своих отцов, вместо того чтобы исследовать Слово истины самостоятельно. Наша обязанность больше, чем она была у наших предков. Мы ответственны за свет, полученный ими и переданный нам в наследие, и мы ответственны также за тот дополнительный свет, который сияет сейчас над нами со страниц Слова Божьего.

Христос говорил о неверующих евреях: «Если бы Я не пришел и не говорил им, то не имели бы греха, а теперь не имеют извинения во грехе своем» (Ев. Иоанна 15:22). Одна и та же Божественная сила обращалась через Лютера к императору и князьям Германии. И когда свет просиял из Божьего Слова, Его Дух в последний раз воззвал ко многим на этом собрании. Как Пилат несколько столетий тому назад позволил гордости и жажде популярности затворить свое сердце перед Спасителем мира; как дрожащий от страха Феликс просил посланника истины: «Теперь пойди, а когда найду время, позову тебя» (Деяния 24:25); как гордый Агриппа сказал: «Ты не много не убеждаешь меня сделаться христианином» (Деяния 26:28), — и отвернулся от Небом посланного вестника, так и Карл V, уступая требованиям мирской гордости и политики, решил отвергнуть свет истины.

Молва о замыслах против Лютера широко распространялась в народе, вызывая великое волнение по всему городу. Реформатор подружился со многими людьми, и они, знакомые с предательской жестокостью Рима ко всем дерзнувшим изобличать его развращенность, твердо решили, что он не должен быть принесен в жертву. Сотни аристократов дали обещание защищать его. Немало их открыто осуждали королевское послание, доказывающее покорность контролирующей власти Рима. На воротах домов и в общественных местах были развешены плакаты: некоторые – осуждающие, другие – поддерживающие Лютера. На одном из них были написаны многозначительные слова мудреца: «Горе тебе, земля, когда царь твой – отрок» (Екклесиаст 10:16). Видя рвение немецкого народа защищать Лютера как император, так и сейм поняли, что любая примененная к нему несправедливость подвергнет опасности мир в империи и даже стабильность престола.

Фридрих Саксонский старался казаться сдержанным, тщательно скрывая свои подлинные чувства к реформатору, вместе с тем оберегая его с неустанной бдительностью и наблюдая за всеми его действиями, а также и за всеми действиями его врагов. Но было много таких, кто не пытался скрывать свои симпатии к Лютеру. К нему приходили князья, графы, бароны, другие знатные люди – светские и духовные. «Маленькая квартира доктора, – писал Спалатин, – не могла вместить всех желающих» (Martyn, т.1, стр. 404). Люди смотрели на него, как на сверхчеловека. Даже те, кто не имел веры в его учение, не могли не восхищаться той благородной принципиальностью, с которой он скорее готов был погибнуть смертью храбрых, нежели пренебречь голосом своей совести.

Были предприняты энергичные усилия, чтобы добиться согласия Лютера на уступки Риму. Дворяне и князья объясняли ему, что если он будет настаивать на своем собственном суждении вопреки учению церкви и соборов, то его скоро изгонят из империи – и тогда он лишится защиты. На этот аргумент Лютер ответил: «Невозможно проповедовать Евангелие Христа, не обличая... Почему тогда страх перед опасностью должен разделять меня с Господом и Божественным Словом, которое одно только истинно? Нет; лучше я пожертвую своим телом, своей кровью и своей жизнью» (D'Aubigne, т.7, гл.10).

Снова его побуждали подчиниться решению императора и убеждали, что после этого ему уже нечего будет опасаться. «Я соглашаюсь всем сердцем, – сказал он в ответ, – чтобы император, князья и даже самый простой христианин исследовали и судили мои сочинения, но только на одном условии: пусть они при этом руководствуются Словом Божьим. И людям ничего другого не останется, как только подчиниться ему. Не совершайте насилия над моей совестью, которая скреплена и связана со Святым Писанием». (Там же, т.7, гл.10).

На другое обращение он сказал: «Я согласен поступиться своей охранной грамотой и отдать себя и свою жизнь в руки императора, но поступиться Словом Божьим – никогда!» (D'Aubigne, т.7, гл.10). Он заявил о своем желании покориться постановлению всеобщего собора, но на условии: от собора потребуется решение, соответствующее Писанию. «В отношении Слова Божия и веры, – добавил он, – можно сказать, что каждый христианин является таким же хорошим судьей, как и папа, даже если последнего поддерживает миллион соборов» (Martyn, т.1, стр. 410). В конце концов, как друзья, так и его враги убедились в том, что дальнейшие попытки к примирению тщетны.

Если бы реформатор сдался хотя бы в одном вопросе, то сатана и его полчища одержали бы тогда победу. Но его стойкая непреклонность стала средством к освобождению церкви и началом новой и лучшей эры. Влияние этого одного мужа, который отважился думать и действовать самостоятельно в религиозных вопросах, возымело действие на церковь и на мир не только в его время, но и в будущих поколениях. Его стойкость и преданность будут поддерживать в конце времени всех тех, кому предстоит переживать подобные опыты. Власть и могущество Бога возвышаются над человеческими советами и над великой силой сатаны.

В скором времени по распоряжению императора Лютер должен был вернуться домой, и он знал, что вслед за этим повелением последует и его осуждение. Угрожающие тучи нависли над ним, но, когда он покидал Вормс, его сердце наполняли радость и хвала. «Сам сатана, – сказал он, – сторожил папскую цитадель, но Христос проделал в ней огромную брешь, и дьяволу пришлось признать, что Господь могущественнее, чем он» (D'Aubigne, т.7, гл.11).

После своего отъезда, желая, чтобы его твердость ошибочно не истолковали как бунтарство, Лютер написал императору: «Бог, Который исследует сердца, – мой Свидетель в том, что я готов со всем смирением быть покорным Вашему величеству в почете или унижении, в жизни или смерти, если это не противоречит Слову Божьему, посредством которого человек и живет. Во всех делах этой текущей жизни моя верность останется непоколебимой, ибо потерять или приобрести здесь – не существенно по отношению к спасению. Но там, где затрагиваются вечные интересы, Бог не хочет, чтобы человек подчинялся человеку. Такое подчинение в духовных вещах – это несомненное поклонение, которое подобает оказывать только единому Создателю» (D'Aubigne, т.7, гл.11).

На пути из Вормса Лютера принимали еще радушнее, чем когда он ехал туда. Высокопоставленное духовенство приветствовало преданного анафеме монаха, и светские власти чествовали человека, которого осудил император. Его просили проповедовать, и, несмотря на запрет императора, он снова встал за кафедру. «Я никогда не давал обета заковать Слово Божье, – сказал он, – и не сделаю этого» (Martyn, т.1, стр. 420).

Не успел он покинуть Вормс, как паписты убедили императора издать против него эдикт. В этом указе Лютер был объявлен «самим сатаной в образе человека, облаченного в монашеское одеяние» (D Aubigne, т.7, гл.11). И как только его охранная грамота потеряет силу, было приказано предпринять меры, чтобы остановить его деятельность. Всем запрещалось укрывать его, кормить или поить, помогать или содействовать словом или делом, публично или тайно. Его необходимо схватить и передать властям. Его сторонников тоже надо взять под стражу, а их собственность – конфисковать. Его работы подлежали уничтожению, и все осмеливающиеся не повиноваться этому декрету, подлежали такому же осуждению. Курфюрст Саксонский и князья, которые были наиболее дружелюбно настроены к Лютеру, вскоре после его отъезда оставили Вормс, и сейм дал свое согласие на утверждение императорского приказа. Теперь паписты восторжествовали. Они считали, что судьба Реформации решена.

Бог, однако, предначертал план избавления для Своего раба в этот опасный час. Бдительное око наблюдало за передвижениями Лютера, и одно преданное и благородное сердце решило его спасти. Стало понятно, что Рим не удовлетворится меньшим, чем смертью Лютера, и поэтому избегнуть пасти льва можно было только в убежище. Бог дал мудрость Фридриху Саксонскому разработать план спасения реформатора. Верные друзья помогли привести план курфюрста в исполнение, и реформатор был укрыт как от друзей, так и от врагов. По дороге домой его схватили, разлучили со спутниками и поспешно переправили через лес в Вартбургский замок – уединенную горную крепость. Его захват и сокрытие были окутаны такой тайной, что даже сам Фридрих продолжительное время не знал, куда его сопроводили. Это неведение было не без умысла, потому что, ничего не зная о нем, он ничего не мог и рассказать. Он радовался, что реформатор в безопасности, что ему хорошо, и был удовлетворен этой информацией.

Миновали весна, лето, осень, пришла зима, а Лютер все еще пребывал в этом плену. Алеандр и его сторонники торжествовали, что свет Евангелия, казалось, вот-вот будет погашен. Но вместо этого реформатор заправлял свой светильник из сокровищницы истины, и свет продолжал сиять еще ярче и великолепнее.

В уютном убежище Вартбурга Лютер наслаждался отдыхом после жара и шума баталий. Но его наслаждение ничем не нарушаемым покоем было непродолжительным. Привычный к деятельной жизни и суровой борьбе, он болезненно относился к своему бездействию. В те дни одиночества он представил себе состояние церкви и в отчаянии вскричал: «Увы! в этот последний день Его гнева нет никого, кто встал бы, как стена, пред Господом, и сберег бы Израиль!» (D'Aubigne, т.9, гл.2). И вновь он возвращался к своим мыслям и начинал опасаться, что его обвинят в трусости и уклонении от борьбы. Кроме того, Лютер укорял себя за инертность и потакание своим слабостям. Но в то же самое время он ежедневно делал больше, чем это возможно сделать одному человеку. Его перо никогда не бездействовало. Тогда как его противники льстили себе, что реформатор замолчал, они были поражены и сбиты с толку ощутимыми свидетельствами того, что он все еще активно действует. Трактаты, в большом множестве написанные им, переходили из рук в руки повсюду в Германии. Он также оказал весьма значительную услугу своим землякам в том, что перевел на немецкий язык Новый Завет. Со своего скалистого Патмоса почти целый год он не прекращал провозглашать Евангелие и осуждать грехи и заблуждения того времени.

Но Бог забрал Своего слугу с подмостков общественной жизни не только для того, чтобы сохранить Лютера от его разъяренных врагов, а также предоставить ему возможность спокойно заниматься этой серьезной работой. Этим были достигнуты более важные результаты. В одиночестве и безвестности своего горного пристанища Лютер был отдален от всякой земной опоры и огражден от человеческих похвал.

Убежище Лютера в Вартбурге

Таким путем он был спасен от гордыни и уверенности в своих силах, которые так часто вызваны успехом. Через бедствия и унижения он был приготовлен к тому, чтобы снова в безопасности продвигаться по тем ошеломляющим высотам, на которые был так неожиданно поднят.

Когда люди радуются свободе, обретенной ими в истине, они расположены восхвалять тех, кого Бог употребил, чтобы разбить оковы заблуждения и предрассудков. Сатана пытается отвлекать мысли и чувства людей от Бога и устремлять их на человеческих посредников; он склоняет их почитать лишь орудие и игнорировать Руку, которая контролирует все события провидения. Слишком часто религиозные вожди, которых таким образом превозносят и чтят, теряют из виду сознание своей зависимости от Бога и склоняются к упованию на самих себя. В результате они стараются контролировать умы и сознание людей, которые расположены взирать на них, вместо того чтобы исследовать Божье Слово. Дело реформы часто тормозится из-за того, что ее сторонники лелеют в себе такой дух. От этой опасности Бог желал предохранить дело Реформации. Он хотел, чтобы на этой работе лежала не человеческая печать, а Божья. Взоры людей обратились к Лютеру, как к истолкователю истины; и он был удален, чтобы все взгляды могли сосредоточиться на вечном Авторе истины.

Фридрих I, курфюрст Саксонский

Меланхтон (1497-1560)

ГЛАВА 9

Реформатор Швейцарии

Ульрих Цвингли (1484-1531) – молодой человек с большими талантами – способствовал продвижению Реформации в Швейцарии, постоянно подвергаясь нападению со стороны римской церкви. Он утверждал, что находится под Божьим водительством и выступал перед врагами веры в защиту истины.

В выборе орудий для проведения преобразований в церкви прослеживается тот же Божественный план, что и при ее учреждении. Небесный Учитель миновал стороной великих людей земли, титулованных и состоятельных, для которых, как для вождей народа, было обычным получать в свой адрес похвалу и почитание. Они были так горды и самоуверенны в своем хвалёном преимуществе, что их невозможно было склонить к проявлению сочувствия к своим соотечественникам и сделать их сотрудниками смиренного Мужа из Назарета. Поэтому зов: «Идите за Мною, и Я сделаю вас ловцами человеков» (Ев. Матфея 4:19) был адресован необразованным, привыкшим к тяжелому труду рыбакам из Галилеи. Эти апостолы были людьми скромными и способными к обучению. Чем меньше они подвергались влиянию ложных учений своего времени, тем успешнее мог Христос наставлять и обучать их для служения Ему. Так же обстояло дело и во времена великой Реформации. Ведущие реформаторы являлись людьми непритязательными в жизни, людьми, которые более других своих современников были свободными от гордости за свое положение, от влияния фанатизма и от интриг и козней духовенства. В Божий план входит использование скромных орудий для достижения великих результатов. Тогда слава будет отдана не людям, а Тому, Кто трудится через них, желая исполнить Свою собственную добрую волю.

Через несколько недель после рождения Лютера в убогом жилище рудокопа, в Саксонии, в хижине скотовода в Альпах на свет появился Ульрих Цвингли. Окружение Цвингли в детские годы и начальное обучение способствовали его подготовке к будущей миссии. Подрастая, он постоянно созерцал великолепные картины природы, внушающие благоговение, и поэтому его разум рано проникся ощущением величия, силы и могущества Бога. Истории о подвигах смелых героев в его родных горах разжигали его юношеские стремления. А от своей благочестивой бабушки он узнал несколько драгоценных библейских историй, которые она тщательно отбирала среди легенд и преданий церкви. С глубочайшим интересом слушал он о великих деяниях патриархов и пророков, о пастухах, наблюдавших за своими стадами на холмах Палестины, где ангелы сообщили им о Младенце из Вифлеема, и о Муже Голгофы.

Как и Иоганн Лютер, отец Цвингли желал дать сыну образование, и мальчика рано увезли из его родной долины. Его ум стремительно развивался, и в скором времени встал вопрос о том, где найти для него подходящих учителей. В возрасте тринадцати лет он отправился в Берн, в котором тогда находилась самая известная школа Швейцарии. Здесь, однако, возникла опасность, угрожавшая разрушить перспективы всей его жизни. Монахи приложили решительные усилия для того, чтобы увлечь его в монастырь. Доминиканские и францисканские монахи соревновались между собой за популярность, которую старались достичь показным украшением своих церквей, помпезностью церемоний и привлекательностью знаменитых реликвий и чудотворных образов.

Доминиканцы Берна считали, что если им удастся заполучить этого юного одарённого ученика, то доход и почести им обеспечены. Его молодость, природная способность к ораторству и писательскому делу, талант музыканта и поэта могли бы более эффективно содействовать привлечению людей к их службам и увеличению прибыли их ордену, чем вся их помпезность и показуха. Обманом и лестью они пытались убедить Цвингли вступить в их монастырскую общину. Лютер, будучи студентом, укрылся в келье монастыря и так и был бы утрачен для мира, если бы Божье провидение не освободило его. Цвингли не был допущен к встрече с той же самой опасностью. К счастью, его отцу сообщили о замыслах монахов. Он не имел ни малейшего намерения позволять своему сыну вести пустую и никчёмную жизнь монаха. Он понял, что его будущее находится под угрозой, и повелел ему без промедления ехать назад домой.

Повеление отца было исполнено; но юноша не мог долго удовлетворяться пребыванием в родной долине и вскоре возобновил свою учебу, направившись спустя некоторое время в Базель. Именно здесь Цвингли впервые услышал Евангелие о даре Божьей благодати. Виттембах, учитель античных языков, при изучении греческого и еврейского обратился к Священному Писанию, и, таким образом, лучи Божественного света озарили умы студентов, которым он преподавал. Он объявил, что есть более древняя истина, которая бесконечно ценнее, чем теории, которым обучают учителя и философы. Эта древняя истина заключается в том, что только смерть Христа может искупить грешника. Для Цвингли эти слова были подобны первому лучу света, предваряющему начало дня.

Цвингли в скором времени вызвали из Базеля, чтобы он мог приступить к делу своей жизни. Первым полем его деятельности стал Альпийский приход, расположенный неподалеку от родной долины. Получив рукоположение священника, «он всецело отдался поиску Божественной истины, поскольку хорошо осознавал, – рассказывал один его товарищ-реформатор, – как много обязан знать тот, кому вверено стадо Христа» (Wylie, т.8, гл.5). Чем больше он исследовал Писания, тем яснее для него становилось различие между истинами, содержащимися в них, и ересями Рима. Он покорился Библии, считая ее Словом Бога – единственным надлежащим, безошибочным мерилом. Осознав, что Священное Писание должно быть своим собственным толкователем, он не смел предпринимать никаких попыток его объяснения путем поддерживания каких-то уже сложившихся теорий или доктрин, но считал своей обязанностью самому познавать его прямое и ясное учение. Он стремился использовать любое средство для того, чтобы иметь полное и верное понимание значения Слова Божьего, и призывал на помощь Святого Духа, Который, как он заявлял, откроет это всем, кто будет искренне и с молитвой искать Его.

«Писания, – утверждал Цвингли, – пришли от Бога, а не от человека. И Бог, Который просвещает, даст уразуметь изречения Божьи. Слово Божье… не имеет недостатка. Оно ясное, оно просвещает и раскрывает само себя, оно оживляет душу спасением и благодатью, утешает ее в Боге, смиряет ее так, что она теряется и даже забывает себя – и принимает Бога». Правдивость этих слов Цвингли доказал лично. Относительно своего опыта того времени он писал позже: «Когда… я начал отдавать себя полностью Священному Писанию, философия и теология (схоластика) постоянно вызывали во мне споры. В конце концов я пришел к тому, что подумал: «Ты должен оставить все обманчивое и изучать Божий замысел только из Его собственного простого Слова. И тогда я начал просить Бога даровать Его свет, и Писания сделались для меня более понятными».

Учение, проповедуемое Цвингли, не было взято им от Лютера. Это было учение Христа. «Если Лютер проповедует Христа, – говорил швейцарский реформатор, – то он делает то, что делаю я. Тех, кого он привел ко Христу, намного больше, чем тех, кого привел я. Однако я не буду носить никакого другого имени, кроме имени Христа, Чьим солдатом я являюсь и Кто Один лишь – мой Глава. Никогда ни единого слова не писал ни я Лютеру, ни Лютер мне. А почему?.. Чтобы было явлено всем, как неизменно свидетельство Духа Божия, потому что мы без всякого сговора так единогласны относительно учения Иисуса Христа» (D'Aubigne, т.8, гл.9).

Ульрих Цвингли (1484-1531)

В 1516 году Цвингли предложили место священника в монастыре в Айнзидельне. Здесь он смог ближе узреть моральное разложение Рима и как реформатор оказать влияние, которое стало ощущаться далеко за границами его родных Альп. Одной из главных достопримечательностей Айнзидельна являлась икона непорочной Девы, которая, как утверждалось, обладала способностью творить чудеса. Над воротами монастыря было начертано: «Здесь можно обрести полное прощение грехов» (D'Aubigne, т.8, гл.5). Пилигримы в любое время года приходили к месту поклонения Деве, а в великий ежегодный праздник ее освящения сюда стекалось множество людей со всех концов Швейцарии и даже из Франции и Германии. Цвингли, сильно подавленный таким зрелищем, использовал удобный случай чтобы провозглашать этим рабам религиозных предрассудков свободу, которую приносит Евангелие.

«Не воображайте, – говорил он, – что Бог обитает в этом храме больше, чем в любой другой части мироздания. Где бы вы ни пребывали, Он подле вас и слышит вас... Разве в состоянии бесплодные дела, утомительные паломничества, приношения, обращения к Деве Марии или святым обеспечить расположение Бога?.. Что за польза от множества слов, которые мы включаем в наши молитвы? Какая сила в монашеском одеянии, в побритой голове, в длинных и ниспадающих мантиях или в украшенных золотой вышивкой башмаках?.. Бог смотрит на сердце, а наши сердца далеки от Него». «Христос, – сказал он, – Который был однажды принесен в жертву на кресте, является Жертвой, искупившей грехи всех верующих во все века» (D'Aubigne, т.8, гл.5).

Для многих было неприятно слышать эти учения. Их горько разочаровывали слова о том, что трудное путешествие сделано напрасно. Прощение, свободно предлагаемое им через Христа, они воспринять не могли. Их удовлетворял старый путь на Небеса, который наметил для них Рим. Они избегали трудностей в поисках чего-либо лучшего. Им было проще вверить свое спасение священникам и папе, чем добиваться чистоты сердец.

Но другая группа людей с радостью приняла весть о спасении через Христа. Ритуалы, предписанные Римом, не могли принести мир их душам, и они с верой приняли кровь Спасителя как искупительную Жертву за них. Они вернулись в свои дома, чтобы открывать другим обретенный ими драгоценный свет. Истину, таким образом, несли из деревни в деревню, из города в город, и число пилигримов к месту поклонения непорочной Деве сильно поуменьшилось. Снизились пожертвования, а соответственно, и жалованье Цвингли, поступавшее от них. Но это вызвало у него только радость, ведь он видел, что власть фанатизма и суеверия разрушается.

Руководители церкви не были слепы и видели работу, которую совершал Цвингли; но на данном этапе они решили не вмешиваться. Однако, надеясь сделать его своим сторонником, они пытались завоевать его с помощью лести; а тем временем истина овладевала сердцами людей.

Труд Цвингли в Айнзидельне приготовил его для более широкого поприща, на которое он в скором времени вступил. Через три года, прошедших с начала его пребывания здесь, его пригласили на должность священника кафедрального собора в Цюрихе. Тогда это был самый важный город в Швейцарской конфедерации, и влияние, оказанное там, ощущалось бы на большом расстоянии. Священнослужители, по чьему приглашению он приехал в Цюрих, желали, впрочем, предотвратить проявление всяких нововведений и соответствующе наставили Цвингли относительно его обязанностей.

«Прилагай все свое усердие к тому, – говорили они, – чтобы собирать поступления для собора, не упуская ни малейшей части. Убеждай членов церкви и с кафедры, и в исповедальне приносить десятины и участвовать во всех сборах, свидетельствуя своими приношениями о любви, которую они питают к церкви. Будь прилежным в увеличении доходов, поступающих от больных, от проведения месс, и вообще, от всех церковных обрядов». «Что касается причастия, проповедей и личного надзора за стадом, – добавили его наставники, – то это тоже является долгом священника. Но для их исполнения ты можешь нанять викария, чтобы он замещал тебя, – особенно в проповеди. Ты будешь совершать причастия лишь для знатных лиц, если тебя специально призовут; тебе недопустимо совершать их для всех без разбору» (D'Aubigne, т.8, гл.6).

Цвингли спокойно выслушал это назидание, и в ответ, после выражения своей благодарности за честь быть приглашенным на столь важное служение, он принялся объяснять курс, которого намеревался придерживаться. «Жизнь Иисуса, – сказал он, – слишком долго скрывалась от народа. Я буду читать проповеди со всего Евангелия от Матфея... извлекая сокровища из одного лишь Писания, озвучивая все Его глубины, сравнивая текст с текстом и стремясь к его пониманию при помощи серьезных и постоянных молитв. На славе Бога, на восхвалении Его единственного Сына, на спасении душ и на их наставлении в истинной вере желаю я сосредоточить свое служение» (D'Aubigne, т.8. гл.6). Хотя некоторые священники и не одобрили такого плана, попытавшись отговорить его, Цвингли все же остался непреклонным. Он заявил, что собирается вводить не новый метод, а старый, которым пользовалась церковь в более ранние и более чистые времена.

А интерес к истинам, которым учил Цвингли, уже пробудился; и люди собирались огромными толпами послушать его проповеди. Среди его слушателей было много тех, кто уже давно не приходил на церковную службу. Он приступил к своему служению, открывая Евангелия, читая и объясняя своим слушателям вдохновенное повествование о жизни, учении и смерти Христа. Здесь, как и в Айнзидельне, он представлял Слово Бога как единственный безошибочный авторитет, а смерть Христа – как единственную совершенную жертву. «Ко Христу, – говорил он, – я желаю привлечь вас, ко Христу – истинному Источнику спасения» (D'Aubigne, т.8, гл.6). Вокруг проповедника толпились люди всех слоев общества – от политиков и ученых до сельских жителей и мастеровых. Со жгучим интересом они внимали его словам. Он не только провозглашал о предложении дара спасения, но и безбоязненно изобличал зло и беззакония того времени.

Многие возвращались из собора, славя Бога. «Этот муж, – говорили они, – проповедник истины. Он будет нашим Моисеем и покажет нам путь из египетской тьмы».

Но хотя поначалу его труды принимались с великим воодушевлением, через некоторое время проявилось сопротивление. Монахи поставили себе задачу препятствовать его работе и осуждать его учения. Многие атаковали его насмешками и колкостями, иные прибегали к оскорблениям и угрозам. Но Цвингли выдерживал все с терпением, говоря: «Если мы хотим перетянуть беззаконников на сторону Христа, то должны научиться мириться со многими вещами» (D'Aubigne, т.8, гл.6).

Приблизительно в это время для продвижения реформы подоспела новая сила. Один приверженец реформаторской веры из Базеля предположил, что продажа книг Лютера смогла бы стать сильным орудием в распространении света, и направил в Цюрих с некоторыми его книгами некоего Луциана. «Выясни, – написал он Цвингли, – обладает ли этот Луциан достаточной долей проницательности и такта; и если окажется, что обладает, пусть идет из одного крупного города в другой, из малого в малый, из деревни в деревню, более того, из дома в дом, по всей Швейцарии, неся с собой сочинения Лютера, и особенно его изложение молитвы Господа, сделанное для мирян. Чем больше об этом будут знать, тем больше найдется покупателей» (D'Aubigne, т.8, гл.6). Таким путем свет достиг этой страны.

В то время когда Бог готовится разорвать цепи незнания и предрассудков, сатана тоже работает с величайшей силой, чтобы окутать людей тьмой и затянуть покрепче путы. Когда люди в разных странах поднимались, чтобы проповедовать другим прощение и оправдание через кровь Христа, Рим продолжал с новой энергией разворачивать по всему христианскому миру свой рынок, предоставляя людям прощение грехов за деньги.

Каждый грех имел свою цену, и народу свободно предлагалось разрешение на преступления, если сокровищница церкви при этом хорошо пополнялась. Так развивалось два течения: одно предлагало прощение грехов за деньги, другое – через Христа. Рим разрешал грех, делая его источником своего дохода; реформаторы же осуждали грех и указывали на Христа как на искупительную Жертву и Освободителя.

В Германии продажа индульгенций была доверена доминиканским монахам и проводилась пресловутым Тецелем. В Швейцарии торговля велась руками францисканцев под контролем Самсона, итальянского монаха. Самсон уже оказал хорошую услугу церкви, обеспечив поступление больших средств из Германии и Швейцарии, пополнивших папскую сокровищницу. Сейчас он объезжал Швейцарию, собирая большие толпы народа, отбирая у бедных крестьян их скудный заработок и вымогая щедрые дары у имущих классов. Но влияние Реформации уже ощущалось в сокращении, хотя еще и не в прекращении, этой торговли. Цвингли находился все еще в Айнзидельне, когда Самсон, вскоре после появления в Швейцарии, прибыл с «товаром» для своей торговли в близлежащий городок. Будучи оповещен о его миссии, реформатор сразу же выступил против него. Они не пересеклись друг с другом, однако успех Цвингли в изобличении притязаний монаха был таким, что тому пришлось покинуть это место.

В Цюрихе Цвингли с дерзновением проповедовал, выступая против торговцев отпущения грехов, и когда Самсон приблизился к этому месту, его встретил посланник городского совета, сказав, что лучше ему пройти мимо. Все-таки монах хитростью проник внутрь города, но был выслан, не продав там ни единой индульгенции, и вскоре покинул Швейцарию.

Сильный стимул Реформация получила при возникновении чумы, или «великой смерти», которая пронеслась по Швейцарии в 1519 году. Когда люди таким образом встретились лицом к лицу со смертью, многие прочувствовали, насколько ненужными и никудышными были эти индульгенции, которые они недавно купили; они жаждали более надежного фундамента для своей веры. Цвингли в Цюрихе тоже заразился; ему было так плохо, что всякая надежда на его выздоровление исчезла, и повсюду шла молва о том, что он умер. В этот трудный час его надежда и бодрость духа оставались непоколебимыми. Он с верой смотрел на Голгофский крест, полагаясь на полное искупление за грех. Но он возвратился его от врат смерти и стал проповедовать Евангелие с еще большим рвением, чем когда-либо ранее; и его труды оказывали поразительное воздействие. Народ с радостью встречал своего любимого пастора, вернувшегося к ним от края могилы. Люди, сами ухаживающие за больными и умирающими, как никогда прежде, осознавали ценность Евангелия.

Цвингли пришел к более ясному пониманию истины и полнее испытал на себе ее обновляющее воздействие. Грехопадение человека и план искупления были темами, на которых он подробно останавливался. «В Адаме, – указывал он, – мы все мертвы, утопаем в порочности и осуждении» (D'Aubigne, т.8, гл.9). «Христос... купил нам вечное освобождение... Его страдания... – это вечная жертва, и она имеет бесконечную силу; она навеки удовлетворяет Божественную справедливость ради всех тех, кто полагается на нее сильной, непоколебимой верой». Однако Цвингли ясно учил, что люди, получив благодать Христа, не могут свободно продолжать грешить. «Где бы ни была вера в Бога, там пребывает Бог; и где бы ни был Бог, там имеет место ревность, стимулирующая и побуждающая людей к добрым делам» (D'Aubigne, т.8, гл.9).

Увлеченность проповедями Цвингли была такой сильной, что здание собора до отказа наполнялось толпами людей, пришедших его послушать. Мало-помалу, насколько они могли принять, он открывал истину своим слушателям. Он был осторожен и не вводил поначалу темы, которые могли испугать их и породить предубеждение. Его делом было завоевать их сердца для учения Христа, смягчить их Его любовью и Его примером; а когда они воспринимали принципы Евангелия, то их суеверные убеждения и следование им, неминуемо ниспровергались.

Шаг за шагом Реформация продвигалась в Цюрихе. Ее враги, приведенные в смятение, поднялись для активного противодействия. За год до этого монах Виттенберга произнес свое «нет» папе и императору в Вормсе, и теперь, казалось, все свидетельствовало о подобном противостоянии папским требованиям в Цюрихе. Цвингли неоднократно подвергался атакам. В папских кантонах периодически заживо предавали огню приверженцев Евангелия, но этого было мало; должен был умолкнуть сам учитель ереси. С этой целью епископ Констанца отправил трех своих делегатов в совет Цюриха с предъявлением обвинения в адрес Цвингли, в котором говорилось, что он учит людей преступать законы церкви, тем самым угрожая спокойствию и надлежащему порядку в обществе. Он уверял, что если авторитет церкви будут игнорировать, то результатом станет всеобщая анархия. Цвингли возразил, что он уже четыре года учит Евангелию в Цюрихе, «который стал более тихим и мирным, чем любой другой город конфедерации». «Неужели тогда, – сказал он, – христианство не является лучшей гарантией всеобщей безопасности?» (D'Aubigne, т.8, гл.11).

Делегаты убеждали членов совета оставаться в церкви, вне которой, как они заявляли, нет спасения. Цвингли ответил: «Пусть это обвинение не беспокоит вас. Фундаментом церкви является Та же Самая Скала, Тот же Самый Христос, Который дал Петру его имя потому, что он верно исповедовал Его. В каждом народе всякий всем сердцем верующий в Господа Иисуса принят Богом. Эти люди поистине составляют церковь, вне которой никто не может быть спасен» (D'Aubigne, London ed., т.8, гл.11). В результате этого совещания один из делегатов епископа принял веру реформаторов.

Совет отклонил предложение предпринимать действия против Цвингли, и Рим приготовился к новой атаке. Реформатор, оповещенный о замыслах врагов, воскликнул: «Пусть они наступают; я боюсь их в такой же степени, как нависший утес боится волн, бьющихся о его подножие» (Whily, т.8, гл.11). Усилия священников только помогли делу, которое они хотели ниспровергнуть. Истина продолжала распространяться. В Германии её приверженцы, упавшие духом из-за исчезновения Лютера, вновь приободрились, когда увидели продвижение Евангелия в Швейцарии.

Когда Реформация установилась в Цюрихе, её плоды стали особенно хорошо видны в исчезновении пороков и в установлении порядка и гармонии в обществе. «Мир обитает в нашем городе, – писал Цвингли, – нет брани, нет ханжества, нет зависти, нет распрей. Из какого источника, если не от Господа и не от нашего учения, наполняющего нас плодами мира и добродетели, может происходить такое единство?»

Победы, достигнутые Реформацией, вынудили католиков к более решительным усилиям для ее низложения. Осознавая, как мало было достигнуто с помощью гонений для подавления работы Лютера в Германии, они рассудили встретить реформу ее собственным оружием. Они пожелали устроить диспут с Цвингли, и, делая необходимые приготовления, постарались обеспечить себе победу, выбирая не только место, но и судей, решающих, кто прав в диспуте. И, если Цвингли окажется в их власти, они уж позаботятся о том, чтобы он не ушел из их рук. Лидер замолчит – и движение быстро сойдет на нет. Эту цель, впрочем, тщательно утаивали.

Было намечено устроить диспут в Бадене; но Цвингли там не присутствовал. Совет Цюриха, подозревая папистов в злых умыслах и предостереженный множеством горящих костров, зажженных в папских кантонах для исповедующих Евангелие, запретил своему пастору подвергать себя такой опасности. В Цюрихе он был готов встретиться со всеми сторонниками папы, которых Рим только мог послать; но ехать в Баден, где лишь недавно проливалась за истину кровь мучеников, значило идти на верную смерть. Говорить от имени реформаторов избрали Эколампадия и Халлера, в то время как знаменитый доктор Эк, имея в качестве поддержки много ученых докторов и прелатов, выступал на стороне Рима.

Несмотря на то что Цвингли не присутствовал на этом диспуте, все же там чувствовалось его влияние. Все секретари были выбраны папистами, а другим под страхом смерти запрещалось делать записи. Но Цвингли каждый день получал верный отчет о том, что было сказано в Бадене. Присутствовавший на диспуте студент каждый вечер делал записи о выступлениях того дня. Эти конспекты двое других студентов взялись доставлять для Цвингли в Цюрих вместе с ежедневными письмами от Эколампадия. Реформатор отвечал, давая советы и указания. Письма он писал ночью, а утром студенты возвращались с ними в Баден. Чтобы усыпить бдительность охраны у городских ворот, эти курьеры несли корзины с домашней птицей у себя на головах, и им без проблем разрешали проходить.

Так Цвингли поддерживал бой со своими хитрыми противниками. «Он сделал больше, – сказал Миконий, – размышляя и наблюдая за поединком, а также передавая свои советы в Баден, чем смог бы сделать, лично ведя дискуссию в среде своих врагов» (D'Aubigne, т.11, гл.13).

Католики, возбужденные предполагаемым триумфом, приехали в Баден, облаченные в свои самые богатые одежды, сверкая драгоценными камнями. Они утопали в роскоши, их столы ломились от самых дорогостоящих деликатесов и отборных вин. Бремя их священнических обязанностей было облегчено весельем и наслаждением. В заметном контрасте предстали реформаторы, о которых люди имели не намного лучшее представление, чем о нищих, и чья скромная трапеза недолго задерживала их за столом. Владелец квартиры, где жил Эколампадий, не упускал возможности понаблюдать за ним в его комнате, находя реформатора всегда погруженным в изучение или молитву, и, сильно удивляясь, докладывал, что этот еретик, по крайней мере, «очень богобоязнен».

На диспуте «Эк горделиво восходил на превосходно украшенную кафедру, в то время как смиренный Эколампадий в бедном одеянии был вынужден сидеть перед своим соперником на грубо сколоченной скамье» (D'Aubigne, т.11, гл.13). Зычный голос Эка и его безмерная самонадеянность всегда были при нем. Его рвение подстегивалось надеждой на золото и славу, так как этому защитнику веры был обещан солидный гонорар. Когда лучшие аргументы не действовали, он прибегал к оскорблениям и даже к клятвам.

Скромный и сомневающийся в своих силах Эколампадий не имел намерения спорить и вступил в диспут с серьезным утверждением: «Я не допускаю никакого другого судебного мерила, кроме Слова Божия» (D'Aubigne, т.11, гл.13). Несмотря на кроткую и учтивую манеру держаться, он проявил свою компетентность и решительность. В то время как католики, по обыкновению, прибегали к авторитету традиций церкви, реформатор постоянно опирался на Священное Писание. «Традиция, – сказал он, – бессильна в Швейцарии, если только её не записали в конституцию; но в делах веры Библия – это наша конституция» (D'Aubigne, т.11, гл.13).

Контраст между двумя участниками диспута был очевиден. Спокойные и ясные аргументы реформатора, представленные так кротко и благопристойно, побудили умных людей с отвращением отвергнуть хвастливые и громогласные заявления Эка.

Диспут длился восемнадцать дней. По его завершении приверженцы папы с большой уверенностью провозгласили, что они одержали победу. Большинство делегатов встали на сторону Рима, и съезд объявил реформаторов побежденными и отлученными от церкви вместе с их лидером Цвингли. Но плоды этого диспута показали, на чьей стороне осталось преимущество. Он послужил сильным импульсом в деле протестантизма, и вскоре такие важные центры, как Берн и Базель, признали Реформацию.

Иоганн Эколампадий (1482-1531)

Иоганн Эк (1486-1543)

ГЛАВА 10

Прогресс Реформации в Германии

Как только начала распространяться Реформация, тут же стал процветать и фанатизм. Естественно, в этом обвинили Лютера. Сатана постарался увести людей от библейской истины и ввергнуть их в заблуждение. Но влияние Слова Божьего было сильнее. В проведении реформ Лютером руководил Дух Божий.

Окутанное тайной исчезновение Лютера обеспокоило людей во всей Германии. Везде спрашивали о нем. Распространялись самые невероятные слухи, и многие считали, что его убили. Не только его преданные друзья, но и тысячи других людей, которые открыто не выступали в защиту Реформации, глубоко переживали произошедшее. Многие давали торжественный обет: воздать отмщением за его смерть.

Высшие чины папского Рима со страхом наблюдали, до какой степени их ненавидят люди. Радуясь на первых порах предполагаемой смерти Лютера, они все же в скором времени желали только одного: укрыться от разгневанного народа. Противники Лютера были больше обеспокоены его исчезновением, чем самыми смелыми его действиями, когда он находился среди них. Те, кто в своей ярости стремился уничтожить смелого реформатора, исполнились страха теперь, когда он стал беспомощным пленником. «Единственный оставшийся путь спасти самих себя, – сказал один из них, – это зажечь факелы и разыскивать Лютера по всей земле до тех пор, пока не вернем его людям, которые требуют его» (D'Aubigne, т.9, гл.1). Казалось, что эдикт императора потерял всякую силу. Папские легаты негодовали, видя, что он интересовал людей гораздо меньше, чем судьба Лютера.

Вести о том, что он находится в безопасности, хотя и в качестве пленника, развеяли страхи людей и еще больше пробудили в них желание оберегать его. Труды Лютера изучались теперь усерднее, чем когда-либо раньше. Все больше людей приобщалось к делу этого героического человека, который в ужасных условиях отстаивал Божье Слово. Реформация неуклонно набирала силу. Семя, которое посеял Лютер, везде давало свои всходы. В его отсутствие была совершена работа, которая не могла бы осуществиться, если бы он присутствовал. Другие делатели прониклись новым чувством ответственности, когда исчез их великий руководитель. С возобновленной верой и усердием они стремились совершать все, что было в их силах, для того чтобы работа, так славно начатая, не остановилась.

Но сатана не тратил времени попусту. Он попытался сделать то, что предпринимал обычно в любом реформационном движении: обольстить и погубить людей, незаметно подменяя истину подделкой. Как в первом веке в христианской церкви существовали лжехристы, так и в шестнадцатом веке появились лжепророки.

Некоторые люди, глубоко впечатленные оживлением, царившим в религиозном мире, представили себе, что получили особые откровения с Неба, и заявили, что имеют Божественное поручение - довести до конца дело Реформации, которое, как они утверждали, было лишь слабо начато Лютером. На деле же они сводили на нет ту работу, которую Лютер уже совершил. Они отбросили великий принцип, лежавший в самой основе Реформации, а именно: Слово Божье является полностью достаточным правилом жизни и веры, и подменили этот непогрешимый путеводитель изменчивым и ненадежным мерилом, состоящим из их собственных чувств и впечатлений. Устранив великого разоблачителя лжи и заблуждения, они дали возможность сатане контролировать их мысли так, как это ему было угодно.

Один из этих пророков заявил, что получил наставления от ангела Гавриила. Примкнувший к нему студент оставил свои занятия, заявив, что Сам Бог дал ему мудрость изъяснять Его Слово. К ним присоединились другие люди, имевшие природную тягу к фанатизму. Действия этих исступленных фанатиков создали немалое возбуждение. Проповеди Лютера помогли людям повсюду почувствовать нужду в реформе, а теперь некоторые по-настоящему искренние люди были сбиты с пути притязаниями новых пророков.

Лидеры этого движения направились в Виттенберг и выразили свои претензии Меланхтону и его соратникам. Они сказали: «Мы посланы Богом учить народ. Мы имеем тесную связь с Богом; мы знаем, что должно произойти; одним словом, мы – апостолы и пророки взываем к доктору Лютеру»

Реформаторы были изумлены и озадачены. С подобным явлением они никогда раньше не сталкивались, а потому и не знали, что делать. Меланхтон сказал: «В этих людях действительно присутствуют необычные духи, но что это за духи? С одной стороны, нужно остерегаться, чтобы не угасить Духа Божьего, а с другой - бояться, чтобы дух сатаны не увел с истинного пути» (D'Aubigne, т.9, гл.7).

Плоды нового учения вскоре стали очевидными. Людей склонили к пренебрежению Библией и даже к её полному отвержению. Школы были повергнуты в смятение. Студенты, презрев все ограничения, бросили учебу и ушли из университетов. Люди, считавшие себя компетентными в возрождении и контроле над делом Реформации, сумели лишь привести ее на грань гибели. Католики теперь вновь обрели уверенность и возликовали: «Последняя схватка – и все будет нашим» (D'Aubigne, т.9, гл.7).

Лютер в Вартбурге, услышав о том, что произошло, выразил глубокое беспокойство: «Я все время предчувствовал, что сатана нашлет на нас это проклятье». Он распознал истинный характер этих мнимых пророков и увидел опасность, грозившую делу истины. Противодействия папы и императора не причинили ему такого большого страдания и растерянности, какие он испытывал теперь. Из рядов тех, кто причислял себя к друзьям Реформации, восстали самые опасные ее противники. Те самые истины, которые доставляли ему столько радости и утешения, были использованы для нагнетания вражды и смущения в церкви.

В проведении реформы Дух Божий побуждал Лютера идти вперед, и он превзошел в этом самого себя. Он не планировал занимать такую позицию или идти на столь радикальные перемены. Он был всего лишь орудием в руках Безграничной Силы. И все же он часто беспокоился о результатах своей работы. Однажды он сказал: «Если бы я знал, что мое учение повредит хоть одному человеку, одному-единственному, даже самому неприметному и малоизвестному, – чего не может произойти, так как это само Евангелие – то лучше бы я отрекся от него и десять раз встретил смерть» (D'Aubigne, т.9, гл.7).

А теперь сам Виттенберг, подлинный центр Реформации, быстро сдавал свои позиции под натиском фанатизма и нечестия. Это ужасное положение сложилось не через учение Лютера; однако его враги по всей Германии обвиняли в этом реформатора. Скорбя сердцем, он иногда вопрошал: «Может ли быть такой конец у великого дела Реформации?» (D'Aubigne, т.9, гл.7). Но когда он боролся с Богом в молитве, на его сердце опять снизошел покой. «Это дело не мое, но Твое, – сказал он. – Ты не потерпишь, чтобы оно было разрушено суевериями и фанатизмом». Однако мысль о том, что он и дальше будет оставаться в стороне от борьбы в момент такого кризиса, стала для него невыносимой. Он решил вернуться в Виттенберг.

Немедленно Лютер отправился в это рискованное путешествие. Он был в империи вне закона. Враги свободно могли лишить его жизни; друзьям было запрещено содействовать ему или укрывать его. Имперское правительство одобряло самые жесткие меры против его сторонников. Но он понимал, что дело Евангелия было поставлено под угрозу, и во имя Господа мужественно отправился сражаться за истину.

В письме курфюрсту, объясняя цель своего отъезда из Вартбурга, Лютер написал: «Да будет известно вашему высочеству, что я ухожу в Виттенберг, имея более могущественную защиту, чем защита князей и курфюрстов. У меня нет намерений умолять ваше высочество о поддержке, я также далек от того, чтобы желать вашей защиты, скорее я сам хотел бы защищать вас. Если бы я знал, что ваше высочество сможет или захочет защищать меня, я бы вообще не поехал в Виттенберг. Меч не сможет помочь нашему делу. Бог Сам должен сделать все без помощи или содействия человека. Лучшей защитой обладает тот, кто имеет самую крепкую веру» (D'Aubigne, т.9, гл.8).

В следующем письме, написанном по пути в Виттенберг, Лютер дополнил: «Я готов вызвать недовольство вашего высочества и негодование всего мира. Разве жители Виттенберга не являются моими овцами? Не поручил ли Бог их мне? И неужели я не обязан, если нужно, сам умереть за них? Кроме того, я опасаюсь ужасного мятежа в Германии, посредством которого Бог накажет наш народ» (D'Aubigne, т.9, гл.7).

С большой осмотрительностью и смиренномудрием, однако же решительно и настойчиво он принялся за это дело. «Словом, – говорил он, – мы должны ниспровергнуть и сокрушить то, что было порождено насилием. Я не буду применять силу против суеверных и неверующих… Никто не должен принуждаться. Свобода – это подлинная суть веры»

Вскоре по Виттенбергу распространилась молва, что Лютер вернулся и будет проповедовать. Со всех сторон сюда шли толпы людей, и церковь была заполнена до отказа. Взойдя на кафедру, он с великой мудростью и добротой наставлял, убеждал и порицал. Коснувшись тех, кто прибег к произвольным мерам в упразднении мессы, он сказал: «Месса – это плохое установление; Бог против нее; она должна быть отменена; и я желал бы, чтобы по всему миру она была заменена евангельской Вечерей. Но давайте не будем никого заставлять силой отказываться от нее. Мы должны вверить это в руки Божьи. Надлежит действовать Его Слову, а не нам. „Но почему?" - зададите вы вопрос. Потому что я не держу в своих руках человеческих сердец, как горшечник держит глину. Мы вправе высказываться, но не вправе действовать. Будем проповедовать, а остальное предоставим Богу. Чего бы я добился с помощью силы? Притворства, формализма, подражания, человеческих указов и лицемерия... Но в этом случае не было бы ни чистосердечия, ни веры, ни милосердия. Где отсутствуют эти три добродетели, там отсутствует всё, и я не дал бы и ломаного гроша за такой результат… Бог одним Своим словом делает больше, чем вы, и я, и весь мир объединенными усилиями. Бог овладевает сердцами, а когда сердце завоевано, то одержана победа над всем…».

«Я буду проповедовать, дискутировать и писать, но я никого не буду заставлять, потому что вера – это добровольный акт. Посмотрите, что я сделал. Я противостал папе, индульгенциям и папистам, но без принуждения или мятежа. Я выдвигал вперед Слово Божье; я проповедовал и писал – это было всё, что я делал. И даже пока я спал... Слово, проповедуемое мною, побеждало папство; и ни один князь или император не мог причинить ему никакого ущерба. И однако же я ничего не сделал; все сделано лишь Словом. Если бы я пожелал прибегнуть к принуждению, то, возможно, вся Германия была бы уже затоплена кровью. Но каков был бы результат? Гибель как души, так и тела. Посему я оставался в покое и лишь предоставил Слову обойти землю» (D'Aubigne, т.9, гл.8).

День за днем на протяжении целой недели Лютер продолжал проповедовать толпам жаждущего народа. Слово Божье рассеяло чары фанатического возбуждения. Сила Евангелия возвратила обманутых людей на путь истины.

Лютер не имел желания встречаться с фанатиками, чей образ действия повлек за собой так много зла. Он знал, что эти люди с болезненным суждением и распущенным нравом, притязая на особое просвещение с Небес, не потерпят даже самого слабого возражения, даже самого доброго замечания или совета. Присвоив себе высшую власть, они настаивали на том, чтобы каждый бесспорно признавал их права. Но когда они потребовали встречи с реформатором, он дал согласие и так успешно разоблачил их претензии, что самозванцы сразу же удалились из Виттенберга.

Фанатизм на некоторое время был сдержан; но через несколько лет он проявился с еще большим бесчинством и привел к еще более страшному исходу. Относительно лидеров этого движения Лютер сказал: «Священное Писание было для них мертвой буквой, и они все начали кричать: „Дух! Дух!" Но, несомненно, я не пойду туда, куда ведет их этот дух. Да сохранит меня Бог по Своей милости от такой церкви, где одни святые. Я желаю пребывать со смиренными, немощными, страждущими, которые знают и чувствуют свои грехи, которые непрерывно воздыхают и умоляют Бога из глубины своих сердец, чтобы получить Его утешение и поддержку» (D'Aubigne, т.10, гл.10).

Томас Мюнцер, наиболее активный из фанатиков, был весьма способным человеком, который, если бы его верно направили, мог бы совершить много хорошего; но он не научился первоосновам истинной религии. «Он был одержим желанием реформировать мир, забыв, как все энтузиасты, что эту реформу нужно начинать с самого себя» (D'Aubigne, т.9, гл.8). Он жаждал достичь положения и влияния и не хотел быть вторым, даже после Лютера. Он провозгласил, что реформаторы, подменив авторитет папы авторитетом Священного Писания, учредили другую форму папства. Он претендовал на то, что получил Божественные полномочия для осуществления истинной реформы. «Тот, кто имеет этот дух, – говорил Мюнцер, – имеет истинную веру, хотя он в своей жизни мог никогда не видеть Писания» (D'Aubigne, т.10, гл.10).

Фанатичные учителя отдали себя во власть впечатлений, считая каждую свою мысль и побуждение голосом Божьим; в результате они дошли до больших крайностей. Некоторые даже сжигали свои Библии, восклицая: «Буква убивает, но Дух животворит». Учение Мюнцера импонировало стремлению людей к непостижимому и удовлетворяло их гордыню, фактически ставя человеческие идеи и мнения выше Слова Божьего. Тысячи принимали его учение. Вскоре он выступил против всякого порядка на общественных богослужениях, объявив, что повиноваться князьям означает стараться служить одновременно и Богу, и Велиару.

Умы людей, уже начавшие освобождаться от ярма папства, стали так же нетерпимо относиться и к ограничениям со стороны гражданской власти. Революционное учение Мюнцера, претендующее на Божественное одобрение, побудило людей стряхнуть с себя всякий контроль и дать волю своей предвзятости и взрыву чувств. Последовали наиболее страшные сцены мятежа и раздоров, и Германия оросилась кровью.

Когда Лютер увидел результаты фанатизма, в которых обвиняли Реформацию, у него опять, и теперь уже с удвоенной силой, началась душевная агония, перенесенная им когда-то в Эрфурте. Папские князья утверждали – и многие были готовы поверить этому, – что бунт был закономерным плодом учения Лютера. Хотя это обвинение не имело под собой ни малейшего основания, оно причинило реформатору большие страдания. То, что дело истины поставили в один ряд с гнуснейшим фанатизмом и таким образом опозорили его, казалось, было больше, чем он мог вынести. С другой стороны, лидеры бунта ненавидели Лютера за то, что он не только выступил против их учения и отверг их претензии на вдохновение свыше, но и объявил их мятежниками, восставшими против мирской власти. В свою очередь, они осудили его как низкого обманщика. Казалось, он навлек на себя неудовольствие и князей, и народа.

Католики торжествовали, рассчитывая стать свидетелями быстрого падения Реформации; они обвиняли Лютера даже в тех ошибках, которые он всеми силами старался исправить. Партия фанатиков, лживо заявив о несправедливом обращении с ними, сумела добиться сочувствия со стороны большой группы людей, и, как это часто бывает с теми, кто занимает неверную позицию, их стали считать страдальцами за веру. Таким образом, тех, кто прилагал все силы, чтобы противодействовать Реформации, стали жалеть и восхвалять, как жертв деспотизма и тирании. Это была работа сатаны, подстрекаемого тем же самым мятежным духом, который впервые обнаружился на Небе.

Сатана все время стремится обмануть людей и склоняет их называть грех праведностью, а праведность – грехом. Как успешна его работа! Как часто верные рабы Божьи терпят упреки и осуждение, потому что они смело отстаивают истину! Агентов сатаны восхваляют, преувеличивают их достоинства и даже смотрят на них как на мучеников, тогда как те, кого следовало бы уважать и оказывать поддержку за их преданность Богу, остаются в одиночестве под грузом недоверия и подозрений.

Лицемерная святость и ложное освящение до сих пор выполняют свою работу обмана. Какую бы форму эта деятельность ни принимала, в ней проявляется тот же дух, что и во времена Лютера, отвлекающий умы от Священного Писания и побуждающий людей вместо послушания Божьему Закону следовать собственным чувствам и восприятию. Это одно из наиболее успешных средств сатаны, с помощью которого он осыпает упреками чистоту и истину.

Лютер смело оборонял Евангелие от атак, идущих со всех сторон. Слово Божье доказало, что является мощным орудием в любом конфликте. Этим Словом он воевал против захватнической власти папы и рационалистической философии учителей богословия, а также твердо противостоял фанатизму, который пытался присоединиться к Реформации.

Каждая из этих оказывающих противодействие групп по-своему отклоняла Священное Писание и возвеличивала человеческую мудрость, как духовный источник истины и знания. Рационализм делает кумиром человеческий разум, объявляя его единственным мерилом религии. Католицизм, приписывая своему верховному понтифику богодухновенность, передаваемую по принципу преемственности от апостолов и неизменяемую во все века, дает достаточное основание для того, чтобы святостью апостольского призвания прикрывать всякого рода коррупцию и разврат. Вдохновение, на которое претендовал Мюнцер и его сообщники, было всего лишь плодом болезненного воображения; его влияние подрывало устои всякой власти: как человеческой, так и Божественной. Истинное христианство принимает Слово Божье как великую сокровищницу богодухновенной истины и как критерий любого вдохновения.

После возвращения из Вартбурга Лютер завершил перевод Нового Завета, и вскоре после этого Евангелие было дано народу Германии на его родном языке. Этот перевод с великой радостью приняли все возлюбившие истину; но его с презрением отвергли те, кто избрал человеческие заповеди и традиции.

Священников беспокоила мысль о том, что простой люд сможет теперь обсуждать с ними заповеди Слова Божьего и тогда откроется их собственное невежество. Их плотские рассуждения были бессильными против меча Духа. Рим мобилизовал все силы, чтобы помешать распространению Писаний; но декреты, анафемы и истязания были одинаково напрасными. Чем больше Рим порицал и возбранял Библию, тем сильнее было рвение людей к познанию того, чему она в действительности учит. Все, кто мог читать, с интересом исследовали для себя Слово Божье. Они носили его с собой, читали, перечитывали и удовлетворялись лишь тогда, когда заучивали наизусть большие отрывки. Заметив, с каким одобрением принят Новый Завет, Лютер сразу же начал переводить Ветхий Завет и выпускал его частями, как только заканчивал их перевод.

Труды Лютера приветствовались как в городах, так и в деревнях. «Сочинения Лютери и его поборников распространялись другими. Монахи, осознавшие неправомерность монастырских обязательств и пожелавшие поменять пассивную жизнь на активную деятельность, но имеющие недостаточно знаний, чтобы проповедовать Слово Божье, путешествовали по провинциям, посещая деревни и отдельные дома, и продавали там книги Лютера и его друзей. Вскоре эти смелые книгоноши заполонили всю Германию» (D'Aubigne, т.10, гл.10).

Эти работы с глубоким интересом изучали богатые и бедные, образованные и малограмотные. Ночами учителя деревенских школ читали их вслух собиравшимся маленьким группам людей. Каждый раз несколько душ убеждалось в истине, они с радостью принимали Слово, чтобы, в свою очередь, рассказывать эти благие вести другим.

Подтвердились вдохновенные слова: «Откровение слов Твоих просвещает, умудряет простых» (Псалом 118:130). Исследование Священного Писания совершало значительные изменения в умах и сердцах людей. Папское правление возложило на своих подданных железное иго, которое удерживало их в невежестве и обрекало на вырождение. Всячески поддерживалось суеверное соблюдение форм и обрядов; но во всем этом служении ум и сердце оставались безучастны. Сначала проповеди Лютера, выдвинув на первый план истины Слова Божьего, а затем и само это Слово, данное в руки простому народу, разбудили их спящие способности, не только очищая и облагораживая духовную природу, но и придавая интеллекту новые силы и энергию.

Людей разных слоев общества можно было увидеть с Библией в руках защищающими доктрины Реформации. Паписты, считавшие изучение Писаний делом священников и монахов, теперь призывали их выступить с разоблачением этого нового учения. Однако священники и монахи, не знающие Писания, равно как и силы Божьей, были поставлены в тупик теми, кого они поносили как невежд и еретиков. «К несчастью, – писал один католик, – Лютер убедил своих последователей не верить никаким другим источникам, кроме Священного Писания» (D'Aubigne, т.9, гл.11). Массы народа сходились, чтобы услышать, как истина защищается малообразованными людьми, которые вступали в дискуссию даже с учеными и красноречивыми теологами. Постыдная неосведомленность этих высокопоставленных мужей становилась очевидной, как только их аргументы наталкивались на простое учение Божьего Слова. Рабочие, солдаты, женщины и даже дети были лучше осведомлены в учении Библии, чем священники и ученые доктора.

Различие между учениками Евангелия и сторонниками папских предрассудков было очевидным не только в рядах ученых, но и среди простых людей. «Старым заступникам иерархии, которые пренебрегали изучением языков и литературы... противостояли развитые, благородные молодые люди, самозабвенно изучавшие и исследовавшие Священное Писание и знакомившиеся с шедеврами древности. Имея живой ум, возвышенную душу и отважное сердце, эти молодые мужи в скором времени овладели такими знаниями, что продолжительный период времени никто не мог состязаться с ними... Поэтому, когда эти юные поборники Реформации встречались с католическими законниками на каких-либо собраниях, они атаковали их с такой непринужденностью и дерзновением, что эти невежественные люди запинались, конфузились и вызывали у всех заслуженное презрение» (D'Aubigne, т.9, гл.11).

Когда римское духовенство увидело, что их церковные общины становятся все меньше, они прибегли к поддержке мирских правителей и любыми доступными им средствами стремились привести своих прихожан обратно. Но люди нашли в новом учении то, что восполняло их духовные нужды, и отворачивались от тех, кто так долго питал их бесполезной мякиной суеверных ритуалов и человеческих традиций.

Когда учителей истины начали преследовать, они вспоминали слова Христа: «Когда же будут гнать вас в одном городе, бегите в другой» (Ев. Матфея 10:23). Свет проникал повсюду. Беженцы находили где-нибудь гостеприимный кров, и, живя на новом месте, проповедовали Христа - иногда в церкви, а если им отказывали в этом, они проповедовали по домам, на лоне природы. Во всяком месте, где они находили заинтересованных слушателей, создавался импровизированный храм. Истина, возвещаемая столь уверенно и энергично, завоёвывала всё новые и новые сердца.

Тщетно духовные и гражданские власти призывали покончить с ересью. Тщетно прибегали они к тюремному заключению, мучениям, огню и оружию. Тысячи верующих скрепили свою веру кровью, а работа тем временем продолжалась. Преследования лишь благоприятствовали распространению истины, а попытки дьявола соединить истину с фанатизмом сделали еще более очевидным контраст между работой сатаны и Божьим делом.

ГЛАВА **11**

Протест князей

Многие князья защищали принцип личного права на религиозную свободу взамен принципа безоговорочного подчинения господству Рима посредством принуждения совести. Поэтому они выступили с протестом против двух злоупотреблений в вопросах веры: против вмешательства светской власти и против произвола духовенства. Протест имел своей целью поставить на место светской власти веление совести, а на место духовенства – авторитет Божьего Слова.

Одним из наиболее замечательных свидетельств, когда-либо произнесенных в пользу Реформации, был протест, заявленный христианскими князьями Германии на сейме в Шпейере в 1529 году. Смелость, вера и непреклонность этих людей Божьих обеспечили для последующих поколений свободу мысли и совести. Их протест дал реформированной церкви название протестантской; его принципы являются «самой сущностью протестантизма» (D'Aubigne, т.13, гл.6).

Темный и опасный период настал для Реформации. Вопреки Вормскому указу, провозглашавшему Лютера преступником закона и запрещавшему учить или верить его доктринам, в империи царила терпимость в вопросах веры. Провидение Божье контролировало силы, противостоящие истине. Карл V был решительно настроен уничтожить Реформацию, но много раз, когда он поднимал руку для борьбы, ему приходилось отводить удар. Снова и снова казалось неизбежным скорое поражение всех, кто дерзнул противопоставлять себя Риму, однако в решающий час у восточных рубежей либо возникали турецкие войска, либо король Франции или даже сам папа, завидуя растущей мощи императора, затевал с ним войну; и так, среди борьбы и возмущений народов, Реформация имела возможность укрепляться и распространяться.

Тем не менее католические правители все-таки оставили свои разногласия, чтобы иметь возможность объединиться против реформаторов. Сейм в Шпейере в 1526 году дал каждому княжеству полную свободу в делах религии, [197/198] до тех пор пока не состоится вселенский собор; но как только не стало опасности, вызвавшей эти уступки, император созвал второй сейм в Шпейере в 1529 году, преследуя цель сокрушить ересь. Князей необходимо было, если возможно, по-хорошему убедить выступить против Реформации мирными способами; если же это не удастся, Карл был готов прибегнуть к мечу.

Паписты торжествовали. Они появились в Шпейере в большом числе и открыто демонстрировали свою враждебность к реформаторам, а также и к тем, кто был к ним благосклонен. Меланхтон сказал: «Мы вызываем отвращение и являемся отбросами этого мира, но Христос призрит на Свой бедный народ и сохранит его» (D'Aubigne, т.13, гл.5). Протестантским князьям, присутствовавшим на сейме, было запрещено возвещать Евангелие даже в своих временных пристанищах. Но люди, проживающие в Шпейере, испытывали жажду Слова Божьего, и, вопреки запрету, тысячи побывали на службах, проводимых в часовне курфюрста Саксонии.

Это форсировало кризис. И императорское послание объявило сейму, что, поскольку решение, предоставляющее свободу совести, привело к таким великим беспорядкам, император требует, чтобы оно было признано недействительным. Это деспотическое действие вызвало возмущение и тревогу среди евангельских христиан. Некто сказал: «Христос опять впал в руки Каиафы и Пилата». Католики становились все более неистовыми. Один фанатичный папист заявил: «Турки лучше, чем лютеране, потому что турки соблюдают дни поста, а лютеране нарушают их. Если мы вынуждены выбирать между Священным Писанием Бога и старыми заблуждениями церкви, нам следует отказаться от первого». Меланхтон говорил: «Каждый день при всем собрании Фабер бросает новый камень в нас, проповедников Евангелия» (D'Aubigne, т.13, гл.5).

Терпимость в вопросах веры была узаконена, и евангелические земли были полны решимости противостоять попранию своих прав. Лютеру, до сих пор находившемуся вне закона в соответствии с Вормским указом, не разрешалось присутствовать в Шпейере, но его место заняли его помощники и князья, которых Бог побудил в такой критический момент защищать Свое дело. Благородного Фридриха Саксонского, давнего защитника Лютера, унесла смерть, но герцог Иоганн, его брат и преемник, радостно приветствовал Реформацию и, являясь миролюбцем, обнаружил огромную энергию и смелость во всех делах, касающихся интересов веры.

Духовенство предъявляло требования, чтобы земли, которые признали Реформацию, безропотно покорились римской власти. Реформаторы, напротив, требовали свободу, которая была им дарована прежде. Они не могли дать согласие на то, чтобы Риму снова стали подконтрольны те княжества, которые с такой великой радостью приняли Божье Слово.

В качестве компромисса в заключение было внесено предложение, чтобы там, где Реформация еще не стала общепризнанной, Вормский указ неукоснительно был приведен в исполнение, а «там, где люди отклонились от него и где, если заставлять их подчиняться ему, существует опасность восстания, не осуществлять, по крайней мере, никаких новых преобразований, не касаться противоречивых точек зрения, противостоять отправлению мессы, а также не позволять ни одному римскому католику принимать лютеранскую веру» (D'Aubigne, т.13, гл.5). Эта мера, к величайшему удовольствию папских священников и прелатов, получила одобрение сейма.

При вступлении этого эдикта в силу «Реформация потеряла бы возможность... не только распространяться в тех местах, которых она еще не достигла, но и прочно обосноваться там... где уже была» (D'Aubigne, т.13, гл.5). Свобода слова оказалась бы под запретом. Не допускался бы переход в другую веру. И требовалось, чтобы сторонники Реформации тотчас же покорились этим ограничительным мерам и запретам. Казалось, надежды всего мира вот-вот угаснут. «Восстановление римской иерархии... обязательно вернуло бы назад давние злоупотребления», и быстро подвернулся бы случай для «окончательного разрушения дела, которое уже и так подорвали» фанатизм и разногласия (D'Aubigne, т.13, гл.5).

Когда евангелическая сторона собралась для совещания, все были в полном смятении. Один вопрошал другого: «Что делать?» Грандиозные последствия ожидали мир от разрешения этого вопроса. «Подчинятся ли лидеры Реформации и примут ли этот эдикт? С какой легкостью могли реформаторы во время этого кризиса, который в самом деле был ужасным, уговорить себя следовать ложным путем! Сколько правдоподобных отговорок и законных аргументов могли они отыскать для того, чтобы покориться! Князьям-лютеранам гарантировали свободное исповедание своей религии. Таким же преимуществом обладали и те подданные, которые до одобрения этого закона приняли взгляды Реформации. Разве это не должно было удовлетворить их? Скольких бед можно было бы избежать, подчинившись! В какие еще неизвестные опасности и конфликты вовлечет их оппозиция! Кто знает, какие возможности может предоставить будущее? Давайте примем мир; давайте ухватимся за оливковую ветвь, которую протягивает Рим, и уврачуем раны Германии. С помощью таких доводов реформаторы могли бы оправдать свой выбор линии поведения, результатом чего в ближайшем будущем, безусловно, стало бы ниспровержение их дела.

«К счастью, они видели принцип, на котором основывалось это соглашение, и действовали по вере. Каков же был этот принцип? Это было право Рима подавлять совесть и запрещать свободу мысли. Но разве они сами и их протестантские подданные не могли наслаждаться религиозной свободой? Да, как снисхождением, особо оговоренным в соглашении, однако не как своим правом. Относительно же всего того, что находилось вне соглашения, – там должен был управлять великий принцип авторитета; совесть оставалась вне суда, Рим был непогрешимым судьей, и ему надлежало покоряться. Принятие предложенного соглашения являлось бы сомнительным допущением религиозной свободы только в реформированной Саксонии; а что касается всего остального христианского мира, то свобода мысли и исповедание протестантской веры расценивались как преступления и должны были быть встречены тюрьмой и сожжением на костре. Могли ли они ответить согласием на то, чтобы свобода вероисповедания гарантировалась лишь в определенном месте, провозгласив таким образом, что Реформация обратила последнего человека в свою веру и завоевала последний акр земли? Неужели власть Рима должна была навсегда остаться там, где сейчас было распространено его влияние? Могли ли реформаторы ссылаться на свою невиновность в крови тех сотен и тысяч людей, которым из-за этого соглашения придется отдать свою жизнь в папских землях? Это значило бы предать в такой важный час дело Евангелия и свободу христианства» (Wylie, т.9, гл.15). Лучше они «принесут в жертву все, даже свое положение, свои короны и свои жизни» (D'Aubigne, т.13, гл.5).

«Давайте опротестуем этот декрет, – сказали князья. – В вопросах совести большинство не имеет силы». Депутаты провозгласили: «Именно благодаря декрету 1526 года империя наслаждается миром; его аннулирование принесет Германии беды и разногласия. Сейм не правомочен делать более, чем сохранять свободу вероисповедания до созыва собора» (D'Aubigne, т.13, гл.5). Охрана свободы совести является ся обязанностью государства, и это есть предел его власти в вопросах религии. Любая светская форма правления, которая стремится контролировать или навязывать соблюдение религиозных установлений с помощью гражданской власти, приносит в жертву тот самый принцип, за который евангельские христиане столь храбро боролись.

Паписты исполнились решимости пресечь то, чему они дали название «дерзкого упрямства». Они начали с того, что постарались вызвать разделение между сторонниками Реформации и устрашить всех, кто открыто не выступил в ее поддержку. В конце концов, на сейм были позваны представители свободных городов, и от них потребовали объявить, принимают они или нет условия соглашения. Они умоляли об отсрочке, однако тщетно. Когда их опросили, без малого половина от их числа встала на сторону реформаторов. Те, кто таким образом отказался принести в жертву свободу совести и право индивидуального суждения, прекрасно понимали, что их позиция повлечет в дальнейшем критику, неодобрение и гонения. Один из делегатов сказал: «Мы должны либо отвергнуть Слово Божье, либо быть сожжены» (D'Aubigne, т.13, гл.5).

Король Фердинанд – представитель императора на сейме – видел, что декрет приведет к значительным расхождениям во мнениях, пока князья не будут склонены к его принятию и поддержке. По этой причине он пустил в ход искусство убеждения, отлично понимая, что применение силы к таким людям сделает их только более решительными. Он «умолял князей принять этот декрет, заверяя их в том, что император был бы очень доволен ими». Но эти верные мужи признавали авторитет, стоящий выше земных правителей, и они невозмутимо отвечали: «Мы подчинимся императору во всем, что может содействовать поддержанию мира и славе Божьей» (D'Aubigne, т.13, гл.5).

В конце концов король сообщил перед всем сеймом курфюрсту и его друзьям, что эдикт «вот-вот будет оформлен как императорский декрет» и что «им ничего не остается, кроме как покориться большинству». Высказав это, он покинул собрание, не предоставив реформаторам никакой возможности для обдумывания или ответа. «Тщетно отправляли они посланников, прося его возвратиться». На их возражения он только ответил: «Это решенный вопрос; все, что вам остается, – это подчиниться» (D'Aubigne, т.13, гл.5).

Императорская сторона была уверена, что князья-христиане будут и в дальнейшем держаться Священного Писания как превосходящего человеческие доктрины и требования; и они знали, что там, где примут этот принцип, папство со временем будет ниспровергнуто. Но, как и тысячи людей после них, смотрящих лишь на видимое (см. 2 Кор. 4:18 – прим. ред.), они тешили себя той мыслью, что сила на стороне императора и папы, а реформаторы – беспомощны. Если бы реформаторы зависели лишь от человеческой поддержки, они были бы настолько немощны, насколько и предполагали паписты. Но хотя их было немного и они находились в опале у Рима, они обладали силой. Они обратились «от документов сейма к Божьему Слову, а от императора Карла к Иисусу Христу – Царю царей и Господу господствующих» (D'Aubigne, т.13, гл.6).

Так как Фердинанд отказался признавать убеждения их совести, князья решили не обращать внимания на его отсутствие, а незамедлительно представить свой протест национальному совету. Поэтому было составлено торжественное заявление и предъявлено сейму.

«Сим документом мы торжественно заявляем перед Богом, единственным нашим Создателем, Хранителем, Искупителем и Спасителем, Который однажды будет и нашим Судьей, как и перед всеми людьми и всем творением, что мы – как лично, так и наш народ – не согласимся и не будем никоим образом придерживаться того, что в предложенном декрете противостоит Богу, Его Святому Слову, нашей доброй совести или спасению наших душ...

Как нам одобрить этот эдикт?! Получается, что когда Всемогущий Бог призывает человека к тому, чтобы познать Его, этот человек не может обрести познание Бога!.. Нет ни одной надежной доктрины, кроме той, что сообразуется с Божьим Словом... Господь возбраняет учить любым другим доктринам... Священное Писание должно быть истолковано другими, более ясными текстами... эту Святую Книгу, во всем необходимую для христианина, легко понять, и она разгоняет тьму. Мы решили с помощью благодати Божьей поддерживать чистую и всеобъемлющую проповедь только лишь Его Слова, находящегося в писаниях Ветхого и Нового Заветов, не добавляя к нему ничего, что могло бы идти с ним вразрез. Это Слово является единственной истиной; оно есть верное мерило всякой доктрины и правило жизни, которое никогда не может подвести или обмануть нас. Строящий на этом фундаменте выстоит против всех сил ада, в то время как вся людская суета, направленная против него, падет пред Божьим лицом...

Поэтому мы отвергаем навязанное нам ярмо...

Одновременно с этим мы ожидаем, что его императорское величество будет поступать с нами, как благородный христианин, который любит Бога больше всего; и мы заявляем, что готовы выразить ему, как и вам, милостивые государи, всю любовь и послушание, являющиеся нашей справедливой и законной обязанностью» (D'Aubigne, т.13, гл.6).

На сейм это произвело глубокое впечатление. Видя смелость протестующих, большинство исполнилось изумления и тревоги. Будущее казалось им страшным и неопределенным. Разногласия, конфликты и кровопролитие представлялись неотвратимыми. Однако реформаторы, убежденные в справедливости своего дела и опирающиеся на всесильную Руку, были полны отваги и решимости.

«Принципы, содержащиеся в этом выдающемся протесте... являют собой подлинный смысл протестантизма. Ныне этот протест оспаривает два человеческих злоупотребления в вопросах веры: во-первых, вмешательство гражданского правительства, во-вторых, деспотичную власть церкви. Взамен этих злоупотреблений протестантизм ставит власть совести выше власти правительства, а авторитет Слова Божьего – выше авторитета видимой церкви. Прежде всего, он отрицает право гражданских властей вмешиваться в отношения между Богом и человеком и говорит вместе с пророками и апостолами, что „должно повиноваться больше Богу, нежели человекам" (Деян. 5:29 – прим. ред.). Он превозносит венец Иисуса Христа над короной Карла V. Однако он идет еще дальше, формулируя следующий принцип: любые человеческие учения должны быть подчинены Библии» (D'Aubigne, т.13, гл.6). Более того, протестанты утвердили свое право на свободное исповедание своих взглядов на истину. Они хотели не только верить и быть послушными, но и учить тому, что представлено в Божьем Слове, также они отвергали право священников или представителей власти оказывать этому противодействие. Протест в Шпейере был серьезным свидетельством против религиозной нетерпимости и отстаиванием права каждого человека поклоняться Богу в соответствии с убеждениями своей совести.

Заявление было сделано. Оно было запечатлено в памяти тысяч и отмечено в небесных книгах, откуда его невозможно удалить никакими человеческими усилиями. Вся евангелическая Германия одобрила протест как выражение своей веры. Всюду в этом заявлении люди усматривали надежду на новую и лучшую эру. Один из князей сказал протестантам в Шпейере: «Пусть Всемогущий, Который дал вам благодать исповедовать веру решительно, открыто и мужественно, сохранит вас в этой христианской стойкости до наступления дня вечности» (D'Aubigne, т.13, гл.6).

Согласись Реформация по достижении определенного успеха пойти на компромисс, чтобы достичь благоволения мира, она стала бы неверной Богу и самой себе и обеспечила бы тем самым свое собственное поражение. В опыте этих благородных реформаторов содержится поучение для всех последующих веков. Образ действий сатаны против Бога и Его Слова не претерпел изменений; до сих пор он настолько же сильно противостоит Священному Писанию, когда его делают путеводителем в своей жизни, как это было и в шестнадцатом веке. В наши дни существует большое отступление от учений и принципов Священного Писания, и есть нужда вновь обратиться к великому протестантскому принципу – Библия и только Библия, используемая в качестве критерия веры и долга. Сатана и сейчас действует, применяя любое имеющееся у него в распоряжении средство, чтобы подавить свободу вероисповедания. Власть антихриста, которую не признали протестанты в Шпейере, сейчас с обновленной решительностью пытается заново утвердить свое утерянное превосходство. Та же самая неуклонная приверженность Божьему Слову, обнаруженная при том кризисе Реформации, является единственной надеждой реформы и сегодня.

Для протестантов появились предзнаменования опасности; но также были и знамения того, что для защиты верующих простерта Божественная рука. Приблизительно в это время «Меланхтон с поспешностью вел своего друга Симона Гринеуса по улицам Шпейера к Рейну, настаивая на том, чтобы тот без промедления переправился через реку. Гринеус, изумившись, пожелал узнать причину такого внезапного бегства. Меланхтон ответил: «Незнакомый пожилой человек серьезного вида предстал передо мной и сказал: „Через минуту офицеры будут посланы Фердинандом, чтобы арестовать Гринеуса"».

В этот день Гринеус возмутился проповедью Фабера, ведущего папского доктора богословия, и после окончания его проповеди выразил ему протест в том, что тот отстаивает «известного рода мерзкие заблуждения». Фабер замаскировал свою злобу, но тотчас же направился к королю, от которого добился распоряжения на арест назойливого профессора из Хайдельберга. Меланхтон не сомневался, что Бог уберег его друга, послав одного из Своих святых ангелов предостеречь его.

На берегу Рейна Меланхтон застыл в ожидании того, когда воды реки спасут Гринеуса от его преследователей. «Наконец-таки, – закричал Меланхтон, увидев того на другом берегу, – наконец-таки он исторгнут из жестоких челюстей тех, кто жаждет невинной крови». Когда Меланхтон вернулся домой, ему сообщили, что офицеры в поисках Гринеуса тщательно обыскали дом сверху донизу.

Реформация должна была быть возвеличена перед сильными мира сего. Евангелическим князьям отказали во встрече с королем Фердинандом; но им была дарована возможность представить свое дело перед императором и собравшимися сановниками церкви и государства. Чтобы покончить с раздорами, беспокоившими империю, Карл V через год после протеста в Шпейере созвал сейм в Аугсбурге, объявив о своем намерении быть на нем председателем. Туда позвали и руководителей протестантов.

Большая опасность нависла над Реформацией, но ее защитники продолжали доверять свое дело Богу и дали самим себе слово быть твердыми в следовании Евангелию. Советники курфюрста Саксонии настаивали на том, чтобы он не присутствовал на сейме. «Император, – говорили они, – потребовал явки князей, чтобы устроить им западню. Не слишком ли это рискованно – пойти и запереть себя в стенах города вместе с могущественным врагом?» Но другие смело утверждали: «Пусть только князья исполнятся мужества, и тогда дело Божье спасено». «Бог верен, Он не покинет нас», – сказал Лютер (D'Aubigne, т.14, гл.2). Курфюрст в сопровождении своей свиты поехал в Аугсбург. Все знали, какая опасность нависла над ним, и многие шли с печальными лицами и встревоженными сердцами. Однако Лютер, провожавший их до Кобурга, укрепил их пошатнувшуюся веру, начав петь сочиненный им по поводу этого путешествия гимн «Крепкая башня – наш Бог». Многие мрачные предчувствия исчезли, а сердца освободились от тяжести, когда зазвучал этот вдохновенный напев.

Князья-протестанты приняли решение изложить свою точку зрения в систематической форме, обосновав Писаниями, чтобы представить сейму, а задачу подготовки документа возложили на Лютера, Меланхтона и их соратников. Это Исповедание было принято протестантами как изложение их веры, и они собрались вместе, чтобы поставить свои подписи на этом важном документе. Это было торжественное и трудное время. Реформаторы добивались того, чтобы их дело не было смешано с политическими вопросами; они чувствовали, что Реформация не должна испытывать никакого другого влияния, кроме того, что исходит от Слова Божьего. Когда христианские князья уже готовы были подписать Исповедание, Меланхтон вмешался, говоря: «Это дело теологов и духовных служителей, а авторитет сильных мира сего давайте оставим для другого случая». «Да запретит Господь, – ответил Иоганн Саксонский, – чтобы вы исключили меня. Я полон решимости исполнить все надлежащее, не тревожась о короне. Я хочу исповедовать Господа. Корона курфюрста и одеяние из горностая не так дороги мне, как крест Иисуса Христа». Сказав это, он вписал свое имя. Еще один князь, когда взял перо, промолвил: «Если это необходимо для прославления моего Господа Иисуса Христа, то я готов... оставить все, чем владею, а также отдать жизнь». «Лучше уж у меня не будет больше подданных и состояния, лучше я с посохом в руке уйду из страны своих отцов, – продолжил он, – чем приму какое-нибудь учение, отличное от того, что содержится в этом Исповедании» (D'Aubigne, т.14, гл.6). Таковы были вера и отвага тех Божьих мужей.

Наступило назначенное время появиться перед императором. Карл V, воссев на троне, окруженный курфюрстами и князьями, дал аудиенцию протестантским реформаторам. Исповедание веры было зачитано. В этом собрании высочайшей знати были ясно представлены истины Евангелия, а также было указано на заблуждения папской церкви. Тот

Император Карл V (1500-1558)

Иоганн Саксонский (1468-1532)

день удачно провозгласили «величайшим днем Реформации и одним из самых славных дней в истории христианства и мира» (D'Aubigne, т.14, гл.7).

Считанные годы миновали с той поры, когда монах из Виттенберга в одиночестве представал в Вормсе перед национальным советом. Сейчас на его место встали самые знатные и влиятельные князья империи. Лютеру было запрещено появляться в Аугсбурге, но он присутствовал там посредством своих слов и молитв. «Я переполнен радостью, – писал он, – от того, что дожил до такого часа, в который Христос публично возвышен столь знатными исповедниками в таком блистательном собрании» (D'Aubigne, т.14, гл.7). Таким образом осуществилось то, о чем сказано в Священном Писании: «Буду говорить об откровениях Твоих пред царями» (Псалтирь 118:46).

Во времена Павла Евангелие, за которое его лишили свободы, было таким образом принесено князьям и титулованным особам столицы империи. Так и в этом случае: то, что император запретил проповедовать с кафедры, провозглашалось во дворце; то, что многие считали неподходящим слышать даже слугам, с удивлением выслушивалось господами и властителями империи. Аудиторию составляли короли и великие мужи, коронованные принцы были проповедниками, а проповедь была о величественной истине Бога. «Со времен апостолов, – утверждает писатель, – не было соделано более великой работы или высказано более грандиозного исповедания» (D'Aubigne, т.14, гл.7).

«Все, что сказали лютеране, является правдой, и мы не можем этого не признавать», – объявил папский епископ. «Можете ли вы с помощью разумных доводов доказать несостоятельность исповедания, сделанного курфюрстом и его союзниками?» – спросил кто-то другой у доктора Эка. «С помощью Писаний апостолов и пророков – нет, – последовал ответ, – однако писаниями отцов и соборов – могу». «Я понимаю так, – сказал вопрошавший, – что, согласно вашему ответу, лютеране укоренены в Писаниях, а мы на них не опираемся» (D'Aubigne, т.14, гл.8).

Некоторые князья Германии были покорены верой реформаторов. Сам император заявил, что пункты веры протестантов были ничем иным, как истиной. Исповедание перевели на многие языки и читали по всей Европе, и оно было принято миллионами в последующих поколениях как выражение своей веры.

Божьи верные слуги не совершали свои труды в одиночестве. Тогда как начальства, власти и духи злобы поднебесные (см. Ефессянам 6:12 – прим. ред.) ополчались вокруг них, Господь не покинул Свой народ. Если бы только могли быть открыты их глаза, они увидели бы четкое свидетельство Божественного присутствия и помощи, какая была дарована и древнему пророку. Когда слуга Елисея указал хозяину на окружившую их вражескую армию, отрезавшую всякую возможность к отступлению, пророк помолился: «Господи! открой ему глаза, чтоб он увидел» (4 Царств 6:17). И вот, гора была наполнена огненными колесницами и конями, здесь находилась армия Небес, чтобы заступиться за человека Божия. Так ангелы защищали и работников в деле Реформации.

Один из принципов, наиболее решительно поддерживаемых Лютером, заключался в том, что нельзя обращаться к мирской власти за помощью для Реформации и прибегать к оружию для ее защиты. Он ликовал, что Евангелие исповедовали князья империи; но как только они собрались объединиться в оборонительную лигу, он заявил, что «учение Евангелия должно быть под защитой одного Бога... Чем меньше люди вмешиваются в эту работу, тем более поразительным будет вмешательство Бога ради нее. Все политические предупредительные мероприятия, на его взгляд, были следствием недостойного страха и греховного недоверия» (D'Aubigne, т.10, гл.14).

Когда влиятельные противники сплотились, чтобы ниспровергнуть реформаторскую веру, и, казалось, тысячи мечей обнажились против нее, Лютер писал: «Сатана в ярости; нечестивые епископы тайно советуются между собой, и грозят нам войной. Убеждайте людей ревностно бороться перед престолом Господа в вере и молитве, чтобы наши недруги, покоренные Духом Божьим, могли быть склонены к миру. Главной нашей нуждой, главным нашим делом является молитва; пусть люди знают, что сейчас они не защищены от острия меча и от ярости дьявола, поэтому пусть они молятся» (D'Aubigne, т.10, гл.14).

Чуть позже, говоря о задуманной князьями-протестантами лиге, Лютер вновь заявил, что единственным оружием, задействованным в этой войне, должен быть «меч духовный» (см. Ефессянам 6:17 – прим. ред.). Курфюрсту Саксонии он написал: «Мы не можем вопреки нашей совести одобрить предложенный альянс. Наш Господь Христос достаточно могуществен, и Он легко может найти способы и средства спасти нас от опасности и привести в ничто мысли нечестивых князей... Христос просто испытывает нас: желаем мы подчиниться Его Слову или нет, будем мы руководствоваться им в определенных истинах или нет. Лучше мы десять раз умрем, чем позволим Евангелию стать причиной пролития крови из-за наших действий. Давайте лучше будем терпеливо переносить страдания и, как говорит псалмопевец, будем почитаемы за овец, ведомых на заклание; и, вместо того чтобы мстить и защищать себя, оставим место для Божьего гнева». «Крест Христа необходимо нести. Пусть Ваше высочество не страшится. Мы добьемся большего нашими молитвами, чем все наши враги своим бахвальством. Только пусть Ваши руки не будут запятнаны кровью Ваших братьев. Если император потребует, чтобы мы были отданы под трибунал, мы готовы явиться. Вы не сможете защитить нашу веру; каждый должен верить на свой собственный страх и риск» (D'Aubigne, т.14, гл.1).

Из тайного места молитвы исходила сила, которая поколебала мир во время великой Реформации. Там со святым спокойствием слуги Господа утверждались на скале Его обетований. На протяжении всей борьбы, происходившей в Аугсбурге, Лютер «не провел ни одного дня, не выделив по крайней мере трех часов для молитвы, и это были часы, которые он обычно любил посвящать исследованиям». Можно было слышать, как он, запершись один в своей комнате, изливал душу перед Богом словами, «полными благоговения, страха и надежды, будто говорил со своим другом». «Я знаю, что Ты наш Отец и наш Бог, – взывал он, – и что Ты разгонишь тех, кто преследует Твоих детей; потому что Ты Сам беспокоишься о нас. Все это Твое дело, и только по Твоей воле мы взялись за него. Пошли же нам Твою защиту, Отец!» (D'Aubigne, т.14, гл.6).

Меланхтону, который был сокрушен тяжестью беспокойства и страха, он писал: «Благодать и покой во Христе! Я говорю – во Христе, а не в этом мире. Аминь! Я ненавижу сильнейшей ненавистью те чрезмерные заботы, которые поглощают тебя. Если это дело несправедливое, брось его; если же оно правое, тогда почему мы не должны доверять обещаниям Того, Кто заповедует нам спать без страха?.. Христос не оставит справедливый и истинный труд. Он живет, Он правит; тогда какой страх может быть у нас?» (D'Aubigne, т.14, гл.6).

Бог прислушался к мольбам Своих слуг. Он дал князьям и служителям благодать и смелость для отстаивания истины в борьбе против правителей тьмы этого мира. Господь говорит: «Вот, Я полагаю в Сионе камень краеугольный, избранный, драгоценный; и верующий в Него не постыдится» (1 Петра 2:6). Протестантские реформаторы строили на Христе, и врата ада не смогли их одолеть.

ГЛАВА **12**

Французская Реформация

Лефевр перевел Новый Завет на французский язык. Люди радовались вести с Небес. Следствием этого стали внушительные перемены в общественной жизни. Позднее Кальвин, нашедши истину, начал знакомить людей с библейской верой; но народ отклонил Реформацию и уничтожил реформаторов и их сторонников.

После протеста в Шпейере и принятия Исповедания в Аугсбурге, отметивших триумф Реформации в Германии, наступили годы конфликтов и тьмы. Обессилевший в результате разногласий между его сторонниками и атакованный сильными противниками, протестантизм казался обреченным на полное уничтожение. Тысячи христиан запечатлели свое свидетельство кровью. Разразилась гражданская война; дело протестантизма было предано одним из его ведущих приверженцев; самые выдающиеся из князей-реформаторов впали в руки императора, и их, взятых в неволю, перевозили из города в город. Однако когда император, казалось, торжествовал победу, он был сражен. Он понял, что жертва была вырвана из его рук, и ему пришлось, наконец, согласиться на терпимое отношение к тем доктринам, сокрушить которые он стремился всю свою жизнь. Он поставил на карту свою империю, свои сокровища и саму жизнь ради истребления ереси. Теперь он видел, что его войска изнурены в битвах, его сокровищница иссякла, многочисленные королевства империи находились под угрозой мятежа, между тем как повсюду распространялась вера, которую он тщетно пытался подавить. Карл V вел битву с властью Всесильного. Бог сказал: «Да будет свет», но император пытался сохранить мрак. Его намерения не осуществились, и, рано постарев, вымотанный долгой борьбой, он отказался от трона и заточил себя в монастырь.

В Швейцарии, как и в Германии, настали для Реформации черные дни. Хотя многие кантоны и признали протестантскую веру, все же другие со слепым упорством цеплялись за вероучение Рима. Они гнали тех, кто жаждал обрести истину, и это привело в конечном итоге к возникновению гражданской войны. Цвингли и многие другие, объединившиеся с ним в реформе, погибли на кровавом поле битвы Каппеля. Эколампадий, сломленный этими ужасными несчастьями, вскоре после этого умер. Рим ликовал, и во многих местах, казалось, он вот-вот возвратит все, что потерял. Но Тот, Чьи советы исходят от вечности, не оставил ни Своего дела, ни Свой народ. Его рука несла ему освобождение. В других странах Он поднял работников для продвижения реформы.

Во Франции, прежде чем было услышано имя Лютера как реформатора, уже наступил рассвет. Одним из первых, кого озарили лучи этого света, был пожилой Лефевр, человек большой эрудиции, профессор Парижского университета, искренний и ревностный католик. Изучая античную литературу, он направил свое внимание на Библию и внедрил ее исследование среди своих студентов.

Лефевр фанатично поклонялся святым, он взялся подготовить описание событий жизни святых и мучеников, как это изложено в легендах церкви. Это была работа, которая требовала большого труда, и он достиг уже значительного прогресса в этом деле, когда, думая, что сможет получить полезную информацию из Библии, приступил с этой целью к ее исследованию. Здесь он действительно обнаружил описание святых, однако не тех, которые фигурировали в католических святцах. Божественный свет в изобилии пролился на его разум. С изумлением и отвращением он отказался от выполнения самим же поставленной задачи и целиком отдал себя изучению Божьего Слова. В скором времени он начал преподавать те драгоценные истины, которые там обнаружил.

В 1512 году, когда еще ни Лютер, ни Цвингли не приступили к делу реформы, Лефевр написал: «Именно Бог дает нам праведность по вере, которая одной лишь благодатью оправдывает нас для вечной жизни» (Wylie, т.13, гл.1). Сосредоточившись на тайне искупления, он воскликнул: «О, неизреченное величие этого Заместительства! Безгрешный осужден, а виновный уходит свободным; Благословенный несет проклятие, а проклятый становится благословенным; Жизнь умирает, а мертвые живут; Слава покрыта мраком, а тот, кто ничего не знал, кроме стыда на своем лице, одет во славу» (D'Aubigne, Londoned., т.12, гл.2).

И уча тому, что слава спасения принадлежит исключительно Богу, он также провозглашал, что обязанность человека – повиноваться Ему. «Если ты являешься членом церкви Христовой, – наставлял он, – то ты член Его тела, а если ты член Его тела, то причастен к Божественной природе... О, если бы только люди могли прийти к пониманию этой привилегии, то как чисто, непорочно и свято они жили бы, и какой ничтожной по сравнению со славой внутри них, со славой, которую не может видеть плотское око, они посчитали бы всю славу мира сего» (D'Aubigne, Londoned., т.12, гл.2).

Некоторые из студентов Лефевра с жадностью прислушивались к его словам; и еще долгое время, после того как голосу их учителя суждено было умолкнуть, они не прекращали провозглашать истину. Таким был Гийом Фарель. Сын богобоязненных родителей, наученный принимать с безоговорочной верой учения церкви, он мог вместе с апостолом Павлом заявить о себе: «Я жил фарисеем по строжайшему в нашем вероисповедании учению» (Деяния 26:5). Посвященный приверженец римо-католицизма, он пылал рвением сокрушить всех, кто отваживался выступать против церкви. «Я скрипел и щелкал зубами, подобно свирепому волку, – сказал он позже относительно той поры своей жизни, – когда слышал кого-нибудь, говорящего против папы» (Wylie, т.13, гл.2). Он не уставал поклоняться святым, обходя по кругу в обществе Лефевра церкви Парижа, служа у алтарей и украшая дарами святые усыпальницы. Однако эти ритуалы не могли принести его душе покой. Его преследовала убежденность во грехе, которую не могли уничтожить все совершаемые им действия епитимьи. Как голос с Небес, слушал он слова реформатора: «Спасение по благодати... Невиновный осужден, а преступник оправдан... Лишь один Христов крест отворяет врата Небес и затворяет врата ада» (D'Aubigne, Londoned., т.13, гл.2).

Фарель радостно принял истину. Испытав обращение, как и Павел, он отвернулся от рабства преданий к свободе сынов Божьих. «Вместо лютого волка с жестоким сердцем», он обернулся, по его словам, «нежным и безобидным агнцем, имеющим сердце, совершенно отвращенное от папы и отданное Иисусу Христу» (D'Aubigne, т.12, гл.3).

Тогда как Лефевр не переставал нести свет своим студентам, Фарель, такой же ревностный в деле Христа, каким он был и в деле папы, стал провозглашать истину всенародно. Священнослужитель церкви, епископ города Мо, вскоре после этого объединился с ними. Другие учителя, высоко ценившиеся благодаря своим способностям и знаниям, тоже стали проповедовать Евангелие, и оно завоевало приверженцев среди всех слоев общества, начиная с домов ремесленников и крестьян и заканчивая дворцом короля. Сестра Франциска I, который был монархом в то время, приняла протестантскую веру. Сам король и королева-мать, казалось, какое-то время относились к новой вере благожелательно, и с великими надеждами реформаторы ожидали того времени, когда Франция будет завоевана для Евангелия.

Однако их надеждам не должно было осуществиться. Ученикам Христа предстояло пройти через испытания и преследования. Это, впрочем, было милостиво скрыто от их глаз. Настало время мира, чтобы они могли обрести силы для встречи с потрясениями; и Реформация быстро достигала успехов. Епископ города Мо ревностно трудился в собственной епархии, наставляя и духовенство, и народ. Некомпетентные и распутные священники были отстранены и, насколько это возможно, замещены благочестивыми и разумными мужами. Епископ имел огромное желание, чтобы его народ сам мог иметь доступ к Слову Божьему, – и скоро это исполнилось. Лефевр занялся переводом Нового Завета, и одновременно с тем, как немецкая Библия Лютера выходила из-под печатного станка в Виттенберге, французский Новый Завет публиковался в городе Мо. Епископ не жалел сил и денег, чтобы распространить его в своих приходах, и вскоре крестьяне Мо стали обладателями Священного Писания.

Как погибающие от жажды путешественники радуются при встрече с родником живой воды, так и эти души восприняли это послание Небес. Труженики на поле, ремесленники в мастерской скрашивали свой ежедневный тяжелый труд разговорами о драгоценных истинах Библии. По вечерам, вместо посещения винных лавок, они собирались друг у друга по домам, чтобы читать Слово Божье и объединяться в молитве и хвале. Великая перемена вскоре обнаружилась в их среде. Несмотря на то что они и относились к беднейшему сословию – малограмотному и трудолюбивому простонародию, в их жизни была видна преобразующая и возвышающая сила Божественной благодати. Скромные, полные любви и благочестия, они являлись свидетельством того, что совершает Евангелие для тех, кто принимает его со всей искренностью.

Загоревшийся в городе Мо свет далеко распространил свои лучи. День ото дня количество обращенных возрастало. Злоба церковной власти какое-то время унималась королем, который презирал тупой фанатизм монахов, но папские лидеры в конечном итоге превозмогли. Теперь был сооружен костер. Вынужденный сделать выбор между костром и публичным отказом от своих убеждений, епископ города Мо согласился на более легкий путь; однако несмотря на отступление пастора, паства его держалась непоколебимо. Многие свидетельствовали в пользу истины в языках пламени костров. Своими бесстрашием и верностью, проявленными во время сожжения на костре, эти смиренные христиане проповедовали тысячам людей, которые в мирные дни никогда не слышали их свидетельства.

Не одни лишь бедные простолюдины, будучи мучимыми и презираемыми, осмеливались нести свидетельство о Христе. В богатых залах замков и дворцов были души благородного происхождения, которыми истина ценилась выше, чем состояние, титул и даже жизнь. Под рыцарскими доспехами прятался более возвышенный и стойкий дух, чем под облачением епископа. Луи де Беркэн был высокородного происхождения. Храбрый и учтивый рыцарь, он увлекался наукой, имел хорошие манеры и был человеком безупречной морали. «Он являлся, – по словам одного автора, – большим сторонником папских установлений и частым участником месс и церемоний... и все его добродетели венчала чрезвычайная ненависть к лютеранству». Но, как и многие другие, будучи направлен Провидением к Библии, он был удивлен, «найдя там не учения папства, но доктрины Лютера» (Wylie, т.13, гл.9). С тех пор он полностью отдал себя делу Евангелия.

Он был «наиболее эрудированным из французской знати», его одаренность и красноречие, его неудержимое мужество и героическое рвение, его влияние при дворе – поскольку он являлся фаворитом короля – все это дало повод многим считать, что ему предопределено было стать реформатором своей страны. Беза говорил: «Беркэн мог бы стать вторым Лютером, найди он во Франциске I второго курфюрста». «Он еще хуже, чем Лютер», – кричали паписты (Wylie, т.13, гл.9). И действительно, католики Франции страшились его больше. Они упрятали его в тюрьму, как еретика, но король даровал ему свободу. Эта борьба продолжалась многие годы. Франциск, не решивший, на чьей стороне ему быть: Рима или Реформации, то терпимо относился к неистовому рвению монахов, то обуздывал их. Беркэн три раза был заключен папской властью в тюрьму, но его освобождал монарх, который, восхищаясь его умом и благородством характера, не соглашался жертвовать им ради злобного духовенства.

Беркэна многократно предупреждали об опасности, которая угрожала ему во Франции, и убеждали пойти по стопам тех, кто обезопасил себя добровольной ссылкой. Боязливый и поддающийся веяниям времени Эразм, при всем своем богатстве знаний так и не обретший нравственного величия, необходимого для того, чтобы жизнь и честь были подчинены истине, писал Беркэну: «Попроси, чтобы тебя отправили в качестве посла в какую-нибудь страну; езжай в поездку по Германии. Ты знаешь Беда и таких, как он. Он – тысячеголовый монстр, извергающий яд во все стороны. Твоим врагам имя – легион. Будь твое дело даже лучше, чем миссия Иисуса Христа, они не отпустят тебя, пока не погубят. Не очень сильно полагайся на защиту короля. Как бы то ни было, не подрывай репутацию факультета теологии» (Wylie, т.13, гл.9).

Но когда опасности становились более угрожающими, рвение Беркэна лишь увеличивалось. Вовсе не собираясь следовать расчетливому и своекорыстному совету Эразма, он решился на еще более сильные меры. Он будет не только выступать в защиту истины, но и атаковать заблуждения. Обвинение в ереси, которое католики стремились возложить на него, он обратит против них самих. Наиболее активными и ожесточенными его оппонентами были ученые доктора и монахи с теологического факультета выдающегося Парижского университета, являющегося одним из высочайших духовных авторитетов как в городе, так и в государстве. Из рукописей этих богословов Беркэн выделил двенадцать суждений, которые он всенародно провозгласил «противоречащими Библии и поэтому еретическими», и обратился к королю с просьбой выступить в роли судьи в этом конфликте.

Король, будучи не против выявить разницу в способностях и сообразительности боровшихся друг с другом сторон, а также радуясь возможности сбить спесь этих надменных монахов, предложил католикам отстаивать свое мнение с помощью Библии. Они прекрасно знали, что это боевое средство совсем им не поможет; заключение в темницу, пытки и казнь на костре были тем оружием, с которым они умели обращаться лучше. Сейчас все оказалось наоборот, и они увидели, что вот-вот упадут в яму, в которую надеялись ввергнуть Беркэна. В изумлении они озирались, пытаясь найти какой-либо способ избавления.

«Как раз в это время на углу одной из улиц был найден обезображенный образ девы Марии». В городе царило великое возбуждение. Массы народа шли к тому месту, выражая скорбь и негодование. Король тоже был сильно взволнован. Представился случай, из которого монахи могли извлечь выгоду, и они поспешили воспользоваться им. «Это результаты вероучения Беркэна, – кричали они. – Все будет разрушено – религия, законы, сам трон. Вот каков лютеранский замысел» (Wylie, т.13, гл.9).

Беркэна опять арестовали. Король уехал из Парижа, и монахи, таким образом, были свободны творить свою волю. Реформатора допросили и вынесли ему смертный приговор, и чтобы Франциск не смог еще раз вмешаться и освободить Беркэна, приговор был приведен в исполнение в день его вынесения. В полдень Беркэна препроводили к месту казни. Чтобы посмотреть на это событие, собралась внушительная толпа, там было много таких, кто приходил в изумление и испытывал тревогу, сознавая, что в качестве жертвы был выбран один из лучших, храбрейших членов дворянских семей Франции. Удивление, негодование, презрение и горькая ненависть отражались на лицах этой волнующейся толпы; только одно лицо не омрачала никакая тень. В своих мыслях мученик находился далеко от этого суетного места; он сознавал лишь присутствие Господа.

Убогая повозка, на которой он ехал, грозные лица его гонителей, жестокая смерть, к которой он приближался, – на все это он не обращал внимания. Тот, Кто жив и был мертв, и жив во веки веков, и имеет ключи от смерти и ада, был подле него. Лик Беркэна излучал небесный свет и мир. Он облачился в прекрасные одежды: бархатную накидку, украшенный узорчатым рисунком атласный камзол и рейтузы золотого цвета» (D'Aubigne, History of the Reformation in Europe in the Time of Calvin, т.2, гл.16). Он был готов засвидетельствовать о своей вере в присутствии Царя царей и перед Вселенной, и никакой признак печали не должен был дать неверное представление о его радости.

В то время как процессия потихоньку продвигалась по заполненным толпами улицам, люди с удивлением отмечали безоблачный покой и радостное торжество как в его взгляде, так и в манере держаться. Они говорили: «Как будто бы он восседает в храме и размышляет о святых вещах» (Wylie, т.13, гл.9).

На костре Беркэн попытался обратиться с несколькими словами к людям, однако монахи, опасаясь за последствия, начали кричать, а солдаты – стучать своим оружием, и их шум заглушил голос мученика. Так в 1529 году высочайшие духовные и культурные авторитеты цивилизованного Парижа «продемонстрировали народным массам 1793 года подлый образец того, как лишать возможности умирающего на эшафоте высказать свое сокровенное слово» (Wylie, т.13, гл.9).

Беркэн был удавлен, и его тело поглотил огонь. Новость о его кончине заставила опечалиться сторонников Реформации по всей Франции. Но его пример не был забыт. «Мы тоже согласны, – говорили свидетели истины, – с готовностью встретить смерть, взирая на будущую жизнь» (D'Aubigne, History of the Reformation in Europe in the Time of Calvin, т.2, гл.16).

В период преследований в Мо наставников-реформаторов лишили права проповедовать, и они ушли на другие поля. Через некоторое время Лефевр отправился в Германию. Фарель вернулся в свой родной город в восточной Франции, чтобы нести свет там, где прошло его детство. Уже были получены вести о том, что происходило в Мо, и истина, которой он учил с неустрашимым усердием, нашла своих слушателей. Чтобы заставить его замолчать, в скором времени были задействованы органы власти, и его изгнали из города. Хотя он и не мог больше трудиться публично, все же он пересекал равнины и проходил через деревни, уча в частных жилищах и на уединенных полянах, обнаруживая убежища в лесах и среди скалистых пещер, которые были его любимыми местами в детстве. Бог подготавливал его к более серьезным испытаниям. «Страданий, преследований и сатанинских козней, о которых меня предупреждали, было предостаточно, – говорил он, – и они были даже намного суровее, чем те, что я мог бы сам вынести; но Бог – мой Отец, и Он давал и всегда будет давать мне необходимую силу» (D'Aubigne, History of the Reformation of the Sixteenth Century, т.12. гл.9).

Как это было и во времена апостолов, гонения «послужили к большему успеху благовествования» (Филиппийцам 1:12). Изгнанные из Парижа и Мо, «рассеявшиеся ходили и благовествовали слово» (Деяния 8:4). И так свет нашел путь во многие глухие провинции Франции.

Бог все еще готовил работников для расширения Своего дела. Студентом одного из учебных заведений Парижа был задумчивый, спокойный молодой человек, уже один вид которого свидетельствовал о силе и проницательности его ума; а непорочностью своей жизни он отличался в не меньшей степени, чем страстью к знаниям и религиозной посвященностью. Его одаренность и усердие в скором времени сделали его гордостью колледжа, и никто не сомневался, что Жан Кальвин станет одним из самых способных и почитаемых защитников церкви. Однако луч Божественного света проник даже через стены формального знания и предрассудков, в которые был заключен Кальвин. Он с содроганием слушал о новых доктринах, нисколько не сомневаясь, что еретики заслуживали огня, которому они и предавались. И все же, сам того не желая, он встретился лицом к лицу с ересью, и ему пришлось проверить силу римского богословия в схватке с учением протестантизма.

В Париже находился родственник Кальвина, присоединившийся к реформаторам. Они часто встречались и вместе беседовали на темы, которые тревожили весь христианский мир. «На свете существует всего лишь две религии, – говорил Оливетан, протестант. – Одна из этих религий изобретена людьми, и человек спасается в ней при помощи ритуалов и добрых дел; а другая – единственная религия, которая открыта в Библии и которая учит людей искать спасение только в обильной Божьей благодати».

«Я не приму ни одну из твоих новых доктрин, – восклицал Кальвин. – Ты думаешь, что все дни своей жизни я провел в заблуждении?» (Wylie, т.13, гл.7).

Но в его разуме пробудились мысли, от которых он по своему желанию не мог избавиться. В своей комнате в одиночестве он обдумывал слова своего кузена. Осознание греховности тяготило его; он видел себя без посредника в присутствии святого и праведного Судьи. Заступничество святых, добрые дела, церковные ритуалы не были способны загладить грех. Он ничего не мог видеть перед собой, лишь только мрак вечного отчаяния. Церковные наставники безуспешно старались облегчить его горе. Напрасно он прибегал к исповеди и епитимье; они были не в состоянии примирить душу с Богом.

Все еще будучи вовлеченным в эту бесплодную борьбу, Кальвин как-то по случаю оказался на одной из общественных площадей, став свидетелем сожжения еретика. Он был удивлен выражением покоя на лице мученика. Переживая пытки этой жестокой смерти и находясь еще под более ужасным осуждением церкви, он демонстрировал веру и мужество, которые молодой студент с болью сопоставлял со своими собственными отчаянием и тьмой, хотя и вел жизнь самого строгого послушания церкви. Он знал, что вера еретиков покоилась на Библии, и принял решение исследовать ее и узнать, если возможно, секрет их радости.

В Библии он нашел Христа. «О, Отче, – воскликнул он, – Его жертва умилостивила Твой гнев; Его кровь смыла мою нечистоту, Его крест понес мое проклятие, Своей смертью Он искупил меня. Мы изобрели для себя много бесполезных глупостей, но Ты поставил предо мной Твое Слово, словно факел, и затронул мое сердце, чтобы я гнушался всех других заслуг, кроме заслуг Иисуса» (Martyn, т.3, гл.13).

Кальвина воспитывали, готовя к принятию священства. В возрасте всего лишь двенадцати лет его определили капелланом в маленькую церковь, и голова его была острижена епископом в соответствии с каноном церкви. Он не был рукоположен и не выполнял обязанностей священника, но стал принадлежать духовенству, нося титул служителя и получая причитающееся ему содержание.

Теперь, чувствуя, что никогда не сможет стать священником, он какое-то время изучал право, но, в конечном итоге, отказался от этой цели и решил целиком отдать свою жизнь Евангелию. И все же он сомневался, становиться ли ему народным учителем. По природе он был робким, и его отягощало чувство огромной ответственности в такой ситуации, кроме того, он все еще желал посвятить себя научным исследованиям. Настойчивые просьбы его друзей, в конце концов, возымели свое действие. «Это поразительно, – сказал он, – что человек столь скромного происхождения может быть возвышен до такого великого звания» (Wylie, т.13, гл.9).

Не привлекая всеобщего внимания, Кальвин приступил к своей деятельности, и его слова были, как роса, которая выпадает, чтобы освежить землю. Он покинул Париж и находился теперь в провинциальном городе под покровительством принцессы Маргарет, которая, любя Евангелие, оказывала протекцию его ученикам. Кальвин все еще был молод, он вел себя просто и спокойно. Его работа началась с посещения людей в их домах. Окруженный членами семейств, он читал Библию и открывал им истины спасения. Тот, кто слышал эту весть, нес добрые новости другим, и в скором времени учитель прошел весь город и начал проповедовать в близлежащих городках и деревушках. Он был вхож и в замки, и в лачуги и продвигался вперед, закладывая фундамент церквей, которым суждено было давать смелое свидетельство в пользу истины.

Через несколько месяцев он снова оказался в Париже. В кругу ученых мужей и богословов было непривычное возбуждение. Изучение древних языков привело людей к Библии, и многие, даже чьи сердца не были затронуты ее истинами, пылко обсуждали их и отстаивали перед защитниками католицизма. Кальвин, несмотря на то что был способным оппонентом в вопросах теологического противостояния, все же имел более возвышенную миссию, чем эти шумливые схоласты. Души людей были затронуты, и наступило время открыть им истину. Тогда как университетские аудитории были наполнены шумом теологических дебатов, Кальвин проделывал путь от дома к дому, открывая людям Библию и говоря им о Христе, и о Христе распятом.

По Божьему провидению Париж должен был получить другое приглашение принять Евангелие. Призывы Лефевра и Фареля отклонили, однако эта весть опять должна была быть услышана всеми слоями населения этой великой столицы. Король, находясь под влиянием политических соображений, еще не полностью объединился с Римом против Реформации. Маргарет все еще цеплялась за надежду, что протестантизм должен победить во Франции. Она задумала сделать так, чтобы протестантская вера возвещалась в Париже. Когда не было короля, она приказала духовному служителю-протестанту проповедовать в церквях города. Получив запрет со стороны папских прелатов, принцесса открыла для этого свой дворец. Для проведения богослужений выбрали подходящий зал, и было провозглашено, что каждый день в определенный час будет произноситься проповедь, на которую приглашены люди любого ранга и общественного положения. Толпы людей стекались на службу. И не только зал для богослужения, но и примыкающие к нему помещения были переполнены. Каждый день приходили тысячи – знать, чиновники, юристы, торговцы и ремесленники. Король, вместо того чтобы наложить запрет на эти собрания, приказал открыть для них еще две церкви Парижа. Никогда ранее город не был настолько приведен в движение Божьим Словом. Дух жизни с Небес, казалось, объял народ. Воздержание, чистота, порядок и прилежание заняли место пьянства, разгула, ссор и безделья.

Но папская иерархия не бездействовала. Король все еще не соглашался вмешаться, чтобы прекратить проповедование, и духовенство обратилось к простому народу. Было использовано любое средство, для того чтобы вызвать страхи, предубеждение и фанатизм малограмотных и суеверных масс. Безрассудно покоряясь своим лжеучителям, Париж, как и древний Иерусалим, не узнал ни времени своего посещения, ни того, что служит к его миру (см. Ев. Луки 19:42,44 – прим. ред.). Два года Божье Слово возвещалось в столице; но, несмотря на то что многие и приняли Евангелие, все же большая часть людей отвергла его. Франциск демонстрировал свою терпимость, просто служа своим собственным интересам, и католикам удалось вновь обрести доминирующее положение. Церкви опять закрылись, и были сооружены костры.

Кальвин по-прежнему оставался в Париже, подготавливая себя с помощью исследования, размышления и молитвы для будущих трудов и продолжая нести свет. Наконец и на него пало подозрение. Власти приняли решение отправить его на костер. Считая себя надежно защищенным в своем уединении, он и не думал об опасности, когда друзья с поспешностью вошли в его комнату с вестью, что офицеры уже направились к нему для ареста. Спустя мгновение во входную дверь громко постучали. Нельзя было терять ни секунды. Кое-кто из его друзей задержал офицеров у дверей, в то время как другие помогли реформатору выбраться наружу через окно, и он быстро пошел в сторону городской окраины. Найдя укрытие в доме труженика, который являлся другом Реформации, он переоблачился в вещи хозяина и, взвалив на плечо мотыгу, начал свое путешествие. Идя на юг, он снова нашел укрытие во владениях Маргарет» (D' Aubigne, History of the Reformation in Europe in the Time of Calvin, т.2, гл.30).

Здесь, под защитой влиятельных друзей, он оставался в безопасности в течение нескольких месяцев и занялся, как прежде, изучением. Однако его сердце было озабочено тем, чтобы провозглашать Евангелие во Франции, и он не мог больше оставаться бездеятельным. Как только гроза слегка отступила, он разыскал новую ниву для труда в Пуатье, где был университет и где новые взгляды уже нашли поддержку. Представители всех общественных слоев охотно слушали Евангельскую весть. Публичных проповедей не было, но в доме мэра города, в своих собственных покоях, а иногда в городском парке Кальвин открывал слова вечной жизни тем, кто хотел слушать. Спустя некоторое время, когда число слушателей возросло, подумали о том, что было бы осмотрительнее устраивать собрания вне города. Местом встреч была выбрана пещера на склоне глубокого и узкого ущелья, где деревья и нависающие скалы создавали лучшее укрытие. Туда находили путь маленькие группы, покидавшие город разными путями. В этом отдаленном месте читали вслух и объясняли Библию. Здесь протестантами Франции в первый раз была совершена вечеря Господня. Из этой маленькой церкви были отправлены на служение несколько преданных евангелистов.

Кальвин опять вернулся в Париж. Он все еще не мог перестать надеяться на то, что Франция как нация примет Реформацию. Но он обнаружил, что почти все двери для труда там закрыты. Учить Евангелию означало идти прямо на костер, и, наконец, он принял решение поехать в Германию. Только он успел покинуть Францию, как над протестантами разразилась буря, и если бы он остался, то непременно погиб бы вместе со всеми.

Французские реформаторы, горячо желающие видеть, как их страна идет в ногу с Германией и Швейцарией, решили нанести дерзкий удар по суевериям Рима, который пробудил бы всю страну. Согласно принятому решению, по всей Франции за одну ночь были развешаны плакаты, критикующие мессу. Вместо продвижения реформы, этот ревностный, но необдуманный поступок привел к гибели не только его исполнителей, но также и сторонников протестантской веры по всей Франции. Это дало католикам то, чего они уже давно страстно желали, – повод потребовать полного истребления еретиков, как подстрекателей, представляющих опасность для стабильности престола и мира нации.

Неизвестно чьей рукой, неосмотрительного друга или хитрого врага, – это так и осталось тайной – один из плакатов был прикреплен к двери личных покоев короля. Монарх исполнился ужаса. На этом листке нещадно разоблачались суеверия, принимаемые с благоговением многими поколениями. И небывалая дерзость, с которой эти простые и пугающие высказывания были доведены до сведения короля, вызвала его гнев. Он стоял некоторое время, дрожа и онемев от изумления. А потом его ярость нашла выражение в ужасных словах: «Пусть все без различия, подозреваемые в лютеранстве, будут схвачены. Я всех их искореню» (Там же, т.4, гл.10). Жребий был брошен. Король принял решение полностью перейти на сторону Рима.

Сразу же были приняты меры, чтобы взять под стражу каждого лютеранина в Париже. Был арестован бедный ремесленник, приверженец протестантской веры, обычно собиравший верующих на их тайные собрания; и, угрожая немедленной смертью на костре, ему приказали отвести папского агента в дом каждого протестанта в городе. Он в ужасе отпрянул от такого подлого предложения, но, наконец, страх пред огнем победил, и он согласился стать предателем своих собратьев. Идя впереди толпы, окруженный свитой священников с кадилами, монахов и воинов, Морэн, королевский детектив, вместе с предателем медленно и молча проходил по улицам города. Демонстрация была якобы в честь «святого таинства», являясь действием умилостивления за оскорбление, нанесенное мессе протестантами. Но за этим представлением скрывалась убийственная цель. При подходе к дому лютеранина изменник делал знак, не произнося ни единого слова. Процессия останавливалась, в дом входили, семью вытаскивали и заковывали в цепи, и ужасная компания отправлялась дальше в поиске новых жертв. «Не пощадили ни единого дома, ни большого, ни маленького, побывали даже в колледжах Парижского университета... Морэн заставил трепетать весь город... Господствовал террор» (Там же, т.4, гл.10).

Жертв умерщвляли с ужасными мучениями, специально приказали уменьшать пламя костра, чтобы продлить их агонию. Но они умирали, как победители. Их стойкость была непоколебима, и ничто не омрачало их мир. Преследователи, неспособные пошатнуть их несгибаемую твердость, чувствовали себя так, будто потерпели поражение. «Места казни были рассредоточены по всем районам Парижа, и сожжения продолжались несколько последующих дней, чтобы, как было задумано, посеять страх перед ересью, продлевая эти казни. Но все это, в конечном счете, оказалось на благо Евангелия. Весь Париж имел возможность увидеть, какой класс людей смог появиться в результате новых взглядов. Не было кафедры лучше, чем место казни мученика. Безмятежное счастье, которым светились лица этих людей, когда они проходили... к месту казни, их героизм, когда они стояли среди яростных языков пламени, а также их кроткое прощение несправедливости часто превращали ярость в жалость, ненависть в любовь и с неудержимым красноречием говорили в пользу Евангелия» (Wylie, т.13, гл.20).

Священники, намеревавшиеся поддерживать ярость толпы на пределе, бросали самые ужасные обвинения в адрес протестантов. Их обвиняли в замыслах кровавой расправы с католиками, ниспровержения правительства и убийства короля. В поддержку этих заявлений не могло быть приведено даже тени доказательств. И все же эти злые пророчества должны были исполниться; однако при абсолютно иных обстоятельствах и по причинам противоположного характера. Жестокость, проявленная католиками по отношению к невинным протестантам, наполнила меру воздаяния, и через несколько столетий стала предсказанной судьбой для короля, правительства и подданных; но это воздаяние было осуществлено безбожниками и самими папистами. Не установление, а именно подавление протестантизма приведет Францию через триста лет к этим жутким несчастьям.

Среди всех сословий теперь господствовали подозрительность, недоверие и ужас. На фоне общего смятения было видно, какое глубокое воздействие оказало лютеранское учение на умы мужей, которые больше всего ратовали за воспитание, влияние и совершенство характера. Внезапно обнаружилось, что ответственные и почетные посты стали вакантными. Пропали ремесленники, печатники, ученые, профессора университетов, писатели и даже придворные. Сотни убежали из Парижа, обрекши себя на изгнание из своей родной страны, во многих случаях давая, таким образом, явный намек на то, что они сочувствовали вере реформаторов. Паписты, глядя на это, изумлялись при мысли о не вызывавших подозрений еретиках, которые были среди них. Их ярость обратилась на множество более скромных жертв, бывших в их власти. Тюрьмы были битком набиты, и сам воздух, казалось, потемнел от дыма горящих костров, зажженных для исповедующих Евангелие.

Франциск I прослыл лидером великого движения за возрождение знания, которым было отмечено начало шестнадцатого века. Ему доставляло удовольствие собирать при дворе ученых со всех стран. Его любовью к знанию и презрением к необразованности и предрассудкам монахов отчасти обусловливалась его относительная терпимость к реформе. Но, наполненный рвением искоренить ересь, этот покровитель образования издал эдикт, объявляющий печатное дело запрещенным по всей Франции! Франциск I представляет собой один из множества примеров, показывающих, что культура ума не является гарантией против религиозной нетерпимости и гонений.

Франция с помощью торжественной публичной церемонии должна была полностью посвятить себя разгрому протестантизма. Священники требовали, чтобы оскорбление, нанесенное Превознесенному превыше Небес через осуждение мессы, было искуплено кровью, и что король ради своего народа должен публично санкционировать эту ужасную работу.

День 21 января 1535 года выбрали для этого жуткого церемониала. Были пробуждены суеверные страхи и фанатичная ненависть всего народа. Париж заполонили толпы людей, которые со всей округи хлынули на его улицы. Начало дня должно было ознаменовать грандиозное, впечатляющее шествие. «По пути следования процессии дома были в траурном убранстве, а через определенные расстояния были сооружены жертвенники». Перед каждой дверью горел зажженный факел в честь «святого таинства». До рассвета процессия собралась у дворца короля. «За крестами и знаменами приходов по двое следовали граждане, неся зажженные факелы». За ними шли представители четырех монашеских орденов в своем особенном облачении. Затем следовала обширная коллекция знаменитых реликвий. За ней ехали высокомерные священнослужители в своих украшенных драгоценными камнями пурпурных и алых одеждах – ярких и блистающих.

«Гостию (евхаристический хлеб – прим. ред.) нес епископ Парижа под великолепным балдахином, который поддерживали четыре принца королевской крови... За ними шел монарх... Франциск I в тот день не надел ни короны, ни королевской мантии». С «непокрытой головой и опущенными глазами, держа в своей руке горящую свечу», король Франции появился «в роли кающегося грешника» (Wylie, т.13, гл.21). Перед каждым жертвенником он склонялся в смирении – не из-за пороков, осквернивших его душу, не из-за невинной крови, запятнавшей его руки, но из-за смертного греха его подданных, которые посмели осудить мессу. За ним шла королева и официальные лица государства, тоже по двое, каждый с горящим факелом.

Частью службы в тот день было личное обращение монарха к высшим чиновникам королевства в большом зале дворца епископа. С печальным видом он появился перед ними и в трогательных, красноречивых словах скорбел о «преступлении, богохульстве, дне скорби и позора», который наступил для нации. И он призвал каждого верного подданного способствовать полному уничтожению смертоносной ереси, которая угрожала гибелью Франции. «Господа, как правдой является то, что я ваш король, – сказал он, – так и то, что, если бы я узнал, что хотя бы одна моя конечность запачкана или заражена этой отвратительной гнилью, я бы отдал вам ее на отсечение... И, более того, если бы я увидел одного из моих детей оскверненным ею, я бы не пощадил и его... Я сам бы избавился от него, жертвуя им Господу». От слез он не смог говорить дальше, и все собрание разразилось плачем, в один голос восклицая: «Мы будем жить в католической вере и умрем за нее!» (P'Aubigne, History of the Reformation in Europe in the Time of Calvin, т.4, гл.12).

Народ, отвергнувший свет истины, оказался в ужасной тьме. Открылась благодать, несущая спасение, но Франция, увидев ее силу и святость, после того как тысячи были тронуты ее Божественной красотой, после того как города и деревни были освещены ее сиянием, отвернулась, предпочтя свету мрак. Они отбросили от себя дар Неба, когда он был им предложен. Они называли зло добром, а добро – злом, пока не пали жертвами добровольного самообмана. Теперь, однако, их искренность не оправдывала их вины, хотя они могли и в самом деле верить, что служат Богу, совершая гонения на Его народ. Они с упрямством отклонили свет, который мог послужить им спасением от обмана и вины за осквернение своих душ пролитием крови.

Была принесена торжественная клятва искоренить ересь, и произошло это в большом кафедральном соборе, где без малого тремя столетиями позже нацией, забывшей живого Бога, будет коронована «богиня разума». Вновь образовалась процессия, и представители Франции вышли совершать работу, которую они поклялись сделать. «Через короткие промежутки пути были воздвигнуты места казни, на которых должны были быть заживо сожжены некоторые христиане-протестанты, и было условлено, чтобы огонь зажигался при приближении короля, а шествие задерживало свой ход, дабы являться очевидцами казни» (Wylie, т.13. гл.21). Подробности пыток, пережитых этими свидетелями Христа, слишком горестны для их детального изложения; но со стороны жертв не было колебаний. Один из мучеников, будучи настоятельно призываемым к отречению, ответил: «Я верю лишь в то, о чем когда-то проповедовали пророки и апостолы и во что верили все святые. Моя вера основывается на доверии Богу, Который противостанет всем силам ада» (D'Aubigne, History of the Reformation in Europe in the Time of Calvin, т.4, гл.12).

Снова и снова шествие задерживалось у мест мучений. Достигнув своего отправного пункта у дворца короля, толпа разбрелась, а король и прелаты ушли, вполне удовлетворенные произошедшим за этот день, радуясь тому, что начатая теперь работа будет продолжаться до полного истребления ереси.

Евангелие мира, от которого Франция отказалась, должно было быть вырвано там с корнем, и результаты этого оказались страшными. 21 января 1793 года, по прошествии 258 лет с того самого дня, когда Франция полностью предала себя преследованию реформаторов, иное шествие, с абсолютно отличной от первого целью, проходило по улицам Парижа. «Опять король был главным лицом; опять были беспорядки и выкрики; опять слышались возгласы с требованием большого количества жертв; опять были сооружены черные эшафоты; и опять заключительными сценами дня были ужасные казни. Луи XVI вырывался из рук своих тюремщиков и палачей, но его приволокли к месту казни и силой удерживали до тех пор, пока не опустился топор и его отрубленная голова не покатилась по эшафоту» (Wylie, т.13, гл.21). Король не был единственной жертвой; на протяжении тех кровавых дней правления террора недалеко от этого места на гильотине погибли две тысячи восемьсот человек.

Реформация сделала Библию доступной для мира, сняв печать с заповедей закона Божия и убеждая совесть людей исполнять его требования. Бесконечная Любовь раскрыла людям законы и принципы Неба. Бог сказал: «Итак, храните и исполняйте их; ибо в этом мудрость ваша и разум ваш пред глазами народов, которые, услышав о всех сих постановлениях, скажут: только этот великий народ есть народ мудрый и разумный» (Второзаконие 4:6). Когда Франция отклонила дар Небес, она посеяла семена анархии и разорения; революция и правление террора стали неизбежным довершением этого дела.

Храброму и ревностному Фарелю пришлось бежать из родной страны намного раньше гонений, вызванных плакатами. Он отправился в Швейцарию и, поддерживая работу Цвингли своими трудами, помогал склонить чашу весов в пользу Реформации. Здесь он провел свои последние годы, продолжая все же оказывать решительное влияние на реформу во Франции. В течение первых лет ссылки его усилия были направлены особенно на распространение Евангелия в родной стране. Значительную часть времени он проводил, проповедуя своим землякам вблизи границы, где с неутомимой бдительностью наблюдал за ходом конфликта и оказывал поддержку советами и словами ободрения. С помощью других изгнанников труды немецких реформаторов были переведены на французский язык и вместе с французской Библией напечатаны в большом количестве. Благодаря книгоношам эти работы широко продавались во Франции. Они предлагались им по низким ценам, и, таким образом, доход от этой работы давал им возможность продолжать ее.

Фарель приступил к своей деятельности в Швейцарии как простой преподаватель. Он отправился в отдаленный церковный приход, где целиком отдался наставлению детей. Кроме привычных областей знаний он осторожно представлял истины Библии, имея надежду через детей достичь и их родителей. Кое-кто уверовал, однако священники активизировались, желая остановить эту работу, и, чтобы противостоять ей, стали подстрекать суеверный деревенский люд. «Это не может быть Евангелием Христа, – убеждали священники, – раз его проповедь приносит не мир, а войну» (Wylie, т.14, гл.3). Подобно первым последователям Христа, он, преследуемый в одном городе, бежал в другой. Он ходил от села к селу, от города к городу, путешествуя пешком, перенося голод, холод и усталость, и везде – с опасностью для жизни. Он проповедовал на рынках, в церквях, а иной раз и стоя за кафедрой в соборах. Порой он обнаруживал, что в церкви не было ни одного слушателя; порой во время проповеди его прерывали возгласами и колкостями, мало того, бывало, что его насильственно стягивали с кафедры. Не один раз его атаковала толпа и избивала почти до смерти. Но, несмотря на все это, он устремлялся вперед. Хотя его часто отвергали, он с неутомимым упорством вновь энергично брался за дело и видел, как малые и большие города, являвшиеся оплотом папства, отворяли свои ворота для Евангелия. Маленький приход, где он сначала трудился, вскоре принял протестантскую веру. Города Мора и Невшатель тоже отвергли обычаи Рима и удалили из своих церквей изображения идолов.

Фарель давно желал установить знамя протестантизма в Женеве. Если бы этот город был завоеван, то стал бы центром Реформации для Франции, Швейцарии и Италии. Имея перед собой эту цель, Фарель не прекращал своих трудов до тех пор, пока не были охвачены многие из окрестных городов и деревень. Затем вместе со своим единственным товарищем он пришел в Женеву. Но ему разрешили произнести там только две проповеди. Священники, тщетно пытаясь добиться его осуждения у гражданских властей, приняли решение лишить его жизни и, пригласив его на совет духовенства, пришли туда с оружием, скрытым под своими рясами. За стенами зала была собрана свирепая толпа с дубинками и мечами, чтобы обречь его на верную смерть, если ему вдруг удастся убежать с этого совета. Однако его спасло присутствие должностных лиц и армии. Ранним утром следующего дня его вместе с компаньоном препроводили на другую сторону озера в надежное место. Так окончилась его первая попытка евангелизации Женевы.

Для новой попытки было избрано еще более скромное орудие – молодой человек с такой неприметной внешностью, что к нему прохладно отнеслись даже провозглашавшие себя сторонниками Реформации. Но что мог сделать такой человек там, где отвергли Фареля? Как мог тот, кто не отличался смелостью и наличием большого опыта, выдержать потрясения, перед которыми не смогли устоять сильнейшие и храбрейшие? «Не воинством и не силою, но Духом Моим, говорит Господь Саваоф» (Захария 4:6). «Но Бог избрал немудрое мира, чтобы посрамить мудрых, и немощное мира избрал Бог, чтобы посрамить сильное» (1 Коринфянам 1:27). «Потому что немудрое Божие премудрее человеков, и немощное Божие сильнее человеков» (1 Коринфянам 1:25).

Фромен приступил к своей деятельности, будучи школьным наставником. Те истины, которые он преподавал детям в школе, они повторяли в своих семьях. В скором времени начали приходить и их родители, чтобы послушать истолкование Библии, и класс оказался полон внимательных слушателей. Многие из тех людей, кто не отваживался открыто приходить, чтобы послушать новое учение, достигались через свободно распространяемые трактаты и Новый Завет.

По прошествии некоторого времени и этот труженик вынужден был спасаться бегством; но истины, которым он учил, закрепились в умах людей. Семена Реформации были посеяны, и она не переставала укореняться и разрастаться. Вернулись проповедники, и вследствие их трудов в Женеве окончательно упрочилось протестантское вероисповедание.

Город уже открыто высказался за Реформацию, когда Кальвин, после многих странствий и злоключений, вошел в его ворота. Возвращаясь после своего последнего визита на родину, он двигался в направлении Базеля, но обнаружил, что прямой путь занят армией Карла V, и ему пришлось пойти в обход через Женеву.

В этом посещении Фарель узнал руку Божью. Несмотря на то что Женева и приняла протестантскую веру, все же здесь осталось еще много работы. Люди обращаются к Богу не общинами, а индивидуально; работа возрождения в сердце и сознании человека должна совершиться силой Святого Духа, а не декретами соборов. Сбросив оковы римской власти, жители Женевы не очень были готовы отказаться от пороков, которые при ней процветали. Нелегким заданием было укоренить здесь чистые принципы Евангелия и подготовить жителей города занять подобающее положение, к которому Провидение их и призывало.

Фарель был уверен, что нашел в Кальвине того, с кем может объединиться в этой работе. Во имя Бога он торжественно заклинал молодого евангелиста остаться работать здесь. Кальвин в испуге отпрянул. Застенчивый и миролюбивый, он сторонился контакта с дерзким, независимым и даже неистовым духом города Женевы. Слабость здоровья вместе с привычкой учиться были причиной его стремления к уединению. Веря, что своим пером он мог бы лучше послужить делу реформы, он жаждал найти тихое убежище для исследований и оттуда при помощи печатных изданий наставлять и учреждать церкви. Но торжественное увещевание Фареля пришло к нему, как призыв с Небес, и он не отважился не согласиться. Ему, по его словам, показалось, «что Божья рука с Небес опустилась на него и безоговорочно поставила его на то место, которое он с таким нетерпением хотел покинуть» (D'Aubigne, History of the Reformation in Europe in the Time of Calvin, т.9, гл.17).

К тому времени дело протестантизма подверглось большой опасности. Папские анафемы прогремели над Женевой, и сильные страны угрожали ей уничтожением. Как должен был этот маленький город противостоять могущественной иерархии, которая столь много раз заставляла королей и императоров подчиниться ей? Как мог он выстоять против войск великих мировых завоевателей?

По всему христианскому миру протестантов запугивали грозные неприятели. Первые победы Реформации миновали, Рим собрал свежие силы, надеясь завершить ее разгром. К тому времени был создан орден иезуитов – наиболее жестокий, неразборчивый в средствах и могущественный из всех защитников папства. Отрешенные от всех земных связей и человеческих интересов, мертвые для притязаний на естественную привязанность, с умолкнувшими совестью и здравомыслием, они не знали никаких норм, никаких ограничений, помимо тех, что исходили от их ордена, а также никакого долга, помимо распространения его власти. Евангелие Христа наделило способностью его последователей встречать опасность и выдерживать муки, не падая духом из-за холода, голода, тяжелого труда и бедности, удерживать знамя истины, несмотря на пытки, подземелья и казни на костре. Чтобы сразиться с этими силами, иезуитство вдохнуло в своих последователей фанатизм, сделавший их способными выдерживать похожие опасности и всяким орудием обмана противостоять силе истины. Никакое преступление не было для них слишком большим, никакой обман не был слишком гнусным, никакая маскировка не была для них слишком трудной. Хотя они и были посвящены на пожизненную бедность и покорность, все же главной их целью было приобретать богатство и добиваться власти, чтобы использовать их для ниспровержения протестантизма и возрождения папского господства.

Представляясь членами своего ордена, они носили мантию святости, посещая тюрьмы и больницы, служа больным и бедным, заявляя, что они отреклись от мира и носят священное имя Иисуса, Который ходил, совершая добрые дела. Однако этот невинный внешний вид зачастую скрывал под собой криминальные, убийственные цели. Орден руководствовался следующим основным принципом: цель оправдывает средства. В соответствии с этим, обман, кража, клятвопреступление, насилие не только извинялись, но даже одобрялись, если они служили интересам церкви. Прибегая к разным ухищрениям, иезуиты проникали на государственную службу, взбирались до высот советников королей и определяли политику государств. Они становились прислугой, чтобы следить за своими хозяевами. Они учреждали учебные заведения для княжеских и дворянских сыновей, а также и школы для простого народа; и дети родителей-протестантов были таким образом вовлечены в соблюдение папских ритуалов. Все внешнее великолепие и показуха римского служения употреблялись для того, чтобы привести разум человека в замешательство, поразить и пленить его воображение, и таким образом свобода, ради которой тяжко трудились и проливали кровь отцы, предавалась их сыновьями. Иезуиты стремительно распространялись по всей Европе, и, куда бы они ни шли, результатом было восстановление папства.

Чтобы дать им большую власть, была выпущена булла о возрождении инквизиции. Несмотря на всеобщую неприязнь к ней (исключение не составляли и католические страны), папскими руководителями вновь было открыто это жуткое судебное учреждение, и злодеяния, чересчур ужасные для того, чтобы быть вынесенными на дневной свет, были повторены в ее тайных подземельях. Во многих странах тысячи и тысячи самых лучших представителей народа – самые чистые и благородные, самые интеллектуальные и образованные, благочестивые и посвященные пастыри, трудолюбивые граждане и патриоты своей страны, блестящие ученые, одаренные художники, искусные ремесленники – были или убиты, или вынуждены бежать в другие страны.

Таковы средства, к которым прибегал Рим, чтобы потушить огонь Реформации, отобрать у людей Библию и возвратить невежество и суеверие мрачного средневековья. Но благодаря Божьим благословениям и трудам тех благородных мужей, которых Он поднял, чтобы они стали преемниками Лютера, протестантизм не был ниспровергнут. Не благоволению или оружию князей обязан он своей силой. Наименьшие из стран, наискромнейшие и наислабейшие из народов становились его крепостью. Такой была маленькая Женева в окружении своих могущественных противников, задумавших разрушить ее; такой была Голландия, расположенная на песчаных берегах Северного моря, боровшаяся против деспотизма Испании, бывшей тогда одним из величайших и самых богатых королевств; такой была Швеция с ее суровым климатом и неплодородными землями, добившаяся торжества Реформации.

В течение почти 30 лет Кальвин трудился в Женеве, прежде всего, над созиданием церкви, которая придерживалась бы библейской морали, а потом уже и над прогрессом Реформации во всей Европе. Его метод работы как общественного руководителя не был лишен ошибок, так же как и его учение не было свободным от заблуждений. Но он был орудием в провозглашении истин, которые имели особенно важное значение в его время, в оказании поддержки принципам протестантизма при новом подъеме папства и в насаждении в реформаторских церквях простоты и чистоты жизни вместо гордости и морального разложения, поощряемых римским учением.

Из Женевы посылались публикации и выходили учителя, для того чтобы нести дальше реформаторские доктрины. Там преследуемые христиане из всех стран искали наставления, совета и ободрения. Город Кальвина стал приютом для преследуемых реформаторов всей Западной Европы. Убегая от ужасных бурь, продолжавшихся в течение веков, беженцы приходили к воротам Женевы. Голодные, израненные, утратившие дом и родных, они были тепло встречены и окружены нежной заботой, и, найдя здесь дом, они одаривали город, принявший их, своими талантами, знаниями и благочестием. Многие, кто искал здесь укрытия, вернулись затем в свои страны, чтобы оказывать сопротивление римскому деспотизму. Джон Нокс, смелый шотландский реформатор, большое количество английских пуритан, протестанты Голландии и Испании и гугеноты Франции – все они понесли из Женевы светоч истины, чтобы рассеять тьму в своих родных странах.

Цюрихская Библия 1531

Жан Кальвин (1509-1564)

Джон Нокс (1514-1572)

Жак Лефевр (1450-1536)

ГЛАВА **13**

Нидерланды и Скандинавия

Также и в этих странах христиане были преследуемы и должны были страдать, потому что свидетельствовали о своей вере и хотели жить в соответствии с ней. Повсюду можно было видеть ту же ненависть к библейской вести. И все же многие принимали веру, основывающуюся на Священном Писании, и терпеливо сносили последствия своего решения.

В Нидерландах папская тирания очень скоро отозвалась решительным протестом. Еще семь столетий до наступления времен Лютера, римского понтифика безбоязненно осудили два епископа, которые, будучи посланы в Рим, узнали подлинный характер «святейшего престола»: Бог «соделал Свою царицу и жену, церковь, славным и непреходящим институтом для ее семьи, с приданым, которое не увядает и не портится, и дал ей вечную корону и скипетр... все, что было благословением, ты, подобно вору, перехватил. Ты посадил себя в храме Бога; вместо того чтобы быть пастырем для овец, ты стал для них волком... Ты заставил нас поверить в то, что ты являешься главным епископом; но ты поступаешь скорее, как тиран... Тогда как ты должен быть слугой слуг, как ты сам себя называешь, ты пытаешься стать господом господствующих... Ты подверг заповеди Бога презрению... Святой Дух является строителем всех церквей повсюду, насколько простирается земля... Город нашего Бога, гражданами которого мы являемся, достигает Неба; и он более велик, чем город, названный святыми пророками Вавилоном, который претендует на божественность, на то, что это он достигает Небес, бахвалится тем, что его мудрость нетленна, и, в довершение ко всему, хотя и необоснованно, тем, что он никогда не ошибался и никогда не может этого делать» (Gerard Brandt, History of the Reformation in and About the Low Countries, т.1, гл.6).

Каждое столетие восставали и другие, чтобы повторить этот протест. В Нидерланды проникли те древние наставники, которые проходили через разные страны и были известны под различными именами, обладали духом миссионеров-вальденсов и несли повсюду знание Евангелия. Их доктрины стремительно распространялись. Библию вальденсов они перевели на голландский язык. Они говорили, «что от нее великая польза: нет острот, нет сказок, нет пустяков, нет обмана, нет ничего, кроме слов истины; несомненно, изредка попадаются трудные места, однако суть и приятность того, что хорошо и свято, может быть в них с легкостью обнаружена» (Там же, т.1, гл.14). Так писали сторонники древней веры в двенадцатом веке.

И вот начались гонения со стороны Рима, но, невзирая на костры и пытки, верующие продолжали увеличиваться в числе, постоянно провозглашая, что Библия является единственным безошибочным авторитетом в религии и что «ни одного человека не следует принуждать верить, но приобретать проповедью» (Martyn, т.2, стр. 87).

Доктрины Лютера нашли в Нидерландах благоприятную почву, и, чтобы возвещать Евангелие, восстали серьезные и верные мужи. Из одной из голландских провинций вышел Менно Симонс. Воспитанный как римо-католик и готовящийся стать священником, он был абсолютно несведущ в Библии и не читал ее из страха быть вовлеченным в ересь. Когда его посетило сомнение относительно доктрины о пресуществлении, он посчитал его сатанинским искушением и с помощью молитвы и исповеди пытался от него избавиться, однако напрасно. Он старался заставить замолчать свой обвиняющий голос совести, вращаясь в легкомысленном обществе, но без пользы. Через некоторое время его склонили к изучению Нового Завета, и это, совместно с трудами Лютера, побудило его принять протестантскую веру. Несколько позже он стал свидетелем того, как в соседней деревне обезглавили человека за то, что он во второй раз принял крещение. Это заставило его изучать Библию по теме крещения младенцев. Он не смог найти никакого тому подтверждения в Писаниях, но увидел, что как условие принятия крещения всюду требовались покаяние и вера.

Менно ушел из Римской церкви и посвятил свою жизнь наставлению других в тех истинах, которые принял сам. Как в Германии, так и в Нидерландах возникла группа фанатиков, которые отстаивали нелепые и бунтарские доктрины, нарушали порядок и правила приличия и переходили даже к насилию и мятежу. Менно понял, к каким страшным результатам неизбежно приведут эти действия, и активно противостал ошибочным учениям и сумасбродным замыслам фанатиков. Впрочем, было много тех, кого эти фанатики ввели в заблуждение, но кто позже отрекся от их разрушительных доктрин; и все еще оставалось много потомков древних христиан, являвшихся плодами учения вальденсов. С этими людьми Менно трудился с огромным рвением и успехом.

На протяжении двадцати пяти лет он странствовал вместе со своей супругой и детьми, претерпевая великую нужду и лишения, зачастую с опасностью для жизни. Он пересек Нидерланды и север Германии, работая в основном с представителями низшего сословия, однако распространяя свое влияние и на других. От природы красноречивый, хотя и имеющий скромное образование, он был человеком непоколебимой честности, кроткого духа и мягких манер, искреннего и серьезного благочестия, показывающим в своей собственной жизни пример следования тем заповедям, которым учил; и он внушал людям доверие. Его последователи были рассеяны и притесняемы. Они испытывали сильные страдания от того, что их причисляли к фанатичным мюнцеритам. И тем не менее вследствие трудов Менно было обращено великое множество людей.

Нигде доктрины Реформации не были приняты более широко, чем в Нидерландах. И лишь в немногих странах ее последователи испытывали более жестокие гонения. В Германии Карл V наложил на Реформацию запрет и с радостью отправил бы всех ее сторонников на костер, если бы князья не встали стеной против его тирании. В Нидерландах он обладал большей властью, и эдикты о преследованиях очень быстро следовали один за другим. Читающие Библию, слушающие или проповедующие ее, а также просто упоминающие о ней в разговоре должны были подвергнуться наказанию в виде сожжения на костре. Тайно молиться Богу или петь псалмы, удерживаться от того, чтобы кланяться изображениям, так же было наказуемо смертью. Даже те, кто отказывался от своих заблуждений, приговаривались, если это были мужчины, к смерти от меча, а если женщины – к погребению живьем. При Карле и Филиппе II были погублены тысячи жизней.

Как-то к инквизиторам привели целую семью, обвиняемую в том, что она избегала участия в мессе и проводила богослужения дома. Самый младший сын, допрашиваемый относительно их тайных действий, ответил: «Мы опускаемся на колени и молимся, чтобы Бог просветил наши умы и простил наши грехи; мы молимся за нашего государя, чтобы его правление было успешным, а жизнь – счастливой. Мы молимся за наших местных начальников, чтобы Бог сохранил их» (Wylie, т.18, гл.6). Некоторые из судей были глубоко тронуты, и все же отца и одного из его сыновей осудили на смерть на костре.

Гнев преследователей уравновешивался верой мучеников. Не одни лишь мужчины, но также и слабые женщины, и молодые девушки обнаруживали стойкое мужество. «Жены становились у костров, на которых были их мужья, и пока те претерпевали пытку огнем, они шептали им слова утешения или пели для их ободрения псалмы». «Молодые девушки ложились в могилу, чтобы быть заживо погребенными, будто входили в спальню для ночного сна; или восходили на эшафот и костер, облаченные в свои лучшие одежды, словно собирались на свою свадьбу» (Wylie, т.18, гл.6).

Сжигание перекрещенцев в XVI веке

Как и в те дни, когда язычество стремилось погубить Евангелие, кровь христиан была семенем (см. Tertullian, Apology, par. 50). Преследования служили возрастанию количества свидетелей истины. Год за годом монарх, пришедший в бешенство от неукротимой решительности народа, настаивал на своих беспощадных действиях, но напрасно. Революция под руководством доблестного Вильгельма Оранского принесла в конце концов Голландии свободу в поклонении Богу.

В горах Пьемонта, на равнинах Франции и на берегах Голландии продвижение Евангелия было отмечено кровью его приверженцев. Но в северные страны оно получило мирный доступ. Виттенбергские студенты, возвращаясь к себе домой, несли протестантскую веру в Скандинавию. Свет распространялся и благодаря публикации трудов Лютера. Прямодушные, отважные жители севера отвратились от испорченности, пышности и суеверий Рима, чтобы приветствовать чистоту, простоту и животворные истины Библии.

Таусен, «реформатор Дании», был сыном крестьянина. Уже в ранние годы мальчик отличался живым умом; он жаждал знаний, однако в этом ему было отказано из-за стесненного положения родителей, и тогда он ушел в монастырь. Здесь чистотой своей жизни, а также прилежанием и почтительностью он завоевал благосклонное отношение со стороны настоятеля. Экзамен показал, что он обладал дарованиями, которые обещали однажды в будущем сослужить хорошую службу церкви. Было принято решение дать ему образование в одном из университетов Германии или Нидерландов. Молодому студенту разрешили выбрать для себя учебное заведение, но с тем условием, что он не должен ехать в Виттенберг. Церковному стипендиату нельзя было подвергаться опасности заражения ересью. Так сказали монахи.

Таусен поехал в Кельн, который был тогда, как и сейчас, одной из твердынь католицизма. Здесь в скором времени он начал испытывать отвращение к мистицизму преподавателей. Примерно в то же самое время он приобрел сочинения Лютера. Он читал их с изумлением и наслаждением и очень жаждал получить личное наставление от реформатора. Но, поступив так, он рисковал нанести оскорбление своему монастырскому настоятелю и потерять его поддержку. Решение вскоре было принято, и он оказался внесенным в списки студентов Виттенберга.

По возвращении в Данию он опять пошел в свой монастырь. Никто еще не подозревал его в лютеранстве; он не открывал своего секрета, но стремился, не вызывая предубеждений у своих товарищей, привести их к более чистой вере и более святой жизни. Он открывал Библию, растолковывал ее подлинный смысл и в конце концов проповедовал им о праведности Христа – единственной надежде грешника на спасение. Велика была ярость настоятеля, очень рассчитывавшего на то, что Таусен станет храбрым поборником Рима. Он сразу же был переведен из этого монастыря в другой и заточен в келью, чтобы находиться под строгим наблюдением.

К ужасу его новых блюстителей, несколько монахов в скором времени заявили, что они обращены в протестантизм. Через решетку своей кельи Таусен передал своим товарищам знание истины. Будь эти датские священники опытными в том, как обходиться с ересью, голос Таусена никогда бы больше не звучал; но вместо того чтобы посадить его в какую-нибудь подземную тюрьму, они изгнали его из монастыря. Теперь они были бессильны. Королевский эдикт, только что выпущенный, обещал защиту учителям новых доктрин. Таусен приступил к проповеди. Для него открывались двери церквей, и толпы людей собирались, чтобы его услышать. Другие тоже возвещали Божье Слово. Широко распространялся переведенный на датский язык Новый Завет. Попытки, предпринимаемые папистами, чтобы ниспровергнуть это дело, в результате только расширяли его, и вскоре Дания объявила о своем принятии реформаторской веры.

Также и в Швеции молодые люди, которые отведали воды жизни из виттенбергского родника, несли ее своим землякам. Два лидера шведской Реформации, Олаф и Лаурентий Петри, сыновья кузнеца из Оребро, учились у Лютера и Меланхтона и сами усердно наставляли других в тех истинах, с которыми познакомились. Олаф, как и великий реформатор, пробуждал людей своим пылом и красноречием, тогда как Лаурентий, подобно Меланхтону, был эрудированным, задумчивым и невозмутимым. Оба они были ревностными и благочестивыми мужами, имели отличную богословскую подготовку и непоколебимую отвагу в продвижении истины. Им противодействовали паписты. Католический священник подстрекал малограмотное и суеверное население так, что Олаф Петри нередко был атакуем толпой и иногда даже едва избегал смерти. Эти реформаторы пользовались, однако, благосклонностью и защитой короля.

Во время господства Римской церкви люди погрязли в нищете и были измученны притеснениями. Их лишили Священного Писания и, обладая религией сплошных символов и церемоний, которые не несли душе света, они возвращались к суевериям и языческой практике своих предков-варваров. Народ был разделен на борющиеся между собой группировки, чье беспрестанное соперничество преумножало всеобщее страдание. Король решился на проведение преобразований в государстве и в церкви и приветствовал этих талантливых сподвижников в сражении против Рима.

В присутствии монарха и руководящих мужей Швеции Олаф Петри очень умело отстаивал доктрины протестантской веры в дискуссии с римскими поборниками. Он провозглашал, что учения отцов должны признаваться, лишь когда они соответствуют Писаниям, что важнейшие догматы веры представлены в Библии ясно и просто, так что любой человек может их понять. Христос сказал: «Мое учение – не Мое, но Пославшего Меня» (Ев. Иоанна 7:16), а Павел заявил, что если он будет проповедовать любое другое Евангелие, кроме принятого им, то да будет анафема (см. Галатам 1:8). «Как же тогда, – сказал реформатор, – другие позволяют себе предписывать правила веры по своему изволению и принуждать к ним, как к чему-то требующемуся для спасения?» (Wylie, т.10, гл.4). Он объяснял, что декреты церкви не имеют авторитета, если находятся в противоречии с Заповедями Божьими, и отстаивал великий принцип протестантизма, что «Библия и только Библия» является мерилом веры и действий.

Это противостояние, хотя и происходившее на сцене сравнительно неприметной, служит тому, чтобы показать нам «класс людей, составлявших ряды и шеренги армии реформаторов. Они не были невеждами, сектантами, шумными спорщиками – это далеко не так; они были людьми, которые исследовали Божье Слово и прекрасно знали, как обращаться с тем «вооружением», которым снабдила их Библия. В отношении эрудиции, они опережали свою эпоху. Когда мы сосредоточиваем свое внимание на таких замечательных центрах, как Виттенберг и Цюрих, и на таких известных именах, как Лютер и Меланхтон, Цвингли и Эколампадий, тогда нам, вероятно, будут говорить, что это были лидеры движения, и мы, разумеется, должны ожидать от них удивительных способностей и огромных достижений, а их последователи не были похожи на них. Что ж, обратимся к малоизвестным событиям в Швеции и к скромным именам Олафа и

Лаурентия Петри – от наставников к ученикам; и что же мы обнаружим?.. Мы обнаружим знатоков и теологов, людей, которые полностью усвоили всю систему евангельской истины и с легкостью побеждали университетских ученых и римских сановников» (Wylie, т.10, гл.4).

Вследствие этих дискуссий король Швеции принял протестантское вероисповедание, а вскоре после этого и национальное собрание высказалось в его пользу. Новый Завет был переведен Олафом Петри на шведский язык, и по желанию короля два брата занялись переводом всей Библии. Так жители Швеции в первый раз получили Божье Слово на родном языке. Законодательное собрание предписало служителям во всем королевстве объяснять Писания, а в школах следовало обучать детей чтению Библии.

Медленно, но верно тьма неведения и предрассудков отступала пред благодатным светом Евангелия. Избавленное от римского гнета государство приобрело силу и величие, которых никогда раньше не имело. Швеция стала одним из оплотов протестантизма. Веком позже, во времена крайней опасности, эта маленькая и прежде немощная нация – единственная в Европе – отважилась протянуть руку помощи Германии для ее освобождения в жестоком сражении Тридцатилетней войны. Вся Северная Европа, казалось, вновь подвергнется римскому произволу. Именно войска Швеции дали возможность Германии повернуть вспять успех папистов, отвоевать веротерпимость для протестантов – как кальвинистов, так и лютеран – и также восстановить свободу совести в тех странах, которые приняли Реформацию.

ГЛАВА **14**

Дальнейшая Реформация в Англии

Уильям Тиндейл (1484-1536) издал первую Библию на английском языке и был предан за это одним из своих друзей. Он погиб, чтобы другие могли познать Жизнь. Джон Нокс не боялся никого, даже шотландской королевы, по приказу которой было убито бессчетное количество христиан. Он добился успеха и приобрел для Бога Шотландию. Также здесь упоминаются Джон (1703-1791) и Чарлз Уэсли (1707-1769), Джордж Уайтфилд (1714-1769).

Когда Лютер открывал жителям Германии сокрытую от них Библию, Дух Божий побудил Тиндейла совершить то же самое для Англии. Библия Уиклифа была переведена с латинского текста, который содержал много ошибок. Она никогда не была издана, а стоимость рукописных копий была настолько высокой, что мало кто, за исключением богатых людей или знати, имел возможность покупать их; более того, эти рукописи находились под строжайшим запретом церкви, и их было сравнительно мало. В 1516 году, годом раньше, чем вышли тезисы Лютера, Эразм опубликовал свою греческую и латинскую версию Нового Завета. Тогда Божье Слово было в первый раз издано на языке оригинала. В этом труде были устранены многие ошибки прежних версий, а смысл передан яснее. Это привело многих просвещенных людей к более основательному познанию истины и придало новый импульс работе преобразования. Но простые люди в своем большинстве были лишены Слова Божьего. Тиндейлу надлежало завершить работу Уиклифа, подарив Библию своим согражданам.

Прилежно учась и искренне стремясь к правде, Тиндейл принял Евангелие из греческого Завета Эразма. Он смело возвещал о своих убеждениях, неустанно повторяя, что все доктрины должны испытываться Писаниями. В ответ на утверждение папистов о том, что церковь дала Библию и только церковь может ее изъяснять, Тиндейл говорил: «Вы знаете, Кто научил орлов находить свою добычу? Итак, Тот же Бог учит Своих голодных детей находить своего Отца в Его Слове. Вовсе не вы дали нам Писания, но именно вы скрыли их от нас; именно вы сжигаете тех, кто наставляет в них; и если бы вы могли, вы бы предали огню и сами Писания» (D'Aubigne, History of the Reformation of the Sixteenth Century, т.18, гл.4).

Проповеди Тиндейла пробудили великий интерес; многие принимали истину. Но священники были наготове, и стоило ему оставить место действия, как они своими угрозами и обманом старались препятствовать его работе. Слишком часто они имели успех. «Что делать? – восклицал он. – Пока я сею на одном поле, враг опустошает другое, которое я только что покинул. Я не в состоянии находиться повсюду. О, если бы христиане обладали Священным Писанием на своем родном языке, они могли бы сами противостоять этим софистам! Невозможно без Библии укоренять мирян в истине» (Там же, т.18, гл.4).

Новая цель овладела его разумом. «Именно на языке Израиля, – говорил он, – пелись псалмы в храме Иеговы; и не надлежит ли Евангелию звучать среди нас на английском языке?.. Должна ли церковь иметь меньше света в полдень, нежели на рассвете?.. Христианам надобно читать Новый Завет на своем родном языке». Теологи и церковные наставники не ладили между собой. Только лишь посредством Библии люди могли прийти к истине. «Один придерживается мнения этого богослова, другой – иного... И каждый из этих авторов противоречит другому. Как же тогда мы можем отличить того, кто говорит правду, от того, кто ошибается?.. Как?.. Истинно, Словом Божьим» (Там же, т.18, гл.4).

Вскоре после этого некий ученый католический богослов, дискутируя с ним, воскликнул: «Для нас было бы лучше быть без законов Бога, чем без законов папы». В ответ Тиндейл сказал: «Я бросаю вызов папе и всем его законам; и если Бог сохранит мне жизнь, то я постараюсь сделать так, что пройдет немного лет – и мальчик за плугом будет разбираться в Священном Писании больше, чем вы» (Anderson, Annals of the English Bible, стр. 19).

Теперь он укрепился в мысли дать людям Новый Завет на их родном языке и сразу же взялся за работу. Вынужденный покинуть свой дом из-за преследований, он поехал в Лондон и там в течение какого-то времени спокойно работал. Но неистовство папистов вновь вынудило его к бегству. Вся Англия казалась закрытой для него, и он принял решение найти пристанище в Германии. Здесь он начал печатать Новый Завет на английском. Два раза работу останавливали; но когда налагали запрет печатать в одном городе, он шел в другой. В конце концов, он отправился в Вормс, где за несколько лет до этого Лютер отстаивал Евангелие перед сеймом. В этом старом городе находилось много приверженцев Реформации, и Тиндейл без дальнейших препятствий продолжил там свой труд. Три тысячи копий Нового Завета в скором времени были подготовлены, и в том же году последовало другое издание.

С большой серьезностью и упорством он продолжал свою работу. Несмотря на то что власти Англии со строжайшим вниманием относились к охране своих портов, Слово Божье разными способами секретно переправлялось в Лондон, а затем распространялось по всей стране. Паписты предпринимали попытки подавить истину, но напрасно. Епископ Дарема за один раз купил у продавца книг, друга Тиндейла, все имеющиеся у него Библии с целью их уничтожения, думая, что это сильно помешает его работе. Но, напротив, деньги, полученные таким образом, помогли закупить материал для нового и лучшего издания, которое, если бы не этот случай, не могло быть опубликовано. Когда позже Тиндейл был заключен в темницу, ему предложили свободу на условии, что он откроет имена тех, кто помог ему с расходами на печать его Библий. В ответ он сказал, что епископ Дарема сделал больше, чем кто-либо другой, поскольку, заплатив высокую цену за имевшиеся у него книги, он дал ему возможность смело продолжать свое дело.

Тиндейла предали, и он попал в руки своих врагов, страдая в заточении в течение многих месяцев. Наконец, он засвидетельствовал о своей вере мученической смертью; но «оружие», которое он подготовил, сделало других воинов способными вести бой во все века, даже до нынешнего времени.

Латимер с кафедры убеждал, что Библию следует читать на языке народа. «Автором Священного Писания, – сказал он, – является Сам Бог»; и это Писание отражает могущество и вечность вместе со своим Автором. «Ни король, ни император... не имеют права не повиноваться ему». «Давайте поостережемся тех окольных путей человеческих традиций, полных камней, колючек и вырванных с корнем деревьев. Давайте будем следовать прямым путем Слова. Нас касается не то, что сделали отцы, но, скорее, то, что они должны были сделать» (Hugh Latimer, „First Sermon Preached Before King Edward VI").

Барнс и Фрит, верные друзья Тиндейла, поднялись, чтобы отстаивать истину. Ридли и Кранмер последовали за ними. Эти лидеры английской Реформации были учеными мужами, и большинству из них в католическом сообществе давали высокую оценку за рвение и благочестие. Их оппозиция по отношению к папству являлась следствием того, что они знали о заблуждениях «святого престола». Знакомство с тайнами Вавилона придавало их свидетельствам против него больше силы.

«Сейчас я задам вам необычный вопрос, – сказал Латимер. – Кто самый прилежный епископ в Англии?.. Я вижу, что вы слушаете и внимаете, ожидая, что я назову его имя... Я скажу вам. Это дьявол... Он никогда не находится вне своей епархии; призовите его, когда захотите – он всегда дома... Он всегда при деле... Я гарантирую вам, вы никогда не найдете его бездействующим... Где обитает дьявол... там пропадают книги и выставляются свечи; уничтожаются Библии и умножаются четки; устраняется свет Евангелия и появляется мерцание свечей, даже в полдень... повергается крест Христов и появляется опустошающее кошельки чистилище... уже не одевают нагих, бедных и беспомощных, но украшают образа и камни с деревом; возвышают людские традиции и законы, унижают Божьи установления и Его святейшее Слово... О, если бы наши прелаты так же прилежно разбрасывали семена хорошего учения, как сатана сеет плевелы!» (Там же, „Sermon of the Plough").

Основным принципом, поддерживаемым этими реформаторами, как и вальденсами, Уиклифом, Яном Гусом, Лютером, Цвингли и теми, кто объединился с ними, был надежный авторитет Священного Писания как мерила веры и дел. Они не признавали право пап, соборов, отцов церкви и королей осуществлять контроль над совестью в вопросах религии. Библия была их авторитетом, и ее учением они испытывали все доктрины и все притязания. Вера в Бога и Его Слово поддерживала этих святых мужей, когда они отдавали свои жизни на костре. «Будь спокоен, – крикнул Латимер своему другу-мученику, когда языки пламени вот-вот готовы были заставить их замолчать, – в этот день Божьей благодатью мы зажжем такую свечу в Англии, которая, я верю, никогда не будет погашена» (Works of Hugh Latimer, vol.1, p.xiii).

В Шотландии семена истины, разбросанные Колумбой и его соработниками, никогда не были до конца уничтожены. На протяжении сотен лет, последующих за тем как церкви в Англии покорились Риму, церкви в Шотландии сохраняли свою свободу. Все же в двенадцатом веке папство установилось и здесь, и ни в одной стране оно не осуществляло более полного господства. Нигде тьма не была более непроглядной. Тем не менее появились лучи света, пронзая мглу и давая обещание о наступлении нового дня. Лолларды, приезжавшие из Англии с Библией и учениями Уиклифа, сделали много, чтобы сберечь знание Евангелия, и в каждом веке имелись его свидетели и мученики.

Когда началась великая Реформация, появились труды Лютера, а затем и английский Новый Завет Тиндейла. Незамеченные церковной иерархией, эти посланники бесшумно преодолевали горы и долины, раздувая светоч истины, почти полностью потухший в Шотландии, и разрушая ту работу, которая совершалась Римом на протяжении четырех веков угнетения.

Затем кровь мучеников придала этому движению дополнительный импульс. Папские лидеры, внезапно уразумевшие, какая опасность угрожала их делу, заживо сожгли кое-кого из наиболее выдающихся и почитаемых сынов Шотландии. Однако тем самым они только установили кафедру, с которой слова этих погибающих свидетелей стали слышны всей стране, приводя в трепет души людей неугасающим стремлением избавиться от римских уз.

Хамилтон и Уишарт, благородные не только по крови, но и по характеру, вместе с множеством учеников более скромного происхождения отдали свои жизни на костре. Но от горящего костра Уишарта пришел тот, которого языкам пламени не суждено было заставить замолчать; тот, кто под руководством Бога должен был предвестить гибель папству в Шотландии.

Джон Нокс отвернулся от преданий и мистицизма церкви, чтобы питаться истинами Слова Божьего, учение Уишарта утвердило его в решении отказаться от общения с Римом и объединиться с преследуемыми реформаторами.

Его соратники посоветовали ему взять на себя служение проповедника, но он в страхе отпрянул, испугавшись такой ответственности, и только лишь после многих дней затворничества и мучительной борьбы с самим собой дал на это согласие. Но приняв однажды это служение, он на протяжении всей своей жизни продвигался вперед с твердой решимостью и неустрашимой отвагой. Этот преданный реформатор не боялся людей. Костры с мучениками, горящие вокруг него, служили только тому, чтобы усиливать его рвение. Секира тирана грозно нависла над его головой, но он отстаивал свою позицию, отважно нанося удары направо и налево и поражая идолопоклонство.

Джон Нокс непоколебимо свидетельствовал об истине, находясь лицом к лицу с королевой Шотландии, в чьем присутствии ослабевал пыл многих протестантских лидеров. Его невозможно было одолеть лестью; он не дрожал перед угрозами. Королева обвинила его в ереси. Он учил людей принимать религию, запрещенную государством, объявила она, и таким образом преступил Божье повеление, предписывающее гражданам повиноваться своим правителям. В ответ Нокс решительно заявил:

«Поскольку подлинная религия не берет ни первоначальную силу, ни власть от мирских правителей, но от одного лишь вечного Бога, то и граждане не обязаны строить свою веру в соответствии со вкусами правителей. Потому что нередко власть имущие более чем кто-либо другой невежественны относительно истинной религии Бога... Если бы все семя Авраамово следовало религии фараона, чьими подданными они были долгое время, скажите на милость, государыня, какой была бы религия в мире? Или если бы во времена апостолов все практиковали религию римских императоров, то какой была бы сейчас религия по всему лицу земли?.. И поэтому, государыня, вы можете понять, что подданные не привязаны к религии своих князей, хотя им и заповедано их слушаться».

Мария сказала: «Вы интерпретируете Писание так, а они [римско-католические учителя] толкуют его иначе; кому мне верить и кто должен быть судьей?»

«Вы верьте Богу, Который ясно говорит в Своем Слове, – ответил реформатор. – И вы не будете верить ни мне, ни им, если Слово так не учит. Слово Божье по сути является простым для разумения, и если какое-то место оказывается непонятным, Святой Дух, никогда не противоречащий Самому Себе, ясно объясняет то же самое в других местах, так что ни у кого не может остаться сомнения, кроме как у тех, кто упрямо остается невеждой» (David Laing, The Collected Works of John Knox, т.2, стр. 281,284).

Таковы были истины, которые смелый реформатор с опасностью для жизни говорил в уши царственной особы. С такой же несгибаемой отвагой он держался своей цели, молясь и ведя битвы Господни, пока Шотландия не освободилась от папства.

В Англии учреждение протестантизма в качестве национальной религии ослабило, но не полностью остановило гонения. В то время как от многих учений Рима отказались, все же оставили немало его церемоний и обрядов.

Верховенство папы отвергли, но на его место возвели короля как главу церкви. Церковная служба все еще была далека от чистоты и простоты Евангелия. Великий принцип свободы вероисповедания еще не был понят. Несмотря на то что к тем отвратительным жестокостям, которые применял против ереси Рим, протестантские правители прибегали очень редко, все же право каждого человека поклоняться Богу в соответствии с велениями его собственной совести признано не было. От всех требовалось принятие доктрин и соблюдение форм богослужения, установленных государственной церковью. В течение сотен лет несогласные с этим в той или иной степени претерпевали преследования.

В семнадцатом веке тысячи духовных наставников были смещены со своих постов. Под страхом крупных штрафов, лишения свободы и ссылки людям было запрещено ходить на любые религиозные собрания, кроме санкционированных церковью. Те верные души, которые не могли не собираться вместе для поклонения Богу, вынуждены были встречаться в темных переулках, мрачных чердаках, а когда к этому располагало время года – в лесах, причем в полночь. В укромных чащах леса – в храмах, созданных самим Богом, – эти рассеянные и преследуемые дети Господа собирались, чтобы излить свои души Ему в молитве и хвале. Но, несмотря на все меры предосторожности, многие пострадали за свою веру. Тюрьмы были переполнены, семьи – разрушены. Многие были изгнаны в другие страны. Однако Бог оставался со Своим народом, и преследования не могли одолеть их, чтобы остановить свидетельство. Многие переправились через океан в Америку и здесь заложили фундамент гражданской и религиозной свободы, ставшей оплотом и славой этой страны.

Гонения опять, как и во времена апостолов, содействовали продвижению Евангелия. В отвратительном подземелье, битком набитом распутниками и злодеями, Джон Буньян дышал атмосферой самого Неба, и там он сочинил свою замечательную аллегорию о путешествии пилигрима из города Гибель в Божественный град. В течение более чем двух столетий этот голос, прозвучавший когда-то из Бедфордской тюрьмы с огромной силой говорит к сердцам людей. «Путешествие пилигрима» Буньяна и его «Преизбыточная милость к величайшему из грешников» направили стопы многих на путь жизни.

Бакстер, Флэвел, Элэйн и другие одаренные, просвещенные люди с глубоким опытом практического христианства отважно встали на защиту веры, однажды переданной святым (см. Иуды 3 – прим. ред.). Дело, осуществленное этими мужами, которых правители мира сего изгнали и объявили вне закона, никогда не умрет. «Источник жизни» и «Действие благодати» Флэвела научили тысячи, как вверять для сохранности свои души Христу. Труд «Возрожденный пастырь» Бакстера оказался благословением для многих, кто желал возрождающей работы Бога, а его сочинение «Вечный покой святых» выполнило свою работу, приведя души к «покою», еще остающемуся для народа Божия (см. Евреям 4:10 – прим. ред.).

Веком позже, во дни великой духовной тьмы, носителями света от Бога явились Уайтфилд и братья Уэсли. Под владычеством признанной церкви народ Англии впал в состояние религиозного отступничества, так что мало чем отличался от язычников. Естественная религия (религия, основанная скорее на разуме и обычном опыте, нежели на сверхъестественном откровении – прим. ред.) была любимым предметом изучения духовенства и содержала в себе большую часть их теологии. Высшее сословие насмехалось над благочестием и гордилось тем, что было выше того, что они называли фанатизмом. Низшие слои общества были чрезвычайно невежественными и предавались пороку, в то время как церковь не имела смелости или веры, для того чтобы дальше поддерживать разоренное дело истины.

Великое учение об оправдании по вере, так ясно преподанное Лютером, было почти полностью потеряно из виду, а его место занял римско-католический принцип спасения по добрым делам. Уайтфилд и братья Уэсли, которые были членами признанной церкви, являлись искренними искателями расположения Божьего, а оно, как их наставляли, обеспечивалось добродетельной жизнью и выполнением религиозных церемоний.

Когда Чарлз Уэсли однажды заболел и ожидал приближения смерти, его спросили, на чем покоится его надежда на вечную жизнь. Он ответил: «Все мои стремления я направил на служение Богу». И так как Уэсли показалось, что друг, который спросил об этом, не удовлетворился его ответом, он подумал: «Как?! Разве мои усилия не являются достаточным основанием для надежды? А если бы их отняли у меня? Мне тогда больше не на что полагаться» (John Whitehead, Life of the Rev. Charles Wesley, стр. 102). Такой густой была тьма, которая опустилась на церковь, скрывая искупление, отбирая у Христа Его славу и отвращая умы людей от их единственной надежды на спасение – крови распятого Искупителя.

Уэсли и его сподвижники были подведены к тому, чтобы понять, что подлинная религия находится в сердце и что Божий закон простирается не только на слова и дела, но и на мысли. Убежденные в необходимости иметь святость сердца, как и безукоризненность внешнего поведения, они искренно устремились к новой жизни. Прилагая самые настойчивые усилия и молясь, они пытались подавить естественные злые наклонности сердца. Они жили жизнью самоотречения, благотворительности и смирения, с величайшей строгостью и точностью соблюдая все меры, которые, как они думали, могли бы быть полезными в обретении наиболее желаемого ими – той святости, которая обеспечила бы благорасположение Бога. Но они не достигли той цели, к которой стремились. Тщетны были их попытки освободить самих себя от осуждения за грех и разрушить его власть. Это была та же борьба, какую пережил Лютер в своей обители в Эрфурте. Это был тот же вопрос, который терзал и его душу: «Как оправдается человек пред Богом?» (Иов 9:2).

Пламя Божественной истины, практически потухшее на алтарях протестантизма, должно было вновь разгореться от древнего факела, переданного богемскими христианами младшим поколениям. После Реформации протестантизм в Богемии был затоптан ордами Рима. Все, кто отказался отречься от истины, были вынуждены спасаться бегством. Некоторые из них, найдя укрытие в Саксонии, сохраняли там древнюю веру. Именно от потомков тех христиан свет пришел к Уэсли и его единомышленникам.

Джона и Чарлза Уэсли после посвящения на служение отправили с миссией в Америку. На борту корабля была группа моравских братьев. Пока они плыли, на них обрушивались неистовые морские бури, и Джон Уэсли, столкнувшись лицом к лицу со смертью, ощутил, что у него нет уверенности в своем мире с Богом. Немцы, напротив, проявляли невозмутимость и веру, которых он не испытывал.

«Задолго до этого, – говорит он, – я замечал великую серьезность их поведения. Они непрестанно выражали свое смирение тем, что оказывали другим пассажирам такие рабские услуги, за которые ни один англичанин не взялся бы и за которые они не просили и не стали бы брать плату, говоря, что это хорошо для их гордых сердец и что их любящий Спаситель сделал для них много больше. И так каждый день у них была возможность показать кротость, которую не могло поколебать никакое оскорбление. Когда их толкали, колотили

или сбивали с ног, они поднимались снова и уходили, но от них не было слышно ни единой жалобы. И вот предоставился удобный случай проверить, избавлены ли они также и от духа страха, как от духа гордыни, злобы и мстительности. Когда они пели псалом, открывавший их богослужение, вдруг накатилась волна, в клочья разорвала главный парус, покрыла корабль и заполнила собой всю палубу, так что создалось впечатление, что нас уже затянуло в эту великую пучину. Англичане в ужасе начали пронзительно кричать. Немцы же невозмутимо продолжали петь. Впоследствии я задал одному из них вопрос: „Вам не было страшно?" Он ответил: „Слава Богу, нет". Я спросил: „Но неужели не испугались ваши женщины и дети?" Он мягко ответил: „Нет, наши женщины и дети не боятся умереть"» **(Whitehead, Life of the Rev. John Wesley, стр. 10).**

По прибытии в Саванну Уэсли какое-то время оставался с моравскими братьями и был глубоко впечатлен их христианским поведением. Об одной из религиозных служб, находившейся в разительном контрасте с безжизненным формализмом англиканской церкви, он писал: «Удивительная скромность, а также торжественность всего происходящего почти заставили меня забыть, что я живу на семнадцать столетий позже, и я представил себе, что нахожусь на одном из тех собраний, где еще не было ни церемоний, ни помпезности, но Павел, изготовитель палаток, или Петр, рыбак, проводили его; к тому же, ощущалось присутствие Святого Духа и Его силы» **(Там же, стр. 11-12).**

Вернувшись в Англию, Уэсли, наставленный одним моравским проповедником, достиг более четкого понимания библейской веры. Он пришел к убеждению, что для обретения спасения нужно перестать зависеть от своих дел и полностью довериться Агнцу Божьему, «который берет на Себя грех мира» **(Ев. Иоанна 1:29 – прим. ред.).** На встрече моравского сообщества в Лондоне было зачитано утверждение Лютера, описывающее изменение, которое Дух Божий производит в сердце верующего. Когда Уэсли слушал это, в его душе возгорелась вера. «Я ощутил, как мое сердце удивительным образом потеплело, – говорил он. – Я почувствовал, что доверяю спасение Христу, и только Христу; и мне было даровано заверение, что Он забрал мои грехи, даже мои, и освободил меня от закона греха и смерти» **(Там же, стр. 52).**

Все долгие годы утомительных и безрезультатных усилий, жесткого самоограничения, бесчестья и унижения Уэсли неизменно оставался верен одному своему стремлению – поиску Бога. Сейчас он отыскал Его и обнаружил, что благодать, для обретения которой он усиленно трудился, молясь и постясь, совершая благотворительные акты и практикуя самоотречение, была даром Божьим «без серебра и без платы» (Исаия 55:1 – прим. ред.).

Однажды укоренившись в Христовой вере, вся его душа сгорала от жажды познакомить всех со славным Евангелием дарованной Божьей милости. «Весь мир я рассматриваю как свой приход, – сказал он. – В каком бы его уголке я ни был, своей привилегией и долгом я полагаю проповедовать всем, кто захочет слушать, радостные вести о спасении» (Там же, стр. 74).

Он продолжал жить жизнью строгого самоотречения, которая, однако, являлась уже не мотивом его веры, а ее результатом; не корнем, а плодом святости. Упование христианина базируется на Божьей благодати во Христе, и эта благодать обнаружится в смирении. Жизнь Уэсли была посвящена провозглашению великих истин, принятых им: оправданию по вере в искупительную кровь Христа и воздействию на сердце возрождающей силы Святого Духа, приносящей плод в виде жизни, в которой руководствуются примером Христа.

Уайтфилд и братья Уэсли были приготовлены к своей работе давним и сильным личным убеждением в собственном потерянном состоянии; и чтобы сделаться способными претерпевать трудности, как добрые воины Христа, они подверглись суровому испытанию презрением, высмеиванием и преследованием как в университете, так и тогда, когда приступили к служению. Их и нескольких других благожелательно относившихся к ним студентов безбожные сокурсники с презрением нарекли методистами – это то имя, которое сейчас рассматривается как почетное в одной из крупнейших деноминаций Англии и Америки.

Как члены англиканской церкви, они были сильно привязаны к ее религиозным обрядам, однако Господь представил им в Своем Слове более высокий стандарт. Святой Дух убеждал их возвещать о Христе, о Христе распятом. Сила Превознесенного сопутствовала их работе. Тысячи людей были убеждены и истинно обращены. Требовалось оградить этих овец от рыскающих волков. Уэсли вовсе не думал о создании еще одной религиозной конфессии, но он образовал из них то, что получило название Методистского объединения.

Непостижимым и тяжелым было сопротивление со стороны признанной церкви, с которым сталкивались эти проповедники, однако Бог по Своей мудрости повернул события так, чтобы вызвать начало преобразований внутри самой церкви. Если бы они пришли полностью извне, то не проникли бы туда, где были столь необходимы. Но так как проповедники духовного пробуждения сами являлись членами церкви и работали внутри нее, где бы им только ни предоставлялась для этого возможность, то истина нашла вход в те двери, которые в противном случае остались бы запертыми. Некоторые представители духовенства были выведены из своего морального ступора и стали горячо проповедовать в своих собственных приходах. Церкви, закоснелые в обрядовости, были возвращены к жизни.

Во дни Уэсли, как и во все периоды церковной истории, люди разных дарований совершали порученное им дело. Хотя они и не приходили к согласию по поводу каждого пункта веры, однако все были побуждаемы к действию Божьим Духом и имели общую всепоглощающую цель: завоевывать души для Христа. Расхождения во взглядах Уайтфилда и братьев Уэсли одно время угрожали тем, что могли вызвать у них отчуждение; но поскольку они научились смирению в школе Христа, то терпение и проявление милости по отношению друг к другу помогли им урегулировать свои взаимоотношения. У них не было времени дискутировать, пока повсюду преизобиловали заблуждение и нечестие, а грешники погибали.

Рабы Божьи шагали по неровному пути. Влиятельные и ученые мужи пользовались для противодействия им своими полномочиями. Спустя некоторое время многие представители духовенства стали решительно проявлять к ним враждебность, и двери церквей затворились для чистой веры и для тех, кто ее провозглашал. Образ действий священников, осуждаемый с кафедры, пробудил силы тьмы, невежества и беззакония. Снова и снова Джон Уэсли избегал смерти благодаря чуду Божьей милости. Когда против него возбуждалась ярость толпы и казалось, что уже нет пути к спасению, ангел в человеческом облике вставал на его сторону, толпа отступала, и раб Христов безопасно уходил от угрожающей опасности.

Уэсли поведал об одном из таких случаев своего избавления от рук разъяренной толпы: «Многие стремились повалить меня на землю, пока мы шли по склону холма скользкой тропой в направлении городка, видимо, считая, что однажды оказавшись на земле, я едва ли поднимусь вновь. Однако я вообще не оступался и ни разу не поскользнулся, пока не оказался полностью вне их досягаемости... Хотя многие старались ухватить меня за ворот или одежду, чтобы сбить с ног, но им это не удавалось. Только один сумел дотянуться до клапана кармана моего жилета, который вскоре остался у него в руке; другой карман, в котором находилась банкнота, был оторван лишь наполовину... Крепкий мужчина, шедший позади с большой дубовой палкой в руках, неоднократно нападал на меня; и если бы он хоть раз попал мне этой палкой по затылку, ему не пришлось бы больше ни о чем беспокоиться. Тем не менее каждый раз удар отводился, хотя я не имею представления как это могло быть, поскольку я не имел возможности отстраняться ни вправо, ни влево... Еще один человек пробрался сквозь толчею и поднял руку для удара, но вдруг опустил ее, лишь погладив меня по голове со словами: „Какие мягкие у него волосы!"... Среди людей, чьи сердца обратились самыми первыми, оказались городские молодчики, по любому случаю возглавлявшие толпу, и один из них был призовым борцом беар-бейтинга (травли зверей в медвежьем саду – прим. ред.)...

Насколько же великодушно Бог готовит нас к принятию Его воли! Два года назад кусок кирпича оцарапал мои плечи. Через год после этого мне попали камнем между глаз. В прошлом месяце меня разок ударили, а нынче вечером – два раза; в первый раз – перед тем, как мы вошли в город, а в другой – после того, как нас заставили его покинуть; но оба удара были несущественными; потому что, хотя один человек со всей силы и ударил меня в грудь, а второй – по губам, причем с такой силой, что сразу же полилась кровь, все же от каждого из ударов я ощутил не больше боли, чем если бы они дотронулись до меня соломинкой» (John Wesley, Works, т.3, стр. 297-298).

Методисты того раннего периода – простые люди наравне с проповедниками – высмеивались и преследовались не только явными неверующими, возбужденными ложными о них сведениями, но и членами церкви, которые им эти сведения предоставляли. Верующих привлекали к судам справедливости, которые были таковыми только по названию, так как справедливость была редкостью в судах того времени. Нередко они страдали от жестокости со стороны своих преследователей. Буйствующие толпы врывались в дома, ломая мебель и портя имущество, присваивая себе силой все, что понравилось, и зверски обращаясь с мужчинами, женщинами и детьми. В некоторых случаях были расклеены плакаты, призывающие всех желающих собраться в условленное время и место, чтобы помочь разбивать окна и грабить дома методистов. Такое откровенное нарушение человеческого и Божьего закона дозволялось без единого замечания. Регулярные гонения проводились на тех, чьей единственной виной было стремление сделать так, чтобы грешники сошли с пути погибели и встали на путь святости.

Джон Уэсли сказал по поводу обвинений против него и его единомышленников: «Кое-кто заявляет, что доктрины этих мужей фальшивые, неверные и фанатичные, что они новые и до сих пор неслыханные, что это квакерство, фанатизм и папство. Все эти доводы ни на чем не базируются; было уже в полном объеме показано, что каждый аспект этой веры является очевидным учением Писаний, разъясненным нашей собственной церковью. Поэтому оно не может быть ни фальшивым, ни неверным, поскольку Священное Писание истинно». «Другие заявляют: „Их доктрины чересчур строгие, они делают путь на Небеса очень тесным". И это, по правде говоря, и есть настоящее основание для возражений, некоторое время оно было почти что единственным и теперь является скрытой причиной тысяч других, появляющихся в различных формах. Однако неужели они делают путь на Небо теснее, чем его сделали Господь и Его ученики? Неужели их вероучение жестче, чем учение Библии? Рассмотрим лишь несколько простых текстов: „Возлюби Господа Бога твоего всем сердцем твоим, и всею душою твоею, и всею крепостию твоею, и всем разумением твоим" (Ев. Луки 10:27 – прим. ред.). „За всякое праздное слово, какое скажут люди, дадут они ответ в день суда" (Ев. Матфея 12:36 – прим. ред.). „Едите ли, пьете ли, или (иное) что делаете, все делайте во славу Божию" (1 Коринфянам 10:31 – прим. ред.).

Если их учение строже, чем это, тогда они заслуживают укора; но вы знаете, рассуждая по совести, что это не так. И кто может на одну йоту быть менее строгим, не повреждая Слово Божье? Может ли управитель тайн Божьих быть найден верным, если он исказит хотя бы одну часть этого священного сокровища? Нет. Он ничего не может отменить, он ничего не может смягчить, он вынужден объявлять всем: „Мне нельзя принижать Священное Писание, чтобы оно было вам по вкусу. Вы должны сами подняться до него или навсегда погибнуть". Это подлинное основание для другого популярного возгласа возражения, касающегося „отсутствия милосердия у этих людей". Они немилосердны? В каком смысле? Они не дают пропитания голодным и одежду нагим? „Нет, не в этом дело, этого им хватает; но они так немилосердны в суждении! Они думают, что никто не может спастись, кроме идущих их путем"» (Там же, т.3., стр.152-153).

Ослабление духовности, произошедшее в Англии как раз перед наступлением дней Уэсли, было в большой степени результатом антиномического учения. Многие проповедовали, что Христос упразднил Нравственный закон и что христиане поэтому больше не связаны им, что верующий свободен от «рабства добрых дел». Иные, соглашаясь с тем, что закон незыблем, все же провозглашали, что служителям не обязательно убеждать людей повиноваться его заповедям, так как те, кого Бог избрал для спасения, будут «чрезвычайно сильным призывом Божественной благодати ведомы к жизни благочестия и добродетели», тогда как приговоренные к вечному осуждению, «не имеют силы повиноваться Божьему закону».

Иные, придерживающиеся того же мнения, что «избранные не могут ни отпасть от благодати, ни потерять Божье благоволение», сделали еще более чудовищное заключение: «злые деяния, творимые ими, не являются на самом деле греховными и не должны рассматриваться как примеры несоблюдения Божьего закона, и поэтому нет основания для того, чтобы они признали свои грехи или покончили с ними, покаявшись в них» (McClintock and Strong, Cyclopedia, art. «Antinomians»). Вследствие этого они провозглашали, что ни один даже из самых мерзких грехов, «признаваемых всеми ужасным нарушением Божественного закона, не рассматривается Богом как грех», если его соделал один из Его избранных, «потому что одной из существенных и отличительных характеристик избранных и является то, что они не могут совершить ничего, что вызывало бы недовольство Бога или не было бы разрешено законом».

Эти абсурдные догматы являются по сути тем же, что и недавнее учение популярных наставников и теологов о том, что нет неизменного Божественного закона как критерия того, что правильно, но что моральный стандарт устанавливается самим обществом и непрестанно меняется. Все эти мысли внушает дух того же господина, который даже среди безгрешных обитателей Небес проводил работу по подрыву праведных ограничений Божьего закона.

Учение о Божественном предопределении, неизменно определяющем характер человека, многих привело, фактически, к отвержению Божьего закона. Уэсли твердо противостал заблуждениям проповедников антиномического учения и показал, что эта доктрина, ведущая к антиномизму, не согласуется с Писаниями. «Ибо явилась благодать Божия, спасительная для всех человеков» (Титу 2:11). «Ибо это хорошо и угодно Спасителю нашему Богу, Который хочет, чтобы все люди спаслись и достигли познания истины. Ибо един Бог, един и посредник между Богом и человеками, человек Христос Иисус, предавший Себя для искупления всех» (1 Тимофею 2:3-6). Дух Божий дается даром, чтобы каждый человек мог иметь путь ко спасению. Таким образом, Христос, «Свет истинный... просвещает всякого человека, приходящего в мир» (Ев. Иоанна 1:9). Люди не получают спасения только из-за своего сознательного отклонения дара жизни.

Отвечая на заявление о том, что смертью Христос отменил предписания Десятисловия вместе с церемониальным законом, Уэсли сказал: «Нравственный закон, содержащийся в Десяти заповедях и приведенный в исполнение пророками, Он не упразднял. В Его пришествии не было замысла отменить какую-либо его часть. Это закон, который никогда не может быть разрушен, он „вовек будет тверд... верный свидетель на Небесах" (Псалом 88:38 – прим. ред.)... Он был от создания мира, будучи написанным „не на скрижалях каменных" (2 Коринфянам 3:3 – прим. ред.), а в сердцах всех детей человеческих, когда они выходили из рук Создателя. Но несмотря на то что буквы, написанные однажды перстом Божьим, теперь в большой степени затерты грехом, все же они не могут быть полностью изглажены, пока у нас есть хоть какое-то осознание того, что такое добро, а что – зло. Каждая часть этого закона должна действовать для всего рода людского, во все эпохи; он не зависит ни от времени, ни от места, ни от других меняющихся обстоятельств, но от природы Бога и природы человека, а также от их незыблемой связи друг с другом.

„Не думайте, что Я пришел нарушить закон или пророков: не нарушить пришел Я, но исполнить" (Ев. Матфея 5:17 – прим. ред.)... Без сомнения, то, что Он имеет в виду в этом стихе (в согласии с контекстом) – это: Я пришел утвердить его в его полноте, вопреки всем рассуждениям людей; Я пришел, чтобы высветить в нем все затемненное и тусклое; Я пришел провозгласить подлинное и полное значение каждой его составляющей; выявить протяженность и широту, весь объем каждой содержащейся в нем заповеди, а также его высоту и глубину, невообразимую чистоту и духовность во всех его звеньях» (Wesley, ser. 25).

Уэсли заявил об абсолютном согласии между законом и Евангелием. «Закон и Евангелие находятся между собой в самом близком родстве. С одной стороны, закон снова и снова прокладывает путь Евангелию и направляет нас к нему; с другой стороны, Евангелие непрестанно ведет нас к более строгому соблюдению закона. Закон, скажем, требует от нас любить Бога, любить нашего ближнего, быть смиренными, кроткими, то есть святыми. Мы понимаем, что не соответствуем этим требованиям; да, „человекам это невозможно" (Ев. Матфея 19:26 – прим. ред.), но мы видим обещание Бога дать нам эту любовь и сделать нас кроткими, смиренными и святыми; мы хватаемся за это Евангелие, за эту радостную весть; и нам дается в соответствии с нашей верой; и оправдание закона исполняется в нас (см. Римлянам 8:4 – прим. ред.) через веру, которая во Христе Иисусе...

В рядах величайших врагов Евангелия Христа, – говорит дальше Уэсли, – находятся те, кто откровенно и недвусмысленно „судят закон" и „злословят закон" (Иакова 4:11 – прим. ред.); которые внушают людям преступать (считать недействительной, упускать из виду, не соблюдать) не только одну из малейших или наибольших заповедей, но разом все... Самым удивительным из всего в этом сильнейшем заблуждении является то, что подверженные ему действительно верят, что воздают честь Христу, уничтожая Его закон, и что они превозносят Его служение, разрушая Его учение! Да, они чествуют Его, как Иуда, когда он сказал: „Радуйся, Равви! И поцеловал Его" (Ев. Матфея 26:49 – прим. ред.). И Христос может также справедливо сказать каждому из них: „Целованием ли предаешь Сына Человеческого?" (Ев. Луки 22:48 – прим. ред.). Это ничто иное, как поцелуем предавать Его, когда говорить о Его крови и отнимать у Него царский венец, устраняя какую-то часть Его закона под предлогом продвижения Евангелия. Действительно, никто не сможет избежать этого обвинения, кто наставляет в вере так, что прямо или косвенно отбрасывает какой-то аспект послушания и кто проповедует Христа так, чтобы отменить или каким бы то ни было способом ослабить наименьшую из заповедей Божьих» (Wesley, sermon 25).

Утверждавшим, что «возвещение Евангелия отвечает всем целям закона», Уэсли ответил: «С этим мы совершенно не согласны. Оно не отвечает самой первой цели закона, а именно: убеждать людей в грехе, поднимать тех, кто все еще спит на пороге ада». Апостол Павел объявляет, что «законом познается грех» (Римлянам 3:20 – прим. ред.) «Ощутит ли человек свою истинную нужду в искупительной крови Христа, если он раньше не осознает себя грешником?.. „Не здоровые, – как заметил Сам Господь, – имеют нужду во враче, но больные" (Ев. Матфея 9:12 – прим. ред.). Следовательно, глупо предлагать услуги врача здоровым или тем, кто, во всяком случае, воображает себя таковым. Вам необходимо сперва довести до их сознания, что они больны, иначе они не поблагодарят вас за ваш труд. Равно нелепо предлагать Христа тем, чье сердце цело и никогда еще не было сокрушено» (Wesley, sermon 35).

Вот так, возвещая Евангелие благодати Божьей, Уэсли, как и его Наставник, стремился «возвеличить и прославить закон» (Исаия 42:21 – прим. ред.). Он честно совершал труд, доверенный ему Богом, и какими же славными оказались результаты, которые ему было разрешено увидеть. На закате его жизни длиною более восьмидесяти лет – свыше пятидесяти из них прошли в миссионерских странствиях – его открытых приверженцев насчитывалось более полумиллиона душ. Но число людей, поднятых посредством его усилий к возвышенной и чистой жизни из развалин вырождения, в которые их поверг грех, и число тех, кто благодаря его учению приобрел более объемный и ценный опыт, никогда не будет узнано, пока вся семья искупленных не соберется в Царствии Божьем. Его жизнь представляет собой бесценное поучение для любого христианина. Пусть вера и кротость, неутомимое рвение, самопожертвование и посвященность этого слуги Христова отобразятся в церквях наших дней!

ГЛАВА **15**

Библия и Французская революция

Три столетия минуло с тех пор, как Франция подавила Реформацию и повсеместно уничтожила ее. Это принесло результаты, достигшие своего кульминационного момента во Французской революции. В Библии (Откровение, 11 гл.) упоминается это время. Альбигойцев сожгли, гугенотов изгнали, Варфоломеевская ночь принесла семидесяти тысячам ничего не подозревающих людей смерть и проклятие; бессчетное количество христиан было казнено. Стремление этой страны жить без Бога привело к смертельной жатве ее народа.

В XVI столетии Реформация, преподнесшая людям открытую Библию, нашла доступ во все европейские страны. Некоторые народы встретили ее радостно, как посланницу Небес. В других странах папство очень сильно преуспело, предотвращая ее проникновение, и туда совсем почти не был допущен свет познания Библии с его возвышающим воздействием. В одной же стране, хотя свет и смог в нее проникнуть, мрак все-таки не рассеялся. На протяжении веков истина и заблуждение вели борьбу за свое превосходство. Наконец, зло восторжествовало, и небесную истину изгнали. «Суд же состоит в том, что свет пришел в мир; но люди более возлюбили тьму, нежели свет» (Ев. Иоанна 3:19). Этой нации было позволено пожинать плоды избранного ею курса. Сдерживающее влияние Божьего Духа было удалено от народа, презревшего дар Его милости. Злу разрешено было достичь полного развития. И весь мир увидел плоды осознанного неприятия света.

Война против Библии, которая велась в течение столь многих веков во Франции, завершилась событиями революции. Это ужасное восстание было всего лишь логичным результатом запрета Писаний со стороны Рима. Оно является наиболее поразительным из когда-либо виденных миром примером разработки стратегии папства, примером того, какие плоды более чем за тысячелетний срок принесло учение римско-католической церкви.

Утаивание Писаний во времена папского господства предвещалось пророками; автор Откровения также указывает на страшные результаты владычества «человека греха», которые в особенности должны были иметь место во Франции.

Ангел Господень сказал: «Они будут попирать святой город сорок два месяца. И дам двум свидетелям Моим, и они будут пророчествовать тысячу двести шестьдесят дней, будучи облечены во вретище... И когда кончат они свидетельство свое, зверь, выходящий из бездны, сразится с ними, и победит их, и убьет их, и трупы их оставит на улице великого города, который духовно называется Содом и Египет, где и Господь наш распят... И живущие на земле будут радоваться сему и веселиться, и пошлют дары друг другу, потому что два пророка сии мучили живущих на земле. Но после трех дней с половиною вошел в них дух жизни от Бога, и они оба стали на ноги свои; и великий страх напал на тех, которые смотрели на них» (Откровение 11:2-11).

Упомянутые здесь периоды – «сорок два месяца» и «тысяча двести шестьдесят дней» – являются одними и теми же временными отрезками, одинаково иллюстрируя время, в течение которого церковь Христова должна была испытывать притеснение со стороны Рима. Тысяча двести шестьдесят лет папского господства начались в 538 г. по Р.Хр. и окончились в 1798 г. В то время французские войска вступили в Рим и арестовали папу, который умер в ссылке. Несмотря на то что в скором времени был избран новый папа, все же папская иерархия никогда с тех пор не была в состоянии завладеть той властью, какую она имела раньше.

Гонение на церковь не продолжалось в течение всего периода в 1260 лет. Бог из сострадания к Своему народу сократил время его огненного испытания. Предсказывая, что церковь постигнет «великая скорбь», Спаситель сказал: «И если бы не сократились те дни, то не спаслась бы никакая плоть; но ради избранных сократятся те дни» (Ев. Матфея 24:21-22). Благодаря Реформации гонения подошли к концу раньше наступления 1798 года.

Что касается двух свидетелей, то пророк дальше провозглашает: «Это суть две маслины и два светильника, стоящие пред Богом земли». «Слово Твое, – говорит псалмопевец, – светильник ноге моей и свет стезе моей» (Откровение 11:4; Псалтирь 118:105). Два свидетеля олицетворяют собой Писания Ветхого и Нового Заветов. Оба являются важными свидетельствами начала возникновения и вечности закона Божьего. Оба свидетельствуют о плане спасения. Образы, жертвы и пророчества Ветхого Завета говорят о Спасителе, Которому предстоит прийти. Евангелия и послания Нового Завета повествуют об уже пришедшем Спасителе, и пришедшем точно так, как это предвещалось в прообразах и пророчествах.

«И они будут пророчествовать тысячу двести шестьдесят дней, будучи облечены во вретище» (Откровение 11:3). На протяжении большей части этого периода свидетели Божьи не были известны. Папская власть стремилась скрыть от людей Слово истины и представить им ложных свидетелей для опровержения его свидетельства. Когда светские и церковные власти объявили Библию вне закона, когда ее свидетельство извращалось и прилагались все усилия, какие только могли изобрести люди или демоны, чтобы отвлечь от нее внимание народа, когда всякого, кто отваживался провозглашать ее священные истины, гнали, предавали, пытали, бросали в темные подземелья, подвергали за веру мученической смерти или вынуждали спасаться бегством в укрытия гор, глубокие лощины и пещеры земли – тогда верные свидетели пророчествовали во вретище. И тем не менее они продолжали нести свое свидетельство на протяжении всего периода в 1260 лет. В самые темные времена были верные люди, возлюбившие Божье Слово и возревновавшие о Его чести. Этим верным рабам были дарованы мудрость, сила и авторитет, чтобы на протяжении всего этого периода проповедовать о Его истине.

«И если кто захочет их обидеть, то огонь выйдет из уст их и пожрет врагов их; если кто захочет их обидеть, тому надлежит быть убиту» (Откровение 11:5). Люди не могут безнаказанно попирать Слово Божье. Значение этой ужасной угрозы объяснено в заключительной главе Откровения: «И я также свидетельствую всякому слышащему слова пророчества книги сей: если кто приложит что к ним, на того наложит Бог язвы, о которых написано в книге сей: и если кто отнимет что от слов книги пророчества сего, у того отнимет Бог участие в книге жизни и в святом граде и в том, что написано в книге сей» (Откровение 22:18-19).

Таковы предупреждения, которые Бог дал, чтобы остеречь людей от предпринятия любых изменений того, что Он открыл или повелел. Эти торжественные предупреждения касаются всех, кто своим влиянием склоняет людей легкомысленно относиться к Божьему закону. Они призваны заставить бояться и трепетать тех, кто непочтительно заявляет, что не имеет большого значения, послушны мы Божьему закону или нет. Все, кто возвышает свои собственные убеждения над Божественным откровением, все, кто изменяет простое значение Писаний, чтобы подогнать их под себя или приспособиться к миру, несут на себе ужасную ответственность. В согласии с написанным Словом, с законом Божьим будет соизмеряться характер каждого человека, и будут осуждены все, кого этот безошибочный тест объявит непригодным.

«И когда кончат они свидетельство свое...» (Откровение 11:7 – прим. ред.). Промежуток времени, когда два свидетеля должны были пророчествовать, будучи одеты во вретище, завершился в 1798 году. Когда они приближались к окончанию своей работы в безвестности, в войну с ними вступила власть, представленная как «зверь, выходящий из бездны» (Там же – прим. ред.). Во многих европейских государствах силы, которые находились во главе церковного и светского правления, на протяжении столетий контролировались сатаной с помощью посредничества папства. Однако здесь на первый план выходит новое проявление дьявольской власти.

Римская стратегия была направлена на то, чтобы, публично заявляя о своей приверженности Библии, хранить ее взаперти, на незнакомом языке, а значит, держать ее утаенной от народа. Во времена его господства свидетели пророчествовали «во вретище». Но должна была восстать другая власть – зверь из бездны, чтобы развязать откровенную, явную войну против Слова Божьего.

«Великий город», на чьих улицах убиты свидетели и где лежат их трупы, есть город, «который духовно называется... Египет» (Откровение 11:8 – прим. ред.). Из всех государств, встречающихся в библейской истории, Египет в наиболее вызывающей форме не признавал существования живого Бога и противился Его указаниям. Не было монарха, кроме египетского фараона, который когда-либо отваживался на более открытое и высокомерное сопротивление небесной власти. Когда Моисей принес ему послание от имени Господа, фараон горделиво сказал в ответ: «Кто такой Господь, чтоб я послушался голоса Его и отпустил Израиля? Я не знаю Господа, и Израиля не отпущу» (Исход 5:2). Это – атеизм; и государство, представленное Египтом, подобным же образом откажется внимать требованиям живого Бога и обнаружит дух неверия и сопротивления. «Великий город» еще и уподобляется «духовно» Содому. Содом в его преступлении закона Божьего обнаружил свою испорченность главным образом в распутстве. И этим грехом также должна была отличаться и та нация, которой предстояло подтвердить подлинность этого библейского текста.

Затем, в соответствии со словами пророка, немного раньше чем наступит 1798 год, какая-то власть дьявольского происхождения и характера восстанет против Библии. И в стране, где свидетельство двух Божьих свидетелей должно быть остановлено таким образом, проявится атеизм фараона и распутство Содома.

Это пророчество получило удивительное и наиболее верное осуществление в истории Франции. Во время революции 1793 года «мир в первый раз услышал о собрании людей, которые родились и воспитывались в цивилизованном мире, присвоили себе право руководить одной из прекраснейших европейских наций, дружно возвысили свои голоса в отрицании самой торжественной истины, принимаемой человеческой душой, и единогласно отреклись от веры в Бога и поклонения Ему» (Sir Walter Scott, Life of Napoleon, т.1, гл.17). «Франция является единственным в мире государством, относительно которого сохранилась подлинная запись о том, что она как нация в открытом бунте подняла руку на Создателя Вселенной. Было и до сих пор есть много богохульников, много язычников в Англии, Германии, Испании и других местах, но Франция стоит особо в мировой истории, как единственная страна, которая декретом своего законодательного собрания провозгласила, что Бога не существует, и в которой все жители столичного города, а также громадное большинство повсюду – как мужчины, так и женщины – танцевали и пели от радости, восприняв это сообщение» (Blackwood's Magazine, November 1870).

Франция также обнаружила те признаки, которые особенно отличали Содом. Во время революции здесь проявилось состояние морального упадка и разложения, подобное тому, что навлекло гибель на древние города долины. А историк свидетельствует одновременно и об атеизме, и о распутстве, царивших тогда во Франции, как об этом сказано в пророчестве: «Тесно связанными с этими законами, касающимися религии, были законы, которые низвели брачный союз – самые священные узы, которые только могут создать человеческие существа и незыблемость которых лучше всего ведет к сплочению общества, – до уровня всего лишь преходящего гражданского соглашения, в которое любые два человека могут войти и от которого по желанию могут освободиться... Если бы демоны стали трудиться над открытием метода, наиболее эффективно разрушающего все священное, привлекательное и постоянное в домашней жизни, и в то же время над обретением уверенности, что ущерб, над созданием которого они работают, будет увековечен в последующих поколениях, то им не удалось бы изобрести более эффективного плана, чем вырождение брака... Софи Арну, актриса, знаменитая своими остроумными высказываниями, назвала гражданский брак „таинством прелюбодеяния"» (Scott, т.1. гл.17).

«Где и Господь наш распят» (Откровение 11:8 – прим. ред.). Это пророческое предсказание также было осуществлено Францией. Ни в одной другой стране не обнаруживался в большей степени дух враждебности по отношению ко Христу. Ни в одной другой стране истина не сталкивалась с более суровым и беспощадным сопротивлением. В гонениях, которые Франция обрушила на исповедующих Евангелие, она распяла Христа в лице Его последователей.

Век за веком проливалась кровь святых. Тогда как вальденсы в горах Пьемонта жертвовали жизнью «за Слово Божие и за свидетельство Иисуса Христа» (Откровение 1:9 – прим. ред.), аналогичным образом в пользу истины свидетельствовали их братья, альбигойцы Франции. Во времена Реформации ее сторонников казнили, предварительно жестоко истязая. Король и знать, высокородные женщины и утонченные девушки – национальная элита – услаждали свой взор зрелищем агонии мучеников за имя Иисуса. Храбрые гугеноты, борясь за те права, которые человеческое сердце считает наиболее неприкосновенными, пролили свою кровь во многих тяжелых сражениях. Протестантов причисляли к преступникам, за их головы назначали цену, их преследовали, подобно диким зверям.

«Церковь в пустыне» – небольшое число потомков древних христиан, вплоть до восемнадцатого века задержавшихся во Франции и укрывавшихся в южных горах, – по-прежнему чтила веру своих отцов. Когда эти верующие отваживались встречаться ночью на горном склоне или отдаленной пустоши, их преследовали драгуны и угоняли в пожизненное рабство на галеры. «Самые честные, высоконравственные и интеллигентные люди Франции после страшных мучений оказывались скованными цепями с грабителями и убийцами» (См. Wylie, т.22, гл.6). С другими поступали более милосердно: их хладнокровно расстреливали, когда они, безоружные и беззащитные, вставали на колени помолиться. Сотни престарелых мужчин, слабых женщин и невинных детей остались лежать на земле мертвыми в местах своих собраний. При пересечении горного склона или леса, где они привыкли встречаться, не было чем-то необычным обнаруживать «через каждые четыре шага мертвые тела, лежащие на траве или повешенные на деревьях». Их страна, разоренная мечом, топором и костром, «была превращена в громадную, мрачную дикую местность». Эти злодеяния происходили... не в темные века, но в выдающуюся эру Людовика XIV. В эпоху, когда развивалась наука, процветал письменный жанр, а священнослужители двора и столицы были учеными и красноречивыми людьми, умевшими выставить себя кроткими и милосердными» (Там же, т.22. гл.7).

Но самой позорной в черном списке преступлений, самой ужасной среди злодейских деяний всех грозных веков была Варфоломеевская кровавая бойня. Мир до сих пор с содроганием и ужасом вспоминает сцены того коварнейшего и безжалостнейшего налета. Подстрекаемый священниками и прелатами Рима, король Франции санкционировал это чудовищное злодеяние. Колокол, прозвеневший глубокой ночью, послужил сигналом к этому массовому убийству. Протестанты, мирно спящие в своих домах, доверившиеся королевскому

Медаль в память о Варфоломееевской ночи

Резня в Варфоломеевскую ночь (1572)

обещанию об их защите, тысячами без предупреждения были вытащены наружу и хладнокровно убиты.

Как Христос являлся незримым руководителем Своего народа при его выходе из египетского рабства, так и сатана был невидимым лидером своих подданных в этой страшной работе по увеличению числа мучеников. Семь дней в Париже длилась эта бойня, первые три из которых – с невообразимой яростью. И она не происходила лишь в этом городе, но специальным распоряжением короля распространялась на все провинции и города, где только были обнаружены протестанты. Не взирали ни на возраст, ни на пол человека. Не щадили ни невинного ребенка, ни седовласого старика. Дворянин и крестьянин, пожилой и молодой, мать и дитя были погублены вместе. Это массовое убийство длилось во Франции два месяца. Погибло семьдесят тысяч человек, составлявших лучшую часть нации.

«Когда известие об этой кровавой расправе достигло Рима, ликование духовенства не знало границ. Кардинал Лотарингии наградил гонца одной тысячей крон; пушка замка святого Ангела прогремела радостным салютом; колокольный звон раздавался с каждой башни; от костров было светло, как днем; и Григорий XIII, сопровождаемый свитой кардиналов и других лиц, занимавших высокие посты в церкви, шел в составе длинной процессии в церковь Святого Людовика, где кардинал Лотарингский воспевал торжественный гимн «Тебя, Бога, хвалим»... Отчеканили медаль, чтобы отметить эту резню, а в Ватикане и по сей день можно увидеть три фрески Джорджо Вазари, изображающие нападение на протестантского адмирала, короля на совете, составляющего планы кровавой расправы, и саму расправу. Папа Григорий отправил Карлу Золотую розу, и через четыре месяца после побоища... он самодовольно слушал проповедь французского священника... который говорил о „том столь счастливом и радостном дне, когда святейший отец принял это известие и испытал святое побуждение воздать благодарность Богу и Святому Людовику"» (Henry White, The Massacre of St. Bartholomew, гл.14,34).

Тот же самый господствующий дух, который был автором Варфоломеевской резни, возглавил и события революции. Иисус Христос был провозглашен самозванцем, и французские безбожники дружно вопили: «Сокрушим негодника», – подразумевая Христа. Бросающее вызов Небу богохульство и гнусное нечестие шли рука об руку, и подлейшие из людей, самые необузданные выродки жестокости и порока были возвышены более других. При всем при этом было засвидетельствовано величайшее почтение сатане, тогда как Христа с Его достоинствами правды, непорочности и бескорыстной любви – распяли.

«Зверь, выходящий из бездны, сразится с ними, и победит их, и убьет их» (Откровение 11:7 – прим. ред.). Атеистическая власть, которая руководила Францией во время революции и правления террора, боролась против Бога и Его святого Слова так, как мир еще никогда не видывал. Поклонение Богу было упразднено Национальным собранием. Библии были собраны и всенародно сожжены, и все это сопровождалось демонстрацией всяческого рода презрения к ним. Закон Божий был попран ногами; установления Библии – отменены; еженедельный день покоя – отброшен, а вместо него каждый десятый день предавались кутежу и святотатству. Крещение и причастие запретили. И на всеобщее обозрение над местами захоронения поместили объявления о том, что смерть – это вечный сон.

Было заявлено, что страх Божий далек от начала мудрости, и что он – начало глупости. Запретили всякое религиозное поклонение, за исключением поклонения свободе и стране. «Конституционному епископу Парижа предложили сыграть ведущую роль в самом дерзком и постыдном фарсе, который когда-либо был исполнен на глазах у национального представительства... Ему предложили объявить Конвенту, что религия, которой он учил так много лет, была во всех отношениях лишь выдумкой священников, которая не опиралась ни на историю, ни на священную истину. В серьезных и недвусмысленных выражениях этот епископ отказался от веры в существование Бога, Которому был посвящен служить, и отдал себя в дальнейшем на служение свободе, равенству, добродетели и морали. После этого он положил на стол свои епископские знаки отличия и оказался в братских объятиях председателя собрания. Несколько отступивших священников последовали примеру этого прелата» (Scott, т.1. гл.7).

«И живущие на земле будут радоваться сему и веселиться, и пошлют дары друг другу, потому что эти два пророка мучили живущих на земле» (Откровение 11:10). Обличающий голос двух свидетелей Бога был подавлен безбожной Францией. Слово истины лежало мертвым на ее улицах, и те, кто ненавидел ограничения и требования Божьего закона, торжествовали. Люди публично бросали вызов Царю Небес. Как и грешники прошлого, они кричали: «Как узнает Бог? И есть ли ведение у Всевышнего?» (Псалтирь 72:11).

Почти с непостижимой богохульной дерзостью один из священников нового порядка воскликнул: «Бог, если Ты существуешь, отомсти за Свое оскорбленное имя. Я бросаю Тебе вызов! Ты не отвечаешь, Ты не решаешься обрушить Свои громы! Кто после этого будет верить в Твое существование?» (Lacretelle, History, т.11, стр. 309; in Sir Archibald Alison, History of Europe, т.1, гл.10). Это звучит, как эхо от слов фараона: «Кто такой Господь, чтоб я послушался голоса Его?.. я не знаю Господа!» (Исход 5:2).

«Сказал безумец в сердце своем: нет Бога» (Псалтирь 13:1). И Господь провозглашает в отношении извращающих истину: «Их безумие обнаружится пред всеми» (2 Тимофею 3:9). После того как Франция отвергла поклонение живому Богу, «Высокому и Превознесенному, вечно Живущему» (Исаия 57:15 – прим. ред.), прошло лишь немного времени, и она опустилась до унизительного идолопоклонства, служа богине разума в лице развратной женщины. И это происходило в представительном собрании нации, при участии высших гражданских и законодательных лиц! Историк повествует: «Одно из мероприятий этого безумного времени не имеет себе равных по своей абсурдности, соединенной с дерзостью. Двери Конвента открылись настежь перед группой музыкантов, предварявших членов муниципалитета, которые торжественно прошествовали внутрь, исполняя гимн хвалы, посвященный свободе, и сопровождая являющуюся отныне объектом их почитания женщину под вуалью, получившую имя богини разума. Проведя ее за барьер, с великой помпой сняли с нее вуаль и посадили справа от председателя, и тогда все узнали в ней оперетную танцовщицу... Этой персоне, как наиболее подходящему символу того разума, которому они служили, национальный Конвент Франции засвидетельствовал всенародное почтение.

Этот безбожный и постыдный спектакль вошел в моду; и возвышение богини разума вновь повторялось по всей стране – в тех местах, где обыватели желали продемонстрировать, что они поднялись до всех вершин революции» (Scott, т.1, гл.17).

Оратор, который начал церемонию служения разуму, сказал: «Законодатели! Фанатизм уступил место разуму. Его слезящиеся глаза не смогли выдержать сияния этого света. В этот день громадное скопление народа находится под этими готическими сводами, которые в первый раз эхом отразили истину. Франция отправила единственную настоящую церковную службу – службу свободе, службу разуму.

Здесь мы пожелали процветания оружию Республики. Здесь мы отказались от безжизненных идолов в пользу разума, в пользу этого одушевленного изображения – шедевра природы» (M. A. Thiers, History of the French Revolution, стр. 370-371).

Когда богиня была приведена в Конвент, оратор взял ее за руку и, повернувшись к собранию, произнес: «Смертные, прекратите дрожать перед бессильными громами Бога, Которого создали ваши страхи. Отныне не признавайте никакого божества, за исключением разума. Я предлагаю вам его самое прекрасное и самое безупречное олицетворение; если вы хотите иметь идолов, то совершайте жертвоприношение лишь такому, как этот... Пади перед августейшим сенатом свободы, о, вуаль разума!»

«Богиню, после того как председательствующий обнял ее, посадили в роскошную карету и проводили громадной толпой в собор Парижской Богоматери, чтобы она могла занять в нем место Бога. Там ее возвели на высокий алтарь, и ей поклонились все присутствующие» (Alison, т.1, гл.10).

Вслед за этим произошло официальное сожжение Библии. Представители «Народного музейного сообщества» с возгласами «Да здравствует разум!» проникли в зал муниципалитета, неся на конце шеста полуобгоревшие остатки нескольких книг: требников, молитвенников, а также Нового и Ветхого Заветов, которые, по словам президента, «искупили в великом огне все глупости, которые они вынудили совершить человеческий род» (Journal of Paris, 1793, No.318. Quoted in Buchez-Roux, Collection of Parliamentary History, т.30, стр. 200-201).

Это папство начало то дело, которое закончил атеизм. Проводимый Римом курс обусловил такое общественное, политическое и церковное состояние, которое побудило Францию быстрее двигаться к своей погибели. Писатели, упоминая ужасы революции, утверждают, что в этих беспорядках виновны трон и церковь. Если судить строго по справедливости, то они должны предъявить обвинение церкви. Папство возбудило королей против Реформации, потому что она якобы угрожала их власти и вызывала вражду, которая могла стать фатальной для мира и национального согласия. Именно дух Рима таким образом породил полнейшую безжалостность и самое унизительное притеснение со стороны трона.

Вместе с Библией приходил дух свободы. Везде, где принималось Евангелие, разум народа просыпался. Люди начинали избавляться от уз, которые делали их рабами невежества, порока и суеверия. Они становились думающими и поступающими, как свободные люди. Властители замечали это и опасались за свою деспотичную власть.

Рим не медлил с тем, чтобы возбудить их страхи. Папа сказал правителю Франции в 1525 году: «Эта мания (протестантизм) разрушит и погубит не только религию, но и все княжества, всю родовую знать, все законы, порядки и ранги» (G.de Felice, History of the Protestants of France, т.1, гл.2). Несколькими годами позже папский нунций предостерег короля: «Ваше величество, не обманывайтесь. Протестанты расстроят всякий гражданский и церковный порядок... Престолу угрожает такая же опасность, как и алтарю... Внедрение новой религии должно быть обязательно связано с установлением нового правительства» (D'Aubigne, History of the Reformation in Europe in the Time of Calvin, т.2, гл.36). Теологи взывали к предубеждениям людей, объявляя, что протестантская вера «привлекает людей по их недомыслию своей необычностью; она крадет у короля любовь его подданных и разоряет церковь и государство». Таким образом, Рим имел успех в том, чтобы возбудить у Франции дух противления Реформации. «Именно для того, чтобы защитить престол, дворянство и законы, во Франции в первый раз был извлечен из ножен меч гонений» (Wylie, т.13, гл.4).

Руководители этого государства совсем не предвидели результатов того рокового курса. Учение Библии внедрило бы в умы и сердца народа принципы справедливости, умеренности, правдивости, беспристрастности и доброжелательности, как раз являющиеся краеугольным камнем преуспевания нации. «Праведность возвышает народ». Поэтому «правдою утверждается престол» (Притчи 14:34; 16:12). «И делом правды будет мир», а следствием того – «спокойствие и безопасность вовеки» (Исаия 32:17). Послушный Божьему закону человек будет наиболее искренне чтить законы своей страны и подчиняться им. Боящийся Бога будет почитать короля в осуществлении им всякой справедливой и законной власти. Но несчастная Франция упразднила Библию и предала анафеме ее поборников. Принципиальные и честные мужи с высоким интеллектом и моральной силой, обладавшие мужеством открыто признавать свои воззрения и веру, не боявшиеся пострадать за истину, на протяжении столетий изнурялись рабским трудом на галерах, сгорали на кострах или сгнивали в подземельях. Бесчисленное множество людей спасалось бегством; и это происходило на протяжении 250 лет после начала Реформации.

«В течение этого долгого промежутка времени вряд ли существовало такое поколение французов, которое не было бы очевидцем бегства учеников Евангелия от безрассудного гнева преследователей, когда они уносили с собой интеллект, мастерство, трудолюбие и порядок – всем этим они, как правило, прежде всего отличались, – чтобы обогатить ими те страны, в которых они находили для себя пристанище. И в той же мере, в какой они наполняли другие страны этими добрыми дарами, их родная страна становилась беднее. Если бы все, что было теперь выдворено, осталось во Франции; если бы в течение этих трехсот лет профессионализм изгнанных служил благу ее земли; если бы в течение этих трехсот лет их художественные дарования улучшали ее производство, их творческие и аналитические способности облагораживали ее литературу и культивировали ее науку; если бы их мудрость руководила ее советами, их смелость вела ее битвы, их беспристрастность формировала ее законы, а религия Библии развивала бы умственные способности и руководила совестью ее народа, то какая слава окружала бы в этот день Францию! Какой великой, преуспевающей и счастливой страной – образцом для всех наций – она была бы!

Но безрассудная и безжалостная нетерпимость изгоняла с ее земли каждого учителя добродетели, каждого приверженца порядка, каждого подлинного защитника трона; она сказала людям, которые сделали бы свою страну пребывающей на земле „в славе и великолепии" (Второз. 26:19 – прим. ред.): „Выбирайте, что хотите – костер или ссылку". Наконец, разрушение государства было завершено: не осталось больше высокой морали, чтобы объявлять ее вне закона; не осталось больше религии, чтобы за нее тащить на костер; не осталось больше патриотизма, чтобы изгонять за него» (Wylie, т.13, гл.20). И зловещим результатом оказалась революция со всеми ее ужасами.

«С бегством гугенотов во Франции стал наблюдаться общий упадок. Преуспевающие промышленные города постигла разруха; плодородные местности возвращались к своему дикому состоянию; за периодом необычайного роста последовали интеллектуальный застой и падение морали. Париж стал одной большой богадельней, и, согласно оценкам, к началу революции 200 тысяч бедняков претендовали на подаяние из рук короля. Одни лишь иезуиты процветали во время этого национального упадка и с крайней жестокостью господствовали над церквями и школами, тюрьмами и галерами».

Евангелие принесло бы Франции решение тех политических и общественных проблем, против которых тщетно боролись ее духовенство, ее король и ее законодатели и которые, в конечном итоге, привели страну к анархии и разрухе. Но, находясь под римским владычеством, люди упустили благословенные поучения Христа о самопожертвовании и бескорыстной любви. Они не были склонны практиковать самоотречение для пользы ближнего. Богатых не укоряли за угнетение бедняков, а бедняки не имели спасения от своего подневольного состояния и деградации. Себялюбие состоятельных и влиятельных людей становилось все более явным и жестоким. Веками жадность и расточительство дворян приводили к тяжелому угнетению крестьян. Богатые обижали бедных, а бедные ненавидели богатых.

Во многих провинциях земли находились в собственности дворян, а трудящийся народ был всего лишь арендатором; эти люди зависели от милости своих хозяев и должны были повиноваться их суровым требованиям. Груз материальной поддержки как государства, так и церкви несли средние и низшие слои общества, которые были обложены непосильными налогами со стороны гражданских властей и духовенства. «Воля дворянства рассматривалась как верховный закон; крестьяне могли голодать, и это вовсе не волновало их притеснителей... В любом деле народ был вынужден учитывать особые интересы своих хозяев. Жизнь сельского работника была жизнью непрестанного труда и ничем не облегченного страдания; если они когда-либо отваживались жаловаться, то к их жалобам относились с оскорбительным презрением. В судах всегда выгораживали дворянина в тяжбе с крестьянином; судьи открыто принимали взятки, а всего лишь какая-то причуда со стороны элиты приобретала силу закона по вине существования такой системы всеобщей коррупции. Из тех налогов, которые взимали с простых людей светские магнаты, с одной стороны, и церковники – с другой, даже половина не попадала в королевскую или епископальную сокровищницу; остальное безрассудно тратилось на распутное самоугождение. А люди, которые таким образом делали бедняками своих же подданных, самих себя освобождали от налогов и по постановлению местной власти или по обыкновению получали право быть назначенными на любые государственные посты. Привилегированные классы насчитывали 150 тысяч человек, и ради потакания их прихотям миллионы были приговорены к безнадежному и унизительному существованию».

Двор предавался роскоши и разврату. Народ мало доверял властям. Ко всем мерам правительства относились с подозрением, считая их хитрыми и корыстными. Более чем за пятьдесят лет до революции трон занял Людовик XV, который даже в те бедственные времена был известен как нерадивый, несерьезный и чувственный монарх. С такой порочной и бессердечной родовой знатью, с таким обедневшим и невежественным низшим классом, финансово несостоятельным государством и озлобленным народом не требовалось пророческого взора, чтобы предвидеть надвигающийся ужасный мятеж. На предостережения своих советников король привык отвечать: «Попытайтесь сделать так, чтобы, пока я жив, все продолжалось, как есть, а после моей смерти – будь что будет». Тщетно твердили ему о необходимости реформы. Он видел зло, однако у него не было ни мужества, ни власти бороться с ним. Судьба, ожидающая Францию, очень точно представлена в его вялом и эгоистичном ответе: «После меня хоть потоп».

Разжигая зависть монархов и находящихся у власти имущих классов, Рим влиял на них, чтобы удерживать простой люд в зависимости, прекрасно понимая, что государство таким образом ослабнет, – и тогда уж он сможет захватить как народ, так и правителей в свой плен. Глядя вдаль, Рим осознавал, что, для того чтобы действительно поработить людей, необходимо заключить в оковы их души, и что наиболее верный способ воспрепятствовать их освобождению из этого рабства – превратить их в тех, кто не умеет пользоваться свободой. В тысячу раз страшнее физического страдания, явившегося результатом его политики, было это моральное вырождение. Не имеющие Библии и отданные на произвол учений фанатизма и эгоизма, люди погрязли в невежестве, суевериях и пороке, так что совсем не были способны управлять собой.

Но итог всего этого сильно отличался от того, к чему стремился Рим. Вместо того чтобы держать массы в безрассудном подчинении своему вероучению, он, в результате своей работы, превратил их в неверующих и мятежников. Они ни во что не ставили римо-католицизм, считая его кознями духовенства. Они смотрели на священников как на своих угнетателей. Единственный бог, которого они знали, был богом Рима, и единственная религия, с которой они были знакомы, было его учение. Они считали жадность и безжалостность Рима законными результатами учения Библии и не хотели иметь с ним ничего общего.

Рим исказил характер Бога и Его требования, и теперь люди отказывались как от Библии, так и от ее Автора. Рим требовал слепой веры в свои догмы, якобы с одобрения Библии. В ответ на это Вольтер и его единомышленники полностью отбросили Слово Божье и рассеяли повсюду яд скептицизма. Рим измучил людей, держа их под своей железной пятой; и теперь массы, деградировавшие и доведенные до звероподобного состояния, чувствуя омерзение к его произволу, отбросили всякие ограничения. Разъяренные заманчивым обманом, которому они так долго поклонялись, они вместе с ложью отвергли и истину; и, путая вседозволенность со свободой, рабы порока торжествовали в своей иллюзорной независимости.

К началу революции король пошел на уступки, и народу было даровано представительство в Национальном собрании, превосходящее по количеству голосов представительство знати и духовенства, вместе взятых. Так перевес власти оказался на их стороне; но они не были подготовлены употребить ее мудро и умеренно. Жаждущие возместить ту несправедливость, от которой страдали, они решились предпринять перестройку общества. Оскорбленные простолюдины, чьи умы были наполнены горькими и давно хранимыми воспоминаниями о зле, решили с помощью революции избавиться от ставшего невыносимым состояния нищеты и отомстить тем, кого они рассматривали как виновников своих страданий. Угнетаемые усвоили урок, который изучили в эпоху произвола, и сами превратились в угнетателей тех, кто их притеснял.

Несчастная Франция в крови пожинала урожай того, что посеяла. Ужасными были последствия ее подчинения римскому господству. Там, где Франция под влиянием римо-католицизма на заре Реформации соорудила первый костер, революция воздвигла свою первую гильотину. Именно на том месте, где в шестнадцатом столетии сожгли первых мучеников протестантской веры, были обезглавлены первые жертвы в восемнадцатом веке. Отказываясь от Евангелия, которое могло ее исцелить, Франция распахнула двери неверию и разорению. После устранения ограничений Божьего закона, вдруг обнаружилось, что законы людей не в состоянии сдерживать мощные волны людских страстей; и нация оказалась вовлеченной в мятеж и анархию. Война против Библии ознаменовала эру, которая в мировой истории имеет название «правление террора». Покой и счастье были изгнаны из домов и сердец людей. Никто не ощущал себя в безопасности. Того, кто сегодня праздновал победу, завтра подозревали и осуждали. Господствовали жестокость и похоть.

Короля, духовенство и дворянство заставили подчиняться возбужденной и взбешенной толпе. Жажда мести народа только возросла от казни короля; и те, кто издал указ о его смерти, в скором времени и сами отправились вслед за ним на эшафот. Было решено устроить повсеместную резню всех подозреваемых во враждебности к революции. Тюрьмы были набиты битком, содержа одновременно более чем двести тысяч заключенных. В городах королевства совершались ужасные события. Одна партия революционеров выступала против другой, и Франция стала обширным полем сражения противоборствующих масс, управляемых свирепыми страстями. «В Париже беспорядки следовали один за другим, и граждане были разделены на разношерстные фракции, которые, казалось, не имели другого намерения, кроме взаимного истребления». И вдобавок к повальной нищете нация оказалась вовлеченной в долгую изнурительную войну с великими европейскими государствами. «Страна была почти банкротом, войска настойчиво требовали выплаты удержанных платежей, парижане голодали, провинции опустошались грабителями, и цивилизация почти исчезла из-за анархии и вседозволенности».

Люди очень хорошо изучили уроки бессердечного обращения и изощренных пыток, которым Рим так старательно их обучал. Наконец пришел день воздаяния. Теперь не ученики Иисуса были брошены в подземелья и отведены на костры. Они давным-давно погибли или были изгнаны. Безжалостный Рим теперь прочувствовал на себе убийственную власть тех, кого он воспитал так, чтобы они находили удовольствие в кровавых деяниях. «Пример преследований, который духовенство Франции показывало многие столетия, не был напрасным – теперь гонения с поразительной силой обратились на него же. Эшафоты были красными от крови священнослужителей. Галеры и тюрьмы, когда-то заполненные гугенотами, теперь вмещали их преследователей. Прикованные к скамье и выполняющие тяжелую работу гребцов, римско-католические священники переносили все те бедствия, на которые их церковь с такой легкостью обрекала смиренных еретиков».

Затем наступили те дни, когда самый варварский из всех законов был приведен в действие самым варварским из всех судов; когда ни один человек не мог поприветствовать своих соседей или произнести молитву... не подвергая себя опасности быть обвиненным в совершении тяжкого преступления; когда шпионы скрывались за каждым углом;

когда гильотина была долго и интенсивно задействована уже с самого утра; когда тюрьмы были заполнены так, будто это были рабовладельческие суда; когда по водосточным желобам, пенясь, стекала в Сену кровь... Когда каждый день по улицам Парижа двигались к месту казни повозки, нагруженные жертвами; губернаторы колоний, которых правительственный комитет посылал в департаменты, проявляли чрезвычайную жестокость, неведомую даже столице. Нож убийственной машины поднимался и опускался слишком медленно, чтобы выполнить их задание по массовому уничтожению людей. Длинные ряды заключенных гибли, сраженные картечью. Продырявливались днища нагруженных узниками барж. Лион был превращен в пустыню. В Аррасе пленникам отказывали даже в жестокой милости быстрой смерти. Вниз по Луаре, от Сомюра до моря, огромные стаи воронов и других хищных птиц пировали, поедая обнаженные мертвые тела, переплетенные в страшных объятьях. Не взирали ни на пол, ни на возраст. Количество молодых парней и девушек лет семнадцати, умерщвленных этим отвратительным правительством, исчислялось сотнями. Якобинцы перекидывали по рядам с пики на пику младенцев, оторванных от груди». За короткий десятилетний период было погублено огромное множество человеческих жизней.

Все произошло так, как того желал сатана. Именно этого он хотел достичь, трудясь на протяжении долгих столетий. Его политикой является обман от начала до конца, а его твердым намерением – принести людям горе и несчастье, обезобразить и испортить Божье творение, извратить Божественное стремление к благоволению и любви и таким образом заставить опечалиться все Небо. Затем своим обманом он ослепляет разум людей и побуждает их винить в его же работе Бога, будто все страдания являются следствием плана Творца. Подобным образом, когда те, кто в результате его жестокой власти опустился и потерял человеческий облик, получают волю, он подстрекает их к крайностям и зверствам. И тогда тираны и притеснители указывают на эту картину несдерживаемой распущенности как на иллюстрацию того, к чему ведет свобода.

Когда заблуждение распознается под одной личиной, тогда сатана только лишь маскирует его иначе, и множество людей принимает другое с такой же готовностью, как и первое. Когда люди обнаружили, что католицизм – это обман, и сатана не мог уже посредством него вести людей к преступлению Божьего закона, он убедил их в том, что любая религия – это жульничество, а Библия – сказка; и, отставляя в сторону Божественные предписания, они предались безудержному беззаконию.

Фатальной ошибкой, которая принесла такое горе жителям Франции, было пренебрежение одной великой истиной: настоящая свобода означает внимать обличениям закона Божьего. «О, если бы ты внимал заповедям Моим! Тогда мир твой был бы как река, и правда твоя – как волны морские». «Нечестивым же нет мира, говорит Господь». «А слушающий меня будет жить безопасно и спокойно, не страшась зла» (Исаия 48:18,22; Притчи 1:33).

Безбожники, язычники и вероотступники противятся Божьему закону и поносят его; но результаты их влияния доказывают, что благоденствие людей связано с послушанием Божественным уставам. Те, кто не извлечет урока из Книги Божьей, смогут извлечь его из истории наций.

Когда сатана действовал через римско-католическую церковь, уводя людей от послушания, его участие было скрытным, а его деятельность была такой неузнаваемой, что вырождение и нищета, к которым она привела, не считались плодом преступления закона. И пока его власти противостояла работа Духа Божьего, его планам не было позволено достичь своей полной реализации. Люди не проследили причинно-следственной связи и не обнаружили источника своих несчастий. Однако во время революции Божий закон был явно отвергнут Национальным советом. И во время последующего за ней правления террора эту связь смогли увидеть все.

Когда Франция всенародно отказалась от Бога и отвергла Библию, порочные люди и духи тьмы восторжествовали, получив то, чего так долго желали, – царство свободы от ограничений Божьего закона. И так как приговор за злые деяния не скоро приводится в исполнение, то «от этого и не страшится сердце сынов человеческих делать зло» (Екклесиаст 8:11). Но результатами преступления справедливого и праведного закона неизменно должны были стать нужда и разорение. Несмотря на то что суды не сразу посещают людей, все же их зло подготавливает им их участь. Столетия богоотступничества и преступности копили гнев на день воздаяния; и когда нечестие презревших Бога достигло предела, они слишком поздно осознали, как опасно испытывать Божье терпение. Сдерживающий Дух Божий, Который контролирует жестокую силу сатаны, в большой степени был отнят, и тому, кто находит единственное удовольствие в несчастье людей, было позволено поступать по-своему. Выбравшим восстание было разрешено собирать урожай его плодов, пока земля не наполнилась злодеяниями, слишком ужасными, для того чтобы их описывать. Из разоренных провинций и превращенных в руины городов слышался ужасный вопль, выражающий горькое страдание. Как будто бы Франция подверглась землетрясению. Религия, закон, социальный порядок, семья, государство и церковь – все было разрушено нечестивой рукой, поднятой против Божьего закона. Верно сказал мудрый человек: «Нечестивый падет от нечестия своего» (Притчи 11:5). «Хотя грешник сто раз делает зло и коснеет в нем, но я знаю, что благо будет боящимся Бога, которые благоговеют пред лицом Его; а нечестивому не будет добра» (Екклесиаст 8:12-13). «Они возненавидели знание и не избрали для себя страха Господня»; «за то и будут они вкушать от плодов путей своих и насыщаться от помыслов своих» (Притчи 1:29,31).

Верные Божьи свидетели, убитые богохульной силой, которая выходит из бездны (см. Откровение 11:7 – прим. ред.), не должны были долго безмолвствовать. «Но после трех дней с половиной вошел в них дух жизни от Бога, и они оба стали на ноги свои; и великий страх напал на тех, которые смотрели на них» (Откровение 11:11). В 1793 году Французская национальная ассамблея выпустила указы, объявившие недействительной христианскую веру и отвергнувшие Библию. Через три с половиной года этим же органом власти было принято решение, отменяющее эти декреты, а значит, предполагающее терпимое отношение к Священному Писанию. Мир был ошеломлен чудовищностью вины, бывшей результатом отказа от святой Библии, и люди осознали свою нужду в вере в Бога и Его Слово как фундаменте добродетели и морали. Господь говорит: «Кого ты порицал и поносил? И на кого возвысил голос, и поднял так высоко глаза твои? На Святого Израилева» (Исаия 37:23). «Посему вот, Я покажу им ныне, покажу им руку Мою и могущество Мое, и узнают, что имя Мое – Господь» (Иер. 16:21).

В отношении двух свидетелей пророк провозглашает дальше: «И услышали они с неба громкий голос, говоривший им: взойдите сюда. И они взошли на небо на облаке; и смотрели на них враги их» (Откровение 11:12). После того как Франция развязала войну против двух Божьих свидетелей, их почтили как никогда ранее. В 1804 году было основано Британское и Зарубежное библейское общество. За ним последовали аналогичные организации с многочисленными ответвлениями по всему европейскому континенту.

В 1816 году было положено начало Американскому библейскому обществу. Когда организовали Британское общество, Библия печаталась и расходилась на пятидесяти языках. С тех пор ее перевели на сотни языков и диалектов.

На протяжении пятидесяти лет до 1792 года работе зарубежных миссий уделялось мало внимания. Новые общества не формировались, и было всего лишь несколько церквей, которые предпринимали попытки нести христианство в языческие страны. Но к завершению восемнадцатого столетия произошла большая перемена. Люди перестали удовлетворяться результатами рационализма и осознали необходимость Божественного откровения и практической религии. С той поры работа зарубежных миссий достигла невиданного развития.

Усовершенствование типографского дела дало импульс деятельности по распространению Библии. Увеличение возможностей сообщения между различными странами, разрушение древних барьеров предубеждений и национальной исключительности, а также потеря понтификом Рима светской власти отворили двери для входа Божьего Слова. Несколько лет Библия продавалась без ограничений на улицах Рима, и теперь она достигла всех населенных частей света.

Атеист Вольтер как-то раз кичливо заявил: «Мне надоело слышать, как люди повторяют, что христианскую религию основали двенадцать человек. Я докажу, что достаточно одного человека, чтобы ее ниспровергнуть». Многие поколения сменились с тех пор, как он умер. Миллионы приняли участие в войне с Библией. Но она далека от того, чтобы быть уничтоженной, и если во времена Вольтера была сотня, то сейчас десять тысяч, нет, пожалуй, сто тысяч копий Божьей Книги. Вот слова одного раннего реформатора: «Библия – это наковальня, о которую разбилось много молотов». Господь говорит: «Ни одно орудие, сделанное против тебя, не будет успешно; и всякий язык, который будет состязаться с тобою на суде, ты обвинишь» (Исаия 54:17).

«Слово Бога нашего пребудет вечно» (Исаия 40:8). «Все заповеди Его верны, тверды на веки и веки, основаны на истине и правоте» (Псалтирь 110:7-8). Что бы ни созидалось на авторитете человека, все будет ниспровергнуто; но что основано на скале непреложного Божьего Слова – устоит вовеки.

ГЛАВА **16**

Отцы-пилигримы

Чтобы свободно исповедовать свою веру, христиане начали переселяться в «Новый свет». Америка стала той страной, куда убегали многие люди, преследуемые из-за своего вероисповедания. Роджер Уильямс (1603-1683) основал там первое государство, гражданское управление которого покоилось на основе совершенной свободы совести. Такие принципы стали краеугольным камнем этой новой республики.

Реформаторы Англии, отвергая доктрины римо-католицизма, все же во многом придерживались установленного им порядка. Таким образом, хотя власть и вероучение Рима были отклонены, значительное число его традиций и церемоний остались включенными в служение Англиканской церкви. Было заявлено, что эти вещи не являются делом совести, что они не столь важны, так как о них нет повелений в Священном Писании, но, несмотря на это они все же Писанием и не возбраняются, так как в действительности не являются злом. Их исполнение способствовало сужению пропасти, которая разделяла протестантские церкви и Рим, и людей убеждали в том, что эти формы помогут римо-католикам принять веру протестантов.

Для противящихся новому и любящих компромиссы эти доводы выглядели убедительными. Но существовала еще одна категория людей, которая судила иначе. То, что эти традиции «строили мост над пропастью, разделяющей Рим и Реформацию» (Martyn, т.5, стр. 22), было, на их взгляд, веским доводом против их сохранения. Они смотрели на них как на знаки рабства, от которого были избавлены, и возвращаться к которому у них не было ни малейшего расположения. Они рассуждали, что Бог в Своем Слове учредил правила, определяющие служение Ему, и что люди не могут свободно добавлять к ним что-либо или убавлять от них. Великое отступничество зародилось из-за стремления дополнить власть Божью властью церкви. Рим начал с предписывания того, что Бог не запрещал, и окончил запретом того, что Бог ясно повелел.

Многие имели серьезное намерение вернуться к чистоте и простоте, которые характеризовали первоапостольскую церковь. Они считали значительное количество установленных англиканской церковью обычаев монументами поклонения идолам и не могли со спокойной совестью приобщиться к ее богослужению. Однако церковь, поддерживаемая гражданскими властями, не позволяла никаких отклонений от своих форм. Присутствия на церковных службах требовал закон, и несанкционированные собрания с целью религиозного поклонения воспрещались и наказывались тюремным заключением, изгнанием и смертью.

В начале семнадцатого столетия король, который только что воссел на троне Англии, заявил о своей решимости заставить пуритан «подчиниться или... оставить страну, иначе будет хуже» (George Bancroft, History of the United States of America, pt.1, ch.12, par.6). За ними охотились, их гнали, сажали в темницы, и они не могли различить в будущем никакого намека на лучшие времена, поэтому многие уступили мысли, что для служения Богу в соответствии с велениями совести «Англия навсегда перестала быть подходящим местом обитания» (J. G. Palfrey, History of New England, ch.3, par.43). В конце концов некоторые из них приняли решение попытаться найти укрытие в Голландии. Из-за этого ни встретились с затруднениями, потерями и угрозой тюремного заключения. Их цели были раскрыты, и они были преданы в руки своих врагов. Но твердая непоколебимость в конечном итоге одержала верх, и они отыскали пристанище на мирных берегах Голландской республики.

Эти беженцы покидали свои дома, вещи и средства к жизни. Они были чужими в чужой стране среди народа с другим языком и другими традициями. Чтобы зарабатывать себе на хлеб, им пришлось заняться новой, неизведанной работой. Мужчинам среднего возраста, которые провели всю свою жизнь, обрабатывая землю, было необходимо теперь становиться мастеровыми. Но они воспринимали все с радостью и не проводили времени в праздности или ропоте. Несмотря на то что часто их настигала сильная нужда, все же они возносили Богу благодарность за те благословения, что до сих пор были дарованы им, и находили радость в возможности иметь духовное общение в спокойной обстановке. «Они знали, что были странниками, и не придавали этому большого значения, но обращали свой взгляд ввысь, в Небо, где была самая дорогая для них страна, и находили в этом успокоение» (Bancroft, pt.1, ch.12, par.15).

В изгнании и при столкновении с трудностями их любовь и вера становились только сильнее. Они доверяли обетованиям Господа, и Он не подводил их во время нужды. С ними были Его ангелы, чтобы воодушевлять их и оказывать им поддержку. И когда Божья рука показала им на путь через море, в землю, в которой они могли бы создать для себя государство и оставить своим детям драгоценное наследие религиозной свободы, они без страха отправились туда, куда направило их Провидение.

Бог позволил, чтобы испытания выпали на долю Его народа, для того чтобы он был приготовлен к осуществлению Божьего благого намерения в отношении его. Церковь была унижена, чтобы потом она могла быть возвеличена. Ради нее Бог собирался продемонстрировать Свою власть, чтобы дать миру еще одно доказательство того, что Он не оставляет доверившихся Ему. Он так распорядился событиями, что ярость сатаны и замыслы злых людей послужили Его прославлению и перемещению Его народа в безопасное место. Гонения и ссылка открывали путь к свободе.

Будучи впервые вынуждены отделиться от англиканской церкви, пуритане объединились в торжественном завете как свободный народ Господа, обязавшись «вместе ходить всеми Его путями, которые были им уже знакомы или которые еще будут ими узнаны» (J. Brown, The Pilgrim Fathers, стр. 74). В этом проявился подлинный дух реформы, жизненно важный принцип протестантизма. Именно с этой целью пилигримы покинули Голландию, ища приют в Новом Свете. Джон Робинсон, их пастор, который был удержан Провидением от того, чтобы сопровождать их, в своем прощальном обращении к изгнанникам сказал:

«Братья, вскоре мы расстанемся, и лишь Господу известно, увижу ли я еще в этой жизни ваши лица; назначил Бог этому быть или нет – я не знаю, но все же заклинаю вас перед Богом и Его благословенными ангелами следовать за мной лишь в том, в чем я следовал Христу. Если Бог откроет вам что-то через другое Свое орудие, будьте так же готовы принять это, как когда-то вы приняли истину через мое служение, поскольку я очень убежден в том, что Господь в Своем святом Слове имеет еще много истины и света» (Martyn, т.5. стр. 70-71).

«Со своей стороны, я не могу не оплакивать положение протестантских церквей, которые пришли в состояние религиозного затишья и не хотят в настоящее время двигаться дальше тех, через кого произошла их реформация. Лютеран невозможно подвигнуть выйти за пределы того, что понимал Лютер... а кальвинисты, как видите, прочно пристали к тому месту, где были оставлены этим великим мужем Божьим, который, тем не менее, понимал не все. Это несчастье, о котором стоит много горевать; ведь, хотя они и были в свое время ярко горящими маяками, однако не проникли во все замыслы Божьи, но если бы они жили сейчас, то точно так же желали бы принять новый свет, как и тот, что приняли раньше» (D. Neal, History of the Puritans, т.1, стр. 269).

«Вспоминайте ваш церковный завет, в котором вы согласились ходить всеми путями Господа, уже открытыми вам, а также теми, что еще станут вам известны. Вспоминайте ваше обещание и завет с Богом и друг с другом – воспринимать любой свет и истину, которые вы узнаете из Его писаного Слова. Но вместе с тем, прошу вас, проявляйте осмотрительность в том, что вы принимаете за истину, сравнивайте и сопоставляйте это с другими библейскими текстами, прежде чем принять; ведь не может такого быть, чтобы христианскому миру, который еще в недалеком прошлом был окутан столь густой антихристианской тьмой, за один раз раскрылось все совершенство знания» (Martyn, т.5, стр. 70-71).

Именно сильное желание получить свободу совести вдохновляло пилигримов храбро встречать опасности долгого морского путешествия, противостоять трудностям и угрозам для жизни в дикой местности и с Божьим благословением основать на берегах Америки сильное государство. И хотя пилигримы и были искренними и боящимися Бога, они все еще не постигли великого принципа свободы вероисповедания. Свободу, ради обретения которой им пришлось столь многим пожертвовать, они не были готовы в равной мере предоставить другим. «Совсем незначительное число людей, даже среди ведущих мыслителей и моралистов семнадцатого века, имело правильное представление об этом великом принципе, являющемся следствием Нового Завета, который признает Бога единственным Судьей веры человека» (Там же, т.5, стр. 297). Догма, согласно которой Бог предоставил церкви право контролировать совесть, а также устанавливать, что является ересью, и карать ее, – это одно из наиболее глубоко внедрившихся заблуждений папства. В то время как реформаторы отвергали римский символ веры, они не были полностью свободны от его духа нетерпимости. Кромешная тьма, в которую на долгие века своего правления папство погрузило весь христианский мир, все еще не совсем рассеялась. Один из ведущих служителей колонии Массачусетского залива сказал: «Именно веротерпимость сделала мир антихристианским; и церковь никогда не приносила вреда, наказывая еретиков» (Там же, стр. 335). Колонистами было принято правило, что только члены церкви имеют право голоса в гражданском правительстве. Была основана разновидность государственной церкви, от всего народа требовалось оказывать финансовую помощь духовенству, а чиновники наделялись властью подавлять ересь. Так церковь взяла в свои руки светскую власть. Прошло немного времени, и эти мероприятия вызвали неминуемые последствия – преследования.

Через одиннадцать лет после образования первой колонии Роджер Уильямс прибыл в Новый Свет. Как и первые пилигримы, он приехал, чтобы наслаждаться религиозной свободой; однако, в отличие от них, он понимал (а в его время это понимали очень немногие), что эта свобода является неотъемлемым правом каждого, каким бы ни являлось его исповедание. Он был серьезным искателем истины, соглашаясь с Робинсоном в том, что не может такого быть, чтобы весь свет от Божьего Слова уже был получен. Уильямс «был первым человеком в современном христианском мире, который учредил гражданское правление на доктрине о свободе совести, о равенстве мнений перед законом» (Bancroft, pt.1, ch.15, par.16). Он заявлял, что долг каждого судьи – сдерживать преступность, но не контролировать совесть. «Общественность или судьи могут решать, – говорил он, – каковы обязанности человека перед человеком, но если они пытаются предписывать обязанности человека по отношению к Богу, значит они не на своем месте, и это небезопасно; так как ясно, что раз государственные чиновники имеют в своих руках власть, то они могут издать и декрет в поддержку одних мнений и верований сегодня, а других – завтра, как это делали различные короли и королевы в Англии, а также папы и соборы римской церкви, так что вера может стать совершенной путаницей» (Martyn, т.5, стр. 340).

Посещение служб государственной церкви считалось обязательным, иначе грозило наказание штрафом или тюремное заключение. «Уильямс осудил этот закон; худшим законом Англии был закон о принудительном посещении приходской церкви. Заставлять людей объединяться с приверженцами другой веры он рассматривал как откровенное посягательство на их естественные права, а принуждать к участию в публичном поклонении нерелигиозных и нежелающих этого делать людей означало лишь склонять их к лицемерию... „Никого нельзя обязывать к богопоклонению или же, – добавил он, – против воли оказывать церкви финансовую поддержку". „Как же так?! – восклицали его противники, изумляясь его учению. – Разве трудящийся не достоин пропитания?" „Да, – говорил он в ответ, – если его обеспечивают те, кто его нанимает"» (Bancroft, pt.1, ch.15, par.2).

Роджера Уильямса уважали и любили, как верного служителя, как человека, обладавшего редкими талантами, безупречной чистотой и подлинной доброжелательностью; тем не менее к его настойчивому отвержению права гражданских чиновников властвовать над церковью и к его требованию религиозной свободы не могли относиться терпимо. Его новое учение, как было заявлено, «подорвет фундаментальную структуру и правление страны» (Там же, pt.1, ch.15, par.10). Он был приговорен к изгнанию из колонии и в конечном итоге во избежание ареста, в условиях зимних холодов и метелей, вынужден был спасаться бегством и прятаться в диком лесу.

«Четырнадцать недель этого лютого времени года, – рассказывает он, – я был жестоко бросаем судьбой, позабыв, что такое хлеб или кровать». Но «вороны питали» его «в пустыне», а дуплистые деревья часто служили ему укрытием (Martyn, т.5, стр. 349-350). И так он с трудом пробирался все дальше и дальше, идя по снегу и лесному бездорожью, пока не нашел убежище в индейском племени, чье доверие и привязанность он снискал, стремясь научить их истинам Евангелия.

Попав, наконец, после месяцев передряг и блужданий к берегам залива Наррагансетт, он заложил там фундамент первого современного государства, которое в полнейшем смысле признавало право на свободу вероисповедания. Основополагающим принципом колонии Роджера Уильямса было то, «что каждый человек должен обладать свободой поклоняться Богу в соответствии с велением собственной совести» (Там же, стр. 354). Его маленький штат, Род-Айленд, стал пристанищем угнетенным; он усиливался и благоденствовал, а его основополагающие принципы – гражданская и религиозная свободы – превратились впоследствии в краеугольные камни Американской республики.

В том грандиозном старинном документе, который наши праотцы сформулировали в виде перечня своих прав, – в Декларации Независимости – они провозгласили: «Мы исходим из той самоочевидной истины, что все люди созданы равными и наделены Создателем определенными неотчуждаемыми правами, к числу которых относятся: жизнь, свобода и стремление к счастью» (Перевод О.А.Жидкова. М.: Прогресс, Универс, 1993. – прим. ред.).

Конституция также гарантирует неприкосновенность совести, говоря об этом самым прямым образом: «В качестве пригодности для любой должности или официального поста на службе Соединенных Штатов не должно требоваться никакого установления религиозной принадлежности». «Кон-

Конституция / Провозглашение независимости США

гресс не должен издавать ни одного закона, относящегося к установлению религии либо запрещающего свободное исповедание оной».

«Создатели конституции признавали тот извечный принцип, что отношения между Богом и человеком находятся выше законодательства людей и что свобода совести неотъемлема. Для установления этой истины аргументация необязательна; мы осознаем ее в нашей душе. Именно это понимание, идущее вразрез с человеческими законами, поддерживало многочисленных мучеников, когда их пытали и сжигали на кострах. Они чувствовали, что их долг перед Богом выше человеческих указов и что люди не могут господствовать над их совестью. Этот принцип заложен в нас от рождения, и ничто не может его уничтожить» (Congressional documents (U.S.A.), serial No. 200, document No. 271).

Когда до государств Европы дошли вести о земле, где каждый человек может наслаждаться плодами своего собственного труда и повиноваться убеждениям собственной совести, тысячи направились к берегам Нового Света. Колонии стремительно умножались. «Массачусетс с помощью специального закона предлагал радушный прием и поддержку со стороны штата христианам любой национальности, которые приедут из-за Атлантического океана, „чтобы избежать войн, или голода, или угнетения со стороны своих гонителей". Таким образом, изгнанники и притесняемые законно становились гостями штата» (Martyn, т.5, стр. 417). За двадцать лет, минувших с первой высадки в Плимуте, в Новой Англии обосновалось столько же тысяч пилигримов.

Чтобы достичь цели, к которой стремились, «они довольствовались скудными средствами к существованию, получаемыми в результате тяжелого труда и бережливости. Они не ожидали от земли ничего, кроме справедливого возмещения приложенных ими усилий. Никакое видение золотых гор не окружало прельстительным ореолом их путь... Они были удовлетворены неспешным, но устойчивым развитием их общественного строя. Они терпеливо переносили лишения в пустыне, орошая дерево свободы слезами и потом своего лица, пока оно глубоко не укоренилось в земле».

Библию считали фундаментом веры, источником мудрости и хартией свободы. В ее доктринах усердно наставляли дома, в школе и в церкви, а ее плоды проявлялись в бережливости, смышлености, чистоте и умеренности. Можно было много лет прожить в поселении пуритан и не «увидеть пьяницу, не услышать проклятия и не встретить нищего» (Bancroft, pt.1, ch.19, par.25). Было показано, что принципы Библии являются самыми надежными гарантами силы нации. Немощные и изолированные колонии переросли в союз могущественных штатов, и весь свет был изумлен, обнаружив мир и благоденствие «церкви без папы, а государства без короля».

Однако все время увеличивалось число тех, кто приставал к берегам Америки, руководствуясь мотивами, сильно отличавшимися от мотивов первых пилигримов. Несмотря на то что простая вера и чистота производили повсеместное положительное воздействие, все же их влияние становилось все меньше и меньше с возрастанием числа тех, кто стремился к обретению лишь земных благ.

Предписание, принятое первыми поселенцами, позволяющее только членам церкви голосовать или входить в состав гражданского правительства, повлекло за собой наиболее разрушительные результаты. Эта мера была принята для того, чтобы сберечь чистоту государства, однако она привела в упадок церковь. Так как исповедание религии являлось условием обладания избирательным правом и получения постов в правительственных учреждениях, то многие, руководствуясь исключительно мирской выгодой, присоединялись к церкви без изменения сердец. Так церкви стали в значительной степени состоять из необращенных людей; и даже среди служителей были те, кто не только придерживался ложных учений, но и не имел представления о возрождающей силе Святого Духа. Таким образом, снова проявились недобрые результаты, которые столь часто наблюдались в истории церкви со дней Константина и доныне, – результаты попыток обеспечить рост церкви при содействии государства, результаты обращения к мирским властям для поддержки Евангелия Того, Кто сказал: «Царство Мое не от мира сего» (Ев. Иоанна 18:36). Объединение церкви с государством даже в самой малой степени, хотя и может показаться, что приближает мир к церкви, на самом деле, приближает церковь к миру.

Столь доблестно защищаемый Робинсоном и Роджером Уильямсом великий принцип, заключающийся в том, что истина прогрессивна и что христиане должны быть готовы принять весь свет, могущий пролиться из святого Божьего Слова, их преемники упустили из виду. Протестантские церкви Америки, равно как и Европы, так щедро одаренные благословениями Реформации, не смогли продвинуться по пути преобразований. Несмотря на то что для провозглашения новой истины и изобличения так долго лелеемого заблуждения порой поднимались некоторые верные мужи, все же большинство, как иудеи во дни Христа и паписты во времена Лютера, соглашалось верить, как верили их отцы, и жить, как жили они. Поэтому религия снова переросла в формализм, а заблуждения и предрассудки, которые церковь отбросила бы, не перестань она ходить во свете Божьего Слова, сохранялись и лелеялись. Так дух, порожденный Реформацией, понемногу сходил на нет, до тех пор пока не появилась почти такая же великая нужда в реформе протестантских церквей, как это было в римско-католической церкви во дни Лютера. Наблюдалась та же самая поглощенность земными заботами и духовная нечувствительность, такое же почитание человеческих представлений и вытеснение учений Слова Божьего человеческими теориями.

За широким распространением Библии в начале девятнадцатого века и великим светом, излитым таким образом на мир, не последовало соответствующего продвижения в познании открытой истины или в практической религии. Сатана не мог больше, как в предыдущие века, утаивать от людей Слово Божье; оно находилось в пределах досягаемости каждого; но все же, чтобы выполнить свое намерение, он побудил многих пренебрежительно оценивать его. Люди не заботились о том, чтобы исследовать Писания, и, как результат, продолжали принимать неверные интерпретации и придерживаться доктрин, не опирающихся на Библию.

Сатана потерпел провал, стараясь сокрушить истину посредством преследований, и тогда он снова прибег к плану компромиссов, который в свое время вызвал великое отступление и учреждение церкви Рима. Он убедил христиан вступить в союз теперь уже не с язычниками, но с теми, которые своей приверженностью миру сему доказали, что являются такими же настоящими идолослужителями, какими были и поклонявшиеся истуканам. И плоды такого объединения были теперь не менее пагубны, чем в прежние века; гордыня и расточительство поощрялись под прикрытием религии, и церкви развращались. Сатана не переставал искажать учение Библии, и традиции, которым суждено было привести к погибели миллионы, глубоко укоренялись. Церковь поддерживала и охраняла эти старые обычаи, вместо того чтобы сражаться за «веру, однажды переданную святым» (Иуды 3 – прим. ред.). Таким образом были низведены на низшую ступень принципы, ради которых реформаторы так много сделали и претерпели.

ГЛАВА **17**

Предвестники утренней зари

Во всех частях света верующие люди, исследовавшие Библию, обнаружили, что в истории этой планеты скоро произойдет величайшее событие – Второе пришествие Иисуса. Большие знамения, изложенные в пророчествах Библии, в основном уже свершились.

Истина о том, что Христос придет во второй раз, чтобы окончить грандиозную работу искупления, – это одна из наиболее важных и славных истин, явленных в Библии. Для скитающихся детей Божьих, на столь долгий срок оставленных пребывать в долине смертной тени (см. **Псалом 22:4 – прим. ред.**), драгоценная, вселяющая радость надежда дана в обещании явления Того, Кто «есмь воскресение и жизнь» (**Ев. Иоанна 11:25 – прим. ред.**) и Кто возвратит изгнанников Своих. Доктрина о Втором пришествии является ключевой в Священном Писании. Начиная с того самого дня, в который первая супружеская пара, скорбя, направила свои стопы к выходу из Эдема, дети веры ожидали, когда придет Обетованный, чтобы сломить силу разрушителя и вернуть утраченный Рай. Святые люди прежних времен предвкушали пришествие Мессии во славе как осуществление своего упования. Еноху, всего лишь на семь поколений отстоящему от тех, кто жил в Эдеме, тому, кто в течение трех веков жизни на земле ходил с Богом, было позволено созерцать издали пришествие Освободителя. «Се, – провозглашал он, – идет Господь с тьмами святых (ангелов) Своих – сотворить суд над всеми» (**Иуды 14-15**). Патриарх Иов в ночь своего бедствия с твердой верой воскликнул: «Я знаю, Искупитель мой жив, и Он в последний день восставит из праха распадающуюся кожу мою сию; и я во плоти моей узрю Бога. Я узрю Его сам; мои глаза, не глаза другого, увидят Его» (**Иов 19:25-27**).

Пришествию Христа, которое возвестит о воцарении справедливости, были посвящены наиболее торжественные и волнующие высказывания священных писателей. Поэты и пророки Библии описывали его словами, исполненными небесного вдохновения. Псалмист воспевал могущество и величественность Царя Израиля: «С Сиона, который есть верх красоты, является Бог. Грядет Бог наш, и не в безмолвии... Он призывает свыше небо и землю, судить народ Свой» (Псалтирь 49:2-4). «Да веселятся небеса, и да торжествует земля... пред лицем Господа; ибо идет, ибо идет судить землю. Он будет судить вселенную по правде, и народы – по истине Своей» (Псалтирь 95:11-13).

Пророк Исаия сказал: «Воспряньте и торжествуйте, поверженные в прахе: ибо роса Твоя – роса растений, и земля извергнет мертвецов». «Оживут мертвецы Твои, восстанут мертвые тела!» «Поглощена будет смерть навеки, и отрет Господь Бог слезы со всех лиц, и снимет поношение с народа Своего по всей земле; ибо так говорит Господь. И скажут в тот день: вот Он, Бог наш! на Него мы уповали, и Он спас нас! Сей есть Господь; на Него уповали мы; возрадуемся и возвеселимся во спасении Его!» (Исаия 26:19; 25:8-9)

И Аввакум, восхищенный в святом видении, взирал на Его явление: «Бог от Фемана грядет и Святый – от горы Фаран. Покрыло небеса величие Его, и славою Его наполнилась земля. Блеск ее – как солнечный свет... Он стал – и поколебал землю; воззрел – и в трепет привел народы; вековые горы распались, первобытные холмы опали; пути Его – вечные... Ты восшел на коней Твоих, на колесницы Твои спасительные... Увидевши Тебя, вострепетали горы... бездна дала голос свой, высоко подняла руки свои; солнце и луна остановились на месте своем пред светом летающих стрел Твоих, пред сиянием сверкающих копьев Твоих... Ты выступаешь для спасения народа Твоего, для спасения помазанного Твоего» (Аввакум 3:3-4,6,8,10-11,13).

Когда Спасителю уже предстояло разлучиться со Своими апостолами, Он подбодрил их в их тоске уверением в том, что придет вновь: «Да не смущается сердце ваше... В доме Отца Моего обителей много... Я иду приготовить место вам. И когда пойду и приготовлю вам место, приду опять и возьму вас к Себе» (Ев. Иоанна 14:1-3). «Когда же придет Сын Человеческий во славе Своей, и все святые Ангелы с Ним, тогда сядет на престоле славы Своей, и соберутся пред Ним все народы» (Ев. Матфея 25:31-32).

Ангелы, которые на какое-то время остались на Елеонской горе после вознесения Христа, повторили апостолам обетование о Его возвращении: «Сей Иисус, вознесшийся от вас на небо, приидет таким же образом, как вы видели

Его восходящим на небо» (Деяния 1:11). И апостол Павел, вдохновляемый Духом, свидетельствовал: «Сам Господь при возвещении, при гласе Архангела и трубе Божией, сойдет с неба» (1 Фессалоникийцам 4:16). Пророк Патмоса говорит: «Се, грядет с облаками, и узрит Его всякое око» (Откровение 1:7).

Вокруг Его пришествия сосредоточивается слава «совершения всего, что говорил Бог устами всех святых Своих пророков от века» (Деяния 3:21). Затем долго длившееся правление зла будет сокрушено; «Царство мира соделалось Царством Господа нашего и Христа Его, и будет царствовать во веки веков» (Откровение 11:15). «И явится слава Господня, и узрит всякая плоть спасение Божие». «Господь Бог проявит правду и славу пред всеми народами». Он «будет великолепным венцом, и славною диадемою для остатка народа Своего» (Исаия 40:5; 61:11; 28:5).

Именно тогда под всеми небесами будет установлено долгожданное и мирное царство Мессии. «Так, Господь утешит Сион, утешит все развалины его, и сделает пустыни его, как рай, и степь его, как сад Господа». «Слава Ливана дастся ей, великолепие Кармила и Сарона». «Не будут уже называть тебя „оставленным", и землю твою не будут более называть „пустынею", но будут называть тебя: „Мое благоволение к нему", а землю твою – „замужнею"». «И как жених радуется о невесте, так будет радоваться о тебе Бог твой» (Исаия 51:3; 35:2; 62:4-5).

Во все времена пришествие Господа было упованием Его верных учеников. Обетование Спасителя о Его возвращении, данное апостолам при расставании на горе Елеонской, озарило их будущее, наполняя сердца радостью и надеждой, которые не могли заглушить ни печаль, ни переживания. Посреди испытаний и гонений «явление славы великого Бога и Спасителя Иисуса Христа» было блаженным упованием (Титу 2:13 – прим. ред.). Когда христиане города Фессалоники горевали, хороня своих дорогих, надеявшихся дожить до пришествия Господа, Павел, их учитель, говорил им о воскресении из мертвых, которое совершится при возвращении Спасителя. Затем умершие во Христе восстанут и вместе с живыми будут вознесены навстречу с Господом в воздухе. «И так, – сказал он, – всегда с Господом будем. Итак, утешайте друг друга сими словами» (1 Фессалоникийцам 4:16-18).

На скалистом Патмосе возлюбленный апостол слышит обещание: «Ей, гряду скоро!» – и горячий отклик на него звучит в молитве церкви во время всех ее скитаний: «Ей, гряди, Господи Иисусе!» (Откровение 22:20).

Из тюрем, с костров и эшафотов, откуда святые и мученики свидетельствовали в пользу истины, доходят сквозь века изречения, выражающие их веру и упование. «Уверенные в личном воскресении Христа, а стало быть, и в своем собственном в Его пришествие, они по этой причине, – рассказывает один из этих христиан, – презирали смерть и оказывались выше нее» (Daniel T. Taylor, The Reign of Christ on Earth: or, The Voice of the Church in All Ages, стр. 33). Они готовы были сойти в могилу, чтобы затем «восстать свободными» (Там же, стр. 54). Они чаяли «пришествия с Небес Господа на облаках во славе Отца Своего,.. несущего верным предзнаменование наступления Своего царства». Вальденсы лелеяли ту же самую веру (Там же, стр. 129-132). Уиклиф предвкушал явление Искупителя как событие, на которое следует уповать церкви (Там же, стр. 132-134).

Лютер заявлял: «Я воистину убежден в том, что не пройдет и трех столетий, как настанет день суда. Бог не пожелает, не сможет выносить этот грешный мир дольше». «Подходит великий день, в который это отвратительное царство будет ниспровергнуто» (Там же, стр. 158,134).

«Скоро этому старому миру придет конец», – сказал Меланхтон. Кальвин умолял христиан «не сомневаться, горячо желая дня Христова пришествия как наиболее благоприятного из всех событий», и заявлял, что «вся семья верных не будет терять этот день из виду». «Мы должны сильно желать видеть Христа, мы должны стремиться к Нему, ожидать Его, – говорил он, – вплоть до рассвета того великого дня, когда наш Господь в полной мере явит славу Своего царства» (Там же, стр. 158,134).

«Не вознесся ли наш Господь Иисус на Небеса в нашей плоти? – сказал Нокс, реформатор Шотландии. – И неужели он не вернется? Мы знаем, что он возвратится, причем не замедлит». Ридли и Латимер, ради истины пожертвовавшие жизнью, с верой ожидали пришествия Господа. Ридли писал: «Мир, без сомнения, – в это я верю и потому говорю так – приближается к концу. Давайте вместе с Иоанном, слугой Божьим, воскликнем в своих сердцах нашему Спасителю Христу: „Ей, гряди, Господи Иисусе!" (Откровение 22:20 – прим. ред.)» (Там же, стр. 151,145).

«Мысли о пришествии Господа, – сказал Бакстер, – для меня наиболее приятные и радостные» (Richard Baxter, Works, т.17, стр. 555). «Любить Его явление и лелеять эту благословенную надежду – это плод веры и характера Его святых». «Если смерть – это последний враг, которому суждено быть уничтоженным при воскресении, то можно понять, насколько серьезно верующим следует желать Второго пришествия Христа и молиться о нем, ведь тогда осуществится совершенная и решающая победа» (Там же, т.17, стр. 500). «Это тот день, которого все верующие должны жаждать, надеяться и ждать как завершения всего дела их искупления и как исполнения всех желаний и устремлений их сердец». «Приблизь, о, Господь, этот благословенный день!» (Там же, т. 17, стр. 182-183). Таким было упование апостольской церкви, «церкви в пустыне» (см. Откровение 12:14 – прим. ред.) и церкви реформаторов.

Пророчество не только предвозвещает способ и цель пришествия Христа, но и предоставляет знамения, по которым люди должны понять, что оно рядом. Иисус сказал: «И будут знамения в солнце и луне и звездах» (Ев. Луки 21:25). «Солнце померкнет, и луна не даст света своего, и звезды спадут с неба, и силы небесные поколеблются. Тогда увидят Сына Человеческого, грядущего на облаках с силою многою и славою» (Ев. Марка 13:24-26). Автор книги Откровение описывает первый из признаков Второго пришествия, следующим образом: «Произошло великое землетрясение, и солнце стало мрачно как власяница, и луна сделалась как кровь» (Откровение 6:12).

Эти знаки наблюдали до наступления XIX века. Во исполнение этого пророчества в 1755 году случилось самое ужасное из всех когда-либо зарегистрированных землетрясений. Широко известное под названием Лиссабонского, оно охватило большую часть Европы, Африку и Америку. Его почувствовали в Гренландии, в Вест-Индии, на острове Мадейра, в Норвегии и Швеции, в Великобритании и Ирландии. Оно распространилось по площади не менее четырех миллионов квадратных миль. В Африке толчки были почти настолько же мощными, как и в Европе. Огромная часть Алжира была превращена в руины, а недалеко от Марокко деревня с населением в восемь или десять тысяч человек ушла под землю. Громадная волна накрыла побережья Испании и Африки, захлестнув города и причинив великие разрушения.

Но в Испании и Португалии подземные толчки были особенно интенсивными. Говорили, что в Кадисе поднялась приливная волна высотой в шестьдесят футов. Горы – «несколько из самых больших в Португалии – были сильно поколеблены как будто в самом их основании, а некоторые из них раскрылись у своих вершин, удивительным образом расколовшихся, и огромные массы горных пород низверглись в примыкающие к ним долины. Рассказывали, что из этих гор выходил огонь» (Sir Charles Lyell, Principles of Geology, стр. 95).

В Лиссабоне «услышали из-под земли звук, подобный грому, и сразу после этого мощный толчок разрушил большую часть города. В течение примерно шести минут погибло шестьдесят тысяч человек. Море сперва отошло, и образовалась сухая полоса, а потом оно нахлынуло, поднявшись на пятьдесят или даже больше футов выше обычного уровня». «Среди прочих необычных событий, имевших место в Лиссабоне во время катастрофы, было крушение новой набережной, полностью построенной из мрамора и потому крайне дорогой. Огромное число людей собралось на ней в поисках безопасного места, поскольку там они могли быть вне досягаемости обрушивающихся построек; но неожиданно набережная затонула со всеми находящимися на ней людьми, и ни одно из мертвых тел так и не всплыло на поверхность» (Там же, стр. 495).

«От ударной волны землетрясения мгновенно развалились все церкви и монастыри, почти все крупные общественные строения и более четверти всех жилых домов. Примерно через два часа после этого в различных кварталах разгорелись пожары и около трех дней боролись за пространство с такой яростью, что город был совершенно опустошен. Зем-

Землетрясение в Лиссабоне в 1755

летрясение случилось во время религиозного праздника, когда народ заполнил церкви и монастыри, и лишь совсем немногие уцелели» (Encyclopedia Americana, art. Lisbon, note, ed. 1831). «Невозможно описать ужас, охвативший людей. Никто не плакал; это было выше слез. Они бегали взад и вперед, вне себя от страха и потрясения, били себя по лицу и в грудь, крича: „Господи, помилуй! Пришел конец света!" Матери забывали о своих детях и носились с изображениями распятия. Многие кинулись в церкви, ища защиты; но, увы, тщетно проводилась евхаристия; тщетно бедные создания обнимали алтари; образа, священники и народ были похоронены в общей могиле под развалинами». Число погибших в тот роковой день было оценено в девяносто тысяч человек.

Двадцатью пятью годами позже появился следующий знак, названный в пророчестве: померкли солнце и луна. Что в этом поражало больше всего – так это тот факт, что время его осуществления было указано в точности. В разговоре Спасителя с учениками на Елеонской горе после описания долгого периода испытания для церкви – 1260 лет гонений со стороны папства, относительно которого Он пообещал, что сократятся те дни, – Он упомянул определенные события, предваряющие Его пришествие, и установил время, когда должно было произойти первое из них: «Но в те дни, после скорби той, солнце померкнет, и луна не даст света своего» (Ев. Марка 13:24). 1260 дней, или лет, истекли в 1798 году. Четвертью века ранее гонения почти совсем закончились, после чего, в согласии со словами Христа, солнце должно было померкнуть. 19 мая 1780 года это пророчество сбылось.

«Чуть ли не единственным, самым таинственным и до сих пор не объясненным феноменом своего рода... является мрачный день 19 Мая 1780 года – очень странное потемнение всего неба и атмосферы в Новой Англии» (K. M. Devens, Our First Century, стр. 89). То, что тьма образовалась не вследствие солнечного затмения, очевидно из того, что луна тогда была почти полной. Не облака и не уплотнение атмосферы вызвали тьму, так как в некоторых местах, где она распространилась, небо было настолько ясным, что виднелись звезды.

Один из очевидцев, проживавший в штате Массачусетс, описывает это событие следующим образом: «Утром взошло ясное солнце, но скоро оно закрылось тучами, которые становились все мрачнее, пока через короткое время не превратились в угрожающе черные, и из них исходили молнии, раскаты грома и пролился маленький дождик.

К девяти часам тучи стали не такими густыми и приобрели медный оттенок, а земля, скалы, деревья, строения, вода и люди выглядели по-другому при этом странном неземном свете. Несколькими минутами позже тяжелая черная туча распространилась по всему небосводу, оставив свободным лишь узкий ободок на горизонте, и стало так темно, как это обычно бывает часов в девять летним вечером...

Страх, тревога и благоговение мало-помалу наполняли людские души. Женщины стояли у дверей, всматриваясь в темный ландшафт; мужчины прекращали свой труд на полях; столяр оставлял свои инструменты, кузнец – кузницу, лавочник – лавку. Школы закрывались, и дрожащие от страха дети расходились по домам. Путники устраивались на ночлег в ближайших фермерских домах. „Что происходит?" – вопрошали все уста и все сердца. Все выглядело так, будто бы на страну был готов обрушиться ураган или же наступал конец света.

В домах загорелись свечи, а пламя каминов сияло так ярко, как в осенний безлунный вечер... Куры возвращались в свои курятники и засыпали; коровы и быки собирались у ограждений своих загонов и мычали; лягушки квакали; птицы пели свои вечерние песни и вокруг носились летучие мыши. Но люди знали, что ночь еще не наступила...

Доктор Натанаэль Уиттейкер, пастор церкви Скинии в Салеме, проводил в доме молитвы религиозное служение и говорил проповедь, в которой утверждал, что эта тьма была сверхъестественной. Собрания проводились и во многих других местах. Во всех сказанных на них спонтанных проповедях использовались те тексты, которые обнаруживали, что эта тьма согласуется с библейским пророчеством... Мрак был наиболее густым в начале двенадцатого часа дня» (The Essex Antiquarian, April 1899, т.3, № 4, стр. 53-54). «На большей части территории страны он был в дневное время настолько непроглядным, что люди не могли без зажженной свечи ни определить время по часам, ни пообедать, ни заняться своими домашними делами...

Необычными были пределы распространения этой тьмы. На востоке ее наблюдали до самого Фалмута. В западном направлении она достигла самых отдаленных частей Коннектикута и Олбани. На юге она наблюдалась вдоль всего морского побережья, а на севере – повсюду, где только были американские поселения» (History of the Rise, Progress, and Establishment of the Independence of the U.S.A., т.3, стр. 57).

После густого мрака этого дня, за один-два часа до наступления вечера, небо кое-где расчистилось и показалось солнце, однако же оно все еще было скрыто черной, тяжелой мглой. «После заката опять набежали тучи, и начало очень быстро темнеть». «Ночная темнота оказалась не менее удивительной и пугающей, чем дневная; хотя луна в то время находилась почти в полной фазе, ни единого предмета невозможно было увидеть без искусственного освещения, которое, если на него смотреть из соседних домов и из других мест, расположенных на некотором расстоянии, едва мерцало сквозь своего рода египетскую тьму, казавшуюся почти непроницаемой для лучей света» (Isaiah Thomas, Massachusetts Spy; or, American Oracle of Liberty, т.10, № 472, 25 мая 1780). Один очевидец этого события говорил: «В то время я не мог перестать думать о том, что если бы каждое светящееся тело во Вселенной оказалось вдруг за непроницаемым щитом или вовсе прекратило существовать, то тьма не смогла бы быть более густой» (Letter by Dr. Samuel Tenney of Exeter, New Hampshire, December 1785, Massachusetts Historical Society Collections, 1792, I сер., т.1, стр. 97). Хотя в ту ночь уже в девять часов луна достигла своей максимальной высоты над горизонтом, все же «это не возымело ни малейшего действия: смертные тени не исчезли». После полуночи тьма рассеялась, и луна, когда ее впервые увидели, выглядела кровавой.

19 Мая 1780 года известен в истории под названием «мрачного дня». Со времен Моисея не было отмечено ни одного такого события, когда мрак был бы настолько же непроницаемым, всеобъемлющим и продолжительным. Данное очевидцами описание этого происшествия является всего лишь эхом слов Господа, записанных пророком Иоилем за две с половиной тысячи лет до их осуществления: «Солнце превратится во тьму и луна – в кровь, прежде нежели наступит день Господень, великий и страшный» (Иоиль 2:31).

Христос просил Свой народ следить за признаками Своего пришествия и радоваться, когда они увидят знамения явления своего Царя. «Когда же начнет это сбываться, – сказал Он, – тогда восклонитесь и поднимите головы ваши, потому что приближается избавление ваше». Он обратил внимание Своих учеников на распускающиеся весенние деревья, говоря: «Когда они уже распускаются, то, видя это, знаете сами, что уже близко лето; так, и когда вы увидите то сбывающимся, знайте, что близко Царствие Божие» (Ев. Луки 21:28, 30-31).

Однако по мере того как дух смирения и молитвы в церкви вытеснялся гордостью и формализмом, любовь ко Христу и вера в Его пришествие охладевали. Сосредоточенные на земных заботах и поиске наслаждений, называющие себя народом Божьим не обращали внимания на слова Спасителя относительно знамений Его явления. Доктриной о Втором пришествии стали пренебрегать; Писания, затрагивающие эту тему, из-за их ложной интерпретации сделали трудными для понимания, и в конце концов это учение в значительной степени отвергли и забыли о нем. В особенности это касалось церквей Америки. Свобода и комфорт, которыми наслаждались все общественные сословия, честолюбивое желание иметь состояние и жить в роскоши, порождающее всепоглощающее стремление к накопительству, напряженная погоня за популярностью и властью, которых, казалось, мог достичь любой, привели людей к тому, что они сконцентрировали свои интересы и надежды на делах житейских и отодвинули далеко в будущее тот торжественный день, в который нынешний порядок вещей исчезнет.

Когда Спаситель обратил внимание Своих учеников на знаки, говорящие о скором Его возвращении, Он предсказал состояние вероотступничества, которое будет существовать непосредственно перед Его Вторым пришествием. Это будет происходить так же, как и во дни Ноя; активность и суета, связанные с земными занятиями и с поисками развлечений: покупка, продажа, посадка, строительство, женитьба и замужество – при всем этом забвение Бога и будущности. Для тех, кто будет жить в это время, звучит предупреждение Христа: «Смотрите же за собою, чтобы сердца ваши не отягчались объедением и пьянством и заботами житейскими, и чтобы день тот не постиг вас внезапно». «Итак бодрствуйте на всякое время и молитесь, да сподобитесь избежать всех сих будущих бедствий и предстать пред Сына Человеческого» (Ев. Луки 21:34,36).

На состояние церкви этого времени указывают слова Спасителя в Откровении: «Ты носишь имя, будто жив, но ты мертв» (Откровение 3:1). А тем, кто не захочет воспрянуть от своего чувства беззаботного спокойствия, адресовано торжественное предупреждение: «Если же не будешь бодрствовать, то Я найду на тебя, как тать, и ты не узнаешь, в который час найду на тебя» (Откровение 3:3).

Нужно, чтобы люди очнулись и поняли опасность, угрожающую им, чтобы они начали готовиться к торжественным событиям, связанным с окончанием времени испытания. Пророк Божий сказал: «Ибо велик день Господень и весьма страшен; и кто выдержит его?» (Иоиль 2:11). Кто устоит, когда явится Тот, о Ком говорится: «Чистым очам Твоим не свойственно глядеть на злодеяния, и смотреть на притеснение Ты не можешь» (Аввакум 1:13)? Для тех, которые восклицают: «Боже мой! Мы познали Тебя» (Осия 8:2), – однако преступают Его завет и прилепляются к другому богу, храня зло в своих сердцах и любя неправедные пути, – для них день Господень «тьма, и нет в нем сияния» (Амос 5:20). «И будет в то время, – говорит Господь, – Я со светильником осмотрю Иерусалим и накажу тех, которые сидят на дрожжах своих и говорят в сердце своем: „не делает Господь ни добра, ни зла"» (Софония 1:12). «Я накажу мир за зло, и нечестивых – за беззакония их, и положу конец высокоумию гордых, и уничижу надменность притеснителей» (Исаия 13:11). «Ни серебро их, ни золото их не может спасти их»; «и обратятся богатства их в добычу и домы их – в запустение» (Софония 1:18,13).

Пророк Иеремия, глядя в будущее на это ужасное время, воскликнул: «Скорблю во глубине сердца моего... не могу молчать; ибо ты слышишь, душа моя, звук трубы, тревогу брани. Беда за бедою» (Иеремия 4:19-20).

«День гнева – день сей, день скорби и тесноты, день опустошения и разорения, день тьмы и мрака, день облака и мглы, день трубы и бранного крика» (Софония 1:15-16). «Вот приходит день Господа... чтобы сделать землю пустынею и истребить с нее грешников ее» (Исаия 13:9).

Принимая во внимание этот великий день, Слово Божье в наиболее торжественных и волнующих выражениях приглашает Его народ пробудиться от духовной летаргии и в покаянии и смирении искать Его лица: «Трубите трубою на Сионе и бейте тревогу на святой горе Моей; да трепещут все жители земли, ибо наступает день Господень, ибо он близок» (Иоиль 2:1). «Назначьте пост и объявите торжественное собрание. Соберите народ, созовите собрание, пригласите старцев, соберите отроков... пусть выйдет жених из чертога своего, и невеста из своей горницы. Между притвором и жертвенником да плачут священники, служители Господни» (Иоиль 2:15-17). «Обратитесь ко Мне всем сердцем своим в посте, плаче и рыдании. Раздирайте сердца ваши, а не одежды ваши, и обратитесь к Господу Богу вашему; ибо Он благ и милосерд, долготерпелив и многомилостив» (Иоиль 2:12-13).

Чтобы подготовить людей выстоять в день

Божий, нужно было совершить великую работу реформы. Бог видел, что многие из тех, кто называл себя Его народом, не строят для вечности, и по Своей милости Он собирался направить им предупреждающее послание, чтобы вывести их из состояния духовной нечувствительности и побудить совершить приготовления к пришествию Господа.

Это предупреждение находится в 14 главе Откровения. Здесь послание, состоящее из трех частей и возвещаемое тремя небесными существами, непосредственно предшествует явлению Сына Человеческого, пришедшего для того, чтобы произвести жатву на Земле. Первое из этих предостережений объявляет о приближающемся суде. Пророк видел ангела, летящего «по средине неба, который имел вечное Евангелие, чтобы благовествовать живущим на земле и всякому племени и колену, и языку и народу; и говорил он громким голосом: убойтесь Бога и воздайте Ему славу, ибо наступил час суда Его; и поклонитесь Сотворившему небо и землю, и море и источники вод» (Откровение 14:6-7).

Эта весть объявлена частью «вечного Евангелия». Дело проповеди Евангелия не было поручено ангелам, но возложено на людей. Святые ангелы были привлечены, чтобы направлять эту работу; под их надзором находятся великие движения для спасения людей, но фактическое провозглашение Евангелия выполняется слугами Христа на Земле.

Верные люди, повиновавшиеся указаниям Духа Божия и учению Его Слова, должны были провозгласить это предостережение миру. Они были теми, кто прислушивался к вернейшему пророческому слову, этому «светильнику, сияющему в темном месте, доколе не начнет рассветать день и не взойдет утренняя звезда...» (2 Петра 1:19). Они стремились к познанию Бога больше, нежели к поиску клада, почитая «приобретение ее (мудрости – прим. ред.) лучше приобретения серебра, и прибыли от нее больше, нежели от золота» (Притчи 3:14). И Господь открыл им великие дела, касающиеся Его царства. «Тайна Господня – боящимся Его, и завет Свой Он открывает им» (Псалтирь 24:14).

Те, кто имел понимание этой истины и был вовлечен в ее провозглашение, не были учеными-теологами. Если бы последние были верными стражами и усердно с молитвой исследовали Писания, они бы узнали, «сколько ночи» (Исаия 21:11 – прим. ред.); пророчества раскрыли бы им события, готовые свершиться. Но они не пребывали на посту, и весть была передана более смиренными людьми.

Иисус сказал: «Ходите, пока есть свет, чтобы не объяла вас тьма» (Ев. Иоанна 12:35). Те, кто отворачивается от света, данного Богом, или пренебрегает его поиском, когда он рядом, оставляются во тьме. Но Спаситель говорит: «Кто последует за Мною, тот не будет ходить во тьме, но будет иметь свет жизни» (Ев. Иоанна 8:12). Кто бы ни стремился целенаправленно исполнять Божью волю, ревностно оберегая уже дарованный свет, получит свет еще больший; этой душе будет послана звезда небесного сияния, чтобы привести ее к полноте истины.

Во времена Первого пришествия Христа священники и книжники святого города, которым были вручены Священные Писания Божьи, могли различить знамения времени и провозгласить пришествие Обетованного. Пророчество Михея называло место Его рождения (см. Михей 5:2). Даниил указал время Его пришествия (см. Даниил 9:25). Бог вверил эти пророчества иудейским начальникам; и не было им извинения, если они не знали и не объявили людям, что пришествие Мессии при дверях. Их невежество было следствием греховной небрежности. Иудеи строили памятники убитым пророкам Божьим, тогда как своим почитанием великих мира сего они отдавали честь слугам сатаны. Захваченные честолюбивой борьбой за место среди людей и власть над ними, они упустили из виду Божественные почести, предоставленные им Царем Небес.

Израильским старейшинам надо было с глубоким и благоговейным интересом исследовать вопрос о том, где, когда и при каких обстоятельствах должно было произойти величайшее событие мировой истории – пришествие Сына Божия с целью осуществления спасения людей. Всему народу следовало бдеть и выжидать, чтобы иметь возможность первыми встретить Искупителя мира. Но, увы, в Вифлееме двое утомленных людей, проделавших долгий путь от холмогорья Назарета, проходят всю длинную узкую улицу вплоть до восточной границы городка, напрасно ища место отдыха и укрытия на ночь. Никакие двери не отворяются, чтобы принять их. В убогом сарае, приготовленном для скота, они, наконец, находят убежище, и там появляется на свет Спаситель мира.

Небесные ангелы созерцали славу, которую Божий Сын делил с Отцом еще до начала бытия мира, и с глубоким интересом ожидали Его появления на Земле, как события, сопряженного с величайшей радостью для всех людей. Ангелы имели поручение доставить эти радостные вести тем, кто был подготовлен к их получению и кто с удовольствием познакомил бы с ними жителей Земли. Христос снизошел до того, чтобы принять на Себя человеческую природу; Он должен был понести непомерную тяжесть скорбей, поскольку Ему надлежало стать жертвой за грех; тем не менее ангелы очень хотели, чтобы даже в этом уничижении Сын Всевышнего мог появиться перед людьми в величии и славе, соответствующих Его ипостаси. Соберутся ли великие люди Земли в Израильской столице, чтобы приветствовать Его приход? Будут ли легионы ангелов представлять Его ожидающему обществу?

Ангел посещает Землю, чтобы выяснить, кто готов приветствовать Иисуса. Однако он не может различить никаких знаков ожидания. Он не слышит никакой хвалы и ликования по поводу того, что время пришествия Мессии приблизилось. Ангел парит некоторое время над избранным городом и храмом, где веками проявлялось Божье присутствие; но даже здесь то же самое безразличие. Священники в своем показном великолепии и гордыне приносят в храме оскверненные жертвы. Фарисеи громким голосом говорят к народу или произносят хвастливые молитвы «на углах улиц» (Ев. Матфея 6:5 – прим. ред.). Ни во дворцах властелинов, ни на ассамблеях философов, ни в школах раввинов не обратили внимания на то дивное событие, из-за которого все Небо наполнилось радостью и хвалой – на Земле вот-вот должен был появиться Искупитель людей.

Нет свидетельства того, что Христа ожидают и никак не готовятся к встрече Князя жизни. В изумлении небесный посланник готов вернуться на Небо с постыдной новостью, когда вдруг обнаруживает группу пастухов, следящих ночью за своими стадами. Всматриваясь в звездное небо и обдумывая пророчество, связанное с пришествием на землю Мессии, они с нетерпением ждут явления Искупителя мира. Вот люди, которые готовы к получению послания с Небес. И вдруг перед ними является ангел Господень, провозглашая добрую весть о великой радости. Неземная слава наполняет всю долину, и взору пастухов открывается несметное количество ангелов; и как будто из-за того, что радость была слишком великой, чтобы ее преподнес только один посланник с Небес, огромное множество голосов объединяется в гимне, который в один прекрасный день воспоют спасенные из всех народов: «Слава в вышних Богу, и на земле мир, в человеках благоволение» (Ев. Луки 2:14).

О, каким поучением является эта чудесная история Вифлеема! Как она обличает наше неверие, нашу гордыню и самодостаточность. Как она предупреждает нас быть бдительными, иначе в нашем преступном равнодушии нам тоже не удастся различить знамений времени и, следовательно, узнать день нашего посещения.

Но не на одних лишь холмах Иудеи, не только среди простых пастухов нашли ангелы людей, бодрствующих в ожидании прихода Мессии. В стране язычников тоже были те, кто ожидал Его; они были мудрецами, богатыми и благородными восточными мыслителями. Исследователи природы, волхвы видели Бога в делах Его рук. Из Писаний евреев они узнали о звезде, восходящей от Иакова (см. Числа 24:17 – прим. ред.), и горячо желали пришествия Того, Кто должен быть не только утешением Израиля (см. Ев. Луки 2:25), но и светом к просвещению язычников (см. Ев. Луки 2:32) «во спасение до края земли» (Деяния 13:47). Они были искателями света, и свет от престола Божия озарял их путь. Тогда как иерусалимские священники и раввины, назначенные быть стражами и толкователями истины, были погружены во тьму, посланная Небом звезда направляла этих чужеземцев-иноверцев к родине новорожденного Царя.

«Для ожидающих Его» Христос «во второй раз явится не для очищения греха, а... во спасение» (Евреям 9:28). Как и известие о рождении Спасителя, проповедь о Втором пришествии не была поручена религиозным лидерам народа. Им не удалось сохранить свою связь с Богом, и они отказались от света с Небес; по этой причине они не были причислены к тем, о которых говорил апостол Павел: «Но вы, братия, не во тьме, чтобы день застал вас, как тать; ибо все вы – сыны света и сыны дня: мы – не сыны ночи, ни тьмы» (1 Фессалоникийцам 5:4-5).

Стражи на стенах Сиона должны были быть в числе первых, подхвативших весть о пришествии Спасителя и возвысивших свои голоса в провозглашении его приближения, им первым следовало предостеречь людей, чтобы они готовились к Его приходу. Но они пребывали в беззаботности, грезя о мире и безопасности, в то время как люди утопали в своих грехах. Иисус видел Свою церковь похожей на бесплодную смоковницу, покрытую пышной листвой, однако лишенную драгоценных плодов. Хвастливо соблюдался установленный религиозный порядок, в то время как отсутствовал дух подлинного смирения, покаяния и веры – а ведь только он мог сделать служение приемлемым для Бога. Вместо плодов Духа проявлялись гордыня, формализм, тщеславие, эгоизм, притеснение. Отступившая от веры церковь закрыла глаза, чтобы не видеть знамений времени. Бог не покинул ее, Он оставался верным; но люди отошли от Него и отделили себя от Его любви. Поскольку они не пожелали подчиниться условиям, Его обетования для них не осуществились.

Таковы непременные последствия нерадивого отношения к восприятию и использованию того света и привилегий, которые дарует Бог. Пока церковь не следует тому, что открывает Провидение, не принимает каждый луч света и не выполняет каждую обязанность, которая может быть возложена на нее, религия неминуемо выродится в простое совершение обрядов, а дух жизненного благочестия покинет ее. Эта истина не раз находила свое подтверждение в истории церкви. Бог хочет от Своего народа дел веры и послушания, которые соответствовали бы даруемым благословениям и преимуществам. Повиновение требует жертвы и включает в себя крест; вот почему многие из так называемых учеников Христа сказали «нет» свету, посланному с Небес, и, как и в прошлом иудеи, не узнали времени своего посещения (см. Ев. Луки 19:44). Из-за их гордыни и неверия Господь прошел мимо них и явил Свою истину тем, кто, как пастухи из Вифлеема и волхвы с востока, с вниманием отнеслись ко всему свету, полученному ими.

ГЛАВА **18**

Американский реформатор

Уильям Миллер (1782-1849), сын фермера в Америке, вследствие изучения Священного Писания обнаружил, что Второе пришествие Иисуса уже при дверях. С помощью пророческих цепей, как они изложены в книге Даниила и в Откровении, он смог показать, в какое время мы живем. Сатана попытался через людей помешать этому делу и ввести их в заблуждение, чтобы они не стали исправлять свою жизнь. Ибо только через принятие истин Библии возможны настоящие изменения в жизни человека.

Честный, прямодушный фермер, которого склонили к тому, чтобы сомневаться в авторитете Писаний, но который все же искренне желал познать истину, был человеком, специально избранным Богом, для того чтобы воодушевить других на провозглашение вести о Втором пришествии Христа. Уильям Миллер, как и многие предшествующие ему реформаторы, в юные годы боролся с бедностью и таким образом усвоил великие уроки трудолюбия и самоотречения. Членов семьи, из которой он вышел, характеризовали независимый, свободолюбивый дух, способность переносить невзгоды и пылкий патриотизм – свойства характера, присущие и ему. Его отец был капитаном армии революции, и те жертвы, на которые он пошел, участвуя в борьбе и страданиях в тот неспокойный период времени, возможно, явились причиной трудных условий раннего этапа жизни Миллера.

Он был крепко сложен и, еще будучи ребенком, выказывал необычайную силу интеллекта. По мере его взросления это становилось все более очевидным. Его ум был деятельным и хорошо развитым, и он имел сильную тягу к знаниям. Несмотря на то что он не учился в университете, его любовь к учебе, склонность сосредоточенно мыслить и глубоко анализировать сделали его человеком трезвого ума и широких взглядов. Он обладал безупречной моральной репутацией и добрым именем, все ценили его за принципиальность, трудолюбие и благожелательность. В результате своей энергичности и прилежания он рано приобрел достаток, сохранив при этом привычку к приобретению знаний. Он с честью совмещал ряд гражданских и военных должностей, и пути к богатству и почету казались широко открытыми для него.

Его мать была женщиной по-настоящему благочестивой, и в детстве он отличался восприимчивостью к религии. В ранней зрелости, однако, он оказался в обществе деистов, влияние которых было сильным от того, что они, как правило, были хорошими гражданами, гуманными и доброжелательно настроенными людьми. Поскольку они обитали в христианском обществе, их характеры до некоторой степени формировались этим окружением. Те выдающиеся особенности, которые завоевали им признание и доверие людей, они возымели благодаря Библии; и все же эти благие дарования были так искажены, что противодействовали Божьему Слову. Дружба с этими людьми привела Миллера к тому, что он воспринял их воззрения. Принятая в то время интерпретация Священного Писания была сопряжена с трудностями, с которыми, по его представлению, невозможно было справиться, однако его новая религия, отвергая Библию, не предлагала вместо нее ничего лучшего, и он по-прежнему был далек от того, чтобы испытывать удовлетворение. И все же он не переставал разделять эту точку зрения почти двенадцать лет. Но когда ему было 34 года, Святой Дух оказал влияние на его сердце, дав ему почувствовать себя грешником. В своем прежнем веровании он не обнаружил никакой гарантии счастья за могильной чертой. Будущее было темным и сумрачным. Позже он сказал относительно своих чувств, испытываемых в то время:

«Полное уничтожение являлось леденящей кровь мыслью, а необходимость отчитываться перед Богом означала для всех верную гибель. Небеса над моей головой были подобны меди, а земля под моими ногами – железу. Вечность – что это? Смерть – почему она существует? Чем больше я занимался поисками ответов, тем дальше был от их обнаружения. Чем больше я размышлял, тем противоречивее становились мои заключения. Я старался перестать думать, но не мог контролировать свои мысли. Я был по-настоящему несчастным, но не понимал, почему. Я ворчал и сетовал, но не знал, на кого. Я знал, что что-то было неправильно, но не имел понятия, где или как обнаружить то, что правильно. Я горевал, но без надежды».

В этом состоянии он находился в течение нескольких месяцев. «Внезапно, – говорит он, – характер

Спасителя живо представился мне. Казалось, что должен существовать Кто-то настолько добрый и сострадательный, чтобы Он Сам мог искупить наши преступления и тем самым избавить нас от мучительного наказания за грех. Я тотчас же почувствовал, насколько прекрасным должен быть Он, и понял, что могу кинуться в Его объятия и довериться Его милости. Но вставал вопрос, как может быть доказано, что Он есть? Я обнаружил, что без Библии я не могу получить свидетельства о существовании такого Спасителя или даже будущего бытия...

Я увидел, что Библия и являет как раз такого Спасителя, Который был мне нужен, и был приведен в замешательство, придя к заключению, что небогодухновенная книга не может раскрывать принципы, так прекрасно отвечающие потребностям падшего мира. Я должен был признать, что Писания – это откровение от Бога. Они превратились для меня в источник наслаждения, а в Иисусе я нашел Друга. Спаситель сделался для меня „лучше десяти тысяч других" (Песни песней 5:10 – прим. ред.); и Писания, которые прежде были неясны и противоречивы, превратились в „светильник ноге моей и свет стезе моей" (Псалтирь 118:105 – прим. ред.). Я стал уравновешенным и довольным. Я обнаружил, что Господь Бог является Скалой посреди океана жизни. Теперь Библия сделалась моим основным предметом изучения, и я со всей искренностью могу сказать, что исследовал ее с огромным удовольствием. Я открыл, что мне никогда не говорили и половины, и изумлялся, почему я прежде не видел ее красы и славы, и дивился тому, что мог когда-то не признавать ее. Я обнаружил там открытым все, что только могла пожелать моя душа, средство от всех ее болезней. У меня пропал вкус ко всякому другому чтению, и я обратил свое сердце к обретению мудрости от Бога» (S. Bliss, Memoirs of Wm. Miller, стр. 65-67).

Миллер принародно исповедал свою веру в религию, к которой прежде относился с презрением. Но его неверующие товарищи не преминули привести все те доводы, на которых он сам нередко настаивал, выступая против Божественного авторитета Писаний. Тогда он еще не был подготовлен, чтобы ответить им, но аргументировал тем, что если Библия – откровение от Бога, то она должна находиться в гармонии сама с собой; и раз она дана в назидание людям, то должна быть приспособлена для их ума. Он принял решение лично исследовать Писания и установить, можно ли все видимые противоречия привести в соответствие друг с другом.

Пытаясь отложить в сторону любое заранее сложившееся убеждение и отвергая комментарии, он сравнивал один отрывок Священного Писания с другим при помощи заметок на полях и симфонии. Он проводил свое исследование постоянно и методично; начиная с книги Бытие и читая стих за стихом, он не продвигался вперед, пока значение нескольких отрывков не раскрывалось так, чтобы освободить его от всякого замешательства. Когда он находил что-то неясное, то имел привычку сравнивать это с каждым стихом, который, казалось, имел какое-либо отношение к предмету размышления. Он искал верное значение каждого слова в тексте, и если его мнение о нем находилось в гармонии с сопутствующим отрывком, то это слово больше не представляло для него затруднения. Таким образом, когда бы он ни сталкивался со сложным для понимания отрывком, каждый раз обнаруживал истолкование в какой-нибудь другой части Писаний. Когда он с ревностной молитвой занимался изучением Библии, чтобы получить Божественное просвещение, то бывшее прежде тяжелым для его понимания становилось ясным. Он испытал на себе достоверность слов псалмопевца: «Откровение слов Твоих просвещает, вразумляет простых» **(Псалтирь 118:130)**.

С глубочайшим интересом он исследовал книгу Даниила и Откровение, используя такие же правила трактовки, что и при чтении других Писаний, и с огромным удовлетворением пришел к заключению, что пророческие символы могут быть поняты. Он нашел, что пророчества сбывались буквально; что любые числа, метафоры, аллегории, образы и т. д. либо истолковываются в их непосредственной связи, либо термины, которыми они выражаются, определены в других книгах Библии; и, объясненные таким образом, они должны пониматься буквально. «И так я был удовлетворен тем, – говорит он, – что Библия является системой открытых истин, так ясно и просто преподнесенных, что блуждающий человек, даже не отличающийся особым умом, не собьется с пути» **(Bliss, стр.70)**. По мере того как шаг за шагом он прослеживал великие линии пророчества, выстраивающиеся одно за другим звенья в цепи истины вознаграждали его усилия. Ангелы небесные направляли его разум и открывали его пониманию Священное Писание.

Принимая в качестве критерия, по которому можно судить об осуществлении пророчеств в будущем, то, как они осуществлялись в прошлом, Миллер удостоверился, что популярный взгляд на духовное правление Христа

– земное тысячелетнее царство перед концом мира – не поддерживается Словом Божьим. Это учение, указывающее на тысячу лет праведности и мира перед личным пришествием Господа, переносило ужасы Божьего дня в далекое будущее. Хотя эта доктрина, может быть, и является привлекательной, но все же она идет вразрез с учением Христа и апостолов, согласно которому пшенице и плевелам предстоит расти вместе до жатвы – до конца мира (см. Ев. Матфея 13:30, 38-41), «злые люди и обманщики будут преуспевать во зле» (2 Тимофею 3:13), «в последние дни наступят времена тяжкие» (2 Тимофею 3:1), царство тьмы останется до пришествия Господа, и оно будет уничтожено духом уст Его и истреблено явлением пришествия Его (2 Фессалоникийцам 2:8 – прим. ред.).

Апостольская церковь не придерживалась учения об обращении мира и духовном правлении Христа. Оно не было общепринятым у христиан до начала восемнадцатого века. Как и у любого другого заблуждения, его результаты были негативными. Оно учило людей смотреть на пришествие Господа как на событие далекого будущего и мешало им следить за знамениями, возвещающими о Его приближении. Оно внушало чувство безопасности, не имевшее под собой никакого основания, и вело многих к пренебрежению необходимой подготовкой к встрече с их Господом.

Миллер установил, что Священное Писание четко учит буквальному, личному пришествию Христа. Павел говорит: «Потому что Сам Господь при возвещении, при гласе Архангела и трубе Божией, сойдет с неба» (1 Фессалоникийцам 4:16). И Спаситель провозглашает: «Увидят Сына Человеческого, грядущего на облаках небесных с силою и славою великою». «Ибо, как молния исходит от востока и видна бывает даже до запада, так будет пришествие Сына Человеческого» (Ев. Матфея 24:30,27). Его должно будет сопровождать воинство Небесное. «Придет Сын Человеческий во славе Своей и все святые Ангелы с Ним» (Ев. Матфея 25:31). «И пошлет Ангелов Своих с трубою громогласною, и соберут избранных Его» (Ев. Матфея 24:31).

При Его явлении мертвые праведники воскреснут, а живые праведники изменятся. «Не все мы умрем, – говорит Павел, – но все изменимся вдруг, во мгновение ока, при последней трубе; ибо вострубит, и мертвые воскреснут нетленными, а мы изменимся; ибо тленному сему надлежит облечься в нетление, и смертному сему – облечься в бессмертие» (1 Коринфянам 15:51-53). И в своем Послании к Фессалоникийцам после описания пришествия Господа он говорит: «И мертвые во Христе воскреснут прежде; потом мы, оставшиеся в живых, вместе с ними восхищены будем на облаках в сретение Господу на воздухе, и так всегда с Господом будем» (1 Фессалоникийцам 4:16-17).

До личного пришествия Христа Его народ не сможет принять Царство. Спаситель сказал: «Когда же придет Сын Человеческий во славе Своей и все святые Ангелы с Ним, тогда сядет на престоле славы Своей, и соберутся пред Ним все народы; и отделит одних от других, как пастырь отделяет овец от козлов; и поставит овец по правую Свою сторону, а козлов – по левую. Тогда скажет Царь тем, которые по правую сторону Его: «приидите, благословенные Отца Моего, наследуйте Царство, уготованное вам от создания мира» (Ев. Матфея 25:31-34). Из только что приведенного отрывка Священного Писания мы узнаем, что, когда Сын Человеческий придет, мертвые поднимутся нетленными, а живые изменятся. Благодаря этому великому изменению они готовы будут принять Царство, так как Павел говорит: «Плоть и кровь не могут наследовать Царствия Божия, и тление не наследует нетления» (1 Коринфянам 15:50). Человек в своем нынешнем состоянии смертен, подвержен тлению; но Царство Бога будет нетленным и вечным. Потому человек в своем настоящем состоянии не может войти в Царство Бога. Но когда придет Иисус, Он подарит Своему народу бессмертие, а потом позовет их получить Царство, наследниками которого они до этих пор считались.

Эти и другие отрывки из Библии стали для Миллера явным свидетельством того, что события, наступление которых было ожидаемо всеми до пришествия Христа, а именно всеобщий мир и установление Царства Божьего на Земле, последуют за Вторым пришествием. К тому же все знамения времени и положение в мире согласовывались с пророческим описанием последних дней. В результате изучения одного лишь Священного Писания ему пришлось сделать заключение, что период, отведенный для пребывания Земли в ее нынешнем состоянии, должен скоро завершиться.

«Другим свидетельством, которое сильно повлияло на мое мнение, – говорит он, – была хронология Писаний... Я установил, что предсказанные события, которые осуществились в прошлом, часто происходили не позднее установленного срока. Сто двадцать лет до потопа (см. Бытие 6:3); 400 лет пребывания потомков Авраама в чужой земле (см. Бытие 15:13); три дня из снов виночерпия и хлебодара (см. Бытие 40:12-20); семь лет фараона (см. Бытие 41:28-54); сорок лет в пустыне (см. Числа 14:34); три с половиной года голода (см. 3 Царств 17:1; Ев. Луки 4:25)... семьдесят лет плена (см. Иеремия 25:11); семь времен, прошедших над Навуходоносором (см. Даниил 4:13-16); семь седмин, шестьдесят две седмины и одна седмина, составляющие вместе 70 седмин, определенных для иудеев (см. Даниил 9:24-27) – события, ограниченные этими временами, все были когда-то только предметом пророчеств и исполнились в соответствии с предсказаниями» (Bliss, стр. 74-75).

Следовательно, когда при изучении Библии он обнаружил разные хронологические периоды, которые, в соответствии с его пониманием, продолжались вплоть до Второго пришествия Христа, он не мог не рассматривать их как «предопределенные времена» (Деяния 17:26 – прим. ред.), которые Бог открыл Своим слугам. «Сокрытое, – говорит Моисей, – принадлежит Господу, Богу нашему, а открытое нам и сынам нашим до века» (Второзаконие 29:29); и Господь объявляет через пророка Амоса, что Он «ничего не делает, не открыв Своей тайны рабам Своим, пророкам» (Амос 3:7). Тогда изучающие Слово Божье могут с уверенностью ожидать, что в Писаниях истины они обнаружат ясное указание на важнейшее в человеческой истории событие.

«Так как я был полностью убежден, – говорит Миллер, – что „все Писание богодухновенно и полезно" (2 Тимофею 3:16); что оно „никогда... не было произносимо по воле человеческой, но изрекали его святые Божии человеки, будучи движимы Духом Святым" (2 Петра 1:21), и что оно было написано „нам в наставление, чтобы мы терпением и утешением из Писаний сохраняли надежду" (Римлянам 15:4), то я не мог не относиться к хронологическим отрывкам Библии как к таким же важным для нашего внимательного рассмотрения, какими являются и остальные части Священного Писания. Таким образом, я почувствовал: в своем стремлении понять, что Бог по Своей милости посчитал нужным открыть нам, я не имею права проходить мимо пророческих периодов» (Bliss, стр. 75).

Пророчество, казавшееся наиболее ясно раскрывающим время Второго пришествия, было записано в книге Даниила 8:14: «На две тысячи триста вечеров и утр; и тогда святилище очистится». Следуя правилу, что Библия толкует сама себя, Миллер выяснил, что день в символическом пророчестве представляет год (см. Числа 14:34; Иезекииль 4:6); он понял, что период в 2300 пророческих дней, или буквальных лет, продолжается намного далее закрытия времени, отведенного для иудейского народа, а значит, не может иметь отношения к святилищу того времени. Миллер разделял всеобщее мнение о том, что святилище в христианскую эпоху – это Земля, и поэтому понимал, что его очищение, предсказанное в Даниила 8:14, представляет собой очищение Земли огнем при Втором пришествии Христа. Он заключил, что если может быть установлено правильное начало отсчета для периода в 2300 дней, то время Второго пришествия можно тогда легко вычислить. Таким образом, будет открыто время великого конца, время, когда существующий порядок со «всей его спесью и властью, великолепием и суетой, безнравственностью и притеснением придет к концу»; когда проклятие будет «удалено от Земли, смерть – истреблена, слугам Божьим, пророкам, и святым, и всем боящимся имени Его будет дана награда, и будут погублены те, кто губил Землю» (Bliss, стр. 76).

Вникая еще глубже, Миллер изучал пророчества дальше, днями и ночами целиком отдавая себя исследованию того, что теперь представлялось ему колоссально важным и вызывало у него всепоглощающий интерес. В восьмой главе книги Даниила он не смог обнаружить ключа к разгадке начала отсчета периода в 2300 дней; ангел Гавриил, несмотря на то что и имел повеление растолковать Даниилу видение, все же дал только частичное объяснение. Когда пророку были показаны страшные гонения, которые обрушатся на церковь, физическая сила покинула его. Он не смог больше выдержать, и ангел оставил его на время. Даниил «изнемог и болел несколько дней». «Я изумлен был видением сим, – говорит он, – и не понимал его» (Даниил 8:27 – прим. ред.).

Однако Бог поручил Своему вестнику: «Объясни ему это видение». И это повеление должно было быть исполнено. Будучи послушен, ангел по прошествии некоторого времени вернулся к Даниилу, говоря: «Теперь я исшел, чтобы научить тебя разумению». «Итак, вникни в слово и уразумей видение» (Даниил 8:16; 9:22-23). В восьмой главе оставался неистолкованным лишь один момент, то есть то, что касалось времени – период в 2300 дней; поэтому ангел, возобновляя свое объяснение, подробно останавливается в основном на этом вопросе времени:

«Семьдесят седмин определены для народа твоего и святого города твоего... Итак, знай и разумей: с того времени, как выйдет повеление о восстановлении Иерусалима, до Христа Владыки семь седмин и шестьдесят две седмины; и возвратится народ и обстроятся улицы и стены, но в трудные времена. И по истечении шестидесяти двух седмин предан будет смерти Христос, и не будет... И утвердит завет для многих одна седмина, а в половине седмины прекратится жертва и приношение» (Даниил 9:24-27 – прим. ред.).

К Даниилу был отправлен ангел, имевший пред собой ясную цель: истолковать ему тот момент, который у него не получилось уразуметь в видении восьмой главы – утверждение относительно времени: «на две тысячи триста вечеров и утр; и тогда святилище очистится» (Даниил 8:14 – прим. ред.). После того как он попросил Даниила: «Вникни в слово и уразумей видение» (Даниил 9:23 – прим. ред.), – первыми словами ангела были: «Семьдесят седмин определены для народа твоего и святого города твоего» (Даниил 9:24 – прим. ред.). Слово, переведенное здесь как «определены», имеет буквальное значение «отрезаны». Семьдесят седмин, представляющих 490 лет, со слов ангела, должны быть отрезаны, как имеющие особое отношение к иудеям. Но от чего они должны быть отрезаны? Поскольку 2300 дней были единственным периодом времени, упомянутым в восьмой главе, то именно они должны составлять период, от которого отрезаются семьдесят седмин; поэтому семьдесят седмин должны быть частью 2300 дней, и оба периода должны иметь общее начало. Семьдесят седмин, как провозгласил ангел, берут начало от даты выхода повеления о восстановлении и строительстве Иерусалима. Если бы дата выхода этого распоряжения могла быть найдена, то было бы установлено и начало отсчета для периода в 2300 дней.

В седьмой главе книги Ездры находится этот указ (Ездра 7:12-26). В самом завершенном виде это постановление было выпущено Артаксерксом, царем Персии, в 457 году до Р.Хр. Но в книге Ездры 6:14 говорится, что дом Божий в Иерусалиме должен быть построен «по воле Бога Израилева и по воле Кира и Дария и Артаксеркса, царей Персидских». Эти три царя, составляя, повторно подтверждая и дорабатывая декрет, доводили его до совершенства, требуемого пророчеством, чтобы отметить наступление периода в 2300 лет. Рассматривая 457 год до Р.Хр., когда указ был окончательно сформулирован, как дату выхода повеления, можно убедиться, что каждая деталь пророчества относительно семидесяти седмин осуществилась.

«С того времени, как выйдет повеление о восстановлении Иерусалима, до Христа Владыки семь седмин и шестьдесят две седмины» (Даниил 9:25 – прим. ред.), а именно,

69 недель или 483 года. Указ Артаксеркса вошел в действие осенью 457 года до Р.Хр. От этой даты временной отрезок в 483 года простирается до 27 года по Р.Хр. В этот самый срок это пророчество и сбылось. Слово «Мессия» означает «Помазанник». Осенью 27 года по Р. Хр. Иисус был крещен Иоанном и получил помазание Святым Духом. Апостол Петр свидетельствует, что «Бог Духом Святым и силою помазал Иисуса из Назарета» (Деяния 10:38). И Сам Спаситель заявляет: «Дух Господень на Мне; ибо Он помазал Меня благовествовать нищим» (Ев. Луки 4:18). После крещения Он отправился в Галилею, «проповедуя Евангелие Царствия Божия и говоря, что исполнилось время» (Ев. Марка 1:14-15).

«И утвердит завет для многих одна седмина» (Даниил 9:27 – прим. ред.). «Седмина» здесь отмечена, как последняя из семидесяти; это последние семь лет периода, предназначенного особо для иудеев. В продолжение этого срока, с 27 по 34 гг. по Р.Хр., Христос, сперва – лично, а после – с помощью апостолов, передавал евангельское приглашение главным образом иудеям. Когда апостолы отправились в путь с благими вестями о Царствии Божьем, указание Спасителя было таковым: «На путь к язычникам не ходите и в город Самарянский не входите; а идите наипаче к погибшим овцам дома Израилева» (Ев. Матфея 10:5-6).

«А в половине седмины прекратится жертва и приношение» (Даниил 9:27 – прим. ред.). В 31 г. по Р.Хр., через три с половиной года после крещения, наш Господь был распят. С великой Жертвой, принесенной на Голгофе, закончилась система жертвоприношений, на протяжении четырех тысяч лет указывавшая на Агнца Божьего. Образ встретился с прообразом, и все жертвы и приношения церемониальной системы должны были здесь прекратиться.

Семьдесят седмин, или 490 лет, специально отделенные для иудеев, закончились, как мы увидели, в 34 году по Р.Хр. Тогда посредством действий иудейского синедриона нация запечатлела свое отвержение Евангелия мученической смертью Стефана и преследованием учеников Христа. Затем весть о спасении, больше не ограниченная рамками избранного народа, была передана миру. Апостолы, вынужденные из-за гонений спешно покинуть Иерусалим, «рассеявшись, ходили и благовествовали слово» (Деяния 8:4). «Так Филипп пришел в город Самарийский и проповедовал им Христа» (Деяния 8:5). Петр, находящийся под Божественным руководством, открывал Евангелие сотнику из

Кесарии, богобоязненному Корнилию; а ревностный Павел, склонный к вере во Христа, был послан нести благую весть «далеко к язычникам» (Деяния 22:21).

До сих пор каждая деталь этого пророчества осуществлялась с поразительной точностью; и семьдесят седмин, вне всякого сомнения, начались в 457 г. до Р.Хр., а окончились в 34 г. по Р.Хр. Зная это, можно без труда установить, когда истекает период в 2300 дней. Семьдесят седмин – 490 дней – были отрезаны от 2300 дней, остается 1810 дней, которым предстояло еще исполниться. 1810 лет, прошедших с 34 года по Р.Хр., подводят нас к 1844 году. Значит, 2300 дней из Даниила 8:14 истекают в 1844 году. По окончании этого великого пророческого периода, по свидетельству ангела Божьего, «святилище очистится» (Даниил 8:14 – прим. ред.). Итак, было определенно указано время очищения святилища – а это, согласно почти всеобщему убеждению, должно было случиться при Втором пришествии.

Вначале Миллер и его единомышленники верили, что 2300 дней истекут весной 1844 года, тогда как пророчество говорит об осени того года. Неверное понимание этого вопроса принесло разочарование и недоумение тем, кто сосредоточил свое внимание на более ранней дате пришествия Господа. Но

Уильям Миллер (1782-1849)

Пророческая карта Миллера

это нисколько не повлияло на силу доводов, показывающих, что 2300 дней истекают в 1844 году и что это великое событие, изображенное очищением святилища, должно произойти.

Приступив к исследованию Писаний так, как он это делал, чтобы удостовериться в их Божественном происхождении, Миллер ни в малейшей степени не мог предположить вначале, что он придет к такому заключению. Он и сам с трудом верил итогам своих изысканий. Однако библейское подтверждение было слишком явным и убедительным, чтобы оставить его без внимания.

Он уже два года исследовал Библию, когда в 1818 г. пришел к торжественной уверенности в том, что приблизительно через двадцать пять лет Христос явится для искупления Своего народа. «Мне не нужно рассказывать, – говорил Миллер, – ни о восторге, наполнившем мое сердце при мысли о восхитительной надежде, ни о горячем желании моей души участвовать в радости спасенных. Библия стала для меня теперь новой книгой. Это был, действительно, праздник для моего разума; все, что являлось для меня неясным, загадочным или невразумительным в ее учении, исчезло из моего сознания благодаря ясному свету, который теперь светил с ее священных страниц; и какой же яркой и славной оказалась истина! Все противоречия и несоответствия, которые я прежде находил в Слове, пропали; и, несмотря на то что существовало еще много мест, в полном понимании которых я не был уверен, все же так много света исходило из него и освещало мой прежде затемненный разум, что я находил истинное наслаждение в изучении Священного Писания, а ведь раньше я даже не мог предположить, что такое возможно» (Bliss, стр. 76-77).

«Вместе с торжественным убеждением в том, что столь серьезные события, предреченные в Священном Писании, должны произойти через такой короткий промежуток времени, возник и сильно беспокоивший меня вопрос относительно моего долга перед миром в свете свидетельства, повлиявшего на мой собственный разум» (Там же, стр. 81). Он не мог не чувствовать, что его обязанностью было передать другим свет, который получен им самим. Он ожидал встретить противостояние со стороны безбожников, но не сомневался, что все христиане возрадуются в надежде увидеть своего, как они утверждали, любимого Спасителя. Он боялся лишь того, что в своей великой радости перед предстоящим славным освобождением, которое так скоро осуществится, многие примут учение, не исследуя в должной степени

Священное Писание для подтверждения его истинности. Поэтому он колебался представлять его, чтобы, если он заблуждается, не оказаться орудием, уводящим от истины других. Итак, он был побуждаем пересмотреть все доказательства в поддержку заключений, к которым пришел, и тщательно обдумать все, что представлялось ему трудным для понимания. Он обнаружил, что возражения рассеивались в свете Божьего Слова, как туман под воздействием лучей солнца. Так прошло пять лет, пока он полностью не удостоверился в обоснованности своей позиции.

И теперь над ним еще сильнее стала довлеть обязанность возвестить остальным о том, о чем, по его убеждению, так ясно учат Писания. «Когда я выполнял свою работу, – рассказывал он, – в моих ушах непрестанно звучало: „Иди и расскажи миру об опасности, угрожающей ему". Мне постоянно приходил на ум текст: „Когда Я скажу беззаконнику: 'беззаконник! ты смертью умрешь', а ты не будешь ничего говорить, чтобы предостеречь беззаконника от пути его, то беззаконник тот умрет за грех свой, но кровь его взыщу от руки твоей. Если же ты остерегал беззаконника от пути его, чтоб он обратился от него, но он от пути своего не обратился, то он умирает за грех свой, а ты спас душу твою" (Иезекииль 33:8-9). Я был убежден, что если беззаконников можно действительно предостеречь, то огромное их множество покается; а если их не предостеречь, то их кровь взыщется от моих рук» (Bliss, стр. 92).

Он начал представлять свои воззрения в узком кругу, когда для этого подворачивался удобный случай, молясь о том, чтобы какой-нибудь духовный служитель смог ощутить их силу и посвятить себя их распространению. Но он был не в состоянии избавиться от уверенности в том, что в передаче предостережения ему необходимо исполнить личный долг. Ему на ум вновь и вновь приходили слова: «Пойди и скажи об этом миру; иначе Я взыщу кровь их от рук твоих». Он ждал девять лет, тяжесть продолжала угнетать его душу, до тех пор пока в 1831 году он в первый раз публично не представил обоснование своей веры.

Как Елисей был призван оставить своих волов в поле, чтобы получить милоть посвящения на пророческое служение, так и Уильям Миллер был призван покинуть свой плуг, чтобы открывать людям тайны Царства Божьего. С трепетом приступил он к своей работе, шаг за шагом ведя своих слушателей через пророческие периоды ко Второму пришествию Христа. С каждой попыткой он набирал силу и смелость, когда замечал, что его слова повсеместно вызывают интерес.

Только благодаря настойчивым просьбам своих собратьев, в чьих словах ему слышался Божий призыв, Миллер согласился во всеуслышание представить свои воззрения. Ему было тогда пятьдесят лет, он не привык к выступлениям на публике, и чувство своей непригодности для выполнения предстоящего ему дела обременяло его. Но с самого начала его усилия по спасению душ были удивительным образом благословлены. За его первой лекцией последовало религиозное пробуждение, при котором целых тринадцать семей, кроме двух человек, были обращены. Его сразу же убедили говорить в других местах, и почти везде его труд приводил к возрождению Божьего дела. Грешники обращались, христиане воодушевлялись на большее посвящение, а деисты и неверующие склонялись к тому, чтобы признать Библию и христианскую религию истинной. Вот свидетельство одного из тех, среди которых он трудился: «Он достигал умов такой категории людей, на которых другие не были в состоянии повлиять» (Там же, стр. 138). Его проповедь была рассчитана на то, чтобы пробудить общественное сознание в отношении великих вопросов веры и воспрепятствовать все возрастающей суетности и похотливости нынешнего века.

Почти в каждом городе были десятки, а иногда и сотни обращенных в результате его проповедей. Во многих местах протестантские церкви почти всех конфессий открывались перед ним, и приглашения проповедовать, как правило, исходили одновременно от служителей нескольких общин. Он всегда придерживался правила трудиться лишь в тех местах, куда его звали, тем не менее вскоре обнаружил, что не в состоянии удовлетворить и половины просьб, которые в обилии поступали к нему. Многие из тех, кто не признавал правильным его суждение о точном времени Второго пришествия, были, однако, уверены в неоспоримой реальности и близости Христова явления и в своей нужде подготовиться к нему. В некоторых крупных городах его работа оказала заметное воздействие. Торговцы спиртным прекращали торговлю и переустраивали свои магазины в комнаты для собраний; игорные дома закрывались; неверующие, деисты, универсалисты и самые безудержные развратники исправлялись, хотя кое-кто из них до этого годами не показывался на богослужениях. Молитвенные встречи организовывались едва ли не каждый час в различных районах города разными конфессиями; бизнесмены встречались в полдень для вознесения молитвы и хвалы Богу. Не было никакого ажиотажа, но почти повсюду в умах людей господствовал торжественный настрой. Деятельность Миллера, как и деятельность ранних реформаторов, была направлена скорее на убеждение разума и пробуждение сознания, чем просто на возбуждение эмоций.

В 1833 году Миллер получил право проповедовать от церкви баптистов, членом которой являлся. Значительное число служителей его деноминации также одобрительно относились к его трудам, и с их разрешения он продолжал свою работу. Он находился в разъездах и неустанно проповедовал, при этом его труды ограничивались главным образом Новой Англией и Средними Штатами. Несколько лет его затраты полностью покрывались из собственного кармана, и впоследствии он никогда не получал достаточно, чтобы покрыть расходы на путешествия в те места, куда его приглашали. Поэтому его общественная работа, будучи далека от денежной выгоды, являлась для него тяжким грузом, его сбережения на протяжении этого периода жизни становились все меньше и меньше. Он был отцом большого семейства, но поскольку все его члены были экономными и работящими, то фермы хватало как для них, так и для его собственного содержания.

В 1833 году, через два года после того как Миллер начал представлять народу доказательства скорого явления Христа, появился последний из признаков, которые были обещаны Спасителем как знамения Его Второго пришествия. Иисус сказал: «Звезды спадут с неба» (Ев. Матфея 24:29). И Иоанн в Откровении объявил, когда созерцал в видении сцены, предвещающие скорое наступление дня Божьего: «Звезды небесные пали на землю, как смоковница, потрясаемая сильным ветром, роняет незрелые смоквы свои» (Откровение 6:13). Это пророчество получило удивительное и волнующее осуществление в большом метеорном дожде 13 ноября 1833 года. Это был самый длительный и чудесный звездопад из когда-либо зарегистрированных на земле; «весь небосвод над Соединенными Штатами на протяжении многих часов находился в огненном движении! В этой стране со времен первого поселения еще никогда не происходило ни одного феномена неземного характера, за которым бы с таким восхищением наблюдали одни люди и со страхом и тревогой – другие». «Его величественность и чрезвычайная красота до сих пор живы в воспоминаниях многих... Метеоры устремлялись к земле в виде потока, превосходящего по густоте обычный дождь; на востоке, на западе, на севере и юге – везде было одинаково. Словом, представлялось, что движется все небо... Это явление, как описывает журнал профессора Силлимэна, можно было видеть над всей Северной Америкой... С двух часов ночи до полного ясного дня небо было абсолютно прозрачным и безоблачным, и по всему его своду не прекращалась игра ослепительно сияющих блесток» (R.M.Devens, American Progress; or The Great Events of the Greatest Century, ch.28, pars.1-5).

«В действительности, никакой язык не подходит для описания величественности этого изумительного явления... ни один из тех, кто его не наблюдал, не в состоянии составить правильное представление о его славе. Казалось, что все звездное небо сошлось в одной точке вблизи зенита и одновременно „выплескивалось" со скоростью молнии во всех направлениях, однако же при этом не истощаясь – тысячи звезд стремительно следовали друг за другом, словно были созданы для этого случая» (F. Reed, in the Christian Advocate and Journal, 13.12.1833). «Более верного сравнения, чем со смоковницей, сбрасывающей свои смоквы, когда дует сильный ветер, невозможно было найти» (The Old Countryman, in Portland Evening Advertiser, 26.11.1833).

В Нью-Йоркском «Journal of Commerce» от 14 ноября 1833 года появилась большая статья, повествующая об этом удивительном феномене; в ней говорилось: «Я полагаю, что ни один философ или ученый еще не отмечал такого явления и не рассказывал о подобном тому, что случилось вчера утром. Пророк восемнадцать столетий назад в точности предвозвестил его, если мы только захотим постараться понять, что под звездопадом подразумевается падение звезд только в одном том смысле, в котором это возможно – в буквальном...».

Итак, обнаружился последний из тех признаков Его пришествия, говоря о которых, Иисус предупреждал Своих апостолов: «Так, когда вы увидите все сие, знайте, что близко, при дверях» (Ев. Матфея 24:33). После этих знаков Иоанн созерцал следующее надвигающееся великое событие: небеса, сворачивающиеся, как свиток, в то время как земля колеблется, горы и острова сдвигаются со своих мест, а нечестивые в страхе пытаются убежать от присутствия Сына Человеческого (см. Откровение 6:12-17).

Многие из тех, кто был свидетелем падения звезд, рассматривали это явление в качестве провозвестника наступающего Суда – «ужасного знака, верного предвестника, милостивого знамения того великого и страшного дня» (The Old Countryman, in Portland Evening Advertiser, November 26,

1833). Так внимание людей было направлено на осуществление пророчества, и многие склонились к тому, чтобы внять предупреждению о Втором пришествии.

В 1840 году еще одно выдающееся осуществление пророчества возбудило широкомасштабный интерес. Двумя годами ранее Иосия Литч, один из ведущих служителей, возвещающих о Втором пришествии, обнародовал разъяснение девятой главы Откровения, в котором прогнозировал закат Османской империи. В соответствии с его вычислениями, эта держава должна была потерпеть поражение «в 1840 году, в какой-то день месяца августа»; и лишь несколькими днями раньше осуществления его прогноза он писал: «Принимая во внимание то, что первый период, то есть 150 лет, должен был завершиться в точности перед тем, как Деакозес с позволения турок взошел на трон, и что 391 год и 15 дней начали отсчитываться от окончания первого периода, получаем, что они истекут 11 августа 1840 года, когда можно ожидать, что Османское могущество в Константинополе будет сломлено. И я уверен, что это произойдет» (Josiah Litch, in Signs of the Times and, Expositor of Prophecy, 1.08.1840).

В точно определенное время Турция через своих послов приняла протекцию союзных сил Европы и поэтому поставила себя под контроль христианских государств. Это событие явилось буквальным исполнением этого предсказания. Когда об этом стало известно, множество людей удостоверилось в правильности принципов интерпретации пророчеств, взятых на вооружение Миллером и его сподвижниками, и адвентистскому движению был придан поразительный стимул. Ученые и высокопоставленные мужи объединились с Миллером как в провозглашении, так и в публикации его суждений, и с 1840 по 1844 годы дело быстро продвигалось вперед.

Уильям Миллер обладал незаурядными умственными способностями, которые он упражнял размышлением и исследованием; и ко всему этому он добавил мудрость Небес, подключившись к Источнику мудрости. Он был человеком высокого достоинства и не мог не снискать почет и уважение там, где ценились целостность характера и нравственное совершенство. Объединив в себе подлинную сердечную доброту с христианским смирением и силой самоконтроля, он был вежливым и любезным со всеми, готовым выслушивать суждения других и анализировать их доводы. Спокойно и без всякого возмущения он испытывал все предположения и догмы Словом Божьим; его логичная аргументация и глубокое знание Писаний делали его способным отметать заблуждения и разоблачать обман.

Тем не менее не обошлось и без резкого противодействия, которое вызывала его работа. Как это случалось и с реформаторами, бывшими до него, представляемые им истины не одобрялись популярными религиозными учителями. Поскольку они не могли поддержать свою позицию посредством Писаний, им приходилось обращаться за помощью к высказываниям и учениям людей, к традициям отцов. Но Слово Божье было единственным доказательством, принимаемым проповедниками истины о пришествии – адвентистской истины («adventus» в переводе с латыни означает «пришествие» – прим. ред.). «Библия и только Библия», – это было их девизом. Нехватку аргументов из Священного Писания оппоненты восполняли высмеиванием и издевательствами. Время, средства и способности были задействованы, чтобы очернить тех, чья единственная вина заключалась в радостной надежде на скорое возвращение их Господа, в стремлении жить святой жизнью и убеждать остальных в необходимости подготовки к Его явлению.

Предпринимались серьезные попытки отвратить умы людей от темы Второго пришествия. Исследование пророчеств, имеющих отношение к пришествию Христа и концу света, представляли как грех, как нечто такое, чего следовало стыдиться. Таким способом популярные служители разрушали веру в Слово Божье. Их учение делало людей неверующими, и многие воспользовались им, чтобы потакать своим нечестивым похотям. И за все это виновники зла возложили ответственность на адвентистов.

Хотя имя Миллера и привлекало в молитвенные дома много умных и внимательных слушателей, все же оно редко упоминалось в религиозной прессе, а если упоминалось, то только с насмешками и осуждением. Несерьезные и нечестивые люди, увидев, как относятся к Миллеру религиозные учители, со своей стороны также пытались покрыть позором его дело, употребляя в его адрес ругательства, низкие и богохульные замечания. Седовласый муж, который пожертвовал домашним уютом, чтобы переезжать за свой счет из города в город, из селения в селение, беспрестанно трудясь и неся миру торжественное предупреждение о надвигающемся Суде, был презрительно осужден как фанатик, лгун и плут.

Высмеивание, ложь и оскорбления, свалившиеся на него, порождали возмущение и выражение протеста даже со стороны светской прессы. «Относиться к предмету такого потрясающего величия и страшных последствий» столь легкомысленно и непристойно означало, как заявляли светские люди, «не просто высмеивать чувства тех, кто его возвещает и защищает», но и «делать посмешище из Дня Суда, издеваться над Самим Богом и игнорировать ужасы Его судов» (Bliss, стр. 183).

Инициатор всякого зла желал не только нейтрализовать воздействие адвентистской вести, но и погубить самого вестника. Миллер говорил о практическом применении истин Священного Писания, обращаясь к сердцам слушателей, обличая их грехи и нарушая их самодовольство; оттого его простые и сильные речи вызывали у них враждебность. Противостояние, проявленное со стороны членов церкви по отношению к вести, поощрило низких людей опуститься еще ниже; и враги задумали по пути с места собрания лишить его жизни. Но в людской толчее присутствовали святые ангелы, и один их них, принявший человеческий облик, взял за руку этого слугу Господа и безопасно вывел из разъяренной толпы. Его дело еще не завершилось, и сатана со своими агентами был раздосадован, не достигнув цели.

Вопреки всякому сопротивлению, интерес к адвентистскому движению постоянно возрастал. Число людей, посещавших собрания, с десятков и сотен увеличилось до многих тысяч. Происходил большой прирост членов различных церквей, но спустя некоторое время дух противостояния обнаружился даже против этих обращенных, и церкви начали предпринимать дисциплинарные меры по отношению к тем, кто принимал воззрения Миллера. Эти действия вызвали его отклик в письменном ответе, адресованном христианам всех конфессий, в котором он настаивал на том, чтобы они, если его доктрины ложные, показали бы его заблуждения, исходя из Писаний.

«Разве в то, во что мы верим, – спрашивал он, – не повелело нам верить Слово Божье, которое вы сами признаете за правило, и единственное правило нашей веры и практической жизни? Что мы сделали такого, что вызвало столь злобные обвинения против нас с кафедры и в прессе и что дало вам право исключать нас [адвентистов] из ваших церквей и сообществ?» «Если мы не правы, пожалуйста, покажите нам, в чем состоит наша неправота; одно лишь Слово Божье может изменить наши воззрения. Наши заключения были сформированы осознанно и с молитвой, когда мы усматривали их доказательства в Писаниях» (Bliss, стр. 250,252).

Из поколения в поколение предупреждения, которые Бог передавал миру через Своих слуг, принимались с таким же скептицизмом и неверием. Когда беззаконие древних людей заставило Его навести на землю воды потопа, то Он прежде всего объявил им о Своем намерении, предоставляя им возможность отвратиться от злых путей. В течение ста двадцати лет до их слуха доносилось приглашение к покаянию, чтобы гнев Божий не был проявлен в их уничтожении. Однако весть казалась им бесполезной сказкой, и они не поверили ей. Дерзкие в своем нечестии, они смеялись над вестником Божьим, не воспринимали его мольбы всерьез и даже обвиняли его в самонадеянности. Как посмел один человек противостать всем великим мужам земли? Если весть Ноя истинная, то почему весь мир не увидел это и не поверил ей? Утверждение одного человека против мудрости тысяч! Они не желают верить предостережению и не станут искать укрытия в ковчеге.

Насмешники указывали на явления природы: на неизменную последовательность времен года, на голубые небеса, из которых никогда не изливался дождь, на зеленые поля, орошаемые мягкой ночной росой, – и выкрикивали: «Не рассказывает ли он выдумки?» (Иезекииль 20:49 – прим. ред.). С презрением они объявили проповедника праведности исступленным фанатиком и с большей, чем прежде, жаждой пустились в поиски удовольствий, с большей решимостью вступили на свои злые пути. Но их неверие не отменило предсказанного события. Бог долго терпел их беззаконие, предоставляя им достаточно возможностей для покаяния; но в назначенное время суды посетили отвергнувших Его милость.

Христос объявляет, что относительно Его Второго пришествия будет существовать такое же неверие. Как во дни Ноя люди «не думали, пока не пришел потоп и не истребил всех, так, – по словам нашего Спасителя, – будет и пришествие Сына Человеческого» (Ев. Матфея 24:39). Когда называющие себя народом Божьим вступят в союз с миром, живя так, как живет мир, и присоединяясь к мирским людям в запретных удовольствиях, когда роскошь мира проникнет в церковь, когда будут звучать свадебные колокола и все будут ожидать многолетнего мирского благоденствия, тогда неожиданно, как вспышка молнии на небе, придет конец их радужным перспективам и обманчивым надеждам.

Так же, как Бог послал Своего слугу предостеречь мир о надвигающемся потопе, так Он посылал и избранных вестников рассказывать о приближении последнего

Суда. И как современники Ноя высмеивали предсказания проповедника праведности, так и во дни Миллера многие, даже из называющихся народом Божьим, глумились над словами предупреждения.

Почему доктрина и проповедь о Втором пришествии Христа были столь нежеланными в церквях? Принося нечестивым беды и истребление, явление Господа означает для праведных радость и надежду. Эта великая истина служила утешением для верных Божьих всех времен; почему тогда она стала, как и ее Автор, «камнем преткновения, и скалою соблазна» (Исаия 8:14 – прим. ред.) для претендующих называться Его народом? Сам Господь обещал Своим апостолам: «И когда пойду и приготовлю вам место, приду опять и возьму вас к Себе» (Ев. Иоанна 14:3). Именно сострадательный Спаситель, Который, предвидя одиночество и печаль Своих учеников, послал ангелов утешить их заверением в том, что Он снова явится лично так, как восшел на Небо. Когда апостолы стояли, пристально всматриваясь ввысь, чтобы в последний раз поймать взгляд Того, Кого они любили, они услышали слова: «Мужи Галилейские! Что вы стоите и смотрите на небо? Сей Иисус, вознесшийся от вас на небо, придет таким же образом, как вы видели Его восходящим на небо» (Деяния 1:11). Весть ангелов снова зажгла в них надежду. Апостолы «возвратились в Иерусалим с великой радостью и пребывали всегда в храме, прославляя и благословляя Бога» (Ев. Луки 24:52-53). Они исполнились радости не потому, что Иисус расстался с ними и предоставил им самим бороться с испытаниями и соблазнами этого мира, но потому что ангелы заверили их в Его возвращении.

Провозглашение пришествия Христа и ныне должно быть благой вестью великой радости, как это было, когда ангелы объявили о нем пастухам Вифлеема. Те, кто действительно любит Спасителя, не могут не приветствовать с радостью опирающееся на Слово Божье сообщение о том, что Тот, в Ком сосредоточены их надежды на вечную жизнь, снова грядет, однако не для того, чтобы быть оскорбленным, презренным и отвергнутым, как при Его Первом пришествии, но в силе и славе, чтобы искупить Свой народ. Именно те, кто не любит Спасителя, желают, чтобы Он оставался вдали; и не может быть более убедительного свидетельства того, что церкви отступили от Бога, чем гнев и враждебность, вызванные у них вестью, посланной Небом.

Те, кто принял адвентистскую весть, осознали свою нужду в покаянии и смирении перед Богом. Многие долгое время разрывались между Христом и миром; теперь же они были убеждены, что пришло время занять определенную позицию. «Предметы вечности стали для них необычайно реальными. Небеса приблизились, и они ощутили себя виновными перед Богом» (Bliss, стр. 146). Христиане получили стимул к новой духовной жизни. Они ощутили, что время коротко, и все, что им необходимо было сделать для своих ближних, нужно было делать быстро. Земное отступило, вечность, казалось, предстала открытой перед ними, и для души в сравнении со всем, что имеет отношение к ее вечному благополучию или проклятью, все временное потускнело. Дух Божий почил на них и дал им силу для серьезных призывов как к своим собратьям, так и к грешникам совершать приготовления ко дню Господню. Молчаливое свидетельство их повседневной жизни было непрерывным укором для формальных и неосвященных членов церкви. Эти люди не хотели, чтобы их тревожили в погоне за своими удовольствиями, в любви к накопительству и в стремлении к мирской славе. И поэтому к адвентистской вере и к тем, кто ее провозглашал, возникли неприязнь и сопротивление.

Поскольку аргументы, приводимые из расчета пророческих периодов, были найдены неопровержимыми, оппоненты старались обескуражить исследующих эту тему, заявляя, что пророчества запечатаны. Таким образом, протестанты последовали по стопам католиков. В то время как папская церковь удерживала Библию от людей, протестантские церкви заявили, что важная часть этого святого Слова не может быть понята – и это та часть, которая раскрывает истины, особо относящиеся к нашему времени.

Служители и народ объявили, что пророчества Даниила и Откровения – это непостижимые тайны. Но Христос направил Своих апостолов к словам пророка Даниила, касающихся событий, должных произойти в их время, и сказал: «Читающий да разумеет» (Ев. Матфея 24:15). А заявление, что книга Откровение является тайной, которою невозможно постичь, опровергается самим заглавием книги: «Откровение Иисуса Христа, которое дал Ему Бог, чтобы показать рабам Своим, чему надлежит быть вскоре... Блажен читающий и слушающие слова пророчества сего и соблюдающие написанное в нем; ибо время близко» (Откровение 1:1-3).

Пророк говорит: «Блажен читающий», – стало быть, есть такие, кто не будет читать, и это благословение не для них. «И слушающие» – также есть те, кто не захочет слушать ни о чем, касающемся пророчеств, благословение и не для этих людей. «И соблюдающие написанное в нем» – многие отвергнут предостережения и наставления, которые находятся в Откровении. Никто из этих людей не сможет притязать на обетованное благословение. Все, кто высмеивает сцены пророчества и насмехается над символами, торжественно данными в них, все, кто отказывается преобразовать свою жизнь и подготавливаться к пришествию Сына Человеческого, окажутся лишенными благословений.

Принимая во внимание Богодухновенное свидетельство, как отваживаются люди учить, что Откровение является тайной, находящейся за пределами человеческого понимания? Это раскрытая тайна, распечатанная книга. При исследовании Откровения разум обращается к пророчествам Даниила, и вместе они представляют собой наиболее важное из данных людям Богом наставлений, так как оно касается завершающих событий мировой истории.

Иоанну были показаны сцены глубокой значимости, которые предстояло пережить церкви. Он наблюдал состояние, опасности, конфликты и, наконец, освобождение народа Божьего. Он записал вести для конца времени, которые должны будут послужить созреванию земного урожая, собранного затем или в виде снопов для житницы Неба, или в виде вязанок для разрушительного огня. Ему были открыты вопросы огромной важности, особенно в отношении последней церкви, чтобы те, кто обратится от заблуждения к истине, могли бы получить наставление, касающееся предстоящих опасностей и конфликтов. Никто не должен пребывать во тьме относительно будущего Земли.

Почему же тогда мало кто знаком с этой важной частью Священного Писания? Почему существует всеобщее нежелание исследовать его учения? Это следствие продуманных стараний князя тьмы утаить от людей то, что раскрывает его уловки. Поэтому Христос, Автор Откровения, заранее зная о противодействии, которое будет оказано исследованию этой книги, произнес благословение над теми, кто будет читать, слушать и соблюдать слова пророчества.

ГЛАВА **19**

Свет
сквозь тьму

Ученики Ииуса многое тогда не поняли относительно миссии Христа, Его страданий и смерти. Из-за этого Его последователей постигло разочарование. Несмотря на то что Он предсказал им все заранее, они истолковали это неверно. Точно так же произошло и во дни Миллера, когда он провозглашал весть о Втором пришествии Иисуса.

Все великие преобразования или религиозные движения, через которые Бог из века в век совершает Свое дело, удивительно похожи друг на друга. По отношению к людям Бог действует всегда по одинаковым правилам. Знаменательные движения настоящего имеют аналогию с таковыми в прошлом, а опыт церкви прежних веков таит в себе поучения великой важности для нашего времени.

Ни одна истина не преподана в Библии более ясно, чем та, что Бог Святым Духом особенным образом направляет деятельность Своих слуг на Земле в великих движениях за продвижение дела спасения. Люди являются инструментами в Божьих руках, используемыми Им для исполнения Своих замыслов благодати и милости. Каждый играет свою роль, каждому даровано какое-то количество света, отвечающее потребностям его времени и достаточное для того, чтобы сделать его способным к выполнению порученного ему Богом дела. Однако ни один человек, сколь бы он ни был почтен Небом, не достиг полного разумения великого Плана спасения или хотя бы истинной оценки Божественных намерений в работе для времени, являющегося для него настоящим. Люди не совсем понимают, что хочет достичь Бог тем делом, которое им поручает; ту весть, которую они провозглашают во имя Его, они не осмысливают во всех ее аспектах.

«Можешь ли ты исследованием найти Бога? Можешь ли совершенно постигнуть Вседержителя?» (Иов 11:7). «Мои мысли – не ваши мысли, ни ваши пути – пути Мои, говорит Господь. Но как небо выше земли, так пути Мои выше путей ваших, и мысли Мои выше мыслей ваших» (Исаия

55:8-9). «Ибо Я Бог, и нет иного Бога, и нет подобного Мне. Я возвещаю от начала, что будет в конце, и от древних времен то, что еще не сделалось» (Исаия 46:9-10).

Даже те пророки, которым была оказана честь иметь особое просвещение Духа, не целиком постигали суть откровений, вверенных им. Их смысл должен был из эпохи в эпоху постигаться народом Божьим по мере нужды в имеющихся там назиданиях.

Петр говорит о спасении, явленном через Евангелие: «К сему-то спасению относились изыскания и исследования пророков, которые предсказывали о назначенной вам благодати, исследуя, на которое и на какое время указывал сущий в них Дух Христов, когда Он предвозвещал Христовы страдания и последующую за ними славу; им открыто было, что не им самим, а нам служило то, что ныне проповедано» (1 Петра 1:10-12).

Несмотря на то что пророкам не было дано полностью уразуметь истины, открытые им, все же они настойчиво старались обрести весь свет, который Бог соблаговолил сделать явным. Они проводили «изыскания и исследования», «исследуя, на которое и на какое время указывал сущий в них Дух Христов». Какой урок для народа Божия христианской эры, для чьей пользы и были переданы эти пророчества Его рабам! «Им открыто было, что не им самим, а нам служило то, что ныне проповедано». Только взгляните на людей Божьих, проводящих «изыскания и исследования» откровений, данных им для поколений, которые еще не родились! Сопоставьте их святую ревность с тем вялым безразличием, с которым избранные Божии более поздних веков относятся к этому дару Неба. Какой упрек любящему праздность и мир равнодушию, которое согласно утверждать, что пророчества не могут быть поняты!

Несмотря на то что ограниченный разум людей не в состоянии проникнуть в советы Безграничного или целиком понять Его намерения, во многих случаях именно из-за какой-то ошибки или упущения с их стороны они так слабо разумеют небесные послания. Зачастую разум людей и даже слуг Божьих настолько затуманен человеческими мнениями, традициями и ложными доктринами, что они в состоянии охватить только немногое из тех великих вещей, что Он явил в Своем Слове. Так произошло и с апостолами Христа даже в то время, когда Спаситель лично был с ними. Их разум был насыщен популярным представлением о Мессии как о мирском Правителе, который должен был возвести Израиль на трон всемирного царства, и они не могли постичь значения слов относительно Его страданий и смерти.

Сам Христос отправил их с вестью: «Исполнилось время и приблизилось Царствие Божие: покайтесь и веруйте в Евангелие» (Ев. Марка 1:15). Эта весть имела в своей основе пророчество Даниила, записанное в 9 главе. Ангел говорил там о 69 седминах, которые простирались «до Христа Владыки» (Даниил 9:27 – прим. ред.), и с большими надеждами и радостным предчувствием апостолы предвкушали установление в Иерусалиме царства Мессии, чтобы господствовать над всей Землей.

Они провозглашали весть, которую Христос вверил им, несмотря на то что сами превратно понимали ее смысл. В то время как их провозглашение опиралось на 25 стих 9 главы книги Даниила, они не видели в следующем стихе этой же главы, что Мессия должен был умереть. С самого рождения их сердца были настроены на ожидание славы земной империи, и это затмило их понимание как деталей пророчества, так и слов Христа.

Они исполнили свою обязанность, передав еврейскому народу приглашение милости, а затем, как раз тогда, когда они надеялись увидеть своего Господа вступающим на престол Давида, они увидели, как Его арестовали, будто обманщика, бичевали, издевались над Ним, осудили Его и вознесли на Голгофский крест. Какими были отчаяние и муки, сжимавшие сердца учеников на протяжении тех дней, когда их Господь находился в могиле!

Христос пришел предсказанным в пророчестве образом строго в соответствующее время. Это утверждение Священного Писания осуществилось во всех деталях Его служения. Он возвестил весть спасения, и «слово Его было со властию» (Ев. Луки 4:32 – прим. ред.). Сердца Его слушателей засвидетельствовали, что весть эта – небесного происхождения. Слово и Дух Божий удостоверили Божественность миссии Его Сына.

Апостолы все еще были привязаны к своему любимому Наставнику, испытывая к нему неугасающие теплые чувства. Однако их души тревожили сомнения и неопределенность. В своей тоске они не могли вспомнить слов Христа о Его страданиях и смерти. Если Иисус из Назарета был подлинным Мессией, могли ли они быть ввергнуты в такое горе и разочарование? Это был вопрос, терзавший их души в наполненные безнадежностью часы того субботнего дня между смертью и воскресением Спасителя, в то время как Он покоился в гробнице.

Несмотря на то что ночь скорби окружила тьмой этих последователей Иисуса, все же они не были покинуты. Пророк сказал: «Хотя я во мраке, но Господь свет для меня... Он выведет меня на свет, и я увижу правду Его» (Михей 7:8-9). «Но и тьма не затмит от Тебя, и ночь светла, как день: как тьма, так и свет» (Псалтирь 138:12). Бог говорит: «Во тьме восходит свет правым» (Псалтирь 111:4). «И поведу слепых дорогою, которой они не знают, неизвестными путями буду вести их; мрак сделаю светом пред ними, и кривые пути – прямыми: вот что Я сделаю для них, и не оставлю их» (Исаия 42:16).

Оповещение, которое было сделано учениками во имя Господа, было правильным во всех деталях, и события, на которые оно направляло внимание, совершались именно тогда. «Исполнилось время и приблизилось Царствие Божие» (Ев. Марка 1:15 – прим. ред.), – такова была их весть. По истечении «времени» – 69 седмин из 9 главы книги Даниила, которые должны были простираться до Мессии, «Помазанника» – Христос принял помазание Духом после Своего крещения Иоанном в Иордане. И «Царствие Божие», о приближении которого они возвещали, было учреждено смертью Христа. Это царство не было, как их учили верить, земной империей. Не было оно и тем будущим бессмертным Царством, которое будет учреждено тогда, когда «царство... и власть и величие царственное во всей поднебесной дано будет народу святых Всевышнего», царство вечное, в котором «все властители будут служить и повиноваться Ему» (Даниил 7:27). Использованное в Библии выражение «Царствие Божие» применяется, чтобы обозначить как царство благодати, так и царство славы. Царство благодати представлено апостолом Павлом в Послании к Евреям. Свидетельствуя о Христе как о сострадательном Посреднике, Который «может сострадать нам в немощах наших», апостол говорит: «Посему да приступаем с дерзновением к престолу благодати, чтобы получить милость и обрести благодать» (Евреям 4:15-16). Престол благодати означает царство благодати, ибо существование престола предполагает и существование царства. Во многих Своих притчах Христос использует выражение «Царство Небесное», чтобы обозначить работу Божественной благодати над сердцами людей.

Так и престол славы представляет царство славы, и к этому царству относятся слова Спасителя: «Когда же придет Сын Человеческий во славе Своей и все святые Ангелы с Ним, тогда сядет на престоле славы Своей, и соберутся пред Ним все народы» (Ев. Матф. 25:31-32). Это царство еще в будущем. Оно не будет установлено до Второго пришествия Христа.

Царство благодати было учреждено немедленно после грехопадения человека, когда был разработан План искупления виновного рода. Тогда оно находилось в замысле и в обетовании Божьем, и по вере люди могли стать его подданными. Тем не менее в действительности оно не было учреждено до смерти Христа. Даже после того как Христос приступил к выполнению Своей земной миссии, Он, утомленный упрямством и неблагодарностью людей, мог еще передумать и не приносить Себя в жертву на Голгофе. В Гефсимании чаша скорби дрожала в Его руке. Даже тогда Он мог стереть кровавый пот со Своего чела и оставить виновный человеческий род погибать в своем беззаконии. И если бы Он это сделал, то не могло бы быть искупления для падших людей. Но когда Спаситель отдал Свою жизнь и при последнем вздохе на кресте воскликнул: «Совершилось!» (Ев. Иоанна 19:30) – тогда осуществление Плана искупления было обеспечено. Данное согрешившей паре в Едеме обетование о спасении было утверждено. Царство благодати, которое до этого существовало только в обетовании Божьем, теперь было воздвигнуто.

В соответствии с этим, смерть Христа – именно то событие, на которое ученики смотрели, как на окончательное крушение их надежд, – утвердила его навеки. Хотя и принесшая им жестокое разочарование, все же Его смерть оказалась наивысшим подтверждением того, что их вера была правильной. Событие, которое стало причиной их печали и уныния, на самом деле распахнуло дверь надежды для каждого потомка Адама, и в нем сосредоточилась будущая жизнь и вечное счастье всех верных детей Божьих, живших во все эпохи.

Намерения бесконечной милости Божьей достигли своего осуществления даже посредством разочарования учеников. Несмотря на то что их сердца и были завоеваны Божественной благодатью и властью учения Того, Кто говорил так, как «никогда человек не говорил» (Ев. Иоанна 7:46 – прим. ред.), чистое золото их любви к Иисусу оказалось с примесью низкопробного сплава мирской гордости и эгоистичных стремлений. Даже в пасхальной горнице, в тот торжественный час, когда их Наставник уже находился в тени Гефсимании, «был... спор между ними, кто из них должен почитаться большим» (Ев. Луки 22:24). Их воображение занимало высокое положение, корона и слава, тогда как их Спасителя ожидало бесчестье и душевные муки в саду, судейский зал и крест на Голгофе. Гордость их сердец и стремление к земной славе заставили их так цепко держаться ошибочных взглядов своего времени и оставить без внимания слова

Спасителя, раскрывающие подлинный характер Его Царства и предсказывающие Его агонию и смерть. И результатом этих ложных представлений явились болезненные, но вместе с тем нужные для их исправления переживания. Несмотря на то что апостолы ошибались в понимании значения порученной им вести и обманулись в своих ожиданиях, они возвестили предостережение, которое им дал Бог, и Господь воздаст им за их веру и почтит их повиновение. Им была доверена работа по провозглашению всем народам славной вести об их воскресшем Господе. Перенесенные ими и казавшиеся им столь горькими опыты приготовили их к этому делу.

По воскресении Иисус явился Своим ученикам на пути в Еммаус и, «начав от Моисея, из всех пророков изъяснял им сказанное о Нем во всем Писании» (Ев. Луки 24:27). Сердца учеников были тронуты. Их вера возгорелась. Они уже были «возрождены... к живому упованию», даже раньше чем Иисус открылся им (1 Петра 1:3 – прим. ред.). Его целью было осветить их разум и упрочить их веру на «вернейшем пророческом слове» (2 Петра 1:19 – прим. ред.). Он хотел, чтобы истина укрепилась в их сознании не просто путем Его личного свидетельства, но также и благодаря бесспорным доказательствам, представленным как в символах и знаках церемониального закона, так и в пророчествах Ветхого Завета. Последователям Христа надлежало иметь осмысленную веру, и не только ради себя, но и ради других, чтобы они могли нести им познание о Христе. И в качестве самой первой ступени в овладении этим познанием Иисус направил учеников к «Моисею и пророкам». Такое свидетельство о ценности и значимости Писаний Ветхого Завета было дано воскресшим Спасителем.

Какому изменению подверглись сердца учеников, когда они еще раз увидели лицо своего любимого Наставника! (см. Ев. Луки 24:32) Теперь, как никогда раньше, они были твердо уверены, что «нашли Того, о Котором писал Моисей в законе и пророки» (Ев. Иоанна 1:45 – прим. ред.). Совершенное доверие и неомраченная вера заняли место неопределенности, душевной боли и отчаяния. Нечего удивляться, что после Его вознесения они «пребывали всегда в храме, прославляя и благословляя Бога» (Ев. Луки 24:53 – прим. ред.). Люди, которым была известна только унизительная смерть Спасителя, ожидали увидеть на их лицах выражение печали, замешательства и неудачи, но вместо этого они увидели выражение радости и триумфа. Какое приготовление прошли эти ученики перед началом своей работы! Они выдержали самые серьезные испытания, какие только могли их постигнуть, и увидели, что, когда по человеческому суждению все казалось потерянным, Слово Божье торжественно свершилось. И с того момента могло ли что-нибудь умалить их веру или угасить пыл их любви? Переживая глубочайшую скорбь, они имели «твердое утешение», надежду, которая была «для души... как бы якорем безопасным и крепким» (Евреям 6:18-19). Они явились очевидцами мудрости и силы Божьей и были уверены, «что ни смерть, ни жизнь, ни Ангелы, ни Начала, ни Силы, ни настоящее, ни будущее, ни высота, ни глубина, ни другая какая тварь» не могли отлучить их «от любви Божией во Христе Иисусе, Господе нашем». «Все сие, – говорили они, – преодолеваем силою Возлюбившего нас» (Римлянам 8:38,39,37). «Слово Господне пребывает в век» (1 Петра 1:25). «Кто осуждает? Христос (Иисус) умер, но и воскрес: Он и одесную Бога, Он и ходатайствует за нас» (Римлянам 8:34).

Господь говорит: «Не посрамится народ Мой во веки» (Иоиль 2:26). «Вечером водворяется плач, а на утро радость» (Псалтирь 29:6). Когда в день Его воскресения эти ученики встретили Спасителя и их сердца «горели», в то время как они слушали Его слова; когда они смотрели на Его голову, руки и ноги, которые были изранены ради них; когда перед Своим вознесением Иисус «вывел их вон из города до Вифании, и, подняв руки Свои, благословил их» (Ев. Луки 24:50 – прим. ред.) и повелел им «идти по всему миру и проповедовать Евангелие», прибавив: «Се, Я с вами во все дни до скончания века» (Ев. Марка 16:15; Ев. Матфея 28:20); когда в день Пятидесятницы на них сошел обещанный Утешитель и им была дана сила свыше, а верующие испытывали сильное волнение от осознания присутствия их вознесшегося Господа, – то могли ли они теперь, даже если их путь, подобно Его пути, пролегал через жертву и мученичество, променять служение Евангелию Его благодати вместе с венцом праведности, который они должны были получить при Его явлении, на славу земного высокого положения, что было их упованием в первые дни ученичества? Тот, Кто «может сделать несравненно больше всего, чего мы просим, или о чем помышляем» (Ефесянам 3:20 – прим. ред.), даровал им вместе с участием в Его страданиях и участие в радости Его – радости «в приведении многих сынов в славу» (Евреям 2:10 – прим. ред.), Он даровал им невыразимую радость и «в безмерном преизбытке вечную славу», в сравнении с которой, по словам апостола Павла, «кратковременное легкое страдание наше» ничего не стоит (см. 2 Кор. 4:17; Римлянам 8:18 – прим. ред.).

Опыт тех учеников, кто возвещал «Евангелие Царствия» во время Первого пришествия Христа, аналогичен опыту тех, кто провозглашал весть о Его Втором пришествии. Как апостолы выходили, проповедуя: «Исполнилось время и приблизилось Царствие Божие», так и Миллер со своими единомышленниками провозглашал о том, что самый длинный и самый последний пророческий период, обнаруженный в Библии, вот-вот подойдет к завершению, что час суда при дверях и что должно быть установлено непреходящее царство. В основе проповедования учеников относительно времени лежал период длиной в 70 седмин из 9 главы книги пророка Даниила. Весть, переданная Миллером и его соратниками, объявляла об истечении срока в 2300 дней из книги Даниила 8:14, часть которого составляли 70 седмин. И те, и другие основывали проповедь на осуществлении разных частей одного и того же большого пророческого периода.

Как и первые ученики, Уильям Миллер и его единомышленники сами не совсем понимали важность той вести, которую несли. Давно укоренившиеся в церкви заблуждения препятствовали достижению ими верного толкования одного важного пункта в пророчестве. В результате, хотя они и проповедовали весть, которую Бог поручил им передать миру, из-за превратного понимания ее значения они пережили разочарование.

Истолковывая 14 стих 8 главы книги пророка Даниила – «На две тысячи триста вечеров и утр; и тогда святилище очистится», – Миллер, как уже говорилось, перенял популярное мнение о том, что Земля – это святилище, и верил, что очищение святилища символизирует очищение Земли огнем во время пришествия Господа. Когда, стало быть, он нашел, что окончание периода в 2300 дней было определенно предсказано, он заключил, что это делает явным время Второго пришествия. Причиной его ошибки было принятие распространенной точки зрения относительно того, что представляет собой святилище.

В системе прообразов, которая была тенью жертвы и священства Христа, очищение святилища являлось заключительным служением, выполняемым первосвященником в годовом цикле служения. Удаление грехов Израиля было завершающим действием примирения. Оно было прототипом завершающей работы в служении нашего Первосвященника на Небе, в устранении или изглаживании грехов Его народа, занесенных в небесные отчеты. Это служение подразумевает следственную работу и работу суда, после чего немедленно состоится пришествие Христа на облаках небесных с силой и славой великой; потому что, когда Он придет, дело каждого будет уже рассмотрено. Иисус говорит: «Возмездие Мое со Мною, чтобы воздать каждому по делам его» (Откровение 22:12). Именно эта работа суда, непосредственно предшествующая Второму пришествию, и отражена в первой ангельской вести – в 7 стихе 14 главы книги «Откровение»: «Убойтесь Бога и воздайте Ему славу, ибо наступил час суда Его».

Те, кто провозглашал это предостережение, передавали надлежащую весть в надлежащее время. Однако, как и первые ученики, которые провозглашали: «Исполнилось время и приблизилось Царствие Божие», опираясь на пророчество из 9 главы книги Даниила и, в то же время, не осознавая, что те же самые места Писания говорили о смерти Мессии, Миллер со своими соратниками проповедовал весть, опиравшуюся на 14 стих 8 главы книги Даниила и 14 главу книги «Откровение», упустив из виду, что в 14 главе Откровения находятся еще и другие вести, которые также должны быть переданы перед пришествием Господа. Подобно тому как апостолы были введены в заблуждение относительно царства, которому надлежало утвердиться по окончании 70 седмин, адвентисты заблуждались в отношении того, что должно было случиться по истечении 2300 дней. В обоих случаях именно принятие популярного ложного представления, или, скорее, приверженность таковому, явилось тем, что закрыло разум для истины. И те, и другие осуществили Божью волю в распространении вести, которую Бог стремился передать, и все они, по причине своего собственного превратного ее толкования, испытали разочарование.

Однако Бог исполнил Свое доброе намерение, позволив, чтобы предупреждение о Суде было дано именно так, как оно и было дано. Великий день был при дверях, и по Его промыслу люди подверглись проверке вестью об установленном сроке, чтобы открыть каждому то, что в его сердце. Эта весть предусматривалась для проверки и очищения церкви. Людей надлежало подвести к тому, чтобы они увидели, что их больше к себе влекло: этот мир или Христос и Небеса. Они заявляли во всеуслышание о своей любви к Спасителю; ныне же они должны были ее доказать. Готовы ли они были отказаться от своих мирских надежд и стремлений и с радостью ожидать пришествия своего Господа? Эта весть была предназначена для того, чтобы сделать их способными рассмотреть свое подлинное духовное состояние; она милосердно была послана им, чтобы они пробудились и в раскаянии и смирении устремились к Господу.

Также и разочарование, хотя и явилось следствием их собственного превратного толкования провозглашаемой ими вести, было допущено для их же пользы. Оно подвергло проверке сердца тех, кто заявлял о принятии предупреждения. Перед лицом своего разочарования откажутся ли они поспешно от своего опыта, перестанут ли доверять Слову Божию? Или же в молитве и смирении будут стараться распознать, где они ошиблись в понимании смысла пророчества? Сколь многие были движимы страхом или импульсом и возбуждением? Сколь многие были полуобращенными и неверующими? Огромное множество людей исповедовали любовь к явлению Господа. Но, будучи подвержены издевательствам и осуждению со стороны мира, проверке промедлением и разочарованием, не отрекутся ли они от своей веры? Из-за того что они сразу не поняли действий Бога по отношению к ним, не оставят ли они эти истины, которые подкреплены яснейшим свидетельством Его Слова?

Эта проверка должна была выявить силу тех, кто с настоящей верой был послушен тому, что, как они полагали, было учением Слова и Духа Божия. Только подобный опыт мог преподать им урок об опасности следования теориям и интерпретациям людей, вместо того чтобы сделать Библию ее собственным истолкователем. Недоумение и печаль у детей веры, явившиеся следствием их ошибки, должны были произвести в них необходимые исправления. Это должно было привести их к более основательному исследованию пророческого слова. Им надлежало научиться более внимательно рассматривать фундамент своей веры и отказываться от всего, что не находит подтверждения в Библии, даже несмотря на самое широкое принятие этого в христианском мире.

Подобно тому как это произошло с первыми учениками, эти верующие позже должны были уяснить то, что в час испытания казалось им покрытым мраком. И когда они увидят «конец... от Господа» (Иакова 5:11 – прим. ред.), то узнают, что, невзирая на явившиеся следствием их ошибок испытания, намерения Божьей любви по отношению к ним постоянно исполнялись. Наученные благословенным опытом, они поймут, что Он «милосерд и сострадателен» (Иакова 5:11 – прим. ред.) и что все пути Его – «милость и истина к хранящим завет Его и откровения Его» (Псалтирь 24:10 – прим. ред.).

2300 вечеров и утр из Даниила 8:13

Библейское исчисление
1 год = 1 день
(Иезекииль 4:5-6;
Числа 14:33-34)

2300 дней (лет)
Видение об опустошительном
нечестии (Даниила 8:13-14)

«Семьдесят седмин определены
(отрезаны) для народа твоего и
святого города (Дан. 9:24)

490 лет
(70 седмин/недель)

1810 лет

49 лет
(7 седмин / недель)

434 года
(62 седмины
Дан.9:26)

7 лет
(1 седмина Дан.9:27)

$3\frac{1}{2}$ $3\frac{1}{2}$

осень **457 до Р.Хр.** — **408 до Р.Хр.** — **27 по Р.Хр.** — **31 по Р.Хр.** — **34 по Р.Хр.** — осень **1844**

3-й указ Артаксеркса о восстановлении Иерусалима
(Ездра 7:1-26; Дан. 9:25)

Иерусалим восстановлен

Начало деяний Иисуса

Распятие Иисуса

Побитие камнями Стефана
(Деяния 7:59)

Очищение Небесного святилища, начало Следственного Суда над каждым человеком
(см. 28 главу; также Дан.8:14; 7:9-10; 1Пет.4:17; Откр.20:12)

ГЛАВА **20**

Великое религиозное пробуждение

Во многих странах почти одновременно стала проповедоваться весть о Втором пришествии Иисуса. Люди интенсивно исследовали Библию и познавали новые истины, а также и то, что они живут в особенное время, когда, кажется, исполняются самые последние события.

В 14 главе Откровения, в пророческой вести первого ангела, предвещается великое религиозное пробуждение, которое произойдет при провозглашении скорого пришествия Христа. Показан ангел, летящий «по средине неба, который имел вечное Евангелие, чтобы благовествовать живущим на земле и всякому племени и колену, и языку и народу». «Громким голосом» он говорил: «Убойтесь Бога и воздайте Ему славу, ибо наступил час суда Его; и поклонитесь Сотворившему небо и землю, и море и источники вод» (стихи 6-7).

Знаменателен уже сам факт, что вестником этого предостережения является ангел. Божественная мудрость соблаговолила посредством чистоты, славы и силы небесного посланника представить возвышенный характер дела, которое должно быть совершено при помощи этой вести, и ту силу и славу, какие будут ей сопутствовать. И то, что ангел летит «по средине неба», и «громкий голос», которым он произносит предостережение, и призыв ко всем «живущим на земле и всякому племени и колену, и языку и народу» – все свидетельствует о том, что это движение быстро охватит весь мир.

Весть сама по себе распространяет свет в отношении времени, когда будет иметь место это движение. Сказано, что она является частью «вечного Евангелия» и провозглашает начало Суда. Весть спасения проповедовалась во все эпохи; однако это ангельское послание есть часть Евангелия, которая может быть проповедана только в последние дни, потому что лишь тогда будет истинным утверждение о наступлении часа Суда. Пророчества представляют целый ряд событий, происходящих до наступления Суда. Это особенно верно в отношении книги Даниила. Однако Даниилу сказано было сокрыть и запечатать «до последнего времени» часть его пророчества, касающуюся последних дней. Весть о Суде, которая имеет в качестве основания осуществление этих пророчеств, может быть провозглашена не раньше чем мы достигнем этого срока. Но в последнее время, по словам пророка, «многие прочитают ее, и умножится ведение» (Даниил 12:4).

Апостол Павел предостерегал церковь не рассчитывать на то, что Христос придет в его дни. «Ибо день тот не придет, – говорил он, – доколе не придет прежде отступление и не откроется человек греха» (2 Фессалоникийцам 2:3). Пока не случится великое отступление, а также долгий период господства «человека греха», мы не можем ожидать пришествия нашего Господа. «Человек греха», который именуется еще «тайной беззакония», «сыном погибели» и «беззаконником», символизирует папство, которое, как предсказано в пророчестве, должно было удерживать свою верховную власть на протяжении 1260 лет. Этот период завершился в 1798 году. Христос не мог прийти раньше этого времени. Своим предостережением Павел охватывает всю христианскую эпоху вплоть до 1798 года. Именно после этого срока должна возвещаться весть о Втором пришествии Христа.

В прошлые времена не было дано никакой похожей вести. Как мы знаем, Павел не проповедовал ее; он указывал своим собратьям на то, что пришествие Господа произойдет в неблизком будущем. Не провозглашали ее и реформаторы. Мартин Лютер определял время суда отдаленным от своих дней примерно на 300 лет. Но начиная с 1798 года книга Даниила оказалась распечатанной; знание пророчеств умножилось, и многие возвестили важную весть о скором суде.

Как и великая Реформации XVI века, адвентистское движение началось в одно и то же время в разных христианских странах. В Европе и Америке мужи веры и молитвы были побуждены исследовать пророчества, и при изучении вдохновенных свидетельств они видели веское подтверждение тому, что скоро будет всему конец. В разных странах возникли отдельные группы христиан, которые исключительно при помощи исследования Писаний приходили к вере в то, что пришествие Спасителя было при дверях.

В 1821 году, через три года после того как Миллер в своем толковании пророчеств указал на время суда, доктор Иосиф Вольф, «вселенский миссионер», начал проповедовать о скором пришествии Господа. Вольф родился в Германии в еврейской семье; его отец был иудейским раввином. Уже в ранней молодости он был убежден в истинности христианской религии. Имея деятельный и пытливый ум, он с жадностью ловил каждое слово из разговоров, которые велись в доме его отца, где ежедневно собирались набожные евреи, чтобы говорить о надеждах и ожиданиях своего народа, о славе грядущего Мессии и восстановлении Израиля. Услышав как-то имя Иисуса из Назарета, мальчик спросил, кто это. «Это был очень одаренный еврей, – сказали ему в ответ, – но так как Он претендовал на роль Мессии, иудейский орган правосудия приговорил Его к смерти». «Почему же тогда, – возразил мальчик, – разрушен Иерусалим, и почему мы в рабстве?» «Увы, – отозвался его отец, – потому что иудеи умерщвляли пророков». И тут сразу же в голову ребенка пришла мысль: «Может быть, Иисус тоже был пророком, а иудеи убили Его, хотя Он был невиновен» (Travels and Adventures of the Rev. Joseph Wolff, т.1, стр. 6). Это произвело на него такое сильное впечатление, что, невзирая на запрет заходить в христианскую церковь, он часто стал задерживаться у ее дверей, чтобы послушать проповедь.

Однажды, когда Иосифу было еще 7 лет, он похвалился перед своим пожилым соседом-христианином по поводу будущего триумфа Израиля при пришествии Мессии, и тогда старик доброжелательно ответил ему: «Дорогой мальчик, я расскажу тебе, кто действительно был Мессией: им был Иисус из Назарета... Тот, Который был распят вашими предками, подобно тому как и в древние времена они убивали пророков. Иди домой и читай 53 главу Исаии, и ты сам убедишься в том, что Иисус Христос – это сын Божий» (Там же, т.1, стр. 7). Твердая вера сразу же овладела им. Он пошел домой и начал читать Писание, удивляясь, насколько совершенно оно сбылось в Иисусе из Назарета. Были ли слова христианина правдой? Мальчик попросил своего отца растолковать ему это пророчество, но встретился с таким суровым молчанием, что уже больше никогда не отваживался в разговоре с ним касаться этого вопроса. Это, однако, только увеличило его желание больше узнать о христианской религии.

Знание, к которому он стремился, старательно удерживали от него в его иудейской семье; но в возрасте всего лишь 11 лет он оставил отчий дом и ушел, чтобы получить образование и выбрать для себя религию и занятие. На какое-то время он нашел пристанище у родственников, но скоро был оттуда изгнан, как отступивший от веры, и в одиночестве и без гроша в кармане вынужден был прокладывать свой собственный путь среди чужих. Он переезжал с одного места на другое, все время усердно занимаясь и зарабатывая себе на жизнь преподаванием уроков еврейского языка. Под влиянием одного католического учителя он склонился к тому, чтобы принять римскую веру, и задался целью стать миссионером для своего народа. Через несколько лет с этим намерением он отправился в Рим для учебы в колледже по вопросам миссионерства. Здесь его привычка независимо мыслить и искренне говорить навлекла на него обвинения в ереси. Он публично критиковал церковные злоупотребления и постоянно говорил о нужде в реформе. Хотя поначалу папские сановники относились к нему с особой благосклонностью, все же через некоторое время его заставили уехать из Рима. Находясь под надзором церкви, он переходил с места на место, пока не стало ясно, что он никогда не подчинится рабству Рима. Он был объявлен неисправимым, и ему дали свободу идти, куда он хочет. Он тотчас же направился в Англию и, исповедав протестантскую веру, присоединился к англиканской церкви. Пройдя двухлетнюю подготовку, в 1821 году он приступил к своей миссионерской деятельности.

Когда Вольф уверовал в великую истину о Первом пришествии Христа, явившегося как «муж скорбей и изведавший болезни» (Исаия 53:3 – прим. ред.), он понял, что пророчества с той же ясностью говорят и о Втором Его пришествии в силе и славе. И, в то время как он стремился привести свой народ к Иисусу из Назарета как обетованному Мессии и свидетельствовать им о Его Первом пришествии в унижении в качестве жертвы за грехи людей, он учил их и о Его Втором пришествии, уже в качестве Царя и Избавителя.

«Иисус из Назарета, настоящий Мессия, – говорил он, – Чьи руки и ноги были пронзены, Кто, как агнец, был веден на заклание, Кто был Мужем скорбей и изведавшим болезни, Кто, после того как скипетр отошел от Иуды и законодательная власть – от чресл его, пришел в первый раз, явится и во второй раз на облаках небесных при трубе Архангела» (Joseph Wolff, Researches and Missionary Labors, стр. 62) «и встанет на гору Елеонскую, и та власть над творением, которая однажды была предназначена Адаму и которой он лишился (см. Бытие 1:26; 3:17), будет дана Иисусу. Он будет Царем над всей Землей. Стон и жалобы творения смолкнут, а будут слышны благодарственные и хвалебные гимны… Когда Иисус явится во славе Отца Своего со святыми ангелами… „мертвые во Христе воскреснут прежде" (1 Фессалоникийцам 4:16;

см. 1 Коринфянам 15:23). Это и есть то, что мы, христиане, называем первым воскресением. Тогда и животное царство изменит свою сущность (см. Исаия 11:6-9) и подчинится Иисусу (Псалтирь 8). Повсюду восторжествует мир» (Journal of the Rev. Joseph Wolff, стр. 378-379). «Господь вновь посмотрит на Землю и скажет: „И вот, хорошо весьма"» (Там же, стр. 294).

Вольф верил в близость пришествия Господа, и в его интерпретации пророческих периодов наступление великого конца лишь на несколько лет не совпадало со сроком, на который указывал Миллер. Тем, кто на основании текста: «о дне же том и часе никто не знает» (Ев. Матфея 24:36 – прим. ред.) пытался доказать, что люди не должны знать ничего, касающегося близости пришествия Христа, Вольф отвечал: «Говорил ли наш Господь, что этот день и час никогда не будут известны? Не дал ли Он нам знамений времени, с тем чтобы мы могли знать по крайней мере о приближении Его пришествия, как знают о приближении лета по тому признаку, что ветви смоковницы „пускают листья"? (Ев. Матфея 24:32). Неужели мы никогда не должны знать этого срока, несмотря на то что Он Сам убеждал нас не только читать пророка Даниила, но и понимать его? Того Даниила, у которого сказано, что слова сии будут запечатаны до последнего времени (что и было в его дни) и что „многие прочитают" их (так переведено еврейское выражение, означающее „наблюдать и размышлять о времени"), „и умножится ведение" (относительно этого времени) (Даниил 12:4). Более того, Наш Господь не хочет этим сказать, что приближение того времени не будет известно, но что о точном „дне же том и часе никто не знает". Он говорит, что благодаря знамениям времени будет достаточно известно для того, чтобы побудить нас готовиться к Его пришествию, как и Ной готовил ковчег» (Wolff, Researches and Missionary Labors, стр. 404-405).

По поводу популярной системы истолкования, или, лучше сказать, кривотолка, Писаний, Вольф говорил: «Большая часть христианской церкви отклонилась от ясного смысла Священного Писания и обратилась к иллюзорной системе буддистов, которые верят, что будущее счастье человечества состоит в перемещении по воздуху; они полагают, что, читая „иудеи", надо понимать под этим „язычники"; читая „Иерусалим" – подразумевать „церковь"; когда сказано „Земля", надо понимать „Небо"; а под пришествием Господа следует понимать прогресс миссионерских обществ, слова же „Взойдем на гору в дом Господень" означают большую встречу методистов» (Journal of the Rev. Joseph Wolff, стр. 196).

На протяжении 24 лет, с 1821 по 1845 гг., Вольф активно путешествовал; он странствовал по Африке, побывав в Египте и Абиссинии, по Азии, проходя через Палестину, Сирию, Персию, Бухару и Индию. Он также посетил Соединенные Штаты, по дороге туда проповедуя на острове Святой Елены. Он прибыл в Нью-Йорк в августе 1837 года и, после выступления с проповедью в этом городе, проповедовал в Филадельфии, Балтиморе и напоследок отправился в Вашингтон. Там, рассказывает он, «по предложению, выдвинутому бывшим президентом Джоном Куинси Адамсом в одном из зданий Конгресса, палата Парламента единодушно дала согласие на использование мною зала Конгресса для лекции, которую я читал в субботу, почтенный присутствием всех членов Конгресса, а также епископа Вирджинии, духовенства и граждан города Вашингтона. Такую же честь оказали мне члены правительства Нью-Джерси и Пенсильвании, в чьем присутствии я читал лекции о моих изысканиях в Азии, а также о личном царствовании Иисуса Христа» (Там же, стр. 398).

Доктор Вольф посещал самые нецивилизованные страны, не пребывая под защитой какого-либо из европейских правительств, претерпевая многие невзгоды и находясь в окружении бесчисленных опасностей. Он был бит палками и оставляем без пищи, его продавали в рабы и три раза осуждали на смерть. Он был окружен разбойниками, а иногда почти умирал от жажды. Как-то раз у него отобрали все, что он имел, и он должен был идти пешком сотни миль по горам, в то время как снег бил ему в лицо, а его босые ноги немели от соприкосновения с замерзшей землей.

Когда его предостерегали, чтобы он не ходил невооруженным среди диких, агрессивных племен, он утверждал, что «снабжен оружием» – «молитвой, ревностью по Христу и верой в Его помощь». «Я также, – говорил он, – запасся в сердце любовью к Богу и к ближним, а в моей руке – Библией» (W.H.D. Adams, In Perils Oft, стр. 192). Библию на еврейском и английском языках он имел при себе, где бы ни находился. Об одном из своих последних путешествий он рассказывает: «Я... держал открытую Библию в руке. Я понимал, что моя сила была в этой Книге и что ее сила подкрепит меня» (Там же, стр. 201).

Таким образом он усердствовал в своих трудах, пока весть о суде не охватила значительную долю обитаемой части земного шара. Среди иудеев, турков, персов, индусов и многих других национальностей и рас он распространял Слово Божье на различных языках и всюду провозглашал о приближении Царства Мессии.

Странствуя по Бухаре, у народа, живущего в отдалении и изоляции, он встретился с учением о скором пришествии Господа. Он говорил, что арабы Йемена «располагают книгой под названием „Сеера", которая предупреждает о Втором пришествии Христа и Его царствовании во славе; и они ожидают в 1840 году великих событий» (Journal of the Rev. Joseph Wolff, стр. 377). «В Йемене... я провел шесть дней с потомками Рехава. Они не пьют вина, не насаждают виноградников, не сеют семян, живут в шатрах и помнят о добром древнем Ионадаве, сыне Рехава; и я обнаружил в их обществе детей Израиля из колена Дана... которые вместе с потомками Рехава ожидают скорого прибытия Мессии на облаках небесных» (Там же, стр.389).

Другим миссионером было обнаружено похожее вероубеждение в Татарии. Татарский мулла задал миссионеру вопрос в отношении того, когда же Христос придет во второй раз. После того как тот ответил, что ничего об этом не знает, мулла выказал огромное удивление по поводу такого невежества у называвшего себя библейским учителем, и поведал о своем основанном на пророчестве убеждении, что Христос придет примерно в 1844 году.

Начиная еще с 1826 года весть о пришествии стала проповедоваться в Англии. Это движение здесь не приняло такую определенную форму, как в Америке; о точном времени Его пришествия не учили так широко, но великая истина о скором пришествии Христа в силе и славе провозглашалась активно, и не только среди сектантов и инакомыслящих. Английский писатель Муран Брок упоминает, что около 700 служителей англиканской церкви были вовлечены в проповедь «сие Евангелие Царствия». Весть, указывавшая на 1844 год как на год пришествия Господа, была также принесена в Великобританию. Адвентистские печатные публикации из Соединенных Штатов нашли там широкое распространение. Эти книги и журналы переиздавались в Англии. А в 1842 году Роберт Уинтер, англичанин по происхождению, который принял адвентистскую веру в Америке, вернулся в свою родную страну, чтобы объявлять о пришествии Господа. В этом деле многие объединились с ним, и весть о суде была возвещена в разных частях Англии.

В Южной Америке, среди варварства и лжесвященства, испанец Лакунза, иезуит, получил доступ к Писаниям и в результате принял истину о скором возвращении

Христа. Побуждаемый передать предостережение, однако не желая иметь нареканий со стороны Рима, он опубликовал свои взгляды под псевдонимом «Равви-бен-Ездра», выдавая себя за обращенного еврея. Лакунза жил в XVIII веке, но лишь примерно в 1825 году его книга, попав в Лондон, была переведена на английский язык. Ее издание послужило росту уже возникшего в Англии интереса к теме Второго пришествия.

В Германии в этом учении в XVIII веке наставлял Бенгель, служитель лютеранской церкви, выдающийся библеист и критик. Завершив свое образование, Бенгель «посвятил себя изучению теологии, к чему имел естественную склонность из-за серьезной религиозной направленности ума, углубленного полученным в детстве воспитанием и дисциплиной. Как и другие мыслящие молодые люди до и после него, ему приходилось вести борьбу с сомнениями и трудностями религиозного характера, и с большим волнением он упоминает о „многих стрелах, которые проходили сквозь его бедное сердце и делали его молодость невыносимой"». Став членом Вюртембергской консистории, он выступал в защиту религиозной свободы. «Защищая права и льготы церкви, он также был поборником всякой разумной свободы, которая должна быть предоставлена тем, кто был вынужден выйти из нее по мотивам совести» (Encyclopaedia Britannica, 9th ed., art. «Bengel»). Добрые результаты этой политики и до настоящего времени прослеживаются на его родине.

Как-то раз, когда Бенгель готовился к предрождественской проповеди на тему 21 главы Откровения, свет о Втором пришествии Христа озарил его разум. Пророчества Откровения, как никогда раньше, открылись его пониманию. Переполненный чувством колоссальной важности и непревзойденной славы сцен, описанных пророком, он был вынужден на некоторое время отложить свою тему. Когда он стоял за кафедрой, все это снова живо представилось ему во всей своей силе. С этого времени он посвятил себя исследованию пророчеств, особенно из книги Откровение, и скоро достиг веры в то, что они указывают на пришествие Христа как на событие близкого будущего. Дата, которую он установил как срок Второго пришествия, всего лишь на несколько лет не совпадала с выполненными позже расчетами Миллера.

Труды Бенгеля разошлись в христианском мире. Его взгляды относительно пророчеств были довольно широко признаны в его родном Вюртемберге и до некоторой степени также в других частях Германии. Это движение продолжалось и после его смерти, и весть о пришествии Господа была услышана в Германии в то же самое время, когда она привлекла к себе внимание и в других странах. Некоторые верующие еще раньше отправились в Россию и образовали там колонии, и вера в скорое пришествие Христа до сих пор сохраняется в некоторых церквях этой страны.

Этот свет взошел также во Франции и Швейцарии. В Женеве, где Фарель и Кальвин популяризировали истины Реформации, весть о Втором пришествии возвещал Гауссен. Во время учебы он неожиданно встретился с духом рационализма, который охватил всю Европу во второй половине XVIII – начале XIX веков, и когда он приступил к служению, то не только не имел представления об истинной вере, но и склонялся к скептицизму. В юности у него возник интерес к изучению пророчеств. Когда он прочел «Античную историю» Роллина, его внимание оказалось прикованным ко 2 главе книги Даниила, и на него, после проверки в исторической записи, произвела впечатление поразительная точность осуществления пророчеств. Здесь было свидетельство богодухновенности Священного Писания, которое послужило для него якорем среди опасностей более поздних лет. Он не мог успокоиться, удовлетворившись учениями рационализма, а в исследовании Библии и поисках более яркого света через некоторое время он обрел истинную веру.

По мере проведения исследований пророчеств он приходил к убеждению, что пришествие Господа при дверях. Впечатленный серьезностью и значимостью этой великой истины, он очень желал предложить ее на рассмотрение людям, однако популярное мнение о том, что пророчества Даниила являются тайной и не могут быть поняты, было серьезной преградой на его пути. В конце концов он принял решение: начать с детей, через которых надеялся пробудить интерес и у родителей – именно так когда-то поступил при евангелизации Женевы Фарель.

«Я хочу, чтобы меня поняли, – говорил он после, рассказывая о своем намерении в этом деле. – Я стремился представить весть в такой доверительной форме и адресовал ее детям вовсе не потому, что она маловажная, но, наоборот, из-за ее великой ценности. Я очень желал, чтобы меня услышали, и боялся, что меня не станут слушать, если я сперва обращусь ко взрослым... Поэтому я остановил свой выбор на младшем поколении. Я собрал слушателей из детей. Если группа увеличится, если будет видно, что они слушают, что им это нравится и интересно, что они понимают тему и могут объяснить ее, тогда вскоре наверняка у меня будет второй круг слушателей, а взрослые, со своей стороны, увидят, что тема достойна того, чтобы сесть и изучать ее. Если такое случится, значит победа одержана» (L.Gaussen, Daniel the Prophet, т.2).

Старания Гауссена увенчались успехом. Когда он обратился к детям, стали приходить слушать и взрослые. Балконы в его церкви были заполнены внимательными слушателями. Среди них бывали высокопоставленные и высокообразованные люди, а также приезжие и иностранцы, посещавшие Женеву; и таким образом эта весть была перенесена и в другие места.

Воодушевленный удачей, Гауссен издал свои уроки, надеясь, что это будет содействовать изучению пророческих книг во франкоговорящих церквях. «Выпуск наставлений, данных детям, – говорит Гауссен, – должен сказать взрослым, которые слишком часто не обращают внимания на подобные книги под тем предлогом, что они якобы непонятны: „Как же они могут быть невразумительны, если ваши дети понимают их?"» «У меня было огромное желание, – добавляет он, – по возможности сделать знание этих пророчеств широко распространенным среди нашей паствы». «В самом деле, нет ни одного такого предмета для изучения, который, как мне кажется, лучше отвечал бы нуждам нашего времени». «Именно таким путем мы должны приготовиться к предстоящей скорби и бодрствовать в ожидании Иисуса Христа».

Хотя Гауссен и был одним из наиболее выдающихся и любимых франкоязычных проповедников, все же через некоторое время его отстранили от служения, обвинив главным образом в том, что, вместо церковного катехизиса, скучного справочника, опирающегося только на требования рассудка и почти лишенного настоящей веры, он, давая напутствие молодежи, использовал Библию. Позже он стал преподавателем в богословском учебном заведении и одновременно с этим по воскресеньям возобновил свою работу в качестве учителя, ведущего занятия в форме вопросов и ответов, обращаясь к детям и наставляя их в Священном Писании. Его труды на тему пророчеств также заинтересовали многих. С профессорской кафедры, через прессу и свою любимую работу – обучение детей – немало лет он оказывал большое влияние и играл важную роль в привлечении внимания многих к исследованию пророчеств, которые свидетельствовали о близком пришествии Господа.

В Скандинавии также провозглашалась весть о Втором пришествии, и в разных местах к ней вспыхнул интерес. Многие были выведены из своего беззаботного состояния безопасности, чтобы исповедовать свои грехи и отказаться от них, ища прощения во имя Христа. Однако духовенство государственной церкви воспротивилось этому движению, и через оказанное им воздействие некоторые из возвещавших эту весть были брошены в тюрьмы. Во многих местах, где проповедников скорого пришествия Господа таким образом заставили замолчать, Бог соблаговолил послать эту весть изумительным способом – через малых детей. Поскольку они не были совершеннолетними, государственный закон не мог лишать их свободы, и им позволялось свободно говорить.

Это движение широко распространилось главным образом среди низшего сословия, и в домах бедных тружеников собирались люди, чтобы услышать предостережение. Сами дети-проповедники в основном были из крестьян. Возраст некоторых из них не превышал 6-8 лет, и хотя они своей жизнью показывали, что любят Спасителя, и стремились быть послушными святым требованиям Бога, все же, как правило, обнаруживали смышленность и способности, обычно наблюдаемые лишь у детей их возраста. Когда же они представали перед людьми, было ясно, что они движимы влиянием, превышающим их природные дарования. Тон их голоса и поведение менялись, и с торжественной силой они передавали предостережение о Суде, используя при этом подлинные слова Священного Писания: «Убойтесь Бога и воздайте Ему славу, ибо наступил час суда Его» (Откровение 14:7). Они осуждали грехи людей, не только порицая аморальность и зло, но и укоряя их в суетности и отступлении от веры, и предупреждали своих слушателей, чтобы они поторопились с покаянием, дабы избежать надвигающегося гнева.

Народ слушал их с трепетом. Обличающий Дух Божий взывал к их сердцам. Многие были побуждены исследовать Священное Писание с новым, более глубоким интересом; невоздержанные и распутные исправлялись, другие отказывались от своих нечестных дел; и совершаемая работа была настолько заметной, что даже духовенство государственной церкви не могло не согласиться с тем, что этим движением руководит Божья рука.

Воля Божия состояла в том, чтобы в странах Скандинавии прозвучала весть о пришествии Спасителя; и когда голоса Его слуг вынуждены были стихнуть, Он направил Свой Дух на детей, чтобы дело могло быть доведено до конца. Когда Иисус подходил к Иерусалиму, окруженный восторженной толпой, которая с возгласами триумфа и взмахами пальмовых ветвей возвещала о Нем как о сыне Давидовом, ревнивые фарисеи призвали Его заставить их умолкнуть, однако Иисус сказал в ответ, что все это есть осуществление пророчества и что если они умолкнут, то камни возопиют. Люди, устрашенные угрозами священников и правителей, перестали радостно возглашать, когда входили в ворота Иерусалима, но позже дети во дворах храма подхватили эту песнь хвалы и, размахивая своими пальмовыми ветвями, восклицали: «Осанна Сыну Давидову!» (см. Ев. Матфея 21:8-16). Когда же крайне раздосадованные фарисеи спросили у Него: «Слышишь ли, что они говорят?» – Иисус ответил: «Да! Разве вы никогда не читали: из уст младенцев и грудных детей Ты устроил хвалу?» (Ев. Матфея 21:16). Как Бог действовал через детей во время Первого пришествия Христа, так Он действовал через них и в провозглашении вести о Его Втором пришествии. Надлежит сбыться сказанному в Божьем Слове, что объявление о возвращении Спасителя будет услышано всеми народами, языками и племенами.

Уильяму Миллеру и его соратникам было доверено проповедовать это предостережение в Америке. Эта страна сделалась средоточием великого адвентистского движения. Именно здесь самым непосредственным образом осуществилось пророчество вести первого ангела. Труды Миллера и его единомышленников несли отсюда в отдаленные страны. В какие бы уголки земного шара ни забрались миссионеры, им и туда посылалась радостная весть о скором возвращении Христа. Весть вечного Евангелия: «Убойтесь Бога и воздайте Ему славу, ибо наступил час суда Его» (Откр. 14:7) расходилась повсеместно.

Свидетельство пророчеств, указывающее, казалось, на пришествие Христа весной 1844 года, глубоко закрепилось в сознании людей. По мере того как весть шла от штата к штату, везде к ней пробуждался большой интерес. Многие были убеждены в том, что аргументы вычисления пророческих периодов верные, и, не будучи столь гордыми, чтобы упорствовать в своих прежних взглядах, они радостно принимали истину. Некоторые служители оставляли свои ограниченные воззрения и мнения, отказывались от денежного содержания и приходов и объединялись в провозглашении вести о пришествии Иисуса. Таких служителей, которые приняли эту весть, было, однако, сравнительно мало, поэтому распространение ее большей частью легло на плечи рядовых членов. Фермеры покидали свои нивы, мастеровые – инструменты, торговцы – товары, специалисты – должности; и тем не менее число делателей было слишком незначительным по сравнению с той работой, которую необходимо было совершить. Ужасное состояние церкви, мир, лежащий во грехе – все это отягощало души верных стражей, и они с готовностью претерпевали мытарства, нужду и страдания, желая призывать людей к покаянию, ведущему ко спасению. Хотя и не без противодействия сатаны, дело постоянно продвигалось, и многие тысячи уверовали в адвентистскую весть.

Всюду было слышно сильное, испытующее сердца свидетельство, предупреждающее грешников как в мире, так и в церкви, чтобы они бежали от будущего гнева. Как и Иоанн Креститель, предтеча Христа, эти проповедники положили секиру у корня дерева и убеждали всех принести достойный плод покаяния. Их волнующие призывы заметно отличались от заверений в мире и безопасности, произносимых с популярных кафедр; и где бы ни звучала эта весть, она трогала сердца людей. Простое, прямое свидетельство Священного Писания, подкрепленное силой Святого Духа, действовало очень убеждающе, так что мало кто был в состоянии ему сопротивляться. Исповедующие религию освобождались от своего состояния ложной безопасности. Они распознавали свое отступление, неверие, себялюбие, а также суетность и гордыню. Многие в раскаянии и смирении устремились к Богу. Их эмоции и чувства, которые так долго были направлены на земные предметы, сосредоточились теперь на Небесном. Дух Божий покоился на них, и с сердцами, смягченными и покоренными, они объединялись в призыве: «Убойтесь Бога и воздайте Ему славу, ибо наступил час суда Его» (Откровение 14:7).

Рыдая, грешники вопрошали: «Что мне делать, чтобы спастись?» (Деяния 16:30 – прим. ред.). Те, чья жизнь характеризовалась нечестностью, теперь были озабочены возмещением нанесенного ими ущерба. Нашедшие мир во Христе страстно желали, чтобы и другие получили такие же благословения. Сердца родителей обратились к детям, а сердца детей – к родителям. Барьеры надменности и осторожности были устранены. Люди откровенно признавали друг перед другом свою вину, и члены семейств трудились над спасением тех, кто был для них самым родным и близким. Часто слышались искренние заступнические молитвы. Везде души в глубокой сердечной муке взывали к Богу. Многие молились ночи напролет о ниспослании им заверения в прощении их собственных грехов или об обращении своих родственников или соседей.

Представители всех слоев общества собирались на встречи адвентистов. Богатые и бедные, знатные и простые по различным мотивам стремились лично услышать учение о Втором пришествии. В то время как слуги Господа приводили доводы в пользу своей веры, Бог держал дух противодействия под контролем. Иногда это были немощные орудия, но Дух Божий Сам придавал силу Своей истине. Присутствие святых ангелов чувствовалось на этих собраниях, и многие души каждый день пополняли ряды верующих. Когда повторялись доказательства скорого пришествия Христа, множество собравшихся в напряженной тишине внимали этим торжественным словам. Небо и Земля, казалось, приблизились друг к другу. Действие силы Божьей ощущалось как в пожилых, так и в молодых, а также и в людях среднего возраста. Народ расходился по домам с хвалой на устах, и звуки радости оглашали тихий ночной воздух. Посещавшие те собрания никогда не смогут забыть преобладавшего на них духа глубочайшей заинтересованности.

Провозглашение определенного срока пришествия Христа породило большое неприятие со стороны множества представителей всех категорий людей: от служителей кафедры до самых безрассудных, бросающих вызов Небу грешников. Исполнились слова пророчества: «В последние дни явятся наглые ругатели, поступающие по собственным своим похотям и говорящие: „где обетование пришествия Его? ибо с тех пор, как стали умирать отцы, от начала творения, все остается так же"» (2 Петра 3:3-4). Многие из тех, кто заявлял о своей любви к Спасителю, объясняли, что они не против учения о Втором пришествии, а только против указания определенного времени этого события. Однако Всевидящий Бог читал в их сердцах. Они не хотели слышать о том, что Христос придет судить мир по правде. Они были неверными слугами: их дела не могли выдержать проверки испытующего сердца Бога, и они страшились встречи со своим Господом. Как и иудеи во времена Первого пришествия Христа, они не были готовы приветствовать Иисуса. Они не просто не желали слушать ясные библейские аргументы, но также и поднимали на смех тех, кто ожидал Господа. Сатана и его ангелы злорадствовали и бросали в лицо Христу и святым ангелам обидные упреки в том, что называющие себя Его народом имеют так мало любви к Нему, что даже не жаждут Его явления.

«О дне же том и часе никто не знает», – таков был аргумент, наиболее часто выдвигаемый теми, кто отвергал веру в пришествие Христа. Написано: «О дне же том и часе никто не знает, ни Ангелы небесные, а только Отец Мой Один» (Ев. Матфея 24:36). Ожидающие Господа давали ясные и непротиворечивые объяснения относительно этого места, а также показывали неверное его применение своими противниками. Эти слова были сказаны Христом в том памятном разговоре со Своими учениками на Елеонской горе, состоявшемся после Его последнего посещения храма. Апостолы задали вопрос: «Какой признак Твоего пришествия и кончины века?» Иисус сообщил им о знамениях и сказал: «Когда вы увидите все сие – знайте, что близко, при дверях» (Ев. Матфея 24:3,33). Одно изречение Спасителя не должно сводить на нет другое. Несмотря на то что о дне и часе Его пришествия никто не знает, все же мы научены, и, мало того, от нас это требуется – распознавать его приближение. Дальше нам говорится о том, что для нас так же губительно не считаться с Его предостережениями и пренебрегать знанием времени близости Его пришествия, как для живущих во дни Ноя было губительно не знать, когда придет потоп. Притча той же самой главы, сравнивая верного и неверного раба и сообщая об уделе того раба, который сказал в сердце своем: «Не скоро придет господин мой» (Ев. Матфея 24:48 – прим. ред.), показывает, в каком свете Христос будет рассматривать тех, кого Он нашел бодрствующим и сообщающим другим о Его пришествии, а также тех, кто опровергал это; и какое воздаяние приготовит Он для обеих групп. «Итак бодрствуйте», – говорит он. «Блажен тот раб, которого господин его пришед найдет поступающим так» (Ев. Матфея 24:42,46). «Если же не будешь бодрствовать, то Я найду на тебя, как тать, и ты не узнаешь, в который час найду на тебя» (Откр. 3:3).

Павел говорит о той категории людей, которую явление Господа застигнет врасплох: «День Господень так придет, как тать ночью. Ибо, когда будут говорить: „мир и безопасность", тогда внезапно постигнет их пагуба... и не избегнут». Однако он добавляет, адресуя свои слова тем, кто обратил внимание на предостережение Спасителя: «Но вы, братья, не во тьме, чтобы день тот застал вас, как тать; ибо все вы – сыны света и сыны дня: мы – не сыны ночи, ни тьмы» (1 Фессал. 5:2-5).

Так было показано, что Библия не дает людям предписания оставаться в неведении относительно близости пришествия Христа. Но те, кто желал лишь оправдания для непринятия ими истины, закрыли свои уши для этого толкования, и слова «о дне же том и часе никто не знает» продолжали повторяться дерзкими насмешниками и даже мнимыми служителями Христа. Когда народ поднялся и начал вопрошать о пути спасения, вмешались религиозные учителя, встав между ними и истиной и пытаясь умалить их страх ошибочным разъяснением Слова Божия. Неверные стражи соединились в работе с великим обманщиком, крича: «Мир, мир!», когда Бог не говорил о мире. Как и фарисеи во дни Христа, многие сами не хотели войти в Царство небесное и мешали тем, кто входил. Кровь этих душ взыщется от их рук.

Наиболее смиренные и посвященные во всех церквях обычно первыми принимали эту весть. Те, кто самостоятельно изучал Библию, не могли не заметить не соответствующего Священному Писанию характера популярных взглядов на пророчества; и там, где люди не были подвластны влиянию духовенства, а исследовали Слово Божье сами, адвентистская весть нуждалась только в сопоставлении с Писанием для подтверждения ее Божественного авторитета.

Многие были притесняемы своими неверующими собратьями. Чтобы сохранить свое положение в церкви, некоторые ничего не говорили о своем уповании, однако другие осознавали, что принцип верного отношения к Богу не позволяет им скрывать истины, которые Он им вручил. Немало было исключено из церкви только лишь потому, что они объявляли о своей вере в пришествие Христа. Какими дорогими были для тех, кто переносил это испытание своей веры, слова пророка: «Ваши братья, ненавидящие вас и изгоняющие вас за имя Мое, говорят: „пусть явит Себя в славе Господь, и мы посмотрим на веселие ваше". Но они будут постыжены» (Исаия 66:5).

Ангелы Божьи смотрели на плоды предостережения с глубочайшим интересом. Когда произошло всеобщее отвержение этой вести церквями, погрустневшие ангелы отвернулись. Но было достаточно и таких, которые все еще не были проверены истиной о Втором пришествии Христа. Многих сбили с толку их мужья, жены, родители или дети, принуждая верить, что даже просто слушать такую ересь, какой учат адвентисты – это грех. Ангелам было поручено верно следить за этими душами, так как на них должен был еще излиться свет от престола Божия.

С неописуемым радостным нетерпением уверовавшие в эту весть ждали пришествия своего Спасителя. Время, когда они надеялись встретиться с Ним, было близко. Спокойно и торжественно они ожидали этого часа. Они пребывали в сладостном общении с Богом и в предвкушении покоя, который в скором будущем должен будет принадлежать им. Никто из ставших причастниками этого упования и веры не мог не запомнить тех драгоценных часов ожидания. За несколько недель до этого срока мирские занятия были большей частью отложены в сторону. Искренние дети Божьи внимательно анализировали каждую мысль и эмоцию своих душ, будто бы они были на смертном одре и через несколько часов их глаза должны были закрыться для всего земного. Не готовилось никакой особой одежды для вознесения, но все ощущали нужду во внутреннем свидетельстве того, что они приготовлены встретить Спасителя; их белыми одеждами была чистота души – характер, очищенный от греха искупительной кровью Христа. Если бы называющие себя народом Божиим до сих пор имели такой же дух самоисследования, такую же горячую и твердую веру! Если бы они продолжали таким же образом смирять себя перед Господом и устремлялись со своими прошениями к престолу благодати, то обладали бы тогда намного более богатым опытом, чем сейчас. Слишком мало молитв возносится ныне, слишком редко грех действительно осознается, а отсутствие живой веры лишает многих той благодати, которая в таком изобилии предоставлена нашим Искупителем.

Бог вознамерился проверить Свой народ. Его рука скрыла ошибку, допущенную при вычислении пророческих периодов. Ее не распознали ни адвентисты, ни наиболее образованные из их оппонентов. Они говорили: «Ваш расчет пророческих периодов правильный. Вот-вот совершится какое-то большое событие, однако не то, которое предполагает Миллер; это обращение мира, а не Второе пришествие Христа».

Ожидаемый срок миновал, а Христос не явился для избавления Своего народа. Ожидавшие с подлинной верой и любовью своего Спасителя испытали горькое разочарование (см. Откровение 10:10 – прим. ред.). Тем не менее замысел Божий был осуществлен: Он подверг проверке сердца тех, кто заявлял, что ожидает Его явления. Среди них находились многие, кто был движим не более чем страхом. Их исповедание веры не оказало никакого воздействия на их сердца или жизни. Когда ожидаемое событие не произошло, эти люди заявили, что они нисколько не разочарованы, что они никогда и не верили, что Христос придет. Они были в числе первых, кто насмехался над печалью искренних верующих.

С любовью и состраданием Иисус и все небесное воинство смотрели на подвергнутых испытанию и заслуживающих доверия, однако разочарованных верующих. Если бы занавес, отделяющий видимый мир от невидимого, был убран, то можно было бы заметить ангелов, приближавшихся к этим стойким душам и ограждавших их от стрел сатаны.

глава **21**

Предупреждение отвергнуто

Люди поспешили принять внешнюю форму религии, а сатана постарался воспрепятствовать им в том, чтобы они смогли изменить свою жизнь и обновить сердце Духом Божьим. Заблокированные неверием, сомнением, тягой к мирскому и чувственной необузданностью, многие из них отклонили предложение о спасении. Речь шла о провозглашении Трехангельской вести, которая ясно представляла людям, куда они придут без Бога. Она и сейчас еще призывает каждого определенно сделать свой выбор.

Проповедуя учение о Втором пришествии, Уильям Миллер и его сторонники трудились исключительно для того, чтобы побудить людей приготовиться для Суда. Они пытались помочь исповедникам религии осознать подлинное упование церкви и их нужду в более глубоком христианском опыте; они также трудились для того, чтобы необращенные поняли свою потребность в незамедлительном покаянии и обращении к Богу. «Они не предпринимали попыток завербовать кого-либо в секту или религиозную группу, поэтому работали среди всех групп и сект, без вмешательства в их организацию или порядок».

«Во всех моих трудах, – говорил Миллер, – у меня никогда не было ни желания, ни мысли о том, чтобы осуществлять какие-либо интересы, отличные от интересов существующих конфессий или возвеличивать одно вероучение в ущерб другому. Я намеревался быть полезным всем. Предполагая, что все христиане будут ликовать в ожидании Христова пришествия и что имеющие отличные от моих взгляды не будут меньше любить тех, кто принимает это учение, я не думал, что когда-либо возникнет необходимость в отдельных собраниях. Мною двигало желание лишь обращать души к Богу, возвещать миру о грядущем Суде и убеждать своих собратьев совершать такое приготовление сердца, которое сделает их способными встретить своего Бога в мире с Ним. Огромное большинство тех, кто был обращен в результате моих трудов, стали членами разных существующих церквей» (Bliss, стр. 328).

Так как его работа приводила к росту церквей, то какое-то время к ней относились с одобрением. Однако из-за того что пасторы и религиозные лидеры воспротивились учению о скором Втором пришествии и очень хотели пресечь всякое обсуждение этого вопроса, они не только выступали против него с кафедры, но и возбраняли своим членам слушать проповеди о Втором пришествии или даже говорить о своем уповании на общих собраниях церкви. Так верующие были приведены в замешательство, и их ожидало великое испытание. Они любили свои церкви и не были склонны от них отделяться, но когда они обнаружили, что свидетельство Слова Божия подавляется и что им отказано в праве исследовать пророчества, они посчитали, что верность Богу запрещает им подчиняться. Тех, кто стремился скрыть свидетельство Слова Божия, они не могли рассматривать как составляющих церковь Христа, «столп и утверждение истины» (1 Тимофею 3:15 – прим. ред.). Поэтому они чувствовали себя правыми, отделяясь от своих бывших единомышленников. И летом 1844 года около пятидесяти тысяч членов вышли из своих церквей.

Примерно в то же время в большинстве церквей по всем Соединенным Штатам стала очевидной поразительная перемена. Там на протяжении многих лет имело место плавное, но неизменно возрастающее следование мирским порядкам и обычаям и соответствующий спад подлинной духовной жизни; однако в том году имелись признаки ее стремительного и заметного угасания почти во всех церквях страны. Несмотря на то что никто, казалось, не был в состоянии предположить, почему это произошло, само обстоятельство было широко известно и нашло отклик как в печати, так и на церковной кафедре.

На встрече пресвитеров в Филадельфии Барнс, автор популярного библейского комментария и пастор одной из ведущих церквей города, «заявил, что за двадцать лет его служения, вплоть до последнего причастия, никогда не было такого, чтобы совершение им этого обряда не сопровождалось бы принятием в церковь большего или меньшего числа людей. Но теперь нет пробуждений, нет обращений; у называющих себя верующими нет очевидного возрастания в благодати, и никто не приходит в его рабочий кабинет, для того чтобы вести разговор о спасении своей души. С ростом бизнеса и улучшением перспективы торговли и производства усиливается мирское мышление. И так обстоят дела во всех вероисповеданиях» (Congregational Journal, 23.05.1844).

В том же году, в феврале, профессор Финни из Оберлинского колледжа сказал: «Мы оказались перед фактом, что в общем протестантские церкви нашей страны, по сути, либо равнодушны, либо враждебно настроены в отношении чуть ли не всех нравственных реформ этого века. Есть отдельные исключения, которых все же недостаточно для того, чтобы интерпретировать факт по-иному. Мы имеем и другое подтверждающее обстоятельство: почти всеобщее отсутствие возрождающего влияния в церквях. Духовная апатия распространилась почти повсюду и устрашает своей глубиной – об этом заявляют религиозные печатные издания всей страны... Верующие в значительной степени становятся приверженцами моды, соединяют свои руки с безбожниками, участвуя в вечерах развлечений, танцах, празднествах и т. п... Но нам не нужно развивать эту неприятную тему. Достаточно того, что факты наслаиваются и тяжелым грузом давят на нас, показывая, что, к сожалению, церкви большей частью вырождаются. Они очень далеко отошли от Господа, и Он удалился от них».

Один автор в журнале „Религиозный телескоп" заявил: «Мы никогда еще не видели такого всеобщего вырождения религии, как сейчас. Несомненно, церковь должна очнуться от сна и вникнуть в причину этого бедствия, ибо каждый, кто любит Сион, не может не видеть в этом бедствия. Когда мы вспоминаем, сколь редки случаи подлинного обращения, и видим почти непревзойденную нераскаянность и закоснелость грешников, то невольно восклицаем: „Неужели Бог забыл о благодати или дверь милости закрыта?"»

Подобное положение никогда не складывается без вины самой церкви. Духовная тьма, окутывающая нации, церкви и отдельных личностей, образовалась не из-за своевольного отказа со стороны Бога в предоставлении поддержки Его благодати, а из-за игнорирования или неприятия Божественного света со стороны людей. Замечательная иллюстрация этой истины представлена в истории иудейского народа во дни Христа. Из-за их привязанности к миру, а также из-за забвения ими Бога и Его Слова умы их оказались ослепленными, а сердца – приземленными, плотскими. Таким образом, они находились в неведении в отношении пришествия Мессии и в своей надменности и неверии отказались от Искупителя. И все же, даже несмотря на это, Бог не отделил иудейский народ от знания и от их части в благословениях спасения. Однако у тех, кто отклонил истину, пропало всякое желание приобретения дара Небес. Они тьму почитали светом, и свет тьмою, пока свет, пребывавший в них, не превратился во тьму; и как велика была эта тьма! (см. Исаия 5:20; Ев. Матфея 6:23 – прим. ред.)

Это согласуется с политикой сатаны, когда люди сохраняют лишь формы религии, а дух жизненного благочестия у них отсутствует. После неприятия Евангелия иудеи по-прежнему рьяно хранили свои древние церемонии, тщательно блюли свою национальную исключительность, но не могли в то же время не соглашаться с тем, что присутствие Божие среди них более не проявлялось. Пророчество Даниила так ясно говорило о сроке пришествия Мессии и так прямо предсказывало Его смерть, что они препятствовали его изучению, и в конечном итоге раввины вынесли проклятие всякому, кто предпримет попытку исчисления этого срока. В ослеплении и нераскаянности народ Израиля на протяжении следующих столетий продолжал быть безразличным по отношению к милостивым предложениям спасения, невнимательным к благословениям Евангелия и торжественному и страшному предупреждению об опасности неприятия Небесного света.

Повсюду, где существует такая причина, последуют подобные результаты. Тот, кто намеренно заглушает в себе сознание долга, потому что оно противоречит его влечениям, в итоге будет не способен распознавать истину и заблуждение. Ум ослепляется, совесть становится нечувствительной, сердце ожесточается, и душа разлучается с Богом. Где попирается или пренебрегается весть Божественной истины, там тьма окутывает церковь; вера и любовь охладевают, и входят отчуждение и разделение. Члены церкви концентрируют свои интересы и усилия на мирских делах, грешники закосневают в своей нераскаянности.

Весть первого ангела из 14 главы Откровения, возвещающая час Божьего суда и призывающая людей убояться Бога и поклониться Ему, была предназначена для того, чтобы отделить называющих себя народом Божьим от тлетворного воздействия мира и пробудить их для осознания своего истинного состояния суетности и отступления от веры. В этой вести Бог послал церкви предостережение, которое, будучи принятым, исправило бы те недостатки, что разделяли с Ним ее членов. Стоило им принять весть с Небес, сокрушая свои сердца пред Господом и искренне стремясь приготовиться к тому, чтобы выстоять в Его присутствии, Дух Божий и Его сила были бы явлены среди них. Церковь опять пришла бы в то блаженное состояние единства, веры и любви, в котором она пребывала во дни апостолов, когда у верующих «было одно сердце и одна душа», когда они «говорили слово Божие с дерзновением», когда «Господь ежедневно прилагал спасаемых к Церкви» (Деяния 4:32,31; 2:47).

Если бы называющие себя народом Божьим приняли свет, озаряющий их со страниц Его Слова, они пришли бы к тому единству, о котором молился Христос и которое апостол описывает как «единство духа в союзе мира». И дальше он говорит: «Одно тело и один дух, как вы и призваны к одной надежде вашего звания; один Господь, одна вера, одно крещение» (Ефесянам 4:3-5).

Таковым был благословенный итог, пережитый теми, кто принял весть о Втором пришествии. Они пришли из разных вероисповеданий, и прежде разделяющие их стены пали, противоречивые догмы были потрясены до основания; от небиблейского упования на тысячелетнее царство на Земле они отказались, неверные взгляды на Второе пришествие устранили, от гордости и светскости избавились; отклонения от истины исправили и объединились сердцами в теснейшее братство, где господствовали любовь и радость. Коль скоро эта доктрина совершила все это для немногих вместивших ее, то подобное было бы сделано и для всех, если бы все ее приняли.

Но церкви в своем большинстве не восприняли этого предупреждения. Их священнослужители, которым, как стражам дома Израилева (см. Иезекииль 3:17 – прим. ред.), следовало бы первыми заметить признаки пришествия Иисуса, не научились этой истине ни из свидетельств пророков, ни из знамений времени. Поскольку суетные надежды и амбиции занимали их сердца, любовь к Богу и вера в Его Слово остыли, и когда было представлено адвентистское учение, то оно лишь вызвало с их стороны предубеждение и неверие. Тот факт, что в большей мере эту весть проповедовали рядовые члены церкви, рассматривался как довод против нее. Как это было и в древние времена, простое свидетельство Божьего Слова встречалось вопросом: «Уверовал ли... кто из начальников или из фарисеев?» (Ев. Иоанна 7:48 – прим. ред.). И, обнаружив, какой трудной задачей является доказать несостоятельность аргументов, извлеченных из расчета пророческих периодов, многие препятствовали исследованию пророчеств, уча, что пророческие книги запечатаны и не должны быть поняты. Огромное множество людей, безоговорочно доверяя своим духовным наставникам, не соглашались внимать предупреждению, а другие, несмотря на то что и были удостоверены в истине, не отваживались исповедовать ее, дабы не быть «отлученными от синагоги». Весть, которую Бог послал, чтобы подвергнуть проверке и очистить церковь, очень определенно выявила, насколько громадным было количество тех, кто возлюбил сильнее мир, нежели Христа. Они были больше привязаны к земному, чем привлечены Небесным. Они предпочли слушать голос мирской мудрости и отвернулись от послания истины, испытующего их сердца.

С отвержением предупреждения первого ангела они отказались и от методов, предусмотренных Небом для их возрождения. Они надменно оттолкнули благовестника, который хотел исправить зло, разделявшее их с Богом, и с еще большим рвением устремились к дружбе с миром. Здесь крылась причина того ужасающего состояния светскости, отступления от веры и духовной смерти, какое существовало в церквях в 1844 году.

В 14 главе Откровения за первым ангелом следует второй, провозглашая: «Пал, пал Вавилон, город великий, потому что он яростным вином блуда своего напоил все народы» (**Откровение 14:8**). Термин «Вавилон» образовался от слова «Babel» и означает «смешение». В Писаниях он употребляется, чтобы охарактеризовать различные формы ложной или отступнической религии. В 17 главе Откровения Вавилон изображен в виде женщины – это образ, применяемый в Библии в качестве символа церкви: целомудренная женщина олицетворяет чистую церковь, а падшая – отступившую.

В Библии святой и долговечный тип связи, существующей между Христом и Его церковью, представлен брачным союзом. Господь присоединил к Себе Свой народ священным заветом, давая обетование быть их Богом, а они обязались принадлежать только Ему Одному. Он объявляет: «И обручу тебя Мне навек, и обручу тебя Мне в правде и суде, в благости и милосердии» (**Осия 2:19**). И вновь: «Я сочетался с вами» (**Иеремия 3:14**). Апостол Павел применяет тот же самый символ в Новом Завете, когда говорит: «...я обручил вас единому мужу, чтобы представить Христу чистою девою» (**2 Коринфянам 11:2**).

Измена церкви Христу, проявляющаяся в том, что она прекращает доверять Ему и любить Его, позволяя земным вещам овладевать собой, приравнивается к нарушению брачного обета. Грех отступившего от Господа Израиля представлен в виде такого образа, а чудесная любовь Бога, которую израильтяне так презрели, очень трогательно изображена в следующих стихах: «Я поклялся тебе и вступил в союз с тобою, говорит Господь Бог, – и ты стала Моею» (**Иезекииль**

16:8). «Ты... была чрезвычайно красива и достигла царственного величия. И пронеслась по народам слава твоя ради красоты твоей, потому что она была вполне совершенна при том великолепном наряде, который Я возложил на тебя... Но ты понадеялась на красоту твою и, пользуясь славою твоею, стала блудить» (Иезекииль 16:13-15). «Как жена вероломно изменяет другу своему, так вероломно поступили со Мною вы, дом Израилев, говорит Господь»; «как прелюбодейная жена, принимающая вместо своего мужа чужих» (Иеремия 3:20; Иезекииль 16:32).

Весьма похожая речь обращена в Новом Завете к называющим себя христианами, которые более ищут дружбы с миром, нежели одобрения Бога. Апостол Иаков говорит: «Прелюбодеи и прелюбодейцы! не знаете ли, что дружба с миром есть вражда против Бога! Итак, кто хочет быть другом миру, тот становится врагом Богу» (Иакова 4:4).

О женщине (Вавилоне) из 17 главы Откровения сказано, что она «облечена была в порфиру и багряницу, украшена золотом, драгоценными камнями и жемчугом, и держала золотую чашу в руке своей, наполненную мерзостями и нечистотою блудодейства ее; и на челе ее написано имя: тайна, Вавилон великий, мать блудницам». Пророк говорит: «Я видел, что жена упоена была кровью святых и кровью свидетелей Иисусовых». А затем Вавилон представлен как «великий город, царствующий над земными царями» (Откровение 17:4-6,18). Власть, которая на протяжении столь долгих веков осуществляла деспотическое господство над монархами христианского мира – это Рим. Пурпурный и алый цвета, золото, драгоценные камни и жемчуг живо описывают великолепие и более чем царственную пышность, которую выставляет напоказ высокомерный Рим. И нет другой такой власти, о которой можно было бы с полным основанием заявить, что она «упоена была кровью святых», кроме этой церкви, которая так беспощадно гнала последователей Христа. Вавилон обвиняется еще и в грехе противозаконных отношений с «царями земными». Отступив от Господа и создав союз с язычниками, иудейская церковь превратилась в блудницу; и Рим, развратившийся аналогичным образом, стремясь к помощи со стороны светских властей, получает тот же приговор.

О Вавилоне сказано, что это – «мать блудницам». Ее дочерьми должны быть символизированы те церкви, которые остаются верными ее доктринам и преданиям и подражают ей, принося в жертву истину и одобрение Божие, для того чтобы войти в противозаконные отношения с миром. Весть из 14 главы Откровения, провозглашающая падение Вавилона, должна быть применена к тем религиозным организациям, которые однажды были чисты, но затем стали развращаться. Поскольку эта весть идет после предупреждения о Суде, то она должна быть проповедана в последние дни и поэтому не может относиться лишь к римской церкви, так как эта церковь уже на протяжении многих веков находится в падшем состоянии. К тому же, в 18 главе Откровения к народу Божьему звучит призыв выйти из Вавилона. В соответствии с этим текстом многие из народа Божия должны все еще пребывать в Вавилоне. В каких же религиозных сообществах ныне находится большинство последователей Христа? Без сомнения, в различных церквях, исповедующих протестантскую веру. Во времена их возникновения эти церкви заняли благородную позицию на стороне Бога и истины, и Его благословения были с ними. Даже неверующий мир невольно признал добрые плоды, которые последовали за принятием принципов Евангелия, как это выражено в словах пророка, обращенных к Израилю: «И пронеслась по народам слава твоя ради красоты твоей, потому что она была вполне совершенна при том великолепном наряде, который Я возложил на тебя, говорит Господь Бог». Но их погубили те же стремления, которые стали проклятием и погибелью Израиля, а именно: желание повторять действия безбожников и завоевать их дружбу. «Но ты понадеялась на красоту твою и, пользуясь славою твоею, стала блудить» (Иезекииль 16:14-15).

Многие протестантские церкви подражают Риму, заключая беззаконные союзы с «царями земными» (см. Откровение 17:2 – прим. ред.): государственные церкви – своей связью с мирскими правительствами, а остальные конфессии – поисками благоволения мира. И термин «Вавилон» – смешение – может быть, соответственно, применен к этим организациям, заявляющим, что их доктрины взяты из Библии, и тем не менее составляющим почти бесчисленное множество сект, имеющих крайне противоречивые учения и истолкования.

Помимо греховной связи с миром, церкви, которые отделились от Рима, имеют и другие его характерные особенности.

В римско-католическом труде под названием «Наставление для католических христиан» утверждается: «Если церковь Рима когда-либо была виновной в идолопоклонстве, что касается святых, то ее дочь, церковь Англии, у которой десять церквей посвящены Деве Марии, а одна – Христу, виновна в этом же» (R. Challoner, The Catholic Christian Instructed, Preface, стр. 21-22).

И доктор Хопкинс в «Трактате о миллениуме» заявляет: «Нет причины полагать, что антихристовый дух и дела ограничены тем, что ныне зовется церковью Рима. Протестантские церкви содержат в себе многое, присущее антихристу, и далеки от того, чтобы быть вполне очищенными от разложения и нечестия» (Samuel Hopkins, Works, т.2, стр. 328).

Касательно отделения Пресвитерианской церкви от Рима доктор Гатри пишет: «Триста лет тому назад наша церковь с открытой Библией на своем знамени и с девизом „Исследуйте Писания" на его полотнище выступила из врат Рима». Потом он ставит важный вопрос: «Вышли ли они чистыми из Вавилона?» (Thomas Guthrie, The Gospel in Ezekiel, стр. 237).

«Церковь Англии, – говорит Сперджен, – кажется насыщенной закрепившимися традициями, но те, которые отделились, оказались почти настолько же пронизанными философским скептицизмом. Те, о ком мы думали, что они лучше, друг за другом уклоняются от фундамента веры. Я совершенно уверен в том, что самое сердце Англии продырявлено проклятым скептицизмом, который еще имеет дерзость вставать за кафедру и называть себя христианством».

Как же возникло это великое отступление? Как же церковь впервые уклонилась от простоты Евангелия? Она сообразовывалась с обычаями язычества, чтобы способствовать язычникам в принятии христианства. Апостол Павел утверждал, что даже в его дни «тайна беззакония уже в действии» (2 Фессалоникийцам 2:7). Пока были живы апостолы, церковь оставалась относительно чистой. Однако «на исходе второго века большая часть церквей обрела новую форму; первоначальная простота исчезла, и постепенно, тогда как старые ученики сходили в могилу, их дети вместе с новообращенными... выходили вперед и вели дела по-новому» (Robert Robinson, Ecclesiastical Researches, гл.6, абзац 17, стр. 51). Для того чтобы сохранить новообращенных, возвышенные стандарты христианской веры были умалены, вследствие чего «поток язычества, хлынувший в церковь, внес с собой свои традиции, порядки и своих идолов» (Gavazzi, Lectures, стр. 278). Как только христианская религия получила одобрение и поддержку мирских правителей, огромное множество людей номинально приняли ее, но, имея вид христиан, многие «по сути своей продолжали быть язычниками, в особенности те, которые тайно поклонялись своим идолам» (Там же, стр. 278).

Не подобный ли процесс повторился едва ли не в каждой церкви, именующей себя протестантской? Когда ее основатели – те, кто обладал настоящим духом преобразования, – почили, их преемники вышли вперед и придали делу новый вид. Безрассудно цепляясь за исповедание своих отцов и не соглашаясь принимать никакую истину, опережающую то, что они понимали, потомки этих реформаторов весьма отдалились от образца смирения, самопожертвования и отделения от мира. Так «первоначальная простота исчезла». Мирской поток, хлынувший в церковь, «принес с собой свои традиции, порядки и своих идолов».

Увы, в каком устрашающем объеме эта дружба с миром, которая «есть вражда против Бога» (Иакова 4:4 – прим. ред.), взлелеяна среди называющих себя последователями Христа в настоящее время! На какое значительное расстояние популярные церкви всего христианского мира удалились от библейского мерила смирения, самопожертвования, простоты и благочестия! Джон Уэсли говорил о правильном использовании денег: «Не расходуйте впустую ничего из этого столь драгоценного дара, просто удовлетворяя желание своих очей, покупая ненужное или дорогостоящее одеяние или бесполезные украшения. Ничего не расходуйте на замысловатые убранства ваших домов, на излишнюю или изысканную мебель, дорогие картины, росписи, позолоту... Не тратьте деньги, чтобы удовлетворить житейскую гордость и вызвать восторг или похвалу людей... Пока вы будете заботиться о собственном благополучии, люди будут говорить о вас хорошо. Пока вы будете одеваться в порфиру и виссон и каждый день блистательно пиршествовать (см. Ев. Луки 16:19 – прим. ред.), вне всякого сомнения, многие будут одобрять ваши элегантность, щедрость и гостеприимство. Но не приобретайте столь дорого их похвалу. Будьте лучше довольны честью, исходящей от Бога» (Wesley, Works, Ser. 50, «The Use of Money»). Однако в настоящее время во многих церквях подобным учением пренебрегают.

В мире стало популярным исповедовать какую-либо религию. Правители, политики, юристы, доктора, бизнесмены присоединяются к церкви с целью обеспечения себе почитания и доверия со стороны общества и продвижения своих собственных мирских интересов. Таким образом они стараются скрыть все свои неправедные дела под мантией христианства. Всевозможные религиозные организации, вновь обретшие силу благодаря богатству и влиянию этих принявших крещение мирских людей, домогаются все большей популярности и покровительства. Величественные церкви, украшенные самым расточительным образом, воздвигаются на оживленных проспектах. Верующие наряжаются в дорогие и фешенебельные одежды. Высокое содержание назначается одаренному служителю, для того чтобы он занимал и привлекал народ. Его проповеди не должны затрагивать общераспространенных грехов, но должны льстить слуху светских людей и нравиться им. Так имена светских грешников записываются в церковные книги, и их светские грехи оказываются спрятанными под показным благочестием.

Комментируя то, как называющие себя христианами относятся в настоящее время к миру, один ведущий светский журнал пишет: «Постепенно церковь уступила духу века сего и приспособила свои формы богослужения к современным потребностям». «Сейчас церковь применяет фактически все, что помогает сделать религию притягательной». А один автор в Нью-Йоркской «Independent» пишет относительно методизма: «Линия, отделяющая религиозных людей от нерелигиозных, становится едва различимой, и рьяные приверженцы с обеих сторон упорно трудятся над тем, чтобы окончательно уничтожить всю разницу между их образом действий и способами получения удовольствия». «Популярность религии весьма способствует увеличению числа тех, кто хотел бы извлечь из нее выгоду, не думая о том, к чему она обязывает».

Ховард Кросби говорит: «Глубокую озабоченность вызывает то, что мы находим Христову церковь так мало отвечающей целям ее Господа. Точно так же, как и древние иудеи позволяли близким отношениям с идолопоклонническими народами похищать их сердца у Бога... церковь Христа в настоящее время своим неправедным сотрудничеством с безбожным миром отказывается от Божественных путей, ведущих к истинной жизни, и уступает пагубным, хотя и благовидным стереотипам нехристианского общества, применяя доводы и достигая заключений, чуждых Божьему откровению и прямо противодействующих всякому возрастанию в благодати» (The Healthy Christian, An Appeal to the Church, стр. 141-142).

В этом потоке светскости и поиска удовольствий самоотречение и самопожертвование ради Христа утрачены почти полностью. «Некоторых из мужчин и женщин, ныне активно участвующих в жизни наших церквей, в детстве воспитывали так, чтобы они чем-то жертвовали, для того чтобы быть в состоянии что-то дать или сделать для Христа... Но если сегодня требуются деньги... никто не должен призываться к пожертвованию. О, нет! Устройте базар, выставку, пародию на судебный процесс, ужин по-старинному или просто перекус – все для того, чтобы развлечь народ».

Губернатор Висконсина Уошберн в своем ежегодном послании от 9 января 1873 года заявил: «Кажется, возникла необходимость в законе, запрещающем школы, готовящие профессиональных игроков. Это происходит везде. Даже церковь (вне всякого сомнения, непреднамеренно) порой оказывается совершающей дела дьявола. Благотворительные концерты, инициативы и лотереи, время от времени устраиваемые с целью помощи бедным или ради церковных нужд, но зачастую – с менее достойными намерениями, продажа выигрышных билетов, коробки с призами и т. п. – это средства получения денег без справедливого их возмещения. Ничто не является таким деморализующим или отравляющим, в особенности для молодежи, как приобретение денег или собственности без затрат усилий. Почтенные люди оказываются втянутыми в эти мероприятия на удачу, утешая себя тем соображением, что эти деньги должны быть израсходованы на достойные цели, поэтому нет ничего необычного в том, что молодежь штата так часто приобретает привычки, порождаемые возбуждением, которым почти всегда сопровождаются азартные игры».

Дух согласия с миром захватывает церкви во всех христианских странах. Роберт Аткинс в проповеди, сказанной в Лондоне, изобразил печальную картину царящего в Англии духовного упадка: «Настоящих праведников на земле становится все меньше, и нет человека, принимающего это близко к сердцу. В каждой церкви исповедники религии сегодняшнего дня являются людьми, любящими мир, сообразующимися с ним, привязанными к земным благам и стремящимися к представительности. Они призваны страдать вместе с Христом, но они уклоняются даже от порицаний... „Отступление, отступление, отступление" – выгравировано на фасаде каждой церкви; знай и понимай они это, тогда могла бы быть еще надежда, но, увы, они кричат: „Мы богаты, разбогатели и ни в чем не имеем нужды" (См. Откр. 3:17 – прим. ред.)» (Second Advent Library, tract No. 39).

Великий грех, в котором обвиняется Вавилон, заключается в том, что он «яростным вином блуда своего напоил все народы» (Откр. 14:8 – прим. ред.). Эта хмельная чаша, которую он предлагает миру, представляет собой ошибочные доктрины, принятые им вследствие своей незаконной связи с сильными земли. Дружба с миром искажает его веру, и он, со своей стороны, пагубно воздействует на мир, уча доктринам, находящимся в оппозиции к самым прямым высказываниям Святого Слова.

Рим утаивал Библию от людей и требовал от

всех принять его учения. Делом Реформации было вернуть назад людям Божье Слово; но не является ли правдой то, что в церквах нашего времени наставляют людей опираться в своем уповании скорее на символ веры и доктрины своей церкви, чем на Писания? Чарлз Бичер сказал о протестантских церквях: «Они так же восприимчивы к любому нелестному отзыву о своих вероучениях, как и те святые отцы, которых коробили резкие слова против поощряемого ими все увеличивающегося почитания святых и мучеников... Протестантские евангелические конфессии так связали друг другу, а также и самим себе руки, что у них совсем невозможно стать проповедником, если не принять какую-либо книгу вдобавок к Библии... И вовсе не является фантазией утверждение, что в настоящее время влияние догм начинает препятствовать Библии так же, собственно, как это было в Риме, однако более искусно» (Sermonon «The Bible a Sufficient Creed», delivered at Fort Wayne, Indiana, 22.2.1846).

Когда верные учителя истолковывают Божье Слово, тут же восстают мужи науки, служители, заявляющие, что разумеют Священное Писание, и осуждают здравое учение как ересь, отвращая таким образом от истины ищущих ее. Не будь мир безнадежно одурманен вином Вавилона, великое множество людей было бы убеждено и обращено при помощи ясных и проникновенных истин Божьего Слова. Однако религиозное вероисповедание представляется таким непонятным и противоречивым, что народ не знает, во что ему верить, как в истину. Грех нераскаянности мира лежит у дверей церкви.

Весть второго ангела из 14 главы Откровения впервые была провозглашена летом 1844 года; и тогда она имела наиболее непосредственное отношение к церквам Соединенных Штатов, где предостережение о Суде получило самое широкое распространение и встретило наибольшее неприятие, и где наиболее стремительно происходило отступление в церквах. Тем не менее Вторая ангельская весть не получила своего окончательного исполнения в 1844 году. Церкви тогда претерпели моральный упадок, явившийся результатом отвержения ими света адвентистской вести, но все же упадок не был полным. По мере того как они настаивали на отклонении особых истин для того времени, они опускались все ниже и ниже. И все же еще не может быть сказано: «Пал, пал Вавилон... потому что он яростным вином блуда своего напоил все народы» (Откровение 14:8 – прим. ред.). Он еще не заставил все народы сделать это. Дух согласия с миром и безразличия к испытующим истинам для нашего времени существует и приобрел благодатную почву в церквях протестантской веры во всех странах христианского мира; и ко всем этим церквям относится торжественное и страшное обвинение второго ангела. Но дело отступления еще не пришло к своей наивысшей точке.

Библия утверждает, что перед пришествием Господа сатана будет действовать «со всякою силою и знамениями и чудесами ложными, и со всяким неправедным обольщением», и не принявшие «любви истины для своего спасения» будут предоставлены «действию заблуждения, так что они будут верить лжи» (**2 Фессалон. 2:9-11**). До тех пор пока это состояние не будет достигнуто и во всех христианских странах не будет заключен союз церкви с миром, падение Вавилона не будет полным. Перемены происходят, но совершенное осуществление пророчества из Откровения 14:8 – пока еще в будущем.

Невзирая на духовную тьму и отчуждение от Бога, существующие в церквях, составляющих Вавилон, в их сообществах все еще находится огромное число подлинных последователей Христа. Там много таких, кто никогда не был знаком с особыми истинами для этого времени, и немало тех, кто не удовлетворен своим настоящим состоянием и стремится к более ясному свету. Они напрасно ищут образ Христа в церквях, к которым относятся. Поскольку эти организации все дальше и дальше отклоняются от истины и становятся все ближе связанными с миром, то разница между этими двумя категориями людей будет все увеличиваться и в конечном итоге приведет к разделению. Придет время, когда любящие Бога превыше всего не смогут больше оставаться соединенными с такими людьми, которые «более сластолюбивы, нежели боголюбивы», которые имеют «вид благочестия, силы же его отрекшиеся» (**2 Тимофею 3:4-5 – прим. ред.**).

В 18 главе Откровения говорится о том времени, когда вследствие отклонения троекратного предупреждения из Откровения 14:6-12 церковь достигнет состояния, предреченного вторым ангелом, и тогда все еще пребывающий в Вавилоне народ Божий будет призван выйти из его сообщества. Эта весть будет последней вестью, данной миру; и она совершит свою работу. Когда «не веровавшие истине, но возлюбившие неправду» (**2 Фессалоникийцам 2:12**) будут предоставлены действию заблуждения, «так что они будут верить лжи» (**2 Фессалоникийцам 2:11 – прим. ред.**), тогда свет истины озарит тех, чьи сердца открыты для ее принятия, и все дети Божьи, которые остались в Вавилоне, обратят внимание на призыв: «Выйди от нее, народ Мой» (**Откровения 18:4**).

глава **22**

Сбывшиеся пророчества

Притча о десяти девах (25 гл. Ев. Матфея) показывает ситуацию, которая возникнет во время провозглашения Трехангельской вести. Жених придет, но с опозданием. Таким образом проявятся верные и неверные. Одни будут верить библейской истине, а другие отрекутся от своей веры в эту весть. Но Бог поддерживает Своих детей, уповающих на Его обетования.

Когда весной 1844 года миновал срок, в который сперва ожидалось пришествие Господа, поверившие в Его явление какое-то время пребывали в растерянности и сомнениях. Хотя мир и расценивал их как полностью потерпевших поражение и доказывал, что они предавались иллюзиям, Божье Слово все же было для них источником утешения. Многие продолжали исследовать Священное Писание, заново рассматривая подтверждения своего упования и старательно изучая пророчества, чтобы получить дополнительный свет. Свидетельство Библии, казалось, ясно и убедительно поддерживало их позицию. Знамения, которые невозможно было понять неправильно, говорили о скором пришествии Христа. Особое благословение от Господа, как в обращении грешников, так и в духовном пробуждении среди христиан, показывало, что эта весть была дана Небом. И хотя верующие не могли объяснить своего разочарования, однако они были уверены, что Бог вел их в прошедшем опыте.

Тесно соединенным с пророчествами, которые они посчитали относящимися ко времени Второго пришествия, было наставление, особенно подходившее к их состоянию неопределенности и беспокойства и помогавшее им терпеливо и с верой ждать того, что ныне недоступное для их понимания со временем прояснится.

Среди этих пророчеств было следующее, записанное в книге пророка Аввакума 2:1-4: «На стражу мою стал я и, стоя на башне, наблюдал, чтоб узнать, что скажет Он во мне, и что мне отвечать по жалобе моей? И отвечал мне

Господь и сказал: запиши видение и начертай ясно на скрижалях, чтобы читающий легко мог прочитать. Ибо видение относится еще к определенному времени и говорит о конце и не обманет; и хотя бы и замедлило, жди его, ибо непременно сбудется, не отменится. Вот, душа надменная не успокоится, а праведный своею верою жив будет».

Уже в 1842 году данное в этом пророчестве распоряжение записать видение и начертать «ясно на скрижалях, чтобы читающий легко мог прочитать», навело Чарлза Фитча на мысль сделать пророческую карту с целью иллюстрации видений Даниила и Откровения. Обнародование этой карты расценивалось как исполнение директивы, данной через Аввакума. Несмотря на это, никто в ту пору не обратил внимания на очевидную задержку в исполнении видения, представленную в этом же пророчестве: на время промедления. После пережитого разочарования эти слова Писания казались очень важными: «Видение относится еще к определенному времени и говорит о конце и не обманет; и хотя бы и замедлило, жди его, ибо непременно сбудется, не отменится... праведный своею верою жив будет».

Часть пророчества Иезекииля также была для верующих источником силы и ободрения: «И было ко мне слово Господне: Сын человеческий! что за поговорка у вас, в земле Израилевой: „много дней пройдет, и всякое пророческое видение исчезнет"? Посему скажи им: так говорит Господь Бог... близки дни и исполнение всякого видения пророческого... Ибо Я Господь, Я говорю; и слово, которое Я говорю, исполнится, и не будет отложено» (Иезекииля 12:21-25). «Вот, дом Израилев говорит: „пророческое видение, которое видел он, сбудется после многих дней, и он пророчествует об отдаленных временах". Посему скажи им: так говорит Господь Бог: ни одно из слов Моих уже не будет отсрочено, но слово, которое Я скажу, сбудется, говорит Господь Бог» (Иезекииля 12:27-28).

Ожидающие Христа были обрадованы, имея веру в то, что Тот, Кто знает конец от начала, проникнув Своим взглядом сквозь века и предвидя их разочарование, даровал им слова, укрепляющие мужество и надежду. Если бы не было таких мест Священного Писания, которые увещевали их с терпением ожидать и твердо доверять Слову Божию, то в тот трудный час их вера ослабела бы.

Притча о десяти девах, находящаяся в 25 главе Евангелия от Матфея, также иллюстрирует опыт адвентистского народа. В 24 главе этого Евангелия, в ответ на вопрос учеников относительно знамений, указывающих на Его близкое пришествие и конец мира, Христос обратил их внимание на некоторые из наиболее важных событий в истории Земли и церкви между Своим Первым и Вторым пришествием: разрушение Иерусалима, великая скорбь церкви из-за преследований со стороны язычников и папства, затмение солнца и луны, а также падение звезд. Потом Он говорил о Своем пришествии во славе и поведал притчу, представляющую два класса слуг, ожидающих Его явления. В самом начале 25 главы говорится: «Тогда подобно будет Царство Небесное десяти девам». Здесь рассматривается церковь, живущая в последние дни, та самая, на которую указывалось в заключительной части 24 главы. В этой притче опыт церкви иллюстрируется событиями, происходящими при заключении брака по восточному обычаю.

«Тогда подобно будет Царство Небесное десяти девам, которые, взявши светильники свои, вышли навстречу жениху; из них пять было мудрых и пять неразумных; неразумные, взявши светильники свои, не взяли с собою масла; мудрые же, вместе со светильниками своими, взяли масла в сосудах своих; и как жених замедлил, то задремали все и уснули. Но в полночь раздался крик: „вот, жених идет, выходите навстречу ему"» **(Ев. Матфея 25:1-6).**

Пришествие Христа, как его провозглашала первая ангельская весть, было представлено приходом жениха. Широко распространившееся во время проповеди о Его скором пришествии движение реформы соответствовало выходу дев. В этой притче, как и в притче из 24 главы Евангелия от Матфея, представлены два класса. Все взяли свои светильники – Библию – и в ее свете выступили навстречу Жениху. Однако «неразумные, взявши светильники свои, не взяли с собою масла. Мудрые же, вместе со светильниками своими, взяли масла в сосудах своих» **(Ев. Матфея 25:3-4).** Последний класс людей получил благодать Божию – возрождающую и просвещающую силу Духа Святого, которая превращает Его Слово в светильник для ноги и свет для стези. В страхе Божьем они исследовали Библию, для того чтобы познать истину, и настойчиво пытались достичь чистоты сердца и жизни. Они имели личный, пережитый ими опыт; они имели личную веру в Бога и Его Слово, которая не могла быть уничтожена разочарованием и задержкой. Другие, «взявши светильники свои, не взяли с собой масла». Они были движимы импульсом. Их страхи были вызваны этой торжественной вестью, но они надеялись на веру собратьев, будучи удовлетворены мерцающим светом своих положительных эмоций, не понимая истины во всей ее полноте и не испытывая подлинной работы благодати в своих сердцах. Они выступили навстречу Господу, полные надежды на получение в ближайшем будущем вознаграждения; но они не были подготовлены к задержке и разочарованию. При наступлении испытаний их вера пошатнулась, а светильники угасли.

«И как жених замедлил, то задремали все и уснули» (Ев. Матфея 25:5). Задержкой жениха представлено время, в которое ожидали Господа, также разочарование и мнимое промедление. В это время неопределенности интерес со стороны поверхностных и полуобращенных людей быстро начал угасать, их усилия ослабели; но те, вера которых основывалась на личном знании Библии, имели под ногами твердое основание – скалу, которую не могли смыть волны разочарования. Они «задремали все и уснули»; один класс людей – в равнодушии и оставлении своей веры, другой класс – в терпеливом ожидании, пока им не будет дан более ясный свет. Тем не менее, казалось, что последние не совсем сохранили свои рвение и посвященность в ночь испытания. Полуобращенные и поверхностные не могли больше рассчитывать на веру собратьев. Каждый должен выстоять или пасть индивидуально.

Примерно в ту же пору стал появляться фанатизм. Кое-кто из проявивших себя горячо верующими в весть отказывались признавать Слово Божье безошибочным путеводителем и, претендуя на то, что они ведомы Духом, отдались во власть своих личных чувств, впечатлений и воображения. Были и такие, которые обнаружили слепую ханжескую ревность, осуждая всех, кто не одобрял их поведения. Их фанатичные идеи и действия не нашли никакого сочувствия со стороны огромного количества адвентистов, и все же они послужили тому, чтобы навлечь поношение на дело истины.

При помощи таких средств сатана пытался противодействовать работе Божьей и разрушить ее. Адвентистское движение произвело большое волнение в народе; имело место обращение тысяч грешников, и верные мужи посвящали себя делу провозглашения истины даже в период промедления. Князь зла терял своих подданных, и, для того чтобы навлечь поношение на работу Божью, он прилагал все усилия к тому, чтобы ввести в заблуждение некоторых верующих людей и склонить их к крайностям. И тогда его агенты оказывались тут как тут, готовые ухватиться за любую оплошность, любой неуспех, любое недостойное действие, чтобы показать это публично в очень преувеличенном виде и вызвать этим у людей ненависть к адвентистам и их вере. Итак, чем больше становилось число тех, кого он побуждал примкнуть к сторонникам веры в близость Второго пришествия, продолжая при этом господствовать над их сердцами, тем большего преимущества он смог достигнуть, привлекая к ним внимание как к представителям всего общества верующих.

Сатана есть «клеветник братьев наших» (Откровение 12:10 – прим. ред.), и именно его дух побуждает людей следить за промахами и изъянами народа Божия и при каждом удобном случае предавать их гласности, тогда как их добрые деяния не удостоиваются упоминания. Он всегда активен, когда Бог работает над спасением душ. Когда сыны Божьи приходят, чтобы предстать пред Господа, среди них появляется и сатана. В каждое движение религиозного возрождения он готов вовлечь тех, чьи сердца не освящены, а ум не уравновешен. Как только такие люди соглашаются с некоторыми пунктами истины и получают место среди верующих, он работает через них, чтобы протолкнуть теории, которые введут в заблуждение неосторожных. Никого нельзя назвать истинным христианином, только потому что он пребывает в обществе детей Божьих, даже если он в доме молитвы принимает участие в Вечере Господней. Сатана часто бывает там, где происходят наиболее торжественные события, в виде тех, кого он может использовать как своих агентов.

Князь зла сражается за каждый отрезок пути, по которому Божий народ совершает свое продвижение в направлении Небесного Града. На протяжении всей истории церкви ни одна реформаторская работа не продвигалась без серьезных препятствий. Так было и при жизни апостола Павла. Повсюду, где благодаря его трудам возникали общины, оказывались и те, кто открыто признавал себя верующим, однако при этом вносил и ереси, которые, в случае их принятия, постепенно вытесняли любовь к истине. Лютер тоже был в великой растерянности и затруднительном положении от образа действий фанатичных людей, утверждавших, что Бог говорит прямо через них, и ставивших поэтому свои собственные фантазии и взгляды выше доводов Священного Писания. Многие из тех, кто испытывал нехватку веры и личного опыта, однако обладал большой самоуверенностью, а также любил слушать и рассказывать что-то новое, были введены в заблуждение иными учителями и объединились с агентами сатаны в их работе разрушения того, что Бог подвигнул Лютера созидать. Братья Уэсли и другие, одарившие мир своим влиянием и верой, встречали на каждом шагу своего пути уловки сатаны, проявлявшиеся в подталкивании чересчур рьяных, невыдержанных и неосвященных людей к фанатизму любого сорта.

Уильям Миллер не одобрял действий, которые приводили к фанатизму. Он провозглашал, подобно Лютеру, что каждый дух должен испытываться Словом Божьим. «Дьявол, – говорил Миллер, – имеет в наше время огромную власть над разумом некоторых людей. И как же нам узнать, какого они духа? Библия дает ответ: „По плодам их узнаете их"... В мире появилось много духов, и нам дано повеление испытывать их. Если дух не заставляет нас жить в этом мире трезво, добродетельно и благочестиво, то это не Дух Христов. Я все более и более становлюсь убежденным в том, что всеми этими дикими движениями руководит сатана... Многие из нашей среды, которые претендуют на полную освященность, придерживаются человеческих обычаев и, по всей видимости, находятся в таком же неведении относительно истины, как и другие, не имеющие подобных притязаний» (Bliss, стр. 236-237). «Дух заблуждения будет уводить нас от истины, а Дух Божий, напротив, будет приводить нас к истине. Но, скажете вы, человек может быть в заблуждении, а думать, что он в истине. Что тогда? Мы отвечаем: Дух и Слово находятся в согласии между собой. Если человек судит о себе в соответствии со Словом Божиим и во всем Слове находит совершенную гармонию, тогда он должен верить, что он в истине; но если он обнаруживает, что дух, которым он ведом, не гармонирует со всем смыслом Божьего Закона или Книги Божьей, тогда пусть он ведет себя осмотрительно и опасается, как бы ему не быть пойманным в дьявольскую сеть» (The Advent Herald and Signs of the Times Reporter, 15.01.1845, 8т, № 23). «Часто я находил больше признаков внутреннего посвящения в чьемто светящемся взоре, в катящейся по щеке слезе и в словах, произнесенных сдавленным голосом, чем во всей шумихе христианского мира» (Bliss, 282).

Во времена Реформации все зло фанатизма ее враги ставили в вину как раз тем, кто наиболее ревностно противодействовал ему. Противники адвентистского движения действовали подобным методом. Не ограничиваясь искажением и преувеличением заблуждений экстремистов и фанатиков, они разносили недобрые слухи, которые не имели в себе и тени истины. Предубеждение и ненависть заставляли так действовать этих людей. Их мир был нарушен провозглашением близости пришествия Христа. Они испытывали страх от мысли, что это может оказаться истиной, надеясь, однако, на противоположное – в этом и заключался весь секрет их борьбы против адвентистов и их веры.

Тот факт, что небольшое число фанатиков проложили себе путь к адвентистам, дает не больше основания прийти к выводу, что не Бог управлял этим движением, чем то, что присутствие в церкви фанатиков и мошенников во дни Павла или Лютера могло быть достаточной причиной для отвержения их дела. Пусть только народ Божий воспрянет ото сна и серьезно начнет работу покаяния и преобразования; пусть он исследует Священное Писание, дабы познать истину, как она есть в Иисусе; пусть он только полностью посвятит себя Богу – и тогда не потребуется доказательство того, что сатана все еще активно действует и бодрствует. Используя какой только возможно обман, он будет демонстрировать свою мощь, зовя себе на подмогу все свое царство падших ангелов.

Совсем не в провозглашении вести о Втором пришествии была причина возникновения фанатизма и разделения. Они появились только летом 1844 года, когда адвентисты пребывали в состоянии неопределенности и растерянности относительно своего настоящего положения. Проповедь вести первого ангела и «полночный крик» как раз вели к обуздыванию фанатизма и разногласий. Те, кто принимал участие в этом торжественном движении, находились в согласии между собой; сердца их были наполнены любовью друг к другу и к Иисусу, Которого они в скором времени ожидали лицезреть. Общность веры и блаженной надежды возвышала их над всяким воздействием со стороны людей и оказывалась для них щитом, предохраняющим от сатанинских атак.

«И как жених замедлил, то задремали все и уснули. Но в полночь раздался крик: „Вот, жених идет, выходите навстречу ему". Тогда встали все девы те и поправили светильники свои» (Ев. Матфея 25:5-7). Летом 1844 года, как раз посередине временного промежутка между сроком, определенным вначале как окончание периода в 2300 дней, и осенью того же года, до которой, как установили позже, простирался этот период, прямо словами из Библии прозвучал клич: «Вот, жених идет!»

К этому движению привело открытие того, что указ Артаксеркса о восстановлении Иерусалима, являющийся исходным пунктом для 2300-дневного периода, вступил в силу осенью 457 года до Р.Хр., а не в начале года, как думали раньше. Если вести отсчет от осени 457 года до Р.Хр., то 2300 лет оканчиваются осенью 1844 года по Р.Хр.

Основная идея, заложенная в ветхозаветном прообразном служении, также указывала на осень, как на время, когда должно было совершиться событие, обозначенное как «очищение святилища» (см. Даниила 8:14 – прим. ред.). Это стало более ясно, когда обратили внимание на то, каким образом исполнились прообразы, относящиеся к Первому пришествию Христа.

Заклание пасхального агнца было тенью смерти Христа. Павел говорит: «Ибо Пасха наша, Христос, заклан за нас» (1 Коринфянам 5:7). Сноп начатков жатвы, которым во время праздника Пасхи потрясали пред Господом, символизировал воскресение Христа. О воскресении Господа и всего Его народа апостол Павел говорит: «Первенец Христос, потом Христовы, в пришествие Его» (1 Коринфянам 15:23). По аналогии со снопом потрясания, который был первым созревшим зерном, собранным перед началом страды, Христос есть Начаток той бессмертной жатвы спасенных, которая при будущем воскресении должна быть собрана в житницу Божию.

Эти прообразы исполнились не только по отношению к событиям, но и ко времени. В 14-й день первого иудейского месяца, в тот самый день и месяц, в который в продолжение пятнадцати долгих столетий закалался пасхальный агнец, Христос, после того как разделил со Своими учениками пасхальную трапезу, установил празднество, которое должно было напоминать о Его собственной смерти как «Агнца Божия, Который берет на Себя грех мира» (Ев. Иоанна 1:29). Той же ночью Он был схвачен руками нечестивцев, чтобы быть распятым и умереть. И, будучи Прообразом снопа потрясания, наш Господь на третий день восстал из мертвых, «Первенец из умерших» (1 Коринфянам 15:20), Представитель всех воскресших праведников, чьи тела Он «преобразит так, что» они будут «сообразно славному телу Его» (Филиппийцам 3:21).

Подобно этому и прообразы, относящиеся ко Второму пришествию, должны были исполниться в указанное в символическом служении время. В соответствии с церемониальной системой, данной через Моисея, очищение святилища – великий День примирения – имело место в 10-й день 7-го иудейского месяца (см. Левит 16:29-34), в то время первосвященник, совершив примирение для всего Израиля и удалив таким образом из святилища его грехи, появлялся перед народом и благословлял его. Поэтому полагали, что и Христос, наш великий Первосвященник, должен будет явиться, чтобы посредством истребления греха и грешников очистить Землю и благословить бессмертием ожидающих Его людей. Время очищения святилища – 10-й день 7-го месяца, великий День примирения, который выпадал в 1844 году на 22 октября, – и рассматривали как время пришествия Господа. Это находилось в полной гармонии с уже изложенными доказательствами того, что срок в 2300 дней истекал осенью, и такое заключение казалось безошибочным.

В притче из 25 главы Евангелия от Матфея за периодом ожидания и дремоты следует приход жениха. Это находилось в согласии с уже приведенными как из пророчеств, так и из прообразов аргументами, которые с огромной силой убеждали многих в их правильности, и «полночный крик» провозглашался тысячами верующих.

Как приливная волна, это движение захлестнуло всю страну. Оно катилось от города к городу, от деревни к деревне, доходя даже до глухих поселений, пока ожидающий народ Божий не был полностью пробужден. Как иней исчезает от тепла восходящего солнца, так и фанатизм исчезал от провозглашения этой вести. Верующие видели, что их сомнения и замешательство удалены, и надежда и мужество овладели их сердцами. В этой работе не было места крайностям, неизменно обнаруживающимся тогда, когда человеческое возбуждение оказывается без контролирующего влияния Слова и Духа Божия. По своему характеру это можно сравнить с такими периодами смирения и обращения к Господу, которые в древнем Израиле следовали за вестями порицания, данными через Божьих слуг. Движение имело те характерные черты, которыми отмечено дело Божье во все века. Мало было восторженной радости, скорее, глубокое исследование сердец, признание грехов и оставление всего мирского. Их борющиеся с Богом души были озабочены приготовлением к встрече Господа. Там были настойчивые молитвы и безраздельное посвящение Богу.

Характеризуя ту работу, Миллер говорил: «Нет великого выражения радости; как будто бы ее сдерживают для будущего важного события, когда Небо и Земля будут вместе ликовать от радости неизреченной и полной славы. Никто не возвышает свой голос, все ожидают победного клича с небес. Певцы находятся в молчании: они ожидают, когда смогут уже присоединиться к ангельским воинствам, небесному хору... Нет противоречивых чувств: все ощущают биение единого пульса и единого сердца» (Bliss, 270-271).

Другой участник движения писал: «Оно повсюду вызвало основательное испытание и смирение сердец перед Богом воинств, побудило людей освободиться от привязанности к предметам этого мира, уладить ссоры, исповедать грехи и в сокрушении и покаянии молить Бога о милости и принятии. Никогда мы еще не были свидетелями такого самоуничижения и поклонения. Бог говорил через пророка Иоиля, что при приближении великого дня Господня будут раздираться сердца, а не одежды; так и случилось: люди обратились к Богу в посте, плаче и печали. Как и было предсказано пророком Захарией, „дух благодати и умиления" был излит на детей Божиих; они воззрели „на Него, Которого пронзили" (Захария 12:10 – прим. ред.); большая печаль царила в стране... и те, кто ожидал Господа, сокрушали пред Ним свои сердца» (Bliss, January 1845 in Advent Shield and Review, 1т, 271).

Ни одно из всех великих религиозных движений, происходивших со дней апостолов, не было более свободным от человеческих недостатков и сатанинского обмана, чем движение осени 1844 года. Даже по прошествии многих лет все, кто участвовал в этом движении и остался стоять на платформе истины, все еще ощущали святое воздействие той благословенной работы и несли свидетельство о ней, как о работе Божьей.

Когда прозвучал призыв: «Вот, жених идет, выходите навстречу ему», ожидающие «встали все... и поправили светильники свои» (Ев. Матфея 25:6-7); они исследовали Слово Божье с глубочайшим интересом, который обычно возникает при изучении доселе неведомого. Ангелы были посланы с Небес для пробуждения тех, кто пребывал в унынии, и подготовили их к получению послания. Это дело держалось не благодаря человеческим мудрости и знанию, но благодаря силе Божьей. Не самые талантливые, но самые скромные и посвященные составили множество тех, кто первым услышал призыв и повиновался ему. Фермеры оставляли созревший урожай зерновых на полях, механики откладывали в сторону свои инструменты; со слезами и радостью они выступали вперед, чтобы возвещать предостережение. Те, которые прежде занимали руководящее положение в деле Божьем, оказались среди последних, присоединившихся к этому движению. В большинстве случаев церкви захлопывали двери для этой вести, и большая группа тех, кто ее принял, покинула свои сообщества. По Божественному Провидению это воззвание объединилось с вестью второго ангела и придало мощь всему делу.

Весть «Вот, жених идет!» не была предметом больших дискуссий, так как доказательство из Священного Писания было ясным и убедительным. Она сопровождалась силой, приводящей в движение душу, и не подвергалась сомнениям. При триумфальном въезде Христа в Иерусалим люди, которые были собраны со всех концов страны для участия в праздновании, устремились на Елеонскую гору, и как только они примкнули к сопровождавшей Иисуса толпе, то тут же были охвачены воодушевлением момента и заставили еще громче звучать возгласы хвалы: «Благословен Грядущий во имя Господне!» (Ев. Матфея 21:9) Аналогичным образом испытывали на себе убеждающую силу вести «Вот, жених идет!» и неверующие, стекавшиеся на собрания адвентистов: некоторые – из любопытства, а некоторые – просто, чтобы потом их высмеивать.

В то время царила вера, на молитвы которой приходили ответы, вера, которая «взирала на воздаяние» (Евреям 11:26 – прим. ред.). Как дождь на жаждущую землю, Дух благодати снизошел на серьезно ищущих ее. Ожидавшие скоро встретить своего Спасителя лицом к лицу испытывали торжественную радость, не поддающуюся никакому описанию. Сердца таяли под влиянием смягчающей, смиряющей силы Святого Духа, в то время как Его благословения в обильной мере сопровождали истинных верующих.

Осторожно и торжественно те, кто принял весть, подходили к моменту, в который имели надежду встретить своего Господа. Каждое утро они считали своей первой обязанностью получить заверение в том, что приняты Богом. Сердца их были тесно соединены, и они много молились друг с другом и друг о друге. Они часто собирались вместе для общения с Богом в укромных местах, и ходатайственные молитвы поднимались к Небу с полей и из рощ. Уверенность в одобрении Спасителя была для них гораздо важнее, чем ежедневная пища; и если случалось, что какое-либо облако омрачало их души, они не успокаивались, пока оно не было удалено; и поскольку они чувствовали свидетельство прощающей благодати, то жаждали узреть Того, Кого любили их души.

Однако им вновь было предопределено разочарование. Время ожидания миновало, а их Спаситель не пришел. Со стойкой верой они ожидали Его пришествия, и теперь чувствовали себя подобно Марии, когда она пришла ко гробу Спасителя и, найдя его пустым, сказала, горько плача: «Унесли Господа моего, и не знаю, где положили Его» (Ев. Иоанна 20:13).

Чувство благоговения и боязнь того, что это может оказаться правдой, служили в течение какого-то времени сдерживающим ограничением для неверующего мира, и по прошествии времени оно не сразу пропало; сперва неверующие не отваживались торжествовать над пережившими разочарование, но поскольку не было заметно никаких знаков Божьего гнева, они оправились от страха и возобновили свои оскорбления и насмешки. Множество тех, кто исповедовал веру в скорое пришествие Господа, отказались от нее. Гордость тех, кто являлся очень самонадеянным, была так сильно уязвлена, что им хотелось укрыться от мира. Как и пророк Иона, они выражали Богу недовольство и желали лучше умереть, чем оставаться жить. Те люди, вера которых покоилась вместо Слова Божия на чужих убеждениях, были теперь согласны опять поменять свое мнение. Насмешники убеждали нерешительных и малодушных вступить в их ряды, и все они объединились в провозглашении того, что теперь уже не могло быть больше страхов и ожидания. Срок миновал, Господь не пришел, и мир может остаться без изменений еще на тысячелетия.

Серьезные, искренние верующие оставили все ради Христа и чувствовали Его близость, как никогда прежде. Они полагали, что передали миру последнее предупреждение, и, ожидая вскоре быть принятыми в общество своего Божественного Учителя и небесных ангелов, в значительной степени отказались от общества тех, кто не принял эту весть. С глубоким сердечным желанием они молились: «Гряди, Господи Иисусе, гряди скорее!» Но Он не явился. И теперь взваливать на свои плечи снова тяжкое бремя жизненных тревог и затруднений, переносить колкости и издевательства насмехающегося мира стало для них ужасным испытанием их упования и терпения.

И все же это разочарование не было слишком большим по сравнению с тем, что было пережито учениками Христа во время Его Первого пришествия. При триумфальном въезде Иисуса в Иерусалим Его ученики верили, что Он намеревается воцариться на троне Давидовом и избавить Израиль от его притеснителей. Лелея сильную надежду и имея радостные предчувствия, они соперничали друг с другом в оказании почтения своему Царю. Многие раскладывали свои верхние одежды, словно ковры, по дороге, по которой Он ехал, или устилали Его путь зелеными пальмовыми ветвями. В своем воодушевлении они объединились в радостном возгласе: «Осанна Сыну Давидову!» (Ев. Матфея 21:9). Когда фарисеи, взволнованные и раздраженные таким всплеском радости, пожелали, чтобы Иисус усмирил Своих учеников, Он ответил: «Если они умолкнут, то камни возопиют» (Ев. Луки 19:40). Пророчество должно быть исполнено. Ученики осуществили намерение Божие, но, несмотря на это, они были обречены на горькое разочарование. По прошествии лишь нескольких дней они стали свидетелями мучительной смерти Спасителя и сами положили Его в гроб. Их ожидания не оправдались ни в малейшей детали, и их надежды умерли вместе с Иисусом. Пока их Господь не восстал победившим из могилы, они не могли осознать, что все было заранее сказано через пророков и что «Христу надлежало пострадать и воскреснуть из мертвых» (Деяния 17:3).

Пятью столетиями раньше Господь провозгласил устами пророка Захарии: «Ликуй от радости, дщерь Сиона, торжествуй, дщерь Иерусалима: се, Царь твой грядет к тебе, праведный и спасающий, кроткий, сидящий на ослице и на молодом осле, сыне подъяремной» (Захария 9:9). Если бы ученики осознавали тогда, что Христос обречен на судилище и на смерть, то они не смогли бы осуществить это пророчество.

Точно так же и Миллер со своими соработниками исполнил пророчество и проповедовал весть, которая, по предсказанию Боговдохновенной Книги, должна была быть дана миру; но которую они, однако, не смогли бы передать, если бы полностью уразумели пророчество, указывающее на их разочарование и представляющее другую весть, которая должна быть возвещена всякому племени, колену и языку, прежде чем придет Господь. Вести первого и второго ангелов были даны в нужное время и совершили то дело, которое Бог намеревался выполнить с их помощью.

Мир внимательно наблюдал за происходящим и ожидал, что, в случае если по прошествии назначенного срока Христос не придет, вся система адвентистского учения потерпит крах. Но, в то время как многие под влиянием ужасных соблазнов отказались от своего упования, были и те, кто остался непоколебим. Плоды адвентистского движения, сопутствовавшие работе – дух смирения, самоисследования, отказ от всего мирского и преобразование жизни, являлись доказательством того, что движение было от Бога. Верующие не осмеливались отвергать то, что сила Святого

Духа удостоверяла проповедь о Втором пришествии Христа, и они не могли обнаружить ошибки в своих вычислениях пророческих периодов. Наиболее способные из их оппонентов не возымели успеха в попытках ниспровержения их системы интерпретации пророчеств. Они не могли пойти на то, чтобы без библейских подтверждений отказаться от точки зрения, принятой ими вследствие основательного молитвенного исследования Писания умами, просвещенными Духом Божьим, и сердцами, горящими Его живой силой; от точки зрения, которая устояла против наиболее резкой критики суровейшего противодействия со стороны популярных религиозных учителей и по-мирски мудрых людей и которая выдержала атаки объединенных сил учености и ораторского искусства, язвительных замечаний и поношений как от уважаемых членов общества, так и от представителей низших его слоев.

Это верно, что касается ожидаемого события, – оно не случилось, но даже это не могло подорвать их доверия к Слову Божию. Когда Иона на улицах Ниневии объявлял о том, что через сорок дней город будет уничтожен, Господь принял смирение ниневитян и продлил для них время благодати; однако весть Ионы была дана Богом, и город был испытан в согласии с Его волей. Адвентисты считали, что аналогичным образом Господь вел и их, для того чтобы они смогли передать весть предостережения о суде. «Она подвергала проверке сердца всех, кто ее слышал, – утверждали они, – и пробуждала любовь к явлению Господа, или же вызывала более или менее ощутимую, но Богу известную ненависть к Его пришествию... Она провела разграничивающую линию... чтобы те, кто будет исследовать свое собственное сердце, могли знать, на чьей стороне они были бы найдены в случае, если бы Христос тогда пришел; воскликнули бы они: «Вот Он, Бог наш! На Него мы уповали, и Он спас нас!» (Исаия 25:9 – прим. ред) или же воззвали бы к горам и камням, чтобы те пали на них и сокрыли их от лица Сидящего на престоле и от гнева Агнца (см. Откр. 6:16 – прим. ред.). Мы верим, что так Бог подверг проверке Свой народ; Он испытал его веру и увидел, останется или нет он в годину искушения на позиции, которую Господь предназначил для него, сможет или нет он оставить этот мир и проявить безоговорочное доверие Слову Божию» (The Advent Herald and Signs of the Times Reporter, 13.11.1844, vol.8, № 14).

Уильям Миллер облек в слова чувства тех, кто продолжал верить в руководство Божие в пережитом опыте: «Если бы мне нужно было снова прожить мою жизнь с тем же светом, что я имел тогда, то, чтобы оказаться честным перед Богом и людьми, я сделал бы то же самое, что уже сделал». «Я надеюсь, что очистил свои одежды от крови душ. Я чувствую, что, насколько это было возможным с моей стороны, я освободился от вины за их осуждение». «Несмотря на то что я был дважды разочарован, я еще не повержен в уныние и не пал духом... Моя надежда на пришествие Христа сильнее, чем когда-либо. Я совершил лишь то, что, по моему твердому убеждению, к которому я пришел в результате многолетнего серьезного обдумывания, было моей священной обязанностью. Даже если я ошибся, я действовал всегда из питаемого к моим ближним чувства милосердия и любви и сознания долга перед Богом». «Я знаю одно: я не проповедовал ничего, кроме того, во что верил, и Бог меня в этом поддерживал; Его сила была явлена в работе, и было сделано большое количество хороших дел». «Многие тысячи, судя по всему, были побуждены исследовать Писание проповедью о конце времени, и таким путем по вере в очищающую кровь Христа были примирены с Богом» (Bliss, 255-256,277,280-281). «Я никогда не добивался улыбок гордых людей и не ретировался перед неодобрением мира. И сейчас я не стану приобретать их благосклонность или, напротив, переходить границы в своем долге, чтобы соблазнить их к ненависти. Я не буду искать того, чтобы спасти свою жизнь от их рук, или дрожать от мысли потерять ее, если Бог сочтет это лучшим для меня» (J.White, Life of Wm. Miller, 315).

Бог не покинул Свой народ; Его Дух все еще оставался с теми, кто не отказался поспешно от света, который получил, и не осудил адвентистское движение. В Послании к евреям есть слова ободрения и предупреждения для испытуемых и ожидающих во время этого кризиса: «Итак, не оставляйте упования вашего, которому предстоит великое воздаяние. Терпение нужно вам, чтобы, исполнивши волю Божию, получить обещанное; ибо еще немного, очень немного, и Грядущий придет и не умедлит. Праведный верою жив будет; а если кто поколеблется, не благоволит к тому душа Моя. Мы же не из колеблющихся на погибель, но стоим в вере ко спасению души» (Евреям 10:35-39).

То, что это наставление адресовано церкви, живущей в последние дни, очевидно из слов, указывающих на близость пришествия Господа: «Ибо еще немного, очень немного, и Грядущий придет и не умедлит». Явно подразумевается, что должна произойти кажущаяся задержка, и Господь как будто бы замедлит со Своим приходом. Данное здесь увещевание особенно применимо к опыту адвентистов того времени. Те, кому предназначены эти слова, находились в опасности потерпеть кораблекрушение в своей вере. Они действовали в соответствии с волей Божьей, быв послушными руководству Его Духа и Слова; и все же они не могли уразуметь Его замысла в пережитом ими опыте; они не могли разглядеть того пути, который лежал перед ними, и были искушаемы усомниться относительно руководства Божия. К этому периоду применимы слова: «Праведный верою жив будет» (Евреям 10:38). В то время как яркий свет «полночного крика» озарил их путь и они увидели пророчества распечатанными, а указывающие на близкое пришествие Христа знамения с большой скоростью сбывающимися, они жили видением. Однако сейчас, подавленные разочарованием, они могли удержаться только благодаря вере в Бога и Его Слово. Насмехаясь, мир говорил: «Вы были введены в заблуждение. Откажитесь от вашей веры и признайте, что адвентистское движение было от сатаны». Но Слово Божье объявляло: «А если кто поколеблется, не благоволит к тому душа Моя» (Евреям 10:38). Отречься сейчас от своего упования и отвергнуть силу Святого Духа, которая сопутствовала провозглашению вести, было бы равноценно возвращению в погибель. Они были поощрены к стойкости следующими словами апостола Павла: «Итак, не оставляйте упования вашего... Терпение нужно вам... ибо еще немного, очень немного, и Грядущий придет и не умедлит» (Евреям 10:35-37). Их единственным безопасным курсом было оберегать свет, который им уже был послан Богом, крепко держаться Его обетований, возобновить исследование Священного Писания и в духовном бодрствовании терпеливо дожидаться принятия дальнейшего света.

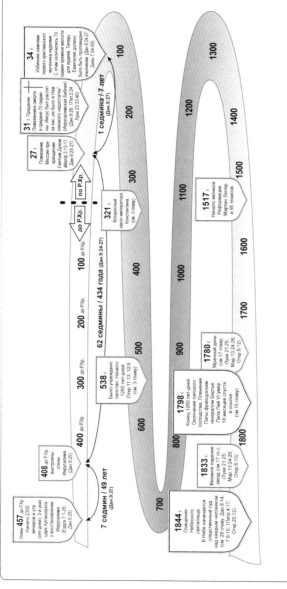

Чтобы прийти к 2300 годам, нам нужен 457 год до Р.Хр. и 1843 год по Р.Хр. Если бы царь Артаксеркс издал свой указ в начале 457 года до Р.Хр., то 2300 лет-дней простирались бы тогда до конца 1843 года. Но этот указ вошел в силу осенью 457 года, из этого должно следовать, что 2300 лет-дней пришли к концу осенью 1844 года.

ГЛАВА **23**

Что такое святилище?

Что же в действительности должно было произойти в конце библейской пророческой цепи? Верующие вновь взялись за исследование Божьего Слова, особенно по теме „святилище". И они поняли, что подлинное святилище находится на Небе, а земное святилище евреев было только его прообразом. Из этого стало очевидно, что в 1844 году Иисус вошел в небесное святилище – во Святое-Святых, чтобы закончить там Свое служение нашего Первосвященника. И поэтому Он и не пришел в это время на Землю.

Библейские стихи, прежде других ставшие как основанием, так и центральным столпом адвентистской веры, – это данное в Даниила 8:14 разъяснение: «На две тысячи триста вечеров и утр; и тогда святилище очистится». Для всех, ожидающих скорого пришествия Господа, эти слова были привычными. Устами тысяч людей вновь и вновь произносилось данное пророчество в качестве девиза их веры. Все чувствовали, что их наиболее радостные предвкушения и самые желанные надежды зависели от событий, об осуществлении которых говорилось в том месте Писания. Было установлено, что этот пророческий период завершается осенью 1844 года. Как и весь христианский мир, адвентисты тогда считали, что Земля или какая-то ее часть и была святилищем. Под очищением святилища они понимали очищение Земли посредством огня в последний великий день – и это, по их мнению, будет иметь место во время Второго пришествия Христа. Следовательно, Он должен был возвратиться на Землю в 1844 году.

Однако указанный срок прошел, но пришествие Господа не состоялось. Верующие были убеждены в том, что Слово Божие не может не исполниться; должно быть, это они сами ошиблись в интерпретации пророчества; но в чем же было их заблуждение? Многие опрометчиво рубили этот узел затруднения отрицанием того, что период в 2300 дней завершался в 1844 году. Но этому нельзя было найти никакого обоснования, за исключением факта, что Христос не [409] явился в ожидаемый срок. Они аргументировали это тем, что если бы в 1844 году пророческий период подошел к своему концу, то тогда Христос непременно возвратился бы, чтобы совершить очищение святилища посредством очищения Земли огнем, и так как Он не пришел, то этот период не мог быть завершен.

Принятие такого утверждения было равноценно отказу от прежней системы подсчета пророческих периодов. Было установлено, что период в 2300 дней имел свое начало со вступлением в силу осенью 457 года до Р. Хр. повеления Артаксеркса о реконструкции и строительстве Иерусалима. Взятие этого времени за исходный пункт приводит к совершенной гармонии в истолковании событий того периода в Даниила 9:25-27. Шестьдесят девять седмин, первые 483 года из 2300 лет, должны были простираться до Христа-Помазанника; и Его крещение и помазание Святым Духом в 27 г. по Р. Хр. явились точным исполнением пророчества. В середине семидесятой седмины Мессия должен быть предан смерти. Через три с половиной года после Своего крещения Христос был пригвожден ко кресту. Это случилось весной 31 года по Р. Хр. Семьдесят седмин, или 490 лет, были определены сугубо для иудеев. По прошествии этого срока народ запечатлел свое отвержение Христа гонениями на Его последователей, и в 34 году апостолы направились к язычникам. Итак, первые 490 из 2300 лет окончились, а 1810 лет еще были впереди. С 34 года по Р.Хр. этот временной отрезок в 1810 лет простирается до 1844 года. «Тогда, – сказал ангел, – святилище очистится». Все предшествующие детали пророчества, вне всякого сомнения, исполнились в назначенное время.

Что касается этого подсчета, то в нем все было логично и гармонично, только лишь не было видно, что в 1844 году произошло какое-либо событие, соответствующее очищению святилища. Отказ от утверждения, что этот период завершился в то время, должен был внести замешательство во все дело и опровергнуть выводы, подтвержденные очевидным осуществлением пророчеств.

Однако Бог вел Свой народ в великом Адвентистском движении. Этому делу сопутствовали Его сила и слава, и Он не позволил бы, чтобы оно закончилось во мраке и разочаровании и было подвергнуто упрекам, как ошибочное и фанатичное возбуждение. Он не мог оставить Свое Слово неясным и неопределенным. Несмотря на то что многие отказывались от своего прежнего метода подсчета пророческих периодов и отвергали корректность основанного на этом движения, другие все же не намеревались отрекаться от пунктов веры и пережитого ими опыта, тем более что все это было подкреплено Священным Писанием и свидетельством Духа Божия. Они верили, что, изучая пророчества, они руководствовались верными правилами их истолкования и что их долгом было крепко держаться уже открытых истин и продолжать идти тем же курсом в библейском исследовании. С серьезной молитвой они вновь рассматривали свою позицию и изучали Библию, чтобы узнать, где скрывается ошибка. Когда они не смогли обнаружить никакой погрешности в своем подсчете пророческих периодов, то были подведены к тому, чтобы более тщательно рассмотреть вопрос святилища.

При своем исследовании они не обнаружили никаких библейских подтверждений, поддерживающих популярную точку зрения, что Земля есть святилище; но в Библии они нашли полное изложение темы святилища, его сущности, размещения и служения в нем. Свидетельства вдохновленных Богом писателей были так ясны и подробны, что не могло быть больше никаких вопросов. В Послании к евреям апостол Павел пишет: «И первый завет имел постановление о Богослужении и святилище земное; ибо устроена была скиния первая, в которой был светильник, и трапеза, и предложение хлебов, и которая называется „Святое". За второю же завесою была скиния, называемая „Святое-Святых", имевшая золотую кадильницу и обложенный со всех сторон золотом ковчег завета, где были золотой сосуд с манною, жезл Ааронов расцветший и скрижали завета, а над ним херувимы славы, осеняющие место умилостивления» (Евреям 9:1-5).

Святилищем, на которое ссылается Павел, служила скиния, построенная Моисеем по распоряжению Всевышнего, чтобы быть местом Его земного обитания. «И устроят они Мне святилище, и буду обитать посреди их» (Исход 25:8), – таково было указание, которое Моисей получил от Бога, когда находился с Ним на горе. Израильтяне перемещались по пустыне, и скиния была сконструирована так, что ее можно было переносить с места на место; и все же это было великолепное строение. Ее стены состояли из вертикально стоящих обложенных золотом брусьев с серебряными подножиями, тогда как крыша была образована множеством покрывал, – внешний слой составляли покрывала из кожи, а самый внутренний – из высококачественного льняного полотна, на котором были вышиты изображения херувимов. Исключая внешний двор, внутри которого был жертвенник всесожжения, скиния сама по себе состояла из двух помещений: Святого и Святого-Святых, которые были отделены одно от другого прекрасной завесой, или покрывалом; вход в первое отделение был закрыт похожим покрывалом.

На южной стороне первого отделения, называемого Святое, располагался светильник с семью лампадами, который днем и ночью озарял своим светом святилище; на северной стоял стол с хлебами предложения, а перед завесой, отделяющей Святое от Святого-Святых, располагался золотой жертвенник курения, с которого облако благовоний с молитвами Израиля каждый день поднималось к Богу.

Во втором отделении святилища, т. е. во Святом-Святых, находился ковчег – ларец из дерева драгоценной породы, обложенный золотом; он был хранилищем для двух каменных скрижалей, на которых Бог Сам записал закон десяти Заповедей. Над ковчегом, принимая вид крышки для священного ларца, был престол благодати, с обоих концов которого возвышались два херувима – изумительная, тонко выполненная работа, и все отчеканено из чистого золота. В этом отделении Божественное присутствие обнаруживалось в облаке славы между херувимами.

После того как евреи осели в Ханаане, скиния была замещена храмом Соломона, который, несмотря на то что являлся долгосрочным строением гораздо большего размера, все же был выдержан в тех же пропорциях и был так же обставлен, как и скиния. В этом виде святилище существовало – за исключением того времени, когда оно было превращено в руины во времена Даниила, – вплоть до его разрушения римлянами в 70 году по Р. Хр.

Это единственное святилище, которое когда-либо находилось на Земле и о котором Библия предоставляет хоть какую-то информацию. Оно было, по словам Павла, святилищем первого завета. Но нет ли святилища у Нового Завета?

Обращаясь снова к книге «Послание к евреям», ищущие правду обнаружили, что существование второго, или новозаветнего, святилища подразумевалось в уже приведенном выше высказывании апостола Павла: «И первый завет имел постановление о Богослужении и святилище земное» (Евреям 9:1). Употребление здесь союза «и» указывает на то, что Павел прежде сделал ссылку на это святилище. Обратившись назад, к началу предыдущей главы, они читали: «Главное же в том, о чем говорим, есть то: мы имеем такого Первосвященника, Который воссел одесную престола величия на небесах и есть священнодействователь святилища и скинии истинной, которую воздвиг Господь, а не человек» (Евреям 8:1-2).

Здесь обнаруживается святилище Нового Завета. Святилище первого завета было поставлено человеком, сооружено Моисеем; это – поставлено Господом, не человеком. В том святилище земные священники совершали служение, в этом Христос, наш великий Первосвященник, служит одесную Бога. Одно святилище находилось на Земле, другое находится на Небе.

Более того, скиния, сооруженная Моисеем, была сделана по данному ему образцу. Господь сказал ему: «Все, как Я показываю тебе, и образец скинии и образец всех сосудов ее, так и сделайте». И снова ему было дано указание: «Смотри, сделай их по тому образцу, какой показан тебе на горе» (Исход 25:9,40). И апостол Павел утверждает, что первая скиния была образом того «времени, в которое» приносились «дары и жертвы» (Евреям 9:9); что ее святые отделения были «образами небесного» (Евреям 9:23); что священники, которые в соответствии с законом приносили дары, служили «образу и тени небесного» (Евреям 8:5) и что «Христос вошел не в рукотворенное святилище, по образу истинного устроенное, но в самое небо, чтобы предстать ныне за нас пред лице Божие» (Евреям 9:24).

Святилище на небесах, в котором Христос служит в нашу защиту, является тем великим оригиналом, копией с которого было святилище, сооруженное Моисеем. Бог вложил Свой Дух в строителей земного святилища. Искусное мастерство, показанное при его сооружении, было проявлением Божественной мудрости. Стены святилища казались сделанными из массивного золотого слитка, отражающего во всех направлениях свет семи лампад золотого светильника. Стол с хлебами предложения и жертвенник курения сияли подобно отполированному золоту. На прекрасном покрывале, которое являлось потолком, нитями синего, пурпурного и алого цветов были вышиты изображения ангелов, что дополняло красоту вида. За второй завесой пребывала святая Шехина – видимое проявление славы Божией, пред которой никто, за исключением первосвященника, не мог предстать и при этом выжить.

Непревзойденное величие земной скинии отражало для людей славу храма небесного, в котором Христос, наш Предтеча, ходатайствует за нас пред Богом. Место обитания Царя царей, где тысячи тысяч служат Ему и тьмы тем предстоят пред Ним (см. Даниил 7:10), тот наполненный славой вечного престола храм, где серафимы, его сияющие стражи, прячут свои лица в благоговении, мог найти лишь тусклый отблеск его грандиозности и славы в наиболее величественном сооружении, когда-либо построенном с помощью человеческих рук. И все же через земное святилище и служение в нем были преподаны жизненно важные истины, касающиеся небесного святилища и выполняемой в нем величественной работы, направленной на спасение человека.

Святые места святилища на Небесах отображены двумя отделениями в святилище на Земле. Когда в одном из видений апостолу Иоанну было разрешено осмотреть храм Божий на Небе, там он заметил, что «семь светильников огненных горели пред престолом» (Откровение 4:5). Он увидел ангела, держащего «золотую кадильницу; и дано было ему множество фимиама, чтобы он с молитвами всех святых возложил его на золотой жертвенник, который пред престолом» (Откровение 8:3). Здесь пророку было позволено увидеть первое отделение небесного святилища, и он обнаружил там «семь светильников огненных» и «золотой жертвенник», которые в земном святилище отображены золотым светильником и жертвенником курения. Кроме того, «отверзся храм Божий на небе», и взгляд его смог проникнуть внутрь, за вторую завесу, во Святое-Святых. Там он наблюдал «ковчег завета Его» (Откровение 11:19), представленный священным ларцом, сооруженным Моисеем, где должны были храниться скрижали с законом Божьим.

Итак, исследователи этого вопроса нашли неоспоримое свидетельство того, что на Небе есть святилище. Моисей сделал земное святилище по представленному ему образцу. Павел учит, что этим образцом было истинное святилище, которое находится на Небе. Иоанн также заявляет о том, что он видел его на Небе.

В храме небесном, где обитает Бог, Его престол утвержден на праведности и суде. Во Святом-Святых находится Его закон, великий стандарт праведности, которым проверяется все человечество. Престол благодати покрывает ковчег завета со скрижалями закона внутри, и перед ним Христос, ссылаясь на Свою кровь, ходатайствует в пользу грешника. Таким образом представлен союз справедливости и милости в Плане спасения человечества. Этот союз, который могла задумать одна только Безграничная Мудрость и совершить который могла одна только Безграничная Сила, приводит все Небо в восхищение и трепет. Херувимы из земного святилища, благоговейно смотрящие на престол благодати, изображают то участие, с которым воинство небесное наблюдает за делом искупления. Это тайна благодати, в которую желают проникнуть ангелы – что Бог может быть справедливым и в то же время оправдывать кающегося грешника и возобновлять связь с падшим родом; что Христос смог извлечь из бездны погибели бесчисленное множество грешников, одевая их в незапятнанные одежды Своей собственной праведности, чтобы привести в единство с никогда не павшими ангелами и даровать вечную жизнь в общении с Богом.

Деятельность Христа как Заступника за людей представлена в прекрасном пророчестве Захарии, касающемся Того, имя Которому «Отрасль». Пророк предсказывает: «Он создаст храм Господень и примет славу, и воссядет и будет владычествовать на престоле Своем; будет и священником на престоле Своем, и совет мира будет между тем и другим» (Захария 6:12-13).

«Он создаст храм Господень». Благодаря Своей жертве и посредничеству, Христос является как Фундаментом, так и Строителем Божьей церкви. Апостол Павел говорит о Нем как о Краеугольном камне, «на котором все здание, слагаясь стройно, возрастает в святой храм в Господе, на котором и вы, – говорит он, – устрояетесь в жилище Божие Духом» (Ефесянам 2:20-22).

«И примет славу». Слава избавления падшего человечества принадлежит Христу. Однажды в вечности искупленные будут петь: «Ему, возлюбившему нас и омывшему нас от грехов наших Кровию Своею... слава и держава во веки веков! Аминь» (Откровение 1:5-6).

Он «воссядет и будет владычествовать на престоле Своем; будет и священником на престоле Своем». Теперь Он еще не «на престоле славы Своей» (Ев. Матфея 25:31); царство славы еще не было возвещено. Не раньше чем по окончании Его работы в качестве Посредника, «даст Ему Господь Бог престол Давида, отца Его» и царство, которому «не будет конца» (Ев. Луки 1:32-33). Теперь Христос в роли Священника восседает с Отцом на Его престоле (см. Откровение 3:21). Вместе с Вечным, имеющим жизнь в Самом Себе, на престоле находится Тот, Кто «взял на Себя наши немощи, и понес наши болезни» (Исаия 53:4), «Который, подобно нам, искушен во всем, кроме греха» (Евреям 4:15), чтобы иметь возможность «искушаемым помочь» (Евреям 2:18). «А если бы кто согрешил, то мы имеем Ходатая пред Отцом» (1 Иоанна 2:1).

Его посредничество – это посредничество пронзенного, ломимого тела, посредничество безупречной жизни. Израненные руки, пронзенный бок, пробитые гвоздями ноги – все это ходатайствует за падшего человека, за искупление которого была внесена такая неизмеримо высокая плата.

«И совет мира будет между тем и другим». Любовь Отца, не в меньшей степени чем любовь Сына, – это источник спасения для потерянной человеческой расы. Перед Своим отшествием Иисус сказал ученикам: «И не говорю вам, что Я буду просить Отца о вас: ибо Сам Отец любит вас» (Ев. Иоанна 16:26-27). «Бог во Христе примирил с Собою мир» (2 Коринфянам 5:19). И в служении святилища на Небесах «будет совет мира между тем и другим» (Захария 6:13). «Ибо так возлюбил Бог мир, что отдал Сына Своего единородного, дабы всякий, верующий в Него, не погиб, но имел жизнь вечную» (Ев. Иоанна 3:16).

На вопрос, что такое святилище, в Библии дается четкий ответ. Термин «святилище», использованный в Священном Писании, имеет отношение, во-первых, к скинии, построенной Моисеем как модель небесной, и, во-вторых, к «скинии истинной» на Небе, к которой направляло земное святилище. Со смертью Христа подошло к концу прообразное служение. «Скиния истинная» на Небе – это святилище Нового Завета. А поскольку пророчество из Даниила 8:14 осуществляется в эпоху Нового Завета, то святилище, на которое оно ссылается, должно быть святилищем Нового Завета. По истечении срока в 2300 дней, т. е. к 1844 году, на Земле уже в течение многих веков не было святилища. Следовательно, пророчество «на две тысячи триста вечеров и утр; и тогда святилище очистится» бесспорно говорит о святилище на Небе.

Но нужно еще дать ответ на самый важный вопрос: что такое очищение святилища? О том, что такое служение происходило в земном святилище, нам сообщают Писания Ветхого Завета. Но возможно ли такое, что на Небе необходимо было что-то очищать? В 9 главе Послания к Евреям очевидным образом сообщается об очищении и земного, и небесного святилища: «Да и все почти по закону очищается кровью, и без пролития крови не бывает прощения. Итак, образы небесного должны были очищаться сими [кровью животных], самое же небесное лучшими сих жертвами» (Евреям 9:22-23), т.е. драгоценною кровью Христа.

Как в прообразном, так и в реальном служении очищение должно быть произведено кровью; в первом случае – кровью животных, в последнем – кровью Христа. Объясняя, почему это очищение должно производиться кровью, апостол Павел говорит, что без пролития крови нет прощения. Прощение или устранение грехов – вот работа, которая должна быть совершена. Но как грех может быть связан со святилищем на Небе или на Земле? Это может быть выяснено при помощи рассмотрения символического служения, потому что священники, которые совершали обряды на Земле, служили «образу и тени небесного» (Евреям 8:5).

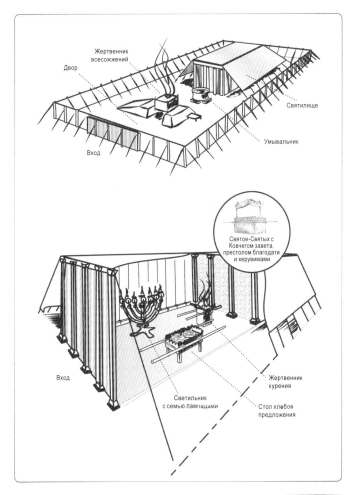

Служение земного святилища составляли две части: ежедневное служение, которое священники выполняли во Святом, и ежегодное служение первосвященника во Святом-Святых – там он производил особенную работу искупления для очищения святилища. День за днем кающийся грешник доставлял свою жертву ко входу в скинию и, положив руку на голову живого существа, приносимого в жертву, исповедовал свои грехи, таким образом символически перекладывая их с самого себя на невинную жертву. Затем животное закалали. «Без пролития крови, – утверждает апостол, – не бывает прощения» (Евреям 9:22). «Душа тела в крови» (Левит 17:11). За преступление Божьего закона требовалась жизнь нарушителя. Священник вносил во Святое кровь, которая представляла потерянную жизнь грешника, чья вина перекладывалась на приносимое в жертву животное, и он кропил ею перед завесой, скрывающей ковчег с Божьим законом, который грешник преступил. При помощи этой церемонии грех через кровь был символически перемещен в святилище. Иногда кровь не вносилась во Святое, однако мясо в таком случае должно было съедаться священником, на что Моисей и указал сыновьям Аарона: «Она [жертва за грех – прим. ред.] дана вам, чтобы снимать грехи с общества» (Левит 10:17). Обе церемонии одинаково изображали перемещение греха с кающегося грешника в святилище.

Такова была работа, которая продолжалась день ото дня на протяжении всего года. Так грехи Израиля перемещались во святилище, и возникала необходимость в особенной работе для их устранения. Бог распорядился, чтобы очищение было произведено для каждого из святых отделений. «И очистит святилище от нечистот сынов Израилевых и от преступлений их, во всех грехах их. Так должен поступить он и со скиниею собрания, находящеюся у них, среди нечистот их». Должно было также совершаться и очистительное служение для жертвенника: «И очистит его, и освятит его от нечистот сынов Израилевых» (Левит 16:16,19).

Один раз в год, в великий День искупления, первосвященник входил во Святое-Святых для очищения святилища. Выполненная там работа завершала годовой цикл служения. В День искупления к воротам скинии приводили двух молодых козлов и о них бросали жребий: «Один жребий для Господа, а другой жребий для отпущения» (Левит 16:8). Козел, на которого выпадал жребий для Господа, должен был быть заклан как жертва за грех народа. А священник должен был внести его кровь за завесу и покропить ею на престол благодати и перед ним. Кровью также должен был окропляться и жертвенник курения, который находился перед завесой.

«И возложит Аарон обе руки свои на голову живого козла, и исповедает над ним все беззакония сынов Израилевых и все преступления их и все грехи их, и возложит их на голову козла, и отошлет с нарочным человеком в пустыню. И понесет козел на себе все беззакония их в землю непроходимую, и пустит он козла в пустыню» **(Левит 16:21-22)**. Козел отпущения не приходил больше в стан израильтян, а от человека, сопроводившего его в пустыню, требовалось, чтобы он омылся водой сам и омыл свои одежды, прежде чем возвращаться снова в стан.

Предназначением всего этого обряда было впечатлить израильтян Божьей святостью, а также показать им, насколько для Него отвратителен грех, и, более того, что они не могут остаться незапятнанными, приходя в соприкосновение с грехом. От каждого человека требовалось сокрушение сердца, пока продолжалась эта работа очищения. Всякие дела должны были быть отложены в сторону, и все израильское общество должно было проводить этот день в торжественном смирении пред Богом, молясь, постясь и глубоко исследуя сердца.

Прообразное служение указывает на важные истины, касающиеся очищения. На месте грешника оказывалась заместительная жертва, но грех не истреблялся кровью жертвенного животного. Было поэтому предусмотрено средство для перемещения его во святилище. Проливая кровь жертвы, грешник подтверждал авторитет закона, признавал свою вину в том, что преступил его и изъявлял сильное желание быть прощенным по вере в Искупителя, Которому должно прийти; однако он все еще не совсем был избавлен от осуждения закона. В День искупления первосвященник, после того как получал от народа жертву, шел с ее кровью во Святое-Святых и кропил ею на престол благодати, непосредственно над скрижалями с законом, для удовлетворения его требований. После этого, принимая роль посредника, он брал грехи на себя и выносил их из святилища. Возложив свои руки на голову козла отпущения, он исповедовал над ним все эти грехи, тем самым символически перенося их с самого себя на козла. Затем козел уносил их прочь, и их уже рассматривали как навечно удаленные из среды народа.

Таким было служение «образу и тени небесного» **(Евреям 8:5 – прим. ред.)**. И то, что прообразно было выполнено в служении земного святилища, выполняется на самом деле в служении святилища на Небесах. После Своего вознесения на Небо наш Спаситель приступил там к работе в качестве нашего Первосвященника. Апостол Павел сообщает: «Ибо Христос вошел не в рукотворенное святилище, по образу истинного устроенное, но в самое небо, чтобы предстать ныне за нас пред лице Божие» (Евреям 9:24).

Священническое служение на протяжении года в первом отделении святилища, «за завесой», которая отгораживала Святое от внешнего двора, представляет собой дело служения, начатое Христом после Его вознесения. В своем ежедневном служении священник должен был приносить пред Бога кровь жертвы за грех и благовонное курение, поднимающееся вверх вместе с молитвами Израиля. Так сделал и Христос, ходатайствуя ради грешников пред Отцом Своей кровью и принося Ему также с прекрасным благоуханием Своей собственной праведности молитвы исповедующих верующих. Такова была работа служения в первом отделении святилища, находящегося на Небе.

Туда последовала за Христом и вера Его учеников, когда Он, скрывшись из их вида, вознесся на Небо. Там сосредоточилась их надежда, «которая, – как сказал Павел, – для души есть как бы якорь безопасный и крепкий, и входит во внутреннейшее за завесу, куда предтечею за нас вошел Иисус, сделавшись Первосвященником навек» (Евреям 6:19-20). «И не с кровью козлов и тельцов, но со Своею Кровью, однажды вошел во святилище и приобрел вечное искупление» (Евреям 9:12).

18 веков длилось это служение в первом отделении святилища. Кровь Христа, выступавшего в защиту кающихся верующих, обеспечивала им прощение и принятие их Отцом; несмотря на это, их грехи все еще сохранялись в небесных книгах. Как в прообразном служении при завершении года производилась работа искупления, так и перед тем как Христос полностью закончит дело по спасению людей, производится работа искупления для удаления грехов из святилища. Это именно то служение, которое началось по завершении периода в 2300 дней. В то время, как предсказал пророк Даниил, наш Первосвященник вошел во Святое-Святых, чтобы осуществить очищение святилища, что является последней частью Его священной работы.

Подобно тому как в старые времена грехи людей верой перекладывались на животное, приносимое в жертву за грех, и символически через его кровь перемещались в земное святилище, в Новом Завете грехи кающегося грешника верою возлагаются на Христа и в действительности перемещаются в небесное святилище. И, подобно тому как в прообразном служении очищение земного святилища достигалось посредством удаления грехов, которыми оно было осквернено, настоящее очищение небесного святилища должно быть достигнуто посредством устранения, или изглаживания, грехов, о которых там сделана запись. Однако, прежде чем это может быть осуществлено, должны быть исследованы книги записей, чтобы определить, кто посредством раскаяния во грехах и по вере в Христа удостоится преимущества быть среди искупленных Им. Очищение святилища по этой причине включает в себя и работу расследования – работу суда. Эта работа должна быть выполнена, прежде чем придет Христос для избавления Своего народа, потому что, когда Он явится, возмездие Его будет с Ним, «чтобы воздать каждому по делам его» (Откровение 22:12).

Итак, те, кто следовал во свете пророческого слова, поняли, что Христос, вместо того чтобы в 1844 году, по истечении 2300 дней, прийти на Землю, вошел во Святое-Святых небесного святилища, чтобы осуществить заключительное дело искупления в приготовлении к Своему пришествию.

Стало ясным также, что, в то время когда жертва за грех указывала на Христа как на истинную жертву, а первосвященник представлял Христа в роли посредника, козел отпущения символизировал сатану, автора греха, и на него, в конечном итоге, будут возложены грехи всех, переживших искреннее покаяние. Устраняя грехи из святилища посредством крови жертвы за грех, первосвященник перемещал их на козла отпущения. Удалив, благодаря Своей собственной пролитой крови, при завершении служения грехи Его народа из небесного святилища, Христос перенесет их на сатану, который в осуществление судебного приговора должен претерпеть заключительное наказание. Козел отпущения был отсылаем в необитаемую землю, чтобы никогда больше не появиться в обществе израильтян. Так и сатана будет навеки удален от присутствия Божия и Его народа, и при окончательном истреблении греха и грешников будет уничтожен.

ГЛАВА **24**

Во Святом-Святых

Служение Иисуса во Святом-Святых связано с Судом. Там проверяется, кто принял кровь Иисуса и будет жить вечно, а кто отверг этот дар и должен быть осужден – навсегда изглажен. Это стало понятно небольшой оставшейся группе верующих лишь после окончания установленного времени в результате ревностного исследования ими Писаний и влияния на них Божьего Духа.

Исследование темы святилища было ключом к разрешению тайны разочарования 1844 года. Выявилась совершенная система истины, связанная и гармоничная, показывающая, что Божья рука руководила великим адвентистским движением, и обнаруживающая теперешний долг Его народа, а также раскрывающая его позицию и работу. Как апостолы по прошествии страшной ночи мучений и обманутых надежд «обрадовались, увидевши Господа» (Ев. Иоанна 20:20), так возрадовались и те, кто с верою ожидал Его Второго пришествия. Они надеялись, что Он явится во славе, чтобы дать награду Своим слугам. Обманувшись в своих ожиданиях, они упустили из виду Иисуса и, подобно Марии у гроба, причитали: «Унесли Господа моего, и не знаю, где положили Его» (Ев. Иоанна 20:13). Но ныне во Святом-Святых они опять увидели Его, своего сострадательного Первосвященника, Который скоро должен был явиться как их Царь и Освободитель. Свет, исходящий от святилища, озарял прошлое, настоящее и будущее. Они понимали, что Бог, все точно предусмотрев, руководил ими. Несмотря на то что им, как и первым ученикам Иисуса, была непонятна весть, которую они несли, все же она была во всех отношениях правильна. Ее провозглашением они осуществили Божий замысел, и в очах Господа их старания не были напрасными. Вызванные «к упованию живому», они радовались «радостью неизреченною и преславною» (1 Петра 1:3,6).

Как пророчество Даниила 8:14: «На две тысячи триста вечеров и утр; и тогда святилище очистится», так и весть первого ангела: «Убойтесь Бога и воздайте Ему славу, ибо наступил час суда Его» **(Откровение 14:7)** свидетельствовали о служении Христа во Святом-Святых, о следственном Суде, а не о Его пришествии с целью избавления Своего народа и уничтожения нечестивых. Ошибка была не в методе подсчета пророческого времени, но в определении того, что должно было случиться по истечении 2300 дней. Из-за непонимания этого верующие пережили разочарование, несмотря на то что все, о чем говорило пророчество, и все, что предполагалось ими на основании Священного Писания, осуществилось. Как раз в то время, когда они горевали из-за своих несбывшихся надежд, совершилось событие, которое было предвещено в этой вести и которое должно было осуществиться до того, как Христос мог явиться для вознаграждения Своих слуг.

Христос пришел, но не туда, куда они думали: не на Землю, а, как было предзнаменовано в символах, во Святое-Святых храма Божия на Небесах. Он представлен пророком Даниилом как приближающийся в это время к Ветхому дними: «Видел я в ночных видениях, вот, с облаками небесными шел как бы Сын человеческий, дошел» не до Земли, а «до Ветхого дними и подведен был к Нему» **(Даниил 7:13)**.

Этот приход предвещал и пророк Малахия: «И внезапно придет в храм Свой Господь, Которого вы ищете, и Ангел завета, Которого вы желаете; вот, Он идет, говорит Господь Саваоф» **(Малахия 3:1)**. Для Его народа приход Господа в Свой храм был внезапным и непредвиденным. Там они Его не искали. Они ожидали, что Он придет на Землю, «в пламенеющем огне совершая отмщение не познавшим Бога и не покоряющимся благовествованию» **(2 Фессалоникийцам 1:8)**.

Но для народа было еще не время встречать Господа, для него должна была еще совершиться работа приготовления. Им необходимо было получить свет, приводящий их к храму Божьему на Небе, и когда они верою вошли бы туда за своим Первосвященником в Его служении, им был бы показан их новый долг. Церковь нуждалась в новом наставлении, и ей должна была быть передана еще одна весть предупреждения.

Пророк сказал: «Кто выдержит день пришествия Его, и кто устоит, когда Он явится? Ибо Он – как огонь расплавляющий и как щелок очищающий, и сядет переплавлять и очищать серебро, и очистит сынов Левия и переплавит их, как золото и как серебро, чтобы приносили жертву Господу в правде» **(Малахия 3:2-3)**. Живущие на Земле после завершения заступнического служения Христа в небесном святилище останутся перед святым Богом без Посредника. Их одежды должны быть незапятнанными, а характеры – очищенными от греха кровью кропления. С помощью Божьей благодати и личного упорного старания, им нужно стать победителями в битве с дьяволом. Пока на Небе продолжается следственный Суд, пока грехи раскаивающихся верующих устраняются из святилища, специальная работа очищения, отказа от греха, должна быть проведена в среде народа Божия на Земле. Эта работа полнее показана в вестях из 14 главы книги «Откровение».

Когда она будет выполнена, последователи Христа подготовятся к Его явлению. «Тогда благоприятна будет Господу жертва Иуды и Иерусалима, как во дни древние и как в лета прежние» (Малахия 3:4). Тогда церковь, которую Господь при Его пришествии должен забрать к Себе, будет «славною Церковью, не имеющею пятна, или порока, или чего-либо подобного» (Ефесянам 5:27). Тогда она выступит «блистающая, как заря, прекрасная, как луна, светлая, как солнце, грозная, как полки со знаменами» (Песни Песней 6:10).

Кроме того, что Господь придет в храм, Малахия пророчествует еще и о Его Втором пришествии, о Его приходе для приведения в исполнение решения Суда: «И приду к вам для суда и буду скорым обличителем чародеев и прелюбодеев, и тех, которые клянутся ложно и удерживают плату у наемника, притесняют вдову и сироту и отталкивают пришельца, и Меня не боятся, говорит Господь Саваоф» (Малахия 3:5). Иуда, указывая на то же самое действие, говорит: «Се, идет Господь со тьмами святых (ангелов) Своих – сотворить суд над всеми и обличить всех между ними нечестивых во всех делах, которые произвело их нечестие» (Иуды 14:15). Это пришествие и приход Господа в Свой храм являются двумя отличными и независимыми друг от друга событиями.

Появление Христа в роли нашего Первосвященника во Святом-Святых с целью очищения святилища, как указано в книге Даниила 8:14, приближение Сына Человеческого к Ветхому днями, описанное в Даниила 7:13, и приход Господа в Его храм, как об этом пророчествует Малахия, – это различные изложения одного и того же действия; оно также еще иллюстрируется и приходом жениха на брачный пир в притче о десяти девах из 25 главы Евангелия от Матфея.

Летом и осенью 1844 года было провозглашено: «Вот, жених идет» (Ев. Матфея 25:6). В то время были обнаружены два класса людей, представленные мудрыми и неразумными девами: один класс с радостью ждал пришествия Господа и усердно подготавливался к встрече с Ним; другой класс, находящийся под влиянием страха и действующий благодаря внутреннему порыву, ограничивался теорией истины, будучи лишенным Божьей благодати. В притче с приходом жениха «готовые вошли с ним на брачный пир» (Ев. Матфея 25:10). Упомянутый тут приход жениха состоялся перед браком. Брак представляет собой вступление Христа во владение Его Царством. Святому городу, Новому Иерусалиму, являющемуся столицей и представляющему Царство, дано название «жена, невеста Агнца». Ангел сказал Иоанну: «Пойди, я покажу тебе жену, невесту Агнца». «И вознес меня в духе, – рассказывает пророк, – и показал мне великий город, святый Иерусалим, который нисходил с неба от Бога» (Откровение 21:9-10). Итак, несомненно, невеста символизирует Святой город, а девы, которые вышли, чтобы встретить жениха, – это символ церкви. В Откровении говорится, что народ Божий будет гостем на брачной вечере (см. Откровение 19:9). Если он является гостем, то не может быть представлен также и невестой. Христос, по утверждению пророка Даниила, примет от Ветхого днями на Небе «власть, славу и царство» (Даниил 7:14). Он примет Новый Иерусалим, столицу Своего царства, «приготовленную как невеста, украшенная для мужа своего» (Откровение 21:2). Приняв царство, Он явится во славе как Царь царей и Господь господствующих для избавления Своего народа, который должен будет возлечь «с Авраамом, Исааком и Иаковом» за Его столом в Его Царстве (Ев. Матфея 8:11; Ев. Луки 22:30) для принятия участия в брачной вечере Агнца.

Провозглашение летом 1844 года вести «Вот, жених идет» привело к тому, что тысячи людей начали возлагать свои надежды на немедленное Второе пришествие Господа. В указанный срок Жених пришел, но не на Землю, как думали люди, а на Небеса к Ветхому днями, на брак, т.е. получение Своего Царства. «Готовые вошли с ним на брачный пир, и двери затворились» (Ев. Матфея 25:10). Они не должны были лично присутствовать на браке, потому что это событие происходит на Небе, в то время как они находятся на Земле. Последователям Христа надо «ожидать возвращения господина своего с брака» (Ев. Луки 12:36). Но им необходимо осмысливать Его служение и идти вслед за Ним верою, когда Он входит предстать пред лицо Божие. Как раз в этом смысле о них говорится, что они вошли на брачный пир.

В притче на брачный пир вошли те, кто вместе со светильниками своими взял масла в сосудах своих. Те, которые вместе с познанием истины из Священного Писания имели также Дух и благодать от Бога, которые в ночь своего горького испытания терпеливо ожидали, исследуя Библию с желанием получить больший свет, – те увидели истину, касающуюся святилища на Небе и перемены, происшедшей в служении Спасителя, и верою пошли за Ним в Его работе в небесное святилище. Входящими на брачный пир изображены все, признающие благодаря свидетельству Священного Писания эти истины. Они следуют верой за Христом, когда Он входит, чтобы предстать пред Богом для выполнения заключительной работы посредничества, а при ее завершении принять Царство.

В притче из 22 главы Евангелия от Матфея представлена та же картина брака, и следственный Суд четко показан происходящим до брака. Еще до начала свадьбы заходит Царь, чтобы взглянуть на гостей и выяснить, все ли облачены в брачную одежду – незапятнанное одеяние характера, омытое и убеленное кровью Агнца (Ев. Матфея 22:11; Откровение 7:14). Тот, кто найден не имеющим таковой, удаляется оттуда, а все те, кто, будучи проверен, оказался облаченным в брачную одежду, принимаются Богом и считаются достойными быть в Его Царстве и того, чтобы сесть с Ним на Его престоле. Эта работа по исследованию характера, по установлению того, кто приготовлен к жизни в Царстве Божьем, и есть следственный Суд, заключительное действие в святилище на Небесах.

Когда работа следствия завершится, когда дела живших во все века тех, кто признавал себя последователями Христа, будут исследованы и решены, тогда – и не раньше – окончится время благодати и дверь милости будет затворена. Так, в этом одном небольшом предложении: «И готовые вошли с Ним на брачный пир, и двери затворились», – мы оказываемся перенесенными через заключительное служение Спасителя в то время, когда будет закончено удивительное дело искупления человечества.

В служении земного святилища, символизировавшем, как мы уяснили, служение в небесном, когда первосвященник в День искупления входил во Святое-Святых, служба в первом отделении прерывалась. Бог дал указание: «Ни один человек не должен быть в скинии собрания, когда входит он для очищения святилища, до самого выхода его» (Левит 16:17). Так и Христос, переступив порог Святого-Святых для выполнения заключительной работы искупления, окончил

Свое служение в первом отделении. Но завершением служения в первом отделении было положено начало служению во втором отделении. Когда в прообразном служении в День искупления первосвященник покидал первое отделение святилища, он представал пред лицо Божие, чтобы принести Ему кровь жертвы за грех в защиту всех израильтян, кто искренне раскаивался в своих грехах. Значит, Христос завершил только одну часть Своей деятельности в качестве нашего Ходатая, чтобы начать затем другую ее часть, и Он до сих пор умоляет Отца вменить кающимся грешникам заслуги Своей пролитой крови.

Эта тема не была уяснена адвентистами в 1844 году. По прошествии срока, в который ожидался Спаситель, они все еще надеялись на близость Его пришествия; они считали, что достигли знаменательного перелома и что деятельность Христа как Заступника человека пред Богом прекратилась. Они думали, что в Библии предполагается закрытие времени благодати для человека незадолго до того, как Господь на самом деле явится на облаках небесных. Это, казалось, следовало из мест Писания, которые направляли ко времени, когда люди будут просить и плакать, стоя у двери милости, и стучать в нее, но она уже не отворится. И теперь они спрашивали себя: не отмечает ли срок, в который они ожидали явления Христа, скорее, начало, чем конец этого периода, который должен прямо предварять Его пришествие? Возвестив предостережение о близости Суда, они полагали, что их служение для мира завершено; они потеряли чувство ответственности за спасение грешников, тогда как дерзкое, богохульное осмеивание со стороны безбожников казалось им еще одним подтверждением того, что Дух Божий покинул тех, кто не принял Его благодати. Все это укрепляло их убеждение в окончании времени благодати, или, как они тогда говорили, в «закрытии двери благодати».

Однако более яркий свет пришел с изучением темы святилища. Теперь они осознали правильность своей веры в то, что завершение периода в 2300 дней в 1844 году отмечало знаменательный момент. Хотя это и было правдой, что дверь надежды и милости, которой в течение 18 столетий люди входили верой к Богу, затворилась, все же открылась другая дверь, и грешникам было предложено прощение грехов через посредничество Христа во Святом-Святых. Одно дело Его служения завершилось, только чтобы дать возможность начаться другому. До сих пор была отворена дверь в небесное святилище, где Христос совершал Свое служение в защиту грешника.

Теперь стало ясно применение слов Христа в Откровении, адресованных церкви этого самого времени: «Так говорит Святый, Истинный, имеющий ключ Давидов, Который отворяет – и никто не затворит, затворяет – и никто не отворит: знаю твои дела; вот, Я отворил пред тобою дверь, и никто не может затворить ее» (Откровение 3:7-8).

Именно те, которые верой идут вслед за Иисусом в великой работе очищения, получают благословения Его посредничества в их защиту, тогда как тем, которые отклоняют свет, освещающий это дело служения, оно никак не помогает. Иудеи, которые не приняли света, посланного им при Первом пришествии Христа, и не признали Его Спасителем мира, не могли через Него быть прощены. Когда Иисус по Своем вознесении вошел со Своей кровью в небесное святилище, чтобы одарить учеников благословениями Своего посредничества, иудеи были оставлены в полной темноте, чтобы продолжать приносить свои не дающие никакой пользы жертвы и дары. Служение прообразов и теней завершилось. Та дверь, которой люди раньше входили к Богу, больше не была открытой. Иудеи отвергли тот единственный путь, идя по которому, можно было отыскать Его – с помощью служения в небесном святилище. По этой причине они не находились в контакте с Богом. Для них дверь была закрыта. Они не распознали во Христе истинную Жертву и единственного их Заступника перед Богом; поэтому они и не могли получить пользы от Его ходатайства.

Состояние неверующих иудеев иллюстрирует состояние беззаботных и неверующих людей, исповедующих христианство, которые намеренно не замечают работы нашего милостивого Первосвященника. В прообразном служении, когда первосвященник входил во Святое-Святых, все израильтяне должны были собираться возле святилища и очень серьезно смирять перед Богом свои души, с тем чтобы они смогли получить прощение грехов и не были бы истребленными из общества. Насколько же большая необходимость у нас, живущих не в символический, а в истинный День искупления, осмысливать действия нашего Первосвященника и знать те обязанности, которые на нас возложены.

Люди не могут безнаказанно игнорировать предупреждения, милостиво переданные им Богом. Во времена Ноя людям была отправлена с Неба весть и их спасение находилось в зависимости от того, каким образом они с ней обойдутся. Из-за того что они не вняли предупреждению, Дух Божий был отнят от грешного рода – и тот нашел свою гибель в водах потопа. Во дни Авраама милость перестала умолять виновных жителей Содома, и все, кроме Лота, его жены и двух дочерей, были уничтожены огнем, ниспавшим с неба. Подобное произошло и во времена Первого пришествия Христа. Сын Божий объявил неверующим иудеям того поколения: «Се, оставляется вам дом ваш пуст» **(Ев. Матфея 23:38)**. Указывая на последние дни, то же самое Безграничное Могущество заявляет относительно тех, которые «не приняли любви истины для своего спасения»: «И за сие пошлет им Бог действие заблуждения, так что они будут верить лжи, да будут осуждены все не веровавшие истине, но возлюбившие неправду» **(2 Фессалоникийцам 2:10-12)**. Поскольку они не принимают учений Его Слова, Дух Божий покидает их – и они остаются наедине с той ложью, к которой привязались их сердца.

Но Христос все еще выступает в защиту человека, и ищущим света он будет послан. Несмотря на то что на первых порах адвентисты не уразумели этого, потом, когда им начали открываться места Священного Писания, определяющие их истинную позицию, для них все прояснилось.

После того как в 1844 году миновал определенный пророчеством срок, настало время великой проверки для тех, кто все еще сохранял адвентистскую веру. Их единственным светом, удостоверяющим правильность их точки зрения, был свет, обращающий внимание на небесное святилище. Были такие, которые больше не верили в прежний метод подсчета пророческих периодов и приписывали человеческим или сатанинским силам мощное воздействие Святого Духа, сопутствовавшее адвентистскому движению. Другой же класс людей крепко придерживался той точки зрения, что Господь вел их в прошедшем опыте, и, в то время как они ждали, бодрствовали и молились, чтобы узнать Божью волю, они увидели, что их великий Первосвященник начал другое дело в Своем служении. Они пошли вслед за Ним верой и были подведены к тому, чтобы осознать также и заключительную работу церкви. У них стало более ясное понимание вестей первого и второго ангелов, и теперь они были подготовлены к получению и передаче миру торжественного предупреждения третьего ангела из 14 главы Откровения.

Служение Христа в Небесном святилище

ГЛАВА **25**

Неизменность Божьего Закона

Через понимание истины о небесном Святилище становится также ясно, что Закон Божий – Десять Заповедей – сохраняется неизменным в Ковчеге завета. Библия предостерегает нас от поклонения „зверю" и показывает радикальное различие между поклоняющимися ему и соблюдающими Заповеди Божьи и имеющими веру Иисуса.

И отверзся храм Божий на Небе, и явился ковчег завета Его в храме Его» (Откровение 11:19). Ковчег завета Божия располагается во Святом-Святых, т.е. во втором отделении Святилища. В земной скинии, служившей «образу и тени небесного» (Евреям 8:5), это отделение открывалось лишь в великий День искупления для очищения Святилища. Следовательно, сообщение об открытии храма Божьего на Небе и явлении ковчега завета Его свидетельствует об открытии Святого-Святых небесного Святилища в 1844 году, когда Христос вошел в него для выполнения заключительной работы очищения. Те, кто верой пошел за своим великим Первосвященником, в то время как Он приступил к Своему служению во Святом-Святых, узрели ковчег Его завета. Изучив тему Святилища, они подошли к пониманию изменения в служении Спасителя и увидели, что отныне Он совершает Свое служение перед ковчегом Божьим и ходатайствует за грешников, вменяя им заслуги Своей кровью.

В Ковчеге завета на Земле находились две каменные скрижали, на которых были начертаны заповеди закона Божия. Ковчег был просто хранилищем для скрижалей закона, и наличие в нем Божественных заповедей придавало ему надлежащую ценность и святость. Когда храм Божий открылся на Небе, явился взгляду ковчег Его завета. Во Святом-Святых небесного Святилища свято и бережно хранится Божественный закон – закон, произнесенный Самим Богом среди громов с горы Синай и начертанный на каменных скрижалях Его собственным перстом.

Закон Божий во Святилище на Небесах – это

великий оригинал, вернейшая копия которого была начертана на каменных скрижалях и увековечена Моисеем в Пятикнижии. Те, кто достиг понимания этого существенного вопроса, были таким образом подведены к осознанию неизменного и святого характера Божественного закона. Они как никогда узнали силу слов Спасителя: «Доколе не прейдет небо и земля, ни одна йота или ни одна черта не прейдет из закона» (Ев. Матфея 5:18). Закон Божий, будучи откровением Его воли и представлением Его характера, должен пребывать вовек, как «верный свидетель на Небесах» (Псалтирь 88:38). Ни одна заповедь не была объявлена недействительной; ни одна йота или черта не была изменена. Псалмист говорит: «Навеки, Господи, слово Твое утверждено на небесах» (Псалтирь 118:89). «Все заповеди Его верны, тверды на веки и веки» (Псалтирь 110:7-8).

В самом сердце Десятисловия расположена четвертая заповедь в том виде, в каком она была провозглашена впервые: «Помни день субботний, чтобы святить его. Шесть дней работай, и делай всякие дела твои; а день седьмый – суббота Господу Богу твоему: не делай в оный никакого дела ни ты, ни сын твой, ни дочь твоя, ни раб твой, ни рабыня твоя, ни скот твой, ни пришелец, который в жилищах твоих. Ибо в шесть дней создал Господь небо и землю, море и все, что в них, а в день седьмый почил. Посему благословил Господь день субботний и освятил его» (Исход 20:8-11).

Дух Божий воздействовал на сердца исследователей Его Слова. В них росло убеждение, что они по своему незнанию нарушали эту заповедь, оставляя без внимания день покоя Творца. Они начали искать основание для празднования первого дня недели вместо дня, который освятил Бог. Но в Священном Писании они не смогли найти ни единого доказательства того, что четвертая заповедь была упразднена или же что суббота была изменена; благословение, в самом начале почившее на седьмом дне, никогда не было отнято от него. Они предпринимали искренние попытки понять волю Божью относительно их и исполнять ее, и теперь, как только обнаружили, что являются нарушителями Его закона, скорбь наполнила их сердца, и они проявляя свою верность Богу, начали свято соблюдать Его субботу.

Многочисленны и основательны были усилия, приложенные к тому, чтобы уничтожить их веру. Едва ли кто мог не видеть, что если земное Святилище было символом, или моделью, небесного, то закон, положенный в ковчег на Земле, был безошибочным дубликатом закона, помещенного в ковчег на Небесах, и что признание истины о небесном Святилище подразумевало и принятие требований закона Божия, в том числе и долга относительно субботы – четвертой заповеди. Здесь и была причина ожесточенного и стойкого противодействия той гармоничной трактовке Священного Писания, которая сделала известным служение Христа в небесном Святилище. Люди пытались затворить дверь, открытую Богом, и отворить дверь, закрытую Им. Однако Тот, «Который отворяет – и никто не затворит, затворяет – и никто не отворит», провозгласил: «Вот, Я отворил пред тобою дверь, и никто не может затворить ее» (Откровение 3:7-8). Христос открыл дверь, или начал служение во Святом-Святых; свет хлынул из открытой двери небесного Святилища, и было показано, что четвертая заповедь была включена в бережно хранимый там закон. Никто не в состоянии разрушить учрежденного Богом.

Те, кто принял свет относительно заступничества Христа и вечного действия Божьего закона, нашли эти истины представленными в 14 главе Откровения. Вести этой главы составляют троекратное предупреждение, которое должно подготовить жителей Земли ко Второму пришествию Господа. Объявление о том, что «наступил час суда Его», свидетельствует о заключительном деле в служении Христа ради спасения людей. Эта весть открывает истину, которая должна быть провозглашена, пока не завершится ходатайственное служение Спасителя и Он не вернется на Землю, чтобы взять с Собой Его народ. Работа Суда, которая имела свое начало в 1844 году, должна длиться до тех пор, пока не будет принято решение по делу каждого – как живого, так и мертвого; значит, она будет продолжаться до закрытия времени благодати. Чтобы люди могли быть подготовленными к тому, чтобы устоять на Суде, весть велит им: «Убойтесь Бога и воздайте Ему славу... и поклонитесь Сотворившему небо и землю, и море и источники вод» (Откровение 14:7). Результат принятия этих вестей отображен в словах: «Здесь терпение святых, соблюдающих заповеди Божии и веру (в) Иисуса» (Откровение 14:12). Для того чтобы быть подготовленными к Суду, от людей требуется соблюдение Божьего закона. На Суде он будет эталоном характера. Апостол Павел заявляет: «Те, которые под законом согрешили, по закону осудятся... в день, когда... Бог будет судить тайные дела человеков чрез Иисуса Христа» (Римлянам 2:12-16). Он также говорит, что «исполнители Закона оправданы будут» (Римлянам 2:13). Вера является обязательной, для того чтобы соблюдать закон Божий, потому что «без веры угодить Богу невозможно» (Евреям 11:6). И «все, что не по вере, грех» (Римлянам 14:23).

Первым ангелом люди призываются убояться Бога, и воздать Ему славу, и поклониться Ему как Творцу Неба и Земли (см. Откровение 14:7). Для этого они должны быть послушными Его закону. Екклесиаст говорит: «Бойся Бога и заповеди Его соблюдай, потому что в этом все для человека» (Екклесиаст 12:13). Без повиновения Его заповедям никакое поклонение не может быть угодно Богу. «Это есть любовь к Богу, чтобы мы соблюдали заповеди Его» (1 Иоанна 5:3). «Кто отклоняет ухо свое от слушания закона, того и молитва – мерзость» (Притчи 28:9).

Долг человека поклоняться Богу обосновывается тем фактом, что Он – Создатель и что Ему обязаны своим бытием все другие существа. И где бы в Библии ни встречалось, что Он более языческих богов имеет право на наше почтение и поклонение, там же дается и подтверждение Его творческой силы. «Все боги народов – идолы, а Господь небеса сотворил» (Псалтирь 95:5). «Кому же вы уподобите Меня, и с кем сравните? говорит Святый. Поднимите глаза ваши на высоту небес и посмотрите, кто сотворил их?» (Исаия 40:25-26). «Так говорит Господь, сотворивший небеса, Он – Бог, образовавший землю и создавший ее... Я – Господь, и нет иного» (Исаия 45:18). Псалмист говорит: «Познайте, что Господь есть Бог, что Он сотворил нас, и мы – Его, Его народ» (Псалтирь 99:3). «Придите, поклонимся, и припадем, преклоним колена пред лицем Господа, Творца нашего» (Псалтирь 94:6). И святые создания, которые поклоняются Богу на Небе, приводят как аргумент для Его почитания: «Достоин Ты, Господи, принять славу и честь и силу, ибо Ты сотворил все» (Откровение 4:11).

В 14 главе Откровения люди призываются к поклонению Создателю, и пророчество выявляет класс людей, которые вследствие принятия ими Трехангельской вести соблюдают заповеди Божьи. Одна из этих заповедей непосредственно говорит о Боге как о Создателе. Четвертая заповедь провозглашает: «День седьмой – суббота Господу Богу твоему... Ибо в шесть дней создал Господь небо и землю, море и все, что в них; а в день седьмый почил. Посему благословил Господь день субботний и освятил его» (Исход 20:10-11). Кроме того, Господь говорит в отношении субботы: «И святите субботы Мои, чтоб они были знамением между Мною и вами, дабы вы знали, что Я – Господь Бог ваш» (Иезекииль 20:20). И приводится основание для этого: «Потому что в шесть дней сотворил Господь небо и землю, а в день седьмый почил и покоился» **(Исход 31:17)**.

«Важность субботы как памятника творения заключается в том, что она постоянно указывает на истинную причину того, почему Бога нужно почитать», – потому что Он – Творец, а мы – Его творение. «Суббота поэтому лежит в самой основе богопоклонения, ибо она учит этой великой истине наиболее выразительно, тогда как никакое другое установление не делает этого. Истинное основание для богопоклонения не только в седьмой день, но и вообще, заключается в различии между Творцом и Его творением. Этот великий факт никогда не может устареть и никогда не должен быть забыт» **(J.N.Andrews, History of the Sabbath, гл. 27)**. Для того чтобы эта истина всегда оставалась пред глазами людей, Бог учредил субботу в Едеме; и пока тот факт, что Он является нашим Творцом, остается причиной нашего Ему поклонения, до тех пор и суббота будет оставаться знамением и памятником Его творения. Если бы суббота соблюдалась повсеместно, то человеческие мысли и эмоции были бы направлены к Творцу как к объекту почитания и поклонения, и тогда не было бы идолопоклонников, атеистов или скептиков. Соблюдение субботы является знамением верности по отношению к истинному Богу, «сотворившему небо и землю, и море и источники вод» **(Откровение 14:7)**. Отсюда следует, что весть, призывающая людей поклоняться Богу и соблюдать Его заповеди, в особенности будет призывать их к соблюдению четвертой заповеди.

В противоположность тем, которые соблюдают заповеди Божьи и имеют веру (в) Иисуса, третий ангел упоминает еще и о другом классе людей и высказывает относительно них торжественные и страшные слова предостережения: «Кто поклоняется зверю и образу его и принимает начертание на чело свое или на руку свою, тот будет пить вино ярости Божией» **(Откровение 14:9-10)**. Чтобы понять эту весть, требуется верное объяснение этих символов. Что означает зверь, его образ и начертание?

Пророческая цепь, в которой находятся эти символы, имеет свое начало в 12 главе Откровения, где говорится о драконе, стремившемся уничтожить Христа при Его рождении. Сказано, что драконом является сатана **(Откровение 12:9)**; именно он побуждал Ирода умертвить Спасителя. Но основной действующей силой сатаны в ведении войны против Христа и Его народа на протяжении первых веков христианской эры являлась Римская империя, в которой господствующей религией было язычество. Итак, в то время как дракон, в первую очередь, представляет собой сатану, он также олицетворяет и языческий Рим.

В главе 13 (стихи 1-10) рассказывается о другом звере, который «был подобен барсу» и которому дракон дал «силу свою и престол свой и великую власть». Этот символ, как в это верила большая часть протестантов, изображает папство, унаследовавшее силу, престол и власть, которыми некогда обладала античная Римская империя. О звере, который подобен барсу, сообщается: «И даны были ему уста, говорящие гордо и богохульно... И отверз он уста свои для хулы на Бога, чтобы хулить имя Его и жилище Его и живущих на небе. И дано было ему вести войну со святыми и победить их; и дана была ему власть над всяким коленом и народом, и языком и племенем». Это пророчество, которое практически идентично описанию небольшого рога из 7 главы Даниила, бесспорно, говорит о папстве.

«И дана ему власть действовать сорок два месяца». «Видел я, что одна из голов его как бы смертельно была ранена», – говорит пророк. И опять же: «Кто ведет в плен, тот сам пойдет в плен; кто мечом убивает, тому самому надлежит быть убиту мечом». Сорок два месяца означают то же, что «время, времена [два времени] и полувремя», т. е. три с половиной года, или 1260 дней, из 7 главы Даниила – время, на протяжении которого папская власть должна была угнетать Божий народ. Этот временной промежуток, как было установлено в прежних главах, имел свое начало с наступлением периода папского господства в 538 году по Р. Хр. и ограничивался 1798 годом. В это время папа был пленен армией французов; папская власть получила смертельную рану, и осуществилось предсказание: «Кто ведет в плен, тот сам пойдет в плен».

Пророк представляет в этой главе еще один символ: «Увидел я другого зверя, выходящего из земли; он имел два рога, подобные агнчим» (Откровение 13:11). Как наружность этого зверя, так и способ его возникновения свидетельствуют о том, что обозначенный им народ отличается от других, ранее представленных иными символами. Великие царства, которые властвовали над миром, были показаны пророку Даниилу в образе хищных зверей, возникающих, когда «четыре ветра небесных боролись на великом море» (Даниил 7:2). В 17 главе Откровения ангел объяснил, что воды – это «люди и народы, и племена и языки» (Откровение 17:15).

Ветры – символ борьбы. Четыре ветра небесных, борющихся на великом море, изображают страшные сцены завоеваний и революций, посредством которых царства добивались власти.

Но зверя с агнчими рогами пророк видел «выходящим из земли». Вместо того чтобы упрочиться путем низвержения других властей, показанная здесь нация должна появиться на незаселенной к тому времени территории, а ее становление должно происходить мирным путем и незаметно. Значит, она не могла возникнуть среди теснящихся и борющихся друг с другом народов Старого Света – этого бушующего моря «людей и народов, и племен и языков». Ее нужно искать в западной части мира.

Какое государство в Новом Свете в 1798 году возрастало в мощи, предвещая силу и величие и притягивая к себе внимание со стороны всего мира? Соответствие этого символа не допускает возражений. Одна страна, и только одна, отвечает подробному описанию пророчества: совершенно очевидно, что речь идет о Соединенных Штатах Америки. Вновь и вновь эта мысль вдохновленного Богом писателя, выраженная почти точно его словами, неосознанно применялась ораторами и историками, когда они рассказывали о возникновении и росте этого народа. Зверь показан «выходящим из земли», а слово, переведенное здесь как «выходящий», по утверждению переводчиков, буквально означает «распускающийся или вырастающий, как растение». И, как мы видели, это государство должно возникнуть на незаселенных еще тогда землях. Известный писатель, рассказывая о возникновении Соединенных Штатов, говорит о «тайне их расцвета из пустоты»; он сообщает: «Как безмолвное семя мы выросли в империю» (G. A. Townsend, The New World Compared With the Old, стр. 462). Один европейский журнал в 1850 году говорил о Соединенных Штатах как о чудесной империи, которая «поднималась» и «среди безмолвия земли ежедневно умножала свою мощь и гордость» (The Dublin Nation). Эдвард Эверетт в своем выступлении о пилигримах, основоположниках этого государства, сказал: «Не искали ли они места уединенного, безопасного вследствие его неизвестности и удаленности, где маленькая церковь Лейдена могла бы наслаждаться свободой совести? Посмотрите на эти необъятные пространства, через которые они в мирном завоевании... пронесли знамена креста!» (Speech delivered at Plymouth, Massachusetts, 22.12.1824, стр. 11).

«Он имел два рога, подобные агнчим». Агнчеподобные рога служат признаком юности, невинности, кротости и удачно символизируют характер Соединенных Штатов в то время, когда пророк видел эту страну «выходящей» в 1798 году. Среди христиан-изгнанников, в числе первых бежавших в Америку искать убежища от тирании королей и нетерпимости духовенства, было много тех, кто принял решение учредить правление, в основу которого легли бы фундаментальные принципы гражданской и религиозной свободы. Их воззрения нашли свое место в Декларации независимости, излагающей великую истину о том, что «все люди созданы равными» и наделены неотъемлемым правом на «жизнь, свободу и стремление к счастью». И Конституция обеспечивает людям право на самоуправление тем, что члены палаты представителей, избранные посредством всеобщего права голоса, должны издавать и проводить в жизнь законы. Равным образом была дана свобода вероисповедания, позволяющая каждому поклоняться Богу согласно велению своей совести. Республиканство и протестантизм превратились в фундаментальные принципы этой страны. В этих принципах и сокрыта тайна его мощи и благоденствия. Угнетенные и попранные во всем христианском мире с интересом и надеждой наблюдали за этой страной. Миллионы людей направились к ее берегам, и Соединенные Штаты заняли место среди наиболее могущественных государств земного шара.

Однако зверь с рогами, подобными агнчим, «...говорил как дракон. Он действует пред ним со всею властью первого зверя и заставляет всю землю и живущих на ней поклоняться первому зверю, у которого смертельная рана исцелела... говоря живущим на земле, чтобы они сделали образ зверя, который имеет рану от меча и жив» (Откровение 13:11-14).

Рога, как у агнца, и голос дракона у этого символа свидетельствуют о вопиющем несоответствии между заявлениями и практическими действиями представленной здесь нации. «Говорение» этой нации означает действия ее законодательной и судебной власти. Посредством их она опровергнет те свободные и миролюбивые принципы, которые были использованы ею в качестве фундамента ее политики. Предсказание о том, что она будет говорить «как дракон» и действовать «со всею властью первого зверя», открыто предвещает рост духа нетерпимости и гонений, проявленного теми государствами, которые символизированы драконом и зверем, подобным барсу. А заявление о том, что зверь с двумя рогами «заставляет всю землю и живущих на ней поклоняться первому зверю», дает понять, что власть этой нации должна осуществиться в навязывании соблюдения какого-то постановления, что и будет являться актом почитания папства.

Такая деятельность шла бы вразрез с принципами правления этого государства, с характером его свободных установлений, с прямыми и торжественными заявлениями Декларации независимости и с Конституцией. Основоположники государства мудро пытались уберечься от того, чтобы церковь использовала в своих интересах мирскую власть, неминуемым результатом чего были бы религиозная нетерпимость

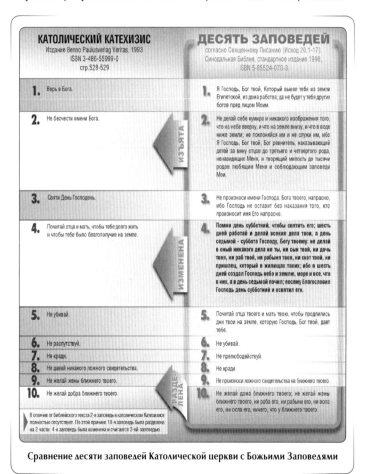

Сравнение десяти заповедей Католической церкви с Божьими Заповедями

и гонения. Конституцией предусмотрено, что «конгресс не должен издавать законов, имеющих отношение к учреждению религии или препятствующих свободе вероисповедания», и что «определение годности на любую ответственную общественную должность в Соединенных Штатах никогда не должно происходить по религиозному критерию». Только в случае грубого нарушения этих гарантий национальной свободы гражданская власть может навязать людям какое бы то ни было религиозное предписание. Однако такие действия не более противоречивы, чем это представлено в символе. Именно этот зверь с рогами, подобными агнчим, будучи в своих заявлениях чист, кроток и безвреден, выступает как дракон.

«Говоря живущим на земле, чтобы они сделали образ зверя». Здесь ясно представлена такая форма правления, при которой законодательную власть осуществляет народ, – а это вернейшее доказательство того, что Соединенные Штаты являются нацией, указанной в пророчестве.

Что же означает «образ зверя»? И как он должен быть создан? Этот образ формируется двурогим зверем и является отображением первого зверя. Он назван также «образом зверя». Для того чтобы узнать, чему подобен этот образ и как он будет создан, нам необходимо изучить характерные черты самого зверя – папства.

Когда ранняя церковь отступила, отклонившись от простоты Евангелия и признавая обряды и традиции язычников, Дух Божий и Его сила отошли от нее; и, для того чтобы держать под контролем совесть народа, она обратилась за помощью к государственной власти. Следствием такой политики стало папство – церковная власть, которая управляла государственной властью и применяла ее для достижения своих собственных целей, главным образом, для наказания «ереси». Для того чтобы Соединенные Штаты сформировали образ зверя, религиозная власть должна будет взять гражданское правительство под такой контроль, что авторитет государства станет использоваться церковью в исполнении ее собственных намерений.

Когда бы церковь ни достигала светской власти, она всегда использовала ее для того, чтобы карать отклоняющихся от ее доктрин. Протестантские церкви, которые пошли по следам Рима в формировании альянса с властями сего мира, проявили подобную страсть к ограничению свободы совести. Примером этого является длительное гонение инаковерующих со стороны англиканской церкви. На протяжении XVI и XVII столетий тысячи инакомыслящих священнослужителей были вынуждены покинуть свои церкви. Многие, как проповедники, так и обычные прихожане, наказывались штрафами, были заключены в темницы, отданы на пытки и мученическую смерть.

Именно отступление привело раннюю церковь к тому, что она обратилась за помощью к гражданскому правительству, что приготовило путь для развития папства – зверя. Павел сказал: «Придет прежде отступление и откроется человек греха» (2 Фессалоникийцам 2:3). Так отступление в церкви подготовит почву и для образа зверя.

Библия провозглашает, что перед Вторым пришествием Господа будет существовать такое же положение религиозного отступничества, как и в первые века. «В последние дни наступят времена тяжкие. Ибо люди будут самолюбивы, сребролюбивы, горды, надменны, злоречивы, родителям непокорны, неблагодарны, нечестивы, недружелюбны, непримирительны, клеветники, невоздержаны, жестоки, не любящие добра, предатели, наглы, напыщены, более сластолюбивы, нежели боголюбивы, имеющие вид благочестия, силы же его отрекшиеся» (2 Тимофею 3:1-5). «Дух же ясно говорит, что в последние времена отступят некоторые от веры, внимая духам обольстителям и учениям бесовским» (1 Тимофею 4:1). Сатана будет действовать «со всякою силою и знамениями и чудесами ложными, и со всяким неправедным обольщением» И все те, которые «не приняли любви истины для своего спасения», будут оставлены, чтобы принять «действие заблуждения, так что они будут верить лжи» (2 Фессалоникийцам 2:9-11). Когда это состояние безбожия будет достигнуто, исход окажется таким же, как и в первые века.

Большое несходство вероисповедания в протестантских церквях рассматривается многими как не вызывающее сомнений подтверждение того, что их нельзя будет принудить к единообразию в доктринах. Однако на протяжении уже многих лет церкви протестантской веры сильно тяготеют к объединению, основывающемуся на общих пунктах учения. Для достижения такого объединения необходимо будет избегать обсуждения тем, по которым нет единства во мнениях, какими бы значительными с позиции Библии они ни были.

Чарлз Бичер в своей проповеди, произнесенной в 1846 году, заявил, что служители «евангелических протестантских деноминаций не только с самого начала находятся под сильным гнетом чисто человеческого страха, но и живут, движутся и дышат, мирясь с совершенно безнравственным положением вещей и ежечасно обращаясь ко всем низменным элементам своей натуры, чтобы скрывать правду и склонять колени перед властью отступления. Не так ли было и с Римом? Не повторяем ли мы его историю? Что ждет нас впереди? Еще один вселенский собор! Всемирная конвенция! Евангелический альянс и универсальное вероисповедание!» (Sermon on «The Bible a Sufficient Creed», delivered at Fort Wayne, Indiana, 22.02.1846). Когда это будет достигнуто, тогда, в попытке обеспечить совершенную согласованность, останется сделать только один шаг к применению насилия.

Как только ведущие церкви Соединенных Штатов, сплотившись на основе общих для них пунктов вероучения, воздействуют на государство для навязывания своих постановлений и поддержки своих учреждений, тогда протестантская Америка сделает образ римско-католической иерархии, и инакомыслящие неминуемо будут подвержены гражданским санкциям.

Зверь с двумя рогами «делает то, что всем – малым и великим, богатым и нищим, свободным и рабам – положено будет начертание на правую руку их или на чело их, и что никому нельзя будет ни покупать, ни продавать, кроме того, кто имеет это начертание, или имя зверя, или число имени его» (Откровение 13:16-17). Третий ангел предупреждает: «Кто поклоняется зверю и образу его и принимает начертание на чело свое или на руку свою, тот будет пить вино ярости Божией» (Откровение 14:9-10). «Зверь», о котором говорится в этой вести и которому заставляет поклоняться двурогий зверь, – это первый (барсоподобный) зверь из 13 главы Откровения, т.е. папство. «Образ зверя» символизирует ту форму отступившего протестантизма, которая будет развита, когда протестантские церкви станут искать поддержки у государственной власти, чтобы заставить народ подчиниться их учению. Необходимо еще установить значение «начертания зверя».

После того как было дано предостережение против «поклонения зверю и образу его», пророчество говорит: «Здесь терпение святых, соблюдающих заповеди Божии и веру (в) Иисуса» (Откровение 14:12). Так как тут проводится граница между теми, которые соблюдают заповеди Божьи, и теми, которые поклоняются зверю и образу его и принимают начертание его, то отсюда следует, что соблюдение заповедей Божьих одной стороной и нарушение их другой будет представлять разницу между поклоняющимися Богу и поклоняющимися зверю.

Особенным признаком зверя, а значит, и образа его, является попрание заповедей Божьих. О небольшом роге, т. е. о папстве, пророк говорит: «...даже возмечтает отменить... праздничные времена и закон» (Даниил 7:25). Апостол Павел именовал эту же власть «человеком греха», который должен был возвысить себя над Богом. Одно пророчество является дополнением другого. Только изменением закона Божия папство могло возвысить себя над Богом; и кто бы ни стал осознанно соблюдать такой измененный закон, он оказал бы тем самым высочайшую честь той власти, которая это изменение осуществила. Такое повиновение папским законам явилось бы знаком преданности папе, занявшему место Бога.

Папство предприняло попытку изменить закон Божий. Вторая заповедь, которая запрещает поклоняться изображениям, устранена из закона, а четвертая настолько изменена, что оправдывает соблюдение в качестве субботы первого дня недели вместо седьмого. Однако паписты, аргументируя свое пренебрежение второй заповедью, настаивают на том, что она является излишней, потому что содержится в первой, и что они преподносят закон как раз так, как Бог его замыслил, чтобы он был понятен людям. Это не может быть предсказанным пророком изменением. Здесь представлено намеренное, тщательно спланированное изменение: «Даже возмечтает отменить у них праздничные времена и закон» (Даниил 7:25). Изменение четвертой заповеди точно исполняет пророчество. Единственный авторитет, о котором тут заявлено, – это авторитет церкви. Здесь папская власть откровенно ставит себя выше Бога.

В то время как особенным отличительным признаком поклоняющихся Богу будет соблюдение четвертой заповеди, поскольку это есть знак Его созидательной силы и доказательство Его притязания на человеческое благоговение и почтение, поклоняющиеся зверю будут характеризоваться своими усилиями свергнуть памятник творения, чтобы возвысить учреждение Рима. Именно в защиту воскресного дня папство в первый раз сделало свои высокомерные заявления; и оно впервые прибегло к поддержке власти государства, чтобы принудить всех к соблюдению воскресенья в качестве «дня Господня». Но Библия говорит о седьмом дне, как о дне Господнем, а не о первом. Христос сказал: «Посему Сын Человеческий есть господин и субботы» (Ев. Марка 2:28). Четвертая заповедь объявляет: «День седьмой – суббота Господу Богу твоему» (Исход 20:10). И через пророка Исаию Господь называет его: «Святой день Мой» (Исаия 58:13).

Ошибочность так часто выдвигаемого утверждения об изменении Христом субботы доказывается Его собственными словами из Нагорной проповеди: «Не думайте, что Я пришел нарушить закон или пророков; не нарушить пришел Я, но исполнить. Ибо истинно говорю вам: доколе не прейдет небо и земля, ни одна йота или ни одна черта не прейдет из закона, пока не исполнится все. Итак, кто нарушит одну из заповедей сих малейших и научит так людей, тот малейшим наречется в Царстве Небесном; а кто сотворит и научит, тот великим наречется в Царстве Небесном» (Ев. Матфея 5:17-19).

Тот факт, что Священное Писание не предоставляет права для изменения субботы, в общем и целом принимается протестантами. Об этом открыто объявлено в изданиях Американского трактатного общества и Американского объединения воскресных школ. Один из этих трудов признает «полное молчание Нового Завета относительно ясных предписаний, касающихся субботы [воскресенья, первого дня недели], или же определенных правил для соблюдения этого дня» (George Elliott, The Abiding Sabbath, стр. 184).

И еще такое высказывание: «Вплоть до смерти Христа не было произведено никакого изменения касательно этого дня»; и, «насколько показывает Писание, они [апостолы] не... давали никакого определенного распоряжения, предписывающего упразднение седьмого дня, субботы, и соблюдение первого дня недели как субботы» (A. E. Waffle, The Lord's Day, стр. 186-188).

Римо-католики признают, что изменение субботы было произведено их церковью, и заявляют, что протестанты празднованием воскресного дня отдают должное ее власти. В «Католическом катехизисе христианской религии» в ответ на вопрос о том, какой день мы должны праздновать, чтобы быть послушными четвертой заповеди, делается такое заявление: «Во времена Ветхого Завета суббота являлась освященным днем; однако церковь, наученная Иисусом Христом и ведомая Духом Божьим, заместила субботу воскресеньем; поэтому сейчас мы святим первый, а не седьмой день. Воскресение и является в настоящее время днем Господним».

В качестве признака власти католической церкви папские писатели ссылаются на «само действие изменения субботы на воскресенье, которое принимают и протестанты... потому что, соблюдая воскресный день, они соглашаются с тем, что церковь обладает властью предписывать празднества, а их несоблюдение считать за грех» (Henry Tuberville, An Abridgment of the Christian Doctrine, 58). Что же тогда означает изменение субботы, как ни знак, или начертание, власти Римской церкви – «начертание зверя»?

Католическая церковь не оставила своих притязаний на верховенство, и если мир и протестантские церкви признают созданную ею субботу, отклоняя в то же время субботу библейскую, то в сущности они соглашаются с этим. В пользу этого изменения они могут ссылаться на авторитет отцов и преданий, но, поступая так, они игнорируют именно тот принцип, который делает их отличающимися от Рима: «Библия, и только Библия есть религия протестантов». Паписты видят, что протестанты сами вводят себя в заблуждение, с готовностью закрывая глаза на факты в данном вопросе; и когда движение за принудительное введение соблюдения воскресенья получает поддержку, они испытывают радость, чувствуя уверенность в том, что это в итоге приведет под знамя Рима весь протестантский мир.

Католики утверждают, что «празднование протестантами воскресенья – это проявление почтения, которое они оказывают авторитету [католической] церкви» (Mgr. Segur, Plain Talk About the Protestantism of Today, 213). Навязывание празднования воскресенья со стороны протестантских церквей является ни чем иным, как навязыванием поклонения папству – зверю. Понимающие требования четвертой заповеди и все же соглашающиеся вместо истинной субботы праздновать ложную оказывают тем самым почтение власти, которая повелевает это делать. Но действием принуждения к выполнению религиозной обязанности с привлечением светской власти церкви сами сформировали бы образ зверя; поэтому навязывание соблюдения воскресения в Соединенных Штатах и было бы принуждением к поклонению зверю и его образу.

Христиане предыдущих поколений праздновали воскресенье и полагали, что, поступая так, хранят библейскую субботу; и в настоящее время еще есть в любой церкви, в том числе и в римско-католической, истинные христиане, которые искренне верят в то, что воскресенье – это Господом предписанная суббота. Бог признает искренность их намерений и их честность по отношению к Нему. Однако, когда закон будет принуждать к празднованию воскресного дня и мир будет хорошо проинформирован касательно долга соблюдения истинной субботы, тогда, кто бы ни преступил Божью заповедь, чтобы исполнить постановление, имеющее авторитет не более чем римского происхождения, он окажет папству большую честь, чем Богу. Таким образом он выразит свое почтение Риму и той власти, которая будет заставлять подчиняться предписанным им постановлениям. Он поклонится зверю и его образу. Как только люди откажутся от установления, о котором Бог сказал, что оно есть знамение Его авторитета, и почтят вместо него то, которое Рим выбрал в качестве символа своего верховенства, они этим примут на себя знак верности Риму – «начертание зверя». Те, которые будут продолжать нарушать закон, получат «начертание зверя» после того, когда этот вопрос будет со всей ясностью представлен народу, с тем чтобы каждый смог сделать выбор между заповедями Божьими и заповедями человеческими.

Третья ангельская весть содержит в себе самую страшную угрозу, когда-либо адресованную смертным. Как ужасен должен быть грех, который может вызвать Божий гнев, не смешанный с Его милостью. Этот жизненно важный вопрос необходимо разъяснить людям; предостережение относительно этого греха должно быть дано миру раньше, чем суды Божьи посетят планету, чтобы все могли знать, почему они разразятся, и имели бы возможность избежать их. Пророчество возвещает, что первый ангел провозглашал «всякому племени и колену, и языку и народу» (Откровение 14:6). Предупреждение третьего ангела, входящее в состав той же самой троекратной вести, должно иметь не менее обширное распространение. Оно представлено в пророчестве как провозглашаемое громким голосом ангелом, летящим по средине неба, и мир обратит на него внимание.

В результате борьбы весь христианский мир будет поделен на два больших лагеря: на тех, кто соблюдает заповеди Божьи и веру (в) Иисуса, и тех, кто поклоняется зверю и образу его и принимает его начертание. Несмотря на то что церковь и государство сплотятся с целью принуждения «всех – малых и великих, богатых и нищих, свободных и рабов» принять «начертание зверя», народ Божий, тем не менее, не примет его (Откровение 13:16). Пророк, находясь на острове Патмос, наблюдал, как «победившие зверя и образ его, и начертание его и число имени его, стоят на... стеклянном море, держа гусли Божии и поют песнь Моисея... и песнь Агнца» (Откровение 15:2-3).

ГЛАВА **26**

Работа преобразования

Настало время воссиять свету истины и над оскверненной субботой. Провозглашение святости субботнего дня началось при поддержке вести трех ангелов из 14 главы Откровения. Многие христиане не захотели принять этот свет, так как это требовало от них определенной жертвы и принятия решения.

Дело реформы субботы, которое должно быть совершено в заключительный период истории, предсказано в пророчестве Исаии: «Так говорит Господь: сохраняйте суд и делайте правду; ибо близко спасение Мое и откровение правды Моей. Блажен муж, который делает это, и сын человеческий, который крепко держится этого, который хранит субботу от осквернения и оберегает руку свою, чтобы не сделать никакого зла» (Исаия 56:1-2). «И сыновей иноплеменников, присоединившихся к Господу, чтобы служить Ему и любить имя Господа, быть рабами Его, всех, хранящих субботу от осквернения ее и твердо держащихся завета Моего, Я приведу на святую гору Мою, и обрадую их в Моем доме молитвы» (Исаия 56:6-7).

Эти слова, как следует из контекста, относятся к христианской эпохе: «Господь Бог, собирающий рассеянных израильтян, говорит: к собранным у него Я буду еще собирать других» (Исаия 56:8). Тут предрекается то, что язычники будут присоединены к народу Божию посредством Евангелия. И над теми, кто при этом будет почитать субботу, произнесено благословение. Таким образом, обязанность выполнения четвертой заповеди распространяется и на период, следующий за распятием, воскресением и вознесением Христа, вплоть до того времени, когда Его слуги будут благовествовать всем нациям.

Через того же пророка Господь дает распоряжение: «Завяжи свидетельство, и запечатай откровение при учениках Моих» (Исаия 8:16). Печать закона Божьего обнаруживается в четвертой заповеди. Она, единственная из всех десяти, выявляет как имя, так и титул Законодателя. Она объявляет Его Создателем Неба и Земли, объясняя тем самым

Его требование поклоняться Ему и почитать Его превыше всех других. Помимо этой заповеди в Декалоге нет ничего, что указывало бы на то, чьим авторитетом был дан закон. Когда суббота была изменена папской властью, печать с закона была снята. Последователи Иисуса призываются к тому, чтобы возвратить ее на прежнее место путем возвеличивания субботы, четвертой заповеди, до принадлежащего ей по праву состояния как памятника Создателю и знамения Его авторитета.

«Обращайтесь к закону и откровению» (Исаия 8:20 – прим. ред.). В то время как умножаются противоречащие друг другу учения и теории, закон Божий является единственным безошибочным критерием, при помощи которого должны испытываться все оценки, доктрины и предположения. Пророк объявляет: «Если они не говорят, как это слово, то нет в них света» (Исаия 8:20).

Снова звучит призыв: «Взывай громко, не удерживайся; возвысь голос твой, подобно трубе, и укажи народу Моему на беззаконие его, и дому Иаковлеву – на грехи его» (Исаия 58:1). Речь идет не о нечестивом мире, но о тех, кого Господь определяет как «народ Мой»; именно их Он упрекает за их преступления. Далее провозглашается: «Они каждый день ищут Меня и хотят знать пути Мои, как бы народ, поступающий праведно и не оставляющий законов Бога своего» (Исаия 58:2). Эти слова указывают на класс людей, которые мнят о себе, что они праведны, и, как кажется, проявляют огромный интерес к делу Божьему, но серьезное и торжественное порицание со стороны Того, Кто испытывает сердца, показывает им, что они пренебрегают Божественными указаниями.

Пророк обращает внимание на указание, от соблюдения которого отказались: «Ты восстановишь основания многих поколений и будут называть тебя восстановителем развалин, возобновителем путей для населения. Если ты удержишь ногу твою ради субботы от исполнения прихотей твоих во святый день Мой, и будешь называть субботу отрадою, святым днем Господним, чествуемым, и почтишь ее тем, что не будешь заниматься обычными твоими делами, угождать твоей прихоти и пустословить, – то будешь иметь радость в Господе» (Исаия 58:12-14). Это пророчество касается и нашего времени. В законе Божием был сделан пролом, когда властью Рима суббота была изменена. Но пришло время, когда это Божественное постановление вновь должно быть возрождено. Пролом необходимо заложить, и прочная основа многих поколений должна быть восстановлена.

Суббота, освященная покоем и благословением Создателя, была хранима Адамом как в его непорочности в святом Едеме, так и тогда, когда он, павший, но раскаявшийся, был изгнан из своего райского дома. Она была хранима всеми патриархами: от Авеля до праведного Ноя, Авраама и Иакова. Во времена порабощения избранного народа египтянами среди господствующего идолопоклонства многие лишились познания Божественного закона; однако после избавления Израиля Господь в вызывающем благоговение величии громко возвестил Свой закон перед всем собранным множеством людей, чтобы они могли познать Его волю, убояться Его и всегда быть Ему послушными.

С того дня до настоящего времени на Земле сберегается знание относительно закона Божия и сохранена суббота по четвертой заповеди. Несмотря на то что «человек греха» (см. 2 Фессалоникийцам 2:3 – прим. ред.) и добился успеха в попрании святого дня Божия, все же даже во времена его господства были верные души, скрывавшиеся в потаенных местах, которые отдавали дань почтения этому дню. Начиная с Реформации, в каждом поколении были люди, соблюдающие субботу. Так было рождено верное свидетельство о вечности закона Божия и о священной обязанности человека по отношению к субботе – памятнику творения, хотя зачастую и подверженное осуждению и гонениям.

Представленные в 14 главе Откровения и соединенные с «вечным Евангелием», эти истины будут служить характерным признаком церкви Христа ко времени Его явления, поскольку в заключение троекратной вести сообщается: «Здесь терпение святых, соблюдающих заповеди Божии и веру (в) Иисуса» (Откровение 14:12). И это – последняя весть, которая должна быть передана миру перед пришествием Господа. Непосредственно после ее проповеди пророк видит Сына Человеческого, грядущего во славе, чтобы произвести на Земле жатву.

Воспринявшие свет, касающийся Святилища и непреложности закона Божия, были полны восторга и благоговения, когда узрели прелесть и гармонию системы истин, открывшихся их пониманию. У них родилось искреннее желание, чтобы этот кажущийся им столь драгоценным свет стал известен всему христианскому миру: они не могли не верить, что он будет радостно им воспринят. Но для многих, называвших себя последователями Христа, были нежеланными истины, которые приводили их в несоответствие с обычаями этого мира. Послушание 4-ой заповеди требовало жертвы, что и стало для большинства камнем преткновения.

Когда были изложены требования субботы, многие приводили доводы, рассматривая этот вопрос с мирской позиции. Они рассуждали: «Мы всегда праздновали воскресенье, его соблюдали наши отцы, и многие хорошие и набожные люди почили блаженными, хотя и праздновали его. Если они были правы, то и мы тоже. Празднование этой новой субботы лишит нас гармонии с миром, и мы утратим наше влияние на него. Что может сделать небольшая кучка людей, соблюдающих седьмой день, против всего мира, чествующего воскресенье?» Подобными доводами и иудеи старались найти оправдание для своего неприятия Христа. Их отцы служили Богу жертвоприношениями и были принимаемы Им, почему же дети не могут найти спасение, следуя тем же курсом? Так же рассуждали и паписты во времена Лютера, приводя аргумент, что истинные христиане умирали в католической вере, а значит, этой религии вполне достаточно для спасения. Суждения такого рода оказываются действенной преградой для всякого успеха в вере и практической жизни.

Многие настаивали на том, что празднование воскресенья уже многие века является устоявшимся учением и общепринятой церковной традицией. В опровержение этого аргумента было показано, что суббота и ее соблюдение является более старинной и более общепринятой традицией: столь же старой, как и сам мир, и признанной Богом и ангелами. Когда при общем ликовании утренних звезд и радостных восклицаниях сынов Божиих были положены основания Земли, тогда было положено и основание субботы (см. Иов 38:6-7; Бытие 2:1-3). Это установление по праву требует нашего почтения, потому что оно не было введено никаким человеческим авторитетом и не основывается на человеческих обычаях; оно было учреждено Ветхим днями и заповедано Его вечным Словом.

Когда внимание людей было привлечено к вопросу о реформе субботы, пользующиеся известностью служители исказили Слово Божье, трактуя его свидетельство так, чтобы наилучшим образом успокоить вопрошающие умы. И лично не исследовавшие Священное Писание довольствовались взглядами, которые согласовывались с их пристрастиями. Пользуясь всевозможными аргументами, прибегая к хитросплетениям, преданиям отцов и авторитету церкви, многие старались ниспровергнуть истину. А ее сторонники были побуждены взять в руки свои Библии, чтобы защищать значимость четвертой заповеди. Скромные люди, снабженные лишь «оружием» Слова истины, выдерживали атаки со стороны людей образованных, которые с изумлением и раздражением обнаруживали немощь своей выразительной софистики против простых, бесхитростных доказательств тех, кто был более просвещен знанием Священного Писания, чем тонкостями науки.

Не имея никакого библейского свидетельства в свою пользу, многие с неутомимым упорством твердили, забывая при этом, что подобные возражения были высказаны и против Христа и Его учеников: «Почему же наши великие мужи не понимают субботнего вопроса? Лишь немногие верят в то же, что и вы. Не может такого быть, чтобы только вы были правы, а все ученые мужи мира ошибались».

Чтобы доказать несостоятельность таких доводов, требовалось только упомянуть учение Священного Писания и историю обращения Бога с Его народом во все времена. Бог работает через тех, кто внимает Его голосу и послушен Ему, кто в случае необходимости говорит неприятные истины и без страха порицает популярные грехи. Причина, по которой Бог обычно не использует образованных и очень влиятельных мужей для руководства движениями преобразований, заключается в том, что такие люди полагаются на свои мировоззрения, предположения и богословские системы и не ощущают нужды быть наученными Богом. Только те, кто имеет личную связь с Источником мудрости, в состоянии разуметь или истолковывать Священное Писание. К делу провозглашения истины иной раз призываются люди с самым незначительным образованием, но не потому что они неученые, а потому что они не так самоуверенны и понимают свою зависимость от Бога. Они учатся в школе Христа, и их скромность и покорность делают их великими. Когда Бог вверяет им знание об Его истине, Он удостаивает их чести, в сравнении с которой вся земная слава и человеческое величие ничтожны.

Большая часть адвентистов не приняла истин, касающихся Святилища и закона Божия, а многие отказались также и от своей веры в адвентистское движение и переняли необоснованные и противоречивые мнения о пророчествах, имеющих к нему отношение. Некоторые были введены в заблуждение, неоднократно назначая определенный срок для Пришествия Христа. Свет, воссиявший теперь над темой Святилища, должен был прояснить им, что нет такого пророческого периода, который бы длился до Второго пришествия, и что конкретный срок исполнения этого события не предречен. Но они повернулись спиной к свету и устанавливали раз за разом все новые даты для возвращения Господа, а в результате слишком часто были разочарованы.

Когда церковь в Фессалониках приняла ошибочные взгляды на пришествие Христа, апостол Павел просил их тщательно испытывать свои чаяния и предчувствия Божьим Словом. Он указал на пророчества, предсказывающие события, которым надлежит совершиться до того, как придет Христос, и объяснил им, что у них не было причины ожидать Его в то время. «Да не обольстит вас никто никак» (2 Фессалоникийцам 2:3), — так звучали слова его предостережения. Сосредоточившись на ожиданиях, которые не были подтверждены Священным Писанием, они пришли бы к неверному образу действий; разочарование привело бы их к тому, что неверующие стали бы их высмеивать, и они подверглись бы риску упасть духом и впасть в искушение потерять доверие к истинам, существенным для их спасения. Наставление апостола, адресованное фессалоникийской церкви, таит в себе важное поучение для тех, кто живет в последние дни. Многие из адвентистов были убеждены, что если они не сосредоточат свою веру на определенном сроке пришествия Господа, то не смогут быть ревностными и старательными в деле подготовки. Но так как их надежды воскресают вновь и вновь лишь для того, чтобы снова оказаться разбитыми, то происходит такое потрясение веры, что великие пророческие истины практически перестают их привлекать.

Проповедь о конкретном времени начала суда при распространении первой ангельской вести была предопределена Богом. Расчеты пророческих периодов, на которых базировалась эта весть, относившая окончание 2300 дней к осени 1844 года, являются неоспоримо верными. Постоянные старания установить новые сроки начала и завершения пророческих периодов и необоснованная аргументация, требующаяся для подкрепления этих точек зрения, не только уводит души прочь от истины для настоящего времени, но и становится причиной их презрительного отношения ко всяким усилиям истолковать пророчества. Чем чаще назначается определенное время Второго пришествия и чем обширнее об этом сообщается, тем лучше это отвечает целям сатаны. После того как минует очередной срок, он вызывает насмешки и презрение в адрес сторонников этих взглядов, и тем самым великое Адвентистское движение 1843 и 1844 годов оказывается в поношении. Те, кто настойчиво продолжает пребывать в этом заблуждении, в конечном итоге остановятся на дате, которая отодвинет Пришествие Христа очень далеко в будущее. Таким образом, они погрузятся в духовный сон, испытывая ощущение ложной безопасности, и для многих прояснение наступит только тогда, когда будет уже слишком поздно.

История древнего Израиля – это яркое изображение прошлых переживаний адвентистского народа. Бог руководил Своими детьми в Адвентистском движении точно так, как Он руководил детьми Израилевыми при выходе из Египта. В постигшем великом разочаровании их вера была подвержена такому же испытанию, как это было и у евреев, когда они оказались на берегу Красного моря. Если бы они все еще держались за ведущую их Руку, которая была с ними в их прошлом опыте, то узрели бы спасение Божье. Если бы все, кто совместно трудился в 1844 году, приняли третью ангельскую весть и провозглашали бы ее в силе Святого Духа, Господь могущественно действовал бы, умножив приложенные ими усилия. Изобилие света было бы излито на мир. Много лет тому назад обитатели планеты Земля были бы уже предупреждены, заключительная работа окончилась бы, и Христос явился бы для избавления Своего народа.

В том, чтобы Израиль блуждал сорок лет по пустыне, не было воли Божьей; Он желал направить их сразу в Ханаанскую землю и сделать там святым, счастливым народом. Однако «они не могли войти за неверие» (Евреям 3:19). По причине их отступления они погибли в пустыне, и выросло другое поколение, чтобы войти в обетованную землю. Равно не было воли Божьей и в том, что пришествие Христа было задержано так надолго и Его народ на протяжении столь многих лет продолжает жить в этом мире греха и скорби. Но неверие разлучило их с Богом. Поскольку они не согласились совершить работу, которую Он им доверил, для возвещения этой вести были призваны другие. Проявляя милость к нашему миру, Иисус медлит со Своим пришествием, чтобы грешники имели шанс услышать предупреждение и прибегнуть к Его защите, до того как будет излит гнев Божий.

В настоящее время, как и в прежние века, изложение истины, которая осуждает грехи и ложные представления всех времен, вызывает противодействие. «Всякий, делающий злое, ненавидит свет и не идет к свету, чтобы не обличались дела его» (Ев. Иоанна 3:20). Поскольку люди понимают, что они не могут защитить свое мнение при помощи Священного Писания, то многие из них решаются во что бы то ни стало отстаивать его, и в духе злобы совершают нападки на характер и побуждения тех, которые выступают в защиту непопулярных истин. Именно такая политика проводилась во все века. Пророк Илия был объявлен «смущающим Израиля», Иеремия – предателем, а апостол Павел – осквернителем храма. С тех давних времен и до сих пор преданные истине всегда обвинялись в мятеже, ереси или раскольничестве. Масса людей, «чересчур неверующих», чтобы принять верное пророческое слово, с легкостью, не допуская никакого сомнения, признает правильным обвинение против тех, кто отваживается осуждать грехи светского общества. Этот дух будет усиливаться все больше и больше. И Библия ясно учит, что приближаются времена, когда законы государства будут находиться в таком несоответствии с законом Божьим, что всякий, повинующийся всем Божественным предписаниям, должен будет мужественно встретить осуждение и наказание, как преступник.

Принимая все это во внимание, определим, что является обязанностью посланника истины. Следует ли ему прийти к выводу, что истина не должна распространяться, поскольку часто это лишь побуждает людей уклоняться от ее требований или сопротивляться ей? Нет, он имеет не больше оснований, чем имели прежде реформаторы, удерживать свидетельство Слова Божия исключительно потому, что это возбуждает противодействие. Святые и мученики оставили свое свидетельство веры, записанное ради пользы будущих поколений. Эти живые примеры святости и неизменной честности дошли и до наших дней, чтобы пробудить смелость в тех, кто в наше время призван выступить Божьим свидетелем. Они не только для себя получили Господню милость и истину, но и для того, чтобы через них Земля могла быть освещена знанием о Боге. Не дал ли Бог свет Своим слугам и в нынешнем поколении? Тогда они должны позволить ему осветить этот мир.

В давние времена Господь объявил одному из тех, кто свидетельствовал от Его имени: «А дом Израилев не захочет слушать тебя, ибо они не хотят слушать Меня». И все же Он сказал ему: «Говори им слова Мои, будут ли они слушать, или не будут» (Иезекииль 3:7; 2:7). Слуге Божьему нынешнего времени адресовано повеление: «Возвысь голос твой, подобно трубе, и укажи народу Моему на беззаконие его, и дому Иаковлеву – на грехи его» (Исаия 58:1).

В соответствии со своими возможностями, каждый, принявший свет истины, имеет такую же серьезную и страшную ответственность, что и пророк Израиля, к которому пришло Слово от Господа: «Тебя, сын человеческий, Я поставил стражем дому Израилеву, и ты будешь слышать из уст Моих слово и вразумлять их от Меня. Когда Я скажу беззаконнику: „беззаконник! ты смертью умрешь", а ты не будешь ничего говорить, чтобы предостеречь беззаконника от пути его, то беззаконник тот умрет за грех свой, но кровь его взыщу от руки твоей. Если же ты остерегал беззаконника от пути его, чтоб он обратился от него, но он от пути своего не обратился, то он умирает за грех свой, а ты спас душу твою» (Иезекииль 33:7-9).

Большой помехой как для принятия истины, так и для ее проповедования является тот факт, что это влечет за собой определенные неудобства и осуждение. И это единственный довод против истины, который ее защитники никогда не были в состоянии оспорить. Однако это не устрашает истинных учеников Христа. Они не ждут, пока истина станет популярной. Убежденные в своем долге, они решительно поднимают крест, разделяя мнение апостола Павла, что «кратковременное легкое страдание наше производит в безмерном преизбытке вечную славу» (2 Коринфянам 4:17); вместе с древним пророком они почитают «поношение Христово... большим для себя богатством, нежели египетские сокровища» (Евреям 11:26).

Те, которые в сердце своем служат миру, каково бы ни было их вероисповедание, действуют скорее в соответствии с политикой, нежели с религиозными принципами. Нужно выбирать истину ради самой истины, а последствия передать Богу. Мужам веры, принципов и отваги мир обязан всеми великими реформами. При содействии таких мужей работа преобразования должна продвигаться вперед и в наше время.

Так сказал Господь: «Послушайте Меня, знающие правду, народ, у которого в сердце закон Мой! Не бойтесь поношения от людей, и злословия их не страшитесь. Ибо, как одежду, съест их моль, и, как волну, съест их червь, а правда Моя пребудет вовек, и спасение Мое – в роды родов» (Исаия 51:7-8).

ГЛАВА **27**

Пробуждение в наше время

Через провозглашение библейских истин всегда будут приниматься решения за или против вести. Слово Божье действует в сердцах людей и изменяет их, если они к этому стремятся. Сатана влияет на необращенных людей, чтобы они принимали такую религию, которая повсеместно базируется на чувствах, а Слово Божье рассматривается ими с презрением и равнодушием. Желание иметь удобную религию, соответствующую их собственным представлениям, способствует этому псевдообращению и сбивает людей с толку.

Где бы верно ни проповедовалось Слово Божье, повсюду это приводило к результатам, которые подтверждали его Божественное начало. Дух Божий сопутствовал миссии Его слуг, и они с силой возвещали истину. Грешники чувствовали, как их совесть просыпается. «Свет... который просвещает всякого человека, приходящего в мир» (Ев. Иоанна 1:9), освещал темные места их душ, и обнаруживалось все, бывшее прежде скрытым. Сильное осознание своей греховности охватывало их. Они были убеждены в грехе, правде и предстоящем суде. Они понимали праведность Иеговы и ощущали страх, думая о том, как они появятся перед Испытующим сердца в своей виновности и нечистоте. В душевной агонии они вопияли: «Кто избавит меня от сего тела смерти?» (Римлянам 7:24). Когда же им был показан Голгофский крест с его неизмеримой Жертвой за грехи людей, то они увидели, что только заслуги Христа могли быть достаточными, для того чтобы искупить вину за их преступление закона; только это могло примирить человека с Богом. С верой и смирением они признавали Агнца Божия, понесшего на Себе грех мира. Благодаря пролитой крови Иисуса они имели «прощение грехов, соделанных прежде».

Эти души приносили достойный плод покаяния. Уверовав, они принимали крещение и поднимались из воды, чтобы ходить в обновленной жизни, став новым творением во Христе Иисусе, чтобы не сообразовываться с прежними похотями, но верою в Сына Божия следовать за Ним по Его стопам, отражать Его характер и очищать себя так, как Он чист. Они любили теперь то, что когда-то ненавидели, и ненавидели то, что когда-то любили. Гордые и самонадеянные люди становились мягкими и скромными. Самодовольные и высокомерные становились серьезными и непритязательными. Грубые становились почтительными, любители выпить – трезвенниками, распутные – высоконравственными. Они отказались от всего мирского и показного. Украшением, к которому стремились христиане, было не «внешнее плетение волос, не золотые уборы или нарядность в одежде, но сокровенный сердца человек в нетленной красоте кроткого и молчаливого духа, что драгоценно пред Богом» (**1 Петра 3:3-4**).

Пробуждения приводили к глубокому самоисследованию и смирению. Они характеризовались серьезными и горячими воззваниями к грешникам, искренним состраданием к искупленным Христовой кровью. Мужчины и женщины в молитве боролись с Богом за спасение душ. Плоды таких пробуждений были видны в тех, которые не испугались самоотречения и жертвы, но радовались тому, что ради Христа были удостоены подвергнуться бесчестью и тяжелым испытаниям. Люди замечали преобразование в жизни исповедующих имя Иисуса. Их влияние шло обществу на пользу. Они собирали со Христом и сеяли в Дух, чтобы пожать жизнь вечную.

К ним относились слова: «Вы опечалились к покаянию». «Ибо печаль ради Бога производит неизменное покаяние ко спасению, а печаль мирская производит смерть. Ибо то самое, что вы опечалились ради Бога, смотрите, какое произвело в вас усердие, какие извинения, какое негодование на виновного, какой страх, какое желание, какую ревность, какое взыскание! По всему вы показали себя чистыми в этом деле» (**2 Коринфянам 7:9-11**).

Это является плодом работы Духа Божия. Изменение образа жизни – лучшее доказательство подлинности покаяния. Если грешник возвратит залог, отдаст назад похищенное, признает свои грехи и полюбит Бога и своих ближних, то он может быть уверен в том, что нашел мир с Богом. Такими были результаты религиозных пробуждений в прежние годы. Их плоды самым убедительным образом свидетельствовали о том, какое огромное благословение Божье несли они с собой для спасения людей и облагораживания человечества.

Но многие пробуждения настоящего времени представляли разительный контраст с теми проявлениями Божьей милости, которые в ранние дни сопутствовали труду

Божьих слуг. Это правда, что повсюду вспыхивает интерес, многие заявляют о своем обращении, а в церквах наблюдается большой прирост; и все же результаты этих пробуждений не дают основания полагать, что здесь имел место соответствующий рост настоящей духовности. Вспыхивающий на короткое время свет вскоре потухает, и наступает еще более густой мрак.

Массовые пробуждения очень часто бывают вызваны призывами к воображению, возбуждением чувств и удовлетворением интереса ко всему новому и удивительному. Обращенные, которые приобретаются таким образом, имеют мало желания слушать библейскую истину и проявляют мало интереса к свидетельству пророков и апостолов. Пока религиозное служение не содержит в себе чего-то сенсационного, оно для них непривлекательно. Весть, которая обращается к здравомыслию, не пробуждает в них отклика. Внятные предупреждения Божьего Слова, имеющие непосредственное отношение к их вечным интересам, остаются не принятыми во внимание.

Для каждой по-настоящему обращенной души связь с Богом и вечными предметами станет великим вопросом жизни. Но где в популярных церквах нынешнего времени найти дух посвящения Богу? Новообращенные не оставляют своей гордости и любви к миру. Они не больше хотят отречься себя, взять крест и идти по следам кроткого и смиренного Иисуса, чем до своего обращения. Религия стала насмешкой в устах неверующих и скептиков, потому что многие исповедники невежественны в отношении ее принципов. Сила благочестия почти оставила многие церкви. Пикники, церковные спектакли и базары, помпезные дома, выставление себя напоказ – все это изгнало мысли о Боге. Земельные владения, имущество и мирские занятия овладевают сознанием людей, а вечные интересы едва удостаиваются мимолетного внимания.

Несмотря на широко распространенное ослабление веры и благочестия, в этих церквах имеются верные последователи Христа. Перед заключительным посещением Земли Божьими судами в народе Господнем будет такое пробуждение простого благочестия, какого не наблюдалось с первоапостольских дней. Дух и сила Божьи изольются на Его детей. В то время многие выйдут из тех церквей, в которых любовь к этому миру заняла место любви к Богу и Его Слову. Многие, как священнослужители, так и прихожане, охотно примут те великие истины, которые Бог побудил провозглашать в это время, чтобы подготовить людей ко Второму пришествию Господа. Враг человеческих душ очень желает воспрепятствовать этому делу, и, прежде чем настанет время для такого движения, он попытается опередить его, применив подделку. В тех церквях, в которых он сможет установить свою обманчивую власть, создастся видимость излития особенных благословений Божиих; там будет проявляться то, что вызовет большую религиозную заинтересованность. Множество людей будет приходить в восторг от того, как удивительно Бог работает для них, тогда как на самом деле это является действием иного духа. Под видом религиозности сатана будет стремиться к тому, чтобы его воздействие на христианский мир простиралось повсюду.

Во многих пробуждениях, которые имели место в последние полстолетия, наблюдалось в большей или меньшей степени то же самое влияние, которое обнаружится в более обширных движениях будущего. Оно проявляется в эмоциональном возбуждении, в смешении истины с ложью, отлично приспособленном для того, чтобы сбить с пути. Тем не менее никто не должен быть обманут. Во свете Слова Божия не составляет труда установить природу этих движений. Где не придается значения свидетельству Библии, где поворачиваются спиной к ее простым, испытующим сердца истинам, требующим от человека самоограничения и отречения от мира, – там, можно быть уверенным, не даровано Божье благословение. И очевидно, что эти движения не являются работой Духа Божия, потому что Сам Христос установил это правило: «По плодам их узнаете их» (Ев. Матфея 7:16).

В истинах Своего Слова Бог дал людям откровение о Самом Себе; и для всех, кто верует в них, они служат щитом против сатанинских обманов. Именно игнорирование этих истин открыло дверь тем порокам, которые сейчас становятся столь широко распространенными в религиозном мире. Природа и важность закона Божия были в огромной мере выпущены из поля зрения. Неверное понятие о характере, вечности и обязательности Божественного закона привело к заблуждениям в отношении обращения и освящения и к понижению стандарта благочестия в церкви. Здесь и кроется секрет недостатка Духа Божия и Его силы в пробуждениях нашего времени.

В различных деноминациях есть люди, которые славятся своим посвящением и которыми этот факт признается и оплакивается. Профессор Эдуард А. Парк, рассуждая об опасностях, которым подвержена современная религия, верно отмечает: «Одним источником этой опасности является то, что с кафедры не настаивают на выполнении Божественного закона. Раньше кафедра была эхом голоса совести... Наши наиболее известные проповедники придавали своим речам удивительное величие, следуя примеру их Учителя и выражая признание закону, его заповедям и предостережениям. Они повторяли два великих утверждения: закон представляет Божественные совершенства, и человек, который не любит закон, не любит и Евангелие, потому что закон, равно как и Евангелие, является зеркалом, отражающим истинный характер Бога. Эта опасность ведет к недооценке пагубности греха, его распространяемости и наказуемости. Праведность заповеди пропорциональна неправомерности непослушания ей...

Дополнительно к названным опасностям существует еще опасность недооценки правосудия Божия. Тенденцией современной кафедры является отфильтровывание Божественного правосудия от Божественного благоволения, скорее сведение последнего к сентиментальности, чем возведение в принцип. Новая теологическая призма разделяет то, что Бог объединил вместе. Является Божественный закон добрым или злым? Закон добр. Тогда и правосудие является добрым, потому что оно располагает к исполнению закона. Привычка недооценивать Божественный закон и правосудие, а также распространяемость и наказуемость человеческого непослушания приводит людей к привычке недооценивать благодать, сделавшую возможным искупление греха». Так Евангелие теряет свою ценность и важность в умах людей, и в скором времени они практически готовы отвергнуть саму Библию.

По заявлению многих религиозных учителей, Христос Своей смертью упразднил закон – и люди с тех пор свободны от его требований. А некоторые выставляют закон как тяжкое бремя, и в противоположность рабству закона предоставляют свободу, которую дает Евангелие.

Но пророки и апостолы не так расценивали святой закон Божий. Давид сказал: «Буду ходить свободно, ибо я взыскал повелений Твоих» (Псалтирь 118:45). Апостол Иаков, который писал после смерти Христа, ссылается на Десятисловие как на «закон царский» и «закон совершенный, закон свободы» (Иакова 2:8; 1:25). И автор книги Откровение через полвека после распятия Христа сообщает о благословении для тех, «которые соблюдают заповеди Его, чтобы иметь им право на древо жизни и войти в город воротами» (Откровение 22:14).

Безосновательно заявление о том, что Христос

Своей смертью аннулировал закон Своего Отца. Если бы это было возможно, чтобы закон был изменен или отменен, тогда не было бы необходимости в смерти Христа для спасения человека от наказания за грех. Смерть Христа очень далека от отмены закона и подтверждает его незыблемость. Сын Божий пришел «возвеличить и прославить закон» (Исаия 42:21). Он заявил: «Не думайте, что Я пришел нарушить закон»; «доколе не прейдет небо и земля, ни одна йота или ни одна черта не прейдет из закона» (Ев. Матфея 5:17-18). А относительно Себя Он провозглашает: «Я желаю исполнить волю Твою, Боже мой, и закон Твой у меня в сердце» (Псалтирь 39:9).

Закон Божий по самой своей природе является неизменяемым. Он – откровение воли и характера его Автора. Бог есть любовь, и Его закон также есть любовь. Два его великих принципа – это любовь к Богу и любовь к человеку. «Любовь есть исполнение закона» (Римлянам 13:10). Характер Божий – это праведность и истина; такова природа и Его закона. Псалмист сказал: «Закон Твой – истина» (Псалтирь 118:142), «все заповеди Твои праведны» (Псалтирь 118:172). И апостол Павел провозглашает: «Закон свят, и заповедь свята и праведна и добра» (Римлянам 7:12). Этот закон, который является выражением намерений и воли Бога, должен быть таким же бессмертным, как и Его Автор.

Работа обращения и освящения состоит в том, чтобы примирить людей с Богом посредством приведения их в гармонию с принципами Его закона. Человек был создан вначале по образу Божию. Он находился в полной гармонии с природой и Божьим законом; принципы праведности были записаны на скрижалях его сердца. Но грех отдалил его от своего Создателя, и он больше не отражал Божественный образ. Его сердце находилось в состоянии войны с принципами Божьего закона. «Плотские помышления суть вражда против Бога; ибо закону Божию не покоряются, да и не могут» (Римлянам 8:7). Однако «так возлюбил Бог мир, что отдал Сына Своего единородного» (Ев. Иоанна 3:16), чтобы человек мог быть примирен с Богом. Благодаря заслугам Христа он может быть вновь приведен в гармонию со своим Творцом. Его сердце должно быть возрождено Божественной благодатью; он будет иметь новую жизнь, данную свыше. Эта перемена является новым рождением, без которого, по словам Иисуса, человек «не может увидеть Царствия Божия» (Ев. Иоанна 3:3).

Первый шаг в примирении с Богом – это признание греха. «Грех есть беззаконие» (1 Иоанна 3:4). «Ибо законом познается грех» (Римлянам 3:20). Для того чтобы увидеть свою вину, грешник должен проверить свой характер при помощи великого Божьего стандарта праведности. Это – зеркало, которое показывает совершенство праведного характера и помогает человеку увидеть недостатки в своем собственном.

Закон выявляет человеку его грехи, но не может исцелить его от них. Обещая жизнь послушному, он говорит и о смерти нарушителя. Только Евангелие Христа в состоянии сделать человека свободным от проклятия или от скверны греха. Он должен проявить раскаяние перед Богом, Чей закон он преступил, и веру во Христа – принесенную за него Жертву. Таким образом, он получает «прощение грехов, соделанных прежде» (Римлянам 3:25), и становится причастником Божеского естества. Он теперь – дитя Божье, получив дух усыновления, взывает к Нему: «Авва, Отче!» (Римлянам 8:15).

Свободен ли он теперь нарушать закон Божий? Павел сказал: «Итак, мы уничтожаем закон верою? Никак; но закон утверждаем». «Мы умерли для греха: как же нам жить в нем?» (Римлянам 3:31; 6:2). И Иоанн провозглашает: «Это есть любовь к Богу, чтобы мы соблюдали заповеди Его; и заповеди Его не тяжки» (1 Иоанна 5:3). При новом рождении сердце приводится в гармонию с Богом, а также в согласие с Его законом. Когда с грешником случается эта огромная перемена, он переходит от смерти в жизнь, от греха – к святости, от беззакония и восстания – к послушанию и преданности. Старая жизнь в отдалении от Бога закончилась; началась новая жизнь примирения, веры и любви. Тогда «оправдание закона» исполнится «в нас, живущих не по плоти, но по духу» (Римлянам 8:4). И речью души будет: «Как люблю я закон Твой! Весь день размышляю о нем» (Псалтирь 118:97).

«Закон Божий совершен, укрепляет душу» (Псалтирь 18:8). Без закона люди не имеют правильного понятия о чистоте и святости Бога и о своей собственной виновности и нечистоте. Они не убеждены по-настоящему в своей греховности и не чувствуют необходимости в покаянии. Не понимая, что находятся в потерянном состоянии, являясь преступниками закона Божия, они не осознают и своей нужды в искупительной крови Христа. Они принимают надежду спасения без коренной перемены сердца, без преобразования жизни. Поэтому имеется большое число поверхностных обращений, и к церкви присоединяется множество людей, которые никогда в действительности не были соединены с Христом.

Ошибочные теории относительно освящения, тоже имеющие свое происхождение в игнорировании или неприятии Божественного закона, завоевывают себе выдающееся место в современных религиозных движениях. Эти теории содержат в себе ложные учения, будучи пагубными еще и в отношении практических результатов; и то обстоятельство, что к ним, как правило, так благосклонно относятся, говорит об удвоенной необходимости ясного понимания того, что говорит по этому поводу Священное Писание.

Истинное освящение является библейской доктриной. Апостол Павел в своем послании, адресованном фессалоникийской церкви, заявляет: «Ибо воля Божия есть освящение ваше». И он молится: «Сам же Бог мира да освятит вас во всей полноте» (1 Фессалоникийцам 4:3; 5:23). Библия ясно учит о том, что такое освящение и как оно должно быть достигнуто. Спаситель молился о Своих учениках: «Освяти их истиною Твоею: слово Твое есть истина» (Ев. Иоанна 17:17,19). И Павел наставляет, что верующие должны быть «освящены Духом Святым» (Римлянам 15:16). Что же делает Святой Дух? Иисус рассказывал Своим ученикам: «Когда же придет Он, Дух истины, то наставит вас на всякую истину» (Ев. Иоанна 16:13). И псалмопевец говорит: «Закон Твой – истина» (Псалтирь 118:142). Посредством Слова и Духа Божия людям открыты великие принципы праведности, реализованные в Его законе. А поскольку закон Божий свят, и праведен, и добр (см. Римлянам 7:12 – прим. ред.) и является представлением Божественного совершенства, то, следовательно, и характер, выработанный посредством послушания этому закону, будет тоже свят. Христос является совершенным Примером такого характера. Он говорит: «Я соблюл заповеди Отца Моего». «Я всегда делаю то, что Ему угодно» (Ев. Иоанна 15:10; 8:29). Последователи Христа должны стать похожими на Него – при помощи благодати Божьей сформировать характеры в соответствии с принципами Его святого закона. Таково библейское освящение.

Эта работа может быть совершена только через веру во Христа силой живущего в человеке Духа Божия. Апостол Павел наставляет верующих: «Со страхом и трепетом совершайте свое спасение, потому что Бог производит в вас и хотение и действие по Своему благоволению» (Филиппийцам 2:12-13). Христианин будет испытывать побуждение к греху, но будет вести с ним непрерывное сражение. Именно здесь появляется нужда в помощи Христа. Человеческое бессилие соединяется с Божественной силой, и вера восклицает: «Благодарение Богу, даровавшему нам победу Господом нашим Иисусом Христом!» **(1 Коринфянам 15:57)**

Священное Писание прямо показывает, что дело освящения совершается постепенно и по нарастающей. Когда грешник в результате обращения находит, благодаря искупительной крови Христа, мир с Богом, тогда его христианская жизнь лишь только начинается. Теперь он должен «спешить к совершенству», возрастать до «меры полного возраста Христова» **(Евреям 6:1, Ефесянам 4:13 – прим. ред.)**. Апостол Павел говорит: «Забывая заднее и простираясь вперед, стремлюсь к цели, к почести вышнего звания Божия во Христе Иисусе» **(Филиппийцам 3:13-14)**. А Петр предлагает нам «лестницу», с помощью которой должно быть достигнуто библейское освящение: «Прилагая к сему все старание, покажите в вере вашей добродетель, в добродетели рассудительность, в рассудительности воздержание, в воздержании терпение, в терпении благочестие, в благочестии братолюбие, в братолюбии любовь... Так поступая, никогда не преткнетесь» **(2 Петра 1:5-10)**.

Знающие из опыта, что такое библейское освящение, проявят дух смирения. Как и Моисей, они узрели торжественное величие святости и поняли свое собственное недостоинство в контрасте с чистотой и возвышенным совершенством вечно Сущего.

Пророк Даниил – это пример истинного освящения. Его долгая жизнь была жизнью благородного служения своему Господу. Он был «мужем желаний» для Неба **(Даниил 10:11)**. И все же, вместо того чтобы утверждать, что он чист и свят, этот уважаемый пророк отождествляет себя с поистине грешным Израилем и ходатайствует за него пред Богом: «Мы повергаем моления наши пред Тобою, уповая не на праведность нашу, но на Твое великое милосердие» **(Даниил 9:18)**. «Согрешили мы, поступали нечестиво» **(Даниил 9:15)**. Он пишет далее: «...я... говорил и молился и исповедывал грехи мои и грехи народа моего» **(Даниил 9:20)**. А когда в более позднее время Сын Божий явился ему, чтобы наставить его, Даниил добавил: «Вид лица моего чрезвычайно изменился, не стало во мне бодрости» **(Даниил 10:8)**.

После того как Иов услышал голос Господа из бури, он сказал: «Я отрекаюсь и раскаиваюсь в прахе и пепле» **(Иов 42:6)**. Исаия, узрев славу Божию и услышав херувимов, повторяющих: «Свят, свят, свят Господь Саваоф!», воскликнул: «Горе мне! Погиб я!» **(Исаия 6:3,5)**. Тогда как Павел был вознесен до третьего неба и слышал слова, которых человеку нельзя пересказать (см. 2 Коринфянам 12:2-4), он говорил сам о себе как о «наименьшем из всех святых» (Ефесянам 3:8). Именно возлюбленный Иоанн, склонявший свою голову на грудь Иисуса и созерцавший славу Его, пал к ногам ангела, как мертвый (см. Откровение 1:17).

Не может быть ни самовозвышения, ни хвастливых заявлений о том, что они свободны от греха, со стороны тех, кто ходит в тени Голгофского креста. Они убеждены, что это их грех явился причиной агонии, разбившей сердце Сына Божия, и эта мысль приведет их к самоуничижению. Живущие в теснейшей связи со Христом наиболее четко различают порочность и греховность человечества, и их единственная надежда покоится на заслугах распятого и воскресшего Спасителя.

Освящение, завоевывающее сейчас известность в религиозном мире, несет с собой дух самовозвышения и игнорирования закона Божия, что характеризует его как чуждое религии Библии. Его сторонники учат, что освящение – это мгновенное действие, при котором только через веру они достигают полной святости. «Только веруйте, – говорят они, – и благословение будет покоиться на вас». Со стороны принимающего эти благословения якобы не требуется больше никаких стараний. Одновременно с этим они не признают авторитета закона Божия, настаивая на том, что они избавлены от обязанности соблюдать заповеди. Но разве возможно, чтобы люди были святы, находились в гармонии с волей и характером Божиим – и вместе с тем не приводили свою жизнь в соответствие с принципами, являющимися выражением Его природы и воли, с принципами, которые обнаруживают то, что угодно Богу?

Жажда поверхностной религии, которая не требовала бы усилий, самопожертвования и разрыва с безумием мира, явилась причиной возникновения популярного учения о вере и только одной вере. Но что говорит Слово Божие? Апостол Иаков пишет: «Что пользы, братия мои, если кто говорит, что он имеет веру, а дел не имеет? Может ли эта вера спасти его?.. Но хочешь ли знать, неосновательный человек, что вера без дел мертва? Не делами ли оправдался Авраам, отец наш, возложив на жертвенник Исаака, сына своего? Видишь ли, что вера содействовала делам его, и делами вера достигла совершенства?.. Видите ли, что человек оправдывается делами, а не верою только?» (Иакова 2:14-24).

Божье Слово свидетельствует против этой обольстительной доктрины о вере без дел. Вера, претендующая на благосклонность Неба без выполнения условий, на которых может быть дарована милость, – это самонадеянность; потому что настоящая вера имеет своим фундаментом обетования и условия Священного Писания.

Пусть никто не обманывает сам себя верой в то, что он сможет стать святым, преступая в то же время умышленно хотя бы одно из требований Божьих. Совершение сознательного греха заставляет умолкнуть свидетельствующий голос Святого Духа и разделяет душу с Богом. «Грех есть беззаконие». И «всякий согрешающий [нарушающий закон] не видел Его и не познал Его» (1 Иоанна 3:4,6). Несмотря на то что Иоанн в своих посланиях так полно и подробно освещает тему любви, все же он без колебания открывает истинный характер тех, которые заявляют, что они освящены, и в то же время проводят жизнь в непослушании Божьему закону. «Кто говорит: „я познал Его", но заповедей Его не соблюдает, тот лжец, и нет в нем истины; а кто соблюдает слово Его, в том истинно любовь Божия совершилась» (1 Иоанна 2:4-5). Здесь критерий исповедания каждого человека. Мы не можем говорить о святости ни одного человека, не сверив его характер с единственным Божьим стандартом святости как на Небе, так и на Земле. Если люди не чувствуют значимости морального закона, если они принижают заповеди Божьи и относятся к ним небрежно, если они нарушают хотя бы одну из малейших сих и учат так других, то они сами тогда не будут иметь никакой ценности в очах Божьих, и можно быть уверенным, что их притязания безосновательны.

Само уже заявление человека о том, что он без греха, является доказательством того, что в действительности он далек от святости. Он может так говорить, потому что не имеет верного понятия о безграничной чистоте и святости Бога или о том, каким должен стать человек, находящийся в гармонии с Его характером; потому что не имеет истинного представления о чистоте и возвышенной красоте Иисуса, о злокачественности и пагубности греха. Чем больше дистанция между ним самим и Христом и чем недостаточней его представление о характере и требованиях Бога, тем праведнее он является в своих собственных глазах.

Освящение, изъясненное в Священном Писании, охватывает все существо человека – дух, душу и тело. Павел молился за фессалоникийцев, чтобы их «дух, душа и тело во всей целости» сохранились «без порока в пришествие Господа нашего Иисуса Христа» (1 Фессалоникийцам 5:23). И вновь он пишет верующим: «Итак, умоляю вас, братия, милосердием Божиим, представьте тела ваши в жертву живую, святую, благоугодную Богу» (Римлянам 12:1). Во времена древнего Израиля каждая жертва, которая должна была быть принесенной Богу, скрупулезно исследовалась. Если у животного был найден какой-нибудь изъян, то его не приносили в жертву, потому что Бог повелел, чтобы жертва была «без порока». Так и христианам предлагается представить свои тела «в жертву живую, святую, благоугодную Богу». Чтобы это стало возможным, все их дарования должны быть наилучшим образом сохранены. Каждая привычка, которая снижает телесные или умственные способности, делает человека непригодным для служения своему Создателю. И возможно ли угодить Богу чем-нибудь меньшим, чем то, что является самым лучшим, на что мы способны? Христос сказал: «Возлюби Господа Бога Твоего всем сердцем твоим» (Ев. Матфея 22:37). По-настоящему любящие Бога будут страстно желать посвятить Ему лучшее служение их жизни, и они будут постоянно стремиться к тому, чтобы привести каждую способность своего существа в гармонию с законами, которые поддержат их в осуществлении Его воли. Они не будут потворством аппетиту или страстям ослаблять или портить жертву, приносимую ими Небесному Отцу.

Петр советует «удаляться от плотских похотей, восстающих на душу» (1 Петра 2:11). Всякое греховное удовольствие ведет к парализации способностей и к притуплению умственного и духовного восприятия, и в таком случае Слово Божье или Дух Святой производят самое слабое впечатление на сердце человека. Павел пишет коринфянам: «Очистим себя от всякой скверны плоти и духа, совершая святыню в страхе Божием» (2 Коринфянам 7:1). И с такими плодами Духа, как «любовь, радость, мир, долготерпение, благость, милосердие, вера, кротость» он ставит в один ряд и «воздержание» (Галатам 5:22-23).

Невзирая на эти вдохновенные высказывания, сколь многие, называющие себя христианами, ослабляют свои силы в погоне за прибылью или в поклонении моде; сколь многие унижают свое Богом дарованное человеческое достоинство чревоугодием, выпивкой и запрещенными удовольствиями. А церковь, вместо того чтобы порицать зло, слишком часто поощряет его, потворствуя аппетиту, жажде наживы или любви к развлечениям, с целью пополнения своей казны, в которую никто не хочет жертвовать просто из любви ко

Христу. Если бы Иисус в наше время посетил церкви и увидел там празднества и нечестивую торговлю, проводимые якобы во имя религии, не изгнал ли бы Он тех осквернителей, как когда-то изгнал меновщиков из храма?

Апостол Иаков заявляет, что мудрость, сходящая свыше, «во-первых чиста» (Иакова 3:17). Столкнись он с теми, кто провозглашает драгоценное имя Иисуса оскверненными табаком устами, с теми, чье дыхание и все в них отравлено этим отвратительным запахом, с теми, кто принуждает находящихся вокруг него вдыхать яд табака, соприкоснись апостол с привычкой, столь противной чистоте Евангелия, неужели бы он не осудил ее как «земную, душевную, бесовскую» (см. Иакова 3:15 – прим. ред.)? Рабы табака, обманывая самих себя, говорят о том, что они имеют полное освящение и надеются также быть на Небе, однако Слово Божие однозначно провозглашает, что «не войдет в него ничто нечистое» (Откровение 21:27).

«Не знаете ли, что тела ваши суть храм живущего в вас Святого Духа, Которого вы имеете от Бога, и вы не свои? Ибо вы куплены дорогою ценою. Посему прославляйте Бога и в телах ваших и в душах ваших, которые суть Божии» (1 Коринфянам 6:19-20). Тот, чье тело есть храм Духа Святого, не будет находиться в рабстве вредной привычки. Его способности и силы принадлежат Христу, Который искупил его ценой крови. Его собственность является собственностью Господа. Как он может быть невиновным, расточая это вверенное ему состояние? Называющие себя христианами расходуют ежегодно громадные суммы на никчемное и наносящее ущерб потворство своим желаниям, тогда как души гибнут без Слова жизни. Бог обкрадывается десятинами и приношениями, в то время как они уничтожают на жертвеннике разрушительных похотей больше, чем дают для оказания помощи бедным или для поддержки Евангелия. Если бы все, заявляющие о себе как о последователях Христа, были по-настоящему освящены, их средства, вместо того чтобы быть потраченными на ненужные и даже пагубные потакания прихотям, были бы вложены в сокровищницу Божью, а христиане показали бы пример умеренности, самоограничения и самопожертвования. В таком случае они были бы светом этому миру.

Мир предается потворству своим желаниям. «Похоть плоти, похоть очей и гордость житейская» (1 Иоанна 2:16) управляют массами людей. Тем не менее последователи Христа имеют более святое призвание. «Выйдите из среды их и отделитесь, говорит Господь, и не прикасайтесь к нечистому» **(2 Коринфянам 6:17)**. Согласно Божьему Слову справедливо наше заявление о том, что не может быть подлинным освящение, которое не вызывает полного отказа от греховных стремлений и мирских наслаждений.

Для выполняющих условие «Выйдите из среды их и отделитесь... и не прикасайтесь к нечистому» обетование Божие гласит: «Я приму вас; и буду вам Отцом, и вы будете Моими сынами и дщерями, говорит Господь Вседержитель» **(2 Коринфянам 6:17-18)**. Привилегия и долг каждого христианина – иметь богатый и обильный опыт в том, что связано с Богом. «Я свет миру, – говорил Иисус, – кто последует за Мною, тот не будет ходить во тьме, но будет иметь свет жизни» **(Ев. Иоанна 8:12)**. «Стезя праведных – как светило лучезарное, которое более и более светлеет до полного дня» **(Притчи 4:18)**. Каждый поступок веры и послушания приводит душу в более тесную связь со Светом этого мира, в Котором «нет никакой тьмы» **(см. 1 Иоанна 1:5 – прим. ред.)**. Яркие лучи Солнца Праведности озаряют слуг Божьих, и они обязаны их отражать. Как звезды свидетельствуют нам о том, что на Небесах есть великое Светило, Чья слава и заставила их так ярко сиять, так и христиане должны засвидетельствовать о том, что на троне Вселенной восседает Бог, Чей характер заслуживает восхваления и подражания. Плоды Его Духа, чистота и святость Его характера проявятся в Его свидетелях.

Апостол Павел в своем письме Колоссянам описывает даруемые детям Божиим богатые благословения: «Мы... не перестаем молиться о вас и просить, чтобы вы исполнялись познанием воли Его, во всякой премудрости и разумении духовном, чтобы поступали достойно Бога, во всем угождая Ему, принося плод во всяком деле благом и возрастая в познании Бога, укрепляясь всякою силою по могуществу славы Его, во всяком терпении и великодушии с радостью» **(Колоссянам 1:9-11)**.

И вновь он пишет о своем сильном желании того, чтобы братья из Ефеса пришли к пониманию степени привилегированного положения христиан. На самом понятном языке Павел говорит им об удивительной силе и знании, какими они могут располагать, будучи сыновьями и дочерьми Всевышнего. Им необходимо было «крепко утвердиться Духом Его во внутреннем человеке», для того чтобы они, «укорененные и утвержденные в любви, могли постигнуть со всеми святыми, что широта и долгота, и глубина и высота, и уразуметь превосходящую разумение любовь Христову». Но молитва апостола доходит до кульминации, когда он просит, чтобы они «исполнились всею полнотою Божиею» (Ефесянам 3:16-19).

В этих словах открыты вершины, до которых мы можем добраться при помощи веры в обетования нашего Небесного Отца, если удовлетворим Его требования. Через заслуги Христа мы имеем доступ к престолу Безграничного Могущества. «Тот, Который Сына Своего не пощадил, но предал Его за всех нас, как с Ним не дарует нам и всего?» (Римлянам 8:32). Отец дал Свой Дух Своему Сыну в преизбытке, и мы тоже можем быть участниками Его полноты. Иисус сказал: «Если вы, будучи злы, умеете даяния благие давать детям вашим, тем более Отец Небесный даст Духа Святого просящим у Него» (Ев. Луки 11:13). «Если чего попросите во имя Мое, Я то сделаю». «Просите, и получите, чтобы радость ваша была совершенна» (Ев. Иоанна 14:14; 16:24).

Несмотря на то что жизнь христиан и будет характеризоваться скромностью, все же она не должна быть отмечена печатью уныния и собственной недооценки. Преимуществом каждого является жить так, чтобы Бог его одобрил и благословил. Нет воли нашего Небесного Отца на то, чтобы мы жили всегда под давлением осуждения и во тьме. Признаком настоящего смирения не является хождение с опущенной головой и погружение в размышления о самом себе. Мы можем прийти к Иисусу за очищением – и тогда уже предстать перед законом без стыда и угрызений совести. «Итак, нет ныне никакого осуждения тем, которые во Христе Иисусе живут не по плоти, но по духу» (Римлянам 8:1).

Благодаря Иисусу падшие сыны Адама становятся «сынами Божиими». «Ибо и Освящающий и освящаемые, все – от Единого; поэтому Он не стыдится называть их братиями» (Евреям 2:11). Христианская жизнь должна быть жизнью веры, победы и радости в Господе. «Ибо всякий, рожденный от Бога, побеждает мир; и сия есть победа, победившая мир, вера наша» (1 Иоанна 5:4). Верно говорил Божий слуга Неемия: «Радость пред Господом – подкрепление для вас» (Неемия 8:10). А Павел писал: «Радуйтесь всегда в Господе; и еще говорю: радуйтесь» (Филиппийцам 4:4). «Всегда радуйтесь. Непрестанно молитесь. За все благодарите: ибо такова о вас воля Божия во Христе Иисусе» (1 Фессалоникийцам 5:16-18).

Таковы плоды библейского обращения и освящения; и только потому что великие принципы праведности, сформулированные в законе Божьем, так мало принимаются во внимание христианским миром, столь редки проявления этих плодов. Именно поэтому так слабо различима та серьезная, постоянная работа Духа Божия, которая отмечала пробуждения прежних лет.

При созерцании мы изменяемся. И поскольку людьми игнорируются те священные постановления, в которых Бог явил им совершенство и святость Своего характера, а их разум пленен человеческими учениями и теориями, то разве удивительно, что следствием этого является упадок жизненного благочестия в церкви. Господь объявляет: «Ибо два зла сделал народ Мой: Меня, источник воды живой, оставили, и высекли себе водоемы разбитые, которые не могут держать воды» (Иеремия 2:13). «Блажен муж, который не ходит на совет нечестивых... Но в законе Господа воля его, и о законе Его размышляет он день и ночь! И будет он как дерево, посаженное при потоках вод, которое приносит плод свой во время свое, и лист которого не вянет; и во всем, что он ни делает, успеет» (Псалтирь 1:1-3). И лишь когда закон Божий будет восстановлен в своем подобающем положении, среди называющих себя Его народом вновь может произойти возрождение древней веры и благочестия. «Так говорит Господь: остановитесь на путях ваших и рассмотрите, и расспросите о путях древних, где путь добрый, и идите по нему, и найдете покой душам вашим» (Иеремия 6:16).

ГЛАВА **28**

Перед Книгой жизни

До возвращения Иисуса на Землю будет происходить на Небе суд. Ангелы проверяют книги, в которых записаны дела людей, признававших себя Его последователями, – достойны они вечной жизни или нет. Бог хочет, чтобы все узнали, что Его приговор справедлив. Это событие символизирует происходившие в земном храмовом служении очищение и проверку каждого израильтянина перед великим Днем примирения.

Пророк Даниил пишет: «Видел я наконец, что поставлены были престолы, и воссел Ветхий днями; одеяние на Нем было бело, как снег, и волосы головы Его – как чистая волна; престол Его – как пламя огня, колеса Его – пылающий огонь. Огненная река выходила и проходила пред Ним; тысячи тысяч служили Ему и тьмы тем предстояли пред Ним; судьи сели, и раскрылись книги» (Даниил 7:9- 10).

Таким образом пророку было послано видение о важном и великом дне, когда жизни и характеры людей должны быть исследованы перед Судьей всей земли – и тогда каждому воздастся «по делам его». Ветхий днями – это Бог Отец. Псалмист сказал: «Прежде нежели родились горы, и Ты образовал землю и вселенную, и от века и до века Ты – Бог» (Псалтирь 89:3). Именно Он, Первоисточник всего бытия и Тот, от Которого происходят все законы, председательствует на Суде. И святые ангелы, как служители и свидетели, числом «тысячи тысяч и тьмы тем» присутствуют на этом великом Суде.

«Видел я... вот, с облаками небесными шел как бы Сын человеческий, дошел до Ветхого днями и подведен был к Нему. И Ему дана власть, слава и царство, чтобы все народы, племена и языки служили Ему; владычество Его – владычество вечное, которое не прейдет» (Даниил 7:13-14). Изображенный тут приход Христа не является Его Вторым пришествием на Землю. Он подходит к Ветхому дними на Небесах, чтобы принять власть, славу и царство, которые будут даны Ему по завершении Его служения в качестве Посредника. Именно это событие, а не Его Второе пришествие на Землю, было предсказано в пророчестве, и оно должно было случиться по истечении 2300 дней, в 1844 году. Окруженный небесными ангелами, наш великий Первосвященник вошел во Святое-Святых и там оказался в присутствии Бога, чтобы приступить к последней части Своего посреднического служения ради человека – исполнить работу следственного Суда и совершить примирение для всех, кто, как выяснится, будет вправе разделить его преимущества.

В прообразном служении только те имели часть в служении Дня примирения, кто, раскаявшись, исповедал перед Богом свои грехи, которые и были образно перемещены в святилище посредством крови жертвы за грех.

Точно так же и в великий день заключительного примирения и следственного суда рассматриваются лишь дела тех, которые называют себя народом Божьим. Суд над нечестивыми – это другое, отдельно взятое событие, которое будет иметь место в более поздний период. «Ибо время начаться суду с дома Божия; если же прежде с нас начнется, то какой конец непокоряющимся Евангелию Божию?» (1 Петра 4:17).

Книги записей на Небесах, в которых отмечены имена и действия людей, должны определять решение Суда. Пророк Даниил пишет: «Судьи сели, и раскрылись книги» (Даниил 7:10). В Откровении, при показе той же сцены, добавлено: «И иная книга раскрыта, которая есть книга жизни; и судимы были мертвые по написанному в книгах, сообразно с делами своими» (Откровение 20:12).

Книга жизни содержит имена всех, кто когда-либо служил Богу. Иисус сказал Своим ученикам: «Радуйтесь тому, что имена ваши написаны на небесах» (Ев. Луки 10:20). Павел говорил о своих верных соработниках, «которых имена – в книге жизни» (Филиппийцам 4:3). Даниил, предвидя «время тяжкое, какого не бывало», провозглашает, что народ Божий должен быть освобожден – «все, которые найдены будут записанными в книге» (Даниил 12:1). И автор книги Откровение сообщает, что только те войдут в город Божий, чьи имена «написаны у Агнца в книге жизни» (Откровение 21:27).

«Памятная книга» пишется пред Богом, где фиксируются добрые дела всех «боящихся Господа и чтущих имя Его» (Малахия 3:16). Их слова веры, их поступки любви отмечены на Небесах. Неемия упоминает об этом, когда говорит: «Помяни меня за это, Боже мой, и не изгладь усердных дел моих, которые я сделал для дома Бога моего» (Неемия 13:14). Каждый праведный поступок увековечивается в памятной книге Божьей. Каждое преодоленное искушение, каждое побежденное зло, каждое слово нежного сострадания – об всем ведется там точная запись. И всякий жертвенный поступок, всякое страдание и скорбь, которые претерпевались ради Христа, не остаются неотмеченными. Псалмист сказал: «У тебя исчислены мои скитания; положи слезы мои в сосуд у Тебя, – не в книге ли они Твоей?» (Псалтирь 55:9).

Но есть также и запись грехов людей: «Ибо всякое дело Бог приведет на суд, и все тайное, хорошо ли оно, или худо» (Екклесиаст 12:14). Спаситель говорит: «За всякое праздное слово, какое скажут люди, дадут они ответ в день суда: ибо от слов своих оправдаешься и от слов своих осудишься» (Ев. Матфея 12:36-37). Скрытые замыслы и мотивы появляются в этой безошибочной хронике, потому что Бог «осветит скрытое во мраке и обнаружит сердечные намерения» (1 Коринфянам 4:5). «Вот что написано пред лицом Моим... беззакония ваши, говорит Господь, и вместе беззакония отцов ваших» (Исаия 65:6-7).

Каждое действие человека исследуется перед Богом и регистрируется как поступок верности или неверности. В небесных книгах напротив каждого имени с необыкновенной точностью зафиксировано всякое плохое слово, всякое эгоистичное действие, всякий невыполненный долг и каждый тайный грех со всем его искусным притворством. Проигнорированные предупреждения или обличения, посланные Небом, бесполезно проведенное время, неиспользованные возможности, оказываемое влияние, будь то к добру или ко злу, с его далеко идущими последствиями – все это отмечается ведущим запись ангелом.

Закон Божий – это стандарт, при помощи которого на Суде будут испытаны характеры и жизни людей. Мудрец говорит: «Бойся Бога и заповеди Его соблюдай, потому что в этом все для человека; ибо всякое дело Бог приведет на суд» (Екклесиаст 12:13-14). Апостол Иаков напоминает своим братьям: «Так говорите и так поступайте, как имеющие быть судимы по закону свободы» (Иакова 2:12).

Те, кого на Суде признают достойными, будут иметь часть в воскресении праведных. Иисус говорил: «А сподобившиеся достигнуть того века и воскресения из мертвых... равны Ангелам и суть сыны Божии, будучи сынами воскресения» (Ев. Луки 20:35-36). И снова Он провозглашает: «И изыдут творившие добро в воскресение жизни» (Ев. Иоанна 5:29). Умершие праведные не будут воскрешены до окончания Суда, на котором их сочтут достойными «воскресения жизни».

Поэтому они не будут лично присутствовать на Суде, когда исследуется их жизнь и решаются их дела.

Иисус выступит в качестве их Адвоката, чтобы ходатайствовать за них пред Богом: «Если бы кто согрешил, то мы имеем Ходатая пред Отцом, Иисуса Христа, Праведника» (1 Иоанна 2:1). «Ибо Христос вошел не в рукотворенное святилище, по образу истинного устроенное, но в самое небо, чтобы предстать ныне за нас пред лице Божие» (Евреям 9:24). «Посему и может всегда спасать приходящих чрез Него к Богу, будучи всегда жив, чтобы ходатайствовать за них» (Евреям 7:25).

Как только на суде раскрываются книги записей, жизнь каждого, кто веровал в Иисуса, предстает пред Богом. Наш Защитник представляет дела каждого поколения, следующего одно за другим, начиная с первых жителей Земли и заканчивая ныне живущими. Упоминается каждое имя, внимательно исследуется каждое дело. Одни принимаются, другие отвергаются. Если у кого-либо остались в книгах записей нераскаянные и непрощенные грехи, то его имя будет изглажено из Книги жизни, а запись о его добрых деяниях будет стерта в памятной книге Божией. Господь объявил Моисею: «Того, кто согрешил предо Мною, изглажу из книги Моей» (Исход 32:33). А пророк Иезекииль пишет: «И праведник, если отступит от правды своей и будет поступать неправедно... все добрые дела его, какие он делал, не припомнятся» (Иезекииль 18:24).

Против имен тех, которые действительно раскаялись в своих грехах, веруя в кровь Христа как свою искупительную жертву, в небесных книгах отмечается прощение; так как они стали причастниками праведности Христа и их характер найден согласованным с законом Божиим, их грехи изгладятся, и они будут считаться достойными вечной жизни. Господь провозглашает через пророка Исаию: «Я, Я Сам изглаживаю преступления твои ради Себя Самого, и грехов твоих не помяну» (Исаия 43:25). Иисус сказал: «Побеждающий облечется в белые одежды; и не изглажу имени его из книги жизни, и исповедаю имя его пред Отцом Моим и пред Ангелами Его» (Откровение 3:5). «Итак, всякого, кто исповедает Меня пред людьми, того исповедаю и Я пред Отцом Моим Небесным; а кто отречется от Меня пред людьми, отрекусь от того и Я пред Отцом Моим Небесным» (Ев. Матфея 10:32-33).

Как бы глубок ни был интерес, обнаруживаемый людьми к решениям земных судов, все же он едва-едва отображает интерес, проявленный на небесном Суде, когда имена, занесенные в Книгу жизни, представляются на рассмотрение пред Судией всей Земли. Божественный Посредник ходатайствует за всех тех, которые победили, веруя, что благодаря Его крови они получили прощение своих преступлений, чтобы им возвратиться в свой Едемский дом и быть увенчанными вместе с Ним в качестве сонаследников прежнего владычества (см. Михей 4:8). В своих попытках ввести в заблуждение и искусить человеческий род сатана замышлял сорвать Божественный план в отношении людей; но сейчас Христос просит, чтобы этот план был так приведен в исполнение, как будто никогда и не было падения человека. Он просит для Своего народа не только прощения и оправдания, полного и совершенного, но и того, чтобы он разделил с Ним Его славу и сел с Ним на Его престоле.

Тогда как Иисус умоляет за принявших Его благодать, сатана обвиняет их перед Богом, как нарушителей закона. Великий обманщик пытался склонить этих людей к неверию, добиваясь того, чтобы они потеряли доверие к Богу, отделить их от Его любви и преступить Его закон. А сейчас он указывает на летопись их жизни, на изъяны характера, на несходство со Христом, позорящее Искупителя, на все грехи, к совершению которых сатана сам их и склонил, – и на основании всего этого он заявляет на них свои права, как на своих подданных.

Иисус не извиняет их грехи, но указывает на их раскаяние и веру, и, заявляя права на прощение для них, поднимает Свои израненные руки пред Отцом и святыми ангелами, говоря: «Я знаю их по имени. Я начертал их на дланях Моих» (Исаия 49:16). «Жертва Богу дух сокрушенный; сердца сокрушенного и смиренного Ты не презришь, Боже» (Псалтирь 50:19). А обвинителю Своего народа Он объявляет: «Господь да запретит тебе, сатана, да запретит тебе Господь, избравший Иерусалим! Не головня ли он, исторгнутая из огня?» (Захария 3:2). Христос желает одеть Своих верных в одежду Своей собственной праведности, чтобы Он мог представить их Своему Отцу «славною Церковью, не имеющею пятна, или порока, или чего-либо подобного» (Ефесянам 5:27). Их имена записаны в Книге жизни, и к ним относятся слова: «...будут ходить со Мною в белых одеждах, ибо они достойны» (Откровение 3:4).

Таким образом будет претворено в жизнь совершенное исполнение новозаветного обетования: «Я прощу их беззакония и грехов их уже не воспомяну более» (Иеремия 31:34). «В те дни и в то время, говорит Господь, будут искать неправды Израилевой, и не будет ее, и грехов Иуды, и не найдется их» **(Иеремия 50:20)**. «В тот день отрасль Господа явится в красоте и чести, и плод земли – в величии и славе, для уцелевших сынов Израиля. Тогда оставшиеся на Сионе и уцелевшие в Иерусалиме будут именоваться святыми, все вписанные в книгу для житья в Иерусалиме» **(Исаия 4:2-3)**.

Работе следственного Суда и изглаживания грехов необходимо завершиться до Второго пришествия Господа. Поскольку мертвые должны быть судимы согласно написанному в книгах, то невозможно, чтобы грехи людей были изглажены до того, пока не пройдет Суд, на котором надлежит рассмотреть их дела. Апостол Петр определенно утверждает, что грехи верующих будут изглажены, когда «придут времена отрады от лица Господа, и... пошлет Он предназначенного всем Иисуса Христа» **(Деяния Апостолов 3:19-20)**. Когда следственный Суд подойдет к концу, Христос придет, и Его возмездие будет с Ним, чтобы воздать каждому по делам его (см. Откр. 22:12 – прим. ред.).

В прообразном служении первосвященник, совершив примирение для Израиля, появлялся перед собранием и благословлял его. Поэтому Христос по завершении Своей работы в качестве Ходатая явится «не для очищения греха, а для ожидающих Его во спасение» **(Евреям 9:28)**, чтобы дать благословение вечной жизни ожидающим Его. Как священник при устранении грехов из святилища исповедовал их над головой козла отпущения, так и Христос возложит все эти грехи на сатану – автора и зачинщика греха. Козел отпущения, неся на себе грехи Израиля, был изгоняем прочь, «в землю непроходимую» **(Лев. 16:22)**; так и сатана, неся на себе вину за все грехи, к совершению которых он подстрекал народ Божий, будет в течение тысячи лет «привязан» к опустошенной и необитаемой Земле и, в итоге, подвергнется окончательному наказанию за грех в огне, в котором будут истреблены все нечестивые. Таким образом, великий План спасения достигнет своего завершения в окончательном уничтожении греха и освобождении всех тех, кто был готов отвернуться от зла.

В назначенное для Суда время, по окончании периода в 2300 дней, в 1844 году, началось дело расследования и изглаживания грехов. Все, которые когда-нибудь называли себя христианами, должны подвергнуться тщательному исследованию. Как живые, так и мертвые должны быть судимы «по написанному в книгах, сообразно с делами своими» **(Откр. 20:12)**.

Грехи, которые остались нераскаянными и не были оставлены, не будут прощены и не изгладятся из книг записей, но будут свидетельствовать против грешника в день Божий. Он мог совершить свои злые деяния при свете дня или во тьме ночи, однако все они были открыты и обнаружены перед Тем, с Кем нам предстоит иметь дело. Ангелы Божии были свидетелями каждого греха и сделали о нем точную запись. Грех может быть отрицаем, замаскирован и утаен от отца, от матери, от жены, от детей, от друзей; никто не может иметь даже малейшего подозрения, что эта личность виновна во зле, но это не является секретом для Неба. Ночная тьма или самая ловкая маскировка не могут спрятать от Вечного ни единой мысли. У Бога есть точная запись каждого несправедливого отчета и каждого нечестного действия. Он не может быть введен в заблуждение видом благочестия. Он не делает ошибок в оценке характера. Люди могут быть обмануты теми, кто в душе порочен, но Бог проникает сквозь все маскировки и видит внутреннюю жизнь человека.

Как серьезна эта мысль! Дни, следуя один за другим и теряясь в вечности, несут бремя записей для небесных книг. Однажды высказанное слово, однажды сделанное дело уже нельзя больше возвратить. Ангелы зарегистрировали как добро, так и зло. Самый могущественный на Земле завоеватель не может изменить записи хотя бы одного дня. Наши поступки, наши слова, даже наши наиболее скрытые мотивы – все это имеет свой вес в определении нашей участи. Хотя мы можем уже и забыть о них, но они все же будут свидетельствовать либо к нашему оправданию, либо к нашему осуждению.

Подобно тому как на полотне художника с безошибочной точностью воспроизводятся черты лица, так в небесных книгах верно изображается характер человека. И все же люди так мало беспокоятся относительно того отчета, который представлен вниманию небесных существ. Если бы занавес, отделяющий видимый мир от невидимого, был отдернут и люди узрели бы ангела, отмечающего каждое слово и дело, с которыми им придется снова встретиться на Суде, сколько слов тогда ежедневно осталось бы невысказанными и поступков несделанными!

На Суде будет исследовано применение каждого данного нам таланта. Как мы использовали вверенный нам Небом капитал? Получит ли обратно Господь при Его пришествии Свою собственность с прибылью? Применили ли мы доверенные нам силы рук, сердца и ума для славы Божией и для благословения мира? Как мы использовали наши время, перо, голос, деньги, влияние? Что мы совершили для Христа в лице бедных, страдающих, сирот или вдов? Бог сделал нас хранителями Своего святого Слова; как мы обошлись со светом и истиной, данными нам для того, чтобы сделать людей умудренными во спасение? Не имеет ценности одно лишь исповедание веры во Христа; только любовь, проявляющаяся в поступках, считается подлинной. В глазах Неба одна только любовь придает какому-либо поступку ценность. Все, что бы ни было сделано из любви, каким бы малым это ни выглядело в глазах людей, принимается и вознаграждается Богом.

Скрытый людской эгоизм разоблачается в небесных книгах. Имеется запись о неисполненных обязанностях по отношению к ближним и о забывчивости по отношению к требованиям Спасителя. Там можно увидеть, как часто были отданы сатане время, помыслы и силы, принадлежавшие Христу. Печален отчет, который ангелы несут на Небо! Разумные существа, называющие себя последователями Христа, увлечены приобретением мирских благ или поиском земных удовольствий. Деньги, время и силы приносятся в жертву хвастовству и потворству своим желаниям; но как мало времени выделяется для молитвы, исследования Священного Писания, смирения души и исповедания грехов.

Сатана изобретает бесчисленные планы, чтобы занять наш разум и отвлечь нас от той самой работы, о которой мы должны быть наилучшим образом осведомлены. Архиобманщик ненавидит те великие истины, которые говорят об искупительной жертве и всесильном Посреднике. Он хорошо знает, что тайна его успеха заключается в отвлечении разума людей от Христа и Его истины.

Те, кто хотел бы разделить преимущества посреднического служения Спасителя, не должны позволять чему бы то ни было становиться помехой в их долге совершать святыню в страхе Божием. Драгоценные часы, отданные развлечениям, бахвальству или поискам наживы, вместо этого необходимо посвятить серьезному молитвенному исследованию Слова истины. Тема Святилища и следственного Суда должна быть четко усвоена народом Божьим. Все нуждаются в том, чтобы лично для себя знать местопребывание и работу своего великого Первосвященника. Иначе они будут не в состоянии проявить веру, соответствующую данному времени, или же занять то положение, какое Бог желает, чтобы они заняли. Каждая человеческая личность является душой, которая может быть спасена или потеряна. Дело каждого взвешивается на Божьих весах. Каждый должен лицом к лицу встретиться с великим Судией. Как же тогда важно, чтобы каждая душа много раз задумывалась над той торжественной сценой, когда «судьи сядут и раскроются книги», когда каждый человек должен будет стоять вместе с Даниилом для получения своего жребия в конце дней.

Принявшим свет относительно этих вопросов надо свидетельствовать и другим людям о доверенных им Богом великих истинах. Небесное святилище является самим средоточием служения Христа ради человечества. Это затрагивает каждую душу, живущую на Земле, и представляет взору весь План спасения, приводя нас к самому концу времени и показывая победоносный исход борьбы между праведностью и грехом. Крайне важно, чтобы все тщательно исследовали эти темы и были способны дать ответ каждому требующему у них отчета в их уповании.

Ходатайство Христа в пользу человека, которое Он осуществляет в небесном Святилище, так же необходимо для приведения в исполнение Плана спасения, как и Его смерть на кресте. Своей смертью Он положил начало той работе, которую должен был окончить после Своего воскресения и вознесения на Небо. Нам необходимо верой войти внутрь за завесу, «куда предтечею за нас вошел Иисус» (Евреям 6:20). Там отражается свет, сияющий с Голгофского креста. Там мы можем получить более ясное понимание тайн искупления. Спасение человека обошлось Небу чрезвычайно дорого; принесенная жертва соответствует самым обширным требованиям нарушенного закона Божия. Иисус проложил путь к престолу Отца, и благодаря Его ходатайству чистосердечные просьбы всех, кто верой приходит к Нему, могут быть представлены пред Богом.

«Скрывающий свои преступления не будет иметь успеха; а кто сознается и оставляет их, тот будет помилован» (Притчи 28:13). Если бы все, скрывающие и извиняющие свои недостатки, могли видеть, как сатана ликует из-за них, как он по этой причине насмехается над Христом и святыми ангелами, тогда они с поспешностью исповедали бы свои грехи и оставили их. Через изъяны характера сатана работает над тем, чтобы получить контроль над всем разумом; и он знает, что если эти пороки лелеются, то его ожидает успех. По этой причине при помощи своих пагубных хитросплетений он постоянно пытается обмануть последователей Христа в том, что им невозможно одержать победу. Однако Иисус ради них указывает на Свои израненные руки, Свое ломимое тело; и Он объявляет всем, кто пойдет за Ним: «Довольно для тебя благодати Моей» (2 Коринфянам 12:9). «Возьмите иго Мое на себя и научитесь от Меня, ибо Я кроток и смирен сердцем, и найдете покой душам вашим; ибо иго Мое благо, и бремя Мое легко» (Ев. Матфея 11:29-30). Итак, пусть никто не рассматривает свои недостатки как непреодолимые. Бог подарит веру и благодать, чтобы их победить.

Ныне мы живем в великий День примирения. В прообразном служении, когда первосвященник производил очищение Израиля, от каждого требовалось сокрушать свою душу покаянием в грехах и смирением пред Господом, чтобы не быть истребленным из среды народа. Равно и сейчас всем, кто не желает, чтобы его имя было изглажено из Книги жизни, следовало бы в эти немногие оставшиеся для их испытания дни сокрушать пред Богом свои сердца, скорбя о грехе и искренне раскаиваясь. Нужно провести серьезное и основательное исследование сердца. Легкомысленный, фривольный дух, который имеют очень многие исповедующие имя Христа, должен быть отвергнут. Всякому, кто будет подавлять злые наклонности своей натуры, стремящиеся к власти над ним, предстоит серьезное сражение. Дело подготовки – это личное дело каждого в отдельности. Мы не спасаемся группами. Чистота и посвященность одного не уравновесит недостаток этих качеств в другом. Несмотря на то что всем народам необходимо будет предстать пред Божьим Судом, все же Он станет рассматривать дело каждой личности так внимательно и подробно, как будто бы кроме нее на всей Земле нет больше ни единого существа. Каждый должен быть проверен и найден без «пятна, или порока, или чего-либо подобного» (см. Ефес. 5:27 – прим. ред.).

Как серьезны события, связанные с заключительным делом примирения! Огромное значение имеет все, касающееся его. В небесном Святилище сейчас идет Суд. Эта работа продолжается уже в течение многих лет. Скоро – никто не знает, насколько скоро – Суд перейдет к рассмотрению дел ныне живущих, и тогда в вызывающем благоговение Божьем присутствии будут представлены для разбора наши жизни. В это время, более чем когда-либо, каждой душе следует обратить внимание на предостережение Спасителя: «Смотрите, бодрствуйте, молитесь; ибо не знаете, когда наступит это время» (Ев. Марка 13:33). «Если же не будешь бодрствовать, то Я найду на тебя, как тать, и ты не узнаешь, в который час найду на тебя» (Откровение 3:3).

„МЕНЕ, МЕНЕ, ТЕКЕЛ, УПАРСИН" Даниила 5:22.28

Когда работа следственного Суда завершится, участь каждого будет решена к жизни или к смерти. Дверь благодати закроется незадолго до явления Господа на облаках небесных. Христос, взирая в будущее, провозглашает в Откровении: «Неправедный пусть еще делает неправду; нечистый пусть еще сквернится; праведный да творит правду еще, и святой да освящается еще. Се, гряду скоро, и возмездие Мое со Мною, чтобы воздать каждому по делам его» (Откровение 22:11-12).

Праведники и нечестивые все еще будут жить на земле в своих тленных телах; люди будут сеять и строить, есть и пить, не осознавая того, что в небесном Святилище уже сделано решающее, безвозвратное заключение Суда. Перед потопом, как только Ной вошел в ковчег, Бог запер его и не допустил к нему безбожников; и в продолжение семи дней люди не знали, что их участь уже решена, и не оставляли своей беззаботной, полной страсти к развлечениям жизни, высмеивая предупреждения о неминуемом суде. «Так, – говорит Спаситель, – будет и пришествие Сына Человеческого» (Ев. Матфея 24:39). Тихо, незаметно, подобно полночному вору, настанет час, который решит участь каждого человека, и благодать будет окончательно отнята от виновных людей.

«Итак, бодрствуйте... чтобы, пришед внезапно, не нашел вас спящими» (Ев. Марка 13:35-36). Как опасно состояние тех, кто, утомившись от бодрствования, поддается очарованию этого мира. В то время как бизнесмен будет занят погоней за прибылью, любитель развлечений – стремлением к удовлетворению своих желаний, а дочь моды – приведением в порядок своего наряда, – быть может, в тот час Судия всей Земли провозгласит Свое обвинительное заключение: «Ты взвешен на весах и найден очень легким» (Даниил 5:27).

ГЛАВА **29**

Первопричина
зла

У почитаемого херувима Люцифера, находящегося в непосредственной близости к Богу, из-за тщеславия и гордости появилась склонность к самовозвышению. Он восстал против правления Бога и был изгнан с Неба. Ангелы предостерегли от встречи с ним Адама и Еву, но они не выдержали испытания. Таким образом открылся путь для горя и страданий на Земле. И все же Бог имел План для спасения людей и Вселенной.

Для многих умов происхождение греха и причина его существования – это источник большого недоумения. Они видят работу зла с ее страшными последствиями – бедами и разорением – и спрашивают, каким образом все это может происходить под верховной властью Бога, безграничного в мудрости, власти и любви. Здесь – тайна, которой они не находят объяснения. И в своей неуверенности и колебаниях они остаются слепыми по отношению к истинам, отчетливо представленным в Слове Божьем и имеющим большое значение для спасения. Есть такие, которые в своих исследованиях относительно существования греха стараются проникнуть в то, что Богом никогда не было открыто, поэтому они не находят разрешения своих затруднений, и те, которые имеют склонность к сомнениям и придиркам, пользуются этим для извинения своего неприятия слов Священного Писания. Другие, однако, не достигают удовлетворительного понимания великой проблемы зла вследствие того факта, что традиции и неправильное толкование сделали неясным учение Библии относительно характера Божия, природы Его правления и принципов Его обхождения с грехом.

Невозможно объяснить происхождение греха так, чтобы оправдать его существование. И все же как происхождение, так и конечное устранение греха могут быть поняты в достаточной мере для того, чтобы полностью обнаружились справедливость и благость Бога в Его обхождении со злом. Ни о чем так понятно не говорит Священное Писание, как о том, что Бог никоим образом не ответственен за начало греха, что не было какого-либо произвольного отнятия Божественной милости или какого-то недостатка в Божественном правлении, что могло бы дать повод к восстанию против Него. Грех – это самозванец, присутствие которого не может быть ничем оправдано. Это – необъяснимая тайна; оправдать его появление означает выступить в его защиту. Если бы для него можно было найти извинение или показать причину его существования, тогда он уже не был бы грехом. Наше единственное определение греха – это то, что дано в Слове Божьем, а именно: «грех есть беззаконие» (1 Иоанна 3:4); он есть осуществление принципа, находящегося в состоянии войны с великим законом любви, который является фундаментом Божественного правления.

До появления зла Вселенная была объята покоем и радостью. Все находилось в полном согласии с волей Творца. Любовь к Богу занимала наивысшее положение, любовь друг ко другу была беспристрастной. Христос – Слово, Единородный от Бога – и Его Вечный Отец составляли единое целое в Их природе, характере и целях. Он был Одним Единственным во всей Вселенной, Кто мог проникать во все планы и намерения Бога. Христом Отец создал все небесные существа. «Ибо Им создано все, что на небесах… престолы ли, господства ли, начальства ли, власти ли» (Колоссянам 1:16); и все Небо проявляло преданность Христу наравне с Отцом.

Закон любви является фундаментом Божьего правления, и счастье всего живого творения находится в зависимости от абсолютной гармонии с его великими принципами праведности. Бог очень хочет от всего Своего творения служения любви – почтения, имеющего свое начало в разумной оценке Его характера. Он не испытывает радости от принудительной преданности и поэтому предоставляет всем свободу воли, чтобы служение Ему было добровольным.

Но оказался некто, который предпочел извратить эту свободу. Грех произошел от того, кто после Христа был наиболее почтен Богом и кто своим могуществом и славой превосходил всех жителей Неба. До своего падения Люцифер занимал первое место среди осеняющих херувимов, был святым и непорочным. «Так говорит Господь Бог: ты печать совершенства, полнота мудрости и венец красоты. Ты находился в Едеме, в саду Божием; твои одежды были украшены всякими драгоценными камнями… Ты был помазанным херувимом, чтоб осенять, и Я поставил тебя на то; ты был на святой горе Божией, ходил среди огнистых камней. Ты совершен был в путях твоих со дня сотворения твоего, доколе не нашлось в тебе беззакония» (Иезекииль 28:12-15).

Люцифер мог бы оставаться под Божьим покровительством, любимым и почитаемым всем ангельским воинством, если бы он отдавал свои благородные способности для благословения других и прославления своего Творца. Однако, как говорит пророк, «от красоты твоей возгордилось сердце твое, от тщеславия твоего ты погубил мудрость твою» (Иезекииль 28:17). Мало-помалу Люцифер начал лелеять в своей душе страсть к самовозвышению. «Ты ум твой ставишь наравне с умом Божиим» (Иезекииль 28:6). «Говорил в сердце своем... выше звезд Божиих вознесу престол мой, и сяду на горе в сонме богов... Взойду на высоты облачные, буду подобен Всевышнему» (Исаия 14:13-14). Вместо того чтобы направлять к великому Богу любовь и преданность сотворенных Им существ, Люцифер старался завоевать их служение и поклонение для себя. Страстно возжелав той славы, которую Безграничный Отец даровал Своему Сыну, этот князь ангелов стал домогаться власти, обладать которой имел исключительное право только Христос.

Все Небо было радо тому, чтобы отражать славу Создателя и восхвалять Его. И пока Бог был почитаем таким образом, повсюду царили мир и счастье. Но теперь нота разногласия омрачила небесную гармонию. Служение себе и самовозвышение, в противоположность замыслам Создателя, пробудили предчувствие зла в умах тех, для кого слава Божия была превыше всего. Собравшиеся небесные советы старались образумить Люцифера. Сын Божий представил пред ним все величие, доброту и справедливость Творца, а также священную, неизменяемую природу Его закона. Сам Бог установил порядок на Небесах; нарушая его, Люцифер наносил бесчестье своему Создателю и обрекал самого себя на гибель. Но предупреждение, данное ему в духе безграничной любви и сострадания, только вызвало в нем дух сопротивления. Люцифер разрешил восторжествовать возникшему в нем чувству зависти ко Христу и стал еще решительней.

Гордый собственной славой, он лелеял в себе желание превосходства. Высокие почести, оказанные Люциферу, не были оценены им как дар Божий и не вызвали в нем чувства признательности по отношению к Создателю. Он гордился своим блеском и высоким положением и стремился стать равным Богу. Он был любим и уважаем небесным воинством. Ангелам доставляло большое удовольствие выполнять его поручения, ведь он больше их всех был наделен мудростью и величием. И все же признанным Правителем Неба являлся Сын Божий, единый с Отцом в могуществе и власти. Христос принимал участие во всех советах Бога, в то время как Люциферу не было разрешено проникать в Божественные намерения. Этот могущественный ангел задавался вопросом: «Почему Христос должен иметь превосходство? Почему Он почитаем выше Люцифера?»

Покинув свое место, которое он занимал в непосредственном Божьем присутствии, Люцифер направился возбуждать среди ангелов дух недовольства. Действуя секретно и временно маскируя свою подлинную цель под видом почтения к Богу, он пытался возбудить неудовольствие в отношении законов, управляющих небесными существами, намекая на то, что эти законы налагают на них излишние ограничения. Он настаивал на том, что поскольку по своей природе ангелы святы, то им следует повиноваться желаниям своей личной воли. Он пытался вызвать к себе сочувствие, представляя Бога несправедливым по отношению к нему в том, что наивысшей чести удостоин Христос. При этом Люцифер утверждал, что стремясь к большей власти и славе, он вовсе не ставит цель к возвышению себя, а хочет обеспечить свободу для всех обитателей Неба, чтобы посредством этого они могли достигнуть более высокой ступени бытия.

Бог по Своей великой милости очень терпеливо обращался с Люцифером. Он не был тотчас же понижен в своем статусе, когда впервые позволил себе проявить дух недовольства, а также даже и тогда, когда начал предъявлять свои ложные претензии перед верными ангелами. Ему еще долго было разрешено оставаться на Небе. Вновь и вновь ему предлагалось прощение на условии покаяния и повиновения. Все, что только могла Безграничная Любовь и Мудрость, было предпринято, для того чтобы убедить его в его ошибке. Дух недовольства никогда прежде не был известен на Небе. Люфицер и сам на первых порах не понимал, куда катится; он не осознавал подлинной природы своих чувств. Но когда была доказана беспочвенность его недовольства, Люцифер убедился в том, что был не прав, что Божественные требования справедливы и что он должен признать их таковыми перед всем Небом. Сделай он это – и мог бы быть спасен и он сам, и многие ангелы. Тогда Люцифер еще не полностью отказался от своей верности Богу. Несмотря на то что он оставил свое положение осеняющего херувима, все же если бы он пожелал вернуться к Богу, признав мудрость Создателя и с готовностью заняв место, отведенное ему в великом Божьем плане, то был бы восстановлен на своем посту. Но гордость воспрепятствовала ему подчиниться. Он постоянно оправдывал свою собственную линию поведения, настаивая на том, что ему нет нужды в покаянии, и таким образом полностью решил посвятить себя великой борьбе со своим Создателем.

Все силы его искусного ума теперь были отданы работе обмана, чтобы склонить на свою сторону ангелов, находящихся под его началом. Даже тот факт, что Христос предупреждал его и давал ему советы, был искажен и выставлен в таком свете, чтобы послужить его изменническим планам. Тем, кто наиболее привязался к нему узами любви и доверия, сатана представлял все дело так: о нем неправильно судят, его точку зрения не уважают, а его свободу ограничивают. От искажения слов Христа Люцифер перешел к увиливаниям и прямой лжи, обвиняя Сына Божия в злом умысле, что Он якобы хочет унизить его перед всеми небожителями. Он пытался также неверно представить предмет спора между ним и верными ангелами. Всех тех, кого он был не в состоянии смутить и полностью привлечь на свою сторону, он обвинял в равнодушном отношении к интересам обитателей Неба. Ту самую работу, которую он проделывал сам, сатана приписывал тем, кто оставался верным Богу. И, для того чтобы подтвердить свое обвинение Бога в несправедливости по отношению к нему, он прибегал к искажению слов и действий Создателя. Его стратегия состояла в том, чтобы сбить с толку ангелов, прибегая к коварным доводам, касающимся Божьих намерений. Все то, что было просто, он облекал тайной и посредством искусных искажений вызывал сомнение в отношении яснейших высказываний Иеговы. Его высокое положение, выражающееся в такой близкой связи с Божественным управлением, придавало еще большую силу всем его заявлениям, и многие были побуждены присоединиться к нему в восстании против власти Неба.

Бог в Своей мудрости позволил сатане продвигать свое дело до тех пор, пока дух недовольства не перерос в настоящий мятеж. Было необходимо, чтобы его планы всецело раскрылись и чтобы их настоящая природа и цель стали видны всем. Люцифер, как помазанный херувим, был высоко возвеличен и очень сильно любим небесными существами, поэтому его влияние на них было значительным. Правление Божье распространялось не только на небесных жителей, но и на все сотворенные миры; и сатана думал, что если он сможет повести за собой в восстании небесных ангелов, ему удастся также увлечь за собой и другие миры. Он искусно преподносил свою сторону вопроса, используя софистику и мошенничество для достижения своих целей. Его способность вводить в заблуждение была колоссальной, и, спрятавшись под покровом лжи, он обрел преимущество. Даже верные ангелы не могли полностью распознать его характер или увидеть, к чему ведет его деятельность.

Сатана был так высоко почитаем, и все его действия были так покрыты тайной, что было трудно раскрыть ангелам подлинную природу его работы. Пока грех не развился полностью, он не проявил бы себя как зло, каковым он в действительности и является. До этого в Божьей Вселенной такого не случалось, и святые существа не имели понятия о природе греха и его злокачественности. Они не могли представить себе тех страшных последствий, которые произошли в результате устранения Божественного закона. Поначалу сатана маскировал свою работу показным принятием обета верности Богу. Он заявлял о том, что старается содействовать славе Божьей, прочности Его правления и благу всех небожителей. Насаждая недовольство в умах ангелов, находившихся под его началом, он очень ловко создавал видимость, что делает все возможное со своей стороны, чтобы удалить это недовольство. Он настаивал на том, что в порядке и законах Божьего правления должны быть произведены изменения, и будто бы это жизненно необходимо для сохранения гармонии на Небе.

В Своем обращении с грехом Бог мог применять только праведность и истину. Сатана же пользовался тем, чем не мог пользоваться Бог, а именно: лестью и обманом. Он пытался фальсифицировать Слово Божие и в искаженном виде представить перед ангелами Его план правления, заявляя, что Бог не был справедлив, налагая на небожителей бремя законов и правил, и что в предъявляемом к Своим созданиям требовании покорности и повиновения Он искал лишь возвеличивания Самого Себя. По этой причине всем обитателям Неба, равно как и всем мирам, необходимо было открыть, что Божье правление справедливо, а Его закон совершен. Сатана притворялся, будто бы он сам ищет того, что содействует благу Вселенной. Подлинный характер обманщика и его настоящие намерения должны были быть поняты всеми. Ему нужно было дать время, чтобы проявить себя в своих злых деяниях.

В разногласии, вызванном на Небе его собственными действиями, сатана обвинил закон и правление Божие. Все зло он объявил результатом Божественного руководства. Он утверждал, что его собственной целью было улучшить законы Иеговы. Следовательно, было необходимо, чтобы он продемонстрировал природу своих претензий и практически показал действие предлагаемых им изменений в Божественном законе. Его собственная работа должна была осудить его. Сатана заявлял с самого начала, что он не проявляет сопротивления. Перед всей Вселенной с обманщика нужно было сорвать маску.

Даже когда было принято решение о невозможности его дальнейшего пребывания на Небе, Безграничная Мудрость не лишила сатану жизни. Поскольку Богом может быть принято одно лишь служение любви, то преданность Его созданий должна основываться на убеждении в Его справедливости и благости. Небожители и обитатели других миров, будучи неподготовленными к тому, чтобы понять природу греха или его последствия, не могли бы увидеть справедливость и милость Божью в уничтожении сатаны. Будь он немедленно истреблен, они служили бы после этого Богу скорее из страха, чем из любви. И тогда ни влияние обольстителя не было бы полностью разрушено, ни дух мятежа не был бы совершенно истреблен. Злу нужно было позволить дойти до завершения. Ради блага всей Вселенной на вечные времена сатана должен был более полно развить свои принципы, чтобы таким образом его обвинения против Божественного правления стали бы видны всем сотворенным существам в их истинном свете, с тем чтобы справедливость и милосердие Божии, а также непреложность Его закона остались навсегда вне всякого сомнения.

Восстание сатаны должно было послужить для Вселенной уроком на все грядущие века, вечным свидетельством о сущности и страшных результатах греха. Реальное правление сатаны и его воздействие на людей и ангелов обнаружили бы плоды устранения Божественного авторитета. Это стало бы доказательством того, что с существованием Божьего правления и Его закона тесно связано благополучие всего Его творения. Итак, история этого страшного бунтарского опыта должна была стать вечным щитом для всех разумных святых существ, предохраняя их от обмана относительно природы беззакония и спасая от совершения греха, чтобы не понести за него наказания.

До самого окончания борьбы на Небесах великий узурпатор продолжал оправдывать себя. Но когда было объявлено, что сатана вместе с сочувствующими ему ангелами должен быть изгнан из обителей блаженства, то предводитель повстанцев дерзко признался в своем презрении к закону Творца. Он вновь и вновь делал заявление о том, что ангелы не нуждаются в контроле, но что им надо разрешить следовать своей личной воле, которая всегда будет вести их верным путем. Он осудил Божественные уставы как ограничивающие их свободу и объявил, что его цель состоит в том, чтобы добиться отмены закона, чтобы свободные от этого ограничения небесные воинства смогли подняться на еще более возвышенную, более славную ступень бытия.

Единодушно сатана и его приспешники возложили вину за свой мятеж всецело на Христа, утверждая, что если бы их не порицали, то они никогда не восстали бы. Таким образом, архимятежник и его сторонники, упорные и дерзкие в своей измене, напрасно стремящиеся ниспровергнуть Божье правление и богохульно выставляющие себя при этом невинными жертвами тиранической власти, были, в конце концов, изгнаны с Неба.

Тот же самый дух, который возбудил мятеж на Небе, все еще вдохновляет восстание на Земле. Сатана продолжил теперь уже с людьми проводить ту же политику, что и раньше с ангелами. Его дух теперь правит детьми неповиновения. Уподобляясь ему, они пытаются сломать ограждения закона Божия и сулят людям свободу через нарушение Его заповедей. Обличение во грехе до сих пор возбуждает дух ненависти и сопротивления. Когда Божьи вести предостережения взывают к совести людей, сатана склоняет их к самооправданию и поиску в других сочувствия к своему греховному образу действий. Вместо того чтобы исправить свои ошибки, они исполняются негодованием на того, кто их обличил, как будто бы он единственный создал проблему. Со времен праведного Авеля и до наших дней всегда обнаруживается тот же дух по отношению к тем, кто берет на себя смелость осудить грех.

Тем же методом представления в ложном свете характера Бога, какой сатана применил на Небе, выставляя Его суровым и деспотичным, он склонил ко греху и человека. А добившись этого, он заявил, что Божьи несправедливые ограничения привели к падению человека, точно так же, как они явились причиной и его собственного противодействия.

Но Сам Вечносущий так свидетельствует о Своем характере: «Господь, Господь, Бог человеколюбивый и милосердный, долготерпеливый и многомилостивый и истинный, сохраняющий милость в тысячи родов, прощающий вину и преступление и грех, но не оставляющий без наказания» (Исход 34:6-7).

Изгнав сатану с Неба, Бог показал Свою справедливость и сохранил честь Своего престола. А когда согрешил человек, уступив измышлениям этого отступнического духа, Бог доказал Свою любовь, отдав Своего единородного Сына на смерть ради падшего рода. В этом искуплении открылся весь характер Бога. Могущественный аргумент креста подтверждает всей Вселенной, что правление Божие никоим образом не было ответственно за избранный Люцифером курс греха.

В противостоянии между Христом и сатаной во время земного служения Спасителя был раскрыт характер великого обманщика. Ничто не могло так действенно искоренить всякое чувство любви к нему у святых ангелов и всей верной Вселенной, как та жестокая, беспощадная война, которую сатана повел против Спасителя мира. Наглое богохульство его требования ко Христу оказать ему честь и поклониться, его дерзкая бесцеремонность, когда он перенес Его на вершину горы и крыло храма, его злостное намерение, выданное в тех уговорах Христа, чтобы Он бросился вниз с головокружительной высоты, та неусыпная злоба, с какой он охотился за Ним от места к месту, подстрекая священников и народ отклонить Его любовь, и, в конечном итоге, кричать: «Распни, распни Его!» (Ев. Луки 23:21 – прим. ред.) – все это наполнило Вселенную удивлением и возмущением.

Это сатана подтолкнул мир к отвержению Христа. Князь зла привел в действие всю свою силу и ловкость, чтобы погубить Иисуса, потому что он понимал, что милосердие и любовь Спасителя, Его сострадание и милосердная доброта представляли миру характер Бога. Сатана оспаривал каждое утверждение Сына Божия и использовал людей в качестве своих агентов, чтобы наполнить жизнь Спасителя болью и печалью. Хитросплетения и ложь, которыми он пытался помешать деятельности Иисуса, ненависть, проявляемая через детей неповиновения; его жестокие обвинения против Того, Чья жизнь была жизнью беспримерной добродетели, – все это происходило из глубокого чувства мести. Сдерживаемый огонь зависти и злобы, ненависти и мести внезапно вспыхнул на Голгофе, чтобы поглотить Сына Божия, в то время как все Небо с немым ужасом смотрело на происходящее.

Когда свершилось великое жертвоприношение, Христос вознесся на высоту, отклоняя поклонение ангелов, пока не представил Отцу Своей просьбы: «Отче! которых Ты дал Мне, хочу, чтобы там, где Я, и они были со Мною» (Ев. Иоанна 17:24). Тогда с невыразимой любовью и силой от престола Отца последовал ответ: «Да поклонятся Ему все Ангелы Божии» (Евреям 1:6). На Иисусе не было ни единого пятна. Его унижение осталось в прошлом, Его жертва совершена, и Ему было дано имя превыше всякого имени.

Теперь вина сатаны оказалась вне всякого извинения. Он показал свой истинный характер лжеца и убийцы. Было ясно, что тот же самый дух, с каким он господствовал над сынами человеческими, бывшими в его власти, сатана проявил бы, если бы ему было позволено руководить небожителями. Он заявлял, что преступление Божьего закона принесет свободу и возвышение, однако результаты, напротив, свидетельствовали о рабстве и вырождении.

Лживые обвинения сатаны против Божественного характера и правления предстали в истинном свете. Он упрекал Бога в том, что Бог просто ищет для Себя возвышения, настаивая на подчинении и повиновении Себе Своих созданий; сатана также заявлял, что, в то время как Создатель требовал от всех остальных самоограничения, Сам Он, однако, не практиковал такового и не приносил никакой жертвы. Но теперь стало очевидно, что для спасения падшего и грешного рода Правитель всей Вселенной принес величайшую Жертву, какую могла принести лишь Любовь; «потому что Бог во Христе примирил с Собою мир» (2 Коринфянам 5:19). Стало очевидным также и то, что тогда как Люцифер в своем желании славы и превосходства открыл дверь греху, Христос, с целью искоренения греха, смирил Себя и стал послушным до смерти.

Бог обнаружил Свое резко отрицательное отношение к принципам восстания. Все Небо увидело Его справедливость, явленную в осуждении сатаны и в искуплении человека. Люцифер утверждал, что если закон Божий незыблем, а наказание за его нарушение не может быть снято, то каждому законопреступнику должно быть навсегда отказано в благосклонности Создателя. Он заявлял, что греховный род находится вне искупления и является поэтому принадлежащим ему по праву. Но смерть Христа оказалась неопровержимым доводом в защиту человека. Наказание за нарушение закона принял Тот, Кто равен Богу, а человек мог свободно принять праведность Христа и жизнью покаяния и смирения, подобно Сыну Божию, одержать победу над силой сатаны. Таким образом, Бог праведен и оправдывает всякого, кто верит в Иисуса.

Но искупление человека не было единственным делом, из-за которого Христос пришел на Землю, чтобы пострадать и умереть. Он пришел также для того, чтобы «возвеличить и прославить закон» (Исаия 42:21). Не только жители нашей планеты должны были проявить должное уважение к закону, но и перед всеми другими мирами Вселенной надо было показать, что закон Божий неизменяем. Если бы было возможно устранить его требования, тогда Сыну Божию не нужно было бы отдавать Свою жизнь, для того чтобы искупить его нарушителей. Смерть Христа подтверждает непреложность закона. И эта жертва, принесенная ради спасения грешников, на которую безграничная любовь побудила Отца и Сына, наглядно демонстрирует всей Вселенной, что справедливость и милость являются фундаментом закона и правления Божия.

При окончательном приведении в исполнение решения Суда станет ясно, что причины для греха не существует. Когда Судия всей Земли спросит у сатаны: «Почему ты восстал против Меня и отнял у Меня Моих подданных?», автор зла не сможет привести никакого оправдания и извинения. Ни одни уста не откроются для ответа, и все восставшие воинства будут молчать.

Голгофский крест, объявляя закон неизменяемым, свидетельствует всей Вселенной о том, что возмездие за грех есть смерть. В предсмертном возгласе Спасителя «Совершилось!» (Ев. Иоанна 19:30) для сатаны прозвучал смертный приговор. Длившийся так долго великий конфликт теперь разрешился и окончательное искоренение зла стало неизбежным. Сын Божий прошел через врата могилы, чтобы «смертью лишить силы имеющего державу смерти, то есть, диавола» (Евреям 2:14). Страсть Люцифера к самовозвышению привела его к тому, чтобы сказать: «Выше звезд Божьих вознесу престол мой... буду подобен Всевышнему» (Исаия 14:13-14). Бог провозглашает: «Я превращу тебя в пепел на земле... и не будет тебя во веки» (Иезекииль 28:18-19). Когда «придет день, пылающий, как печь; тогда все надменные и поступающие нечестиво будут как солома, и попалит их грядущий день, говорит Господь Саваоф, так что не оставит у них ни корня, ни ветвей» (Малахия 4:1).

Все обитатели Вселенной станут очевидцами сущности греха и того, к чему он приводит. Абсолютное истребление греха, которое в начале его возникновения вызвало бы у ангелов страх и принесло бы бесславие Богу, теперь докажет Его любовь и упрочит Его честь перед жителями всех миров, с радостью исполняющих Его волю, в чьих сердцах находится Его закон. Никогда зло не появится вновь. Слово Божие говорит: «И бедствие уже не повторится» (Наум 1:9). Закон Божий, который сатана осуждал как рабское иго, будет почитаем как закон свободы. Проверенное в испытании творение никогда уже больше не проявит своей неверности Тому, Чей характер был полностью явлен им во всей Своей непостижимой любви и безграничной мудрости.

Сатана и его ангелы сброшены с Неба (Откр. 12:7-12)

ГЛАВА **30**

Конфликт между человеком и сатаной

Благодать, подаренная Христом человеку, вызывает в нем вражду против дьявола. Без этой обновляющей силы и милости человек оставался бы пленником сатаны, ревностным его слугой, выполняющим все его приказания.

«И вражду положу между тобою и между женою, и между семенем твоим и между семенем ее; оно будет поражать тебя в голову, а ты будешь жалить его в пяту» (Бытие 3:15). Это Божественное изречение, адресованное сатане сразу после падения человека, было также и пророчеством, объемлющим все столетия вплоть до конца дней и предсказывающим великий конфликт, в который будут вовлечены все грядущие поколения жителей Земли.

Бог говорит: «Вражду положу». Происхождение этой вражды неестественно. Когда человек преступил Божественный закон, его натура стала злой, и таким образом между ним и сатаной возникла гармония, а не конфликт. Между грешным человеком и автором греха не существует естественной вражды. Оба по причине преступления стали грешными. Отступник никогда не знает покоя, за исключением тех моментов, когда, склоняя других следовать его примеру, он приобретает их сочувствие и поддержку. Для этого падшие ангелы и нечестивые люди соединяются в пагубных узах. Без особого вмешательства Бога сатана и человек заключили бы союз против Неба, и вместо того чтобы питать вражду к сатане, вся человеческая семья объединилась бы в противодействии Богу.

Сатана склонил человека ко греху, как он побудил к восстанию и ангелов, чтобы таким образом обеспечить себе союзников в войне против Неба. Между сатаной и падшими ангелами не было никаких разногласий, что касалось их ненависти ко Христу; несмотря на то что по всем другим пунктам в их среде наблюдалось расхождение во взглядах, они все же крепко объединились в противостоянии власти Правителя Вселенной. Однако, когда сатана услышал обетование о том, что между ним и женой будет положена вражда, а также между семенем его и семенем ее, он осознал, что его работе по разложению человеческой природы будут поставлены серьезные препятствия, что какими-то средствами человек будет способен сопротивляться его силе.

Вражда сатаны против человеческого рода воспламенилась по той причине, что через Христа люди стали предметом любви и милосердия Божия. Он горит желанием помешать осуществлению Божественного плана по искуплению человека, покрыть бесчестьем Бога, повреждая и оскверняя дело Его рук, вызвать скорбь на Небе и наполнить Землю бедами и опустошением. И он указывает на все это зло, как на результат Божьей работы по сотворению человека.

Именно благодать, насаждаемая Христом в душе, вызывает в человеке вражду по отношению к сатане. Без этой обращающей благодати и возрождающей силы человек продолжал бы оставаться пленником сатаны, его слугой, всегда готовым исполнять приказания своего господина. Но этот новый принцип порождает в душе конфликт там, где до сих пор царил мир. Сила, которой Христос одаряет человека, дает возможность последнему противостоять тирану и узурпатору. Тот, кто питает отвращение ко греху, вместо того чтобы его любить, кто борется и одерживает победу над господствовавшими над ним прежде страстями и желаниями, показывает, как в нем действуют небесные принципы.

Противоборство, существующее между Духом Христа и духом сатаны, наиболее поразительно обнаружилось в том, как мир встретил Иисуса. Причина неприятия Его иудеями заключалась в большей степени не в том, что Он явился без земного богатства, пышности и величия. Они понимали, что Он владеет силой, которая могла бы более чем просто восполнить недостаток этих внешних преимуществ. Чистота и святость Христа вызвали у нечестивых ненависть к Нему. Его жизнь самопожертвования и святого посвящения была постоянным укором гордому, сластолюбивому народу. Именно это и вызвало враждебное отношение к Божьему Сыну. Сатана и злые ангелы объединились с порочными людьми. Все силы отступления составили заговор против Борца за истину.

К последователям Христа проявляется та же самая вражда, что была явлена и к их Учителю. Когда кто-либо, замечая омерзительный характер греха, начинает, получая силу свыше, противостоять искушению, это, вне всякого сомнения, вызывает гнев сатаны и его подданных. Ненависть к чистым принципам истины, нападки и гонения на ее защитников будут существовать до тех пор, пока живут грех и грешники. Не может быть никакого единства между последователями Христа и слугами сатаны. Соблазн креста не прекратился. «Да и все, желающие жить благочестиво во Христе Иисусе, будут гонимы» (**2 Тимофею 3:12**).

Агенты сатаны постоянно работают под его руководством в деле укрепления его авторитета и создания его царства в противоположность Божьему правлению. С этой целью они пытаются ввести в заблуждение последователей Христа и склонить их к тому, чтобы предать Его. Подобно своему вождю, для достижения этой цели они неверно истолковывают и искажают Священное Писание. Как сатана старался осыпать упреками Бога, так и его агенты пытаются оклеветать народ Божий. Тот же дух, который приговорил Христа к смерти, управляет и нечестивыми в их желании погубить Его последователей. Все это было предсказано в том первом пророчестве: «Вражду положу между тобою и между женою, и между семенем твоим и между семенем ее» (**Бытие 3:15**). И это будет продолжаться до конца дней.

Сатана мобилизует все свои силы и бросает в бой всю свою мощь. Почему случается так, что его встречают без особенного сопротивления? Почему солдаты армии Христа так сонливы и равнодушны? Потому что они имеют слабую связь со Христом, потому что они лишены Его Духа. Грех не является для них таким мерзким и вызывающим отвращение, каким он был для их Господа. Они не встречают его, как это делал Христос, твердым и непоколебимым противодействием; они не представляют себе огромного вреда и пагубности греха; они просто ослеплены и не видят характера и силы князя тьмы. Вражда против сатаны и его дел потому так незначительна, что очень велико неведение относительно его силы, злобы и обширности распространения войны против Христа и Его церкви. Огромное множество людей введено в заблуждение в этом вопросе. Они понятия не имеют о том, что их враг – это могучий полководец, контролирующий разум злых ангелов, и что он при помощи прекрасно продуманных планов и искусной передислокации воюет против Христа, чтобы помешать делу спасения душ. Среди исповедующих христианство, и даже среди служителей Евангелия, едва ли можно услышать о сатане, за исключением, может быть, случайного упоминания с кафедры. Они не придают значения подтверждениям его непрекращающейся активности и успеха; они не обращают внимания на многочисленные предупреждения относительно его коварства; кажется, они игнорируют само его существование.

В то время как люди совершенно невежественны в отношении его методов работы, этот бдительный противник каждый момент преследует их. Сатана обнаруживает свое присутствие в каждой части дома, на каждой улице наших городов, в церквях, на национальных советах, в судах, ошеломляя, вводя в заблуждение, соблазняя, повсюду разрушая души и тела мужчин, женщин и детей, разбивая семьи и сея ненависть, дух соперничества и мятежа, раздоры и убийства, – а христианский мир, кажется, рассматривает все это как должное и определенное Богом.

Сатана все время озабочен тем, чтобы одержать победу над народом Божьим, ломая барьеры, которые разделяют его с миром. Древние израильтяне были соблазнены ко греху, когда решились на запретный союз с язычниками. Аналогичным образом оказывается сбитым с пути и современный Израиль. «...бог века сего ослепил умы неверующих, чтобы для них не воссиял свет благовествования о славе Христа, Который есть образ Бога невидимого» (2 Коринфянам 4:4). Все те, кто решительно не следует за Христом, являются слугами сатаны. В невозрожденном сердце всегда есть любовь ко греху, а также желание лелеять и оправдывать его. В обновленном же сердце есть ненависть ко греху и стойкое ему противодействие. Когда христиане выбирают общество безбожных и неверующих людей, они подвергают себя искушению. Сатана, тщательно скрывая себя, украдкой натягивает на их глаза покрывало своего обмана. Они сами не могут понять, что такое общество рассчитано на то, чтобы причинить им вред; и, уподобляясь миру в его характере, словах и делах, становятся все более и более слепыми.

Принятие мирских обычаев обращает церковь к миру; оно никогда не обратит мир ко Христу. Близкое знакомство с грехом неизбежно явится причиной того, что грех будет казаться менее отталкивающим. Тот, кто предпочитает общество слуг сатаны, вскоре прекратит бояться и их господина. Когда на нашем пути долга мы встретимся с испытаниями, как в случае с Даниилом при царском дворе, то можем быть уверены, что Бог пошлет нам Свою защиту; но если мы сами подвергаем себя искушению, то рано или поздно все равно падем.

Искуситель часто наиболее успешно работает через тех, кого меньше всего подозревают в нахождении под его властью. Обладатели талантов и имеющие образование вызывают восторг и уважение, будто эти качества могут компенсировать отсутствие страха Божия или же дать людям право на Божье одобрение. Талант и культура человека, по сути дела, являются дарами Божьими, но когда они занимают место благочестия, когда, вместо того чтобы привести душу ближе к Богу, они уводят ее от Него, тогда они превращаются в проклятие и сеть. У многих людей преобладает такое мнение, что все то, что имеет вид учтивости и изысканности, в определенном смысле должно иметь и отношение ко Христу. Никогда не было большего заблуждения. Эти качества должны украшать характер каждого христианина, потому что способны оказать сильнейшее влияние в пользу истинной религии. Они должны быть посвящены Богу, иначе станут силой ко злу. Многие культурные, умные люди с приятными манерами, которые не снизошли бы до того, что обычно считается аморальным поступком, являются всего лишь изысканным орудием в руках сатаны. Коварный, обманчивый характер их влияния и личного примера превращает их в более опасных врагов дела Христа, чем тех, которые являются невежественными и некультурными.

Серьезной молитвой и сознанием своей зависимости от Бога Соломон приобрел мудрость, которая вызывала удивление и восхищение всего мира. Но когда он повернулся спиной к Источнику своей силы и пошел, полагаясь только на себя, то пал жертвой искушения. Тогда изумительные способности, дарованные этому мудрейшему из царей, послужили только к тому, что он стал более эффективным агентом врага человеческих душ.

Несмотря на то что сатана постоянно старается ослепить разум христиан относительно этого факта, они никогда не должны забывать, что борются «не против крови и плоти, но против начальств, против властей, против мироправителей тьмы века сего, против духов злобы поднебесных» (Ефесянам 6:12). Сквозь столетия до наших времен звучит вдохновенное слово предостережения: «Трезвитесь, бодрствуйте, потому что противник ваш диавол ходит, как рыкающий лев, ища кого поглотить» (1 Петра 5:8). «Облекитесь во всеоружие Божие, чтобы вам можно было стать против козней диавольских» (Ефесянам 6:11).

Со времен Адама и до наших дней великий враг работает только над тем, чтобы угнетать и истреблять. Сейчас он подготавливает все для своего последнего нападения на церковь. Все, кто стремится следовать за Иисусом, будут вовлечены в борьбу с этим жестоким противником. Чем ближе христианин будет приближаться к Божественному Образцу, тем больше вероятность того, что он станет предметом нападок сатаны. Все те, кто активно задействован в деле Божием, пытаясь раскрыть обман злого врага и представлять людям Христа, смогут присоединиться к свидетельству апостола Павла, в котором он говорит о работе для Господа со всяким смиренномудрием, многими слезами и среди искушений (см. Деяния 20:19 – прим. ред.).

Сатана подвергал Христа самым жестоким и наиболее коварным искушениям, но терпел поражение за поражением в каждом новом бою. И все те сражения были выиграны для нашего же блага; те победы дали возможность побеждать и нам. Христос дает силу всем, кто просит о ней. Ни один человек не может оказаться побежденным сатаной без личного согласия. Искуситель не способен господствовать над волей или же заставить душу согрешить. Он может заставить человека страдать, но он не может осквернить его. Тот факт, что Христос одержал победу, должен вдохновить Его последователей смело и решительно бороться в сражении против греха и сатаны.

ГЛАВА **31**

Деятельность злых духов

Сатане нравится, когда люди не воспринимают его всерьез, а представляют в качестве безобразного сказочного персонажа. Однако и он сам, и его ангелы – это реальные существа, которые могут оказывать влияние на людей. Мы можем находиться в безопасности только под защитой Христа, если доверяем Ему и надеемся на Него.

Связь между видимым и невидимым мирами, служение ангелов Божьих и деятельность злых духов – все это ясно открыто в Священном Писании и неразрывно переплетено с историей человечества. Наблюдается все возрастающая тенденция не верить в существование злых ангелов, в то время как святых ангелов, «посылаемых на служение для тех, которые имеют наследовать спасение» (Евреям 1:14), многие считают духами умерших. Но Священное Писание не только говорит о существовании ангелов, как добрых, так и злых, но и дает убедительные доказательства того, что они не являются освобожденными от телесной оболочки духами умерших людей.

До сотворения человека уже существовали ангелы; потому что когда полагались основания Земли, то «при общем ликовании утренних звезд... все сыны Божьи восклицали от радости» (Иов 38:7). После падения человека для охраны дерева жизни были посланы ангелы, и это произошло еще до смерти какого-либо из человеческих существ. Ангелы по своей природе превосходят человека; псалмист говорит: «Не много Ты умалил его пред ангелами» (Псалтирь 8:6).

Священное Писание сообщает нам как о численности, могуществе и славе небесных существ, об их связи с правлением Бога, так и об их отношении к делу спасения. «Господь на небесах поставил престол Свой, и царство Его всем обладает» (Псалтирь 102:19). А пророк свидетельствует: «Я... слышал голос многих Ангелов вокруг престола» (Откровение 5:11). Они стоят пред лицом Царя царей – «все ангелы Его, крепкие силою... служители Его, исполняющие волю Его»

(Псалтирь 102:20-21), «повинуясь гласу слова Его» (Псалтирь 102:20). Пророк Даниил видел тысячи тысяч и тьмы тем небесных посланников (см. Даниил 7:10). Апостол Павел говорит о них, как о тьмах Ангелов (см. Евреям 12:22). Будучи Божьими посланниками, они движутся вперед, «как сверкает молния» (Иезекииль 1:14) – так ослепительна их слава и стремителен их полет. Ангел, явившийся у могилы Спасителя, вид которого «был как молния, и одежда его бела как снег», заставил стражей задрожать от страха, и они «стали как мертвые» (Ев. Матфея 28:3-4). Когда Сеннахирим, высокомерный ассириец, поносил и хулил Бога, а также угрожал Израилю уничтожением, то «случилось в ту ночь: пошел Ангел Господень, и поразил в стане Ассирийском сто восемьдесят пять тысяч» (4Царств 19:35). «Он истребил всех храбрых, и главноначальствующего, и начальствующих» в армии Сеннахирима, который «возвратился со стыдом в землю свою» (2 Паралипоменон 32:21).

Ангелы с поручениями милости посылаются к детям Божьим. Они были посланы с обетованиями благословения к Аврааму; к воротам Содома, чтобы спасти праведного Лота от страшной гибели, ожидающей этот город; к Илие – тогда, когда он был близок к смерти от усталости и голода в пустыне; с огненными колесницами и всадниками к Елисею, когда он находился в окружении врага; к Даниилу – в то время как он при дворе языческого царя просил о Божественной мудрости и когда был брошен в львиный ров; к Петру, осужденному на смерть в темнице Ирода; к заключенным в Филиппах; к Павлу и его попутчикам среди ночной бури на море; к Корнилию, чтобы открыть его разум для принятия Евангелия; к Петру, чтобы послать его к язычнику-чужестранцу, жаждущему спасения, – так святые ангелы во все века служили народу Божьему.

За каждым последователем Христа закреплен свой ангел-хранитель. Эти небесные стражи защищают праведников от силы нечестивого. И сам сатана признал это, когда сказал: «Разве даром богобоязнен Иов? Не Ты ли кругом оградил его, и дом его, и все, что у него?» (Иов 1:9-10). В следующих словах псалмопевца мы видим те средства, какие Бог использует для защиты Своего народа: «Ангел Господень ополчается вокруг боящихся Его и избавляет их» (Псалтирь 33:8). Спаситель так сказал о тех, кто верит в Него: «Смотрите, не презирайте ни одного из малых сих; ибо говорю вам, что Ангелы их на небесах всегда видят лице Отца Моего Небесного» (Ев. Матфея 18:10). Ангелы, определенные для служения детям Божьим, во всякое время имеют доступ к Богу.

Таким образом, народу Божьему, подверженному обольстительной силе и неутомимой хитрости князя тьмы и ведущему борьбу со всеми силами зла, гарантирована постоянная опека небесных ангелов. И такая гарантия дается не без нужды. Бог даровал Своим детям обетование милости и охраны потому, что им приходится сталкиваться с могущественными силами зла – силами многочисленными, решительными и неутомимыми, о пагубности и мощи которых невозможно безопасно оставаться в неведении или оставлять их без внимания.

Злые духи, сотворенные в самом начале безгрешными, по своей природе, силе и славе были равны тем святым существам, которые теперь являются Божьими посланниками. Но, став падшими в результате греха, они образовали союз, для того чтобы навлечь бесчестье на Бога и погубить людей. Объединившись с сатаной в его мятеже и будучи вместе с ним изгнанными с Неба, они в продолжение всех последующих столетий сотрудничали с ним в его борьбе против Божественного авторитета. В Священном Писании нам рассказывается об их организации и правлении, об их различных рангах, об их интеллекте и коварстве, об их злых замыслах, обращенных против мира и счастья людей.

В Ветхозаветной истории встречаются редкие упоминания об их существовании и деятельности; но именно во время пребывания Христа на Земле злые духи проявляли свою силу наиболее убедительным образом. Христос пришел, чтобы приступить к осуществлению Плана, разработанного для искупления человека, а сатана принял решение отстаивать свое право на владение этим миром. Он преуспел в установлении идолопоклонства по всему земному шару, кроме земли Палестины. И Христос пришел в эту единственную страну, которая не полностью поддалась власти искусителя, чтобы пролить на народ небесный свет. Здесь две соперничающие друг с другом силы заявили свои права на верховное владычество. Иисус распростер Свои объятия любви, приглашая всех желающих найти в Нем прощение и покой. Силы тьмы видели, что они не обладают неограниченной властью; они поняли, что если миссия Христа будет успешной, то вскоре их правлению придет конец. Как посаженный на цепь лев, сатана исполнился величайшей ярости и беззастенчиво стал демонстрировать свою власть как над телами, так и над душами людей.

Тот факт, что люди были одержимы демонами, ясно изложен в Новом Завете. Болезни страдающих таким образом людей имели не только естественное происхождение. Христос отлично понимал, с кем Он имел дело, и распознавал непосредственное присутствие и действие злых духов.

Замечательный пример относительно их численности, мощи и зловредности, а также власти и милости Христа дан в сообщении Священного Писания об исцелении бесноватых из Гадаринской страны. Те жалкие одержимые люди, отбросив всякую сдержанность, корчась, испуская пену и свирепствуя, оглашали воздух своими криками, причиняя боль самим себе и подвергая опасности всех, кто хотел приблизиться к ним. Своими окровавленными, обезображенными телами и безумием они доставляли истинное наслаждение князю тьмы. Один из бесов, управлявших страдальцами, заявил: «Легион имя мне, потому что нас много» (Ев. Марка 5:9). В римской армии легион составляли от трех до пяти тысяч человек. Сатанинские воинства также поделены на подразделения, и то подразделение, к которому принадлежали эти демоны, было не меньше легиона.

По команде Иисуса злые духи покинули свои жертвы, оставив их спокойно сидящими у ног Спасителя – смирными, послушными и в здравом уме. Однако демонам было позволено увлечь свиное стадо в море; для обитателей же страны Гадаринской потеря свиней перевесила благословения, которые даровал Христос, и Божественного Исцелителя попросили покинуть их пределы. Это был результат, которого сатана и намеревался достичь. Взваливая вину за их убытки на Иисуса, он пробудил в народе эгоистичные опасения и воспрепятствовал тому, чтобы люди слушали Его слова. Сатана постоянно осуждает христиан как виновников ущерба, бед и страданий, только чтобы скрыть свою вину и вину своих агентов.

Однако это не помешало осуществлению намерений Христа. Он позволил злым духам погубить стадо свиней, используя это как укор тем иудеям, которые выращивали этих нечистых животных ради наживы. Не ограничь Христос демонов, они сбросили бы в море не только свиней, но также и их пастухов, и хозяев. Жизнь последних была сохранена только благодаря Его власти, милостиво примененной ради их спасения. Кроме того, этому было разрешено произойти, для того чтобы Его ученики могли стать свидетелями безжалостной власти сатаны как над человеком, так и над животными. Спаситель хотел, чтобы Его последователи имели знание о противнике, с которым они вынуждены будут столкнуться, чтобы не быть введенными в заблуждение и сраженными его уловками. Его волей было также и то, чтобы люди той земли познали Его силу разбивать оковы сатаны и отпускать на свободу его пленников. И, несмотря на то что Иисус удалился оттуда, все же люди, таким чудесным образом избавленные Им, остались, чтобы провозглашать о милосердии своего Благодетеля.

И другие подобные случаи записаны в Священном Писании. Дочь женщины-сирофиникиянки была тяжко мучима бесом, которого Иисус изгнал Своим Словом (см. Ев. Марка 7:26-30). «Бесноватый слепой и немой» (см. Ев. Матфея 12:22); юноша, одержимый немым духом, который «многократно... бросал его и в огонь, и в воду, чтобы погубить его» (Ев. Марка 9:17-27); одержимый, которого мучил «нечистый дух бесовский» и который нарушил субботний покой в Капернаумской синагоге (см. Ев. Луки 4:33-36), – все они были исцелены сострадательным Спасителем. Почти каждый раз Христос говорил с демонами как с разумными существами, приказывая им выйти из своей жертвы и больше не мучить ее. Когда участники богослужения в Капернауме оказались свидетелями Его могущественной власти, то «напал на всех ужас, и рассуждали между собою: что это значит, что Он со властию и силою повелевает нечистым духам, и они выходят?» (Ев. Луки 4:36).

Одержимые бесами чаще всего представлены как существа глубоко страдающие, хотя были и исключения из этого правила. Ради того чтобы получить сверхъестественную силу, некоторые приветствовали сатанинское воздействие. Эти, конечно, не были в конфликте с демонами. К такому классу относились люди, одержимые духом прорицания: маг Симон, Елима-волхв и одна девушка-служанка, которая следовала за Павлом и Силой в Филиппах.

Никто не находится в большей опасности от влияния на него злых духов, чем тот, кто, несмотря на прямое и подробное свидетельство Священного Писания, не признает существования и деятельности дьявола и его ангелов. Поскольку мы несведущи в том, что касается их приемов, они имеют почти невообразимое преимущество; многие обращают внимание на их внушения, полагая при этом, что следуют указаниям своей собственной мудрости. Вот почему, в то время как мы приближаемся к концу дней, когда сатана с величайшей силой проводит свою обольстительную и разрушительную работу, и распространяется повсюду вера в то, что он не существует. В этом заключается его политика – замаскировать себя и свой образ действий.

Ничего так сильно не боится великий обманщик, как того, что людям станет известно о его уловках. Чтобы лучше скрыть свой настоящий характер и цели, он добивается того, чтобы его представление у людей вызывало не более чем насмешку и презрение. Он очень доволен, когда его рисуют

Царь Саул у волшебницы в Аэндоре (1. Царств 28:7-25)

смехотворным или же вызывающим отвращение существом, уродливым получивотным-получеловеком. Он также любит, когда его имя употребляют в шутку и в насмешку те, которые считают себя умными и хорошо просвещенными.

Только потому что он с превосходным искусством замаскировал себя, можно так часто услышать вопрос: «Неужели подобное существо в действительности есть?» Доказательством его успеха является то, что в религиозном мире так широко приняты теории, опровергающие очевиднейшее свидетельство Священного Писания. И как раз потому, что сатана наиболее легко может подчинять своему контролю разум тех людей, которые не осознают его влияния, Слово Божие и дает нам так много примеров его злобной работы, разоблачая перед нами его секретные действия и таким образом помогая нам занять правильную позицию против его атак.

Справедливо, что сила и злоба сатаны и его воинства могли бы встревожить нас, если бы мы не находили защиту и избавление в превосходящей силе нашего Спасителя. Мы предусмотрительно обеспечиваем наши дома запорами и замками, чтобы таким образом защитить нашу собственность и жизнь от злых людей; но как редко мы думаем о злых ангелах, которые все время заняты тем, чтобы найти к нам доступ, и против атак которых мы не имеем методов защиты своими силами. Если им разрешить, то они могут расстроить наш разум, разрушить и измучить наши тела, стереть с лица земли наше имущество и лишить жизни нас самих. Они находят единственное удовольствие в несчастье и разорении. Ужасно состояние тех, кто сопротивляется Божественным требованиям и поддается сатанинским искушениям, до тех пор пока Бог не оставляет их во власти злых духов. Но те, которые следуют за Христом, всегда находятся в безопасности под Его попечением. Для их защиты посланы могущественные небесные ангелы. И дьявол не может проникнуть сквозь охрану, которую Бог расположил вокруг Своего народа.

ГЛАВА **32**

Ловушки сатаны

Сатана старается препятствовать людям принимать Божье Слово простой верой и познавать Его силу, которая ежедневно будет укреплять и вести их. Он подбивает их ко всякого рода спекуляциям и идеям, которые, однако, не имеют библейского основания. Последствиями этого являются сомнения и недоверие к Богу.

Великая борьба между Христом и сатаной, которая продолжается почти шесть тысяч лет, вскоре завершится, и великий обманщик удваивает свои усилия, чтобы расстроить дело Христа ради спасения человека и заманить души в свои ловушки. Держать людей во мраке и нераскаянности, до тех пор пока посредничество Спасителя не подойдет к концу и уже не будет жертвы за грех, – вот та цель, которую он стремится достичь.

Когда не обнаруживается никаких особых стараний противостоять его силе, когда в церкви и в мире преобладает беззаботность, сатана не тревожится, ибо ему не угрожает опасность лишиться тех, кого он сделал своими пленниками. Но когда внимание обращается на вечные предметы и души вопрошают: «Что мне делать, чтобы спастись?» – он оказывается тут как тут, пытаясь помериться силой со Христом и препятствуя воздействию Святого Духа.

Священное Писание рассказывает об одном событии, когда ангелы пришли предстать пред Господа, и сатана пришел вместе с ними (см. Иов 1:6), но не для того, чтобы поклониться Вечному Царю, а чтобы способствовать продвижению своих злодейских планов против праведника. С этой же целью он приходит и туда, где люди собираются, чтобы поклоняться Богу. Оставаясь невидимым, он самым старательным образом трудится над тем, чтобы завладеть разумом молящихся. Подобно опытному военачальнику, он заранее разрабатывает планы. Когда сатана видит, что служитель Божий исследует Писание и готовится к проповеди, то отмечает у себя, о чем тот намерен говорить, и затем применяет всю свою ловкость и проницательность для осуществления такого контроля над обстоятельствами, чтобы те, кого он обольщает именно в данном вопросе, не смогли услышать обращенное к ним слово истины. И в наибольшей степени нуждающиеся в предупреждении окажутся занятыми делами, требующими их присутствия в другом месте, или же им какими-то другими способами будет воспрепятствовано услышать слова, которые могли бы оказаться для них запахом живительным на жизнь.

Кроме того, сатана понимает, что слуги Господни удручены той духовной тьмой, которая обволакивает людей. Он слышит их серьезные молитвы о том, чтобы Божественные милость и сила разрушили чары безразличия, беззаботности и лености. И тогда с обновленным усердием он расставляет свои силки, соблазняя людей к потворству капризам и прихотям аппетита или к какой-либо другой форме самоудовлетворения, притупляя, таким образом, их восприимчивость для того, чтобы они были неспособны слышать именно те истины, в познании которых больше всего нуждаются.

Сатана отлично понимает, что все те, кого он сможет склонить пренебрегать молитвой и не исследовать Писания, будут побеждены им. Поэтому он изобретает различные способы, чтобы занять разум человека. Всегда существовал класс людей, имеющих вид благочестия, которые, вместо исследования истины, делают своей религией выискивание какого-либо изъяна в характере или заблуждения в вере у тех, с кем они не сходятся во взглядах. Таковые есть самые надежные помощники сатаны. Обвинители братьев вовсе не малочисленны, и они всегда проявляют большую активность, когда действует Бог и когда Его слуги в духе истинного почтения служат Ему. Они представляют в ложном свете слова и дела любящих истину и повинующихся ей. Они изображают самых ревностных, усердных и самоотверженных слуг Христа обманутыми или же обманщиками. Их работа заключается в том, чтобы искажать мотивы каждого искреннего и благородного поступка, распространять намеки и возбуждать подозрения в сознании неопытных людей. Всяким способом они пытаются выставить все чистое и правильное нечистым и обманчивым.

Но нет нужды заблуждаться в отношении таких людей. Нетрудно увидеть, чьи это дети, чьему примеру они следуют и чье дело совершают. «По плодам их узнаете их» (**Ев. Матфея 7:16**). Их поведение сходно с поведением сатаны – злобного клеветника и обвинителя братьев (**см. Откр. 12:10**).

Великий обманщик располагает большой сетью агентов, готовых, с целью уловления душ, преподносить любой вид лжеучений – ересей, приспособленных к различным вкусам и способностям тех, кого он хочет уничтожить. Его план состоит в том, чтобы присоединять к церкви неискренних, духовно невозрожденных людей, которые будут сеять семена сомнения и неверия, препятствуя всем, кто очень желает видеть продвижение дела Божьего и трудится над этим. Многие, у кого нет подлинной веры в Бога и Его Слово, соглашаются с некоторыми положениями истины и считаются христианами; таким образом, у них появляется возможность внедрять свои заблуждения, выдавая их за учения Священного Писания.

Утверждение о том, что не имеет никакого значения, во что люди верят, является одним из самых успешных обольщений сатаны. Он знает, что истина, принятая из любви к ней, освящает душу принимающего ее; по этой причине он постоянно старается использовать вместо истины ложные учения, басни, иное евангелие. От начала слуги Божьи боролись с лжеучителями: не только как с порочными людьми, но и как с теми, которые внушали людям пагубные заблуждения. Илия, Иеремия, Павел решительно и смело противостояли тем, кто отвращал людей от Слова Божия. Такое свободомыслие, которое считает истинную библейскую веру маловажной, не снискало расположения этих святых ревнителей истины.

Неясная и причудливая трактовка Священного Писания, а также многие вступающие друг с другом в конфликт теории, касающиеся религиозной веры, которые существуют в христианском мире, являются работой нашего великого врага, имеющего целью запутать людей так, чтобы они не различили истины. И то расхождение во взглядах и разделение, существующее среди церквей христианского мира, происходит в огромной мере из-за укоренившейся привычки извращать Писание для поддержки излюбленной теории. Вместо тщательного, в смирении сердца исследования Слова Божьего для получения познания Его воли, многие стремятся только найти нечто необычное или оригинальное.

Некоторые, для того чтобы поддержать ошибочные доктрины или нехристианские обычаи, ухватываются за отрывки из Священного Писания, оторванные от контекста, возможно, цитируя только часть стиха в качестве подтверждения своей точки зрения, тогда как остальная часть выявляет полностью противоположное значение. Со змеиной хитростью они защищают себя не связанными друг с другом высказываниями, истолкованными ими так, чтобы они соответствовали их желаниям. Таким образом, многие умышленно искажают Слово Божье. Другие, кто имеет развитое воображение, ухватываются за прообразы и символы Священного Писания и интерпретируют их в соответствии со своей фантазией, мало внимания обращая на свидетельство Библии, которая сама себя истолковывает, и затем они преподносят свои причудливые идеи как учение Библии.

Когда бы ни приступали к исследованию Священного Писания без молитвенного, смиренного и прилежного духа, самые понятные и легкие, а также и самые сложные места всегда будут неверно истолкованы. Папские теологи выбирают из Священного Писания такие отрывки, которые лучше всего служат их целям, объясняют все так, как им удобно, и затем подают людям, лишив их привилегии самим изучать Библию и понимать ее священные истины. Каждый должен сам читать Библию от начала до конца. Было бы лучше для них не иметь библейского наставления вообще, чем получать его в таком ужасно извращенном виде.

Библия предназначена быть путеводителем для всех желающих познать волю своего Творца. Бог дал людям вернейшее пророческое слово; ангелы и даже Сам Христос познакомили Даниила и Иоанна с тем, чему надлежит быть вскоре. Те важные темы, которые имеют отношение к нашему спасению, не оставлены окутанными тайной. Они не были явлены так, чтобы запутать и ввести в заблуждение искренних искателей истины. Господь сказал через пророка Аввакума: «Запиши видение и начертай ясно... чтобы читающий легко мог прочитать» (Аввакум 2:2). Слово Божье ясно для всех, кто исследует его с молитвой. Каждая по-настоящему искренняя душа придет к свету истины. «Свет сияет на праведника» (Псалтирь 96:11). И ни одна церковь не может успешно продвигаться в освящении, если члены ее не ищут настоятельно истины, как сокрытого сокровища.

Призыв к свободомыслию делает людей слепыми в отношении намерений их противника, в то время как он постоянно работает над осуществлением своей цели. Как только он преуспевает в вытеснении Библии человеческими теориями, закон Божий устраняется, а церкви становятся заключенными в рабство греха, при этом заявляя, однако, что они свободны.

Для многих стали проклятием научные исследования. Бог позволил излиться над миром потокам света в открытиях науки и искусства, но даже самые умные и талантливые люди, если Слово Божье не служит для них ориентиром, приходят в замешательство в своих попытках отследить связь науки с откровением.

Человеческие познания как в материальной, так и в духовной сферах являются всего лишь частичными, по этой причине многие не способны привести свои научные взгляды в соответствие с утверждениями Священного Писания. Люди относятся к простым предположениям и измышлениям как к научным фактам и полагают, что Слово Божье должно быть испытано этими учениями «лжеименного знания» (1 Тимофею 6:20). Создатель и Его дела находятся вне сферы их понимания, и так как они не могут объяснить их естественными законами, то библейская история рассматривается ими как ненадежная. Те, кто подвергает сомнению достоверность письменных свидетельств Ветхого и Нового Заветов, очень часто не останавливаются на этом и подвергают сомнению само существование Бога, приписывая неограниченную мощь природе. Снявшись с якоря спасения, они оставлены на то, чтобы разбиться о скалы неверия.

Так многие отступают от веры и соблазняются дьяволом. Люди стремятся быть мудрее своего Создателя; человеческая философия предпринимает попытки исследовать и раскрывать тайны, которые никогда не будут открыты и в вечности. Если бы люди, однако, исследовали и понимали то, что Бог объявил о Себе и Своих замыслах, они бы тогда так рассмотрели славу, величие и силу Иеговы, что осознали бы свою собственную ничтожность и вполне были бы довольны тем, что открыто им и их детям.

Шедевром сатанинского коварства является удерживание разума людей в состоянии поиска и предположений касательно того, что Бог не сделал известным и не предназначил для нашего понимания. Так Люцифер потерял свое место на Небесах. Он стал недоволен тем, что ему не были доверены все секреты Божьих замыслов, и полностью проигнорировал показанное ему относительно его личной работы на определенном ему высоком месте. Вызвав то же самое недовольство среди находящихся в его подчинении ангелов, он стал причиной и их падения. И сейчас сатана стремится наполнить разум людей подобным духом и склонить их также не придавать значения ясным Божьим повелениям.

Те, кто не расположен к принятию прямых, задевающих за живое истин Библии, все время ищут приятных басен, которые убаюкивали бы их совесть. И чем духовно беднее представленные доктрины, чем меньше в них призыва к самопожертвованию и смирению, тем с большей благосклонностью они принимаются. Эти люди подавляют силы своего ума, чтобы служить плотским желаниям. Слишком мудрые в своей самооценке, чтобы исследовать Писание в раскаянии души и с серьезной молитвой о Божественном руководстве, они остаются без всякой защиты против заблуждения. Сатана подготовлен к тому, чтобы удовлетворить чаяния их сердец, и преподносит им свои измышления вместо истины. Так паписты получили власть над сознанием людей; и тем же путем отказа от истины, из-за того что она включает в себя крест, последовали и протестанты. Все те, кто игнорирует Божье Слово, ища удобства и мудрости, которые были бы в согласии с миром, будут оставлены для принятия ужасной ереси за религиозную истину. Любая мыслимая форма заблуждения будет признана теми, кто умышленно отклоняет истину. И тот, кто с ужасом смотрит на один какой-либо обман, с готовностью примет другой. Апостол Павел, говоря о том классе людей, которые «не приняли любви истины для своего спасения», провозглашает: «За сие пошлет им Бог действие заблуждения, так что они будут верить лжи, да будут осуждены все не веровавшие истине, но возлюбившие неправду» (**2 Фессалоникийцам 2:10-12**). Имея такое предупреждение, нам следует быть очень осторожными в том, какие учения мы принимаем.

Одним из самых успешных средств великого обманщика является вводящее в заблуждение учение спиритизма и его обманчивые чудеса. Замаскировавшись под ангела света, сатана раскидывает свои сети там, где об этом меньше всего можно подозревать. Если бы люди, однако, изучали Божью Книгу с серьезной молитвой и желанием ее понять, то не были бы оставлены во мраке, чтобы принимать лжеучения. Но поскольку они отказываются от истины, то становятся жертвой обмана.

Другое опасное заблуждение – это учение, отвергающее Божественность Христа и утверждающее, что Он не существовал до Своего пришествия в этот мир. Большая группа людей, исповедующих веру в Библию, поддерживает эту теорию, несмотря на то что такое учение вступает в прямое противоречие с яснейшими высказываниями нашего Спасителя о Его отношениях с Отцом, Его Божественном характере и Его вечносущности. Оно не может быть поддержано без произвольного искажения Священного Писания. Эта теория не только заставляет человека недооценивать работу искупления, но и разрушает веру в Библию как в откровение от Бога. Из-за этого такой теории тяжело противостоять, что и делает ее еще опаснее. Если люди отказываются принимать свидетельство вдохновенных Писаний относительно Божественности Христа, совершенно напрасно спорить с ними по этому вопросу, так как ни один даже самый сильный аргумент не переубедит их. «Душевный человек не принимает того, что от Духа Божия, потому что он почитает это безумием; и не может разуметь, потому что о сем надобно судить духовно» (1 Коринфянам 2:14). Никто из сторонников этого заблуждения не может иметь истинного представления о характере и миссии Христа или же о великом Плане Божьем относительно искупления человека.

Еще одно коварное и приносящее вред заблуждение: это быстро распространяющаяся вера в то, что сатана не существует как реальная личность, но что в Писании его имя используется просто с тем намерением, чтобы представить злые помыслы и желания людей.

Широко провозглашаемое с популярных кафедр учение о том, что Вторым пришествием Христа является Его пришествие к каждому человеку при смерти, – это средство для отвлечения сознания людей от Его личного явления на облаках небесных. В течение многих лет сатана таким образом говорил: «Вот, Он в потаенных комнатах» (Ев. Матфея 24:23-26), и множество душ было потеряно, приняв этот обман.

Кроме того, мирская мудрость учит, что молитва не так уж важна. Мужи науки утверждают, что не может быть действительного ответа на молитву, что это было бы нарушением законов, чудом, и что чудес не существует. Они говорят, что во Вселенной действуют непреложные законы, и Сам Бог не предпринимает ничего вопреки им. Так они представляют Бога связанным Его же собственными законами, как будто действие Божественных законов может исключить Божественную свободу. Такое учение противопоставлено свидетельству Священного Писания. Не совершались ли чудеса Христом и Его апостолами? Тот же сострадательный Спаситель живет и сегодня; Он так же охотно слушает молитвы веры сейчас, как Он делал это, когда жил среди людей. Естественное находится рядом со сверхъестественным. Это входит в план Божий, чтобы в ответ на наши с верой вознесенные молитвы, давать нам то, чего Он не дал бы, не обратись мы к Нему подобным образом.

Неисчислимы ошибочные доктрины и фантастические идеи, существующие в церквях христианского мира. Невозможно оценить все то зло, которое возникает при удалении хотя бы одного из пограничных камней, определенных Словом Божьим. Немногие из позволивших себе сделать это останавливаются на отвержении только одной из истин. Большинство же продолжает устранять принципы истины один за другим до тех пор, пока они не становятся фактически неверующими.

Заблуждения популярной теологии повергли в скептицизм многие души, которые в противном случае могли бы стать верующими в Священное Писание. Они считают невозможным для себя принять доктрины, которые оскорбляют их понятие о справедливости, милосердии и доброте; а поскольку эти доктрины представляются как учение Библии, то они отказываются принять ее как Слово Божье.

Это и является той целью, которую стремится достичь сатана. Больше всего он жаждет разрушить веру в Бога и Его Слово. Сатана стоит во главе громадной армии сомневающихся и работает на пределе своих возможностей, чтобы только обманом завлечь души в свои ряды. Сомневаться становится модным. Существует множество людей, которые проявляют недоверие к Слову Божию по той же причине, что и к его Автору, а именно потому, что оно осуждает и порицает грех. Те, кто не расположен прислушиваться к требованиям Слова, стараются умалить его авторитет. Они читают Библию или слушают ее учения, представляемые с церковной кафедры, только с тем намерением, чтобы придраться к Священному Писанию или к проповеди. Немалое количество людей становятся скептиками, для того чтобы оправдать или извинить свое игнорирование долга. Другие принимают скептические принципы из гордости и лености. Слишком избалованные удобствами жизни, для того чтобы совершить что-либо достойное, что требует усилия и самоотречения, они стремятся завоевать репутацию обладателей высшей мудрости, подвергая критике Библию. Есть многое, чего ограниченный ум, не просвещенный Божественной мудростью, не способен охватить, и таким образом они находят повод для критики. Иные, кажется, убеждены, что это добродетель – стоять на стороне неверия, скептицизма и безбожия. Но может быть обнаружено, что, имея вид чистосердечия, подобного рода люди на самом деле движимы самонадеянностью и гордостью. Многим очень нравится находить в Священном Писании такое, что приведет в затруднение других.

Некоторые на первых порах критикуют и спорят из простой любви к дискуссиям. Они не осознают, что таким путем позволяют сатане опутывать себя сетями. Но они полагают, что, открыто выразив свое неверие, они теперь должны отстаивать свою позицию. Так они объединяются с безбожниками, и сами закрывают перед собой врата рая.

В Своем Слове Бог дал достаточно свидетельств Своего Божественного характера. В нем понятно преподнесены великие истины, имеющие отношение к нашему спасению. При содействии Святого Духа, Который обещан всем, кто искренне Его ищет, каждый человек может уяснить для себя эти истины. Бог предоставил людям прочный фундамент, на котором может покоиться их вера.

И все же ограниченного разума людей недостаточно для того, чтобы полностью осмыслить планы и намерения Безграничного. Мы никогда не сможем исследованием найти Бога. Мы не должны пытаться дерзкою рукой приподнять завесу, за которой Он скрывает Свое величие. Апостол восклицает: «Как непостижимы судьбы Его и неисследимы пути Его!» (Римлянам 11:33). Мы можем понять Его действия и мотивы по отношению к нам в такой мере, чтобы перед нами открылись безграничная любовь и милость, объединенные с безграничным могуществом. Наш Небесный Отец мудро и праведно руководит всем, и мы не должны быть недовольными и недоверчивыми, но должны преклониться перед Ним в благоговейном повиновении. Он сделает явной для нас такую часть Своих намерений, чтобы познание о них содействовало нашему благу, а что сверх того – мы должны довериться Его Руке, которая всесильна, и Сердцу, которое наполнено любовью.

Хотя Бог предоставил нам достаточно свидетельств, для того чтобы мы могли иметь веру, Он никогда не удалит всего того, что может послужить предлогом для неверия. Все, кто отыскивают крючки, на которых они хотели бы развесить свои сомнения, обнаружат их. И те, кто не соглашается признавать Божье Слово и быть ему послушным до тех пор, пока не будет удалено всякое возражение и не будет более возможности сомневаться, никогда не придут к свету.

Недоверие Богу естественно для невозрожденного сердца, находящегося во вражде с Ним. Но вера вдохновляется Святым Духом, и она будет возрастать, только если ее укреплять. Ни один человек не может стать сильным в вере без определенного напряжения. Неверие укореняется по мере того, как ему потворствуют, и если люди, вместо того чтобы подробно останавливаться на свидетельствах, данных Богом для поддержания их веры, позволяют себе сомневаться и придираться, то они обнаружат, что их сомнения постоянно увеличиваются.

Однако подвергающие сомнению Божьи обещания и не доверяющие заверению Его благодати навлекают на Него бесчестье, и их влияние служит тому, чтобы отвращать других от Христа, вместо того чтобы привлекать их к Нему. Это – бесплодные деревья, которые далеко и широко распростирают свои темные ветви, лишая тем самым других растений солнечного света и заставляя их поникнуть и погибнуть в холодной тени. Дело всей жизни таких людей окажется непрекращающимся свидетельством против них. Они сеют семена сомнения и скептицизма, которые неизбежно принесут свой урожай.

Есть лишь один курс действий для желающих освободиться от сомнений. Вместо того чтобы сомневаться и выискивать недостатки в том, чего они не понимают, пусть обратят внимание на свет, уже озаривший их, – и тогда они получат еще больший свет. Пусть они исполнят каждый долг, ясный для их понимания, и тогда будут в состоянии понять и выполнить то, относительно чего теперь находятся в сомнении.

Сатана может представить фальшивку, настолько схожую с истиной, что она обманет желающих быть обманутыми, тех, кто хочет избежать самоограничения и жертвы, которых требует истина; но он не может держать под своим влиянием душу, которая искренне жаждет, чего бы это ни стоило, узнать истину. Христос есть Истина и «Свет... который просвещает всякого человека, приходящего в мир» (Ев. Иоанна 1:9). Дух истины был послан, чтобы наставить людей на всякую истину. И Сын Божий авторитетно заявил: «Ищите, и найдете» (Ев. Матфея 7:7). «Кто хочет творить волю Его, тот узнает о сем учении» (Ев. Иоанна 7:17).

Последователи Христа имеют мало представления о происках сатаны и его воинства, направленных против них. Но Тот, Кто царит на Небесах, пересилит все эти уловки, чтобы осуществить Свои совершенные планы. Господь допускает, чтобы Его народ был подвержен огненному испытанию искушением, не потому что Ему приятны его страдания и горе, но потому, что этот процесс необходим для его окончательной победы. Он не может, сообразуясь со Своей собственной славой, избавить народ от искушения, так как истинная цель испытания – подготовить его к противостоянию всем обольщениям зла.

Ни нечестивые люди, ни бесы не могут быть помехой делу Божию или лишить Его народ Божественного присутствия, если он хочет со смиренным и сокрушенным сердцем исповедать и оставить свои грехи и с верой притязать на Его обетования. Каждому искушению, каждому противному влиянию, открытое оно или тайное, можно успешно противостоять, «не воинством и не силою, но Духом Моим, говорит Господь Саваоф» **(Захария 4:6)**.

«Очи Господа обращены к праведным, и уши Его к молитве их... И кто сделает вам зло, если вы будете ревнителями доброго?» **(1 Петра 3:12-13)**. Когда Валаам, прельщенный обещанием богатой мзды, применил волшебство против Израиля и путем принесения жертв Господу пытался навлечь проклятие на Его народ, Дух Божий воспрепятствовал злу, которое он очень хотел изречь, и Валаам был вынужден воскликнуть: «Как прокляну я? Бог не проклинает его. Как изреку зло? Господь не изрекает на него зла». «Да умрет душа моя смертию праведников, и да будет кончина моя, как их!» **(Числа 23:8,10)** Когда жертва была снова принесена, нечестивый пророк заявил: «Вот, благословлять начал я, ибо Он благословил, и я не могу изменить сего. Не видно бедствия в Иакове, и не заметно несчастья в Израиле; Господь, Бог его, с ним, и трубный царский звук у него». «Нет волшебства в Иакове и нет ворожбы в Израиле. В свое время скажут об Иакове и об Израиле; вот, что творит Бог!» **(Числа 23:20-21,23)**. И все же в третий раз были сооружены жертвенники, и вновь Валаам попробовал произнести проклятие. Но Дух Божий устами пророка против его воли провозгласил о процветании Своего избранного народа и высказал упрек безрассудству и злобе его врагов: «Благословляющий тебя благословен, и проклинающий тебя проклят!» **(Числа 24:9)**.

Израильтяне в то время были верны Богу; и пока они продолжали быть послушными Его закону, никакие земные или адские силы не были в состоянии восторжествовать над ними. Но то проклятие на Божий народ, которое Валааму не было разрешено провозгласить, все же удалось навлечь на него, когда он ввел народ в грех. Когда они преступили Божьи заповеди, они сами отделили себя от Него и были оставлены, чтобы испытать на себе власть разрушителя.

Сатана отдает себе полный отчет в том, что даже слабейшая душа, которая пребывает во Христе, является для воинств тьмы достойным соперником и что, прояви он себя открыто, ему будет оказано сопротивление. По этой причине он и стремится вынудить воинов креста выйти из их прочной крепости, в то время как он сам сидит со своими войсками в засаде, готовый лишить жизни всех, кто рискнет зайти в его владения. Мы можем быть в безопасности, только в смирении надеясь на Бога и повинуясь всем Его заповедям.

Без молитвы ни один человек не может находиться вне опасности ни дня, ни часа. Особенно мы должны умолять Господа о мудрости для разумения Его Слова. В нем открыты уловки искусителя и то, как ему можно успешно противостоять. Сатана является специалистом по цитированию Священного Писания, трактуя по-своему те места, при помощи которых он надеется заставить нас споткнуться. Нам необходимо исследовать Библию со смиренным сердцем, никогда не теряя из виду нашей зависимости от Бога. Наряду с тем, что мы должны постоянно принимать меры предосторожности против сатанинских уловок, нам следует непрестанно с верой молиться: «Не введи нас в искушение» (Ев. Матфея 6:13).

ГЛАВА **33**

Первый великий обман

От начала сатана старался обмануть людей, сея в них сомнения в Слово Бога. Один из его обманов состоит в учении о том, что мертвые, собственно говоря, вообще не мертвы, но живут дальше. Этим они представляют Бога как тирана, мучающего души умерших. Но Библия говорит, что все мертвые покоятся в могилах до своего воскресения в конце мира.

С самого начала человеческой истории сатана начал прилагать усилия для того, чтобы ввести людей в заблуждение. Тот, который спровоцировал мятеж на Небе, желал убедить и жителей Земли объединиться с ним в войне против Божьего правления. Адам и Ева были в полной мере счастливы в послушании Божьему закону, и этот факт постоянно свидетельствовал против выдвинутого сатаной на Небе утверждения о том, что закон Божий несет с собой рабство и препятствует благу Его творений. Более того, сердце сатаны исполнилось зависти, как только он увидел великолепную обитель, приготовленную для безгрешной пары. Он решил добиться их падения, чтобы, разъединив их с Богом и подчинив своей собственной власти, получить во владение Землю и учредить там свое царство в противовес Всевышнему.

Выяви сатана свой подлинный характер, он сразу же был бы отвергнут, так как Адам и Ева были предупреждены по поводу этого опасного противника; но он работал скрытно, умалчивая о своих намерениях, чтобы более эффективно достичь своей цели. Используя змея, в то время очаровательное творение, в качестве посредника, он обратился к Еве: «Подлинно ли сказал Бог: не ешьте ни от какого дерева в раю?» (**Бытие 3:1**). Если бы Ева удержалась от вступления в дискуссию с искусителем, то осталась бы в безопасности, но она рискнула говорить с ним и пала жертвой его хитрости. Именно так многие до сих пор бывают им побеждены. Они подвергают сомнению и оспаривают требования Божьи; и, вместо того чтобы быть послушными Божественным повелениям, соглашаются с человеческими теориями, которые лишь маскируют уловки сатаны.

«И сказала жена змею: плоды с дерев мы можем есть, только плодов дерева, которое среди рая, сказал Бог, не ешьте их и не прикасайтесь к ним, чтобы вам не умереть. И сказал змей жене: нет, не умрете; но знает Бог, что в день, в который вы вкусите их, откроются глаза ваши, и вы будете, как боги, знающие добро и зло» (Бытие 3:2-5). Он заявил, что они станут подобными Богу, обладая большей мудростью, чем прежде, и будут способны достичь более высокой ступени бытия. Ева поддалась искушению, а посредством ее влияния склонился ко греху и Адам. Они благосклонно отнеслись к словам змея о том, что Бог не имел в виду то, что Он сказал; они проявили недоверие к своему Создателю и вообразили, что Он ограничивает их свободу, тогда как они могли бы приобрести большую мудрость и возвеличиться, нарушив Его закон.

Но какой же смысл приобрели для Адама после его грехопадения слова: «В день, в который ты вкусишь от него, смертью умрешь» (Бытие 2:17)? Содержали ли в себе эти слова то высокое развитие, которое сатана обещал им? Тогда, несомненно, преступить Божье повеление было бы благом, а сатана оказался бы благодетелем человеческого рода. Но Адам убедился, что не таков смысл Божественного приговора. Бог объявил, что в качестве наказания за свой грех человек будет вынужден возвратиться в землю, из которой он был взят: «Прах ты, и в прах возвратишься» (Бытие 3:19). Слова сатаны: «откроются глаза ваши» (Бытие 3:5) оказались правдивыми только вот в каком смысле: после того как они ослушались Бога, их глаза открылись, чтобы увидеть свой грех; они действительно познали зло и вкусили горький плод преступления.

Посреди Едема росло древо жизни, плоды которого имели свойство продлевать жизнь. Останься Адам послушным Богу, он продолжил бы пользоваться свободным доступом к этому дереву и жил бы вечно. Но, согрешив, он был лишен права вкушать от древа жизни и стал подвластен смерти. Приговор Бога: «Прах ты, и в прах возвратишься» свидетельствует об абсолютном угасании жизни.

Вследствие своего неповиновения, он лишился бессмертия, обещанного человеку на условии послушания. Адам не мог передать последующим поколениям то, чего не имел сам; и для павшего человеческого рода не могло быть никакой надежды, не сделай Бог бессмертие вновь досягаемым для людей посредством жертвы Своего Сына. В то время как «смерть перешла во всех человеков, потому что в нем все согрешили» (Римлянам 5:12), Христос «явил жизнь и нетление через благовестие» (2 Тимофею 1:10). И только через Христа можно обрести нетление. Иисус сказал: «Верующий в Сына имеет жизнь вечную; а не верующий в Сына не увидит жизни» (Ев. Иоанна 3:36). Любой человек может получить это бесценное благословение, если выполнит определенные условия. Все, кто «постоянством в добром деле ищут славы, чести и бессмертия», получат «жизнь вечную» (Римлянам 2:7).

Единственным, кто обещал Адаму жизнь при неповиновении, был великий обманщик. А заявление, высказанное змеем Еве в Едеме: «Нет, не умрете», – оказалось первой проповедью о бессмертии души. Тем не менее, это заявление, опирающееся только на авторитет сатаны, раздается с кафедр христианского мира и принимается на веру большей частью человечества с такой же готовностью, с какой восприняли его наши прародители. Божественный приговор: «Душа согрешающая, она умрет» (Иезекииль 18:20) – был сведен к следующему: душа согрешающая не умрет, но будет жить вечно. Можно только удивляться тому странному ослеплению, которое делает людей такими легковерными в отношении слов сатаны и такими неверующими в Божьи слова.

Если бы человеку после его падения был разрешен свободный доступ к дереву жизни, он жил бы вечно, и тогда грех был бы увековечен. Но Господь поставил «Херувима и пламенный меч обращающийся, чтобы охранять путь к дереву жизни» (Бытие 3:24), и никому из семьи Адама не было позволено переступать этот рубеж и вкушать жизнедающие плоды. По этой причине и нет ни одного бессмертного грешника.

Однако после грехопадения человека сатана приказал своим ангелам приложить особые усилия к тому, чтобы насадить веру в естественное бессмертие; и, склонив людей к принятию этого заблуждения, они должны были привести их к выводу, что грешник будет жить в вечных муках. Теперь князь тьмы, работая через своих агентов, представляет Бога мстительным тираном, заявляя, что Он ввергает в ад всех тех, кто Ему не нравится, и вынуждает их вечно чувствовать Его гнев; и что, в то время как они испытывают невыразимые муки и корчатся в вечном пламени, их Творец с удовлетворением смотрит на них с Небес.

Таким образом, архивраг наделяет своими собственными свойствами Творца и Благодетеля человечества. Жестокость – это сатанинское качество. Бог есть любовь, и все, что Он создал, было чистым, святым и красивым до тех пор, пока грех не был привнесен в мир первым великим мятежником. Сатана сам является тем врагом, который, склоняя человека ко греху, затем уничтожает его, если может; и когда он овладевает своей жертвой, то ликует по поводу вызванного им падения. Если бы только ему было позволено, он уловил бы в свои сети весь человеческий род. Не будь вмешательства Божественной силы, никто из сынов и дочерей Адама не спасся бы.

Сатана пытается победить людей сегодня таким же образом, каким одолел и наших прародителей: он стремится поколебать их доверие к своему Творцу и вызвать в них сомнение в мудрости Его правления и справедливости Его законов. Сатана и его агенты изображают Бога даже худшим, чем они сами, чтобы таким образом оправдать свою собственную зловредность и возмущение. Великий обманщик старается приписать ужасную жестокость своего характера нашему Небесному Отцу, чтобы представить себя чрезвычайно обиженным тем, что его изгнали с Неба из-за нежелания подчиняться столь несправедливому правителю. Он предлагает миру свободу, которой можно было бы пользоваться, находясь под его снисходительным правлением, в противоположность «рабству», возлагаемому строгими постановлениями Иеговы. Так он преуспевает в соблазнении душ к отказу сохранять верность Богу.

В каком противоречии с чувствами любви, милости и даже с нашим чувством справедливости находится учение о том, что умершие грешники мучимы в огне и сере вечно горящего ада, что за грехи их короткой земной жизни они должны испытывать агонию, пока существует Бог! И все же эта доктрина широко преподается, и до сих пор она включена во многие вероучения христианского мира. Один известный доктор богословия сказал: «Зрелище мучеников ада будет способствовать увеличению вечного блаженства святых. Когда они увидят подобных себе по происхождению и природе так страдающими, а себя настолько отмеченными, то осознают, насколько они счастливы». Другой говорил: «В то время как приговор осуждения будет вечно приводиться в исполнение над сосудами гнева, дым их мучений будет вечно подниматься перед сосудами милосердия, которые, вместо сочувствия к этим несчастным, будут восклицать: Аминь, Аллилуйя! Славьте Господа!»

Где же на страницах Божьего Слова может быть найдено подобное учение? Разве спасенные на Небе утратят чувства жалости, сострадания и даже обычной человечности? Или эти чувства будут подменены безразличием стоиков и жестокостью варваров? Нет, ни в коем случае! Такого учения нет в Божьей Книге. Те, кто высказывает мнения, выраженные в вышеприведенных цитатах, могут обладать глубокими знаниями и даже быть искренними людьми, но они введены в заблуждение софистикой сатаны. Он приводит их к неверному толкованию строгих высказываний Священного Писания, придавая тексту оттенок горечи и злобы, характерных для него самого, но не для нашего Творца. «Живу Я, говорит Господь Бог: не хочу смерти грешника, но чтобы грешник обратился от пути своего и жив был. Обратитесь, обратитесь от злых путей ваших; для чего умирать вам?» (Иезекииль 33:11).

Что приобрел бы Бог, если допустить, что Он испытывает удовольствие при виде непрекращающихся мучений, что Он наслаждается стонами, воплями и проклятиями страдающих созданий, которых держит в плену адского пламени? Могут ли эти ужасные звуки быть музыкой для слуха Безграничной Любви? Настаивают на том, что наказание нечестивых бесконечными страданиями демонстрирует Божью ненависть ко греху, как ко злу, губительному для мира и порядка во Вселенной. О, какое чудовищное богохульство! Как будто ненависть Бога ко греху является основанием для его увековечения. Из учения этих теологов следует, что постоянные муки без надежды на милость приводят в исступление эти несчастные жертвы, которые по мере излития своего гнева в проклятиях и богохульстве все увеличивают тяжесть своей вины. Слава Божия не преумножается путем постоянного увеличения греха на протяжении бесконечных веков.

За пределами способностей человеческого разума оценить ущерб, нанесенный ересью о вечных муках. Религия Библии, полная любви и добродетели, изобилующая состраданием, омрачена суеверием и окутана ужасом. Если принять во внимание, в каких ложных красках сатана изобразил характер Божий, то разве можно еще удивляться тому, что нашего милосердного Творца опасаются, боятся и даже ненавидят? Такое ужасающее понятие о Боге, которое содержится в учениях и распространяется с кафедр по всему миру, привело к тому, что тысячи и даже миллионы людей стали скептиками и безбожниками.

Теория о вечных муках является одним из лжеучений, составляющих отвратительное вино Вавилона, которым он напоил все народы (см. Откровение 14:8; 17:2). То, что служители Христа могли согласиться с этой ересью и провозглашать ее с освященной кафедры, действительно является тайной. Они получили это учение от Рима, как и ложную субботу. Правда то, что этому учили великие и хорошие люди, но свет относительно данного вопроса не был послан им в такой мере, как нам. Они были ответственны только за свет, полученный ими в их время; а мы несем ответственность за тот свет, который сияет в наши дни. Если мы отворачиваемся от свидетельства Слова Божия и признаем лжеучения, потому что их преподавали наши отцы, тогда осуждение, провозглашенное над Вавилоном, падает и на нас; мы пьем вино его мерзостей.

Огромное множество людей, у кого доктрина о вечных муках вызывает отвращение, впадают в противоположное заблуждение. На страницах Священного Писания они видят Бога, исполненного любви и сострадания, и не могут верить тому, что Он предаст сотворенные Им существа огню вечно горящего ада. Однако, полагая, что душа по природе бессмертна, они приходят к заключению, что, в конечном счете, все человечество будет спасено. Многие рассматривают предупреждения Библии как предназначенные лишь для того, чтобы страхом заставить людей быть послушными, но не как то, что должно буквально осуществиться. Таким образом, грешники могут жить так, как им нравится, не обращая внимания на Божьи требования, и все же ожидать, что в конце концов будут благосклонно приняты Им. Такое учение, злоупотребляющее милостью Божией, но игнорирующее Его правосудие, угождает плотскому человеческому сердцу и придает смелости нечестивым в их беззакониях.

Для того чтобы показать, как верующие во всеобщее спасение в подтверждение своих душегубительных догм искажают Священное Писание, нужно только сослаться на их собственные высказывания. На похоронах одного неверующего молодого человека, который внезапно умер в результате несчастного случая, духовный служитель-универсалист избрал своим текстом библейское высказывание относительно Давида: «Ибо утешился о смерти Амнона» **(2 Царств 13:39)**.

«Мне часто задают вопрос, – сказал служитель, – какова судьба тех, кто в грехе оставляет этот мир, кто, возможно, умер в состоянии опьянения, с неотмытыми пятнами преступления на своих одеждах; или же тех, которые умерли, как этот молодой человек, который никогда не исповедовал никакой религии и не имел духовных опытов. Мы признательны Священному Писанию, ответ которого разрешает эту страшную проблему. Амнон был очень грешным, он был нераскаявшимся; он был пьян – и в таком состоянии убит. Давид являлся пророком Божиим. Ему должна была быть известна участь, ожидавшая его сына в будущем. Что же было у него на сердце? «И не стал царь Давид преследовать Авессалома; ибо утешился о смерти Амнона» (**2 Царств 13:39**).

К какому же заключению мы приходим, исходя из этого текста? Не говорит ли он о том, что Давид не разделял веру в вечные муки? Так мы понимаем; и здесь мы находим победоносный довод в поддержку более приятного, более просветленного, более благожелательного предположения об окончательной всеобщей чистоте и мире. Он утешился о смерти своего сына. А почему? Потому что пророческим взором Давид мог взглянуть вперед, в славное будущее, и увидеть, что его сын удален от всех искушений, освобожден от рабства и очищен от греховной порочности, а после достаточного освящения и просвещения допущен в общество возвышенных и блаженных духов. Его единственным утешением было то, что его возлюбленный сын, будучи освобожденным от нынешнего состояния греха и страданий, ушел туда, где веяние Святого Духа будет касаться его омраченной души, где его разум раскроется для небесной мудрости и сладостного восторга бессмертной любви и где его освященное естество, подготовленное таким образом, будет наслаждаться покоем и обществом небесного наследия.

Размышляя так, мы согласились бы поверить, что небесное спасение не зависит ни от чего, что мы можем сделать в этой жизни; ни от нынешнего изменения сердца, ни от веры, ни от нашего религиозного исповедания».

Так мнимый служитель Христа повторяет ложь, высказанную некогда змеем в Эдеме: «Нет, не умрете; но... в день, в который вы вкусите их, откроются глаза ваши, и вы будете, как боги» (**Бытие 3:4-5**). Он заявляет, что мерзейшие из грешников – убийцы, воры и прелюбодеи – после смерти будут приготовлены к тому, чтобы войти в бессмертное блаженство.

Из чего же этот извратитель Священного Писания делает свои выводы? Из единственного предложения, выражающего подчинение Давида Божьему промыслу. Его душа не стала «преследовать Авессалома; ибо утешился [Давид] о смерти Амнона» (**2 Царств 13:39**). Время притупило остроту его горя, мысли его обратились от мертвого сына к живому, находящемуся в самоизгнании из-за страха перед справедливым наказанием за свое преступление. И это приводится в подтверждение того, что виновный в кровосмешении пьяный Амнон сразу же после своей смерти был перемещен в обители блаженства, где он должен был быть очищен и приготовлен для общения с безгрешными ангелами! Несомненно, это приятная басня, хорошо подходящая для того, чтобы порадовать плотское сердце! Это собственное учение сатаны, и оно эффективно действует. Должны ли мы удивляться тому, что при наличии таких наставлений преизобилует нечестие?

Курс, проводимый одним этим лжеучителем, иллюстрирует направленность многих других. Несколько слов Писания вырываются из контекста, который во многих случаях показал бы, что их значение прямо противоположно данной им трактовке; и подобным образом разорванные пассажи извращаются и используются для подтверждения учений, вовсе не обосновывающихся на Слове Божием. Довод, приведенный в качестве доказательства того, что пьяный Амнон пребывает на Небе, – это простое умозаключение, откровенно опровергаемое ясным и точным заявлением Священного Писания о том, что пьяницы Царства Божия не наследуют (см. 1Коринфянам 6:10). Именно так сомневающиеся, неверующие и скептики обращают истину в ложь. И большое число людей введены в заблуждение их софистикой и убаюканы в колыбели плотской безопасности.

Если бы правдой было то, что души всех людей сразу же после смерти переходят прямо на Небо, тогда мы могли бы справедливо жаждать скорее смерти, чем жизни. Вследствие такой веры многие были склонны к тому, чтобы положить конец своему существованию. Когда людьми овладевают тревога, растерянность и неудовлетворение, им представляется столь простым делом прервать непрочную нить своей жизни и воспарить навстречу блаженству вечного мира.

Бог дал в Своем Слове убедительное свидетельство того, что накажет нарушителей Своего закона. Те, кто успокаивает сам себя, считая Бога слишком милосердным, чтобы осуществить над грешником правосудие, должны только взглянуть на Голгофский крест. Смерть непорочного Сына Божия является доказательством того, что «возмездие за грех – смерть» (Римлянам 6:23), что любое нарушение закона Божия должно встретить свое справедливое наказание. Безгрешный Христос стал грехом за человека. Он понес на Себе вину непослушания людей, и Его Отец сокрыл от Него Свое лицо. Сердце Христа разорвалось, и жизнь Его угасла.

Вся эта жертва была принесена ради того, чтобы грешники могли быть искуплены. Никаким другим путем человек не мог освободиться от наказания за грех. И каждая душа, которая отказывается стать участником осуществленного такой ценой искупления, должна будет лично нести на себе вину и наказание за беззаконие.

Давайте рассмотрим далее, чему еще учит Библия в отношении нечестивых и нераскаявшихся, которых вышеупомянутый универсалист помещает на Небо наподобие святых и счастливых ангелов.

«Жаждущему дам даром от источника воды живой» (Откровение 21:6). Это обетование только для тех, кто жаждет. Никто, кроме тех, кто чувствует нужду в воде жизни и ищет ее ценой утраты всего остального, не получит ее. «Побеждающий наследует все, и буду ему Богом, и он будет Мне сыном» (Откровение 21:7). Итак, здесь точно определены условия. Для того чтобы наследовать все, мы должны противостоять греху и превозмогать его.

Господь объявляет через пророка Исаию: «Скажите праведнику, что благо ему... а беззаконнику горе: ибо будет ему возмездие за дела рук его» (Исаия 3:10-11). «Хотя грешник сто раз делает зло, – говорит мудрец, – и коснеет в нем, но я знаю, что благо будет боящимся Бога, которые благоговеют пред лицем Его; а нечестивому не будет добра» (Екклесиаст 8:12-13). И Павел свидетельствует, что грешник сам собирает себе «гнев на день гнева и откровения праведного суда от Бога, Который воздаст каждому по делам его». «Скорбь и теснота всякой душе человека, делающего злое» (Римлянам 2:5-6,9).

«Никакой блудник, или нечистый, или любостяжатель, который есть идолослужитель, не имеет наследия в Царстве Христа и Бога» (Ефесянам 5:5). «Старайтесь иметь мир со всеми и святость, без которой никто не увидит Господа» (Евреям 12:14). «Блаженны те, которые соблюдают заповеди Его, чтобы иметь им право на древо жизни и войти в город воротами. А вне – псы и чародеи, и любодеи и убийцы, и идолослужители и всякий любящий и делающий неправду» (Откровение 22:14-15).

Бог дал людям описание Своего характера, а также того, как Он обходится с грехом. «Господь, Господь, Бог человеколюбивый и милосердый, долготерпеливый и многомилостивый и истинный, сохраняющий милость в тысячи родов, прощающий вину и преступление и грех, но не оставляющий без наказания» (Исход 34:6-7). «Всех нечестивых истребит» **(Псалтирь 144:20)**. «А беззаконники все истребятся; будущность нечестивых погибнет» **(Псалтирь 36:38)**. Власть и авторитет Божественного правления будут применены, чтобы подавить мятеж; и все же все проявления карающей справедливости будут в полной мере согласовываться с характером милосердного, долготерпеливого, великодушного Бога.

Бог не оказывает давления на волю или суждение кого бы то ни было. Он не получает удовольствие от подневольного послушания. Он хочет, чтобы творения Его рук любили Его, потому что Он достоин любви; чтобы они повиновались Ему, исходя из разумной оценки Его мудрости, справедливости и великодушия. И все, кто имеет верное понятие об этих качествах, полюбят Его, потому что они будут привлечены к Нему, восхищаясь Его добродетелями.

Принципы доброты, милосердия и любви, преподанные и явленные нашим Спасителем, являются представлением воли и характера Бога. Христос объявил, что Он ничему иному не учит, кроме того, что принял от Своего Отца. Принципы Божественного правления находятся в абсолютном согласии с заповедью Спасителя: «Любите врагов ваших» **(Ев. Матфея 5:44)**. Бог осуществляет правосудие над нечестивыми во благо Вселенной, и даже во благо тем, кого постигают Его суды. Он сделал бы их счастливыми, если бы мог это сделать в соответствии с законами Своего правления и справедливостью Своего характера. Он окружает их знаками Своей любви, Он дарует им знание Своего закона и сопровождает предложениями Своей милости; но они презирают Его любовь, делают недействительным Его закон и отвергают Его милость. Постоянно получая от Него дары, они бесчестят их Подателя; они ненавидят Бога, потому что знают, что Он ненавидит их грехи. Господь долготерпит их упрямство; но придет, наконец, решающий час, когда должна будет определиться их участь. Прикует ли Он этих мятежников к Себе цепью? Принудит ли Он их повиноваться Его воле?

Те, кто выбрал сатану в качестве своего правителя и находится под его господством, не приготовлены к тому, чтобы войти в присутствие Божье. Гордость, хитрость, распутство и жестокость укоренились в их характерах. Разве могут они войти в Небо, чтобы вечно пребывать там с теми, которых они презирали и ненавидели на Земле? Правда никогда не будет угодна лжецу; кротость не доставит радости самолюбивому и гордому; чистота неприемлема для порочного; бескорыстная любовь не кажется привлекательной эгоисту. Какой источник удовольствия может предложить Небо тем, которые полностью поглощены земными и себялюбивыми интересами?

Могут ли те, чья жизнь была проведена в восстании против Бога, быть вдруг перемещенными на Небо и оказаться свидетелями существующего там высокого и святого состояния совершенства, где каждая душа исполнена любви и каждое лицо излучает радость, где во славу Бога и Агнца звучит восхитительная мелодичная музыка, где от лица Сидящего на престоле на искупленных изливаются нескончаемые потоки света; могут ли те, чьи сердца исполнены ненависти к Богу, истине и святости, смешаться со множеством небесных существ и присоединиться к ним в исполнении гимнов хвалы? Неужели они смогли бы выдержать славу Бога и Агнца? Конечно же, нет; многие годы благодати были подарены им, чтобы они имели возможность сформировать для Неба свои характеры; но они никогда не воспитывали свои души в любви к чистоте, никогда не учились языку Неба, а теперь уже слишком поздно. Жизнь, прожитая в мятеже против Бога, сделала их непригодными для Неба, чистота, святость и мир которого были бы мукой для них, а слава Божия – пожирающим огнем. Они стремились бы убежать с этого святого места. Для них было бы желанным уничтожение, чтобы только можно было укрыться от лица Того, Кто умер ради их спасения. Удел нечестивых определяется посредством их собственного выбора. Они сознательно отказались от Неба, и со стороны Бога недопущение их туда является справедливым и милосердным.

Подобно водам потопа, огонь великого дня объявит Божий приговор о том, что нечестивые неисправимы. У них нет никакого намерения подчиниться Божественному авторитету. Их воля была осуществлена в протесте, и когда жизнь подошла к концу, уже слишком поздно придавать мыслям противоположное направление: неповиновение обратить в послушание, а ненависть – в любовь.

Сохранив жизнь убийце Каину, Бог оставил миру пример того, каковы были бы последствия, если бы грешнику было разрешено жить, чтобы продолжать путь необузданного беззакония. Вследствие воздействия учения Каина и его личного примера, множество его потомков были вовлечены в грех, пока не стало «велико развращение человеков на земле» и «все мысли и помышления сердца их были зло во всякое время». «Земля растлилась пред лицем Божиим, и наполнилась земля злодеяниями» (Бытие 6:5).

По Своей милости к этому миру Бог уничтожил его нечестивых обитателей во времена Ноя. Из милости Он истребил и испорченных жителей Содома. За счет ловкости сатаны вводить в заблуждение, делатели неправды приобретают симпатии и восхищение людей и таким образом непрестанно склоняют других к возмущению. Так было во дни Каина и Ноя, во времена Авраама и Лота, так обстоит дело и в наше время. Именно из милости ко Вселенной Бог окончательно истребит всех отвергающих Его благодать.

«Возмездие за грех – смерть, а дар Божий – жизнь вечная во Христе Иисусе, Господе нашем» (Римлянам 6:23). Тогда как жизнь – это наследие праведных, смерть является долей нечестивых. Моисей объявил Израилю: «Я сегодня предложил тебе жизнь и добро, смерть и зло» (Второзаконие 30:15). Смерть, о которой говорится в этом стихе, не является той смертью, о которой было сообщено Адаму, поскольку все человечество подвержено наказанию за его неповиновение. «Это смерть вторая» (Откровение 20:14), которая находится в прямой противоположности к вечной жизни.

В результате греха Адама «смерть перешла во всех человеков» (см. Рим. 5:12 – прим. ред.). Все одинаково сходят в могилу. Но благодаря осуществлению плана спасения, все будут вызваны из могил. «Будет воскресение мертвых, праведных и неправедных» (Деяния 24:15). «Как в Адаме все умирают, так во Христе все оживут» (1 Коринфянам 15:22). Однако между этими двумя группами людей, вызванных из могил, сделано различие. «Все, находящиеся в гробах, услышат глас Сына Божия. И изыдут творившие добро в воскресение жизни, а делавшие зло в воскресение осуждения» (Ев. Иоанна 5:28-29). Найденные достойными воскресения жизни – «блаженны и святы... над ними смерть вторая не имеет власти» (Откровение 20:6). Но тех, которые через раскаяние и веру не получили прощения, ожидает расплата за нарушение закона – «возмездие за грех». Они подвергнутся различному по продолжительности и силе, соответствующему их делам, наказанию, которое в итоге окончится второй смертью. Поскольку Божьи справедливость и милость не позволяют Ему спасти грешника в его грехах, Он лишает его жизни, право на которую грешник сам и утратил из-за своих преступлений и которой доказал свое недостоинство. Так говорит вдохновенный писатель: «Еще не много, и не станет нечестивого; посмотришь на его место, и нет его» (Псалтирь 36:10). «И будут – как бы их не было» (Авдий, 16). Покрытые позором, они исчезнут в безнадежном вечном забвении.

Так будет положен конец греху со всеми вызванными им бедами и разрушениями. Псалмопевец говорит: «Ты... погубил нечестивого, имя их изгладил на веки и веки. У врага совсем не стало оружия» (Псалтирь 9:6-7). Апостол Иоанн в книге «Откровение», взирая в будущую вечность, слышал всеобщий хвалебный гимн, и ни один фальшивый звук не нарушал его гармонии. Было слышно, как каждое творение на Небе и на Земле возносило славу Богу (см. Откровение 5:13). Там не будет потерянных душ, хулящих Бога в своих нескончаемых муках; гимны спасенных не будут омрачены воплями несчастных существ, находящихся в аду.

На фундаментальном заблуждении о естественном бессмертии основывается учение о сознательном состоянии после смерти; эта доктрина, подобно доктрине о вечных муках, противоречит учениям Священного Писания, велениям разума и нашему чувству человечности. В соответствии с общераспространенным верованием, искупленные на Небе в курсе всех событий, происходящих на Земле, и в особенности о жизни своих друзей, которых они покинули. Но как может делать умерших счастливыми знание о бедах живущих, когда они являются свидетелями грехов, совершаемых их любимыми, и видят их испытывающими скорби, разочарования и страдания жизни? В какой степени наслаждались бы небесным блаженством те, которые парили бы над своими друзьями на земле? А насколько отталкивающим является верование о том, что, как только жизнь оставляет тело, нераскаявшаяся душа предается адскому пламени! И до каких же глубин страдания должны быть погружены те, которые видят своих уходящих в могилу друзей неподготовленными, чтобы вступить в вечность горя и греха! Многие сошли с ума от этой мучительной мысли.

Что же по этому поводу говорит Священное Писание? Давид заявляет, что человек не имеет сознания после смерти. «Выходит дух его, и он возвращается в землю свою; в тот день исчезают все помышления его» (Псалтирь 145:4). Соломон несет такое же свидетельство: «Живые знают, что умрут, а мертвые ничего не знают» (Екклесиаст 9:5); «И любовь их, и ненависть их, и ревность их уже исчезли, и нет им более части во веки ни в чем, что делается под солнцем» (Екклесиаст 9:6). «В могиле, куда ты пойдешь, нет ни работы, ни размышления, ни знания, ни мудрости» (Екклесиаст 9:10).

Когда в ответ на молитву Езекии жизнь его была продлена еще на 15 лет, переполненный чувством благодарности царь принес Богу дань хвалы за Его великую милость. В этом восхвалении он раскрывает причину своей радости: «Ибо не преисподняя славит Тебя, не смерть восхваляет Тебя, не нисшедшие в могилу уповают на истину Твою. Живой, только живой прославит Тебя, как я ныне» (Исаия 38:18, 19). Популярная теология представляет умершего праведника на Небе, вошедшим в блаженство и возносящим хвалу Богу бессмертными устами; однако Езекия не мог видеть в смерти такой славной перспективы. В согласии с его словами находится свидетельство псалмопевца: «Ибо в смерти нет памятования о Тебе: во гробе кто будет славить Тебя?» (Псалтирь 6:6). «Не мертвые восхвалят Господа, ни все нисходящие в могилу» (Псалтирь 113:25).

Апостол Петр в день Пятидесятницы сказал о праотце Давиде: «Он умер и погребен, и гроб его у нас до сего дня». «Ибо Давид не восшел на небеса» (Деяния 2:29,34). Тот факт, что Давид остается в могиле до воскресения, доказывает, что праведные не идут на Небо после своей смерти. Только по воскресении и в силу того факта, что Христос воскрес, Давид сможет в конце концов сесть одесную Бога.

Павел сказал: «Ибо, если мертвые не воскресают, то и Христос не воскрес; а если Христос не воскрес, то вера ваша тщетна: вы еще во грехах ваших; поэтому и умершие во Христе погибли» (1 Коринфянам 15:16-18). Если же на протяжении четырех тысяч лет праведники после своей смерти восхищались сразу в Небо, как мог тогда Павел сказать, что если нет воскресения, то «и умершие во Христе погибли»? Воскресение не было бы тогда необходимым.

Мученик Тиндаль заявил в отношении состояния мертвых следующее: «Я открыто признаю, что не убежден, будто они уже находятся в полной славе, в которой пребывает Христос или избранные Божьи ангелы. Это не является пунктом моей веры; поскольку если бы это было так, зачем же тогда проповедовать о воскресении плоти?» (William Tyndale, Preface to New Testament 1534-ed, reprinted in British Reformers-Tindal, Frith, Barnes, 349).

Неопровержимо то, что надежда на бессмертное блаженство после смерти привела к широко распространенному пренебрежению библейским учением о воскресении. Эта тенденция была замечена доктором Адамом Кларком: «Учению о воскресении, оказывается, придавалось намного больше значения у первых христиан, чем сейчас. Как же так? Апостолы настойчиво провозглашали его и побуждали последователей Бога к усердию, послушанию и радости. А их последователи в наши дни редко упоминают о нем. Как апостолы проповедовали, так первые христиане и верили; как мы проповедуем, так верят и наши слушатели. В Евангелии нет учения, на котором бы делалось большее ударение, а в современной системе проповедования ни с одной доктриной не обходятся так небрежно, как с этой!» (Commentary, remarks on 1 Corinthians 15, абз. 3).

Так продолжалось до тех пор, пока славная истина о воскресении мертвых почти совершенно не была затенена и упущена из виду христианским миром. Один ведущий религиозный писатель, комментируя слова апостола Павла из Первого послания к Фессалоникийцам 4:13-18, говорит: «В целях утешения учение о блаженном бессмертии праведников занимает для нас место любой сомнительной доктрины о Втором пришествии Господа. В момент нашей смерти Господь приходит за нами. Этого и должны мы ожидать. Мертвые уже перешли в славу. Они не ожидают звука трубы, чтобы услышать приговор суда и достичь блаженства».

Однако незадолго до того как Иисус покинул Своих учеников, Он не рассказывал им, что они скоро придут к Нему. «Я иду приготовить место вам, – сказал Он, – и когда пойду и приготовлю вам место, приду опять и возьму вас к Себе, чтоб и вы были, где Я» (Ев. Иоанна 14:2-3). Более того, Павел рассказывает нам, что «Сам Господь при возвещении, при гласе Архангела и трубе Божией, сойдет с неба, и мертвые во Христе воскреснут прежде; потом мы, оставшиеся в живых, вместе с ними восхищены будем на облаках в сретение Господу на воздухе, и так всегда с Господом будем». И он добавляет: «Итак, утешайте друг друга сими словами» (1 Фессалоникийцам 4:16-18). Как сильно эти слова утешения отличаются от приведенных выше слов служителя-универсалиста, который успокаивал друзей, потерявших своих близких, заверением в том, что, несмотря на то что умерший мог быть и грешным, когда дыхание жизни покинуло его здесь, он все же должен быть принят в общество ангелов. Павел же направляет мысли своих братьев к будущему пришествию Господа, когда узы смерти будут разбиты, и «умершие во Христе» воскреснут для вечной жизни.

Прежде чем кто-либо сможет войти в жилища святых, его дело должно быть рассмотрено, а характер и поступки – представлены перед Богом. Все будут судимы согласно написанному в книгах, и тогда им воздастся должное в соответствии с их делами. Это судебное следствие не происходит при смерти. Обратите внимание на слова Павла: «Ибо Он назначил день, в который будет праведно судить Вселенную, посредством предопределенного Им Мужа, подав удостоверение всем, воскресив Его из мертвых» (**Деяния 17:31**). Здесь апостол ясно изложил мысль, что для суда над миром установлено определенное время, которое тогда было еще в будущем.

Иуда ссылается на тот же самый период: «Ангелов, не сохранивших своего достоинства, но оставивших свое жилище, соблюдает в вечных узах, под мраком, на суд великого дня». И, кроме того, он приводит слова Еноха: «Се, идет Господь со тьмами святых [Ангелов] Своих – сотворить суд над всеми» (**Иуды 6,14,15**). Апостол Иоанн сообщает: «И увидел я мертвых, малых и великих, стоящих пред Богом, и книги раскрыты были... и судимы были мертвые по написанному в книгах, сообразно с делами своими» (**Откровение 20:12**).

Однако если мертвые уже наслаждаются небесным блаженством или корчатся в адском пламени, то какая тогда нужда в будущем суде? Учение Слова Божия по этим важным вопросам не является неопределенным или противоречивым; его могут понять даже простые люди. Но какую мудрость или справедливость может увидеть искренняя душа в этой распространенной теории? Как праведники после рассмотрения их дел следственным Судом примут похвалу: «Хорошо, добрый и верный раб!.. войди в радость господина твоего» (**Ев. Матфея 25:21**), когда они обитали в Его присутствии, возможно, уже в продолжение долгих столетий? Будут ли нечестивые призваны с места мучения, для того чтобы получить приговор от Судьи всей Земли: «Идите от Меня, проклятые, в огонь вечный» (**Ев. Матфея 25:41**)? О, какая мрачная насмешка! Какая ужасная недооценка мудрости и справедливости Божьей!

Теория о бессмертии души была одной из ложных доктрин, которые Рим, позаимствовав у язычества, включил в христианскую религию. Мартин Лютер причислял ее к «нелепым басням, формирующим часть навозной кучи постановлений Рима» (**E.Petavel, The Problem of Immortality, 255**). Реформатор говорит, комментируя слова Соломона из книги Екклесиаста о том, что мертвые ничего не знают: «Еще одно место, удостоверяющее, что мертвые не имеют... чувств. Там, сказал он, нет ни обязанностей, ни науки, ни знания, ни мудрости. Соломон считал, что мертвые спят и совсем ничего не чувствуют. Ибо мертвые лежат там, не считая ни дней, ни лет, но когда они будут пробуждены, им покажется, что они едва ли проспали одну минуту» (**Martin Luther, Exposition of Solomons Booke Called Ecclesiastes, 152**).

Нигде в Священном Писании нельзя найти утверждения, что в момент смерти праведные отправляются за своей наградой, а нечестивые – за наказанием. Патриархи и пророки не оставили подобного заверения. Христос и Его апостолы не сделали на это никакого намека. Библия ясно учит, что умершие не идут тотчас же на Небо. Они представлены как спящие до воскресения (см. 1 Фессалоникийцам 4:14; Иов 14:10-12). В тот день, когда рвется серебряная цепочка и разрывается золотая повязка (см. Екклесиаст 12:6), исчезают и помышления человека. Те, кто сходит в могилу, пребывают в безмолвии. Они не знают больше ничего о том, что делается под солнцем (см. Иов 14:21). Утомленные праведники покоятся в блаженном отдыхе. Время – длинно оно или коротко – для них лишь одно мгновение. Они спят; и трубой Божьей они будут пробуждены для славного бессмертия. «Ибо вострубит, и мертвые воскреснут нетленными... Когда же тленное сие облечется в нетление и смертное сие облечется в бессмертие, тогда сбудется слово написанное: «поглощена смерть победою» (1 Коринфянам 15:32-54). Как только они будут вызваны из своего глубокого сна, их мышление восстановится там, где оно было прервано в момент смерти. Их последним восприятием было острие смерти; последняя их мысль была о том, что они сделались добычей могилы. Когда же мертвые восстанут из нее, их первая радостная мысль отразится в победоносном крике: «Смерть! где твое жало? ад! где твоя победа?» (1 Кор. 15:55).

ГЛАВА **34**

Могут ли наши умершие говорить с нами?

Только через ложное учение о загробной жизни души стало возможным соблазнять людей к принятию того, что умершие существа якобы имеют вести для живых. Обман становится очевиден через тот факт, что между добром и злом не делается никакого различия. Злые духи в мельчайших деталях имитируют умерших, чтобы увлечь в погибель тех, кто не распознал этот обман.

С лужение святых ангелов, как оно представлено в Священном Писании, – истина наиболее отрадная и драгоценная для каждого христианина. Но библейское учение по этому вопросу было завуалировано и искажено заблуждениями популярной теологии. Доктрина о естественном бессмертии, первоначально перенятая от языческой философии и во мраке великого отступления включенная в христианскую веру, вытеснила так ясно представленную в Священном Писании истину о том, что «мертвые ничего не знают» (Екклесиаст 9:5). Множество людей пришли к вере в то, что «служебные духи, посылаемые на служение для тех, которые имеют наследовать спасение» (Евреям 1:14), являются духами умерших. И это несмотря на свидетельство Священного Писания о существовании небесных ангелов и их связи с человеческой историей еще до того, как умерло какое-либо человеческое существо.

Доктрина о сознательном состоянии человека после его смерти, в особенности вера в то, что духи умерших возвращаются, для того чтобы служить живым, подготовила путь современному спиритизму. Если умершим позволено находиться в присутствии Бога и святых ангелов и они имеют гораздо больше познаний, нежели имели прежде, почему бы им не возвращаться на землю, чтобы просвещать и вразумлять живых? Если, как преподают популярные теологи, духи умерших парят над их друзьями на земле, почему им не должно быть разрешено общаться с ними, предостерегать их от зла и утешать в печали? Как смогут те, которые верят в сознательное состояние человека после смерти, не принять приходящее к ним под видом Божественного света, сообщаемого прославленными духами? Вот канал, рассматриваемый как священный, через который сатана трудится для достижения своих целей. Павшие ангелы, действующие по его приказанию, являются под видом вестников из мира духов. Создавая для живых видимость общения с умершими, князь тьмы подвергает их разум своему магическому влиянию.

Он обладает силой представлять людям внешность их покойных друзей. Подделка совершенна: знакомый взгляд, слова, манера говорить копируются с удивительной точностью. Многие утешаются заверением в том, что дорогие им люди наслаждаются небесным блаженством, и, не подозревая об опасности, «внимают духам обольстителям и учениям бесовским» (1 Тимофею 4:1).

Когда они склонны поверить, что умершие и на самом деле возвращаются для общения с ними, сатана вызывает появление якобы тех, которые сошли в могилу неприготовленными. Они утверждают, что счастливы на Небе и даже занимают там высокое положение; таким образом широко преподается заблуждение о том, что не делается никакого различия между праведными и нечестивыми. Эти так называемые посетители из мира духов иногда высказывают предостережения и предупреждения, которые оказываются правильными. После этого, как только им удается вкрасться в доверие человека, они преподносят учения, откровенно разрушающие веру в Священное Писание. Проявляя внешне глубокую заинтересованность в благополучии своих друзей, они исподволь внушают им самые опасные заблуждения. Тот факт, что они излагают некоторые истины и могут порой предвещать будущие события, создает впечатление достоверности их заявлений, и преподносимые ими лжеучения принимаются на веру огромным множеством людей так легко и безоговорочно, как будто бы это самые священные истины Библии. Закон Божий устраняется, к Духу благодати относятся с презрением, а кровь Завета не считается пречистой. Эти духи отвергают Божественность Христа и даже помещают Создателя на один уровень с собой. Так в новом обличии великий мятежник ведет свою брань против Бога, начатую на Небе и вот уже приблизительно шесть тысяч лет продолжающуюся на Земле.

Многие стараются объяснить спиритические проявления, полностью приписывая их мошенничеству и ловкости рук медиума. Однако, в то время как результаты надувательства и в самом деле часто выдавались за подлинные проявления, бывали также и случаи явной демонстрации сверхъестественной силы. Положившие начало современному спиритизму «таинственные стуки» не были плодом человеческой ловкости или обмана, но непосредственным действием злых ангелов, которые таким образом внедрили одно из самых результативных душегубительных заблуждений. Многие будут пойманы в ловушку, будучи убеждены, что спиритизм является лишь человеческим обманом; когда же они встретятся лицом к лицу с проявлениями, которые не смогут посчитать никакими иными, кроме как сверхъестественными, то будут введены в заблуждение и склонены к тому, чтобы принять их за великую силу Божью.

Такие люди не обращают внимания на свидетельство Священного Писания относительно чудес, творимых сатаной и его агентами. Именно при сатанинском содействии маги фараона имели возможность подражать работе Божьей. Павел заявляет, что перед Вторым пришествием Христа будут иметь место похожие проявления сатанинской силы. Приходу Господа должно предшествовать «действие сатаны... со всякою силою и знамениями и чудесами ложными, и со всяким неправедным обольщением» (2 Фессалоникийцам 2:9-10). А апостол Иоанн, описывая чудодейственную силу, которая будет проявлена в последние дни, объявляет: «И творит великие знамения, так, что и огонь низводит с неба на землю пред людьми. И чудесами, которые дано было ему творить... он обольщает живущих на земле» (Откровение 13:13-14). Здесь предсказывается не простое мошенничество. Люди вводятся в заблуждение чудесами, которые агенты сатаны совершают в действительности, а не создавая лишь их видимость.

Князь тьмы, который столь долго употреблял всю мощь своего выдающегося ума для работы обмана, искусно прельщает людей всех классов и сословий. Культурным и утончённым личностям он преподносит спиритизм в его наиболее изысканных и интеллектуальных разновидностях – и, таким образом, преуспевает в завлечении многих в свою западню. О мудрости, исходящей от спиритизма, апостол Иаков говорит, что она «не есть мудрость, нисходящая свыше, но земная, душевная, бесовская» (Иакова 3:15). Это, однако, великий обманщик утаивает, чтобы лучше всего достичь своей цели. Он, который смог явиться Христу в пустыне искушения облечённым в сияние небесного серафима, приходит также и к людям самым привлекательным образом – в виде ангела света. Сатана апеллирует к разуму людей представлением возвышенных тем; он пленяет их воображение приводящими в восторг сценами и завоевывает чувства своими выразительными описаниями любви и милосердия. Он пробуждает высокий полет фантазии, склоняя людей так сильно гордиться собственной мудростью, чтобы в своих сердцах они относились с презрением к Вечносущему. Это могущественное существо, которое привело Спасителя мира на „весьма высокую гору" и показало Ему все царства Земли и славу их (см. Ев. Матфея 4:8-9 – прим. ред.), преподнесет людям свои искушения таким образом, чтобы совратить тех, кто не защищен Божественной силой.

Точно так же, как это было в случае с Евой в Едеме, сатана и теперь отвлекает внимание людей лестью, разжиганием у них желания приобрести запретные познания, пробуждением стремления к самовозвеличиванию. Именно лелеяние этих пороков вызвало его собственное падение, и с их помощью он стремится достичь гибели людей. «Вы будете, как боги, – заявляет он, – знающие добро и зло» (Бытие 3:5). Спиритизм учит, «что человек – существо развивающееся, что его предопределение от самого рождения – совершенствоваться, вплоть до вечности, в направлении божества». И более того: «Каждая душа будет судить сама себя, а не другого». «Приговор будет правильным, потому что это свой собственный приговор... Престол внутри вас». Один учитель-спиритист сказал, как только в нем пробудилось «духовное сознание»: «Мои товарищи все были непавшими полубогами». А другой заявил: «Всякое справедливое и совершенное существо – это Христос».

Итак, на место праведности и совершенства безграничного Бога, истинного Объекта поклонения, на место совершенной праведности Его закона, подлинного стандарта человеческих достижений, сатана выставил грешное, заблуждающееся естество самого человека в качестве единственного предмета поклонения, единственного правила суждения или критерия характера. Это продвижение, но не вперед, а назад.

Взирая, мы изменяемся – таков закон интеллектуальной и духовной сущности. Разум исподволь адаптируется к предметам, на которых ему разрешено подробно останавливаться. И он приспосабливается к тому, что приучен любить и почитать. Человек никогда не поднимется выше своего стандарта чистоты, доброты или правды. Если собственное «я» является его наивысшим образцом, то он никогда не достигнет ничего более высокого. Скорее, он непрестанно будет опускаться все ниже и ниже. Одна лишь благодать Божия может возвысить человека. Если его предоставить самому себе, то его поведение неминуемо должно ухудшиться.

Потворствующим своим желаниям, любителям удовольствий, чувственным людям спиритизм является не так искусно замаскированным, как людям утонченным и интеллектуальным; в его более грубых разновидностях они находят то, что гармонирует с их наклонностями. Сатана исследует каждый признак порочности человеческой натуры; он отмечает грехи, которые склонен совершать каждый индивидуум, а затем заботится о том, чтобы не было недостатка в ситуациях, подходящих для удовлетворения его стремления ко злу. Он искушает людей к неумеренности в том, что само по себе является нормальным, побуждая их таким образом посредством невоздержания ослаблять свои телесные, умственные и моральные силы. Через потакание страстям он уже уничтожил и до сих пор уничтожает тысячи людей, доводя таким образом до животного состояния все человеческое естество. И чтобы завершить свою работу, он заявляет через духов, что «подлинное знание поднимает человека выше всех законов», что «все, что ни происходит, является правильным», что «Бог не осуждает» и что «все совершаемые грехи – невинны». И когда люди склоняются верить, что желание – это наивысший закон, а свобода – это вольность, что человек подотчетен только самому себе, то как можно еще удивляться тому, что повсеместно преизобилуют развращенность и порочность? Множество людей на ура принимают учения, позволяющие им повиноваться побуждениям плотского сердца. Вожжи самообладания влагаются в руки порока, силы ума и души делаются подвластными животным страстям, и сатана радостно захватывает в свою сеть тысячи тех, которые объявляют себя последователем Христа.

Но никто не должен быть введен в заблуждение ложными заявлениями спиритизма. Бог дал людям достаточно света, для того чтобы они смогли распознать ловушку. Как уже было показано, учение, формирующее сам фундамент спиритизма, находится в состоянии войны с яснейшими утверждениями Священного Писания. Библия провозглашает, что мертвые ничего не знают и что их мысли исчезли; что они не участвуют ни в чем, что делается под солнцем; что им ничего не известно о радостях или горестях тех, кто был им на земле дороже всех.

Кроме того, Бог категорически запретил всякую связь с так называемыми духами умерших. У древних евреев была такая группа людей, которые, как это делают и сегодняшние спириты, претендовали на то, что поддерживают отношения с умершими. Однако этих «духов-хранителей» (англ. пер.) – как были названы посетители из других миров – Библия объявляет «бесовскими духами» (ср. **Числа 25:1-3; Псалтирь 105:28; 1 Коринфянам 10:20; Откровение 16:14**). Сотрудничество с такими духами называлось мерзостью перед Богом и торжественно запрещалось под страхом смерти (см. **Левит 19:31; 20:27**). В настоящее время к самому слову «колдовство» относятся с презрением. Люди думают, что заявление о возможности поддерживать общение со злыми духами – это басня мрачного средневековья. Но спиритизм – этот величайший обман, который насчитывает сотни тысяч и даже миллионы приверженцев, который проделал себе дорогу в научные круги, вторгся в церкви и нашел благорасположение в законодательных органах и даже при царских дворах, – является лишь возрождением колдовства в новой маскировке, осужденного и запрещенного в стародавние времена.

Если бы не было никакого другого доказательства истинного характера спиритизма, то для христианина должно быть достаточно уже одного того обстоятельства, что духи не делают различия между праведностью и грехом, между благороднейшими и чистейшими апостолами Христа и наиболее порочными слугами сатаны. Представляя картину того, что самые подлые из людей находятся на Небе и там высоко превознесены, сатана говорит миру: «Неважно, насколько вы грешны, неважно, верите вы или не верите в Бога и Библию. Живите в свое удовольствие, Небеса – ваш дом». Учителя спиритизма фактически объявляют: "«Всякий, делающий зло, хорош пред очами Господа, и к таким Он благоволит", или: „Где Бог правосудия?"» (**Малахия 2:17**). Слово Божие говорит: «Горе тем, которые зло называют добром, и добро злом, тьму почитают светом, и свет тьмою» (**Исаия 5:20**).

Апостолы, за которых выдают себя эти лживые духи, представлены противоречащими тому, что они писали, побуждаемые Святым Духом, еще живя на Земле. Они отрицают Божественное происхождение Библии, разрушая таким образом фундамент христианской надежды, и гасят свет, который указывает путь к Небу. Сатана склоняет мир верить, что Библия – это простая выдумка или, по крайней мере, книга, бывшая пригодной на заре человечества, но сейчас не заслуживающая серьезного внимания и отброшенная, как устаревшая. А для того чтобы восполнить место Слова

Божия, он занимает наши мысли спиритическими проявлениями. Это канал, который полностью находится в его распоряжении; и, используя его, он может заставить мир верить, во что ему угодно. Книгу, которая должна будет осудить его и его последователей, он оставляет в тени, именно там, где бы он и хотел, чтобы она находилась. Спасителя мира сатана представляет не более чем обыкновенным человеком. Подобно тому, как охранявшая могилу Иисуса римская стража распространила лживый рассказ, который священники и старейшины вложили в их уста, чтобы таким путем опровергнуть Его воскресение, верующие в спиритические проявления так же пытаются создать впечатление, что в обстоятельствах жизни нашего Спасителя не было ничего сверхъестественного. Стремясь таким образом отодвинуть Иисуса на задний план, они привлекают внимание к своим собственным чудесам, заявляя, что последние далеко превосходят дела Христа.

Это правда, что спиритизм сегодня меняет свой вид и, скрывая некоторые из своих наиболее неприятных особенностей, принимает христианское обличье. Но его высказывания, сделанные с трибун и известные из прессы, уже многие годы представляются перед общественностью, и в них обнаруживаются его подлинные характерные позиции. Эти доктрины не могут быть ни отрицаемы, ни скрыты.

Даже в своей современной форме, будучи не более достоин терпимого к нему отношения, чем раньше, вследствие своей большей утонченности, он является, вообще говоря, еще более опасным обманом. Тогда как раньше он осуждал Христа и Библию, то теперь он притворяется, что принимает их. Однако Библия трактуется так, чтобы это было приятно невозрожденному сердцу, в то время как ее священные и жизненные истины считаются бесполезными. На любви останавливаются подробно, как на основном свойстве Божьего характера, сводя ее, однако, к слабому сентиментализму, едва ли делающему какое-либо различие между добром и злом. Правосудие Божие, Его осуждение греха, требования Его святого закона – все это остается без внимания. Людей учат смотреть на Десятисловие как на мертвую букву. Сознание пленяется приятными и чарующими баснями, и люди склоняются к тому, чтобы не принимать Библию в качестве основания веры. Христос так же поистине отвержен, как и раньше, но сатана настолько ослепил глаза народа, что обман не распознается.

Мало кто имеет истинное понятие о вводящей в заблуждение силе спиритизма и опасности попасть под его влияние. Многие бывают вовлечены в него просто ради удовлетворения своего любопытства. Они не верят в него по-настоящему и пришли бы в ужас при мысли сдаться во власть духов. Но они позволяют себе касаться запретной темы, и могущественный губитель проявляет над ними свою власть против их воли. Стоит им всего лишь один раз согласиться подчинить свой разум его руководству – и он уже держит их в плену. Своими силами невозможно отделаться от его пленяющего колдовства . Только сила Божия, посланная в ответ на искреннюю молитву веры, может освободить эти пойманные в ловушку души.

Те, которые потворствуют греховным чертам характера или преднамеренно лелеют известный им грех, сами напрашиваются на искушения сатаны. Таким образом, они удаляются от Бога и охраны Его ангелов; и как только лукавый преподносит им свои хитрости, то, лишенные всякой защиты, они легко становятся его жертвой. Те, кто таким путем отдает себя в его власть, совсем не понимают, чем все это может завершиться. Окончательно поработив их, искуситель с их помощью будет завлекать в погибель и других.

Пророк Исаия говорит: «И когда скажут вам: «обратитесь к вызывателям умерших и к чародеям, к шептунам и чревовещателям», тогда отвечайте: не должен ли народ обращаться к своему Богу? Спрашивают ли мертвых о живых? Обращайтесь к закону и откровению. Если они не говорят, как это слово, то нет в них света» (**Исаия 8:19-20**). Если бы люди хотели принять истину, касающуюся природы человека и состояния умерших, так понятно изложенную в Священном Писании, они усмотрели бы тогда в заявлениях и проявлениях спиритизма работу сатаны со всякою силою, и знамениями, и чудесами ложными. Но множество людей, вместо того чтобы отказаться от свободы, находящейся в таком согласии с их плотскими сердцами, и грехов, которые они любят, закрывают глаза на свет и идут вперед, не обращая внимания на предупреждения; и так до тех пор, пока сатана не сплетет вокруг них свои сети и они не станут его жертвой. Поскольку «они не приняли любви истины для своего спасения», то «за сие пошлет им Бог действие заблуждения, так что они будут верить лжи» (**2 Фессалоникийцам 2:10-11**).

Те, которые выступают против учения спиритизма, ведут атаку не только против людей, но и против сатаны и его ангелов. Они вступили в брань «против начальств, против властей... против духов злобы поднебесных» (**Ефес.**

6:12 — прим. ред.). Сатана не уступит ни одной пяди своей территории, если только не будет изгнан силой небесных вестников. Народ Божий должен быть в состоянии встретить его так, как это сделал наш Спаситель словами: «Написано...». Сатана и в наше время может ссылаться на Священное Писание, как и во дни Христа, и будет искажать учения для подтверждения навязываемых им заблуждений. Кто непременно хочет устоять в это опасное время, тот должен уразуметь для себя свидетельства Священного Писания.

Многие столкнутся лицом к лицу с бесовскими духами, которые выдадут себя за любимых родственников или друзей и будут возвещать им наиболее опасные ереси. Эти посетители будут использовать наши нежнейшие привязанности и творить чудеса, чтобы подкрепить свои притязания. Мы должны быть подготовленными, чтобы противостоять им библейской истиной о том, что мертвые ничего не знают и что являющиеся под их видом есть не кто иные, как бесовские духи.

Мы стоим в преддверии «годины искушения, которая придет на всю Вселенную, чтобы испытать живущих на земле» (Откровение 3:10). Все те, чья вера не покоится прочно на Слове Божьем, будут обмануты и побеждены. Сатана действует «со всяким неправедным обольщением» (2 Фессалоникийцам 2:10), чтобы приобрести контроль над сынами и дочерьми человеческими, и его обманные действия будут постоянно усиливаться. Однако он сможет добиться своего только тогда, когда люди по доброй воле уступят его искушениям. Те, которые серьезно стремятся приобрести знание истины и ведут борьбу, чтобы путем послушания очистить свою душу, таким образом, делая все, что в их силах для приготовления к борьбе, найдут в Боге истины надежную защиту. «И как ты сохранил слово терпения Моего, то и Я сохраню тебя» (Откровение 3:10), – таково обетование Спасителя. Он скорее пошлет на защиту Своего народа всех небесных ангелов, чем допустит, чтобы хотя бы одна душа, доверившаяся Ему, была побеждена сатаной.

Пророк Исаия показывает ужасный обман, с которым столкнутся нечестивые и который заставит их поверить, что они находятся в безопасности от судов Божьих. «Мы заключили союз со смертию, и с преисподнею сделали договор; когда всепоражающий бич будет проходить, он не дойдет до нас, – потому что ложь сделали мы убежищем для себя, и обманом прикроем себя» (Исаия 28:15). В группу людей, описанных здесь, включены те, которые в своей упорной нераскаянности успокаивают себя заверением в том, что не должно быть никакого наказания для грешника; что все человечество, как бы оно ни было испорчено, должно быть вознесено на Небеса и стать подобно Божьим ангелам. Но еще более крепкий союз заключают со смертью и договор с преисподнею те, которые отвергают истины, предусмотренные Небом в качестве защиты для праведника в дни скорби, и ищут прибежище во лжи, предлагаемой дьяволом – в обманчивых заявлениях спиритизма.

Удивительна и невыразима слепота людей нынешнего поколения. Тысячи отказываются от Слова Божия, как незаслуживающего доверия, и с истовой убежденностью принимают сатанинский обман. Скептики и насмешники обвиняют в фанатизме тех, кто стоит за веру пророков и апостолов, и они забавляются, поднимая на смех серьезные заявления Священного Писания, касающиеся Христа и Плана спасения, а также возмездия, ожидающего отвергающих истину. Они выказывают притворное сожаление относительно тех душ, которые так ограничены, слабы и суеверны, что признают требования Божьи и повинуются заповедям Его закона. Они демонстрируют такую огромную уверенность, будто бы действительно заключили завет со смертью и договор с преисподней, как будто между ними и возмездием Божьим соорудили непреодолимый, непроницаемый барьер. Ничто не может устрашить их. Так полно предали они себя власти искусителя, так тесно объединились с ним и так основательно пропитались его духом, что у них нет ни силы, ни желания вырваться из его ловушки.

Сатана долго готовился к тому, чтобы предпринять финальное усилие по введению мира в заблуждение. В основание его работы легло заверение, данное им Еве в Едеме: «Нет, не умрете... в день, в который вы вкусите их, откроются глаза ваши, и вы будете, как боги, знающие добро и зло» (Бытие 3:4-5). Развитием спиритизма он мало-помалу подготовил путь для своего шедевра лжи. Он еще не добился полноты осуществления своих намерений, но это будет достигнуто в самое последнее время. Пророк говорит: «И видел я... трех духов нечистых, подобных жабам: это – бесовские духи, творящие знамения; они выходят к царям земли всей Вселенной, чтобы собрать их на брань в оный великий день Бога Вседержителя» (Откровение 16:13-14). Кроме тех, кто будет сохранен силой Божией через веру в Его Слово, весь мир попадет во власть этого обольщения. Люди быстро погружаются в состояние рокового ощущения беспечности, чтобы быть пробужденными только при излитии Божьего гнева.

Господь Бог говорит: «И поставлю суд мерилом и правду весами; и градом истребится убежище лжи, и воды потопят место укрывательства. И союз ваш со смертию рушится, и договор ваш с преисподнею не устоит. Когда пойдет всепоражающий бич, вы будете попраны» (Исаия 28:17-18).

ГЛАВА **35**

Свобода совести в опасности

Католическая церковь сегодня старается отрицать свои ошибки прошлого или представлять их в лучшем свете. Она установила дипломатические отношения со многими странами. Создается даже впечатление, что эта церковь находится в согласии с другими церквями. Протестантский мир идет на уступки и объединяется с папством. Одним из оснований для такого объединения является воскресенье. Несмотря на то что празднование воскресенья противоречит Библии, все крупные церкви соблюдают его. Это становится определенным знаком власти католической церкви.

В наши дни протестанты смотрят на римо-католицизм с гораздо большей благосклонностью, чем раньше. В тех странах, где он не является господствующей религией и где паписты с целью приобретения влияния на людей ведут примирительную политику, существует все увеличивающееся безразличие к учениям, которые отличают протестантские церкви от папской иерархии; распространяется мнение о том, что мы все же не так уж далеко расходимся в важнейших вопросах, как это предполагалось, и что маленькая уступка с нашей стороны поможет нам найти общий язык с Римом. Было время, когда протестанты очень высоко ценили свободу совести, за которую они так дорого заплатили. Они учили своих детей питать отвращение к папству и считали поиск всякого соглашения с Римом изменой Богу. Как это, однако, отличается от мнения, выражаемого сейчас!

Защитники папства объявляют, что их церковь была оклеветана, — и протестантский мир расположен к тому, чтобы согласиться с этим утверждением. Многие твердят, что несправедливо судить о современной римской церкви по тем гнусностям и нелепостям, которыми было отмечено ее господство на протяжении веков невежества и тьмы. Они извиняют ее отвратительную жестокость варварством тех времен и утверждают, что влияние современной цивилизации изменило ее настрой.

Разве эти люди забыли о притязаниях этой надменной власти на обладание непогрешимостью, которые она обнаруживала в течение восьми столетий? Церковь XIX столетия не только не отказалась от этих претензий, но с еще большим упорством отстаивала их. Если Рим заявляет, что церковь «никогда не ошибалась и, согласно Священному Писанию, никогда не будет ошибаться» (John L. von Mosheim, Institutes of Ecclesiastical History, т. 3, 2 век, ч. 2, гл. 2, разд. 9, прим. 17), то как же в таком случае она может отказаться от принципов, которые определяли ее политику в течение всех прошлых столетий?

Папская церковь никогда не отречется от заявлений о своей непогрешимости. Она считает себя правой в том, что преследовала тех, кто отвергал ее учения; и не повторит ли она то же самое, если только ей подвернется для этого удобный случай? Стоит только устранить преграды со стороны светской власти и вернуть Риму его прежние полномочия, как вновь быстро оживут его деспотизм и преследования.

Один популярный писатель так говорит об отношении папской иерархии к свободе совести и о тех опасностях, какие угрожают особенно Соединенным Штатам при успехе ее политики:

«Есть много людей, которые считают опасения по отношению к римо- католицизму в Соединенных Штатах фанатизмом и детскими страхами. Они не видят в характере и позиции католицизма ничего противного нашим свободным установлениям и не находят ничего необыкновенного в его развитии. Давайте же, прежде всего, сравним некоторые из фундаментальных принципов нашего правления с таковыми у католической церкви.

Конституция Соединенных Штатов гарантирует свободу совести. Нет ничего дороже и важнее. Папа Пий IX в своем циркулярном письме от 15 августа 1854 года написал: „Нелепые и ложные верования или бред в защиту свободы совести – это наиболее пагубное заблуждение, чума, которой нужно опасаться больше всего другого". Этот же самый папа в другом своем циркулярном письме от 8 декабря 1864 года предавал анафеме всех „тех, кто защищал свободу совести и религиозного поклонения", а также и „всех тех, кто утверждает, что церковь не имеет права применять насилие".

Миролюбивый настрой Рима в Соединенных Штатах не означает изменения его сущности. Он толерантен там, где бессилен. Епископ О'Коннор говорит: „Приходится терпеть религиозную свободу до тех пор, пока без риска для католического мира не сможет быть приведено в исполнение противоположное"... Сент-Луисский архиепископ так выразился однажды: „Ересь и неверие являются преступлениями; и в таких христианских странах, как Италия и Испания, где весь народ – католики и где католическая религия составляет существенную часть закона страны, они наказуемы наравне с другими преступлениями"...

Каждый кардинал, архиепископ и епископ католической церкви дает клятву верности папе, в которой имеются и такие слова: „Еретиков, раскольников и мятежников, восстающих против нашего господина (папы) или его преемников, я буду изо всех сил преследовать и им противодействовать"» (Josiah Strong, Our Country, гл. 5, абз. 2-4).

Верно, что в римско-католической церкви есть и истинные христиане. Тысячи ее членов служат Богу в соответствии с тем количеством света, который они получили. Им не было разрешено обращаться к Божьему Слову, поэтому они не могли распознать истину. Они никогда не видели различия между живым, сердечным служением и кругом простых форм и обрядов. Бог с состраданием смотрит на эти души, которые воспитаны в обманчивой, не доставляющей удовлетворения вере. Он сделает так, что лучи света проникнут через окружающий их густой мрак. Он явит им истину, как она есть во Христе Иисусе, и еще многие из них присоединятся к Его народу.

Однако католицизм как система и в наши дни находится не в большем согласии с Евангелием Христа, чем в любой более ранний период его истории. Протестантские церкви окутаны густым мраком, иначе они распознали бы знамения времени. Планы и предприятия римской церкви широки и перспективны. Она использует любую хитрость, чтобы распространить свое влияние и усилить свою власть, готовясь к ужасной и решительной борьбе за то, чтобы вновь приобрести господство над миром, возобновить преследования и погубить все сделанное протестантизмом. Католицизм укореняется повсюду. Посмотрите на увеличивающееся число его церквей и часовен в протестантских странах; обратите внимание на популярность католических высших учебных заведений и семинарий в Америке, которым так активно покровительствуют протестанты. Взгляните на рост обрядности и численности католиков за счет перехода из других течений в Англии. Эти явления должны были бы вызвать беспокойство у всех, кто высоко ценит чистейшие принципы Евангелия.

Протестанты вступили в тайные отношения с папством и стали снисходительно относиться к нему; они выработали такие соглашения и пошли на такие уступки, которым удивляются и которые не могут понять даже сами паписты. Люди закрывают глаза на подлинный характер католицизма и на те опасности, какими угрожает его верховное господство. Народу необходимо пробудиться, чтобы противостать продвижению этого опаснейшего противника гражданской и религиозной свободы.

Многие протестанты думают, что католическая религия непривлекательна, а ее богослужения – это глупый, бессмысленный круг обрядов. Здесь они ошибаются. Несмотря на то что римо-католицизм основывается на обмане, все же этот обман вовсе не грубый и нескладный. Религиозная служба римской церкви – это производящий величайшее впечатление ритуал. Ее яркое представление и торжественные церемонии пленяют чувства людей и заставляют замолчать голос разума и совести. Взор очарован. Величественные храмы, впечатляющие шествия, золотые алтари, украшенные драгоценными камнями усыпальницы, изысканные картины, изящная лепка – все это затрагивает наше чувство любви к прекрасному. Слух также пленен. Музыка непревзойденна. Мягкие тона звучного органа, смешиваясь с многоголосыми напевами, то усиливаются, то затухают, отражаясь от высоких сводов и подпираемых колоннами приделов ее грандиозных соборов, внушают душе благоговение и трепет.

Этот наружный блеск, пышность и обряды, которые являются лишь насмешкой над стремлениями больной грехом души, служат доказательством внутреннего разложения. Для того чтобы говорить в пользу религии Христа, не требуется такая приманка. Во свете, сияющем от креста, истинное христианство выглядит таким чистым и прекрасным, что никакое наружное убранство не может повысить его подлинное достоинство. Именно красота святости, кроткий и молчаливый дух ценятся Богом.

Блеск стиля не обязательно является признаком чистого и возвышенного мышления. Превосходное понимание искусства, изысканная утонченность вкуса часто встречаются у плотских и суетных людей. Нередко они используются сатаной, для того чтобы заставить людей забыть нужды души, не задумываться о будущем, о вечной жизни, отвернуться от их всемогущего Помощника и жить лишь для этого мира.

Религия внешних форм привлекательна для невозрожденного сердца. Помпезность и ритуалы католического богослужения имеют притягательную, очаровывающую силу, с помощью которой многие вводятся в заблуждение; и они уже считают римскую церковь подлинными вратами в Небо. Нет никого, кто не был бы подвержен ее влиянию, кроме тех, кто прочно утвердил свои стопы на фундаменте истины и чье сердце обновлено Духом Божиим. Тысячи людей, не познавших Христа на личном опыте, будут готовы к принятию вида благочестия, но без его силы. Подобная религия есть как раз то, чего желает огромное множество людей.

Притязание церкви на право миловать приводит католиков к чувству свободы по отношению ко греху; и таинство исповеди, без которого не даруется прощение, также открывает путь злу. Тот, кто стоит на коленях перед падшим человеком и открывает в исповеди тайные мысли и фантазии своего сердца, унижает, таким образом, свое человеческое достоинство и низводит на низшую ступень каждый благородный порыв своей души. Когда человек открывает грехи своей жизни священнику – заблуждающемуся, грешному смертному человеку (а слишком часто случается, что этот священник еще и увлекается вином и занимается блудом) – его стандарт характера понижается, и, вследствие этого, он оскверняется. Он начинает думать о Боге подобно как о падшем человеке, потому что священник занимает положение представителя Бога. Эта унизительная процедура исповеди человека перед человеком есть скрытый источник, из которого произошло много зла, разлагающего мир и подготавливающего его к окончательному уничтожению. И все же тому, кто любит потворствовать своим слабостям, больше нравится исповедоваться перед подобным ему смертным, чем открыть душу Богу. Человеческой натуре приятнее подвергнуться епитимьи, чем отказаться от греха; легче умерщвлять свою плоть власяницей, крапивой и ранящими цепями, чем распять плотские похоти. Как тяжко это бремя, которое плотское сердце изъявляет желание нести, чтобы только не склониться под иго Христа.

Между римско-католической и иудейской церковью времен Первого пришествия Христа существует поразительное сходство. Тогда как иудеи втайне пренебрегали каждым принципом закона Божия, внешне они были скрупулезны в соблюдении его заповедей, отягощая его требованиями и традициями, что делало послушание тяжелым и обременительным. И, как иудеи претендовали на то, что они чтят закон, так и римо-католики заявляют, что они почитают крест. Они возвеличивают символ страданий Христа, тогда как в своей жизни отрекаются от Того, Кого этот символ представляет.

Паписты размещают кресты на своих церквях, алтарях и одеждах. Везде виден символ креста. Повсюду он внешне почитаем и превознесен. Однако учение Христа погребено под массой бессмысленных преданий, ошибочных толкований и строгих требований. Слова Спасителя, сказанные в отношении фанатичных иудеев, распространяются с еще более великой силой на лидеров римско-католической церкви: «Связывают бремена тяжелые и неудобоносимые и возлагают на плечи людям, а сами не хотят и перстом двинуть их» (Ев. Матфея 23:4). Искренние души находятся в постоянном ужасе, опасаясь гнева оскорбленного Бога, тогда как многие из сановников церкви живут в роскоши и предаются плотским наслаждениям.

Поклонение изображениям и мощам, взывание к святым, возвеличивание папы – все это изобретения сатаны для отвлечения разума людей от Бога и Его Сына. Чтобы достичь их окончательной гибели, он пытается отвлечь их внимание от Того, в Ком Единственном они могли бы найти спасение. Он будет нацеливать их на любой предмет, который мог бы подменить собой Того, Кто сказал: «Придите ко Мне, все труждающиеся и обремененные, и Я успокою вас» (Ев. Матфея 11:28).

Сатана непрестанно прикладывает усилия к тому, чтобы в ложном свете представлять характер Бога, природу греха, истинные причины и последствия великой борьбы. Его софистика недооценивает обязательность Божественного закона и дает людям позволение грешить. Одновременно с этим он побуждает их лелеять ложное понятие о Боге, так что они относятся к Нему со страхом и ненавистью, но только не с любовью. Жестокость, присущая его собственному характеру, приписывается Создателю; она реализуется в религиозных догмах и выражается в стиле служения. Так ослепляются умы людей, и сатана использует их как своих агентов в борьбе против Бога. Вследствие превратного представления людей о характере Бога, языческие народы были склонны к вере в то, что для Его умилостивления необходимы человеческие жертвы, и в различных формах идолослужения ими совершались гнуснейшие жестокости.

Римско-католическая церковь, объединяя обычаи язычества и христианства и, подобно язычеству, ложно представляя характер Божий, прибегла к не менее жестокой и отвратительной практике. Во времена власти папского Рима применялись орудия пыток, которыми он вынуждал к принятию своего вероучения. Того, кто не признавал его притязаний, отправляли на костер. И только на Суде будут явлены масштабы происходившей бойни. Под руководством своего господина, сатаны, сановники церкви занимались изобретением таких средств, которые бы вызывали у их жертв самую ужасную агонию, однако оставляли бы живыми. Во многих случаях адский процесс повторялся до достижения наивысшего предела человеческой выносливости; затем организм отказывался сопротивляться, и мученик приветствовал смерть как сладостное избавление.

Таков был удел противников Рима. Для своих же приверженцев у него имелось наказание плетью, голодом, всяческими немыслимыми видами телесного аскетизма, угнетающими дух. Для того чтобы добиться благорасположения Неба, такие кающиеся грешники нарушали законы Бога, нарушая законы природы. Они были научены порывать всякую связь со всем тем, что создано Богом для того, чтобы благословлять и радовать человека во время его земного пребывания. На церковных кладбищах лежат миллионы жертв, потративших свои жизни на бесплодные попытки покорить свои природные влечения, подавить в себе всякую мысль и чувство расположения к своим ближним, как оскорбительные для Бога.

Если мы желаем понять непреклонную свирепость сатаны, явленную на протяжении многих веков не в среде тех, кто никогда не слышал о Боге, но в самом сердце христианства и по всей территории его распространения, нужно лишь взглянуть на историю римо-католицизма. При помощи этой колоссальной системы обмана князь зла добивается своей цели – принести бесчестье Богу и несчастье человеку. И как только мы увидим, как он преуспевает в том, чтобы скрыть себя и проводить свою работу через тех, кто возглавляет церковь, то сможем лучше понять, почему сатана имеет такую глубокую неприязнь по отношению к Библии. Если бы эту Книгу читали, тогда людям открылись бы Божьи милосердие и любовь; стало бы очевидно, что Он не возлагает на людей ни одного из тяжелых бремен. Все, чего просит Господь, – это только иметь сокрушенное, кающееся сердце и смиренный, повинующийся дух.

Христос Своей жизнью не дал мужчинам и женщинам примера затворять себя в монастырь с целью подготовиться к жизни на Небе. Он никогда не учил, что любовь и сострадание должны быть подавляемы. Сердце Спасителя всегда переполняла любовь. Чем ближе человек становится к нравственному совершенству, тем острее его восприимчивость и осознание греха, и тем глубже его сострадание к страждущему. Папа претендует на то, что является наместником Христа, но каким же образом его характер может выдержать сравнение с характером нашего Спасителя? Неужели Христос посылал людей в тюрьму или на мучения за то, что те не оказали Ему почестей как Небесному Царю? Слышал ли кто-нибудь Его голос, выносящий смертный приговор непринявшим Его? Когда народ из одного самарийского села проявил к Нему неуважение, апостол Иоанн был возмущен и спросил: «Господи! Хочешь ли, мы скажем, чтобы огонь сошел с неба и истребил их, как и Илия сделал?» (Ев. Луки 9:54) Иисус с сожалением взглянул на Своего ученика и осудил его суровый дух, говоря: «Сын Человеческий пришел не губить души человеческие, а спасать» (Ев. Луки 9:56). Как же отличается от духа, явленного Христом, дух Его мнимого наместника!

Римская церковь представляет теперь миру светлый лик, прикрывая оправданиями ужасные жестокости своего прошлого. Она облеклась в христианские одеяния, однако не изменилась. Каждый принцип папства, существовавший в прошлые века, существует и сегодня. Доктрины, разработанные в мрачнейшие века, все еще сохраняются в силе. Пусть никто не обманывается. Папство, которое протестанты ныне с такой охотой готовы почтить, то же самое, которое правило миром во дни Реформации, когда мужи Божьи с опасностью для жизни восставали, чтобы раскрыть его нечестие. Оно обладает той же самой гордостью и тем же самым высокомерием, с какими помыкало королями и князьями и притязало на исключительные права Бога. Его современный дух не менее жесток и деспотичен, чем тот, которым оно обладало, когда подавляло человеческую свободу и убивало святых Всевышнего.

Папство — это как раз то, что пророчество объявило отступлением последних дней (см. 2 Фессалоникийцам 2:3-4). Частью его политики является принятие формы, лучше всего помогающей ему достичь цели; однако под изменчивым внешним видом хамелеона оно прячет все тот же яд змеи и заявляет: «Не обязательно держать слово, данное еретикам и лицам, подозреваемым в ереси» (Lenfant, т.1, стр. 516). Должна ли эта власть, чье досье на протяжении тысячи лет писалось кровью святых, быть признана теперь частью церкви Христа?

Не без причины в протестантских странах было заявлено, что сейчас католицизм менее широко расходится с протестантизмом, чем в прежние времена. Перемена произошла, но не с папством. Католицизм, действительно, очень походит на существующий ныне протестантизм, потому что последний так сильно выродился со дней Реформации.

Поскольку протестантские церкви старались снискать благосклонное отношение со стороны мира, то стали ослепленными ложной любовью к ближнему. В своей слепоте они полагают правильным считать добром всякое зло, а как неизбежный результат этого, будут, в конце концов, считать злом всякое добро. Вместо того чтобы стоять на защите веры, однажды переданной святым (см. Иуды 3 – прим. ред.), протестанты теперь как бы извиняются перед Римом за свое нелюбезное суждение о нем и просят прощения за свой фанатизм.

Большая группа людей, среди которых есть даже и такие, которые не одобряют католицизм, едва ли понимает, какая опасность исходит от его власти и влияния. Многие утверждают, что невежество и моральный мрак средневековья способствовали распространению его учений, суеверий и тирании и что более высокое умственное развитие в наше время, всеобщее распространение знания и всевозрастающее свободомыслие в религиозных вопросах воспрепятствуют возрождению религиозной нетерпимости и деспотизма. Поднимается на смех сама идея, что в этот просвещенный век будет существовать такое положение вещей. Это верно, что великий свет, касающийся интеллектуальной, моральной и религиозной сфер, сияет над нынешним поколением. Свет с Небес был пролит на мир через открытые для понимания страницы Божьего святого Слова. Однако нужно помнить о том, что чем ярче ниспосланный свет, тем темнее сгущается мрак над теми, кто извращает и не принимает его.

Молитвенное исследование Библии показало бы протестантам подлинный характер папства и побудило бы их питать к нему отвращение и держаться от него в стороне; но многие так мудры в своем самомнении, что не чувствуют никакой нужды в смиренном поиске Бога, могущего привести их к истине. Несмотря на то что они гордятся своей просвещенностью, все же не знают ни Писаний, ни силы Божией. Они нуждаются в чем-то, что успокаивало бы их совесть, и ищут того, что менее всего духовно и уничижительно. То, чего они страстно желают, – это найти способ, как забыть Бога, но чтобы при этом казалось, что они помнят о Нем. Папство хорошо приспособлено к тому, чтобы соответствовать желаниям таких людей. Оно создано для двух человеческих групп, объемлющих почти весь мир: тех, кто хочет быть спасенным, полагаясь на свои заслуги, и тех, кто желает быть спасенным в своих грехах. Здесь кроется секрет его силы.

Установлено, что века великой интеллектуальной тьмы благоприятствовали процветанию папства. Однако еще проявится и то, что период великого интеллектуального света не менее способствует ему. В минувшие столетия, когда люди жили без Слова Божия и без знания Его истины, на их глазах была повязка, и тысячи были уловлены, не замечая раскинутых на их пути сетей. В нынешнем поколении есть много таких, чьи глаза ослепляются блеском человеческих теорий «лжеименного знания» (см. 1 Тимофею 6:20 – прим. ред.); они не распознают сеть и попадают в нее, как если бы их глаза были плотно завязаны. Бог ожидал, что интеллектуальные способности человека будут считаться даром, полученным им от своего Создателя, и что этот дар будет использован в служении истине и праведности; но когда лелеются гордыня и честолюбие и люди ставят свои собственные теории выше Слова Божия, тогда знание может навредить даже больше, чем невежество. Так лженаука наших дней, которая разрушает веру в Библию, окажется такой же результативной в подготовке пути для принятия папства вместе с его притягательными церемониями, как и удерживание знания в открытии пути для расширения этой власти в темные века.

В движениях за получение со стороны государства поддержки церковных институтов и обычаев, развивающихся в настоящее время в Соединенных Штатах, протестанты следуют по стопам папистов. Даже более того, они открывают дверь папству, чтобы оно могло приобрести в протестантской Америке господство, которого лишилось в Старом Свете. Этим движениям придает еще большее значение тот факт, что главной целью они намечают принуждение соблюдения воскресного дня – традиции, берущей свое начало в Риме и являющейся, согласно заявлениям папства, знаком его авторитета. Именно дух папства, т. е. дух сообразованности с мирскими нравами, почитания человеческих традиций превыше заповедей Божьих, проникает в протестантские церкви и заставляет их выполнять ту же самую работу по превознесению воскресного дня, какую делало до них папство.

Если бы читатель захотел понять, какие средства будут применены в скоро грядущем противоборстве, то ему нужно было бы лишь найти запись о тех средствах, которые Рим применял для той же цели в минувшие века. А если он захочет узнать, как объединившиеся паписты и протестанты будут поступать с непринимающими их учение, то пусть обратит внимание на тот дух, какой Рим проявлял в отношении субботы и ее защитников.

Указы монархов, вселенские соборы и церковные предписания, подкрепляемые светской властью, были теми ступенями, по которым этот языческий праздник взобрался до такого почитаемого положения в христианском мире. Первой государственной мерой, принуждающей к соблюдению воскресного дня, был закон, изданный Константином в 321 г. по Р.Хр. Этот эдикт требовал от городских жителей покоиться «в достопочтенный день солнца», но позволял сельским жителям продолжать заниматься земледелием. Несмотря на то что это, в сущности, был языческий закон, все же он был навязан императором, после того как тот формально принял христианство.

Поскольку распоряжение монарха не оказалось обоснованной заменой Божественному авторитету, то искавший благосклонности князей епископ Евсевий, который был любимым другом Константина и порядочным льстецом, выдвинул утверждение, что Христос перенес субботу на воскресенье. В подтверждение этого нового учения не было приведено ни единого свидетельства Священного Писания. Евсевий, сам того не желая, признал его недостоверность и указал на настоящих авторов этого изменения. «Все, – говорит он, – что нужно было обязательно выполнять в субботу, мы перенесли на день Господень» (Robert Cox, Sabbath Laws and Sabbath Duties, стр. 538). Но каким бы необоснованным ни был довод для празднования воскресного дня, все же он послужил тому, чтобы поощрить людей к пренебрежению субботой Господней. Все, желающие быть в почете у мира, приняли этот популярный праздник.

По мере того как папство решительно упрочивалось, продолжалась и работа по возвышению воскресного дня. В течение какого-то периода времени люди, кроме посещения церкви, занимались сельскохозяйственным трудом, и седьмой день по-прежнему рассматривался как суббота. Но постоянно совершались изменения. В «священной канцелярии» было запрещено по воскресеньям выносить решение суда по поводу любых гражданских конфликтов. Вскоре после этого всем слоям населения предписали отказаться от обыденного труда под угрозой для свободных людей подвергнуться денежному взысканию, а для рабов – ударам бича. Позже был издан декрет о том, что богатых людей нужно наказывать, забирая половину их состояния; а в конечном итоге, если они все еще будут упрямиться, то забирать все и делать их рабами. Простой народ подвергался пожизненному изгнанию.

В ход были пущены рассказы о чудесах. Среди прочего рассказывалось и о таком чуде: один крестьянин, готовясь вспахивать поле в воскресный день, приводил в порядок плуг, счищая с него прилипшую землю куском железа. Это железо вонзилось ему в руку и в течение двух лет находилось там, «принося ему ужасную боль и позор» (Francis West, Historical and Practical Discourse on the Lords Day, 174).

Позднее папа издал указ, чтобы приходские священники предостерегали нарушителей воскресного дня и обязывали их посещать церковь и произносить молитвы, дабы их самих и их ближних не постигло никакое великое несчастье. На одном церковном соборе был приведен довод, который с тех пор широко использовался даже протестантами, а именно: по причине того что людей во время работы в воскресный день разила молния, этот день должен считаться субботой. «Это очевидно, – было сказано прелатами, – как велико негодование Божье на тех, кто пренебрегает этим днем». Потом было сделано воззвание ко всем священникам, служителям, королям и князьям, а также ко всему честному народу «приложить все свои усилия к тому, чтобы снова отдать должную дань почтения этому дню и ради христианской веры святить его в дальнейшем с еще большей преданностью» (Thomas Morer, Discourse in Six Dialogues on the Name, Notion, and Observation of the Lords day, 271).

Постановлений соборов оказалось недостаточно, поэтому церковь обратилась к светским властям с просьбой выпустить указ, который вселил бы ужас в сердца людей и заставил бы их отказываться от труда по воскресеньям. На одном синодальном заседании в Риме с еще большей силой и торжественностью были заново утверждены все прежние решения. Они были также включены в церковный порядок и приведены в исполнение гражданскими властями почти во всем христианском мире (см. Heylyn, History of the Sabbath, ч.2. гл.5, разд.7).

Однако то, что в Священном Писании нет подтверждения достоверности празднования воскресного дня, вызвало немалое замешательство. Люди подвергали сомнению право своих учителей устранить вполне определенное заявление Иеговы: «День седьмой – суббота Господу Богу твоему» (Исход 20:10), для того чтобы чтить день Солнца. Недостаток библейского подтверждения было необходимо возместить другими средствами. Одному ревностному защитнику воскресенья, посетившему церкви Англии приблизительно в конце XII века, противостали верные свидетели истины; его попытки в этом были настолько бесплодны, что он на время покинул страну и занялся изысканием каких-либо средств для навязывания своего учения. Когда он вернулся, недостаток был им возмещен, и в своих последующих действиях он имел больший успех. Он привез с собой свиток, якобы от Самого Бога, содержащий требуемую директиву о соблюдении воскресного дня, а также страшные угрозы для приведения в ужас непокорных людей. Об этом «драгоценном документе», представляющем собой такую же низменную подделку, как и учреждение, поддерживающее его, было сказано, что он упал с неба и был найден в Иерусалиме на жертвеннике святого Симеона на Голгофе. Но на самом деле папский дворец в Риме являлся источником его происхождения. Подделки и подлоги, способствующие процветанию и укреплению могущества церкви, во все века рассматривались папской иерархией как правомерные действия.

Этот свиток предписывал запрет трудиться с девятого часа, т. е. с трех часов, в субботу после полудня и до восхода солнца в понедельник; было объявлено, что его авторитет подтверждался многими чудесами. Рассказывалось о том, что люди, продолжавшие трудиться после указанного времени, были разбиты параличом. Один мельник, который пытался помолоть зерно, увидел, как вместо муки хлынул поток крови, а мельничное колесо оставалось неподвижным, несмотря на сильный напор воды. Какая-то женщина поставила тесто в очень горячую печь и, вынув его через определенное время, обнаружила, что оно так и осталось сырым. Другая приготовила тесто для выпечки в 9 часов, но решила все же отложить его до понедельника, а на следующий день обнаружила, что оно было разделано на буханки и выпечено посредством Божественной силы. Один человек, который выпекал хлеб в субботу после 9 часов, разломив его на следующее утро, увидел, как из него потекла кровь. Такими абсурдными и суеверными выдумками защитники воскресного дня старались учредить его святость (см. Rogerde Hoveden, Annals, т.2, 528-530).

В Шотландии, равно как и в Англии, большее уважение к воскресному дню было достигнуто при помощи присоединения к нему части древней субботы. Но время, которое подразумевалось соблюдать как святое, отличалось. Указ короля Шотландии объявлял, что «суббота должна считаться святой с 12 часов дня» и что ни один человек с этого часа до утра понедельника не должен заниматься мирской работой (Morer, 290-291).

Все же, невзирая на все старания упрочить святость воскресного дня, сами паписты публично признавали Божественный авторитет субботы и человеческое происхождение вытеснившего ее установления. В XVI веке папский собор открыто провозгласил: «Пусть все христиане помнят, что седьмой день был освящен Богом и признан и соблюдаем не только иудеями, но и всеми остальными, претендовавшими на то, что они поклоняются Богу; тем не менее мы, христиане, заменили их субботу днем Господним» (Там же, 281-282). Те, которые подделали Божественный закон, не были несведущими в отношении характера своей работы. Они умышленно поставили себя выше Бога.

Поразительной иллюстрацией политики Рима касательно тех, кто не согласен с ним, явилось долгое кровавое преследование вальденсов, часть которых хранила субботу. Другие пострадали за свою верность четвертой заповеди подобным же образом. Особенно знаменательна история церквей Эфиопии и Абиссинии. Среди тьмы мрачного средневековья христиане Центральной Африки были потеряны из виду и забыты миром, и многие века они наслаждались свободой в исповедании своей веры. Но наконец Риму стало известно об их существовании, и вскоре абиссинского императора посредством обмана убедили признать папу наместником Христа. Последовали другие уступки. Был выпущен эдикт, запрещающий соблюдение субботы под страхом самых суровых наказаний (см. Michael Geddes, Church History of Ethiopia, 311-312). Но папская тирания превратилась скоро в такой раздражающий хомут, что абиссинцы решили сбросить его со своей шеи. В результате жестокой борьбы папистов изгнали из их владений, и древняя вера была восстановлена. Церкви возрадовались своей свободе и никогда не забывали полученного ими урока относительно обмана, фанатизма и деспотичной власти Рима. Находясь в пределах своего уединенного государства, они были удовлетворены тем, что оставались неизвестными для остального христианского мира.

Церкви Африки точно так же хранили субботу, как хранила ее и папская церковь до того, как полностью отступила. Соблюдая седьмой день в соответствии с Божьей заповедью, они воздерживались от труда и по воскресеньям, в соответствии с обычаем церкви. Обретя верховную власть, Рим попрал субботу Божию, чтобы превознести свою собственную; но церкви Африки, укрытые в течение почти тысячи лет, не приняли участия в этом отступлении. Когда они оказались под контролем Рима, их заставили устранить истинную субботу и возвысить ложную; однако стоило им вновь обрести независимость, как они вернулись к повиновению четвертой заповеди.

Эти письменные свидетельства прошлого ясно выявляют враждебность Рима по отношению к истинной субботе и ее защитникам, а также те средства, которыми он пользуется, чтобы оказать честь порожденному им установлению. Слово Божье учит, что такое положение дел должно повториться, как только римо-католики и протестанты объединятся для возвеличивания воскресного дня.

Пророчество из 13 главы книги Откровение объявляет, что власть, изображенная символом зверя с рогами, подобными агнчим, заставит «всю землю и живущих на ней» (ст. 12) поклониться папству, символизированному зверем, «подобным барсу» (ст. 2). Двурогий зверь должен также сказать «живущим на земле, чтобы они сделали образ зверя» (ст. 14), и, более того, он должен повелеть всем – «малым и великим, богатым и бедным, свободным и рабам» (ст. 16) – принять начертание зверя. Как уже было показано, Соединенные Штаты – это власть, изображенная символом зверя с подобными агнчим рогами, и это пророчество осуществится тогда, когда Соединенные Штаты будут принуждать к соблюдению воскресенья, чего и требует Рим в качестве особого признания своего превосходства. Но в этом почитании папства Соединенные Штаты не будут одиноки. Влияние Рима в тех странах, которые некогда признавали его господство, все еще далеко от того, чтобы быть сведенным на нет. И пророчество предвещает возрождение его могущества: «И видел я, что одна из голов его как бы смертельно была ранена, но эта смертельная рана исцелела. И дивилась вся земля, следя за зверем» (Откровение 13:3). Нанесение смертельной раны указывает на падение папства в 1798 году. После этого, говорит пророк, «смертельная рана исцелела. И дивилась вся земля, следя за зверем». Павел четко заявляет, что «человек греха» останется до Второго пришествия (см. 2 Фессалоникийцам 2:3-8). До самого конца времени он будет продвигать дело обмана. И Автор книги «Откровение» провозглашает, также указывая на папство: «И поклонятся ему все живущие на земле, которых имена не написаны в книге жизни» (Откровение 13:8). Как в Старом, так и в Новом Свете папству будет оказано почтение установлением святости воскресного дня, которое покоится исключительно на авторитете римской церкви.

С середины XIX века изучающие пророчества в Соединенных Штатах несут это свидетельство миру. В происходящих сейчас событиях проглядывается быстрое продвижение в направлении осуществления этого предсказания. Что касается протестантских учителей, то они выдвигают те же самые претензии на Божественную авторитетность празднования воскресения, с тем же отсутствием подтверждений из Священного Писания, что и папские лидеры, которые выдумывали чудеса, занимавшие место Божьего закона. Снова станут звучать утверждения о том, что суды Божии посетят людей за нарушение ими воскресного дня-шаббата; об этом уже начали говорить. И движение за принудительное соблюдение воскресенья развивается быстро и успешно.

Римская церковь изумляет своей дальновидностью и хитроумием. Она может прогнозировать ход событий и выжидает своего времени, глядя, как протестантские церкви отдают ей почести признанием ложной субботы и как они подготавливаются к тому, чтобы навязать ее при помощи тех же средств, какие она сама использовала в прошлые столетия. Те, кто отвергает свет истины, еще прибегнут к помощи этой якобы непогрешимой власти, чтобы превознести установление, ведущее свое начало от нее же. Насколько охотно она придет протестантам на помощь, легко предсказать. Кто больше, чем папские лидеры, знает толк в том, как обращаться с непокорными церкви?

Римско-католическая церковь со всеми ее ответвлениями в целом мире составляет громадную организацию, находящуюся под надзором папского престола и предназначенную служить его интересам. Миллионы ее прихожан в каждой стране земного шара наставлены повиноваться ей, будучи связанными клятвой верности папе. Какой бы ни была их национальность и политический строй страны проживания, они должны рассматривать власть церкви как наивысшую. Несмотря на то что они могут принимать присягу, обещая быть преданными своему государству, все же в противовес этому находится обет повиновения Риму, избавляющий их от любого обещания, враждебного его интересам.

История свидетельствует об умелых и постоянных попытках римско-католической церкви проникать в дела государств; обосновавшись же там, она начинала преследовать свои собственные цели, даже ценой гибели правителей и народов. В 1204 году папа Иннокентий III вынудил арагонского короля Петра II к такой экстраординарной клятве: «Я, Петр, король Арагонии, открыто заявляю и обещаю, что всегда буду верным и послушным моему господину – папе Иннокентию, а также его католическим преемникам и римской церкви, буду усердно держать мое королевство в повиновении, стоя на страже католической веры и подвергая гонениям негодных еретиков» (John Dowling, The History of Romanism, т.5, гл.6, разд.55). Это находится в согласии с утверждениями относительно власти римского понтифика о том, «что он имеет право низлагать императоров» и «что он может освобождать подданных от их обязательств верности несправедливым правителям» (Mosheim, т.3, 11 век, ч.2, разд.9, прим.17).

Давайте вспомним, что предметом гордости Рима является то, что он никогда не изменяется. Принципы Григория VII и Иннокентия III все еще являются принципами римско-католической церкви. Стоит ей только обрести власть, она сразу осуществит их настолько же решительно, как и в прежние времена. Вряд ли протестанты осознают, что делают, предлагая обратиться за помощью к Риму в деле превознесения воскресного дня. Пока они прилагают усилия к достижению своей цели, Рим стремится восстановить свое могущество, чтобы вновь обрести утраченную верховную власть. Когда однажды в Соединенных Штатах будет выработано положение о том, что церковь может использовать государственную власть или управлять ею, что религиозные предписания могут быть навязаны светскими законами, короче говоря, что власть церкви и государства должна господствовать над совестью, – тогда триумф Рима в этой стране гарантирован.

В Слове Божьем дано предупреждение о предстоящей опасности; если оно останется незамеченным, то протестантский мир узнает, какие цели на самом деле преследует Рим, только тогда будет уже слишком поздно избежать его сетей. Его могущество мало-помалу растет. Его учения оказывают влияние в залах законодательных органов, церквях и сердцах людей. Рим возводит свои высокие и могучие сооружения, в секретных помещениях которых повторятся его прежние гонения. Тайно, не вызывая никаких подозрений, он собирается с силами, чтобы, когда придет время атаковать, способствовать осуществлению своих собственных целей. Все, что он хочет, – это занять выгодное положение, и его уже ему предлагают. Скоро мы увидим и испытаем, каковы намерения Рима. Те, кто будет верить и повиноваться Слову Божию, навлекут на себя тем самым бесчестье и преследования.

Ватикан – центр Католической церкви в Риме

ГЛАВА **36**

Приближающийся конфликт

Нападение на Божий закон наблюдается во всех слоях общества. Людей систематически склоняют к тому, чтобы пренебрегать Божественными принципами. Эта борьба была начата еще Люцифером на Небе. Два больших заблуждения – бессмертие души и святость воскресного дня – были использованы для того, чтобы обмануть народ; поэтому линия разделения между верующими и безбожниками сегодня почти не различима.

С самого начала великого противостояния на Небе сатана преследовал цель – ниспровергнуть Божий закон. Для осуществления этого он и предпринял свой мятеж против Создателя; и хотя был изгнан с Небес, все же продолжил ту же самую борьбу на Земле. Вводить людей в заблуждение и таким образом склонять их к нарушению Божьего закона – вот то, к чему он постоянно стремится. Будет это совершено пренебрежительным отношением ко всему закону или же отказом соблюдать только одну из его заповедей – исход одинаков. Согрешающий «в одном чем-нибудь» обнаруживает презрение к закону в целом; его влияние и сила примера находятся на стороне преступления, и он «становится виновным во всем» (Иакова 2:10).

Стараясь подвергнуть презрению Божественные уставы, сатана исказил учения Библии, и таким образом заблуждения оказались включенными в вероисповедание тысяч людей, заявляющих о своей вере в Священное Писание. Последнее великое столкновение между истиной и заблуждением является завершающим сражением давнишнего конфликта, касающегося закона Божия. Мы сейчас вступаем в эту борьбу между законами человеческими и заповедями Иеговы, между религией Библии и религией мифов и традиций.

Силы, которые сплотятся в этой борьбе против истины и праведности, в настоящее время уже начали свою работу. Но святое Божье Слово, которое было передано нам ценой страданий и крови, так мало ценится. Библия доступна всем, однако совсем немногих тех, кто на самом деле принимает ее в качестве своего жизненного путеводителя. Не только в мире, но и в церкви господствует неверие, и его распространение вызывает тревогу. Многие стали отвергать доктрины, составляющие подлинную основу христианской веры. Великие обстоятельства творения, как они представлены боговдохновенными писателями, грехопадение человека, искупление, незыблемость закона Божия – от всего от этого, в сущности, полностью или частично отказывается огромная часть называющих себя христианами. Тысячи людей, гордящихся своей мудростью и независимостью рассматривают полное доверие Библии как проявление слабости; они считают, что придираться к Священному Писанию, поверхностно объяснять его наиболее важные истины и придавать им символический смысл – это признак высшей одаренности и учености. Многие духовные служители учат народ, а профессора и учителя – студентов, что закон Божий был изменен или отменен и что те, которые все еще рассматривают его требования как имеющие силу и обязывающие к буквальному повиновению, считаются заслуживающими только насмешек или презрения.

Не принимая истину, люди не принимают и ее Автора. Пренебрегая Божьим законом, они отвергают и власть законодателя. Из ложных учений и теорий так же легко сделать идола, как изготовить его из дерева или камня. Искаженным представлением качеств, присущих Богу, сатана заставляет людей иметь о Нем неверное понятие. У многих на место Иеговы воцарился идол философии; тогда как живому Богу, явленному в Его Слове, во Христе и делах творения, поклоняются лишь немногие. Тысячи обожествляют природу, отвергая Бога природы. В особом виде идолопоклонство существует в христианском мире и сегодня так же, как оно существовало в древнем Израиле во дни Илии. Бог многих так называемых мудрецов, философов, поэтов, политиков, журналистов – бог изысканного фешенебельного общества, многих колледжей и университетов и даже некоторых богословских учреждений – незначительно отличается от Ваала, финикийского бога Солнца.

Нет такого заблуждения, признанного христианским миром, которое более дерзко выступало бы против авторитета Неба, более непосредственно противостояло бы велению разума и имело бы более пагубный исход, как столь быстро распространяющееся современное учение о том, что люди не связаны больше Божьим законом. Каждое государство имеет свои законы, которые пользуются уважением и которым повинуются; ни одно правление не может обойтись без них, и можно ли такое вообразить, что Творец Неба и Земли не имеет закона, чтобы управлять сотворенными Им существами? Допустим, что известные служители публично учили бы, что управляющие их страной и защищающие права ее граждан законы не являются обязательными – они лишь ограничивают свободу людей и, следовательно, им не должно повиноваться. Как долго таких людей терпели бы за кафедрой? Но что является более тяжким преступлением: пренебречь законами государств и наций или попрать Божественные Заповеди, являющиеся фундаментом всякого правления?

Было бы гораздо более последовательно, если бы государства упразднили свои законы и разрешили людям делать то, что им нравится, чем если бы Правитель Вселенной отменил Свой закон и оставил мир без критерия, при помощи которого происходит осуждение виновного и оправдание послушного. Хотим ли мы знать, что происходит, когда закон Божий объявляется недействительным? Такой эксперимент уже предпринимался. Внушают ужас события, происходившие во Франции, когда атеизм стал в ней господствующей силой. Тогда всему миру было показано, что устранение Божьих ограничений означает не что иное, как согласие на владычество жесточайшего тирана. Когда откладывается в сторону стандарт праведности, тогда открывается путь для князя тьмы, чтобы он мог учредить на земле свою власть.

Где бы ни отказывались от Божественных заповедей, там грех перестает выглядеть ужасным, а праведность – желанной. Те, кто не соглашается подчиняться Божьему правлению, полностью неспособны владеть собой. Посредством их тлетворных учений дух непокорности внедряется в сердца детей и юношества, которые, естественно, не любят быть в подчинении, – и результатом является беззаконие и безнравственное состояние общества. Поднимая на смех доверчивость тех, кто послушен требованиям Бога, множество людей охотно принимает сатанинский обман. Они дают свободу своим страстям и практикуют грехи, навлекшие в свое время суды на язычников.

Те, кто учит народ с легкостью относиться к Божьим заповедям, сеют непослушание, чтобы в свое время пожать неповиновение. Пусть только будут полностью устранены ограничения, налагаемые Божьим законом, – и вскоре пропадет уважение и к человеческим законам. Поскольку Бог запрещает нечестные действия, домогательство, ложь, мошенничество, то люди готовы пренебречь Его предписаниями, как препятствующими их земному благополучию; но результат объявления этих принципов вне закона оказался бы для них непредвиденным. Если бы закон не был обязательным, зачем было бы кому-то бояться нарушать его? Частная собственность не была бы больше в безопасности. Люди силой завладевали бы имуществом своих соседей, и сильнейшие сделались бы богаче остальных. Сама жизнь перестала бы уважаться. Супружеский обет не расценивался бы больше как святой оплот защиты семьи. Сильный, если бы захотел, проявлял бы насилие над женой своего ближнего. Пятая заповедь была бы устранена вместе с четвертой. Дети не отказывались бы от того, чтобы отнять жизнь у собственных родителей, исполняя тем самым желание своих испорченных сердец. Цивилизованный мир стал бы ордой разбойников и убийц; мир, покой и счастье были бы изгнаны с Земли.

Доктрина о том, что люди избавлены от необходимости повиновения Божиим требованиям, уже ослабила действие моральных обязательств и дала волю злу, хлынувшему в мир. Преступность, разврат и моральное разложение обрушиваются на нас, подобно всепоглощающей волне. Сатана орудует в семьях. Он водрузил свое знамя даже в домах тех, кто исповедует Христа. Там существует зависть, злые подозрения, лицемерие, разрыв отношений, соперничество, распри, злоупотребление священным доверием, потакание страстям. Кажется, что вся совокупность религиозных принципов и доктрин, которая должна формировать основание и структуру общественной жизни, является неустойчивой массой, готовой вот-вот развалиться. Самым отъявленным злодеям, брошенным в тюрьму за свои преступления, часто оказывают внимание и дарят подарки, будто бы они достигли завидных высоких качеств. Их характер и преступления предаются широкой гласности. Пресса публикует вызывающие отвращение детальные описания злодеяний, тем самым посвящая других в практику жульничества, грабежа и убийства; а сатана ликует по поводу успеха своих адских интриг. Одержимость пороком, беспричинные убийства, ужасный рост невоздержанности и беззакония любого порядка и степени должны пробудить всех боящихся Бога, чтобы они могли вопросить: что можно сделать для того, чтобы приостановить этот поток зла?

Судебные органы коррумпированы. Правители государств жаждут наживы и любви к чувственным удовольствиям. Неумеренность ослабила способности многих, так что сатана почти полностью держит их под своим контролем. Судьи развращены, подкуплены, обмануты. Пьянство и шумное веселье, страсть, зависть, нечестность любой разновидности представлены в среде тех, кто проводит законы в жизнь. «И суд отступил назад, и правда стала вдали, ибо истина преткнулась на площади, и честность не может войти» (Исаия 59:14).

Беззаконие и духовный мрак, которые господствовали при верховной власти Рима, стали неизбежным следствием того, что было запрещено изучение Священного Писания. Но где же в век религиозной свободы должна находиться причина широко распространенного безбожия, неприятия Божьего закона с последующим моральным разложением при таком полном и ярком евангельском свете? В наше время сатана не может больше держать мир в своей власти, скрывая от него Священное Писание, и тогда он обращается к другим средствам, чтобы добиться той же цели. Разрушение веры в Библию в такой же степени служит его намерению, как и уничтожение самой Библии. Насаждая веру в то, что Божий закон не является обязательным, он так же действенно побуждает людей нарушать его, как если бы они были в полном неведении относительно его предписаний. И сейчас, как и в предыдущие столетия, он использует церковь для осуществления своих замыслов. Религиозные организации наших дней отказываются слушать непопулярные истины, ясно представленные на страницах Священного Писания, и, сражаясь против них, они принимают такие толкования и взгляды, посредством которых повсюду сеются семена скептицизма. Крепко держась папского заблуждения о естественном бессмертии и сознательном состоянии человека после смерти, они отвергают единственную защиту против спиритического обмана. Доктрина о вечных муках заставляет многих не доверять Библии. А как только требования четвертой заповеди становятся известными народу, обнаруживается, что она обязывает его к соблюдению седьмого дня – субботы; и в качестве единственного способа освобождения от обязанности, которую люди не расположены исполнять, популярные учителя провозглашают, что закон Божий больше не является обязательным. Так они сразу избавляются как от закона, так и от субботы. Поскольку дело реформы субботы продвигается, это неприятие Божественного закона во избежание требований четвертой заповеди, станет почти всеобщим.

То, чему учат религиозные вожди, открыло двери неверию, спиритизму и презрению к святому Божьему закону; и на этих лидеров возлагается страшная ответственность за то беззаконие, которое существует в христианском мире.

Тем не менее тот же самый класс людей заявляет, что быстро распространяющийся порок в значительной степени обусловлен осквернением так называемой «христианской субботы» и что принуждение к соблюдению воскресного дня значительно улучшило бы моральные устои общества. На этом требовании особенно настаивают в Америке, где учение об истинной субботе было наиболее широко проповедано. Тут работа по воззванию к умеренности, одна из наиболее выдающихся и важных составных частей моральной реформы, часто комбинируется с движением в защиту воскресного дня, а защитники последнего представляют самих себя как борющихся за осуществление высочайших интересов общества; а тех, кто отказывается объединиться с ними, они объявляют противниками воздержания и реформы. Но тот факт, что движения за учреждение заблуждения связываются с работой, которая сама по себе является благом, не дает основания благосклонно относиться к заблуждению. Мы можем скрыть яд, смешав его с полноценной пищей, однако мы не изменим его сущности. Наоборот, он будет представлять еще большую опасность, поскольку увеличится вероятность не заметить его. Одним из методов сатаны является сочетание с ложью как раз такого количества истины, какого достаточно для того, чтобы эта ложь выглядела правдоподобной. Лидеры воскресного движения могут выступать в поддержку реформ, которые нужны людям, и принципов, находящихся в согласии с Библией; и все же, пока у них есть требование, которое противоречит закону Божию, Его слуги не могут объединиться с ними. Ничто не может извинить устранение ими заповедей Божьих ради человеческих предписаний.

Двумя великими заблуждениями – бессмертием души и святостью воскресного дня – сатана подчинит людей своему обману. Тогда как первое из них закладывает фундамент для спиритизма, последнее укрепляет узы согласия с Римом. Протестанты Соединенных Штатов будут самыми первыми из тех, кто подаст руку спиритизму, находящемуся на другом конце пропасти; они преодолеют бездну, чтобы обменяться рукопожатием с римской властью, и под влиянием такого тройственного союза эта страна последует по стопам Рима в попрании свободы совести.

Поскольку спиритизм все точнее имитирует формальное христианство наших дней, то его способность вводить в заблуждение и заманивать в ловушку все увеличивается. Сам сатана преображается соответственно с современным положением дел. Он явится в образе ангела света. При помощи спиритизма будут происходить удивительные вещи: исцеляться больные и совершаться многие явные чудеса. И поскольку духи заявят о своей вере в Библию и проявят уважение к постановлениям церкви, то их действия будут признаны проявлением Божественной силы.

Сегодня линия разграничения между называющими себя христианами и неверующими с трудом различима. Члены церкви любят то, что любит мир, готовы соединиться с ним, и сатана принимает решение объединить их в одно целое, чтобы таким образом упрочить свое дело, вовлекая всех в ряды поклонников спиритизма. Приверженцы папства, похваляющиеся чудесами как верным признаком истинной церкви, будут легко обмануты этой чудотворной силой; а протестанты, отвергнувшие щит истины, тоже будут введены в заблуждение. Католики, протестанты, люди, поглощенные мирской суетой, – все одинаково примут вид благочестия, отрекшись его силы, и будут смотреть на это объединение как на великое движение в пользу обращения всего мира, возвещающее начало давно ожидаемого Тысячелетнего царства.

При помощи спиритизма сатана выступает как благодетель рода человеческого, исцеляя болезни людей и заявляя, что преподнесит новую и более возвышенную систему религиозной веры; но одновременно с этим он действует как губитель. Его искушения приводят множество людей к погибели. Неумеренность свергает с престола разум, следствием чего являются потворство плотским похотям, раздоры, кровопролития. Сатана получает удовольствие от войны, так как она пробуждает в душе человека наихудшие страсти, а после увлекает свои погрязшие в пороке и крови жертвы в безвозвратную погибель. Его целью является подстрекательство народов к войне друг с другом, потому что таким образом он может отвлечь умы людей от работы по подготовке к тому, чтобы устоять в день Господень.

Сатана действует также и через силы природы, чтобы собрать урожай неподготовленных душ. Он изучил секреты в лабораториях природы и использует всю свою мощь для контроля над стихиями, в рамках допущенного Богом. Когда ему было дозволено поразить Иова, как быстро были сметены стада, дома, слуги, дети; одна беда сменяла другую во мгновение ока. Именно Бог защищает Свое творение и ограждает его от силы губителя. Но христианский мир выказал свое презрение в отношении закона Иеговы; и Господь сделает как раз то, о чем он объявил заранее, а именно: Он отнимет от Земли Свои благословения и перестанет заботиться об охране тех, кто протестует против Его закона, а также учит и принуждает других делать то же самое. Сатана осуществляет контроль над всеми, кого Бог не оберегает особенным образом. К некоторым он проявит благоволение и будет содействовать их успеху, чтобы с их помощью привести в исполнение свои планы, а другим он принесет несчастья и убедит людей, что это Бог поражает их.

Явившись к сынам человеческим под видом великого врача, который может исцелить все их недуги, он в то же время принесет им болезни и беды, которые будут продолжаться до тех пор, пока многолюдные города не превратятся в руины и не станут заброшенными. Даже сейчас он уже действует. Сатана проявляет свою силу повсеместно и в многочисленных формах: в несчастных случаях и катастрофах на море и на суше, в великих пожарах, в жестоких торнадо и страшных ливнях с градом, в бурях, наводнениях, тропических ураганах, цунами и землетрясениях. Он уничтожает созревающий урожай, следствием чего является голод и нужда. Он заражает воздух смертельной инфекцией, и тысячи гибнут от эпидемий. Эти несчастья должны происходить все чаще и становиться все страшнее. Истребление ожидает как животных, так и людей. «Сетует, уныла земля... поникли возвышающиеся над народом... И земля осквернена под живущими на ней; ибо они преступили законы, изменили устав, нарушили вечный завет» (Исаия 24:4-5).

И тогда великий обманщик убедит народ, что виновниками этих напастей являются служащие Богу. Тот класс людей, который вызвал неудовольствие Неба, обвинит в своих бедах тех, чье повиновение Божьим заповедям всегда было упреком для нарушителей закона. Будет провозглашено, что люди оскорбляют Бога нарушением воскресного покоя; что именно этот грех и навел на землю беды, которые не прекратятся до тех пор, пока не будет строго узаконено соблюдение воскресного дня, и что те, кто выставляет на первый план требования четвертой заповеди, таким образом лишая воскресный день подобающей ему чести, являются нарушителями спокойствия народа, препятствуя возвращению

Божественного благорасположения и мирского благополучия. Таким образом, обвинение, выдвинутое в древности против Божьего слуги по причине, также хорошо известной, повторится: «Когда Ахав увидел Илию, то сказал Ахав ему: ты ли это, смущающий Израиля? И сказал Илия: не я смущаю Израиля, а ты и дом отца твоего, тем, что вы презрели повеления Господни и идете вслед Ваалам» (3Царств 18:17-18). Как только при помощи ложных обвинений будет возбужден гнев людей, они станут вести себя по отношению к Божьим вестникам точно так же, как и отступивший Израиль вел себя по отношению к Илии.

Сверхъестественная сила, проявленная при помощи спиритизма, будет оказывать свое воздействие на тех, кто сделает выбор: лучше повиноваться Богу, чем людям. Будут поступать сообщения от духов о том, что Бог послал их, для того чтобы убедить отвергающих воскресный день в их заблуждении, утверждая при этом, что государственным законам должно так же повиноваться, как и закону Бога. Они будут сетовать по поводу великого нечестия, царящего в мире, и поддерживать свидетельство религиозных учителей о том, что состояние нравственного разложения вызвано осквернением воскресного дня. Огромным будет возмущение, возникшее против всех тех, кто откажется принять их свидетельства!

Сатана применит в этом последнем столкновении с народом Божьим ту же политику, что и в начале великого конфликта на Небе, когда он притворно заявлял, что его стремления направлены на обеспечение стабильности Божественного правления, но при этом тайно прилагал все усилия к тому, чтобы обеспечить его ниспровержение. И в этой же работе, которую сам так старательно выполнял, он обвинял ангелов, которые остались верными Богу. Подобная же политика обмана ознаменовала и историю римской церкви. Она открыто признала, что действует как наместница Неба, стремясь при этом превознести себя над Богом и изменить Его закон. Во дни правления Рима приговоренные к смертной казни за свою верность Евангелию объявлялись злодеями; их обвиняли в союзе с сатаной; применяли всевозможные средства, дабы покрыть их позором и добиться того, чтобы в глазах народа и даже в их собственных глазах они представали бы в качестве презренных преступников. Так будет и теперь. Наряду с тем, что сатана будет стараться лишить жизни соблюдающих Божий закон, он будет добиваться их обвинения как нарушителей закона, как людей, которые бесчестят Бога и навлекают на мир суды.

Бог никогда не совершает насилия над волей или совестью человека; но средство, к которому постоянно прибегает сатана, чтобы обрести контроль над теми, кого он не в состоянии совратить иначе, – это принуждение жестокостью. При помощи страха и насилия он стремится управлять совестью людей и обеспечивать себе их почитание. Для достижения этого он работает как через религиозные, так и через светские власти, подвигая их к навязыванию человеческих законов вопреки Божьему закону.

Те, кто чтит библейскую субботу, будут объявлены врагами закона и порядка, разрушающими нравственные ограни-

Экумена – единство ценой истины

чения общества, вызывающими анархию и моральное разложение и навлекающими на Землю суды Божьи. Их добросовестность будет объявлена упрямством, непокорностью и неуважением к властям. Они будут обвинены в недовольстве правительством. Служители, которые отвергают необходимость исполнения Божественного закона, станут возвещать с кафедры об обязанности повиновения гражданским властям, как предписанной Богом. В законодательных собраниях и судебных органах соблюдающие Божьи заповеди будут выставлены в ложном свете и осуждены. Их слова будут истолкованы превратно, а их мотивы объяснены наихудшим образом.

Поскольку протестантские церкви отклоняют очевидные доводы Священного Писания в защиту Божьего закона, то они будут стремиться заставить замолчать тех, чью веру не смогут опровергнуть Библией. Несмотря на то что эти церкви закрывают глаза на данный факт, все же сейчас они выбирают путь, который приведет их к гонениям тех, кто по убеждению совести откажется поступать так, как поступает весь остальной христианский мир, и не признает требования папской субботы.

Сановники церкви и государства сплотятся, чтобы уговорить, расположить подкупом или принудить все слои населения соблюдать воскресный день. Отсутствие Божественного авторитета возместится жестокими постановлениями. Политическая коррупция уничтожает любовь к справедливости и уважение к истине; и даже в свободной Америке правители и законодатели, с целью обеспечения общественной поддержки, уступят требованию населения издать закон, принуждающий к празднованию воскресного дня. Свобода совести, которая стоила такой великой жертвы, не будет больше приниматься во внимание. В этом предстоящем конфликте мы увидим сбывшиеся слова пророка: «И рассвирепел дракон на жену и пошел, чтобы вступить в брань с прочими от семени ее, сохраняющими заповеди Божии и имеющими свидетельство Иисуса Христа» (Откровение 12:17).

ГЛАВА **37**

Под защитой Библии

Нас ожидает последний великий обман. Подделка будет так похожа на истину, что почти невозможно будет отличить их друг от друга, если только не прибегнуть к помощи одной Книги. Среди путаницы многих теологий и мнений Библия является твердым основанием нашей веры. Она показывает нам путь также и через темные долины. Сатана сделает все возможное, чтобы отвлечь от нее внимание людей и обратить его на что-нибудь другое, потому что Библия расстраивает все его планы.

Обращайтесь к закону и откровению. Если они не говорят, как это слово, то нет в них света» (Исаия 8:20). Народу Божьему указано на Священное Писание как на ограждение от влияния лжеучителей и обманчивой силы духов тьмы. Сатана применяет всевозможные методы, чтобы воспрепятствовать людям в приобретении знания Библии, потому что ее ясные высказывания разоблачают его хитрости. При каждом оживлении в Божьей работе князь зла пробуждается для более интенсивной деятельности; сейчас он до предела напрягает свои силы для участия в завершающей битве со Христом и Его последователями. Перед нами скоро должен развернуться последний великий обман. У нас на виду антихрист будет совершать сверхъестественные действия. Подделка так сильно будет походить на правду, что невозможно будет их друг от друга отличить, если не прибегнуть к помощи Священного Писания. Посредством его свидетельства должно быть проверено каждое заявление и каждое чудо.

Те, кто стремится быть послушным всем Божьим заповедям, окажутся в оппозиции и будут высмеяны. Только в Боге они смогут выстоять. Для того чтобы выдержать грядущее испытание, они должны понимать волю Божию, явленную в Его Слове; они смогут чтить Его только в том случае, если будут иметь верное представление о Его характере, правлении и намерениях – и поступать согласно этому. Ни один, кроме тех, кто укрепил свой дух библейскими истинами, не выстоит в последнем великом конфликте. Каждая душа будет поставлена перед испытующим вопросом: должен ли я повиноваться Богу более, нежели человекам? Решающий час уже скоро наступит. Прочно ли стоят наши ноги на скале Божьего непреложного Слова? Приготовлены ли мы к тому, чтобы остаться твердыми в отстаивании заповедей Божьих и веры Иисуса?

Накануне распятия Спаситель объяснял Своим ученикам, что Он должен быть предан смерти и снова восстать из могилы; и ангелы Божьи присутствовали там, чтобы запечатлеть Его слова в их умах и сердцах. Однако ученики ожидали временного избавления от римского ига и не могли даже допустить мысли о том, что Тот, в Ком были сосредоточены все их надежды, должен претерпеть позорную смерть. Слова, которые им необходимо было запомнить, исчезли из их памяти; и когда пришло время испытания, они оказались неприготовленными. Смерть Иисуса так же полно разрушила их надежды, как если бы они вовсе не были предупреждены Им. Так и в пророчествах будущее открывается перед нами с такой же ясностью, как оно было открыто перед учениками в словах Христа. Со всей очевидностью представлены события, связанные с завершением периода испытания и работы приготовления ко времени скорби. И все же множество людей имеет не большее разумение этих важных истин, чем они имели бы в том случае, если бы эти истины никогда не были открыты. Сатана бодрствует, чтобы оградить людей от всего, что могло бы умудрить их ко спасению, ведь тогда время скорби застанет их врасплох.

Если Бог посылает людям настолько важные предостережения, что они представлены как провозглашаемые святыми ангелами, летящими посреди Неба, значит, Он настаивает на том, чтобы каждая личность, наделенная способностью мыслить, обратила внимание на эти вести. Ужасная кара, ожидающая поклонившихся зверю и образу его (см. Откровение 14:9-11), должна послужить для всех побудительным мотивом к прилежному исследованию пророчеств, чтобы узнать, что из себя представляет начертание зверя и каким путем можно избежать его принятия. Но большое количество людей отвращает слух от истины и обращается к басням. Апостол Павел говорил по поводу последних дней: «Ибо будет время, когда здравого учения принимать не будут» (2 Тимофею 4:3). Это время уже наступило. Массы людей не испытывают нужды в библейской истине, потому что она противоречит вожделениям греховного, любящего мир сердца; и сатана тешит их такими обманами, какие они любят.

Но Бог будет иметь на земле народ, который руководствуется Библией и только Библией как мерилом всех учений и основанием всех реформ. Взгляды ученых мужей, научные заключения, символы веры, голос большинства или решения церковных соборов, которые являются такими же многочисленными и не согласующимися между собой, как и представляемые ими церкви – ни одно из выше перечисленного, ни все вместе взятое не следует рассматривать как доказательство за или против какого бы то ни было пункта религии. Прежде принятия любой доктрины или предписания мы должны потребовать в его поддержку ясного «Так говорит Господь».

Сатана постоянно старается привлечь внимание к человеку вместо Бога. Он убеждает народ глядеть с надеждой на епископов, духовных наставников, профессоров богословия как на своих советчиков, вместо того чтобы самим исследовать Священное Писание с целью уяснить свой долг. И тогда, осуществляя контроль над умами этих руководителей, сатана может по своему желанию воздействовать на народные массы.

Когда Христос пришел, чтобы говорить слова жизни, простой народ охотно слушал Его, и многие, даже из священников и начальников, уверовали в Него. Но первосвященник и руководящие мужи нации были непоколебимы в своем решении осудить и отказаться признать Его учение. Несмотря на то что все их усилия найти обвинения против Него оказались тщетными, несмотря на то что они не могли не ощущать воздействия Божественной силы и мудрости, сопровождавших Его слова, все же они позволили предубеждениям взять над ними верх и отклонили яснейшее доказательство Его мессианства, ибо в противном случае были бы вынуждены сделаться Его учениками. Этими противниками Иисуса являлись люди, которых народ с младенчества был наставлен уважать и перед авторитетом которых привык безоговорочно склоняться. «Как же так получилось, – задавались они вопросом, – что наши начальники и ученые книжники не верят в Иисуса? Могли ли эти набожные мужи не признать Его, если бы Он был Христос?» Влияние таких учителей и довело иудейскую нацию до отвержения своего Искупителя.

Дух, который воздействовал на тех священников и правителей, все еще проявляется во многих, кто высокомерно заверяет в своем благочестии. Они отказываются рассматривать свидетельство Священного Писания относительно особых истин для нашего времени. Они указывают на свою численность, благосостояние и популярность и с презрением смотрят на защитников истины, как на малочисленных, малоимущих и малоизвестных, которые имеют веру, отделяющую их от мира.

Христос предсказывал, что неправомерное присвоение власти, которое позволили себе книжники и фарисеи, не прекратится с рассеянием иудеев. Он предвидел деятельность по возвеличиванию человеческого авторитета с целью осуществления контроля над совестью, что было таким ужасным проклятием для церкви во все времена. И Его вселяющее страх осуждение книжников и фарисеев, а также данное народу предупреждение не следовать за этими слепыми вождями были увековечены в качестве наставления для грядущих поколений.

Римская церковь оставляет за духовенством право интерпретировать Священное Писание. На основании того, что только священнослужители обладают знаниями для объяснения Божьего Слова, его скрывают от простых людей. Несмотря на то что Реформация дала Священное Писание всем, все же тот же самый принцип, который отстаивался Римом, удерживает массы в протестантских церквях от исследования Библии лично для себя. Их наставляют так принимать ее учения, как истолковывает церковь, и тысячи прихожан не осмеливаются принять что-либо противоречащее своему вероисповеданию или же упрочившемуся учению их церкви, как бы ясно оно ни было открыто в Священном Писании.

Невзирая на то что Библия полна предупреждений, направленных против лжеучителей, многие все же готовы поручить охрану своих душ духовенству. Сегодня есть тысячи исповедующих религию, не могущих никак по-другому обосновать пункты веры, которых они придерживаются, кроме как тем, что так они были наставлены своими религиозными руководителями. Эти люди проходят мимо учений Спасителя, почти их не замечая, и в то же самое время проявляют безоговорочное доверие к словам церковнослужителей. Но неужели они непогрешимы? Как можем мы доверить наши души их руководству, если не убедились на основании Божьего Слова, что они являются носителями света? Не имея достаточно нравственного мужества для того, чтобы оставить путь, проложенный миром, многие склонны идти по стопам ученых мужей, и при их отвращении к самостоятельному исследованию Писания попадают в безнадежное положение, будучи привязанными цепями заблуждения. Они видят, что истина для настоящего времени ясно открыта в Библии, и ощущают силу Святого Духа, сопутствующую ее провозглашению, и все же позволяют противодействию духовенства отвращать их от света. Несмотря на то что разум и совесть убеждены, все же эти введенные в заблуждение души не решаются думать иначе, чем их пастор; и их личное суждение и вечные интересы приносятся в жертву неверию, гордости и предубеждениям другого человека.

Существует много способов, какими действует сатана, чтобы с помощью человеческого влияния опутать своих пленников. Он овладевает огромным множеством людей, связывая их шелковыми узами привязанности с теми, кто является врагом креста Христова. Какого бы рода ни была эта привязанность: родительская или сыновья и дочерняя, супружеская или дружеская – действие одно и то же: противники истины проявляют свою власть, господствуя над совестью, и находящиеся под их влиянием души не имеют достаточно смелости или независимости, чтобы повиноваться своему собственному чувству долга.

Истина и слава Божия неразделимы; мы не можем, имея в своем распоряжении Библию, прославлять Бога ошибочными взглядами. Многие заявляют, что не имеет значения, во что человек верит, если его жизнь безупречна. Однако образ жизни определяется верой. Если свет и истина лежат для нас в пределах досягаемости, а мы не пользуемся преимуществом видеть и слышать их, то на деле мы отвергаем истину; мы выбираем тьму, а не свет.

«Есть пути, которые кажутся человеку прямыми, но конец их путь к смерти» **(Притчи 16:25)**. Незнание не является извинением заблуждению или греху, если дана всякая возможность познать волю Божью. Странствуя, человек дошел до места, где дороги расходятся, но путевой указатель сообщает, куда каждая из них ведет. Если он не придаст значения путевому указателю и пойдет дорогой, кажущейся ему верной, то, несмотря на всю его искренность, по всей вероятности, окажется на ложном пути.

Бог дал нам Свое Слово, чтобы мы познакомились с его учениями и уяснили для себя, что Он от нас требует. Когда учитель закона подошел к Иисусу с вопросом: «Что мне делать, чтобы наследовать жизнь вечную?», Спаситель направил его к Писаниям, говоря: «В законе что написано? Как читаешь?» **(Ев. Луки 10:25-26)**. Неведение не оправдает ни молодого, ни старого и не освободит их от наказания, которое влечет за собой нарушение Божьего закона, так как в их руках есть верное изложение этого закона, его принципов и требований. Отнюдь недостаточно иметь благие намерения; недостаточно делать то, что сам считаешь правильным, или то, что проповедник объявляет правильным. Решается вопрос спасения собственной души, и необходимо для себя лично исследовать Писание. Насколько бы сильными ни были убеждения человека, как бы он ни был уверен в том, что служитель знает, что есть истина, – это не является его опорой. У него есть карта с нанесенными на нее ориентирами на пути к Небу, поэтому он не должен строить каких-либо догадок.

Первый и высочайший долг каждого разумного существа – узнать из Священного Писания, что есть истина, а потом ходить в ее свете, воодушевляя других следовать этому примеру. Нам нужно изо дня в день старательно исследовать Библию, взвешивая каждую мысль и сравнивая стих со стихом. С помощью Божией нам необходимо самим составлять свое мнение, потому что мы должны будем лично за себя ответить перед Богом.

Истины, наиболее понятно раскрытые в Библии, ученые мужи окутали сомнением и мраком; считая себя очень мудрыми, они учат, что Священное Писание имеет мистический, таинственный, спиритуальный смысл, с трудом различимый в используемом языке. Эти люди – лжеучителя. Именно таким Иисус объявил, что они не знают ни «Писаний, ни силы Божией» (Ев. Марка 12:24). Язык Библии следует объяснять в соответствии с его очевидным значением, если не применены символы или образы. Христос дал обетование: «Кто хочет творить волю Его, тот узнает о сем учении, от Бога ли оно» (Ев. Иоанна 7:17). Если бы люди понимали Библию так, как она написана, если бы не было лжеучителей, сбивающих их с толку и вводящих в замешательство, тогда могла бы быть осуществлена работа, приносящая радость ангелам и приводящая в стадо Христово тысячи и тысячи душ, которые сейчас скитаются, находясь во власти заблуждений.

При исследовании Священного Писания нам следует привести в действие все свои умственные способности, чтобы дать разуму возможность осмыслить глубины Божьи, насколько это доступно смертным; однако мы не должны забывать, что детская восприимчивость и покорность являются истинным духом ученика. Затруднения в понимании Библии никогда не могут быть преодолены такими же методами, какие используются при разрешении философских проблем. За изучение Библии нельзя приниматься с той самонадеянностью, с которой многие вступают в область науки, но с молитвенной зависимостью от Бога и искренним желанием познать Его волю. Мы должны прийти со смиренным и прилежным духом, чтобы получить знание от великого «Я ЕСМЬ». Иначе злые ангелы так ослепят наш разум и ожесточат наши сердца, что истина не произведет на нас никакого впечатления.

Многие тексты Священного Писания, которые ученые мужи объявляют тайной или обходят как неважные, для тех, кто прошел обучение в школе Христа, полны утешений и наставлений. Одна из причин, по которой многие богословы не имеют более ясного понимания Слова Божия, заключается в том, что они закрывают глаза на те истины, которые необходимо претворять в жизнь. Понимание библейской истины зависит не столько от мощи интеллекта, вовлеченного в исследование, сколько от искренности намерений и от того, насколько серьезно стремление человека к праведности.

Библия никогда не должна изучаться без молитвы. Один лишь Дух Святой может помочь нам прочувствовать важность легких для понимания мест или удержать нас от неверного истолкования труднопонимаемых текстов. Обязанностью небесных ангелов является приготовить сердца к такому пониманию Слова Божия, чтобы мы были очарованы его красотой, наставлены его предупреждениями или воодушевлены и укреплены его обетованиями. Нам следует сделать мольбу псалмопевца нашей собственной мольбой: «Открой очи мои, и увижу чудеса закона Твоего» (Псалтирь 118:18). Искушения часто кажутся непреодолимыми потому, что тот, кто подвергся им, из-за того что пренебрегал молитвой и исследованием Библии, не может быстро вспомнить обетования Божьи и оказывается не в состоянии противиться сатане с помощью библейского «оружия». Но ангелы находятся вокруг тех, кто охотно позволяет наставить себя в Божественных вопросах, и во время великой нужды они приведут им на память как раз те истины, в которых они нуждаются. Таким образом, «если враг придет как река, дуновение Господа прогонит его» (Исаия 59:19).

Иисус обещал Своим ученикам: «Утешитель же, Дух Святый, Которого пошлет Отец во имя Мое, научит вас всему и напомнит вам все, что Я говорил вам» (Ев. Иоанна 14:26). Однако учения Христа прежде всего должны быть хранимы в голове, чтобы Дух Божий во время опасности мог привести их нам на память. «В сердце моем сокрыл я слово Твое, – говорил Давид, – чтобы не грешить пред Тобою» (Псалтирь 118:11).

Все, кто дорожит своими вечными интересами, должны быть настороже против вторжений скептицизма. Будут критиковаться подлинные столпы истины. Невозможно держаться вне досягаемости сарказма и ложных умозаключений, коварных и пагубных учений современного неверия. Сатана приспосабливает свои искушения ко всем общественным слоям. Невежественных он осаждает насмешками или колкостями, в то время как образованных он встречает научными возражениями и философскими рассуждениями, рассчитанными на то, чтобы возбудить у тех и других недоверие или презрение к Священному Писанию. Даже молодые люди, обладающие малым опытом, осмеливаются сеять сомнения в фундаментальных принципах христианства. И каким бы наивным ни было это неверие молодежи, оно имеет свое влияние. Так многие склонны к тому, чтобы насмехаться над верой своих отцов и оскорблять Духа благодати (см. Евреям 10:29). Сколько жизней, вместо того чтобы служить для славы Божией и быть благословением для мира, загублены ядовитым духом неверия! Все, доверяющие хвастливым заключениям человеческого разума и воображающие, что могут объяснить Божественные тайны и достичь познания истины без помощи мудрости Божией, пойманы в ловушку сатаны.

Мы живем в наиболее торжественный период истории этого мира. Судьба множества людей, населяющих Землю, вот-вот будет решена. Наше собственное будущее благоденствие, а также спасение других душ зависит от курса, который мы сейчас возьмем. Мы нуждаемся в водительстве Духа истины. Каждый последователь Христа должен серьезно спросить: «Господи! что повелишь мне делать?» (см. Деян. 9:6 – прим. ред.) Нам необходимо смириться пред Господом в посте и молитве и много размышлять над Его словом, в особенности над сценами Суда. Мы должны уже сейчас стремиться к тому, чтобы приобрести глубокий и живой опыт в отношениях с Богом. У нас нет времени, чтобы его терять. Жизненно важные события происходят вокруг нас; мы находимся на территории, заколдованной сатаной. Не спите, часовые Бога; враг притаился поблизости, готовый, стоит вам только расслабиться и задремать, в каждое мгновение напасть на вас и сделать своей добычей.

Многие введены в заблуждение в отношении своего подлинного положения перед Богом. Они гордятся тем, что не делают ничего плохого, но забывают подсчитать те добрые и благородные дела, которые Бог требует от них и выполнением которых они пренебрегли. Недостаточно того, что они являются деревьями в саду Божием, – нужно оправдывать Его ожидания, принося плоды. Бог делает их подотчетными за пренебрежение всем тем добром, которое они с помощью Его укрепляющей благодати могли бы сотворить. В небесных книгах они зарегистрированы как напрасно занимающие землю. Тем не менее дело даже такого рода людей не является совершенно безнадежным. За тех, которые презрели милосердие Божие и злоупотребили Его благодатью, все еще умоляет Сердце, полное долготерпения и любви. «Посему сказано: „Встань, спящий, и воскресни из мертвых, и осветит тебя Христос". Итак, смотрите, поступайте осторожно... дорожа временем, потому что дни лукавы» (Ефесянам 5:14-16).

Когда придет время испытания, откроются те, которые сделали Слово Божье правилом своей жизни. Летом нет заметного различия между вечнозелеными и остальными деревьями, но когда приходит зимняя вьюга, вечнозеленые деревья остаются неизменившимися, в то время как остальные лишаются своего лиственного наряда. Так и исповедующий с неверным сердцем сейчас может не отличаться от настоящего христианина, однако близко время, когда это различие станет очевидным. Пусть только поднимется сопротивление, пусть только фанатизм и нетерпимость опять возьмутся за свой скипетр и вновь будет разожжен огонь гонений – тогда половинчатые и лицемеры пошатнутся и откажутся от своей веры, а истинный христианин будет стоять твердо, как скала, его вера станет сильнее, а надежда – еще ярче, чем в благоприятное время.

Псалмопевец говорит: «Размышляю об откровениях Твоих» (Псалтирь 118:99). «Повелениями Твоими я вразумлен; потому ненавижу всякий путь лжи» (Псалтирь 118:104).

«Блажен человек, который снискал мудрость» (Притчи 3:13). «Ибо он будет как дерево, посаженное при водах и пускающее корни свои у потока; не знает оно, когда приходит зной; лист его зелен, и во время засухи оно не боится и не перестает приносить плод» (Иеремия 17:8).

ГЛАВА **38**

Окончательное предупреждение

По Своей милости Бог постоянно дарует людям возможность для размышления и обращения. Но однажды этому придет конец: последнее предупреждение будет передаваться через слуг Божьих, сопровождаемых силой убеждения Святого Духа, и прозвучит оно перед тем как каждый человек определится и примет для себя окончательное решение.

После сего я увидел иного Ангела, сходящего с неба и имеющего власть великую; земля осветилась от славы его. И воскликнул он сильно, громким голосом говоря: пал, пал Вавилон, великая блудница, сделался жилищем бесов и пристанищем всякому нечистому духу, пристанищем всякой нечистой и отвратительной птице». «И услышал я иной голос с неба, говорящий: выйди от нее, народ Мой, чтобы не участвовать вам в грехах ее и не подвергнуться язвам ее» (Откровение 18:1,2,4).

Эти стихи направляют нас ко времени, когда объявление о падении Вавилона, сделанное вторым ангелом в Откровении 14:8, должно повториться с добавочным упоминанием о том разложении, которому подверглись различные организации, составляющие Вавилон в период, имеющий своим началом лето 1844 года, когда эта весть была передана впервые. Здесь изображено внушающее страх состояние религиозного мира. С каждым отвержением истины сознание народа будет окутывать еще больший мрак, сердца людей будут становиться все более непреклонными, пока, наконец, они не укрепятся в дерзости неверия. Не считаясь с данными Богом предупреждениями, они будут продолжать пренебрегать одной из заповедей Десятисловия, до тех пор пока их не подтолкнут к преследованию тех, кто свято ее хранит. Христос ни во что не ставится, судя по тому, какое презрение выказывается по отношению к Его слову и Его народу. Как только учения спиритизма будут признаны церквями, ограничения, навязанные плотскому сердцу, будут удалены, и наружное исповедание религии превратится в покров, маскирующий гнуснейшее беззаконие. Вера в спиритические проявления распахнет дверь духам обольстителям и учениям бесовским (см. 1 Тимофею 4:1 – прим. ред.), и, таким образом, воздействие злых ангелов будет чувствоваться в церквях.

О Вавилоне, великой блуднице, показанной в это время в пророчестве, провозглашается: «Грехи ее дошли до неба, и Бог воспомянул неправды ее» (Откровение 18:5). Вавилон наполнил меру вины своей, и гибель готова обрушиться на него. Но у Бога еще есть народ в Вавилоне, и, до того как суды его постигнут, эти верные люди должны быть вызваны из него, чтобы «не участвовать в грехах ее и не подвергнуться язвам ее». Отсюда и движение, символизируемое сходящим с Неба ангелом, освещающим Землю славой своей и мощно, громким голосом возвещающим о грехах Вавилона. В связи с его сообщением слышен призыв: «Выйди от нее, народ Мой». Эти вести, объединенные с третьей ангельской вестью, и составляют последнее предостережение, которое должно быть передано обитателям планеты Земля.

Страшен исход, к которому будет подведен мир. Земные власти, объединяясь для войны против заповедей Божьих, постановят, что «всем – малым и великим, богатым и нищим, свободным и рабам» (Откровение 13:16) – надлежит подчиняться церковным обычаям, празднуя ложную субботу. Все, отказывающиеся согласиться с этим, будут подвергнуты гражданским наказаниям, и в конечном итоге будет провозглашено, что они заслуживают смерти. С другой стороны, закон Божий, указывая на день покоя Творца, также требует повиновения и угрожает гневом всем тем, кто нарушает его предписания.

Когда этот вопрос так ясно будет представлен каждому человеку, тогда всякий, пренебрегающий Божьим законом ради повиновения человеческому постановлению, получит начертание зверя; он примет знак верности той власти, которой избрал повиноваться вместо Бога. Предупреждение с Неба таково: «Кто поклоняется зверю и образу его и принимает начертание на чело свое или на руку свою, тот будет пить вино ярости Божией, вино цельное, приготовленное в чаше гнева Его» (Откровение 14:9-10).

Однако ни один человек не должен пострадать от гнева Божия, пока его разум и совесть не пришли в соприкосновение с истиной и пока он не отклонил ее. Есть много людей, которые никогда не имели возможности услышать особые истины для настоящего времени. Обязанность по отношению к четвертой заповеди никогда не была представлена им в ее истинном свете. Тот, Который читает в каждом сердце и испытывает каждый мотив, не оставит ни одного из тех, кто жаждет познания истины, но введен в заблуждение относительно вопросов, вокруг которых разворачивается борьба. Этот указ не будет слепо навязан народу. Каждый должен иметь достаточно света, чтобы разумно принять решение.

Суббота будет великой проверкой верности, потому что она является особенно оспариваемым пунктом истины. Когда люди подвергнутся окончательному испытанию, тогда будет проведена разграничивающая линия между теми, кто служит Богу, и теми, кто Ему не служит. Тогда как празднование ложной субботы в соответствии с законом страны, в противовес четвертой заповеди, будет служить признанием в верности власти, противодействующей Богу, хранение истинной субботы в соответствии с законом Божьим станет являться доказательством верности Создателю. В то время как одна категория людей, посредством принятия символа подчинения земным властям, получит начертание зверя, другая категория, избравшая знак преданности Божественному авторитету, получит печать Божию.

Тех, кто представлял истины третьей ангельской вести, раньше часто рассматривали лишь как распространителей тревожных слухов. Их предсказания о том, что религиозная нетерпимость одержит верх в Соединенных Штатах, что церковь и государство соединятся вместе для преследования тех, кто хранит Божьи заповеди, были объявлены необоснованными и абсурдными. С уверенностью было провозглашено, что это государство никогда не сможет перестать быть защитником религиозной свободы. Однако поскольку вопрос о принудительном соблюдении воскресного дня широко рассматривается, то уже видно и приближение того события, в котором так долго сомневались и в которое не верили; и третья ангельская весть произведет влияние, какого она не могла иметь прежде.

В каждом поколении Бог посылал Своих слуг обличать грех как в мире, так и в церкви. Но народ желает, чтобы ему говорили о приятных вещах, и чистая, неприкрашенная истина не принимается. Многие реформаторы в начале своей деятельности решали проявлять великую осмотрительность в критике грехов церкви и народа. Они надеялись примером чистой христианской жизни вернуть людей снова к учениям Библии. Но Дух Божий сходил на них, как Он сходил на Илию и заставлял его обличать грехи безбожного царя и отступившего народа; они не могли удержаться от проповеди ясных высказываний Библии – тех учений, которые раньше не хотели представлять. Они были побуждены ревностно провозглашать истину и предупреждать об опасности, угрожающей душам. Без страха за последствия они произносили слова, которые давал им Господь, и люди были вынуждены выслушивать предостережение.

Таким же образом будет провозглашена и весть третьего ангела. С наступлением времени, когда она должна будет прозвучать с величайшей силой, Господь будет действовать посредством смиренных орудий, руководя посвятившими себя Ему на служение. Работники сделаются способными к этому скорее благодаря помазанию Его Духом, чем вследствие получения образования. Мужи веры и молитвы будут побуждены выступить вперед со святой ревностью, провозглашая слова, которые им даст Бог. Будут разоблачены грехи Вавилона. Страшные результаты принудительного введения гражданской властью церковных обычаев, посягательства спиритизма, скрытый, но скорый успех папской власти – все будет разоблачено. Эти торжественные предостережения встряхнут народ. Бесчисленное множество людей, которые никогда еще не слышали подобных слов, станут прислушиваться к ним. С удивлением они услышат свидетельство о том, что Вавилон – это церковь, падшая по вине своих заблуждений и грехов, отказавшаяся принять истину, посылаемую для нее с Небес. И когда народ пойдет к своим прежним наставникам со жгучим вопросом, действительно ли это так, тогда эти служители станут говорить им басни и пророчествовать о приятных вещах, чтобы рассеять их страхи и успокоить пробудившуюся совесть. Однако поскольку многие откажутся довольствоваться лишь человеческим авторитетом и потребуют ясного «так говорит Господь», то представители влиятельного духовенства, подобно фарисеям древности, исполненные гнева, из-за того что подвергается сомнению их компетенция, объявят, что эта весть – от сатаны, и настроят любящие грех массы народа, чтобы они поносили и преследовали тех, кто ее проповедует.

Так как борьба распространится на новые территории и мысли людей окажутся привлеченными к попранному Божьему закону, сатана придет в возбуждение. Сопровождающая эту весть сила будет только раздражать тех, кто ей сопротивляется. Духовенство приложит почти сверхчеловеческие усилия сокрыть свет и не допустить, чтобы он воссиял над их паствой. Всеми имеющимися в их распоряжении средствами они будут стремиться к пресечению обсуждения этих жизненно важных вопросов. Церковь прибегнет к силе гражданской власти, и в этом деле паписты и протестанты объединятся. Как только движение за принуждение соблюдения воскресного дня будет становиться все более энергичным и решительным, против соблюдающих заповеди начнут требовать применения закона. Им будут угрожать штрафами и лишением свободы; некоторым предложат влиятельные должности и другие вознаграждения и преимущества, чтобы побудить отречься от своей веры. Но их неизменным ответом будет: «Покажите нам из Слова Божия, что мы заблуждаемся», – тот же самый довод привел и Лютер при подобных обстоятельствах. Те, кого привлекут к суду, дадут убедительное оправдание истине, и некоторые из слушающих их будут убеждены принять точку зрения соблюдающих все заповеди Божьи. Так свет получат тысячи, которые иначе ничего бы не знали об этих истинах.

Добросовестное послушание Слову Божьему будет истолковываться как бунтарство. Ослепленные сатаной, родители будут проявлять суровость и жестокость по отношению к своим верующим детям; хозяева будут угнетать соблюдающих заповеди слуг. Привязанности будут охлаждены, дети – лишены наследства и изгнаны из дома. Буквально исполнятся слова апостола Павла: «Все, желающие жить благочестиво во Христе Иисусе, будут гонимы» (2 Тимофею 3:12). Поскольку защитники истины откажутся чествовать воскресенье как субботу, то некоторых из них посадят в тюрьмы, некоторых сошлют, а с некоторыми станут обходиться, как с рабами. С точки зрения человеческой мудрости сейчас все это кажется невероятным, однако, как только сдерживающий Дух Божий будет отнят от людей и они останутся под контролем сатаны, который ненавидит Божественные предписания, произойдут странные события. Сердце может быть очень жестоким, если из него удалены Божии страх и любовь.

Когда приблизится буря, большая группа людей, которые заявляли о своей вере в весть третьего ангела, но не освятились посредством послушания истине, оставит свои позиции и вступит в ряды ее противников. Объединившись с миром и разделяя его дух, они начнут рассматривать вещи почти в том же свете, что и мир, и, когда придет испытание, они будут готовы избрать легкую, популярную точку зрения. Талантливые мужи с обаятельными манерами, которые однажды радовались истине, будут применять свои способности для того, чтобы обманывать и вводить в заблуждение души. Они станут самыми ожесточенными врагами своих бывших братьев. Когда соблюдающие субботу предстанут перед судами, чтобы дать отчет в своем уповании, тогда эти изменники будут наиболее умелыми агентами сатаны по обвинению и представлению их в ложном свете и при помощи ложных показаний и порочащих намеков возбудят против них правителей.

В это время гонений будет подвергнута испытанию вера слуг Господа. Они честно передали предупреждение, обращая внимание лишь на Бога и Его Слово. Дух Божий, движущий их сердцами, заставил их говорить. Побуждаемые святой ревностью и сильным Божественным импульсом, они приступали к выполнению возложенных на них обязанностей проповедовать людям Слово, данное им Богом, не размышляя о последствиях. Они не задумывались о своих временных интересах и не стремились сохранить свою репутацию или жизнь. И все же, когда буря сопротивления и осуждения обрушится на них, некоторые, переполненные страхом, будут готовы воскликнуть: «Если бы мы предвидели последствия наших слов, мы бы тогда лучше молчали!» Затруднения со всех сторон окружают их. Сатана атакует их жестокими искушениями. Им кажется, что далеко за пределами их способностей завершить работу, за которую они взялись. Им грозят уничтожением. Энтузиазм, оживлявший их, прошел; но, несмотря на это, повернуть назад они не могут. Тогда, ощущая свою крайнюю беспомощность, они прибегнут за подкреплением к Всемогущему и вспомнят, что слова, которые говорили, были не их собственными, но словами Того, Кто поручил им передать это предостережение. Бог вложил истину в их сердца, и они не могли ее не провозглашать.

Те же переживания были испытаны мужами Божьими в прошедшие века. Уиклиф, Гус, Лютер, Тиндаль, Бакстер, Уэсли настаивали на том, чтобы все учения сверялись с Библией, и объявляли, что откажутся от всего, что она осуждает. Против этих людей гонения осуществлялись с неослабевающей яростью, тем не менее они не прекращали возвещать истину. Каждый из периодов в истории церкви был отмечен представлением особой истины, сообразованной с нуждами народа Божия того времени. Каждая новая истина прокладывала себе путь, преодолевая ненависть и противодействие, а те, которые были благословлены ее светом, подвергались искушениям и испытаниям. Господь дает в критичсской ситуации особую истину для народа. Кто отважится отказаться ее огласить? Он повелевает Своим слугам передать миру последнее приглашение благодати. Они не могут хранить молчание, иначе подвергнут опасности свои души. Посланникам Христа не следует тревожиться о последствиях. Они должны предоставить их Богу, а сами – выполнять свой долг.

Как только противодействие станет яростнее, слуги Божьи вновь будут приведены в смятение, потому что им покажется, что они виновны в этом кризисе. Но совесть и Слово Божье убедят их, что этот образ действия является верным; и хотя испытания продолжатся, они будут укреплены, чтобы пройти через них. Противоборство становится все острее, но их вера и мужество возрастают в момент опасности. Их свидетельство гласит: «Мы не отваживаемся вмешиваться в Слово Божие, разделяя Его святой закон и называя одну часть существенной, а другую – не существенной, для того чтобы получить одобрение мира. Господь, Которому мы служим, силен избавить нас. Христос преодолел земные силы, и должны ли мы бояться уже побежденного мира?»

Преследование в его различных формах является результатом развития принципа, который будет существовать, пока существует сатана и пока христианство обладает жизненной силой. Нет такого человека, который может служить Богу, не испытывая на себе сопротивления воинств тьмы. Злые ангелы будут атаковать его, обеспокоенные тем, что его влияние вырывает добычу из их рук. Злые люди, для которых его пример является упреком, объединятся с ними в стремлении разделить его с Богом посредством манящих искушений. Если они не будут иметь успеха, тогда будут применены насильственные меры с целью принуждения совести.

Но пока Иисус пребывает в небесном Святилище как Посредник человека, сдерживающее влияние Святого Духа ощущается правителями и народом. Он все еще до некоторой степени контролирует законы страны. Если бы не эти законы, то состояние мира было бы намного хуже, чем теперь. Тогда как многие из наших правителей являются активными агентами сатаны, Бог также имеет Своих представителей среди руководящих мужей нации. Враг побуждает своих слуг предлагать мероприятия, которые очень помешали бы делу Божию, но политики, боящиеся Господа, будучи под влиянием святых ангелов, при помощи неоспоримых доводов оказывают сопротивление таким предложениям. Так несколько человек будут контролировать мощный поток зла. Противодействие врагов истины будет сдержано, с тем чтобы третья ангельская весть могла совершить свое дело. Когда же будет передано последнее предостережение, оно прикует к себе внимание этих руководящих мужей, через которых Господь сейчас действует; некоторые из них примут его и будут переживать время скорби вместе с народом Божьим.

Ангел, который присоединяется к провозглашению вести третьего ангела, должен осветить своей славой всю Землю. Здесь предсказана работа необычайной мощи, которая примет всемирный размах. Адвентистское движение 1840-1844 годов было выдающимся проявлением силы Божьей; первая ангельская весть достигла всех миссионерских баз мира, и в некоторых странах наблюдалась такая огромная религиозная заинтересованность, какой не бывало со времен Реформации XVI века; однако движение, связанное с последним предостережением третьего ангела, должно быть еще более грандиозным.

Это действие будет похоже на то, что случилось в день Пятидесятницы. Как «ранний дождь», то есть излитие Святого Духа в начале благовестия, был дан для того, чтобы вызвать прорастание драгоценного семени, так и «поздний дождь» будет дан при его завершении, чтобы поспел урожай. «Итак, познаем, будем стремиться познать Господа; как утренняя заря – явление Его, и Он придет к нам, как дождь, как поздний дождь оросит землю» (Осия 6:3). «И вы, чада Сиона, радуйтесь и веселитесь о Господе Боге вашем; ибо Он даст вам дождь в меру и будет ниспосылать вам дождь, дождь ранний и поздний, как прежде» (Иоиль 2:23). «И будет в последние дни, говорит Бог, изолью от Духа Моего на всякую плоть». «И будет: всякий, кто призовет имя Господне, спасется» (Деяния 2:17,21).

Великая работа благовествования должна быть окончена с не меньшим, чем отметившим ее начало, проявлением силы Божией. Пророчества, осуществившиеся в излитии раннего дождя в начале евангельского дела, должны снова осуществиться в излитии позднего дождя при его завершении. Это – «времена отрады», которых ожидал апостол Петр, говоря: «Итак, покайтесь и обратитесь, чтобы загладились грехи ваши, да придут времена отрады от лица Господа, и да пошлет Он предназначенного вам Иисуса Христа» (Деяния 3:19-20).

Рабы Божьи с озаренными и сияющими от святого посвящения лицами будут спешить от одного места к другому, чтобы провозгласить весть с Небес. Тысячами голосов по всей Земле будет передаваться это предостережение. Будут совершаться удивительные вещи, больные будут исцеляться, знамения и чудеса – сопровождать верующих. Сатана тоже совершает чудеса, только ложные, «так что и огонь низводит с неба на землю пред людьми» (Откровение 13:13). Таким образом, обитатели планеты Земля будут поставлены перед выбором.

Эта весть будет донесена до людей не столько при помощи доводов, сколько благодаря глубокому убеждению со стороны Духа Божия. Аргументы уже были представлены. Семя было посеяно, а теперь оно взойдет и принесет плод. Публикации, распространенные работниками-миссионерами, произвели свое воздействие; и все же многим, чьи души были затронуты, воспрепятствовали полностью понять истину или принести плод послушания. А сейчас лучи света проникают повсюду, истина обнаруживается в ее чистоте, и искренние дети Божьи разбивают оковы, которые удерживали их. Семейные связи, церковные отношения теперь бессильны помешать им. Истина представляет для них большую ценность, чем все остальное. Невзирая на сопротивление сил, объединенных против истины, огромное множество людей встанет на сторону Господа.

ГЛАВА 39

Время скорби

Когда Иисус оставит Святилище, мрак покроет жителей Земли. Нечестивые преступили границы своего времени благодати, и Дух Божий будет отнят от них. Сатана ввергнет тогда весь мир в последнюю великую скорбь. В это ужасное время праведники должны будут жить перед Святым Богом без Посредника. Но любвеобильный Спаситель пошлет им Свою помощь в нужный час.

И восстанет в то время Михаил, князь великий, стоящий за сынов народа твоего; и наступит время тяжкое, какого не бывало с тех пор, как существуют люди, до сего времени; но спасутся в это время из народа твоего все, которые найдены будут записанными в книге» (Даниил 12:1).

После окончания провозглашения третьей ангельской вести благодать не будет больше защищать виновных обитателей Земли. Народ Божий выполнил свою работу. Он получил «поздний дождь» (Иоиль 2:23), «отраду от лица Господня» (Деяния 3:20), и готов к предстоящему часу испытания. Ангелы на Небе спешат во все стороны. Ангел, вернувшийся с Земли, сообщает, что его работа сделана; миру была устроена окончательная проверка, и все, кто доказал свою верность Божественным заповедям, получили «печать Бога живого» (см. Откровение 7:2 – прим. ред.). Тогда Иисус заканчивает Свое ходатайство в небесном Святилище. Он поднимает Свои руки и громким голосом говорит: «Совершилось», и все ангельское воинство снимает свои венцы, когда Он торжественно провозглашает: «Неправедный пусть еще делает неправду; нечистый пусть еще сквернится; праведный да творит правду еще, и святый да освящается еще» (Откровение 22:11). Дело каждого решено к жизни или к смерти. Христос совершил искупление Своего народа и изгладил его грехи. Число Его подданных наполнилось; «царство... и власть и величие царственное во всей поднебесной» (Даниил 7:27) вот-вот будет дано наследникам спасения, и Иисус будет царствовать как Царь царей и Господь господствующих.

Как только Он покидает Святилище, мрак окутывает жителей Земли. В то страшное время праведники должны будут жить пред Святым Богом без Посредника. Барьеры, до сих пор сдерживавшие нечестивых, устранены, и сатана полностью контролирует тех, кто так и не раскаялся. Долготерпение Божье окончилось. Мир отклонил Его милость, с презрением отнесся к Его любви и пренебрежительно обошелся с Его законом. Нечестивые оказались за пределом своего испытательного срока; Дух Божий, постоянно встречавший их противодействие, в конце концов, удален от них. Неприкрытые Божественной благодатью, они не имеют защиты от лукавого. И тогда сатана погрузит обитателей Земли в великую последнюю скорбь. Когда ангелы Божьи прекратят сдерживать яростные ветры человеческих страстей, тогда будут пущены в ход все средства для борьбы. Весь мир будет разрушен еще ужаснее, чем древний Иерусалим.

Единственный ангел умертвил всех первородженных египтян и наполнил страну плачем. Когда Давид действовал против Бога, произведя исчисление народа, один ангел вызвал то страшное истребление, посредством которого был наказан его грех. Та же самая разрушительная сила, какую используют святые ангелы по повелению Божию, будет применена злыми ангелами, когда Он позволит. Сейчас есть силы, которые готовы произвести повсеместное опустошение, и они лишь ожидают разрешения со стороны Бога.

Соблюдающих закон Божий обвинят в том, что они навлекли на мир Божьи суды, их будут считать причиной страшных природных катаклизмов, а также людских распрей и кровопролитий, наполняющих землю горем. Влияние, сопровождающее проповедь последнего предостережения, разъярит нечестивых; их гнев разгорится против всех тех, кто принял весть, и сатана доведет до еще большей интенсивности дух ненависти и гонений.

Когда Божие присутствие было окончательно удалено от иудейской нации, священники и народ не знали об этом. Хотя они и находились под контролем сатаны и были управляемы наиболее ужасными и злыми страстями, тем не менее рассматривали себя в качестве избранников Божьих. Служение в храме продолжалось; на его оскверненных жертвенниках приносились жертвы, и день ото дня умолялось о Божественном благословении для народа, виновного в крови дорогого Сына Божия и стремившегося убить Его служителей и апостолов. Так не будут об этом знать и жители Земли, когда в Святилище будет вынесено безвозвратное решение и судьба мира окажется навсегда решенной. Религиозные формальности будут и далее соблюдаться народом, от которого Дух Божий был раз и навсегда отнят; и сатанинская ревность, которой князь зла будет воодушевлять их на осуществление своих зловредных планов, будет иметь видимость ревности по Боге.

Так как суббота станет особым предметом конфликта в христианском мире и религиозные и светские власти объединятся в принуждении празднования воскресного дня, то настойчивый отказ незначительного меньшинства в том, чтобы уступить требованию масс, превратит его в объект всеобщего проклятия. Будут говорить, что этих немногих, противящихся установленному обычаю церкви и государственному закону, нельзя терпеть, что уж лучше было бы пострадать им, чем допустить, чтобы целые народы были приведены в смятение и беззаконие. Этот же самый довод восемнадцать веков назад высказали «начальники народа» против Христа: «Лучше нам, – сказал хитрый Каиафа, – чтобы один человек умер за людей, нежели чтобы весь народ погиб» (Ев. Иоанна 11:50). Этот аргумент окажется определяющим, и в результате против тех, кто почитает субботу в соответствии с четвертой заповедью, будет выпущен декрет, осуждающий их как заслуживающих строжайшего наказания и дающий людям свободу, начиная с определенного времени, убивать их. Католицизм в Старом Свете и отступивший протестантизм в Новом будут действовать сходным образом против тех, которые чтут все Божественные заповеди.

Народ Божий ожидает тогда того периода скорби и горести, который пророк охарактеризовал как бедственное время для Иакова. «Так сказал Господь: голос смятения и ужаса слышим мы, а не мира... лица у всех бледные. О, горе! велик тот день, не было подобного ему; это – бедственное время для Иакова, но он будет спасен от него» (Иеремия 30:5-7).

Ночь мучений, испытанных Иаковом, когда он боролся в молитве за избавление от руки Исава (см. Бытие 32:24-30), иллюстрирует опыт Божьего народа во время скорби. Из-за обмана, предпринятого, чтобы обеспечить себе отцовское благословение, предназначенное для Исава, Иаков бежал, спасая свою жизнь, встревоженный смертельными угрозами брата. Спустя много лет, проведенных в изгнании, он вознамерился по повелению Бога вместе со своими женами, детьми, отарами и пастухами возвратиться в родной край. При подходе к пределам этой земли он исполнился ужасом, узнав, что к нему приближается Исав во главе отряда воинов, вне всякого сомнения, решительно настроенный мстить. Казалось, люди Иакова, невооруженные и беззащитные, вскоре падут беспомощными жертвами насилия и резни. И к грузу беспокойства и ужаса присоединилась еще и угнетающая тяжесть угрызений совести, потому что его собственный грех стал причиной нависшей опасности. Его единственным упованием была милость Божья; его единственной защитой должна была стать молитва. И все же он сделал со своей стороны все, чтобы уладить несправедливость, допущенную им по отношению к брату, и отвести угрожающую опасность. Так должны будут действовать и последователи Христа по мере приближения времени скорби; им следует постараться явить себя перед людьми в истинном свете, обезоружить предубеждение и отвести опасность, угрожающую свободе совести.

Отослав прочь свою семью, чтобы она не могла стать свидетелем его душевного страдания, Иаков остается один просить Бога о заступничестве. Он исповедует свой грех и с благодарностью отдает должное милости Божьей, проявленной к нему, с глубоким смирением ссылаясь на завет, заключенный с его отцами, и на обетования, данные ему самому в ночном видении в Вефиле и в земле своего изгнания. В его жизни наступил кризис; все должно решиться. Находясь в темноте и в одиночестве, он не перестает молиться и смиряться пред Богом. Неожиданно чья-то рука ложится ему на плечо. Иаков думает, что это враг, ищущий его жизни, и со всей энергией отчаяния борется с напавшим на него. Как только начинает брезжить рассвет, незнакомец проявляет свою сверхчеловеческую силу; при его прикосновении этот сильный мужчина кажется парализованным, и он, беспомощный, рыдающий проситель, падает на шею своему таинственному сопернику. Теперь Иаков знает, что боролся с Ангелом завета. Будучи покалеченным и страдающим от острейшей боли, он все же не отказывается от своего намерения. Долго он претерпевал трудности, муки совести и печаль из-за своего греха; теперь он должен получить заверение, что прощен. Ему кажется, что Божественный посетитель уже собирается уходить; и Иаков хватается за Него и умоляет о благословении. Ангел торопит: «Отпусти Меня; ибо взошла заря», но патриарх восклицает: «Не отпущу тебя, пока не благословишь меня» (Бытие 32:26). Какое доверие, какая решительность и какое упорство проявились здесь! Если бы это было хвастливое, дерзкое требование, Иаков был бы мгновенно уничтожен; но он говорил с уверенностью, которой обладает тот, кто признает свою слабость и недостоинство и все же доверяется милости Бога, верного Своему завету.

«Он боролся с Ангелом – и превозмог» (Осия 12:4). Своим смирением, раскаянием, подчинением воле Божьей этот грешный, заблудший смертный убедил Величие Неба. Он с трепетом ухватился за Божии обетования, и сердце Безграничной Любви не могло отказать просьбе грешника. В доказательство победы и для поощрения других следовать этому примеру его имя, которое являлось напоминанием о грехе, было изменено на то, которое говорило о его победе. И тот факт, что Иаков успешно боролся с Богом, гарантировал ему и победу над людьми. Он больше не страшился столкновения с гневом своего брата, потому что Господь был его защитой.

Сатана обвинял Иакова перед ангелами Божьими, претендуя на право уничтожить его из-за его греха; он подвиг Исава выступить против него; и во время длинной ночи борьбы патриарха он стремился навязать ему чувство виновности, чтобы он лишился мужества и перестал держаться за Бога. Иаков был доведен почти до отчаяния, но он знал, что без помощи с Небес он погибнет. Он полностью раскаялся в своем большом грехе и теперь обращался к милости Божьей. Он не отступил от своих намерений, но держался за Ангела и серьезно, с мучительными воплями настаивал на своем прошении до тех пор, пока не победил.

Подобно тому как сатана повлиял на Исава, чтобы тот выступил против Иакова, он будет побуждать и нечестивых истреблять народ Божий во время скорби. И как он обвинял Иакова, так будет настаивать и на своих обвинениях против народа Божия. Он причисляет людей мира сего к своим подданным, но маленькое сообщество хранящих заповеди Божьи сопротивляется его господству. Если бы сатана только мог истребить их с лица земли, его успех был бы совершенным. Он видит, как святые ангелы оберегают их, и делает вывод, что их грехи прощены, однако он понятия не имеет о том, что в небесном Святилище по их делам уже принято решение. Он располагает точными сведениями о грехах, к совершению которых их подтолкнул, и представляет их Богу в самом преувеличенном виде, изображая этих людей в такой же степени заслуживающими лишения Божьего расположения, как и он сам. Он заявляет, что Господь по Своей справедливости не может простить им грехи и в то же время истребить его и его ангелов. Он претендует на них, как на свою добычу, и требует, чтобы они были отданы в его руки.

Так как сатана осуждает народ Божий из-за его грехов, то Господь разрешает ему испытать их до предела. Их доверие Богу, вера и стойкость будут подвержены суровой проверке. Когда они вспоминают свое прошлое, их надежды угасают, потому что во всей своей жизни они могут увидеть мало доброго. Они полностью осознают свои слабость и недостоинство. Сатана пытается устрашить их мыслью, что их дела безнадежны и что пятна скверны никогда не будут смыты с них. Он надеется до такой степени разрушить их веру, чтобы они уступили его искушениям и отказались от своей преданности Богу.

Несмотря на то что народ Божий будет окружен врагами, намеревающимися его уничтожить, все же те муки, которые будут испытывать дети Божьи, – это не боязнь преследований за истину; они страшатся того, что, возможно, не во всех грехах раскаялись и что по какому-либо недосмотру с их стороны могут не испытать исполнения слов обетования Спасителя: «Я сохраню тебя от годины искушения, которая придет на всю Вселенную» (Откровение 3:10). Если бы только они могли иметь уверенность в прощении, то не дрогнули бы ни перед пытками, ни перед смертью; но оказаться недостойными и потерять жизнь из-за своих собственных недостатков характера означало бы навлечь поношение на святое имя Божье.

Со всех сторон они слышат о составлении предательских планов, видят активное действие мятежа, и в них поднимается горячее желание, серьезное стремление души к тому, чтобы это великое отступление было пресечено и чтобы беззаконие нечестивых прекратилось. Но, умоляя Бога остановить восстание, они упрекают самих себя в том, что уже не способны противостоять этому мощному потоку зла и повернуть его вспять. Они понимают, что если бы всегда использовали все свои дарования в служении Христу, переходя от силы в силу, тогда у сатанинских полчищ было бы меньше возможностей одолеть их.

Они сокрушают пред Богом свои сердца, ссылаясь при этом на раскаяние в прошлом во многих своих грехах и на обетование Спасителя: «Разве прибегнет к защите Моей, и заключит мир со Мною? Тогда пусть заключит мир со Мною» (Исаия 27:5). Вера их не колеблется из-за того, что они не получают немедленного ответа на свои молитвы. Хотя они и испытывают глубочайшую тревогу, страх и скорбь, все же не прекращают свои мольбы. Они ухватились за силу Божию, как Иаков ухватился за Ангела, и их дух взывает: «Не отпущу Тебя, пока не благословишь меня» (**Бытие 32:26**).

Не раскайся Иаков предварительно в своем грехе – в получении первородства путем обмана, Бог не услышал бы его молитвы и не сохранил бы милостивым образом его жизнь. Точно так же были бы сражены и дети Божии во время скорби, если бы перед ними, терзаемыми страхом и муками, всплыли какие-то неисповеданные грехи; отчаяние сломило бы их веру, и они не имели бы смелости умолять Бога о спасении. Но, несмотря на то что они глубоко ощущают свое недостоинство, все же не имеют скрытой неправды, которую нужно было бы исповедать. Их грехи заблаговременно были представлены перед судом и изглажены, и они больше не могут прийти им на память.

Сатана склоняет многих к вере в то, что Бог не будет обращать внимания на их неверность в незначительных жизненных вопросах; но Господь на примере Иакова показывает, что Он ни в коем случае не будет одобрять или терпеть зло. Все, старающиеся извинить или утаить свои грехи и оставляющие их в небесных книгах неисповеданными и непрощенными, будут сломлены сатаной. Чем возвышеннее их исповедание и чем более уважаемое положение они занимают, тем более вопиющим является их образ действия пред Богом и тем вернее триумф их великого противника. Те, которые медлят с подготовкой ко дню Господню, не смогут осуществить ее во время скорби или когда-либо позже. Положение таковых безнадежно.

Называющие себя христианами, которые встретят это последнее страшное противостояние неподготовленными, будут в отчаянии исповедовать свои грехи словами, выражающими нестерпимое страдание, в то время как нечестивые будут радоваться их горю. Их признания носят такой же характер, как у Исава или Иуды, которые скорбели о результатах преступления, а не о своей вине. Они не чувствуют ни подлинного раскаяния, ни отвращения ко злу, но признаются в своих грехах из страха перед наказанием; однако, как фараон в древности, они возвратились бы вновь к демонстративному неповиновению Небу, если бы только суды были отведены.

История Иакова является также и заверением в том, что Бог не отвергнет обманутых, искушенных и соблазненных ко греху, которые в искреннем раскаянии обратились к Нему. В то время как сатана предпримет попытки уничтожить этих людей, Бог направит Своих ангелов, чтобы ободрить и защитить их во время опасности. Сатана атакует жестоко и решительно, его обольщения сильны, но око Господне над Его детьми, и Его ухо прислушивается к их мольбам. Их скорбь велика, пламя огненной печи, кажется, вот-вот поглотит их, однако Очищающий выведет их, словно золото, огнем испытанное. Любовь Бога к Его детям в период их жесточайшего испытания так же сильна и нежна, как и в самые солнечные дни благополучия; но они нуждаются в том, чтобы оказаться в огненной печи; их привязанность к земному должна сгореть, чтобы образ Христа мог в совершенстве отобразиться в них.

Предстоящее время бедствия и сильной борьбы потребует от нас веры, которая сможет вынести изнеможение, промедление и голод, – веры, которая не ослабеет, даже будучи подвергнута тяжелому испытанию. Всем даруется испытательный срок, чтобы подготовиться к этому времени. Иаков победил, потому что был упорным и решительным. Его победа является доказательством силы настойчивой молитвы. Все те, кто так же, как он, ухватится за Божьи обетования и станет ревностным и целеустремленным, будут, подобно ему, иметь успех. Те же, кто не хочет отвергнуть себя, отчаянно бороться с Богом, долго и серьезно молить о Его благословении, – не достигнут его. Борьба с Богом – сколь немногие знают, что это такое! Сколь немногие с глубоким желанием приближались душой к Богу, пока все их силы были напряжены до предела. Когда волны отчаяния, которое невозможно выразить никакими словами, захлестывают молящегося, то сколь немногие цепляются несгибаемой верой за обетования Божьи!

Те, кто сейчас мало развивает свою веру, находятся в величайшей опасности быть побежденными силой сатанинских обольщений и подчиниться декрету о насилии над совестью. И даже если они и выдержат проверку, то во время скорби будут испытывать более сильные страдания и муки, потому что не выработали у себя привычки доверяться Богу. Те уроки веры, которые были ими упущены, они вынуждены будут усваивать под ужасным гнетом разочарования.

Нам необходимо ныне познакомиться с Богом посредством испытания Его обетований. Ангелы регистрируют каждую серьезную и искреннюю молитву. Для нас было бы лучше предпочесть общение с Богом эгоистическим удовольствиям. Глубочайшая нужда, величайшее самоотречение с Его одобрением лучше сокровищ, почестей, праздности и дружбы без Него. Мы должны находить время для молитвы. Если мы допустим, чтобы наш разум был поглощен земными интересами, тогда Господь сможет предоставить нам это время, удалив от нас идолов в виде золота, домов или плодородных земель.

Молодежь не была бы соблазнена ко греху, если бы отказалась от следования любыми другими путями, кроме тех, на которые она может испросить Божьего благословения. Если бы посланники, несущие миру последнее торжественное предостережение, просили о благословении Божием не холодно, равнодушно и лениво, но ревностно и с верой, как это делал Иаков, – тогда они часто имели бы повод сказать: «Я видел Бога лицем к лицу, и сохранилась душа моя» (Бытие 32:30). Тогда они были бы признаны Небом как князья, способные успешно бороться с Богом и людьми.

Скоро для нас «наступит время тяжкое, какого не бывало» (см. Даниил 12:1 – прим. ред.). Тогда мы будем нуждаться в опыте, каким мы сейчас не обладаем и для приобретения которого многие слишком ленивы. Часто бывает, что ожидаемое затруднение представляется намного больше, чем оно есть в действительности; но это не верно в отношении надвигающегося кризиса. Самое яркое представление не может охватить величину этого сурового испытания. В это время каждая душа должна будет стоять перед Богом сама за себя. Даже если бы Ной, Даниил и Иов были на земле, то они, «живу Я, говорит Господь Бог, – не спасли бы ни сыновей, ни дочерей; праведностью своею они спасли бы только свои души» (Иезекиииль 14:20).

Сейчас, пока наш великий Первосвященник совершает за нас искупление, нам следует стремиться стать совершенными во Христе. Наш Спаситель даже в мыслях не мог поддаться силе искушения. Сатана находит в человеческом сердце какое-нибудь пятнышко, которое он мог бы использовать в качестве опоры, какое-либо взлелеянное греховное желание, посредством которого его соблазны приобретают силу. Но в отношении Самого Себя Христос заявлял: «Идет князь мира сего, и во Мне не имеет ничего (Ев. Иоанна 14:30). В Сыне Божием сатана не мог найти ничего, что помогло бы ему одолеть Его. Он соблюл заповеди Отца Своего, и в Нем не было никакого греха, которым сатана мог бы воспользоваться с выгодой для себя. Это – именно то состояние, в котором должны быть найдены желающие устоять во время скорби.

Уже в этой жизни нам необходимо отделить себя от греха посредством веры в примиряющую кровь Христа. Наш дорогой Спаситель приглашает нас объединиться с Ним, соединить нашу слабость с Его силой, наше незнание – с Его мудростью, наше недостоинство – с Его заслугами. Провидение Божье – это школа, в которой мы должны учиться кротости и смирению Иисуса. Господь предлагает нам не тот путь, который мы выбрали бы, потому что он кажется нам легче и приятнее, но Он всегда ставит перед нами истинную цель жизни. От нас зависит сотрудничать нам или нет с этими силами, которые Небо использует для формирования нашего характера по Божественному образцу. Никто не может пренебречь этой работой или отсрочить ее, не подвергая при этом свою душу самой страшной опасности.

Апостол Иоанн слышал в видении громкий голос на Небе, восклицающий: «Горе живущим на земле и на море, потому что к вам сошел диавол в сильной ярости, зная, что немного ему остается времени!» (Откровение 12:12). Ужасны те сцены, которые вызывают этот возглас с Неба. Чем меньше сатане остается времени, тем больше возрастает его гнев, и его дело обольщения и разрушения достигнет своей наивысшей точки во время скорби.

Внушающие ужас явления сверхъестественного характера скоро будут явлены на небе, как знак власти демонов, творящих чудеса. Дьявольские духи сойдут на царей Земли и на весь мир, чтобы держать их в плену заблуждения и побудить их объединиться с сатаной в его последней битве против Небесного правительства. Этими силами в равной степени будут введены в заблуждение и правители, и их подданные. Восстанут личности, выдающие себя за Самого Христа, претендуя на титул и почести, которые принадлежат Спасителю мира. Они будут осуществлять удивительные исцеления и открыто заявлять, что имеют откровения с Неба, опровергающие свидетельство Священного Писания.

В венчающем акте великой трагедии обмана сатана сыграет роль Христа. Церковь давно утверждала, что рассчитывает на пришествие Спасителя как на осуществление своих чаяний. И теперь великий обманщик сделает так, как будто бы пришел Христос. В разных частях Земли сатана откроется людям как ослепительно сияющее величественное существо, имеющее сходство с данным через Иоанна в Откровении 1:13-15 описанием Сына Божия. Слава, которая окружает его, является невиданной доселе глазами смертного. В воздухе раздается возглас триумфа: «Христос пришел! Христос пришел!» Когда он поднимает свои руки и произносит над людьми благословение, как Христос благословлял Своих учеников, находясь на Земле, они в благоговении повергаются пред ним ниц. Его голос нежен, приглушен, однако очень мелодичен. Говоря в мягкой, участливой манере, он приводит некоторые из тех самых благодатных небесных истин, которые излагал Спаситель; он излечивает людские недуги, а потом авторитетом присвоенной себе роли Христа заявляет, что изменил субботу на воскресенье, и предписывает всем свято чтить этот день, который он благословил. Он провозглашает, что те, кто настаивает на соблюдении седьмого дня, хулят его имя, не соглашаясь слушать его ангелов, посланных к ним со светом и истиной. Это является сильным, почти непреодолимым искушением. Как когда-то самаряне, обольщенные Симоном-волхвом, масса людей от мала до велика обращают внимание на эти волшебства, говоря: «Сей есть великая сила Божия» (Деяния 8:10).

Но народ Божий не будет введен в заблуждение. Учения этого лжехриста не находятся в согласии со Священным Писанием. Его благословение произносится над почитающими зверя и его образ – над теми людьми, над которыми, как провозглашает Библия, будет излит гнев Божий, не смешанный с милостью.

И, к тому же, сатане не разрешено подделывать способ пришествия Христа. Спаситель предупредил Свой народ об этом и ясно предсказал, каким образом произойдет Его Второе пришествие: «Ибо восстанут лжехристы и лжепророки и дадут великие знамения и чудеса, чтобы прельстить, если возможно, и избранных... Итак, если скажут вам: «вот, Он в пустыне, – не выходите; – вот, Он в потаенных комнатах, – не верьте; ибо, как молния исходит от востока и видна бывает даже до запада, так будет пришествие Сына Человеческого» (Ев. Матфея 24:24-27,31; 25:31; Откровение 1:7; 1 Фессалоникийцам 4:16-17). Подобное пришествие нельзя сфальсифицировать. Оно будет видимо повсюду – весь мир окажется его свидетелем.

Только те, кто был прилежным исследователем Священного Писания и возлюбил истину, будут сохранены от этого сильного обмана, в плену которого окажется мир. Благодаря библейскому свидетельству они обнаружат замаскированного обманщика. Для всех наступит время испытания. Искренние христиане будут выявлены просеиванием через сито искушения. Утвержден ли сейчас народ Божий так непоколебимо в Его Слове, чтобы не уступить свидетельству своих чувств? Будет ли он во время такого кризиса следовать Библии и только Библии? Насколько это возможно, сатана станет препятствовать детям Божьим в достижении готовности к тому, чтобы устоять в тот день. Он так устроит их дела, чтобы установить на их пути преграды, связать их земными сокровищами, заставить тащить тяжкое, изнурительное бремя с тем, чтобы они были поглощены заботами житейскими и чтобы день испытания нашел на них, как тать.

Так как изданный различными правителями христианского мира декрет против соблюдающих заповеди отнимет от них защиту государства и оставит на произвол тех, которые жаждут их истребления, то народ Божий будет спасаться бегством из городов и деревень и, объединяясь в группы, будет жить в наиболее глухих и безлюдных местностях. Многие найдут пристанище в горных цитаделях. Как и христиане Пьемонтских долин, они сделают высокие места земли своим святилищем и будут благодарить Бога за свое «убежище... – неприступные скалы» (Исаия 33:16). Но многие из всех наций и слоев общества – благородного и низкого происхождения, богатые и бедные, черные и белые – будут самым несправедливым и жестоким образом заключены в неволю. Возлюбленным Божьим предстоят тяжелые дни; они будут заточены в оковы, отгорожены тюремными решетками, обречены на уничтожение, а иные явно оставлены на голодную смерть в темных отвратительных подземельях. Ни одно человеческое ухо не услышит их стенаний; ни одна человеческая рука не будет готова протянуться к ним для оказания помощи.

Забудет ли Господь Свой народ в этот час испытания? Забыл ли Он верного Ноя, когда допотопный мир постигли суды? Забыл ли Он Лота, когда огонь пал с небес, чтобы пожрать города долины? Забыл ли Он Иосифа среди язычников в Египте? Забыл ли Он Илию, когда клятва Иезавели угрожала ему участью пророков Ваала? Забыл ли Он Иеремию в его темнице: мрачной, жуткой яме? Забыл ли трех героев в огненной печи или Даниила во львином рву?

«А Сион говорил: „оставил меня Господь, и Бог мой забыл меня!“ Забудет ли женщина грудное дитя свое, чтобы не пожалеть сына чрева своего? но если бы и она забыла, то Я не забуду тебя. Вот, Я начертал тебя на дланях Моих» (Исаия 49:14-16). Господь Саваоф говорит: «Ибо касающийся вас касается зеницы ока Его» (Захария 2:8).

Несмотря на то что враги и могут упрятать их в темницу, все же тюремные застенки не способны прервать общения их душ со Христом. Тот, Кто видит каждую их слабость, Кто знает каждое их переживание, возвышается над всеми земными властями; и ангелы придут к ним в их уединенные тюремные камеры, неся с Небес свет и мир. Тюрьма превратится во дворец, потому что там находятся богатые верой, и угрюмые стены осветятся небесным светом, как это было, когда Павел и Сила в филиппийской темнице молились и пели гимны хвалы в полночь.

Суды Божии постигнут тех, кто будет пытаться притеснять и истреблять народ Божий. Долго длящееся снисходительное отношение Бога к нечестивым ободряет людей в своих беззакониях, но их наказание не станет менее определенным и ужасным из-за его долгой отсрочки. «Ибо восстанет Господь, как на горе Перациме; разгневается, как на долине Гаваонской, чтобы сделать дело Свое, необычайное дело, и совершить действие Свое, чудное Свое действие» (Исаия 28:21). Для нашего милосердного Бога дело наказания – необычайное дело. «Живу Я, говорит Господь Бог: не хочу смерти грешника» (Иезекииль 33:11). Господь есть «Бог человеколюбивый и милосердый, долготерпеливый и многомилостивый и истинный... прощающий вину и преступление и грех», но все же «не оставляющий без наказания» (Исход 34:6-7). «Господь долготерпелив и велик могуществом, и не оставляет без наказания» (Наум 1:3). Страшными делами, совершенными ради справедливости, Он подтвердит авторитет Своего попранного закона. О суровости кары, ожидающей нарушителя, можно заключить из нежелания Господа торопиться осуществлять Свое правосудие. Народ, к которому Он относится с таким долготерпением и которого не поразит до тех пор, пока тот не наполнит меры своего беззакония по отношению к Нему, в конечном счете, выпьет чашу Его гнева, не смешанного с милостью.

Когда Христос перестанет ходатайствовать в небесном Святилище, на тех, кто поклонится зверю и его образу и примет его начертание (см. Откровение 14:9-10), будет излит неразбавленный гнев Божий. Язвы, павшие на Египет, когда Бог намеревался вывести из него израильтян, по сути своей похожи на те более страшные и широкомасштабные суды, которые обрушатся на мир незадолго до окончательного избавления народа Божия. Автор книги «Откровение», описывая эти необычайные бедствия, говорит: «И сделались жестокие и отвратительные гнойные раны на людях, имеющих начертание зверя и поклоняющихся образу его» (Откровение 16:2). Море «сделалось кровью, как бы мертвеца, и все одушевленное умерло в море». И «реки и источники вод... сделались кровью» (ст. 3-4). Как ни ужасны эти несчастья, правосудие Божье полностью оправдано. Ангел Божий провозглашает: «Праведен Ты, Господи... потому что так судил; за то, что они пролили кровь святых и пророков, Ты дал им пить кровь: они достойны того» (ст. 5-6). Осуждением народа Божия на смерть они так же навлекли на себя вину за его кровь, как если бы она была пролита их руками. Подобным же образом Иисус в Свое время объявлял иудеев виновными в крови святых мужей, пролитой со дней Авеля, потому что они обладали тем же духом и стремились совершить то же дело, что и убийцы пророков.

В язве, которая идет следом, солнцу дана власть «жечь людей огнем. И жег людей сильный зной» (Откровение 16:8-9). Пророки так описывают состояние Земли в то жуткое время: «Опустошено поле... ибо истреблен хлеб... Все дерева в поле посохли; потому и веселье у сынов человеческих исчезло» (Иоиль 1:10-12). «Истлели зерна под глыбами своими, опустели житницы... Как стонет скот, уныло ходят стада волов, ибо нет для них пажити... Иссохли потоки вод, и огонь истребил пастбища пустыни» (Иоиль 1:17-20). «Песни чертога в тот день обратятся в рыдание, говорит Господь Бог; много будет трупов, на всяком месте будут бросать их молча» (Амос 8:3).

Эти язвы не будут всеобщими, в противном случае обитатели планеты Земля были бы совершенно уничтожены. И все же это будут наиболее страшные несчастья, известные смертным. Все суды, посещавшие людей до закрытия времени благодати, были смешаны с милостью. Ходатайствующая кровь Христа защищала грешника от принятия полной меры наказания за его вину, но в окончательном приговоре изливается гнев, не смешанный с милостью.

В тот день толпы людей будут страстно желать убежища милости Божией, которую они столь долго презирали. «Вот, наступают дни, говорит Господь Бог, когда Я пошлю на землю голод, – не голод хлеба, не жажду воды, но жажду слышания слов Господних. И будут ходить от моря до моря и скитаться от севера к востоку, ища слова Господня, и не найдут его» (Амос 8:11-12).

Народ Божий не будет свободен от страданий; но, преследуемый и мучимый, испытывающий нужду и томящийся от недостатка пищи, он все же не будет оставлен, чтобы умереть. Тот Бог, Который заботился об Илии, не оставит без внимания ни одного из Своих детей, пожертвовавших собой. Он, Который сосчитал волосы на их головах, позаботится о них, и в голодное время они будут насыщены. Тогда как нечестивые будут умирать от голода и эпидемий, ангелы оградят праведников и обеспечат их всем необходимым. Для тех, «кто ходит в правде» (Исаия 33:15), есть обетование: «Хлеб будет дан ему; вода у него не иссякнет» (Исаия 33:16). «Бедные и нищие ищут воды, и нет ее; язык их сохнет от жажды: Я, Господь, услышу их, Я, Бог Израилев, не оставлю их» (Исаия 41:17).

«Хотя бы не расцвела смоковница и не было плода на виноградных лозах, и маслина изменила, и нива не дала пищи, хотя бы не стало овец в загоне и рогатого скота в стойлах, – но и тогда» боящиеся Его будут «радоваться о Господе и веселиться о Боге спасения своего» (Аввакум 3:17-18).

«Господь – хранитель твой; Господь – сень твоя с правой руки твоей. Днем солнце не поразит тебя, ни луна ночью. Господь сохранит тебя от всякого зла; сохранит душу твою Господь» (Псалтирь 120:5-7). «Он избавит тебя от сети ловца, от гибельной язвы. Перьями Своими осенит тебя, и под крыльями Его будешь безопасен; щит и ограждение – истина Его. Не убоишься ужасов в ночи, стрелы, летящей днем, язвы, ходящей во мраке, заразы, опустошающей в полдень. Падут подле тебя тысяча и десять тысяч одесную тебя; но к тебе не приблизится. Только смотреть будешь очами твоими и видеть возмездие нечестивым. Ибо ты сказал: «Господь – упование мое»; Всевышнего избрал ты прибежищем твоим. Не приключится тебе зло, и язва не приблизится к жилищу твоему» (Псалтирь 90:3-10).

Однако если судить по человеческим меркам, то сложится такое впечатление, будто бы народ Божий скоро должен запечатлеть свое свидетельство кровью, как это сделали жившие прежде мученики. Они и сами уже начинают бояться, что Господь покинул их, чтобы они впали в руки своих врагов. Это будет время ужасной агонии. Они станут взывать к Богу об освобождении днем и ночью. Нечестивые же будут злорадствовать и глумливо выкрикивать: «Где же теперь ваша вера? Почему Бог не избавляет вас от наших рук, если вы действительно Его народ?» Но ожидающие вспоминают Иисуса, умирающего на Голгофском кресте, первосвященников и правителей, насмешливо кричащих: «Других спасал, а Себя Самого не может спасти! если Он Царь Израилев, пусть теперь сойдет с креста, и уверуем в Него» (Ев. Матфея 27:42). Так же, как Иаков, они все борются с Богом. На их бледных лицах отражается борьба, происходящая внутри каждого из них. Они все еще не прекращают своих серьезных молений.

Если бы люди могли видеть при помощи небесного зрения, то заметили бы множество превосходящих силой ангелов, ополчающихся вокруг тех, кто сохранил слово терпения Христа. Исполненные сочувствием и нежностью, ангелы стали свидетелями их отчаяния и услышали их молитвы. Они ждут лишь слова своего Повелителя, чтобы избавить их от опасности. Но им нужно еще немного подождать. Народу Божию надо еще испить эту чашу и креститься этим крещением. Задержка, такая болезненная для них, как раз и является наилучшим ответом на их прошения. Поскольку они пытаются доверчиво ожидать действий Господа, то вынуждены упражнять свою веру, надежду и терпение, что слишком мало делалось на протяжении их религиозного опыта. Однако ради избранных время скорби будет сокращено. «Бог ли не защитит избранных Своих, вопиющих к Нему день и ночь?.. Сказываю вам, что подаст им защиту вскоре» (Ев. Луки 18:7-8). Конец наступит гораздо скорее, чем ожидают люди. Пшеница будет собрана и связана в снопы для житницы Божией, плевелы же – соединены в вязанки для опустошающего огня.

Верные долгу небесные стражи продолжают нести свою вахту. Несмотря на то что всеобщим декретом определено время, когда соблюдающие заповеди Божьи могут быть преданы смерти, в некоторых случаях враги предупредят это постановление и еще до наступления установленного времени предпримут попытки отнять у них жизнь. Но никто не сможет миновать могучую охрану, окружающую каждую верную душу. Некоторые подвергнутся нападению, когда будут бежать из городов и сел, но мечи, поднятые против них, сломаются, как соломинки, и бессильно падут. Другие будут защищены ангелами, явившимися в виде военных.

Бог действовал во все времена для поддержки и освобождения Своего народа через святых ангелов. Небесные существа принимали активное участие в делах людей. Они являлись в одеяниях, которые сияли, как молния; они приходили, как люди в одежде странников. Мужам Божьим ангелы являлись в человеческом облике. Они отдыхали в полдень в дубраве, как бы будучи уставшими; принимали знаки гостеприимства в человеческих семьях. Они играли роль проводников для запоздалых путников. Своими собственными руками они зажигали огонь жертвенника и отпирали двери тюрьмы, освобождая слуг Господних. Одетые в небесные доспехи, они приходили, чтобы откатить камень от гроба Спасителя.

В облике людей ангелы часто бывают на собраниях праведных, а также посещают и сходки нечестивых, как это было, когда они направлялись в Содом, чтобы составить отчет о действиях его жителей и определить, не переполнили ли они меру долготерпения Божия. Господь находит удовольствие в милости; и ради тех немногих, кто действительно служит Ему, Он отводит несчастье и продлевает покой очень многих. Вряд ли сознают согрешающие против Бога, что своей собственной жизнью они обязаны тем немногим верующим, которых с таким наслаждением поднимают на смех и угнетают.

Правители этого мира не знают о том, что на их заседаниях ораторами часто были ангелы. Человеческие глаза смотрели на них; человеческие уши внимали их воззваниям; человеческие уста возражали против их предложений и высмеивали их советы; человеческие руки толкали их. В залах заседаний и в судебных палатах эти посланники Небес продемонстрировали свое доскональное знание человеческой истории; они показали себя более способными защитниками дел притесняемых, чем самые талантливые и красноречивые адвокаты. Они расстраивали планы и удерживали злые намерения, которые сильно замедлили бы продвижение дела Божия и вызвали бы большие страдания Его народа. В час опасности и бедствия «Ангел Господень ополчается вокруг боящихся Его и избавляет их» (Псалтирь 33:8).

Народ Божий страстно ожидает признаков пришествия своего Царя. Когда стражей окликают: «Сторож! сколько ночи?», дается решительный ответ: «Приближается утро, но еще ночь» (Исаия 21:11-12). Облака, собравшиеся над горными вершинами, уже освещены светом. Скоро будет явление Его славы. Солнце Праведности собирается взойти. Утро и ночь близки – начало бесконечного дня для праведных и погружение в вечную ночь для нечестивых.

Пока борющиеся праведники настоятельно возносят свои мольбы к Богу, кажется, что занавес, отделяющий их от невидимого мира, почти отодвигается. Небеса озаряются проблесками вечного дня, и, словно мелодия ангельских песен, до уха доносятся слова: «Будьте стойки в вашей верности. Помощь подходит». Христос, всемогущий Победитель, протягивает Своим утомленным воинам венец непреходящей славы, и из приотворенных врат до них доносится Его голос: «Вот, Я с вами. Не бойтесь. Мне знакомы все ваши страдания; Я перенес ваши скорби. Вы боретесь не против неизведанных врагов. Я вел брань ради вас, и во имя Мое вы – больше чем победители».

Дорогой Спаситель пошлет Свою помощь как раз тогда, когда мы будем в ней нуждаться. Путь к Небу освящен Его следами. Каждый шип, который ранит наши ноги, ранил и Его. Каждый крест, который мы призваны нести, Он нес раньше нас. Господь допускает борьбу, чтобы подготовить душу для мира. Время скорби – это суровое испытание для народа Божия, но это и время для каждого истинного верующего взглянуть вверх, где верой он смог бы увидеть над собой радугу обетования.

«И возвратятся избавленные Господом, и придут на Сион с пением, и радость вечная над головою их; они найдут радость и веселие; печаль и вздохи удалятся. Я, Я Сам – Утешитель ваш. Кто ты, что боишься человека, который умирает, и сына человеческого, который то же, что трава, и забываешь Господа, Творца своего... и непрестанно, всякий день страшишься ярости притеснителя, как бы он готов был истребить? Но где ярость притеснителя? Скоро освобожден будет пленный, и не умрет в яме, и не будет нуждаться в хлебе. Я Господь, Бог твой, возмущающий море, так что волны его ревут; Господь Саваоф – имя Его. И Я вложу слова Мои в уста твои, и тению руки Моей покрою тебя» (Исаия 51:11-16).

«Итак, выслушай это, страдалец и опьяневший, но не от вина. Так говорит Господь твой, Господь и Бог твой, отмщающий за Свой народ: вот, Я беру из руки твоей чашу опьянения, дрожжи из чаши ярости Моей: ты не будешь уже пить их. И подам ее в руки мучителям твоим, которые говорили тебе: «пади ниц, чтобы нам пройти по тебе»; и ты хребет твой делал как бы землею и улицею для проходящих» (Исаия 51:21-23).

Взор Божий, проникающий сквозь столетия, был остановлен на кризисе, с которым Его народ вынужден будет столкнуться, когда против него выступят земные власти. Словно пленные изгнанники, дети Божьи будут бояться смерти от голода и насилия. Но Святой, Который разделил Чермное море перед Израилем, проявит Свою грандиозную силу и вернет их из плена. «И они будут Моими, говорит Господь Саваоф, собственностью Моею в тот день, который Я соделаю, и буду миловать их, как милует человек сына своего, служащего ему» (Малахия 3:17). Если бы в то время пролилась кровь верных свидетелей Христа, то она не могла бы быть, как кровь мучеников, семенем, посеянным, чтобы дать урожай для Бога. Их верность не была бы свидетельством для убеждения других в истине, ибо волны милости разбивались бы о черствые сердца, до тех пор пока однажды не вернулись бы совсем. Если бы праведные были в то время оставлены на произвол своих врагов, для князя тьмы это означало бы победу. Псалмопевец говорит: «Ибо Он укрыл бы меня в скинии Своей в день бедствия, скрыл бы меня в потаенном месте селения Своего» (Псалтирь 26:5). Христос сказал: «Пойди, народ Мой, войди в покои твои, и запри за собой двери твои, укройся на мгновение, доколе не пройдет гнев; ибо вот, Господь выходит из жилища Своего наказать обитателей земли за их беззаконие» (Исаия 26:20-21). Каким славным будет избавление тех, кто терпеливо ожидал Его пришествия и чьи имена записаны в Книге жизни!

глава **40**

Освобождение Божьего народа

Безбожники уже уверены в своей победе, и тогда вдруг приводятся в движение стихии. Верующие глядят на небо и видят маленькое облако, которое становится все больше и больше – грядет Иисус во славе. Он вызывает из могил умерших с верой во Христа. И все вместе они возносятся к Господу.

Когда защита человеческими законами будет отнята от тех, кто почитает закон Божий, в разных странах одновременно возникнет движение за их истребление. Как только приблизится указанный в декрете срок, народ объединит усилия с целью искоренить эту ненавистную секту. Будет принято решение: в одну ночь осуществить решительный удар, который заставит полностью замолчать голос инакомыслия и укора.

Народ Божий (одни – упрятанные в тюремные камеры, другие – нашедшие приют в уединении лесов и гор) до сих пор умоляет о Божественной защите, в то время как вооруженные люди, поощряемые полчищами злых ангелов, повсюду готовятся для совершения насилия и убийства. Именно теперь, в час предельного отчаяния, Бог Израилев вмешается, чтобы освободить Своих избранных. Господь сказал: «А у вас будут песни, как в ночь священного праздника, и веселие сердца, как у идущего со свирелью на гору Господню, к твердыне Израилевой. И возгремит Господь величественным гласом Своим, и явит тяготеющую мышцу Свою в сильном гневе и в пламени поедающего огня, в буре и в наводнении и в каменном граде» **(Исаия 30:29-30)**.

С триумфальными возгласами, глумясь и осыпая проклятиями, толпы порочных людей вот-вот бросятся на свою добычу, как вдруг на землю обрушивается непроницаемая тьма, которая глубже ночного мрака. Потом радуга, отражающая славу Божьего престола, перекрывает небеса, и кажется, что она охватывает каждую молящуюся группу. Разъяренные толпы внезапно остановлены. Их глумливые вопли больше не слышны. Объекты их убийственной ярости забыты. Со страшным предчувствием они пристально глядят на символ Божьего завета и испытывают сильное желание найти защиту от его невыносимой яркости.

Народ Божий слышит голос, ясный и мелодичный, говорящий: «Взгляните вверх!», и, подняв глаза к небу, они видят радугу обетования. Мрачные, грозные тучи, которые покрывали небосвод, разошлись, и им, не отрывающим взора от неба, как и Стефану, открылось видение славы Божьей и Сына Человеческого, сидящего на престоле Своем. На Его Божественной фигуре они различают знаки Его унижения, а из Его уст они слышат просьбу, представленную пред Его Отцом и святыми ангелами: «Которых Ты дал Мне, хочу, чтобы там, где Я, и они были со Мною» (Ев. Иоанна 17:24). И снова раздается голос, мелодичный и торжественный, говорящий: «Они идут! Они идут! Святые, невинные и незапятнанные! Они соблюли слово терпения Моего, они будут ходить среди ангелов»; и бледные, дрожащие уста тех, кто твердо держался своей веры, издают возглас победы.

Именно в полночь Бог проявит Свое могущество для избавления Своего народа. Появляется солнце в полном сиянии. Знамения и чудеса быстро сменяют друг друга. Нечестивые со страхом и удивлением смотрят на эти события, в то время как праведные со святым восторгом созерцают признаки своего освобождения. Кажется, что все в природе перевернулось. Реки прекратили течь. Возникают и сталкиваются между собой мрачные, свинцовые тучи. Посередине грозового неба открывается чистое пространство неописуемой славы, откуда доносится голос Божий, «как шум вод многих» (Иез. 43:2 – прим. ред.), говорящий: «Совершилось!» (Откровение 16:17)

Тот голос потрясает небо и землю. Начинается «великое землетрясение, какого не бывало с тех пор, как люди на земле. Такое землетрясение! Так великое!» (Откровение 16:18). Кажется, что небесный свод открывается и закрывается, а от престола Божия проблескивает слава. Горы сотрясаются, словно тростник, колеблемый ветром, и повсюду разлетаются раздробленные каменные глыбы. Поднимается гул, как при приближающейся буре. Море бушует. Слышится рев урагана, похожий на голоса демонов, выполняющих свою разрушительную миссию. Вся земля набухает и вспучивается, подобно морским волнам. Поверхность ее расходится. Кажется, рушится само ее основание. Горные цепи погружаются в бездну. Исчезают обитаемые острова. Портовые города, которые в своей порочности уподобились Содому, поглощаются разъяренными водами. Вавилон великий «воспомянут пред Богом, чтобы дать ему чашу вина ярости гнева Его» (Откровение 16:19). Громадные градины, «величиною в талант» (Откровение 16:21), выполняют свою разрушительную работу. Величественнейшие города земли превращаются в развалины. Роскошные дворцы, в которые великие мира сего вложили свои богатства, чтобы только прославить самих себя, на их глазах превращаются в руины. Тюремные стены падают, и народ Божий, находившийся в неволе за свою веру, освобождается.

Могилы открываются, и «многие из спящих в прахе земли пробуждаются, одни для жизни вечной, другие на вечное поругание и посрамление» (Даниил 12:2). Все, кто умерли в вере в третью ангельскую весть, выходят из своих могил прославленными, чтобы вместе с теми, которые соблюли Божий закон, услышать Его завет мира. Воскрешены и те, «которые пронзили Его» (Откровение 1:7), и те, которые высмеивали Христа и потешались над Его предсмертными муками, а также наиболее ожесточенные противники Его истины и народа, чтобы созерцать Спасителя в Его славе и увидеть почести, которые будут оказаны всем верным и послушным.

Тяжелые тучи до сих пор закрывают небо, однако время от времени проглядывает солнце, показываясь, как воздающее отмщение око Иеговы; яркие молнии слетают с неба, окутывая землю сплошным слоем огня. Поверх ужасающих раскатов грома таинственные и грозные голоса объявляют приговор нечестивым. Эти слова понятны не всем, но их смысл отлично постигли лжеучителя. Те, которые незадолго до этого были так беззаботны, так хвастливы и вели себя так вызывающе, которые так торжествовали в своей жестокости по отношению к народу Божьему, соблюдающему заповеди, теперь переполнены ужасом и трепещут от страха. Их рыдания слышны поверх шума стихий. Демоны признают Божественность Христа и трепещут перед Его могуществом, в то время как люди, охваченные ужасом, лежат ниц и умоляют о пощаде.

Когда пророки древности смотрели на день Божий в святых видениях, то они говорили: «Рыдайте; ибо день Господа близок, идет как разрушительная сила от Всемогущего» (Исаия 13:6). «Иди в скалу, и сокройся в землю от страха Господа и от славы величия Его. Поникнут гордые взгляды человека, и высокое людское унизится; и один Господь будет высок в тот день. Ибо грядет день Господа Саваофа на все гордое и высокомерное и на все превознесенное, – и оно будет унижено» (Исаия 2:10-12). «В тот день человек бросит кротам и летучим мышам серебряных своих идолов и золотых своих идолов, которых сделал себе для поклонения им, чтобы войти в ущелья скал и в расселины гор от страха Господа и от славы величия Его, когда Он восстанет сокрушить землю» (Исаия 2:20-21).

Сквозь просвет в облаках блещет звезда, которая из-за темноты кажется в четыре раза ярче. Она свидетельствует о надежде и радости для верных и о суровости и гневе для нарушителей закона Божия. Пожертвовавшие всем ради Христа теперь в безопасности, они как будто бы спрятаны в тайном шатре Господа. Они были подвержены испытанию и показали перед миром и перед презревшими истину свою верность Умершему за них. Удивительное изменение произошло с теми, кто твердо держался своих принципов даже перед лицом смерти. Внезапно они получили избавление от темного, жестокого произвола со стороны людей, превратившихся в демонов. Их лица, еще недавно такие бледные, обеспокоенные, изнуренные, теперь сияют от изумления, веры и любви. Их голоса возносятся в торжествующем пении: «Бог нам прибежище и сила, скорый помощник в бедах. Посему не убоимся, хотя бы поколебалась земля, и горы двинулись в сердце морей. Пусть шумят, воздымаются воды их, трясутся горы от волнения их» (Псалтирь 45:2-4).

Пока эти слова святого доверия восходят к Богу, тучи раздвигаются, открывая взору усеянное звездами небо, невыразимо великолепное по сравнению с черным грозовым небосводом по обеим сторонам. Слава небесного города струится из отверстых врат. Затем на небе появляется рука, держащая две скрижали из камня, сложенные вместе. Пророк говорит: «И небеса провозгласят правду Его; ибо судия сей есть Бог» (Псалтирь 49:6). Тот святой закон, праведность Божья, провозглашенный среди грома и огня с Синая как руководство для жизни, сейчас явлен людям как мера для вынесения приговора. Рука открывает скрижали, и становятся видны заповеди Десятисловия, начертанные как бы огненным пером. Эти слова настолько отчетливы, что все могут их прочесть. Человеческая память пробудилась, тьма суеверия и ереси исчезла из каждой души, и десять лаконичных, понятных и авторитетных Божьих заповедей представлены взору всех обитателей Земли.

Невозможно передать ужас и отчаяние тех, кто грубо попирал святые Божьи требования. Господь давал им Свой закон; они имели возможность сравнить с ним свой характер и выявить свои недостатки, когда еще была возможность для покаяния и исправления; но чтобы обеспечить себе благосклонное отношение со стороны мира, они отвергали предписания закона и учили других нарушать их. Они приложили усилия к тому, чтобы принудить народ Божий осквернить Его субботу. Теперь они осуждаются тем законом, которым гнушались. С чрезвычайной ясностью они осознают, что им нет извинения. Они сделали выбор, кому будут служить и поклоняться. «И тогда снова увидите различие между праведником и нечестивым, между служащим Богу и неслужащим Ему» **(Малахия 3:18)**.

Враги Божьего закона, начиная от проповедников и кончая самыми простыми людьми, теперь имеют новое понятие об истине и долге. Слишком поздно они обнаруживают, что суббота четвертой заповеди – это печать живого Бога. Слишком поздно они понимают истинную природу своей ложной субботы и то песчаное основание, на котором они строили. Им становится ясно, что они сражались против Бога. Религиозные учителя вели души к погибели, утверждая, что ведут их к вратам Рая. Лишь в день окончательного возмездия станет известно, насколько велика ответственность людей, занимающих святые посты, и к каким ужасным результатам привела их неверность. Только в вечности мы сможем сделать правильную оценку потери даже одной-единственной души. Страшным будет приговор тому, кому Бог скажет: «Отойди от Меня, неверный раб».

С неба раздается голос Божий, который провозглашает день и час пришествия Христа и заключает вечный завет со Своим народом. Словно самые громкие громовые раскаты, Его слова гремят над всей Землей. Израиль Божий слушает стоя, его взоры обращены ввысь. Их лица освещаются Его славой и сияют, подобно лицу Моисея, сшедшего с Синая. Нечестивые не могут смотреть на них. И когда произносится благословение над теми, кто чтил Бога, свято соблюдая Его субботу, раздается мощный крик победы.

Вскоре на востоке появляется маленькое темное облачко, размером примерно в половину мужской ладони. Это то облако, которое окружает Спасителя и которое на расстоянии кажется прикрытым мглой. Народ Божий знает, что это знамение Сына Человеческого. В торжественном молчании они пристально смотрят, как оно подходит все ближе и ближе к Земле и становится светлее и великолепнее, пока не превращается в большое белое облако, основание которого – слава, как огонь пожирающий, а над ним – радуга завета. Иисус приближается как могущественный Победитель. Он грядет теперь не как «муж скорбей» (Исаия 53:3), чтобы испить горькую чашу позора и проклятья, но Он грядет, как Победитель на Небе и на Земле, чтобы судить живых и мертвых. Он есть «Верный и Истинный, Который праведно судит и воинствует» (Откровение 19:11). «И воинства небесные следовали за Ним» (ст. 14). С пением небесных мелодий святые ангелы – громадная, бесчисленная рать – сопровождают Его в пути. Небосвод кажется заполненным сияющими фигурами, «тьмами тем и тысячами тысяч». Ни одно человеческое перо не может описать это событие; ни одному смертному разуму не под силу представить себе его великолепие. «Покрыло небеса величие Его, и славою Его наполнилась земля. Блеск ее – как солнечный свет» (Аввакум 3:3-4). Как только живое облако подходит еще ближе, каждое око созерцает Князя Жизни. Его святую голову больше не ранит терновый венец, и диадема славы покоится на Его челе. Его лик затмевает ослепительную яркость полуденного солнца. «На одежде и на бедре Его написано имя: Царь царей и Господь господствующих» (Откровение 19:16).

В Его присутствии «лица у всех бледные» (Иеремия 30:6), и тех, кто отверг благодать Божью, охватывает ужас вечного отчаяния. «Тает сердце, колена трясутся... и лица у всех потемнели» (Наум 2:10). Праведные с трепетом восклицают: «Кто может устоять?» Пение ангелов утихает, и на некоторое время становится чрезвычайно тихо. Затем слышится голос Иисуса, говорящего: «Довольно для вас благодати Моей». Лица праведных проясняются, и радость наполняет каждое сердце. Ангелы берут на тон выше и снова поют, приближаясь все ближе к Земле.

Царь царей сходит на облаке, окутанном пылающим огнем. Небеса сворачиваются как свиток; земля дрожит пред Ним, и всякая гора и остров сдвигаются с мест своих. «Грядет Бог наш, и не в безмолвии: пред Ним огонь поедающий, и вокруг Него сильная буря. Он призывает свыше небо и землю, судить народ Свой» (Псалтирь 49:3-4).

«И цари земные и вельможи, и богатые и тысяченачальники и сильные, и всякий раб и всякий свободный скрылись в пещеры и в ущелья гор, и говорят горам и камням: падите на нас и сокройте нас от лица Сидящего на престоле и от гнева Агнца; ибо пришел великий день гнева Его, и кто может устоять?» (Откровение 6:15-17).

Иронические шутки прекратились. Лживые уста вынуждены замолчать. Лязг оружия, грохот сражения, шум и крики, «одежда, обагренная кровью» (Исаия 9:5), исчезли. Теперь не слышно ничего, кроме голосов молящихся людей и звуков рыданий и причитаний. Из уст тех, кто еще недавно насмехался, раздается вопль: «Пришел великий день гнева Его, и кто может устоять?» (Откровение 6:17). Нечестивые желали бы лучше оказаться погребенными под горами и холмами, чем встретиться лицом к лицу с Тем, Кого они презрели и отвергли.

Они знают этот проникающий до слуха мертвых голос. Как часто он, полный жалости и нежности, звал их к покаянию! Как часто они слышали трогательные мольбы Друга, Брата, Спасителя! Ни один голос не мог бы быть для отвергших Его благодать столь полным осуждения и обвинения, как тот, который так долго умолял их: «Обратитесь, обратитесь от злых путей ваших; для чего умирать вам?» (Иезекииль 33:11). Ах, если бы этот голос они никогда не знали! Иисус говорит: «Я звал, и вы не послушались; простирал руку мою, и не было внимающего; и вы отвергли все мои советы, и обличений моих не приняли» (см. Притчи 1:24-25). Этот голос пробуждает воспоминания, которые они охотно хотели бы изгладить из своей памяти: предупреждения, к которым отнеслись с презрением, отклоненные приглашения, преимущества, которыми пренебрегли.

Здесь и те, кто глумился над Христом в Его унижении. Они трепещут, вспоминая слова Страдальца, которые Он торжественно провозгласил, будучи заклинаемым первосвященником: «Отныне узрите Сына Человеческого, сидящего одесную силы и грядущего на облаках небесных» (Ев. Матфея 26:64). И вот они созерцают Его в славе и еще должны будут увидеть Его сидящим одесную силы.

Те, которые смеялись над Его утверждением, что Он есть Сын Божий, теперь безмолвны. Здесь высокомерный Ирод, глумившийся над Его царственным титулом и приказавший потешавшимся над Ним воинам короновать Его царем. Здесь те самые люди, которые нечестивыми руками одели Его в багряницу и возложили на Его святое чело терновый венец и которые вложили в Его несопротивляющуюся руку трость, как будто это скипетр, и с богохульными насмешками преклонялись перед Ним. Люди, которые били и оплевывали Князя жизни, теперь отворачиваются от Его пронизывающего взгляда и пытаются бежать от невыносимой для них славы Его присутствия. Те, которые вбивали гвозди в Его руки и ноги, воин, пронзивший Ему бок, со страхом и угрызениями совести взирают на эти шрамы.

Священники и правители с чрезвычайной отчетливостью вспоминают события Голгофы. Со страхом и трепетом вспоминают они, как с сатанинской радостью кивали головой, выкрикивая: «Других спасал, а Себя Самого не может спасти! Если Он Царь Израилев, пусть теперь сойдет с креста, и уверуем в Него; уповал на Бога: пусть теперь избавит Его, если Он угоден Ему» (Ев. Матфея 27:42-43).

В их памяти живо предстает притча Спасителя о виноградарях, которые отказались отдать своему господину плоды виноградника, жестоко обошлись с его слугами и убили его сына. Помнят они и тот приговор, который сами себе провозгласили: хозяин виноградника «злодеев сих предаст злой смерти» (Ев. Матфея 21:41). В грехе и наказании тех неверных людей священники и старейшины видят свое собственное поведение и свое собственное справедливое осуждение. И теперь поднимается мучительный крик. Громче, чем возгласы «Распни Его! Распни Его!», звучавшие когда-то на улицах Иерусалима, вздымается полный отчаяния, ужасный вопль: «Он – Сын Божий! Он – истинный Мессия!» Они стараются избежать присутствия Царя царей. Тщетно пытаются они скрыться в глубоких земных пещерах, возникших в результате разгула стихий.

В жизни всех отвергающих истину бывают мгновения, когда совесть просыпается и на память приходят мучительные воспоминания о лицемерной жизни; тогда душа мучится тщетным раскаянием. Но разве можно сравнить это с угрызениями совести в тот день, когда «придет... ужас, как буря», когда «беда, как вихрь, принесется» (Притчи 1:27)? Те, которые охотно погубили бы Христа и Его верный народ, теперь являются свидетелями славы, покоящейся на нем. В ужасе они слышат голоса святых, восклицающих в радостных напевах: «Вот Он, Бог наш! на Него мы уповали, и Он спас нас!» (Исаия 25:9).

Земля сотрясается, сверкают молнии и грохочет гром, когда голос Сына Божия вызывает спящих святых. Он смотрит на могилы праведников, а затем, подняв руки к небу, взывает: «Пробудитесь, пробудитесь, пробудитесь, вы, спящие во прахе, и восстаньте!» По всей широте и долготе земли мертвые услышат этот голос, и те, которые услышат, будут жить. Вся земля загудит от поступи огромной, великой армии представителей всякого племени, колена, языка и народа. Они выходят из темниц смерти, одетые в бессмертную славу, восклицая: «Смерти! где твое жало? ад! где твоя победа?» (1 Коринфянам 15:55) Живущие праведники и воскресшие святые объединяют свои голоса в продолжительном и радостном победном крике.

Все выходящие из могил имеют тот же рост, что и при своем погребении. Адам среди воскресшего множества заметен своим выдающимся ростом и величественной внешностью, будучи лишь немного ниже Сына Божия. Он существенно отличается от людей более поздних поколений – и уже одно это обнаруживает, как велико вырождение человеческого рода. Однако все воскресают в силе и свежести вечной юности. Вначале человек был создан по подобию Божию не только характером, но и внешним видом. Грех исказил и почти стер Божественный образ, но Христос пришел, чтобы восстановить то, что было утеряно. Он «уничиженное наше тело преобразит так, что оно будет сообразно славному телу Его» (Филиппийцам 3:21 – прим. ред.). Смертный, бренный облик человека, лишенный привлекательности, оскверненный однажды грехом, сделается совершенным, прекрасным и бессмертным. Все недостатки и уродства останутся в могиле. Искупленные, вновь допущенные к древу жизни в давным-давно утерянном Раю, возрастут до вершины первоначальной славы человеческого рода. Последние давнишние следы проклятия греха будут удалены, и верные Христовы явятся в красоте Господа Бога нашего и будут духом, душой и телом отражать совершенный образ своего Господа. О, удивительное искупление, долго обсуждаемое, долго и с острым предвкушением ожидаемое, но никогда полностью не понятое!

Праведники, не вкусившие смерти, «вдруг, во мгновение ока» изменятся (1 Коринфянам 15:52). При гласе Божьем они были прославлены; теперь, получив бессмертие, вместе с воскресшими святыми они возносятся навстречу Господу в воздухе. Ангелы «соберут избранных Его от четырех ветров, от края небес до края их» (Ев. Матфея 24:31). Маленькие дети будут принесены святыми ангелами и отданы в руки своим матерям. Друзья, разлученные надолго смертью, объединятся, чтобы никогда больше не расставаться, и с песнями радости вместе вознесутся к Божьему Граду.

С каждой стороны облачной колесницы есть крылья, а под ней – живые колеса; и когда колесница направляется вверх, колеса восклицают «Свят», и крылья, когда движутся, восклицают «Свят», и эскорт ангелов восклицает: «Свят, свят, свят, Господь Бог Вседержитель». А спасенные восклицают «Аллилуйя», в то время как колесница движется в направлении Нового Иерусалима.

Перед вступлением в Божий Град Спаситель наделяет Своих последователей символами победы и знаками отличия их царского положения. Сияющие ряды выстраиваются квадратом вокруг своего Царя, Чья величавая фигура высоко возвышается над ангелами и святыми, а лицо излучает полноту милостивой любви. Во всем неисчислимом воинстве спасенных каждый взор зафиксирован на Нем, каждое око созерцает славу Того, лик Которого был «обезображен паче всякого человека... и вид Его – паче сынов человеческих» (Исаия 52:14 – прим. ред.). На головы победителей Сам Иисус Своей правой рукой надевает венцы славы. Для каждого есть венец, на котором написано его собственное «новое имя» (Откровение 2:17) и посвящение «Святыня Господня» (Исход 28:36). Каждый получает победную пальмовую ветвь и блистающую арфу. Затем ведущими ангелами задается тон, и каждая рука искусно перебирает струны, рождая благозвучную музыку – глубокие, нежные мелодии. Неописуемое восхищение охватывает каждое сердце, и каждый голос возносит благодарственную хвалу: «Ему, возлюбившему нас и омывшему нас от грехов наших Кровию Своею и соделавшему нас царями и священниками Богу и Отцу Своему, слава и держава во веки веков!» (Откровение 1:5-6).

Толпы искупленных оказались перед Святым Городом. Иисус широко открывает жемчужные ворота, и народ, оставшийся верным истине, входит. Там они созерцают Рай Божий – дом Адама в его невинности. Потом слышится голос, который благозвучнее любой музыки, когда-либо доносившейся до уха смертного человека, говорящий: «Ваша борьба завершена». «Придите, благословенные Отца Моего, наследуйте Царство, уготованное вам от создания мира» (Ев. Матфея 25:34 – прим. ред).

Ныне дается ответ на молитву Спасителя за Своих учеников: «Отче! которых Ты дал Мне, хочу, чтобы там, где Я, и они были со Мною» (Ев. Иоанна 17:24). Христос представляет Отцу приобретенных Его кровью «пред славою Своею непорочными в радости» (Иуды 24), объявляя: «Вот Я и дети, которых Ты даровал Мне». «Тех, которых Ты дал Мне, Я сохранил» (Ев. Иоанна 17:12). О, чудеса спасающей любви! О, блаженство того часа, когда Вечный Отец, взирая на искупленных, узрит в них Свой образ; диссонанс греха устранен, его вредоносность удалена, и человеческое вновь приведено в гармонию с Божественным!

С невыразимой любовью Иисус приглашает Своих верных войти в радость Господина своего. Радость Спасителя состоит в том, что Он видит в Царстве славы те души, которые были спасены ценой Его страдания и унижения. И искупленные разделят Его радость, когда увидят среди блаженных тех, кто их молитвами, трудом и жертвами любви был приобретен для Христа. Пока они собираются вокруг огромного белого престола, неописуемый восторг наполняет их сердца: они замечают тех, кого завоевали для Христа, и видят, что те приобрели других, а другие — еще новых — и все приведены в мирную гавань, чтобы сложить там свои венцы к ногам Иисуса и восхвалять Его на протяжении всей вечности.

Когда искупленных приветствуют в Божьем Граде, в воздухе раздается крик восторга. Вот-вот встретятся два Адама. Сын Божий стоит с простертыми руками, чтобы принять в Свои объятия отца нашего человеческого рода, которого Он создал, который согрешил против своего Творца и чей грех явился причиной знаков распятия, появившихся на теле Спасителя. Так как Адам замечает эти следы от ужасных гвоздей, он не падает в объятия своего Господа, но в смирении опускается к Его ногам, восклицая: «Достоин, достоин Агнец закланный!» Спаситель бережно поднимает его и предлагает ему вновь взглянуть на Едемский дом, откуда он так давно был изгнан.

После изгнания из Едема жизнь Адама на земле была наполнена страданиями. Каждый увядающий лист, каждое жертвенное животное, каждый изъян на чистом лице природы, каждое позорное пятно на человеческой непорочности были для него новым напоминанием о его грехе. Ужасны были муки его раскаяния, когда он видел распространение безбожия и, в ответ на свои увещевания, должен был сносить упреки в том, что это он является причиной греха. С терпеливым смирением почти тысячу лет он нес наказание за нарушение закона. Он искренне раскаялся в своем грехе и, положившись на заслуги обетованного Спасителя, умер в надежде на воскресение. Сын Божий искупил человеческое отступление и падение, и теперь благодаря этому искуплению Адам вновь восстановлен в первоначальных правах.

Не помня себя от радости, он рассматривает деревья, которые были некогда предметом его восхищения, — именно те деревья, плоды которых он сам собирал во дни своей невинности и счастья. Он видит виноградные лозы, рост которых собственноручно направлял, а также те самые цветы, за которыми некогда любил ухаживать. Его разум осознает, что это событие происходит реально; он понимает, что это действительно восстановленный Едем, который теперь даже восхитительнее того, из которого он был изгнан. Спаситель ведет его к древу жизни, срывает чудесный плод и приглашает вкусить. Адам видит вокруг себя множество спасенных из своей семьи, пребывающих в Раю Божьем. Тогда он повергает свой блистающий венец к ногам Иисуса и, падая Ему на грудь, обнимает Искупителя. Он трогает струны золотой арфы, и небесные своды эхом отзываются на песнь победы: «Достоин, достоин, достоин Агнец, Который был заклан и опять жив!» Семья Адама подхватывает напев и повергает свои венцы к ногам Спасителя, в благоговении склоняясь перед Ним.

Свидетелями этого воссоединения являются ангелы, которые плакали при падении Адама и радовались, когда Иисус после Своего воскресения вознесся на Небо, открыв могилы для всех тех, кто уверует в Его имя. Теперь они видят дело спасения доведенным до конца и объединяют свои голоса в песне хвалы.

На кристальном море перед престолом, на том стеклянном море, которое как бы смешано с огнем – таким ослепительным оно является от славы Божьей – собраны «победившие зверя и образ его, и начертание его и число имени его» (Откровение 15:2). На горе Сион вместе с Агнцем, «держа гусли Божии», стоят 144 тысячи искупленных среди людей, и слышен голос, как шум от множества вод и как звук сильного грома, «голос как бы гуслистов, играющих на гуслях своих» (Откровение 14:1-2). Они поют перед престолом «новую песнь» (ст.3), которой никто не мог научиться, кроме 144 тысяч. Это песнь Моисея и Агнца, это песнь избавления. Никто, кроме 144 тысяч, не может научиться этой песни, потому что это песнь о пережитом ими, о таких испытаниях, каких никогда не было ни у одной другой группы людей. Это те, которые следовали за Агнцем, куда бы Он ни пошел (см. Откровение 14:4). Будучи переселены из среды живущих на земле, они рассматриваются как «первенцы Богу и Агнцу» (Откровение 14:4). «Это те, которые пришли от великой скорби» (Откровение 7:14). Они пережили время скорби, какого не бывало на земле, с тех пор как существуют люди; они перенесли страх бедственного времени Иакова; они оставались без Посредника во время последнего излития судов Божьих. Но они были избавлены, ибо «омыли одежды свои и убелили одежды свои кровию Агнца» (Откровение 7:14). «В устах их нет лукавства;

они непорочны пред престолом Божиим» (Откровение 14:5). «За это они пребывают ныне пред престолом Бога и служат Ему день и ночь в храме Его, и Сидящий на престоле будет обитать в них» (Откровение 7:15). Они видели, как земля была опустошена голодом и мором, как солнце мучило людей сильным зноем, и сами терпели страдания, голод и жажду. Но «они не будут уже ни алкать, ни жаждать, и не будет палить их солнце и никакой зной; ибо Агнец, Который среди престола, будет пасти их и водить их на живые источники вод, и отрет Бог всякую слезу с очей их» (Откровение 7:16-17).

Во все времена избранники Спасителя воспитывались и обучались в школе испытаний. По земле они шли узкими тропинками; они были очищены в горниле страданий. Ради Иисуса они терпели сопротивление, ненависть и клевету. Они следовали за Ним в мучительной борьбе, проявляли самопожертвование и испытывали жестокие разочарования. На своем личном горьком опыте они познали пагубность греха, его силу, наказуемость и его проклятье; он вызывает у них отвращение. Осознание этой неизмеримой жертвы, принесенной ради его устранения, умаляет их в собственных глазах и наполняет сердца такой благодарностью и хвалой, которые не могут понять те, кто никогда не падал. Они возлюбили много, потому что им много прощено. Став участниками Христовых страданий, они подготовлены к тому, чтобы участвовать и в Его славе.

Наследники Божьи спустились с чердаков, вышли из лачуг, подземелий, сошли с эшафотов, с гор; возвратились из пустынь, из земных пещер и морских гротов. На земле они терпели «недостатки, скорби, озлобления» (Евреям 11:37 – прим. ред.). Миллионы сошли в могилу, отягощенные дурной славой, только потому, что постоянно отказывались уступить обманчивым требованиям сатаны. Человеческими трибуналами они были причислены к злейшим из преступников. Но теперь «Судия... есть Бог» (Псалтирь 49:6). Теперь земные постановления полностью отменены. Он «снимет поношение с народа Своего» (Исаия 25:8). «И назовут их народом святым, искупленным от Господа» (Исаия 62:12). Он предписал, что «им вместо пепла дастся украшение, вместо плача – елей радости, вместо унылого духа – славная одежда» (Исаия 61:3). Они больше не немощные, огорченные, рассеянные и угнетенные. Отныне они должны всегда быть с Господом. Они стоят перед престолом, облаченные в одеяния более богатые, чем те, какие когда-либо носили знатнейшие люди на

Земле. Они увенчаны более прекрасными диадемами, чем те, которые когда-либо надевались на головы земных монархов. Дни страданий и слез навсегда закончились. Царь славы отер слезы со всех очей; удалена всякая причина для горя. Размахивая пальмовыми ветвями, они запевают песнь хвалы – ясную, стройную и благозвучную; каждый голос подхватывает напев до тех пор, пока небесные своды не наполняются звуками гимна: «Спасение Богу нашему, сидящему на престоле, и Агнцу!» И все жители Небес откликаются с одобрением: «Аминь! благословение и слава, и премудрость и благодарение, и честь и сила и крепость Богу нашему во веки веков!» (Откровение 7:10,12).

В этой жизни мы можем лишь начать постигать то, что касается удивительной темы искупления. При наших ограниченных способностях к пониманию мы можем более серьезно размышлять о позоре и славе, жизни и смерти, справедливости и милости, встретившихся на кресте; и все же, несмотря на крайнее напряжение нашего интеллекта, мы не в состоянии осмыслить полного значения совершившегося там. Долгота и широта, глубина и высота спасающей любви понимаются слабо. План спасения не будет полностью постигнут даже тогда, когда искупленные увидят, как и они видимы, и познают, как и они познаны; но в продолжение бесконечных веков новые истины все время будут открываться их удивленному и восхищенному разуму. Несмотря на то что земным скорбям, мукам и соблазнам пришел конец и что устранена их причина, все же народ Божий всегда будет иметь ясное, осмысленное осознание того, во что обошлось их спасение.

Всю вечность крест Христов будет изучаем и воспеваем спасенными. Во Христе прославленном они будут созерцать Христа распятого. Никогда не будет забыто, что Он, Своей силой создавший и поддерживающий в необозримых просторах космоса бесчисленные миры, Возлюбленный Божий, Величие Неба, Он, Кому радостно поклонялись херувимы и сияющие серафимы, – смирил Себя, чтобы возвысить падшего человека; что Он понес на Голгофском кресте груз вины и поношения за грех, а также сокрытие от Него Отцом Своего лица, пока проклятье погибающего мира не сокрушило Его сердце и не лишило Его жизни. То, что Творец всех миров, Вершитель судеб из любви к человеку сложил с Себя славу и унизил Себя, всегда будет вызывать у всей Вселенной удивление и благоговение. Когда спасенные народы смотрят на своего Искупителя и видят, что Его лицо светится вечной славой Отца, когда видят Его престол, пребывающий вовек, и знают, что Его царству нет конца, они не могут удержаться от восторженной песни: «Достоин, достоин Агнец, Который был заклан и примирил нас с Богом Своей Собственной драгоценнейшей кровью!»

Тайна креста объясняет и все другие тайны. В свете, который проливается с Голгофы, качества Бога, наполнявшие нас страхом и трепетом, оказываются прекрасными и привлекательными. Милосердие, мягкость и родительская любовь видны в сочетании со святостью, справедливостью и могуществом. В то время как мы взираем на величие Его высокого и превознесенного престола, нам раскрывается характер Бога в его проявлениях, полных благодати, и, как никогда раньше, постигаем значение этого внушающего любовь титула: «Отче наш».

Станет понятно, что Он, безграничный в Своей мудрости, не мог предложить иного плана для нашего искупления, кроме как принести в жертву Своего Сына. Возмещением этой жертвы является радость от того, что Земля заселена спасенными существами – святыми, счастливыми и бессмертными. Следствием борьбы нашего Спасителя с силами тьмы будет счастье спасенных, способствующее славе Бога на протяжении всей вечности. И ценность души такова, что Отец удовлетворен уплаченной за нее ценой, удовлетворен также и Сам Христос, взирая на плоды Своей великой жертвы.

ГЛАВА **41**

Разорение Земли

Искупленные уже на Небе, а все остальные погибли при появлении Иисуса. Земля находится в хаотическом состоянии. Сатана и его ангелы теперь бездеятельны, они скованы цепью обстоятельств на Земле и имеют время для размышления, ожидая наступающего через тысячу лет Суда, как это и предсказано в книге «Откровение».

«Грехи ее дошли до неба, и Бог воспомянул неправды ее... В чаше, в которой она приготовляла вам вино, приготовьте ей вдвое. Сколько славилась она и роскошествовала, столько воздайте ей мучений и горестей. Ибо она говорит в сердце своем: сижу царицею, я не вдова и не увижу горести! За то в один день придут на нее казни, смерть и плач и голод, и будет сожжена огнем, потому что силен Господь Бог, судящий ее. И восплачут и возрыдают о ней цари земные, блудодействовавшие и роскошествовавшие с нею... говоря: горе, горе тебе, великий город Вавилон, город крепкий! Ибо в один час пришел суд твой» (Откровение 18:5-10).

«И купцы земные», разбогатевшие «от великой роскоши ее» (Откровение 18:3), «станут вдали, от страха мучений ее, плача и рыдая и говоря: горе, горе тебе, великий город, одетый в виссон и порфиру и багряницу, украшенный золотом и камнями драгоценными и жемчугом! Ибо в один час погибло такое богатство» (Откровение 18:15-17).

Таковы суды, которые обрушатся на Вавилон в день посещения гнева Божия. Он наполнил меру своего беззакония, его время наступило, он созрел для погибели.

Когда голос Бога возвратит из плена Свой народ, произойдет ужасное пробуждение тех, которые потеряли все в великом конфликте жизни. В продолжение времени благодати они были ослеплены сатанинскими обманами и оправдывали свою греховную линию поведения. Богатые с гордостью превозносились над теми, кто был менее привилегирован; но свои богатства они приобрели посредством нарушения закона Божия. Они не заботились о том, чтобы кормить голодных, одевать нагих, действовать справедливо и любить дела милосердия. Они искали превозношения и почтения со стороны себе подобных. Сейчас они лишены всего того, что делало их великими, и оставлены без средств и защиты. Они со страхом глядят на разрушение тех идолов, которых предпочли своему Создателю. Они продали свои души за земные богатства и удовольствия и не искали того, чтобы «богатеть в Бога» (Ев. Луки 12:21 – прим. ред.). Как следствие этого, их жизнь не удалась; удовольствия их превратились в желчь, а сокровища – в гниль. Нажитое за все годы жизни в один миг исчезло. Богатые оплакивают свои разрушенные грандиозные сооружения и развеянное серебро и золото. Но их жалобы смолкают при ужасной мысли о том, что и сами они должны погибнуть вместе со своими идолами.

Нечестивые полны раскаяния, но не по причине своего греховного игнорирования Бога и ближних, а потому что Бог победил. Они горюют о последствиях, однако не раскаиваются в своем нечестии. Они попытались бы любыми средствами одержать победу, если бы могли.

Мир видит, что те самые люди, над которыми они потешались, которых поднимали на смех и желали уничтожить, благополучно прошли через эпидемии, бури и землетрясения. Тот, Кто для нарушителей Его закона является огнем поядающим, для Своего народа – надежное укрытие.

Проповедник, который пожертвовал истиной, чтобы заполучить благорасположение людей, понимает теперь характер и влияние своих учений. Становится очевидным, что Всевидящее Око наблюдало, когда он стоял за кафедрой, ходил по улицам, когда в различных жизненных обстоятельствах общался с людьми. Каждая эмоция души, каждая написанная строка, каждое сказанное слово, каждое действие, которые склоняли людей к тому, чтобы расслабиться в убежище лжи, были посеянным семенем; и сейчас в этих жалких, потерянных душах вокруг него он усматривает жатву.

Господь говорит: «И врачуют рану дочери народа Моего легкомысленно, говоря: „мир, мир!" а мира нет» (Иеремия 8:11). «Вы ложью опечаливаете сердце праведника, которое Я не хотел опечаливать, и поддерживаете руки беззаконника, чтоб он не обратился от порочного пути своего и не сохранил жизни своей» (Иезекииль 13:22).

«Горе пастырям, которые губят и разгоняют овец паствы Моей!.. Вот Я накажу вас за злые деяния ваши» (Иеремия 23:1,2). «Рыдайте, пастыри, и стеняйте, и посыпайте себя прахом, вожди стада; ибо исполнились дни ваши для заклания и рассеяния вашего... И не будет убежища пастырям и спасения вождям стада» (Иеремия 25:34-35).

Духовные служители и народ видят, что они не поддерживали верных отношений с Богом. Они понимают, что возмутились против Автора всех справедливых и праведных законов. Отмена Божественных заповедей дала толчок возникновению тысяч источников зла, разлада, ненависти, несправедливости, пока Земля не стала обширным полем борьбы и логовом порока. Такое зрелище теперь открывается перед теми, кто отверг истину и решил лелеять заблуждение. Ни один язык не может выразить ту тоску, которую будут ощущать непослушные и неверные из-за того, что навсегда потеряли вечную жизнь. Люди, которых почитал мир за их таланты и красноречие, видят теперь эти вещи в истинном свете. Они осознают, чем поплатились за свое нарушение закона, и, падая к ногам тех, чью преданность они ни во что не ставили и высмеивали, признают, что Бог возлюбил их.

Народ видит себя обманутым. Один обвиняет другого в том, что был приведен к погибели; однако все объединяются в самом горьком осуждении проповедников. Неверные пастыри предсказывали им приятные вещи; они соблазнили своих слушателей освободиться от закона Божия и преследовать тех, кто его свято соблюдал. Ныне эти учителя в отчаянии признаются перед миром в своей работе обмана. Толпы захлестывает ярость. «Мы пропали! – кричат они. – И вы виновны в нашей гибели», – и обращают свой гнев против лжепастырей. Как раз те, кто больше всех ими восторгался, будут высказывать в их адрес наиболее страшные проклятия. Те же самые руки, которые однажды увенчивали их лаврами, поднимутся, чтобы уничтожить их. Те мечи, которые должны были убивать народ Божий, теперь используются, чтобы погубить его врагов. Повсеместно идет борьба и проливается кровь.

«Шум дойдет до концов земли, ибо у Господа состязание с народами: Он будет судиться со всякою плотью, нечестивых Он предаст мечу» (Иеремия 25:31). На протяжении шести тысяч лет велась великая борьба; Сын Божий и Его небесные вестники противостояли силе дьявола, чтобы предостеречь, просветить и спасти сынов и дочерей человеческих. Ныне все приняли для себя решение; нечестивые полностью объединились с сатаной в его войне против Бога. Пришло время, когда Бог подтвердит авторитет Своего попранного закона. Борьба будет теперь идти не с одним сатаной, но также и с людьми. «У Господа состязание с народами». «Нечестивых Он предаст мечу» (Иеремия 25:31).

Знак избавления был сделан «на челах людей скорбящих, воздыхающих о всех мерзостях». Теперь вперед выступает ангел смерти, изображенный в видении Иезекииля людьми с губительным орудием, которым дана команда: «Старика, юношу и девицу, и младенца и жен бейте до смерти, но не троньте ни одного человека, на котором знак, и начните от святилища Моего». Пророк говорит: «И начали они с тех старейшин, которые были пред Домом» (Иезекииль 9:1-6). Дело истребления начнется с тех, которые объявили себя духовными стражами народа. Неверные стражи должны пасть первыми. И нет никого, кто бы их пожалел или помиловал. Мужчины, женщины, девицы и маленькие дети – все гибнут вместе.

«Ибо вот, Господь выходит из жилища Своего наказать обитателей земли за их беззаконие, и земля откроет поглощенную ею кровь, и уже не скроет убитых своих» (Исаия 26:21). «И вот какое будет поражение, которым поразит Господь все народы, которые воевали против Иерусалима: у каждого исчахнет тело его, когда он еще стоит на своих ногах, и глаза у него истают в яминах своих, и язык его иссохнет во рту у него. И будет в тот день: произойдет между ними великое смятение от Господа, так что один схватит руку другого, и поднимется рука его на руку ближнего его» (Захария 14:12-13). В безумной борьбе их собственных яростных страстей и посредством страшного излития несмешанного с милостью гнева Божия падут нечестивые обитатели Земли: священники, правители и народ, богатые и бедные, люди всех сословий. «И будут пораженные Господом в тот день – от конца земли до конца земли, не будут оплаканы и не будут прибраны и похоронены» (Иеремия 25:33).

При пришествии Христа беззаконники будут изглажены с лица всей земли – уничтожены духом уст Его и истреблены явлением славы Его. Христос заберет Свой народ в город Божий, и Земля останется без жителей. «Вот, Господь опустошает землю и делает ее бесплодною; изменяет вид ее и рассеивает живущих на ней» (Исаия 24:1). «Земля опустошена в конец и совершенно разграблена; ибо Господь изрек слово сие» (Исаия 24:3). «Ибо они преступили законы, изменили устав, нарушили вечный завет. За то проклятие поедает землю, и несут наказание живущие на ней; за то сожжены обитатели земли» (Исаия 24:5-6).

Земля в целом производит впечатление безлюдной дикой местности. На ее поверхности лежат в руинах разрушенные землетрясением города и деревни, вырванные с корнем деревья, изверженные морем или из самой земли вырванные скалы, и грандиозные пропасти отмечают места, где горы сдвинуты со своих оснований.

Теперь состоится событие, предзнаменованное в последнем торжественном служении Дня примирения. Когда завершалось служение во Святом-Святых и грехи Израиля удалялись из святилища посредством крови жертвы за грех, пред Господом был представлен живым козел отпущения, и в присутствии народа первосвященник исповедовал «над ним все беззакония сынов Израилевых и все преступления их и все грехи их» и возлагал их на голову козла (Левит 16:21). Аналогично, когда будет завершено дело примирения в небесном Святилище, тогда в присутствии Бога, небесных ангелов и всего множества искупленных грехи народа Божия будут возложены на сатану, и его объявят виновным во всем том зле, которое он побуждал их совершить. И как козел отпущения был отослан в необитаемую пустыню, так и сатана будет изгнан на опустошенную землю, в необитаемую, унылую дикую местность.

Автор книги «Откровение» предвозвещает изгнание сатаны и то, что земля должна будет находиться в условиях хаоса и опустошения; он также объявляет, что такие условия будут существовать на протяжении тысячи лет. После представления сцен Второго пришествия Господа и гибели нечестивых пророк продолжает: «И увидел я Ангела, сходящего с неба, который имел ключ от бездны и большую цепь в руке своей. Он взял дракона, змия древнего, который есть диавол и сатана, и сковал его на тысячу лет, и низверг его в бездну, и заключил его, и положил над ним печать, дабы не прельщал уже народы, доколе не окончится тысяча лет; после же сего ему должно быть освобожденным на малое время» (Откровение 20:1-3).

То, что выражение «бездна» обозначает землю в состоянии беспорядка и тьмы, становится очевидным из других библейских стихов. Относительно состояния земли «в начале» библейская запись гласит: «Земля была безвидна и пуста, и тьма над бездною» (Бытие 1:2). Пророчество учит нас, что, по меньшей мере, отчасти земля вновь будет приведена в это состояние. Имея в виду великий день Божий, пророк Иеремия сообщает: «Смотрю на землю – и вот, она разорена и пуста, – на небеса, и нет на них света. Смотрю на горы – и вот, они дрожат, и все холмы колеблются. Смотрю – и вот, нет человека, и все птицы небесные разлетелись. Смотрю – и вот, Кармил – пустыня, и все города его разрушены» **(Иеремия 4:23-26)**.

Здесь будет место обитания сатаны и его злых ангелов на протяжении тысячи лет. Ограниченный пределами Земли, он не будет иметь доступа к другим мирам, чтобы искушать тех, кто никогда не падал. Именно в этом смысле он скован: не осталось никого, над кем он может осуществить свою власть. Он совершенно огражден от работы по обману и разрушению – того единственного, что доставляло ему удовольствие в течение столь многих веков.

Пророк Исаия, заглядывая вперед, на время свержения сатаны, восклицает: «Как упал ты с неба, денница, сын зари! разбился о землю, попиравший народы. А говорил в сердце своем: „взойду на небо, выше звезд Божиих вознесу престол мой... буду подобен Всевышнему". Но ты низвержен в ад, в глубины преисподней. Видящие тебя всматриваются в тебя, размышляют о тебе: „тот ли это человек, который колебал землю, потрясал царства, вселенную сделал пустынею, и разрушал города ее, пленников своих не отпускал домой?"» **(Исаия 14:12-17)**.

В течение шести тысяч лет сатана своим мятежом «колебал землю». Это он «вселенную сделал пустынею и разрушал города ее». Это он «пленников своих не отпускал домой». На протяжении шести тысяч лет он заключал в свою темницу народ Божий и навсегда оставил бы их там, однако Христос разорвал его узы и освободил пленников.

Даже нечестивые теперь вне власти сатаны, и он остается только со своими злыми ангелами, чтобы осознать действие проклятия, которое принес грех. «Все цари народов, все лежат с честью, каждый в своей усыпальнице, а ты повержен вне гробницы своей, как презренная ветвь... Не соединишься с ними в могиле; ибо ты разорил землю твою, убил народ твой» **(Исаия 14:18-20)**.

На протяжении тысячи лет сатана будет скитаться по разоренной Земле, переходя с одного места на другое, обозревая результаты своего мятежа против Божьего закона. Этот период будет особенно мучительным для него. Со времени своего падения, в своей непрерывной деятельности он не имел времени для размышления, но теперь ему, лишенному власти, останется только думать о той роли, какую он играл с того момента, когда впервые возмутился против небесного Правления, и со страхом и трепетом смотреть в ужасное будущее, когда должен будет заплатить за все содеянное им зло и понести наказание за грехи, причиной совершения которых он стал.

Народу Божию пленение сатаны принесет радость и ликование. Пророк говорит: «И будет в тот день, когда Господь устроит тебя от скорби твоей, и от страха и от тяжкого рабства, которому ты порабощен был, ты произнесешь победную песнь на царя Вавилонского [который здесь представляет сатану], и скажешь: как не стало мучителя!.. Сокрушил Господь жезл нечестивых, скипетр владык, поражавший народы в ярости ударами неотвратимыми, во гневе господствовавший над племенами с неудержимым преследованием» (Исаия 14:3-6).

В продолжение тысячи лет, которые пройдут между первым и вторым воскресением мертвых, состоится Суд над нечестивыми. Апостол Павел указывает на этот Суд как на событие, которое следует за Вторым пришествием Христа. «Посему не судите никак прежде времени, пока не придет Господь, Который и осветит скрытое во мраке и обнаружит сердечные намерения» (1 Коринфянам 4:5). Даниил объявляет, что, когда пришел Ветхий днями, «суд дан был святым Всевышнего» (Даниил 7:22). В это время праведные будут владычествовать как цари и священники Божьи. Апостол Иоанн пишет в Откровении: «И увидел я престолы и сидящих на них, которым дано было судить». «Они будут священниками Бога и Христа и будут царствовать с Ним тысячу лет» (Откровение 20:4,6). Именно в это время, как и было предвозвещено апостолом Павлом, «святые будут судить мир» (1 Коринфянам 6:2). В союзе со Христом они будут судить нечестивых, сверяя их действия со сводом законов – Библией и решая вопрос каждого, согласно совершенным им при жизни делам. Тогда наказание, которое должны понести нечестивые, будет отмерено им в соответствии с их делами и занесено против их имен в Книгу смерти.

Сатана и злые ангелы также будут судимы Христом и Его народом. Апостол Павел говорит: «Разве не знаете, что мы будем судить ангелов?» (1 Коринфянам 6:3). А апостол Иуда объявляет: «И ангелов, не сохранивших своего достоинства, но оставивших свое жилище, соблюдает в вечных узах, под мраком, на суд великого дня» (Иуды 6).

По прошествии тысячи лет произойдет второе воскресение. Тогда будут пробуждены от смерти нечестивые и явятся пред Богом для приведения в исполнение над ними «суда писанного» (Псалтирь 149:9 – прим. ред.). Так Автор книги «Откровение» после описания воскресения праведных говорит: «Прочие же из умерших не ожили, доколе не окончится тысяча лет» (Откровение 20:5). А Исаия провозглашает в отношении нечестивых: «И будут собраны вместе, как узники, в ров, и будут заключены в темницу, и после многих дней будут наказаны» (Исаия 24:22).

ГЛАВА **42**

Конец
конфликта

Через тысячу лет Иисус с искупленными возвратится на Землю. Сатана вместе с великим полчищем воскресших из мертвых нечестивых людей, которыми он руководил и во время их жизни, попытается взять штурмом город Новый Иерусалим. Они будут собраны, чтобы получить свой окончательный приговор, и уничтожены, а Земля – очищена и обновлена. На этой Новой Земле станут жить без всяких следов греха исключительно искупленные – и Иисус с ними.

По прошествии тысячи лет Христос в окружении ангелов вновь возвращается на Землю. Вместе с Ним следуют также сонмы искупленных. Сходя в грандиозном величии, Он приказывает мертвым беззаконникам воскреснуть для получения осуждающего их приговора. Они выходят – громадная толпа, неисчислимая, как морской песок. Какой контраст с теми, кто был пробужден при первом воскресении! Праведные были наделены бессмертной молодостью и красотой. Нечестивые же имеют на себе клеймо болезни и смерти.

Каждый взгляд в этом необозримом множестве направлен на созерцание славы Сына Божия, и воинства нечестивых все в один голос восклицают: «Благословен Грядый во имя Господне!» (Ев. Луки 13:35) Это восклицание, однако, вызвано отнюдь не любовью к Иисусу. Сила истины заставила эти слова сойти с их упрямых уст. Какими нечестивые сошли в могилы, такими они и выходят из них – с той же самой враждебностью по отношению ко Христу и с тем же самым мятежным духом. Для них уже нет времени благодати, чтобы исправить ошибки прожитой жизни. Этим ничего не было бы достигнуто. Целая жизнь, проведенная в нарушении закона, не смягчила их сердец. Вторичный испытательный срок, будь он им предоставлен, они бы прожили, как и первый, обходя требования Божьи и поднимая против Него мятеж.

Христос опускается на гору Елеонскую – оттуда Он вознесся после Своего воскресения, и там ангелы повторили обетование Его возвращения. Пророк говорит: «И [662] придет Господь Бог мой и все святые с Ним» (Захария 14:5). «И станут ноги Его в тот день на горе Елеонской, которая пред лицем Иерусалима к востоку; и раздвоится гора Елеонская... весьма большою долиною» (ст. 4). «И Господь будет Царем над всею землею; в тот день будет Господь един, и имя Его – едино» (ст. 9). Когда Новый Иерусалим в своей потрясающей славе сходит с Небес, он устанавливается на очищенное и приготовленное для его принятия место, и Христос входит в Святой Град вместе со Своим народом и ангелами.

Теперь сатана ведет приготовления к последнему большому сражению за верховное господство. Лишенный власти и оторванный от своей работы обмана, князь зла был жалок и удручен; однако, как только мертвые нечестивые ожили и он увидел громадные их толпы на своей стороне, его надежды возрождаются, и он принимает решение не прекращать великой борьбы. Он соберет полчища потерянных под свое знамя и с их помощью постарается реализовать свои планы. Нечестивые являются пленниками сатаны. Отвержением Христа они согласились на господство предводителя восстания и готовы принимать его предложения и исполнять его приказы. И все же, будучи верным своему изначальному лукавству, он не признается в том, что он – сатана. Он утверждает, что является правителем, которому этот мир принадлежит по праву, и что его наследство было незаконным образом отнято. Своим введенным в заблуждение подданным он выдает себя за избавителя, убеждая их в том, что это его сила подняла их из могил и что он собирается спасти их от жесточайшей тирании. После того как Христос удаляется, сатана для подтверждения своих притязаний начинает вершить чудеса. Он делает слабых сильными и вдохновляет всех своим собственным духом и энергией, предлагая повести их против стана святых и завладеть Божьим Градом. С дьявольским торжеством он обращает их внимание на бесчетные миллионы тех, кто воскрес из мертвых, и заявляет, что, если он будет их лидером, то сможет завоевать город и вновь получить свой трон и царство.

В этой массе людей находится большое число долгожителей – представителей допотопного мира: людей величественного роста и колоссальных умственных способностей, которые, отдавшись во власть падших ангелов, посвятили все свои знания и умения возвеличиванию самих себя; мужей, чьи чудесные произведения искусства побудили мир боготворить их гений, но чья жестокость и злые изобретения, растлившие Землю и обезобразившие образ Бога, явились причиной того, что Он стер их с лица земли. Здесь монархи и генералы, завоеватели народов, отважные люди, которые никогда не проигрывали ни единой битвы, гордые, честолюбивые воители, чье наступление приводило в содрогание государства. В смерти они не претерпели изменений. Когда они выходят из могил, ход их мыслей возобновляется как раз там, где он однажды прервался. Ими движет то же самое страстное желание покорять, которое управляло ими, когда они сошли в могилу.

Сатана совещается со своими ангелами, а затем с этими монархами, завоевателями и могучими мужами. Они осматривают состав и численность людей, которые на их стороне, и объявляют, что внутри города располагается небольшая, по сравнению с их силами, армия и что ее можно превозмочь. Они строят планы о том, как приобретут сокровища и славу Нового Иерусалима. Все немедленно начинают делать приготовления к сражению. Опытные мастера готовят военное снаряжение. Военные лидеры, знаменитые своими успехами, формируют из воинственных мужей роты и дивизии.

Наконец, дана команда наступать, и это бесчисленное множество движется вперед – армия, какая еще никогда не была мобилизована земными завоевателями, армия, с какой никогда не могли бы сравниться объединенные силы всех столетий, начиная с тех пор как на земле стали вестись войны. Сатана, могущественнейший из воинов, возглавляет авангард, и его ангелы объединяют свои силы для этого финального сражения. Цари и воины находятся в свите сатаны, а массы людей следуют большими подразделениями, каждое во главе со своим назначенным командиром. В боевом порядке тесные ряды продвигаются по разбитой, неровной поверхности земли к Божьему Граду. По повелению Иисуса ворота Нового Иерусалима затворяются, а армия сатаны окружает город и собирается его атаковать.

Теперь Христос опять предстает взору Своих врагов. Высоко над городом, на основании из сверкающего золота находится престол, высокий и превознесенный. На этом престоле восседает Сын Божий, окруженный подданными Своего царства. Силу и величие Христа невозможно передать никакими словами и не описать никаким пером. Слава Вечного Отца покрывает Его Сына. Сияние Его присутствия наполняет собой Божий Град и разливается за ворота, наводняя всю землю своим великолепием.

Ближе всех к престолу находятся те, которые когда-то ревностно содействовали делам сатаны, но были выхвачены из огня, как головня; они с безоговорочной, пылкой преданностью последовали за своим Спасителем. Рядом с ними находятся те, которые совершенствовали свой христианский характер, будучи окружены неправдой и безбожием, которые соблюдали Божий закон и тогда, когда христианский мир провозгласил его недействительным, а также миллионы людей из всех столетий, претерпевших мученическую смерть за свою веру. А дальше находится «великое множество людей, которого никто не мог перечесть, из всех племен и колен, и народов и языков», стоящих «пред престолом и пред Агнцем в белых одеждах и с пальмовыми ветвями в руках своих» (Откровение 7:9). Их борьба завершена, победа одержана. Они бежали на ристалище и получили награду (см. 1 Кор. 9:24 – прим. ред.). Пальмовые ветви в руках являются символом их триумфа, а белые одеяния – символом незапятнанной праведности Христа, которая теперь также принадлежит и им.

Искупленные возносят песнь хвалы, которая эхом раздается под небесными сводами: «Спасение Богу нашему, сидящему на престоле, и Агнцу!» (Откровение 7:10). И ангелы с серафимами объединяют свои голоса в поклонении. Когда спасенные увидели могущество и злонамеренность сатаны, они, как никогда прежде, осознали, что никакая сила, кроме Христовой, не могла бы сделать их победителями. Во всем этом сияющем скоплении людей нет ни одного, кто приписывал бы спасение самому себе, как будто бы это он одержал победу при помощи своей собственной силы и праведности. Ничего не упоминается о том, что они совершили или претерпели, но припевом каждой песни, основной мыслью каждого гимна является: «Спасение Богу нашему и Агнцу!»

В присутствии собравшихся жителей Земли и Неба совершается окончательная коронация Сына Божия. И сейчас Царь царей, облеченный высшей степенью величия и власти, провозглашает над мятежниками, противившимися Его правлению, приговор и вершит правосудие над нарушителями Его закона и притеснителями Его народа. Пророк Божий говорит: «И увидел я великий белый престол и Сидящего на нем, от лица Которого бежало небо и земля, и не нашлось им места. И увидел я мертвых, малых и великих, стоящих пред Богом, и книги раскрыты были, и иная книга раскрыта, которая есть книга жизни; и судимы были мертвые по написанному в книгах, сообразно с делами своими» (Откровение 20:11-12).

Как только раскрываются книги записей и взор Иисуса падает на безбожников, они осознают каждый соделанный ими когда-либо грех. Они понимают, где именно их ноги уклонились от пути чистоты и святости, в какой именно мере гордость и возмущение способствовали нарушению ими закона Божия. Привлекательные соблазны, которым они поддавались, потворствуя греху, благословения, которыми они злоупотребляли, Божьи вестники, к которым они относились с презрением, непринятые предостережения, волны милосердия, отклоненные их своенравными, не готовыми к раскаянию сердцами, – все предстает перед ними, как бы написанное огненными буквами.

Над престолом показывается крест, и, как в круговом обзоре, представляются сцены искушения и падения Адама, а также следующие один за другим шаги в великом плане искупления: скромное рождение Спасителя; Его ранний период жизни – жизни простоты и повиновения; Его крещение в Иордане; пост и искушение в пустыне; Его общественное служение, раскрывающее людям драгоценнейшие небесные благословения; дни, наполненные деяниями любви и милости, ночи молитвы и бдения в уединении среди гор; замыслы завистливых, злых и исполненных ненависти людей в отплату за Его благодеяния; ужасная, непостижимая агония в Гефсимании под сокрушительной тяжестью грехов целого мира; предательство в руки жестокого сборища; вселяющие страх происшествия той страшной ночи: несопротивляющийся Узник, покинутый Своими наиболее возлюбленными учениками, грубо погоняемый по улицам Иерусалима; Божий Сын, с ликованием представленный перед первосвященником Анной, осужденный в его дворце, в судебном зале Пилата и перед малодушным и бессердечным Иродом, осмеянный, оскорбленный, измученный и осужденный на смерть – все это наглядно изображено.

И теперь трепещущему множеству людей показываются заключительные сцены: терпеливый Страдалец на пути к Голгофе; Правитель Неба, висящий на кресте; горделивые священники и глумливая толпа, потешающаяся над Его предсмертными мучениями; сверхъестественный мрак; вздымающаяся земля; растрескавшиеся скалы; открытые могилы, отметившие момент, когда Искупитель мира отдал Свою жизнь.

Это ужасное представление просто показывает все так, как это и происходило на самом деле. У сатаны, его ангелов и подданных нет сил отвернуться от картины своей собственной работы. Каждое действующее лицо вспоминает ту роль, которую оно сыграло. Ирод, который лишил жизни невинных детей Вифлеема, для того чтобы уничтожить и Царя Израиля; подлая Иродиада, чья виновная душа запятнана кровью Иоанна Крестителя; слабый приспособленец Пилат; издевающиеся солдаты; священники, правители и приведенная в исступление толпа, которая выкрикивала: «Кровь Его на нас и на детях наших» (Ев. Матфея 27:25), – всем им открывается чудовищность их вины. Они тщетно стараются спрятаться от Божественного величия Его лица, затмевающего сияние солнца, тогда как искупленные повергают свои венцы к ногам Спасителя, восклицая: «Он умер за меня!»

Среди множества спасенных находятся апостолы Христа: доблестный Павел, пылкий Петр, возлюбленный и любящий Иоанн и их искренние собратья, а вместе с ними громадный сонм мучеников, в то время как по ту сторону стен вместе со всеми низкими и отвратительными созданиями находятся те, которые их гнали, заключали в тюрьмы и лишали жизни. Там Нерон – это чудовище жестокости и безнравственности, взирающий на радость и ликование тех, кого он когда-то истязал и в чьих чрезмерных страданиях находил сатанинское удовольствие. Его мать тоже там, чтобы быть свидетелем результатов своих собственных дел, чтобы видеть, как злые черты характера, переданные ею по наследству своему сыну, и страсти, возникшие и поддерживаемые благодаря ее влиянию и примеру, принесли плоды в преступлениях, приведших мир в содрогание.

Там находятся папские священники и прелаты, которые претендовали на то, что они – представители Христа, но использовали пытки, темницы и костры, чтобы господствовать над совестью Его народа. Там гордые понтифики, которые превозносили себя над Богом и осмелились изменить закон Всевышнего. Эти мнимые отцы церкви вынуждены будут представить Богу отчет, от чего бы они с радостью отказались. Слишком поздно они понимают, что Всеведущий Бог является ревнителем Своего закона, и что Он никоим образом не оправдает виновного. Теперь они узнают, что Христос отождествляет Свои интересы с интересами Своего страдающего народа, и испытывают на себе действие Его собственных слов: «Так как вы сделали это одному из сих братьев Моих меньших, то сделали Мне» (Ев. Матфея 25:40).

Весь грешный мир стоит, призванный к ответу перед Судом Божьим по обвинению в измене Правительству Неба. Нет никого, кто мог бы ходатайствовать по их делу; им нет извинения; и над ними провозглашается приговор вечной смерти.

Для всех теперь очевидно, что возмездие за грех – это не прекрасная независимость и вечная жизнь, а рабство, разорение и смерть. Нечестивые видят, что они утратили из-за своей мятежной жизни. Предложенная им вечная слава, намного превышающая по величине все то, что они имели, была ими с презрением отвергнута, однако, какой желанной она кажется им сейчас. Погибшая душа вопиет: „Я мог бы иметь все это, но решил отложить подальше от себя. Какое безрассудство! Я променял мир, счастье и почести на несчастье, бесчестие и отчаяние!» Все сознают, что им справедливо отказано в допуске на Небо. Всей своей жизнью они объявили: «Не хотим, чтоб он [Иисус] царствовал над нами» (Ев. Луки 19:14 – прим. ред.).

Как остолбеневшие, нечестивые наблюдают за коронацией Сына Божия. Они видят в Его руках скрижали Божественного закона, уставы, которые они презрели и нарушили. Они являются свидетелями возгласов удивления, восторга и благоговения спасенных, и как только волны мелодии проносятся над людскими массами, находящимися вне города, все в один голос восклицают: «Велики и чудны дела Твои, Господи Боже Вседержитель! праведны и истинны пути Твои, Царь святых!» (Откровение 15:3) – и, падая ниц, поклоняются Князю жизни.

Сатана кажется парализованным, когда созерцает славу и величие Христа. Он, бывший когда-то осеняющим херувимом, вспоминает, откуда ниспал. Сияющий серафим, «сын зари» (Исаия 14:12 – прим. ред.), как он изменился, как деградировал! Из совета, где однажды он был почитаем, он исключен навеки. Он видит теперь другого, стоящего возле Отца и покрывающего Его славу. Он видит корону, надеваемую на голову Христа ангелом высокого роста и величавой осанки, и понимает, что на месте этого высокопоставленного ангела мог бы быть он.

Он вспоминает родину своей непорочности и чистоты, мир и счастье, принадлежавшие ему до тех пор, пока он не позволил себе роптать против Бога и завидовать Христу. Свои обвинения, свой мятеж, свои хитрости ради получения сочувствия и поддержки со стороны ангелов, свое своенравное упрямство в нежелании приложить усилия для возврата на истинный путь, когда Бог даровал бы еще ему прощение, – все это живо предстает перед ним. Он пересматривает свою работу среди людей и ее последствия: вражду человека по отношению к своему ближнему, жестокое уничтожение жизни, возникновение и падение царств, свержение престолов и длинный ряд мятежей, войн и переворотов. На память ему приходят его непрестанные усилия, направленные на оказание сопротивления делу Христа и на то, чтобы человек опускался все ниже и ниже. Он понимает, что его адские замыслы погубить тех, кто доверился Иисусу, были бессильны. Когда сатана смотрит на свое царство, на плоды своей работы, то видит лишь крах и разорение. Он склонил эти массы поверить тому, что они легко смогут овладеть Божьим Градом, но он знает, что это ложь. В ходе великой борьбы он вновь и вновь терпел поражение и вынужден был отступать. Он очень хорошо знает могущество и величие Вечного.

Цель великого повстанца всегда состояла в том, чтобы оправдать самого себя и доказать, что Божественное правление ответственно за мятеж. Для ее достижения он приложил всю мощь своего исполинского разума. Он работал предусмотрительно, систематически и с поразительным успехом, склонив громадное число людей признать его интерпретацию великой борьбы, которая длится с таких давних пор. В продолжение тысячелетий этот лидер группы заговорщиков выдавал ложь за истину. Но теперь пришло время, когда мятеж должен быть окончательно подавлен и разоблачены дела и характер сатаны. При его последнем искусном усилии свергнуть Христа с престола, истребить Его народ и завладеть Божьим Градом с архиобманщика полностью была сорвана маска. Его союзники понимают, что дело потерпело абсолютный провал. Последователи Христа и верные ангелы видят всю глубину происков сатаны против Божьего правления. Он является объектом всеобщего отвращения.

Сатана понимает, что, вследствие своего сознательного противодействия, он стал непригодным для Неба. Он приучил себя к войне против Бога; чистота, мир и небесная гармония были бы для него величайшим мучением. Больше не слышны его обвинения против милости и справедливости Бога. Упрек, который он пытался бросить Иегове, полностью ложится на него самого. И теперь сатана склоняется и публично признает справедливость своего осуждения.

«Кто не убоится Тебя, Господи, и не прославит имени Твоего? ибо Ты един свят. Все народы придут и поклонятся пред Тобою, ибо открылись суды Твои» (**Откровение 15:4**). Теперь прояснился каждый вопрос истины и заблуждения в этом долго продолжавшемся конфликте. Результаты мятежа, плоды устранения Божественных предписаний вскрываются перед всеми разумными созданиями. Всей Вселенной продемонстрирован контраст между господством сатаны и правлением Бога. Сатану осудили его собственные дела. Божья мудрость, справедливость и благость подтверждены в полной мере. Очевидно, что все Его действия в ходе этой великой борьбы были предприняты с учетом вечного блага Своего народа, а также блага всех миров, которые Он создал. «Да славят Тебя, Господи, все дела Твои, и да благословляют Тебя святые Твои» (Псалтирь 144:10). История греха будет выступать всю вечность как свидетель того, что с существованием Божьего закона связано счастье всех созданных Им существ. В свете совокупности событий великой борьбы вся Вселенная – как верные, так и непокорные – единогласно объявит: «Праведны и истинны пути Твои, Царь святых!» (Откровение 15:3 – прим. ред.)

Перед Вселенной ясно представлена великая жертва, совершенная Отцом и Сыном ради человека. Настал час, когда Христос занимает Свое законное положение и становится возвеличенным над началами, и властями, и всяким именем. Именно ради предлежащей Ему радости – привести многих сынов в славу – Он претерпел крест, пренебрегши посрамление (см. Евреям 12:2 – прим. ред.). И какими бы невообразимо великими ни были страдания и позор, все же эта радость и слава – больше. Он смотрит на искупленных, воссозданных по Его собственному образу, на сердце каждого из которых лежит совершенная печать Божества и лицо каждого из которых отражает подобие их Царя. Он замечает в них результат подвига души Своей – и Он доволен. Потом голосом, достигающим слуха всего собранного множества праведных и нечестивых, Христос объявляет: «Вот те, кто приобретен ценой Моей крови! За них Я страдал, за них Я умер, чтобы они могли пребывать в Моем присутствии во веки веков». И песнь хвалы возносится находящимися вокруг престола в белых одеждах: «Достоин Агнец закланный принять силу и богатство, и премудрость и крепость, и честь и славу и благословение» (Откровение 5:12).

Несмотря на то что сатана вынужден признать справедливость Бога и преклониться перед верховной властью Христа, характер его остается прежним. Дух возмущения опять прорывается, подобно мощной лавине. Исполненный неистовства, он принимает решение продолжать эту великую борьбу. Пришло время последнего отчаянного сражения против Небесного Царя. Сатана бросается в среду своих подданных и пытается вдохновить их своей собственной яростью и побудить к немедленному сражению. Однако из всех неисчислимых миллионов людей, совращенных им к мятежу, нет ни одного, кто бы признавал его главенство. Его власть закончилась. Нечестивые исполнены той же ненависти к Богу, которая вдохновляет и сатану, но они понимают, что их положение безвыходно, что они не смогут одолеть Иегову. Их ярость разгорается против сатаны и тех, которые были его орудиями в обмане, и с неистовством демонов они устремляются к ним.

Господь говорит: «Так как ты ум твой ставишь наравне с умом Божиим, вот, Я приведу на тебя иноземцев, лютейших из народов, и они обнажат мечи свои против красы твоей мудрости и помрачат блеск твой; низведут тебя в могилу» (Иезекииль 28:6-8). «Я низвергнул тебя, как нечистого, с горы Божией, изгнал тебя, херувим осеняющий, из среды огнистых камней... Я повергну тебя на землю, пред царями отдам тебя на позор... Я превращу тебя в пепел на земле пред глазами всех, видящих тебя... Ты сделаешься ужасом; и не будет тебя во веки» (ст. 16-19).

«Всякая обувь воина во время брани и одежда, обагренная кровью, будут отданы на сожжение, в пищу огню» (Исаия 9:5). «Гнев Господа на все народы, и ярость Его на все воинство их. Он предал их заклятию, отдал их на заклание» (Исаия 34:2). «Дождем прольет Он на нечестивых горящие угли, огонь и серу; и палящий ветер – их доля из чаши» (Псалтирь 10:6). С неба ниспадает огонь от Бога. Земля расходится, и скрытое в ее глубине средство поражения извлекается наружу. Из всех зияющих бездн выходит поедающее пламя. Даже скалы охвачены огнем. Пришел день, пылающий, как печь (см. Малахия 4:1). Земля и все дела на ней сгорают (см. 2 Петра 3:10). Земная поверхность выглядит, как единая расплавленная масса – безбрежное бурлящее огненное озеро. Это время суда и гибели безбожных людей – «день мщения у Господа, год возмездия за Сион» (Исаия 34:8).

Нечестивые получают свое возмездие на Земле (см. Притчи 11:31). Они будут, «как солома, и попалит их грядущий день, говорит Господь Саваоф» (Малахия 4:1). Некоторые будут истреблены в одно мгновение, тогда как другие будут мучиться много дней. Все наказаны «сообразно с делами своими» (Откр. 20:12 – прим. ред.). Грехи праведных перенесены на сатану, ему суждено страдать не только за свое собственное восстание, но и за все грехи, которые он заставил совершить детей Божьих. Его наказание должно быть намного больше наказания тех, кого он обманул. После того как будут уничтожены все обольщенные им, он все еще должен будет жить и продолжать страдать. Наконец, в очищающем пламени истреблены нечестивые – корень и ветви: сатана – корень, а его последователи – ветви. Их постигло полное возмездие закона; требования справедливости удовлетворены; и вот, Небо и Земля провозглашают праведность Иеговы.

Сатанинская пагубная деятельность закончилось навсегда. На протяжении шести тысяч лет он осуществлял свою волю, наполняя Землю несчастьем и вызывая скорбь во Вселенной. Все творение совокупно стенало и мучилось. Теперь все создания Божьи навсегда освобождены от его присутствия и соблазнов. «Вся земля отдыхает, покоится, [праведник] восклицает от радости» (Исаия 14:7). Возглас хвалы и триумфа восходит от всей верной Вселенной. Слышен «голос многочисленного народа, как бы шум вод многих, как бы голос громов сильных, говорящих: аллилуйя! Ибо воцарился Господь Бог Вседержитель» (Откровение 19:6).

В то время как Земля была окутана огнем поедающим, праведные безопасно пребывали в святом городе. Те, кто имел часть в воскресении первом, не подвластны смерти второй (см. Откровение 20:6). Тогда как для нечестивых Бог является огнем поедающим (см. Второзаконие 4:24 – прим. ред.), для Своего народа Он – «солнце и щит» (Псалтирь 83:12).

«И увидел я новое небо и новую землю; ибо прежнее небо и прежняя земля миновали» (Откровение 21:1). Огонь, который поглощает нечестивых, очищает Землю. Всякий след проклятия уничтожен. Перед искупленными не будет никакого вечно горящего ада, сохраняющего ужасные последствия греха.

Останется лишь один памятный знак: наш Искупитель всегда будет нести на Себе следы распятия. На Его уязвленном челе, на Его боку, руках и ногах сохранятся следы ужасной работы, которую совершил грех. Взирая на Христа в Его славе, пророк говорит: «От бока Его лучи, и здесь тайник Его силы!» (Аввакум 3:4 – др. перевод) Его пронзенный бок, откуда истекла алая струя, которая примирила человека с Богом, – это слава Спасителя, это «тайник Его силы». Будучи «сильным, чтобы спасать» посредством жертвы искупления, Он был, следовательно, силен совершить правосудие над теми, которые ни во что не ставили милость Божию. И эти знаки Его унижения – Его наивысшие почести; на протяжении всей вечности раны Голгофы будут провозглашать Его славу и обнаруживать Его силу.

«А ты, башня стада, холм дщери Сиона! к тебе придет и возвратится прежнее владычество» (Михей 4:8). Пришло время, которого с тоской ожидали святые мужи, с тех пор как пламенный меч преградил вход в Едем для первой четы, – время «для искупления удела Его» (Ефесянам 1:14). Земля, первоначально доверенная человеку в качестве его царства, переданная им в руки сатаны и так долго удерживаемая этим могущественным противником, отдана обратно человеку благодаря великому плану спасения. Все, что было потеряно вследствие греха, вновь восстановлено. «Ибо так говорит Господь, образовавший землю и создавший ее; Он утвердил ее; не напрасно сотворил ее: Он образовал ее для жительства» (Исаия 45:18). Цель, которую изначально преследовал Бог при сотворении Земли осуществлена, так как она превращена в вечное обиталище искупленных. «Праведники наследуют землю, и будут жить на ней вовек» (Псалтирь 36:29).

Опасение представить будущее наследие святых слишком материально склонило многих придавать символический смысл как раз тем подлинным истинам, которые побуждают нас рассматривать его как нашу родину. Христос заверил Своих учеников, что Он идет, для того чтобы приготовить обители для них в доме Отца. Те, которые принимают учения Слова Божия, не будут в полном неведении относительно небесных жилищ. Но тем не менее «не видел того глаз, не слышало ухо, и не приходило то на сердце человеку, что приготовил Бог любящим Его» (1 Коринфянам 2:9). Человеческого языка недостаточно, для того чтобы описать награду праведных. Это будут знать только те, кто узрит ее. Ни один ограниченный разум не может охватить славу Рая Божия.

В Библии наследие спасенных названо «отечеством» (Евреям 11:14-16). Там Небесный Пастырь водит Свое стадо к источникам живой воды. Древо жизни дает свои плоды каждый месяц, и листья его служат народам. Там – вечно текущие потоки, чистые, как кристалл, а рядом с ними покачивающиеся деревья бросают свою тень на дорожки, приготовленные для искупленных Господа. Там широко расстилающиеся долины переходят в прекрасные холмы, и горы Божьи поднимают свои высокие вершины. В тех мирных долинах, близ тех живых потоков дети Божии, так долго бывшие пилигримами и странниками, найдут приют.

«Тогда народ Мой будет жить в обители мира, и

в селениях безопасных, и в покоях блаженных» (Исаия 32:18). «Не слышно будет более насилия в земле твоей, опустошения и разорения – в пределах твоих; и будешь называть стены твои спасением и ворота твои – славою» (Исаия 60:18). «И будут строить домы и жить в них, и насаждать виноградники и есть плоды их. Не будут строить, чтобы другой жил, не будут насаждать, чтобы другой ел... и избранные Мои долго будут пользоваться изделием рук своих» (Исаия 65:21-22).

Там «возвеселится пустыня и сухая земля, и возрадуется страна необитаемая, и расцветет как нарцисс» (Исаия 35:1). «Вместо терновника вырастет кипарис; вместо крапивы возрастет мирт» (Исаия 55:13). «Тогда волк будет жить вместе с ягненком, и барс будет лежать вместе с козленком; и теленок, и молодой лев, и вол будут вместе, и малое дитя будет водить их» (Исаия 11:6). «Не будут делать зла и вреда на всей святой горе Моей» (ст. 9), – говорит Господь.

Боль не может существовать в атмосфере Небес. Не будет больше слез, похоронных процессий, признаков печали. «Смерти не будет уже; ни плача, ни вопля, ни болезни... ибо прежнее прошло» (Откровение 21:4). «Ни один из жителей не скажет: „Я болен"; народу, живущему там, будут отпущены согрешения» (Исаия 33:24).

Новый Иерусалим – столица прославленной новой Земли, «венец славы в руке Господа и царская диадема – на длани Бога твоего» (Исаия 62:3). «Светило его подобно драгоценнейшему камню, как бы камню яспису кристалловидному» (Откровение 21:11). «Спасенные народы будут ходить во свете его, и цари земные принесут в него славу и честь свою» (ст. 24). Господь говорит: «И буду радоваться об Иерусалиме и веселиться о народе Моем» (Исаия 65:19). «Се, скиния Бога с человеками, и Он будет обитать с ними; они будут Его народом, и Сам Бог с ними будет Богом их» (Откровение 21:3).

В Граде Божьем «ночи не будет». Никто не будет нуждаться в отдыхе или желать его. Никто не будет утомляться, выполняя Божью волю и воздавая хвалу Его имени. Мы всегда будем чувствовать утреннюю бодрость. «И не будут иметь нужды ни в светильнике, ни в свете солнечном, ибо Господь Бог освещает их» (Откровение 22:5). Вместо солнечного света будет сияние, не ослепляющее до боли, но все же во много раз превосходящее по яркости наш полуденный свет. Слава Бога и Агнца немеркнущим светом будет изливаться на Святой Город. И искупленные будут ходить во славе вечного дня, исходящей не от солнца.

«Храма же я не видел в нем; ибо Господь Бог Вседержитель – храм Его, и Агнец» **(Откровение 21:22)**. Народу Божьему теперь разрешено поддерживать открытое общение с Отцом и Сыном. «Теперь мы видим как бы сквозь тусклое стекло, гадательно» **(1 Коринфянам 13:12)**. Мы созерцаем образ Божий, словно отраженный в зеркале, в природных творениях и в Его отношениях с людьми, но после мы увидим Его лицом к лицу, а не через затемняющую завесу. Мы будем находиться в Его присутствии и взирать на славу Его лица.

Там искупленные познают так, как и они познаны. Любовь и привязанность, которые Бог Сам насадил в душе, найдут там свое самое правильное и самое прекрасное применение. Чистое общение со святыми существами, мирная жизнь в обществе счастливых ангелов и верных Божьих всех столетий, которые омыли и убелили одежды свои кровью Агнца, священные узы, соединяющие вместе «всю семью на небесах и на земле» **(Ефесянам 3:15 – англ. перевод)**, – все это содействует счастью искупленных.

Там бессмертные умы с неутомимым восхищением будут размышлять над чудесами творческой силы и тайнами искупительной любви. Там не будет беспощадного, хитрого врага, соблазняющего забыть Бога. Каждое дарование получит свое развитие, каждая способность возрастет. Овладение знаниями не будет вызывать утомления ума или физической усталости. Там смогут принести успех наиболее грандиозные предприятия, достигнут цели наиболее возвышенные устремления; там найдут свое исполнение самые высокие желания; и все еще будут появляться новые, невзятые вершины; новые чудеса, чтобы ими восторгаться; новые истины, чтобы их осмысливать; новые объекты, чтобы приводить в действие способности разума, души и тела.

Все богатства Вселенной будут открыты искупленным Божьим для исследования. Свободные от смерти, в не утомляющем их полете, они будут достигать далеких миров – тех миров, которые с такой глубокой душевной болью следили за бедами человечества и откликались радостным песнопением на известия об очередной спасенной душе. С неописуемым удовольствием дети Земли войдут в радость и мудрость непавших существ, которые разделят с ними богатства знания и разумения, накопленные веками при изучении работы Божьей. Ясным взором они будут смотреть на славу творения – другие солнца, звезды и системы, в назначенном порядке вращающиеся вокруг престола Божества. И на всем, от малейшего до величайшего, написано имя Создателя, и во всем обнаружены сокровища Его могущества.

И годы вечности, проходя, будут приносить более богатые и еще более восхитительные откровения Бога и Христа. С возрастанием знания будут расти любовь, благоговение и счастье. Чем больше люди будут познавать Бога, тем сильнее станет их восхищение Его характером. Когда Иисус раскроет перед ними богатства искупления и изумительные победы в великой борьбе с сатаной, сердца спасенных затрепещут от еще более горячего посвящения, и они с еще более восторженной радостью коснутся рукой золотых арф; и тьмы тем и тысячи тысяч голосов объединятся в могучем хвалебном хоре.

«И всякое создание, находящееся на небе и на земле, и под землею и на море, и все, что в них, слышал я, говорило: Сидящему на престоле и Агнцу благословение и честь, и слава и держава во веки веков» (Откровение 5:13).

Великая борьба завершена. Не существует больше ни греха, ни грешников. Вся Вселенная чиста. Во всем необъятном творении бьется единый пульс гармонии и радости. От Того, Кто создал все, во все области безграничного пространства струится жизнь, свет и радость. От мельчайшего атома до огромнейшего мира все, живое и неживое, в своей неомраченной красоте и совершенной радости свидетельствует, что

БОГ ЕСТЬ ЛЮБОВЬ.

ХРОНОЛОГИЧЕСКИЕ ДАТЫ

взяты из «The Catolic Encyclopedia»,
«Dictionary of Religious Knowledge» и др. источников

Начало монашества – 285-360 гг.

Признание христианской церкви государственной религией – 306 г.

Начало странствований по святым местам – IV век

Обязательное крещение младенцев – 342-416 гг.

Халкедонский собор, утвердивший деву Марию Богородицей – 451 г.

Начало поклонения святым мученикам и ангелам – V век

Введение миропомазания – V век

Начали святить воду – V век

Римский епископ впервые именует себя Папой – 607 г.

Языческий храм Пантеон превращен в храм Марии и всех святых – VII век

Введение поклонения кресту – 688-787 гг.

Поклонение иконам: в Католической церкви – 787 г., в Православной – 842 г.

Поклонение мощам – 778-787 гг.

Причисление к лику святых – 880 г.

Крестное знамение – 900 г.

Догмат о молитве за умерших – 978 г.

Литургия – 1100 г.

Индульгенции (прошение грехов за деньги) – 1016 г.

Отделение Православной церкви от Католической – 1054 г.

Начало крестовых походов – 1095 г.

Обет безбрачия священников (целебат) – 1122 г.

Введение исповеди перед священником – 1215-1551 гг.

Инквизиция узаконена – 1229 г.

Священническое облачение – XIII век

Четки – XIII

Применение просфор – 1415 г.

Включение апокрифов в канон Библии – 1546 г.

Догмат о чистилище – 1551 г.

Догмат о непорочном происхождении девы Марии – 1854 г.

Догмат о непогрешимости Папы римского – 1870 г.